Hendrik Hansen

Politik und wirtschaftlicher Wettbewerb in der Globalisierung

Hendrik Hansen

Politik und wirtschaftlicher Wettbewerb in der Globalisierung

Kritik der Paradigmendiskussion in der Internationalen Politischen Ökonomie

VS VERLAG FÜR SOZIALWISSENSCHAFTEN

Bibliografische Information Der Deutschen Nationalbibliothek
Die Deutsche Nationalbibliothek verzeichnet diese Publikation in der
Deutschen Nationalbibliografie; detaillierte bibliografische Daten sind im Internet über
<http://dnb.d-nb.de> abrufbar.

Gedruckt mit freundlicher Unterstützung der Fritz Thyssen Stiftung.

1. Auflage 2008

Lektorat: Katrin Emmerich / Marianne Schultheis

Der VS Verlag für Sozialwissenschaften ist ein Unternehmen von Springer Science+Business Media.
www.vs-verlag.de

Umschlaggestaltung: KünkelLopka Medienentwicklung, Heidelberg
Druck und buchbinderische Verarbeitung: Krips b.v., Meppel
Gedruckt auf säurefreiem und chlorfrei gebleichtem Papier

ISBN 978-3-531-15722-1

Inhaltsübersicht

Inhaltsverzeichnis

Verzeichnis der Abbildungen

Abkürzungsverzeichnis

ADI	ausländische Direktinvestitionen (Foreign Direct Investment)
APuZ	Aus Politik und Zeitgeschichte (Beilage zur Wochenzeitung „Das Parlament")
BIP	Bruttoinlandsprodukt
DSB	Dispute Settlement Body (Streitschlichtungsorgan im Rahmen des GATT bzw. der WTO)
GATS	Allgemeines Abkommen über den Handel mit Dienstleistungen (General Agreement on Trade in Services)
GATT	Allgemeines Zoll- und Handelsabkommen (General Agreement on Tariffs and Trade)
GG	Grundgesetz
HdWW	Handwörterbuch der Wirtschaftswissenschaft, 10 Bde (1977-1983), Stuttgart/New York: G. Fischer, Tübingen: Mohr (Siebeck), Göttingen/Zürich: Vandenhoeck & Ruprecht.
IB	Internationale Beziehungen (als Teilgebiet der Politikwissenschaft)
ILO	International Labour Organisation (Internationale Arbeitsorganisation)
IP	Internationale Politik (als Teilgebiet der Politikwissenschaft)
IPE	International Political Economy
IPÖ	Internationale Politische Ökonomie
IWF	Internationaler Währungsfonds
Kap.	Kapitel
MEW	Marx-Engels-Werke (Berlin: Dietz Verlag)
MNU	multinationale(s) Unternehmen
NPÖ	Neue Politische Ökonomie
OECD	Organisation für wirtschaftliche Zusammenarbeit und Entwicklung (Organisation for Economic Cooperation and Development)
Rdnr.	Randnummer
TRIPS	Abkommen über handelsbezogene Aspekte der Rechte am geistigen Eigentum (Trade Related Intellectual Property Rights)
UNCTAD	United Nations Conference on Trade and Development
UNDP	United Nations Development Program
WTO	Welthandelsorganisation (World Trade Organisation)
Tz.	Textziffer

Vorwort

Das Pendel schlägt zurück. Fünfundzwanzig Jahre lang hat der Wirtschaftsliberalismus mit dem Plädoyer für freie Märkte die Debatten über Politik und Ökonomie beherrscht. Nachdem Ende der siebziger und Anfang der achtziger Jahre der Keynesianismus als gescheitert angesehen wurde, setzte auf nationaler und internationaler Ebene eine Welle der Liberalisierung von Handelsbeziehungen, Investitionen und Finanztransaktionen ein, die durch das Ende der Blockkonfrontation 1989/1990 noch verstärkt wurde. Diese Entwicklung fand unter anderem in der Gründung der Welthandelsorganisation im Jahr 1994 ihren Ausdruck. Doch die Globalisierungseuphorie der neunziger Jahre, die von der Vision einer globalen Marktwirtschaft und einer freien Weltgesellschaft getragen wurde, ist mittlerweile einer verbreiteten Globalisierungsskepsis gewichen, die nicht allein mit der Zunahme politischer Konflikte (insbesondere im Nahen und Mittleren Osten) und der weltweiten Bedrohung durch den islamistischen Terrorismus zusammenhängt, sondern auch mit einer verstärkten Wahrnehmung der wirtschaftlichen und sozialen Schattenseiten der Globalisierung.

Derzeit werden die Globalisierungsdiskussion und allgemein die Diskussion über das Verhältnis von Politik und Ökonomie wieder von den Kritikern des „Neoliberalismus" dominiert: Sie führen den Anstieg sozialer Ungleichheit auf nationaler und internationaler Ebene auf die Globalisierung des wirtschaftlichen Wettbewerbs zurück und sehen im Wettbewerb eine Gefährdung der Freiheit durch die Zwänge des Marktes, die umso gravierender ist, als es aus ihrer Sicht durch die Globalisierung des Wettbewerbs zu einer Ökonomisierung aller gesellschaftlichen Bereiche kommt. Diese Kritik ist in ihren Grundsätzen nicht neu, sondern folgt den Argumentationsmustern früherer Kapitalismuskritik. Gefordert wird die (Wieder-)Herstellung des Primats der Politik, um den Wettbewerb zu regulieren und seine Wirkungen zu kontrollieren.

Doch dieses Primat der Politik wird meistens nicht weniger ökonomisch verstanden als das wirtschaftsliberale Primat des Marktes: Dem Plädoyer, soziale Ungleichheit als Preis für wachsenden Wohlstand (der langfristig allen zugute kommen soll) zu dulden, wird die Forderung nach politischen Interventionen in Marktprozesse mit dem Ziel der Umverteilung entgegengehalten; an die Stelle des Ideals der steten Leistungssteigerung wird das Ideal einer Selbstverwirklichung gesetzt, die als automatische Folge der Freiheit von ökonomischen Zwängen gesehen wird.

Wenn die These richtig ist, dass der Vorwurf eines ökonomischen Politikverständnisses sich gegen wirtschaftsliberale und sozialstaatlich-liberale Positionen gleichermaßen erheben lässt, dann führt die Tatsache, dass sie die Debatte über Politik und Ökonomie im Wechsel beherrschen, nicht zu einer gegenseitigen Korrektur ihrer Vereinseitigungen. Vielmehr besteht die Gefahr, dass beide sich in ihrem ökonomischen Verständnis von Politik verstärken und ein politisches Verständnis von Freiheit dauerhaft von einem ökonomischen Freiheitsverständnis verdrängt wird. Es stellt sich somit die Frage, wie das Verhältnis von Politik und Ökonomie verstanden werden kann, um die ökonomische Reduktion von Politik zu vermeiden und die geschilderte Pendelbewegung zu überwinden.

Diese Frage steht im Mittelpunkt der vorliegenden Untersuchung. Ausgehend von der Globalisierungsdiskussion und der Paradigmendiskussion der Internationalen Politischen Ökonomie (IPÖ) sollen in einem Rückgang in die politische Ideengeschichte die wesentlichen Theorien des Verhältnisses von Politik und Ökonomie analysiert werden, um auf diese Weise die aktuellen Diskussionen auf ihre grundsätzlichen Fragen zurückzuführen, die das Verhältnis von Gleichheit und Ungleichheit, die Beziehung von ökonomischer und politischer Freiheit und das allgemeine Verständnis von Freiheit betreffen.

Die Verbindung der IPÖ mit der politischen Theorie und Ideengeschichte soll zugleich einen Beitrag zur Überwindung der Kluft zwischen einer sozial- und einer geisteswissenschaftlich orientierten Politikwissenschaft leisten. Die Untersuchung wird verdeutlichen, dass die Paradigmen der IPÖ (der Realismus, die verschiedenen Varianten des Liberalismus und der Strukturalismus) nicht nur akademische Versuche sind, die empirische Wirklichkeit zu deuten, sondern dass die empirische Wirklichkeit von Akteuren gestaltet wird, die die Welt und ihr eigenes Handeln in unterschiedlicher Weise deuten und dabei – bewusst oder unbewusst – eines der Paradigmen zugrundelegen. Die Frage nach den philosophischen Grundlagen der IPÖ-Paradigmen ist folglich nicht eine rein geisteswissenschaftliche Untersuchung, sondern ein unmittelbarer Beitrag zur Analyse des Handels politischer und ökonomischer Akteure in der Globalisierung und muss deshalb mit der empirisch-sozialwissenschaftlichen Analyse der internationalen Politik und der internationalen Ökonomie verbunden werden.

Diese Verbindung ist im Ergebnis für beide Seiten, die IPÖ bzw. die Globalisierungsdiskussion und die politische Theorie und Ideengeschichte, fruchtbar:

1. Die Globalisierungsdiskussion und die Diskussionen in der IPÖ zeichnen sich durch ein hohes Maß an Unübersichtlichkeit aus. Der Rückgang in die Ideengeschichte ermöglicht es, den Neuheitsanspruch vieler Positionen zu relativieren und die aktuellen Diskussionen durch ihren Bezug auf die grundsätzlichen Fragen des Verhältnisses von Politik und Ökonomie zu strukturieren.
2. Für die Politische Theorie und Ideengeschichte liegt der Vorteil darin, die Relevanz ihrer grundsätzlichen Fragen zu verdeutlichen. So kann es vermieden werden, die Ideengeschichte als eine bloße Archivierung von Wissen zu betreiben, und der Bezug der Ideengeschichte auf aktuelle Fragen nötigt einen dazu, zu dem über die jeweilige Zeit hinaus relevanten Kern der ideengeschichtlichen Theorien durchzustoßen.
3. Die Verbindung der Politischen Theorie und Ideengeschichte mit aktuellen Diskussionen zielt darauf, in beiden vergleichbare Strukturen der Theoriediskussion zu erkennen. In der Strukturierung gilt es, konkurrierende Theorien als logische Antwortmöglichkeiten auf eine übergeordnete Frage zu verstehen. Theorien sind nicht beliebig konstruierte Weltdeutungen, sondern müssen sich auf eine Sache beziehen und lassen sich am Anspruch ihres Sachbezuges messen. Die Strukturierung wird so mit der immanenten Prüfung der Theorien auf ihre Widerspruchsfreiheit verknüpft. Erst durch die Analyse der Widersprüche wird es möglich, sie zu überwinden, denn ansonsten besteht die Gefahr, als Konsequenz aus der vereinzelten Kritik der Widersprüche einer Theorie lediglich die nicht weniger widersprüchliche entgegengesetzte Vereinseitigung zu favorisieren.

Die vorliegende Arbeit wurde im Mai 2007 von der Philosophischen Fakultät der Universität Passau als Habilitation im Fach Politikwissenschaft angenommen. An dieser Stelle gilt mein besonderer Dank Prof. Dr. Barbara Zehnpfennig (Universität Passau, Politische Theorie und Ideengeschichte), die die Arbeit betreut und in ihrer Entstehung über viele Jahre gefördert hat. Bei ihr habe ich das oben geforderte Zurückführen aktueller Debatten auf die grundsätzlichen Theorien der Ideengeschichte und die Strukturierung dieser Debatten gelernt; ferner habe ich durch sie und meinen akademischen Lehrer PD Dr. Rudolf Schrastetter (Freie Universität Berlin, Philosophie) den Zugang zur politischen Philosophie der griechischen Antike gewonnen. Mein herzlicher Dank geht auch an die vier weiteren Gutachter im Habilitationsverfahren: Prof. Dr. Maurizio Bach (Universität Passau, Soziologie), Prof. Dr. Stephan Bierling (Universität Regensburg, Internationale Politik und Transatlantische Beziehungen), Prof. Dr. Dr. h.c. Heinrich Oberreuter (Universität Passau, Politikwissenschaft, und Direktor der Akademie für Politische Bildung, Tutzing) und Prof. Dr. Andreas Roser (Universität Passau, Philosophie). Ferner danke ich Herrn Prof. Dr. Reinar Lüdeke (Universität Passau, Volkswirtschaftslehre/Finanzwissenschaft) und Herrn Prof. Dr. Winfried Becker (Universität Passau, Neuere und Neueste Geschichte) für ihre Mitwirkung in der Habilitationskommission.

Die Arbeit wurde in den Teilen, die sich mit der Internationalen Politischen Ökonomie befassen, wesentlich vom Austausch mit Kollegen an der University of Puget Sound (Tacoma, Washington State, USA) befruchtet, wo ich zwei Semester im International Political Economy Program und zwei weitere im Politics & Goverment Department gelehrt habe. Mein besonderer Dank gilt hier Prof. David Balaam (International Political Economy Program), der mir die Möglichkeit gegeben hat, an der University of Puget Sound zu lehren und über den ich mit der US-amerikanischen IPÖ-Diskussion vertraut wurde. Ferner möchte ich Prof. Leon Grunberg (Sociology Department) und Prof. Patrick O'Neil (Politics & Government Department) für die zahlreichen Anregungen danken, die ich in Gesprächen mit ihnen bekommen habe.

Schließlich danke ich ganz besonders der Fritz Thyssen Stiftung: Sie hat diese Arbeit mit einem Forschungsstipendium ermöglicht und die Veröffentlichung mit einer Druckkostenbeihilfe gefördert.

Passau, im Januar 2008 Hendrik Hansen

One of the main purposes of university education is to escape from the *Zeitgeist*, from the mean, narrow, provincial spirit which is constantly assuring us that we are at the peak of human achievement, that we stand on the edge of unprecedented prosperity or an unparalleled catastrophe (...). It is a liberation of the spirit to acquire perspective, to recognize that every generation is confronted by problems of the utmost subjective urgency (...); to learn that the same moral predicaments and the same ideas have been explored before.

Martin Wight (1991, 6; Hervorhebung im Original)

1 Einleitung

Die Globalisierung wirtschaftlicher Aktivitäten durch das Wachstum des Welthandels, die Internationalisierung der Produktionsstruktur und die Vernetzung der internationalen Finanzmärkte wirft die Frage nach dem Zusammenhang dieser Entwicklung mit der internationalen politischen Ordnung auf: Welche Rückwirkung hat die Globalisierung des wirtschaftlichen Wettbewerb nicht nur auf die Steuerungsfähigkeit der Politik, sondern grundsätzlich auf den Stellenwert der Politik gegenüber der Ökonomie? Fördert die Erweiterung der wirtschaftlichen Möglichkeiten im Globalisierungsprozess die politischen Freiheiten oder stehen wirtschaftliche und politische Freiheit in einem Spannungsverhältnis zueinander? Diese Fragen sind nicht neu; sie werden in der politischen Philosophie und Theorie seit der Antike thematisiert. Doch angesichts der fortschreitenden Globalisierung des wirtschaftlichen Wettbewerbs stellen sie sich heute mit neuer Brisanz.

Die Globalisierungsdiskussion wird von zwei einander entgegengesetzten Antworten auf die Frage nach dem Verhältnis von Politik und Ökonomie dominiert. Auf der einen Seite wird der Wettbewerb als Mittel zur Verbesserung der wirtschaftlichen Lage gerade für arme Länder und Bevölkerungsschichten gesehen, weil er ihnen die Chance zur Teilhabe am Wohlstand durch eigene Leistungen gibt. Armut ist aus dieser Sicht nicht die Folge des Wettbewerbs, sondern eines Mangels an wirtschaftlicher Freiheit bzw. einer ungenügend gestalteten rechtlichen Rahmenordnung des Wettbewerbs.[1] Auf der anderen Seite wird die Globalisierung des Wettbewerbs als Ursache einer weltweit zunehmenden Ungleichheit gesehen. Sie führt zu einer wachsenden Kluft zwischen Arm und Reich,[2] die ihrerseits soziale Spaltungen und politische Konflikte hervorruft.[3]

Diesen unterschiedlichen Diagnosen entsprechen entgegengesetzte Vorstellungen von der Aufgabe der Politik angesichts der Globalisierung: Die erste Position sieht die Aufgabe der Politik auf nationaler und internationaler Ebene in der Förderung des freien Wettbewerbs; die zweite sieht sie umgekehrt in der Regulierung des Wettbewerbs und in der Reduktion der sozialen Ungleichheit durch Umverteilungsmaßnahmen. Beide stimmen darin überein, dass es auf der internationalen Ebene eine gravierende Kluft zwischen extremer Armut und großem Wohlstand gibt;[4] sie unterscheiden sich jedoch diametral in der Beurteilung der Wirkungen des freien Wettbewerbs.

---

1 Vgl. Watrin (1998), Klodt (1998), von Weizsäcker (1999), Smekal (2001), Donges/Menzel/Paulus (2003).

2 Vgl. Habermas (1998), Beck (1997; 2002), Altvater/Mahnkopf (2002), Rupert/Solomon (2006) und die „Berliner Rede" von Bundespräsident Köhler im Oktober 2007 (Köhler 2007).

3 So deutet z. B. Kolko (2002) den islamischen Fundamentalismus als Reaktion auf die Ausbeutung islamischer Länder durch die Industrieländer; ähnlich Hardt/Negri (2002, 161). Dass internationale politische Spannungen das Resultat wirtschaftlicher und sozialer Ungleichheit seien, betonen auch Bourdieu (1998), Chomsky (1999).

4 Siehe z. B. UNDP (2003, 41-78; 2005, 15-39; 2007, 2-4), IWF (2007, 135-169). Umstritten ist jedoch, ob diese Kluft im Zuge der Globalisierung größer oder kleiner wird: Die UNDP weist darauf hin, dass sie vor allem innerhalb einzelner Länder wächst (z. B. 2003, 75-78; ähnlich IWF 2007b, 135-169); kritisch zu der Argumentation der UNDP: Duwendag (2006, 34-38).

Diese gegensätzliche Beurteilung der Globalisierung des wirtschaftlichen Wettbewerbs[5] wirft die Frage auf, welche Voraussetzungen auf Seiten der (nationalen und internationalen) Politik erfüllt sein müssen, damit der Wettbewerb seinen (auch von wirtschaftsliberaler Seite hervorgehobenen) Zweck, einen allseitigen Interessenausgleich herbeizuführen, erfüllen kann. Als Ausgangspunkt für die Klärung dieser Frage dient in dieser Untersuchung die Paradigmendiskussion der Internationalen Politischen Ökonomie (IPÖ), in der es um die grundsätzliche Bestimmung des Verhältnisses von Politik und Ökonomie in den internationalen Beziehungen geht.[6] Gegenüber der Globalisierungsdiskussion, die vor allem seit Beginn der neunziger Jahre geführt wird, weist die IPÖ den Vorteil auf, dass in ihr bereits seit den siebziger Jahren eine intensive Debatte über diesen Gegenstand stattfindet[7] und mit der Einteilung der Paradigmen eine Strukturierung der unterschiedlichen Positionen vorliegt, an der hier angeknüpft werden kann.

Die Paradigmendiskussion der IPÖ wird regelmäßig als unfruchtbares Nebeneinander unterschiedlicher Deutungen des Verhältnisses von Politik und Ökonomie bewertet, zwischen denen auf der wissenschaftlichen Ebene nicht vermittelt werden kann, so dass dem einzelnen Wissenschaftler nur die Wahl bleibt, sich dezisionistisch der einen oder anderen Seite zuzuordnen.[8] Hier soll gezeigt werden, dass das Zurückfragen nach den Voraussetzungen der Paradigmen und die Analyse der logischen Zusammenhänge zwischen ihnen es ermöglicht, auch den in Frage stehenden Sachverhalt – also das Verhältnis von Politik und Ökonomie im allgemeinen und in den internationalen Beziehungen im Besonderen – besser zu verstehen. Der Pluralismus der Paradigmen ist nicht Fluch, sondern Chance.

Die Einteilung der Paradigmen resultiert aus der Zusammenfassung der Vielfalt einzelner Theorien zu Gruppen, die sich untereinander durch grundsätzliche Annahmen über ihren Gegenstand, Politik und Ökonomie, unterscheiden. Im Unterschied zu einer einzelnen Theorie, die einen spezifischen Erklärungsansatz (Ursache-Wirkungs-Zusammenhang) entwickelt, ist ein Paradigma abstrakter: Es stellt eine „grundlegende wissenschaftliche Orientierung[ ]" dar (Rentsch 1989, 78) und fasst Theorien zusammen, die sich auf der

5 „Globalisierung des Wettbewerbs" bezeichnet hier das Phänomen der weltweiten Ausdehnung der Marktwirtschaft, deren Kennzeichen neben dem Wachstum des Welthandels die Intensivierung der internationalen Arbeitsteilung durch multinationale Unternehmen und die globale Vernetzung der Finanzmärkte ist (vgl. die Charakterisierung der Globalisierung des Wettbewerbs in Kapitel 3 sowie: Windfuhr 1997; Klodt 1998; Beisheim et al. 1999, 264-320; Bernauer 2000). Die Globalisierung des Wettbewerbs wird wesentlich angetrieben durch die Entwicklung neuer Kommunikationstechniken und die Senkung der Kommunikationskosten (vgl. Klodt 1998) und durch die seit Ende der siebziger Jahre anhaltende Deregulierungs- und Liberalisierungspolitik (v. a. die Liberalisierung der Investitionsmöglichkeiten multinationaler Unternehmen: UNCTAD 1997, 10; UNCTAD 2007b, 14; Tetzlaff 1997, 388).

6 Für einen Überblick über die IPÖ siehe Gilpin (1987; 2001), Schirm (2004), Bieling (2007), Balaam/Veseth (2008[4]) sowie die Beiträge in Cohen (Hg., 2005).

7 Zwischen der Globalisierungsdiskussion und den Debatten in der IPÖ gibt es erhebliche Überschneidungen (vgl. Schirm 2004, 67-171). Die IPÖ setzt sich speziell mit dem Verhältnis von Politik und Ökonomie in den internationalen Beziehungen auseinander und hat somit als Teilgebiet der Internationalen Politik einen präzisen Gegenstand. Der Begriff der Globalisierung ist hingegen unspezifisch; er wird meistens zur Bezeichnung der verstärkten Internationalisierung wirtschaftlicher Aktivitäten verwendet, dient aber auch der Bezeichnung politischer und gesellschaftlicher Veränderungen auf der internationalen Ebene. Die wirtschaftlichen, politischen und gesellschaftlichen Aspekte der Globalisierung werden in Kapitel 2.3 behandelt; für eine Übersicht über die Dimensionen der Globalisierung siehe z. B. Held et al. (1999), Höffe (1999a, 14-20), Meier-Walser/Stein (2004).

8 Z. B. Strange (1988, 6; s. a. unten, S. 76).

grundsätzlichen Ebene durch ein gemeinsames Verständnis ihres Gegenstandes auszeichnen.[9] Üblicherweise werden in der IPÖ drei Paradigmen unterschieden:[10]

- Der Realismus sieht die Ökonomie im Dienst nationalstaatlicher Interessen, allen voran der Sicherheitspolitik. Der Naturzustand, der die internationalen Beziehungen kennzeichnet, lässt sich durch wirtschaftliche Zusammenarbeit nicht überwinden. Auf der internationalen Ebene bleibt jede Form von Zusammenarbeit immer dem Primat des nationalstaatlichen Sicherheitsstrebens unterworfen; wirtschaftliche Prozesse sind folglich notwendig in den Kontext politischer Interessenkonflikte eingebettet (z. B. Gilpin 2001, 41).[11]
- Der Liberalismus sieht den ökonomischen Austausch als förderlich für die zwischenstaatliche Kooperation und die Herausbildung einer internationalen Zivilgesellschaft an. Sein Ansatzpunkt sind nicht die Interessen des Staates, sondern die Freiheit der Individuen: Durch deren Interaktion können die Grenzen des Nationalstaats überwunden werden, so dass sich neue Formen der transnationalen Zusammenarbeit entwickeln (internationale Regime, „global governance", etc.).[12]
- Der Strukturalismus ist von der Überzeugung gekennzeichnet, dass die internationalen Beziehungen von ökonomischer Ungleichheit und Ausbeutung determiniert werden. Internationale Politik steht aus dieser Sicht wesentlich im Dienst von multinationalen Unternehmen und international operierenden Finanzspekulanten und wird somit als Funktion von Klasseninteressen gedeutet. Die daraus resultierenden Abhängigkeits- und Ausbeutungsbeziehungen werden durch strukturelle Ungleichheit verursacht, die ihrerseits nur durch eine radikale Reform des internationalen Kapitalismus[13] oder eine globale Revolution[14] überwunden werden kann.

In der Darstellung der Paradigmendiskussion der IPÖ in Teil 2, die zugleich die Literatur über das Verhältnis von Politik und Ökonomie in internationalen Beziehungen zusammenfasst, wird gezeigt, dass die Einteilung der Positionen in drei Paradigmen nicht präzise genug ist, weil ein Großteil der Kontroversen über die Beurteilung des internationalen Wettbewerbs zwischen drei Varianten des Liberalismus geführt wird:

- Wirtschaftsliberale vertrauen auf die Selbstregulierungskräfte des Wettbewerbs und sehen ihn als entscheidenden Mechanismus zur Koordination individueller Handlungen.[15]

---

9 Kuhn (1978) hat in seiner wissenschaftshistorischen Analyse die zeitliche Abfolge von Paradigmen untersucht, die seiner Ansicht nach für die Entwicklung von Debatten in den Naturwissenschaften typisch ist. In der IPÖ liegt ein Nebeneinander von Paradigmen vor, bei dem immer nur für eine begrenzte Zeit eines dominiert (s. u., S. 72); ein solches Nebeneinander entspricht bei Kuhn dem vorparadigmatischer Zustand, der dem Normalzustand der Dominanz eines einzelnen Paradigmas vorausgeht. – Zum Begriff des Paradigmas: Gethmann (1995, mit weiteren Nachweisen).

10 Vgl. Gilpin (1987, 25-64), Krasner (1994), Katzenstein/Keohane/Krasner (1998, 657), Bieling (2007), Balaam/Veseth (2008). Für eine ausführliche Darstellung der drei Paradigmen s. u., Kapitel 2.2.

11 Bekannte Vertreter des Realismus in der IPÖ sind Krasner (1976; 1985; 1995) und Gilpin (1975; 1987; 2001), in der Internationalen Politik: Waltz (1979; 1993) und Mearsheimer (1990).

12 Vgl. Keohane/Nye (1977/2001), Keohane(1984), Zürn (1998), Rosenau/Durfee (2000), Nye (2002).

13 Z. B. Baumann (1997; 1998), Bourdieu (1998), Chomsky (1999).

14 Z. B. Hardt/Negri (2002).

15 Vgl. von Weizsäcker (1999), Wolfgang Kerber (1998a; 1998b), Sinn (2003a).

- Sozialstaatliche Liberale kritisieren, dass die mit dem Wettbewerb verbundene wirtschaftliche Ungleichheit die Gleichberechtigung der Individuen beschränkt; ein Interessenausgleich ist aus ihrer Sicht nur unter der Bedingung der gleichberechtigten Artikulation von Interessen möglich, deren primärer Ort nicht der Markt, sondern der demokratische Prozess ist (in dessen Rahmen insbesondere über die Regulierung des Wettbewerbs entschieden wird).[16]
- Rechtsstaatliche Liberale zielen auf eine Verbindung von Markt und Demokratie als Koordinationsmechanismen, indem sie beide an das Recht binden. Voraussetzung für die Rechtsstaatlichkeit ist nicht eine weitgehende wirtschaftliche und soziale Unabhängigkeit der Individuen, wohl aber die formale Gleichheit der Bürger vor dem Recht (verbunden mit der gegenseitigen Anerkennung als Gleiche) und die Sicherung sozialer Mindeststandards. Der Wettbewerb wird positiv beurteilt, solange das Primat des Rechts über den Wettbewerb gewährleistet ist und der Gefahr der Selbstaufhebung des Wettbewerbs durch wirtschaftliche Macht vorgebeugt wird.[17]

Diese Erweiterung der gängigen Einteilung der IPÖ-Paradigmen ermöglicht in Teil 3 die Strukturierung der Diskussion über das Verhältnis von Politik und globalem wirtschaftlichen Wettbewerb. Ausgehend von der Beurteilung des Freihandels, der multinationalen Unternehmen, der Finanzmärkte und der Weltwirtschaftsordnung werden die unterschiedlichen Positionen der Befürworter und Kritiker der Globalisierung des Wettbewerbs unter Berücksichtigung ihrer Varianten dargestellt und auf ihr grundsätzliches Verständnis von Politik und Ökonomie zurückgeführt. Im Ergebnis wird deutlich, dass der wesentliche Unterschied der Paradigmen in der Spezifizierung der Bedingungen eines Interessenausgleichs zwischen Individuen liegt: In jedem Paradigma werden andere Bedingungen genannt, die erfüllt sein müssen, damit es im wirtschaftlichen Wettbewerb zu einem Interessenausgleich kommt.

Für die Analyse dieser Konzeptionen des Interessenausgleichs wird in Teil 4 auf ihre Wurzeln in der politischen und ökonomischen Ideengeschichte zurückgegangen. Da der Strukturalismus davon ausgeht, dass im internationalen Wettbewerb ein Interessenausgleich grundsätzlich nicht möglich ist, wird er in Teil 4 vernachlässigt: Im Mittelpunkt dieser Untersuchung steht die Analyse der Paradigmen, die den Interessenausgleich im Wettbewerb grundsätzlich für möglich halten, aber unterschiedliche Auffassungen darüber vertreten, an welche Bedingungen ein solcher Ausgleich gebunden ist. Der Strukturalismus wird erst auf einer übergeordneten Stufe relevant, wenn man die individualistischen Paradigmen den nicht-individualistischen gegenüberstellt; das kann hier nur angedeutet, nicht jedoch näher ausgeführt werden.[18]

Im Mittelpunkt der Diskussion über die Bedingungen des Interessenausgleichs steht die Frage, welche Form von Gleichheit er auf Seiten der Individuen voraussetzt. Hinsichtlich der Beurteilung des Wettbewerbs stehen sich als wesentliche Kontrahenten der Wirtschaftsliberalismus und der sozialstaatliche Liberalismus gegenüber: Die radikalen Varianten des Wirtschaftsliberalismus nennen als entscheidende Bedingung für einen Interessenausgleich im Wettbewerb die Chancengleichheit, worunter sie die Sicherung der Eigentumsrechte (also der Verfügungsgewalt über die Früchte der eigenen Leistung) verstehen.

16 Vgl. Held (1995), Habermas (1998), Beck (1997; 2002).
17 Vgl. Fukuyama (1992), Höffe (1999a; 2004).
18 Vgl. Ende von Kapitel 4.5 (insbesondere Abbildung 14: S. 307) und Kapitel 6.2.

Die mögliche Rückwirkung der Ungleichheit der Vermögen auf den politischen Prozess wird als vernachlässigbar angesehen. Der sozialstaatliche Liberalismus stellt gerade diese Rückwirkungen sozialer Ungleichheit auf demokratische Entscheidungsprozesse in den Vordergrund; aus seiner Sicht ist der Interessenausgleich an die Bedingung der Herstellung einer weitgehenden Gleichberechtigung gebunden.

In der Legitimation von Ungleichheit durch den Wirtschaftsliberalismus und der weitgehenden Forderung nach Gleichheit durch den sozialstaatlichen Liberalismus liegt eine Struktur vor, die in ähnlicher Form bereits in den Verfassungslehren von Platon und Aristoteles analysiert wurde: Der einseitigen Legitimation der Ungleichheit der Vermögen („Oligarchie") stellen sie das ebenso einseitige Streben nach Umverteilung gegenüber („Demokratie"; bei im Unterschied zum modernen Demokratiebegriff verstanden als Willkürherrschaft des Volkes).[19] Diese Analyse des Konflikts von Oligarchie und Demokratie hat den Vorzug, die Vereinseitigungen, auf denen die beiden Verfassungsformen beruhen, deutlich herauszustellen. In Anlehnung an diese Analyse wird hier die Konzeption des *personalen Realismus* formuliert, die sich in drei Thesen zusammenfassen lässt:

1. Die Paradigmen der IPÖ sind nicht nur Ausdruck einer akademischen Reflexion über Politik und Ökonomie. Vielmehr formulieren die Akteure die Interessen, die sie in konkreten politischen und ökonomischen Prozessen durchsetzen wollen, bewusst oder unbewusst auf der Grundlage von Annahmen über konkrete Wirkungszusammenhänge und Vorstellungen von einem angemessenen (gerechten) Interessenausgleich; diese Weltdeutungen der Akteure lassen sich den Paradigmen der IPÖ zuordnen.[20]
2. Der Unterschied zwischen Ökonomie und Politik besteht darin, dass die Individuen in ökonomischen Verhandlungen oder Konflikten danach streben, ihre Position im Vergleich zur Ausgangslage zu verbessern, während sie in politischen Verhandlungen bzw. Konflikten erstens darauf zielen, ihre Position im Vergleich zu anderen Akteuren zu verbessern, und zweitens unterstellen, dass ihre Konzeption eines angemessenen Interessenausgleichs gegenüber konkurrierenden Konzeptionen moralisch gerechtfertigt ist. In ökonomischen Konflikten geht es den Individuen primär um einen konkreten Nutzen, in politischen Konflikten um die Durchsetzung einer Gerechtigkeitsvorstellung.
3. Durch das Handeln der Akteure wirken die Gerechtigkeitsvorstellungen, die ihren Konzeptionen des Interessenausgleichs zugrundeliegen, auf die konkrete politische Welt zurück. Der Konflikt zwischen oligarchischer Legitimation von Ungleichheit und Eigennutzstreben sowie demokratischer Forderung nach Gleichheit und Umverteilung ist nicht nur Ausdruck von Vereinseitigungen auf der Bewusstseinsebene, sondern fördert auf der Ebene des konkreten Handelns die bestehende Kluft zwischen den im Wettbewerb Erfolgreichen, die die Möglichkeiten der Erwerbsmehrung sichern und ausweiten wollen, und dem Streben nach Regulierung der Erwerbsmöglichkeiten und nach Umverteilung der Vermögen auf Seiten der Verlierer des Wettbewerbs.

19 Platon: „Politeia" (VIII, 550c/d), „Politikos" (291 e – 292 a), „Nomoi" (IV, 714 a-b; VIII 832 b-d); Aristoteles: „Politik" (III 8-9; Zitierhinweise zu den Quellentexten der politischen und ökonomischen Ideengeschichte finden sich im Literaturverzeichnis beim jeweiligen Eintrag).

20 In diesem Punkt knüpft die vorliegende Arbeit am Konstruktivismus an, der das Handeln von Staaten auf deren Weltdeutungen (Interessen, Identitäten) zurückführt (vgl. Wendt 1992, Ruggie 1998). Sie unterscheidet sich jedoch vom Konstruktivismus dadurch, dass sie diese Weltdeutungen auf ihre (impliziten) philosophischen Voraussetzungen zurückführt und in ihrem logischen Zusammenhang analysiert.

Diese Deutung der Paradigmendiskussion der IPÖ folgt dem Realismus, insofern sie die Globalisierung des Wettbewerbs nicht als einen rein ökonomischen Prozess versteht, sondern als ein Phänomen, dass in einen politischen Rahmen eingebettet ist, der durch politische Interessenkonflikte geprägt ist (vgl. Gilpin 2001, 41). Sie geht aber über den individualistischen Realismus hinaus, weil die Interessen, die in diesen Konflikten kollidieren, auf bestimmte Weltdeutungen der Akteure zurückgeführt werden, denen wiederum Konzeptionen eines gerechten Interessenausgleichs zugrundeliegen. Dieses Verständnis ökonomischer und politischer Konflikte wird hier als personaler Realismus bezeichnet.

Aufbauend auf der Analyse der einseitigen Befürwortung bzw. Kritik der Globalisierung des Wettbewerbs werden die Möglichkeiten der Überwindung dieser Vereinseitigungen untersucht (Kapitel 4.5, Teil 5 und Schlussbetrachtung). Hierfür wird zum einen auf die Ethik und Rechtsphilosophie von Kant zurückgegriffen, der die philosophischen Grundlagen des rechtsstaatlichen Liberalismus entwickelt hat. Kant sieht die Aufgabe der Politik gegenüber der Ökonomie in der Verwirklichung des Prinzips der Rechtsstaatlichkeit: Das Recht setzt dem Handeln im Wettbewerb Grenzen, und diese Grenzen müssen von den Bürgern anerkannt werden, indem sie deren Befolgung als Pflicht ansehen.

Zum anderen wird der Eudämonismus der politischen Philosophie der Antike in die Untersuchung einbezogen. Am Beispiel von Aristoteles wird gezeigt, dass die Stärke seiner Position gerade darin liegt, die Aufgabe der Politik nicht allein in der äußeren Begrenzung des individuellen Strebens nach Interessendurchsetzung zu sehen (denn darin ist der Konflikt zwischen dem individuellen Streben und dem allgemeinen Recht angelegt, der von Kants Ethik und Rechtsphilosophie nicht gelöst werden kann). Vielmehr dient bei Aristoteles das ethische Gespräch in der politischen Gemeinschaft den Bürgern dazu, ihre Interessen und Zielsetzungen zu reflektieren und zu begründen. Die menschliche Fähigkeit zur Reflexion und zur Prüfung der Maßstäbe des eigenen Handelns ist auf das Gespräch angewiesen, dem die menschliche Gemeinschaft allgemein und die politische Gemeinschaft im Besonderen dienen. Diesem Zweck der Gemeinschaft entspricht das Verständnis des Menschen als Person statt als Individuum: Das Individuum strebt danach, gegebene Interessen durchzusetzen, während der Mensch als Person fähig ist zu prüfen, ob das, was er für sein Interesse hält, auch tatsächlich sein Interesse ist.

Bei Aristoteles tritt nun seinerseits das Problem auf, dass er zwar die Grundzüge eines personalen Menschenbildes entwickelt, aber das ethische Gespräch nicht hinreichend ausgefüllt wird. In kritischer Auseinandersetzung mit Aristoteles werden am Ende der Untersuchung die Grundzüge eines personalen Verständnisses von Politik und Ökonomie entwickelt. Dabei wird deutlich werden, dass die geforderte dialogische Auseinandersetzung mit den Gerechtigkeitsvorstellungen der politischen und ökonomischen Akteure gerade der Vorgehensweise entspricht, die im vierten Teil der Untersuchung am Beispiel der philosophischen Grundlagen der IPÖ-Paradigmen vorgeführt wird.

Im Ergebnis wird gezeigt, dass das Problem der individualistischen Paradigmen der IPÖ deren Vertrauen auf Mechanismen des Interessenausgleichs ist: Der Realismus setzt auf das Gleichgewicht des Macht- bzw. Sicherheitsstrebens; der Wirtschaftsliberalismus auf das Gleichgewicht im Wettbewerb, der sozialstaatliche Liberalismus unterstellt, dass in der gleichberechtigten Artikulation der Bedürfnisse automatisch ein Ausgleich der Interessen erzielt wird, und auch der rechtsstaatliche Liberalismus ist vom Vertrauen in einen Mechanismus nicht frei, wenn z. B. Kant auf die Frage, wie der Mensch seine Anlage zur Sittlichkeit entfaltet, mit dem Hinweis auf einen Automatismus in der Geschichte antwortet (ähnlich Fukuyama 1992). Die kritische Auseinandersetzung mit den individualistischen Paradigmen wird die Grenzen der verschiedenen Mechanismen aufzeigen und verdeutlichen, dass ihre Funktionsfähigkeit an Voraussetzungen auf der Ebene der Einstellung der Individuen gebunden ist. Werden diese mentalen und geistigen Voraussetzungen nicht berücksichtigt, so können die „Mechanismen" nicht funktionieren und es treten anstelle des Interessenausgleichs gesellschaftliche und politische Spaltungen auf, so dass die Gefahr besteht, dass die strukturalistische Kritik des Individualismus am Ende Recht bekommt. Um dies zu vermeiden, ist ein komplexeres Verständnis ökonomischen und politischen Handelns als im Individualismus erforderlich – ein Verständnis des Menschen als Person.

Abschließend sei ein Hinweis zum methodischen Vorgehen in dieser Arbeit gegeben. Da es um die Verbindung der konkreten Diskussionen der IPÖ mit der politischen Theorie und Ideengeschichte geht, wird in methodischer Hinsicht auf deren Verfahren der Analyse von Texten bzw. Theorien zurückgegriffen. Vor allem bei der Analyse einzelner Autoren der politischen Philosophie in Teil 4 wird eine hermeneutisch-analytische Methode verwendet, die in drei Schritten vorgeht (vgl. Zehnpfennig 1987, 185-233 und 2000, 32f.):

- Erstens wird versucht, die Argumentationsstruktur der Texte im Hinblick auf ihre eigene Fragestellung immanent zu erfassen und den gedanklichen Zusammenhang im jeweiligen Werk zu rekonstruieren,
- zweitens werden die Prämissen der Argumentation herausgearbeitet und
- drittens wird die Begründung der Prämissen untersucht und ihre logische Konsistenz geprüft.

Das Ziel besteht darin, vor allem diejenigen Argumente herauszuarbeiten, an denen andere Paradigmen bzw. Positionen einhaken, um den Zusammenhang zwischen ihnen zu untersuchen. In der Auseinandersetzung mit den einzelnen Autoren wird auf deren sozialen bzw. geschichtlichen Kontext nur soweit eingegangen, wie es für das Verständnis der Argumentation erforderlich ist. Einem solchen Vorgehen liegt die Annahme zugrunde, dass die verschiedenen Positionen der Ideengeschichte sich in der Auseinandersetzung mit grundsätzlichen politischen Fragen auf einen gemeinsamen Objektbereich beziehen, auch wenn die konkrete Erscheinungsform von Politik in verschiedenen geschichtlichen Epochen sehr unterschiedlich ist.

Das Ziel, die grundsätzlichen Aussagen der Autoren von ihrem jeweiligen geschichtlichen Kontext zu isolieren, soll nicht den Wert eines Bemühens um die Kontextualisierung von Texten in Frage stellen, wie es die sozial- und mentalitätsgeschichtlichen Arbeiten der letzten Jahrzehnte kennzeichnet (vgl. den Überblick bei Lottes 1996). Vielmehr wird die Kontextualisierung von Ideen und Theorien als wichtige Voraussetzung für jedes hermeneutische Verfahren gesehen: Sie verdeutlicht, auf welche politische, ökonomische und soziale Anschauung sich ein Text bezieht, und zeigt damit zugleich, an welchen Stellen sich der Text über die konkrete Anschauung hinaus auf allgemeine Probleme bezieht; sie stellt Ideen und Theorien in ein geistiges Umfeld und ermöglicht es damit, die spezifische Leistung eines Denkers zu ermessen. Die Kontextualisierung ist die Voraussetzung dafür, den zeitunabhängigen Kern einer politischen oder ökonomischen Theorie herauszuarbeiten. In dieser Untersuchung werden die Autoren der politischen und ökonomischen Ideengeschichte aber nicht aus einem historischen Interesse gelesen, sondern als charakteristische Beispiele für bestimmte Paradigmen; deshalb wird die Auseinandersetzung mit den entsprechenden Texten direkt auf den Kern zielen, der nicht kontextgebunden ist.

Bevor jedoch der Rückgang in die Ideengeschichte vollzogen wird, soll in den folgenden beiden Teilen (2 und 3) die angekündigte Darstellung und Analyse der gegenwärtigen Diskussion des Verhältnisses von Politik und globalem wirtschaftlichen Wettbewerb erfolgen.

2 Die Paradigmendiskussion der Internationalen Politischen Ökonomie im Überblick

2.1 Entwicklung der IPÖ

Wie in der Einleitung ausgeführt, werden in der Paradigmendiskussion der Internationalen Politischen Ökonomie die Möglichkeiten, das Verhältnis von Politik und Ökonomie zu deuten, systematisiert. Diese Paradigmendiskussion knüpft an derjenigen in der Internationalen Politik an. Weil der dabei verwendete Begriff der „Politischen Ökonomie" sich von dem in der Volkswirtschaftslehre gebräuchlichen unterscheidet, soll hier zunächst die Entwicklung dieses Begriffs skizziert werden (Abschnitt 2.1.1). Anschließend wird die Herausbildung der Internationalen Politischen Ökonomie als Teilgebiet der Internationalen Politik geschildert (Abschnitt 2.2.2).

2.1.1 Bedeutungswandel der „Politischen Ökonomie"

„Politische Ökonomie" bezeichnete ursprünglich die klassische Volkswirtschaftslehre des späten 18. und der ersten Hälfte des 19. Jahrhunderts, zu deren Hautvertretern Smith, Ricardo und Mill zählen.[21] Die zentrale Frage der klassischen Politischen Ökonomie war, welche Aufgaben der Staat in Bezug auf die Ökonomie eines Landes und die Mehrung des Wohlstandes der Nation wahrzunehmen hat. Die Antwort lautete – vereinfacht gesagt –, dass in einer freien Marktwirtschaft die Koordination der Interessen der Individuen durch den Wettbewerb geleistet wird und der Staat sich im Wesentlichen aus dem Marktgeschehen herauszuhalten habe.

Marx wandte sich gegen dieses Verständnis von Politischer Ökonomie und füllte den Begriff mit einem neuen Inhalt, der ihn bis in die siebziger und achtziger Jahre des 20. Jahrhunderts prägte.[22] Nach seinem Verständnis ist Politische Ökonomie die Analyse der ökonomischen Determination von Politik und Gesellschaft sowie der immanenten Widersprüche des Kapitalismus, die über kurz oder lang zur Revolution und damit zur Aufhebung des Kapitalismus führen. Während in der klassischen Politischen Ökonomie die Eigenständigkeit von Politik und Ökonomie nicht in Frage gestellt wird, ist der marxistische Zugang monistisch: Alles politische Handeln hat letztlich einen ökonomischen Grund.

---

21 Für einen Überblick über die klassische Politische Ökonomie siehe Kruse (1997, 29-122), zur Entwicklung des Begriffs: Gilpin (2001, 25f.).

22 Ein prägnantes Beispiel für westliche marxistische Politische Ökonomie sind die Arbeiten der von Wolfgang Abendroth begründeten Marburger Schule. Der Sache nach taucht das von Marx geprägte Verständnis der Politischen Ökonomie in der Globalisierungsdiskussion wieder auf, doch wird die Verwendung des Begriffs zumeist vermieden und stattdessen auf das Vokabular der Postmoderne zurückgegriffen (z. B. Castells 2001-2003, Hardt/Negri 2002).

Zeitgleich mit dem Aufkommen der marxistischen Ökonomie vollzog sich eine Wende in der „bürgerlichen" Volkswirtschaftslehre: Unter dem Einfluss der Grenznutzen- und Grenzproduktivitätslehre strebte man nach einer „reinen" Ökonomie, die nicht auf normative Aussagen und die Begründung staatlichen Handelns (bzw. Nichthandelns) zielen, sondern positiv die Gesetze des Marktes analysieren sollte (Kruse 1997, 180-215). Die mathematisch-deduktive Methode der Modellbildung, die teilweise bereits von den Klassikern angewandt wurde (insbesondere von Ricardo), entwickelte sich zur beherrschenden Methode der Volkswirtschaftslehre. Die Modellbildung erfordert, dass präzise Annahmen über das menschliche Verhalten formuliert werden, was zur Entwicklung der Theorie der rationalen Wahlhandlung („Rational Choice-Theorie") führte. In dieser Theorie werden alle sozialen Phänomene (folglich auch politisches Handeln und die Herausbildung politischer Institutionen) auf das Kosten-Nutzen-Kalkül der individuellen Akteure und damit auf deren rationale Wahlhandlungen („rational choices") zurückgeführt. Grundlage dieser Betrachtungsweise sind einerseits der Behaviorismus (Erklärung des Handelns aus den Anreizen unter Annahme gegebener Präferenzen) und andererseits das utilitaristische Verständnis von Rationalität (bei gegebenen Präferenzen und Anreizen wird die Handlung gewählt, mit der der Akteur seinen Nutzen maximiert).[23]

In der Rational Choice-Theorie wird Ökonomie nicht durch einen spezifischen Gegenstandsbereich definiert, sondern rein formal als Anwendung des ökonomischen Verhaltensmodells auf die Analyse sozialer Phänomene. Diese sogenannte „ökonomische Methode"[24] lässt sich auf jedes beliebige Handeln anwenden.[25] Die Anwendung auf die Politik führte in den sechziger und siebziger Jahren zur Entwicklung eines neuen Teilgebiet des Volkswirtschaftslehre, das in Abgrenzung vom Marxismus „*Neue* Politischen Ökonomie" (NPÖ) genannt wird.[26] Die NPÖ entwickelte unter Anwendung der Institutionenökonomik eine ökonomische Theorie der Verfassung,[27] unter Anwendung des Konzepts des Wettbewerbs eine ökonomische Theorie der Demokratie[28] und unter Anwendung der Prinzipal-Agent-Theorie eine ökonomische Theorie der Bürokratie.[29] In der Erklärung allen Handelns aus einem ökonomischen Kalkül sind die NPÖ und die Rational Choice-Theorie ähnlich reduktionistisch und monistisch wie die marxistische Politische Ökonomie (so auch: Almond 1996, 51): Wie im Marxismus ist Politik nur ein besonderer Anwendungsbereich der ökonomischen Logik (hier die Logik des individuellen Kosten-Nutzen-Kalküls, dort die Logik der geschichtlichen Gesetzmäßigkeiten) und verliert damit ihre Eigenständigkeit.

Interessanterweise weist die Entwicklung des Politikverständnisses in der Geschichte der Politikwissenschaft Ähnlichkeiten zur Entwicklung des Verständnisses der Politischen Ökonomie in der Volkswirtschaftslehre auf, die hier nur kurz angedeutet werden können.[30]

23 Für einen Überblick über die Rational Choice-Theorie siehe Weingast (1996) und Green/Shapiro (1999).

24 Genaugenommen handelt es sich dabei nicht um eine Methode, sondern um die Anwendung bestimmter Verhaltensannahmen. Schon deshalb ist dieses Verständnis der Volkswirtschaftslehre problematisch: Es definiert sie als Anwendung einer bestimmten Verhaltenstheorie und schließt damit innerhalb der Disziplin die Konkurrenz verschiedener Theorien aus (siehe dazu Abschnitt 4.2.1.2).

25 Bekannte Vertreter des sogenannten „ökonomischen Imperialismus" sind Bruno S. Frey (1990) und Gary S. Becker (siehe Becker 1993 und Febrero/Schwartz 1995).

26 Für eine kritische Einführung siehe Kirsch (1997).

27 Vgl. hierzu Buchanan/Tullock (1962), Buchanan (1984), North (1992), Brennan/Buchanan (1993). Zum Ansatz von Buchanan s. u., Abschnitt 4.2.1.1.

28 Vgl. Schumpeter (1942/1993), Downs (1968).

29 Tullock (1965), Downs (1967), Niskanen (1994).

30 Zur Ähnlichkeit dieser Entwicklung aus szientistischer Sicht siehe Waltz (1991).

Vor der sogenannten Professionalisierung der Politikwissenschaft wurde sie in den Vereinigten Staaten als politische Institutionenlehre, in Deutschland als Staatswissenschaft betrieben. Vor allem die deutsche Staatswissenschaft verstand sich als eine Geisteswissenschaft, die in umfassender Weise die philosophischen, institutionellen, juristischen und kulturellen Aspekte politischen Handelns einbezieht und überwiegend mit hermeneutischen Methoden arbeitet.[31] Auch wenn die Ökonomie dabei eher am Rande berücksichtigt wurde, war der staatswissenschaftliche Ansatz aufgrund seiner Breite prinzipiell geeignet, eine Brücke zur klassischen Politischen Ökonomie zu schlagen. Beide Ansätze ähneln sich insofern, als sie sich über ihren je spezifischen Gegenstandsbereich definieren, ohne die Anknüpfungspunkte zu den Nachbardisziplinen zu übersehen.

In den zwanziger Jahren begann in den Vereinigten Staaten die Entwicklung des szientistischen Verständnisses der Politikwissenschaft, das Parallelen zur volkswirtschaftlichen Markttheorie in der zweiten Hälfte des 19. Jahrhunderts aufweist. Politikwissenschaft sollte als eigenständige, empirische Sozialwissenschaft verstanden werden mit einer eindeutigen Abgrenzung von anderen Disziplinen wie der Ökonomie. Die Entwicklung der sogenannten Political Science (in Abgrenzung von der traditionellen Regierungslehre) lässt sich mit Almond (1996) in drei Stufen zusammenfassen: Zuerst erfolgte die Einführung der Methoden der empirischen Sozialforschung (vor allem in Chicago in den zwanziger und dreißiger Jahren); darauf folgte nach dem Zweiten Weltkrieg der Siegeszug des Behaviorismus (vor allem durch die politikwissenschaftliche Anwendung der Systemtheorie); drittens wurden von der Ökonomie die Methoden der deduktiven Modellbildung und die Rational Choice-Theorie übernommen. Diese Entwicklung wurde mit zeitlicher Verzögerung in Deutschland übernommen und richtete sich zum einen gegen den hermeneutischen Ansatz der Staatswissenschaft, zum anderen gegen den ideologischen Ansatz der marxistischen Politikwissenschaft.[32] Eines der Ziele der Übernahme des Szientismus war ursprünglich, die Spezialisierung der Sozialwissenschaften (und damit die Abgrenzung voneinander) zu fördern und die Eigenständigkeit der Politikwissenschaft als Einzelwissenschaft zu unterstreichen.[33] Insoweit die Politikwissenschaft als empirische Sozialwissenschaft zunehmend auf die Rational Choice-Theorie zurückgreift, besteht die Gefahr, dass die ursprünglichen Ziele dieser Entwicklung verfehlt werden: Mit dem ökonomischen Politikverständnis wird die Abgrenzung von der Ökonomie als Nachbardisziplin aufgehoben, und zugleich wird der Ideologie der marxistischen Politischen Ökonomie nur der entgegengesetzte (individualistische statt kollektivistische) Reduktionismus gegenübergestellt.[34]

2.1.2 Entwicklung der Internationalen Politischen Ökonomie als Teilgebiet der Internationalen Politik

Im Unterschied zur marxistischen Politischen Ökonomie und zur Neuen Politischen Ökonomie ist die Internationale Politische Ökonomie nicht reduktionistisch, sondern interdisziplinär angelegt. Die IPÖ entwickelte sich in den sechziger und siebziger Jahren als Teil-

31 Dieser Ansatz dominierte noch in den fünfziger Jahren die deutsche Politikwissenschaft. Hervorzuheben ist dabei vor allem die Freiburger Schule von Arnold Bergstraesser (vgl. Bergstraesser 1957/1966; Bleek 2001, 337-341).

32 Siehe dazu Bleek (2001, 373-382).

33 Bleek (2001, 310-312).

34 Zur Kritik des sogenannten „ökonomischen Imperialismus“ siehe ausführlich Kapitel 4.2.

disziplin der Internationalen Politik. Der Hintergrund war, dass die durch die Spezialisierung der Sozialwissenschaften bewirkte Trennung von Ökonomie und Politik bei der Analyse internationaler Zusammenhänge auf praktische Schwierigkeiten stieß. Bis Ende der sechziger Jahre hatten die Vereinigten Staaten eine unangefochtene Vormachtstellung auf den Weltmärkten, und die Diskussionen in der Internationalen Politik war wesentlich vom Kalten Krieg geprägt – IP war „high politics“, Sicherheitspolitik. Ende der sechziger Jahre wurde aber deutlich, dass die ehemaligen Kriegsgegner, Deutschland und Japan, ernstzunehmende wirtschaftliche Konkurrenten geworden waren und die wirtschaftliche Vormachtstellung der Vereinigten Staaten gefährdet war. Da die wirtschaftliche Stärke fraglos die Grundlage für die militärische und politische Hegemonialstellung ist,[35] rückte die Ökonomie verstärkt in das Blickfeld der US-amerikanischen IP-Diskussion; „wirtschaftliche Interdependenz“ wurde zu einem bedeutenden Schlagwort (vgl. Cooper 1968; Spindler 2003, 90-92).[36]

Das Schlüsselereignis zur Begründung der IPÖ als eigenständige Teildisziplin war das arabische Ölembargo gegen die Vereinigten Staaten in der Folge des Yom-Kippur-Kriegs (1973) und der mit dem Embargo verbundene Ölpreisanstieg.[37] Dieses Ereignis verdeutlichte schlagartig den engen Zusammenhang zwischen ökonomischen und sicherheitspolitischen Fragen und damit die Notwendigkeit, die strikte Trennung politischer und ökonomischer Aspekte in der Analyse der internationalen Entwicklung aufzugeben.[38]

Die weltpolitische und weltwirtschaftliche Entwicklung Anfang der siebziger Jahre hatte die Verwundbarkeit der US-amerikanischen Hegemonialmacht aufgezeigt und die Diskussion über den „American decline“ entfacht, die bis in die achtziger Jahre hinein geführt wurde (vgl. Gilpin 1987).[39] In der IPÖ stand in dieser Zeit die Frage im Mittelpunkt, welche Rückwirkungen der „American decline“ auf die Weltordnung hat, die nach dem Zweiten Weltkrieg maßgeblich von den Vereinigten Staaten gestaltet worden war.

Die Kontrahenten in dieser Diskussion waren Vertreter der bekannten IP-Paradigmen, vor allem (Neo-)Realisten und die dem liberalen Paradigma zuzuordnenden Neoinstitutiona-

---

35 Der Zusammenhang zwischen militärischer und wirtschaftlicher Macht wurde Anfang der siebziger Jahre vor allem von Knorr (1973; 1975) thematisiert.

36 Das neue Interesse der IP an ökonomischen Fragen zeigte sich unter anderem 1968 in der Ernennung von Robert Keohane und Joseph Nye zu Mitherausgebern der Zeitschrift „International Organization“ (IO). Diese Zeitschrift konzentrierte sich bis dahin auf die Untersuchung der Institutionen und Entscheidungsprozesse in internationalen Organisationen (vor allem den Vereinten Nationen). Keohane und Nye änderten diese Ausrichtung und machten aus IO das zentrale Forum der US-amerikanischen IPÖ-Diskussion; wegweisend für die Neuausrichtung wurde der 1971 erschienene Sonderband „Transnational Relations and World Politics“ (Keohane/Nye 1971; zur Neuausrichtung von IO: Katzenstein/Keohane/Krasner 1998, 655f.). – Zur gleichen Zeit veröffentlichte Susan Strange in Großbritannien eine scharfe Kritik der Trennung von Politikwissenschaft und Ökonomie und betonte die Notwendigkeit, in der Analyse von Machtbeziehungen ökonomische Faktoren zu berücksichtigen. Damit legte sie den Grundstein für die Entwicklung der britischen IPÖ-Diskussion, die wesentlich von ihr und Robert Cox geprägt wurde (Strange 1970; für einen Vergleich der US-amerikanischen mit der britischen IPÖ-Diskussion: Murphy/Nelson 2001; Bieling 2007, 44-53).

37 Eine Darstellung der Entwicklung der IPÖ findet sich bei Katzenstein/Keohane/Krasner (1998) und Menzel (2001, 141-171). Biersteker (1993) stellt die Entwicklung der IPÖ in den größeren Zusammenhang der politischen-ökonomischen Debatten des zwanzigsten Jahrhunderts.

38 Dies wurde 1979 noch einmal verdeutlicht, als die Iranische Revolution den zweiten Ölpreisschock auslöste. Zur Entwicklung der Ölpreise und dem zeitlichen Zusammenhang mit politischen Ereignissen siehe die Internetseite der US-amerikanischen „Energy Information Administration“ (http://www.eia.doe.gov/emeu/cabs/AOMC/Overview.html; 22.12.2007).

39 Neben dem Ölembargo gaben der verlorene Vietnamkrieg, der partielle Zusammenbruch des Bretton-Woods-Systems und die wirtschaftliche Krise den Anstoß zu dieser Diskussion.

listen.[40] Für die Einschätzung der Wirkung des „American Decline“ auf die Weltordnung spielte die Theorie der hegemonialen Stabilität eine zentrale Rolle. Nach dieser Theorie beruht eine stabile Weltordnung auf der Bereitstellung öffentlicher Güter (Unterstützung internationaler Organisationen und stabilitätsorientierter internationaler Politik).[41] Das Trittbrettfahrerproblem, mit dem die Bereitstellung der öffentlichen Güter verbunden ist, kann in Ermangelung einer übergeordneten Autorität in der internationalen Politik nur überwunden werden, wenn ein Staat mit Hegemonialmacht ein überragendes Interesse an der Bereitstellung dieser internationalen öffentlichen Güter hat und zudem in der Lage ist, Druck auf die anderen Staaten auszuüben, damit diese ihren Beitrag leisten. Charles Kindleberger veröffentlichte 1973 seine Analyse der Weltwirtschaftskrise von 1929 und stellte die These auf, dass die eigentliche Ursache dieser Krise das Fehlen eines solchen Hegemons war:

> Das weltwirtschaftliche System war instabil, solange es nicht stabilisiert wurde, wie England dies im 19. Jahrhundert und bis 1913 getan hatte. 1929 waren die Briten dazu nicht in der Lage und die Amerikaner nicht dazu bereit. Als jedes Land sich auf die Wahrnehmung seiner nationalen Privatinteressen beschränkte, ging das Gemeinwohl der Staatengemeinschaft in die Binsen und mit ihm die nationalen Belange aller. (Kindleberger 1973, 305)

Die Anwendung dieser Logik auf die Situation des „American decline“ führte zu einer alarmierenden Diagnose: Wenn die Vereinigten Staaten ihre Hegemonialstellung einbüßten, musste dies mit einem Zerfall der weltwirtschaftlichen und weltpolitischen Ordnung einhergehen.[42] Diese These beruht auf dem (neo-)realistischen Paradigma: Die Situation der Anarchie in den internationalen Beziehungen kann nur durch die Vormachtstellung eines Hegemons überwunden werden, weil nur ein solcher ein hinreichendes Interesse an der Durchsetzung internationaler politischer Entscheidungen hat und über die Mittel verfügt, Druck auf andere Staaten auszuüben, um sie zur Kooperation zu bewegen.

Aus Sicht des Neoinstitutionalismus, einer Variante des Liberalismus, war diese Argumentation zu pessimistisch: Keohane und Nye argumentierten in „Power and Interdependence“ (erste Auflage 1977), dass die vom Hegemon geschaffenen Institutionen eine Eigendynamik entfalten und damit handlungsfähig bleiben könnten, wenn der Hegemon in eine Krise geriete. In diese Richtung argumentierten auch die Beiträge zur Regimetheorie, die aus der Sicht des Neoinstitutionalismus verfasst wurden: Sie zeigten, dass internationale Regime nach eigenen Regeln funktionieren und von den Staaten, die sie ursprünglich gegründet haben, zumindest teilweise unabhängig werden können.[43]

Zwei andere Themen, die neben der Theorie der hegemonialen Stabilität im Mittelpunkt der IPÖ-Diskussion der siebziger und achtziger Jahre standen, waren die Auswirkungen der Liberalisierung der Finanzmärkte nach der Aufgabe des Systems fester Wechsel-

40 Der Strukturalismus war in der US-amerikanischen IPÖ-Diskussion der siebziger und achtziger Jahre wenig vertreten.

41 Zur Theorie hegemonialer Stabilität siehe: Keohane (1984, 31-46), Gilpin (2001, 93-97), Menzel (2001, 154-157), Balaam/Veseth (2008, 48f. und 94-96). Zur Kritik dieser Theorie: Stein (1984).

42 Vgl. Gilpin (1981). Das Paradebeispiel für die Krise der internationalen Ordnung war die Aufgabe der festen Wechselkurse im Rahmen des Bretton-Woods-Systems (1973).

43 Die US-amerikanische Regimetheorie wurde maßgeblich von Keohane (1984; neoinstitutionalistische Sicht) und Krasner (1983; neorealistische Sicht) geprägt. In der deutschen Literatur sind vor allem Kohler-Koch (1989), Rittberger (1993) und Zürn (1987) als Vertreter der Regimetheorie zu nennen; ihr Hintergrund ist eher die Friedensforschung als die Analyse der Bestandsbedingungen der Weltwirtschaftsordnung (Kohler-Koch 1989, 17f.). Für einen Überblick siehe Zangl (2003).

kurse (vgl. insbesondere die Kritik an dieser Liberalisierung von Susan Strange in ihrem Buch „Casino capitalism", 1986) und die Auswirkungen der Multinationalisierung von Unternehmen auf die nationale und internationale Politik.[44] Zu dem letzten Thema gab es eine Kontroverse zwischen Neorealisten wie Gilpin (1975), die eine Schwächung der nationalen Wirtschaft durch den Abfluss von Kapital und Know-how befürchteten, wirtschaftlichen Liberalen, die die positiven Wohlfahrtseffekte durch eine effizientere internationale Arbeitsteilung betonten, und Strukturalisten, die die Gefahr der Ausbeutung von Ländern der Dritten Welt durch multinationale Unternehmen betonten (vor allem Vertreter der Neoimperialismus- und Dependenztheorie[45]) und zugleich Chancen für die Herausbildung einer internationalen Arbeiterbewegung sahen (Cox 1987, erste Auflage: 1971).

Die neueren IPÖ-Diskussionen über die Globalisierung der Wirtschaft und der Politik werden in Teil 3 noch ausführlicher behandelt. Als Ergebnis des Überblicks über die Entwicklung der IPÖ kann hier festgehalten werden, dass sie wesentlich von den Paradigmen der Internationalen Politik (Realismus, Liberalismus, Strukturalismus) geprägt ist, die im folgenden Kapitel 2.2 dargestellt werden. Vier weitere Zwischenergebnisse können festgehalten werden:

1. Politische Ökonomie im Sinne der IPÖ ist die Analyse der politischen Aspekte der (internationalen) Ökonomie, insbesondere die Analyse der Wirkung ökonomischer Entwicklungen auf die nationale und internationale Politik.[46] Wirtschaftspolitische Maßnahmen werden im Unterschied zur volkswirtschaftlichen Wirtschaftspolitik nicht in erster Linie in Hinblick auf ihre Wirkung auf ökonomische Prozesse, sondern auf ihre Rückwirkungen auf die Politik untersucht; die Eigenständigkeit beider Gegenstandsbereiche wird dabei nicht in Frage gestellt. Damit unterscheidet sich die IPÖ sowohl von der klassischen Politischen Ökonomie, die von wirtschaftspolitischen Fragestellungen geleitet war, als auch von der marxistischen Politischen Ökonomie und der wirtschaftsliberalen NPÖ, die beide auf eine ökonomistische Reduktion der Politik hinauslaufen.
2. Die Herausbildung der Teildisziplin IPÖ beruht nicht auf dem konzeptionell-systematischen Anliegen, Politik und Ökonomie in einer Disziplin zusammenzuführen, sondern entsprang der praktischen Notwendigkeit, auf aktuelle weltwirtschaftliche und weltpolitische Entwicklungen (insbesondere den Zusammenhang zwischen der Nahostpolitik und dem Zugang zu Ölressourcen) mit einem geeigneten Analyseinstrumentarium zu reagieren. Dieser praktische Druck entstand wesentlich aus der spezifischen Perspektive der Vereinigten Staaten als Hegemonialmacht, die über die Gestaltung der ökonomischen und politischen Weltordnung entscheiden musste. Der Sache nach ist die IPÖ aber nicht, wie insbesondere auch die Globalisierungsdiskussion zeigt, auf die US-amerikanische Perspektive begrenzt. Vielmehr eröffnet sie die Chance, einen interdisziplinären Zugang zu Fragen der Weltpolitik und der Weltwirtschaft zu bekommen und damit zu einem umfassenderen Politikverständnis zu gelangen, das ökonomische, historische und soziologische Aspekte integriert, ohne einem Reduktionismus (gleich

44 Die Diskussion über die politische Wirkung multinationaler Unternehmen wurde maßgeblich von Vernon (1971) angestoßen.

45 Siehe z. B. André Gunder Franks Essay über den Beitrag von Auslandsinvestitionen zur Unterentwicklung in Lateinamerika (Frank 1975, 277-312).

46 Zur Definition der IPÖ: Gilpin (1975, 43), Keohane (1984, 18-30).

welcher Richtung) zu verfallen. Die IPÖ ist somit geeignet, am breiten Politikverständnis und an der thematischen Vielfalt der klassischen deutschen Staatswissenschaft anzuknüpfen.[47]

3. Die Vielfalt der theoretischen Ansätze in der IPÖ lässt sich im Wesentlichen den drei IP-Paradigmen zuordnen. Diese Paradigmen stehen sich, wie im Folgenden noch gezeigt wird, relativ unversöhnlich gegenüber.[48] Doch diese Vielfalt sollte nicht als Mangel, sondern als Chance verstanden werden: Die allzu selbstbewusste Etablierung eines einzelnen Paradigmas, wie es in der Volkswirtschaftslehre der Fall ist, führt in der Regel dazu, dass dessen fundamentale Annahmen nicht mehr in Frage gestellt werden. Die Konkurrenz der Paradigmen kann die Reflexion der Grundlagen anregen. Wettbewerb belebt nicht nur das Geschäft, sondern auch den Geist; und es ist schon eine besondere Ironie, dass dies gerade von der gegenwärtigen Volkswirtschaftslehre, die sonst in jeder Hinsicht für den Wettbewerb eintritt, übersehen wird.
4. Die Pluralität der Paradigmen wird jedoch nur fruchtbar genutzt, wenn nicht das Bestreben aufgegeben wird, einen systematischen Zugang zu den Fragen der IPÖ zu gewinnen. Susan Strange weist auf die Notwendigkeit hin, vom Eklektizismus zu einer umfassenden Theorie zu gelangen: Das Ziel ist „to effect a synthesis of some kind, to provide some unifying concepts that would allow connections to be made and dialogues to begin between the disciplines." (Strange 1991, 34) Das Ziel ist somit die Überwindung der Widersprüche zwischen den Paradigmen, ohne der Gefahr der Dogmatisierung einer einzelnen Lösung zu erliegen: Das Ziel der Einheit muss als regulative Idee wirken, nicht als Streben nach einem neuen Dogma.

2.2 Paradigmendiskussion der IPÖ

Als Teilgebiet der Internationalen Politik hat die IPÖ die IP-Paradigmen übernommen und erweitert: Jedes IPÖ-Paradigma (Realismus bzw. Neomerkantilismus, Liberalismus, Strukturalismus) vertritt ein je eigenes Verständnis von (internationaler) Politik und Ökonomie. Über die Einteilung der Paradigmen herrscht in der Literatur weitgehend Einigkeit.[49] Die drei Paradigmen werden im Folgenden in ihren Grundzügen dargestellt (Abschnitte 2.2.1 bis 2.2.3); die Vielzahl unterschiedlicher theoretischer Ansätze innerhalb der Paradigmen kann dabei nur angedeutet werden. Die sogenannte Dritte Debatte, die seit Ende der achtziger Jahre zwischen dem Rationalismus (Neorealismus, Neoinstitutionalismus) und dem Konstruktivismus geführt wird, wirft die Frage auf, ob es sich bei letzterem um ein neues, viertes Paradigma handelt (Abschnitt 2.2.4).

---

47 Zur Berücksichtigung historischer und soziologischer Aspekte in der IPÖ vgl. Balaam/Veseth (2008, 9 und 14f.).

48 Krasner kennzeichnete im Titel eines Aufsatzes von 1994 die Situation der Paradigmendiskussion als „abiding discord"; diese Einschätzung ist zehn Jahre später noch genauso treffend.

49 Vgl. für die Einteilung der IPÖ-Paradigmen: Gilpin (1987, 25-64), Krasner (1994), Katzenstein/Keohane/Krasner (1998, 657), Bieling (2007, 29-43), Balaam/Veseth (2008); für die Einteilung der IP-Paradigmen: Doyle (1997), Baylis/Smith (2001), Meyers (1998, 414). Auf abweichende Systematisierungen, wie z. B. Menzels Unterscheidung von Idealismus und Institutionalismus (Menzel 2001, 20-23; ebenso Krell 2003), wird im Rahmen der Darstellung der Paradigmen eingegangen. Zur Diskussion der Einteilung der Paradigmen siehe Krell (2003, 42f.).

2.2.1 Realismus

Das zentrale Merkmal realistischer Theorien ist die Annahme, dass es in den internationalen Beziehungen aufgrund des Fehlens einer allgemein anerkannten Zwangsgewalt keine verbindlichen Regeln geben kann (Anarchie) und dass deshalb kooperatives Verhalten zwischen Staaten nicht oder nur begrenzt möglich ist. Aufgrund der Anarchie rechnen Staaten stets mit dem Machtstreben anderer Staaten und räumen dem Streben nach Sicherheit und Macht höchste Priorität ein. Kooperatives Verhalten zwischen Staaten ist im Wesentlichen nur möglich, wenn es zwischen den Staaten ein Kräftegleichgewicht gibt oder wenn ein einzelner Staat aufgrund seiner Hegemonialstellung eine internationale Ordnung durchsetzen kann (Morgenthau weicht hinsichtlich dieser Schlussfolgerungen, wie in diesem Abschnitt noch deutlich werden wird, vom „Mainstream" des Realismus ab).[50]

Die Annahme, dass das oberste Ziel der Staaten in ihren Außenbeziehungen das Streben nach Sicherheit und Macht ist, schließt das von den Liberalen betonte Motiv des Strebens nach Wohlstand durch Förderung des Handels nicht aus. Realisten betonen vielmehr, dass ökonomische Interessen den Sicherheitsinteressen des Staates untergeordnet werden und dass internationaler Handel auf Rahmenbedingungen angewiesen ist, die von der Politik geschaffen werden. Diese Rahmenbedingungen können wegen der Gefahr des Trittbrettfahrerverhaltens nicht das Ergebnis der freiwilligen Kooperation zwischen einer Vielzahl von Staaten sein; vielmehr bedarf es der gestaltenden Macht eines Hegemons (siehe die oben bereits erwähnte Theorie hegemonialer Stabilität, S. 33f.).

Aus dem Machtstreben der Staaten und der prinzipiellen Unüberwindbarkeit der Anarchie ergeben sich die weiteren zentralen Merkmale des Realismus:

- Es gibt keine universellen Normen, die bei internationalen Konflikten maßgeblich sein könnten. Alle Normen beruhen (wie bereits bei Hobbes) auf Übereinkunft; da es in der Anarchie keine Möglichkeit der Durchsetzung von Normen gibt, haben Übereinkünfte über Normen und Regeln nur begrenzten Wert: sie werden befolgt, solange dies im Interesse der Staaten ist oder solange eine Hegemonialmacht die Befolgung erzwingt. Folglich kann die Geschichte der internationalen Beziehungen auch nicht (wie im Liberalismus) als eine Fortschrittsgeschichte gesehen werden, in deren Verlauf solche universellen Normen verwirklicht werden.
- Staaten sind die entscheidenden Akteure in den internationalen Beziehungen. Aus realistischer Sicht ist es die oberste Aufgabe des Staates, im Inneren wie im Äußeren für Sicherheit zu sorgen; dabei können sie sich zu ihrem Schutz weder auf andere Staaten noch auf internationale Organisationen verlassen. Waltz kennzeichnet das internationale System deshalb als ein „self-help system".[51] Alle anderen Akteure auf der internationalen Ebene, wie internationale Organisationen, multinationale Unternehmen (MNU) und Nichtregierungsorganisationen, sind in ihrer Handlungsfähigkeit

50 Für einen Überblick über den Realismus vgl. Jervis (1998), Rosenau/Durfee (2000, 11-33), Dunne/Schmidt (2001), Menzel (2001, 72-82 und 141-162), Link (2002), Jacobs (2003), Schörnig (2003), Krell (2003, 137-172). Eine knappe und sehr präzise Zusammenfassung der Position des Neorealismus findet sich bei Mearsheimer (1994/95, 9-14).

51 Waltz (1979, 107). Den Unterschied zwischen den Binnen- und den Außenbeziehungen eines Staates fasst er prägnant zusammen: „The domestic imperative is ‚specialize'! [...] In an unorganized realm each unit's incentive is to put itself in a position to be able to take care of itself since no one else can be counted on to do so. The international imperative is ‚take care of yourself'!" (Ebd.)

auf staatliche Unterstützung und somit auf die Bindung an Staaten angewiesen. Gilpin betont in einer Studie von 1975, dass aus diesem Grund die meisten multinationalen Unternehmen amerikanisch sind: Sie operieren unter dem Schutz der *pax americana*.[52]

- Staaten sind einheitliche, rational handelnde Akteure. Die Einheitlichkeit des Handelns folgt aus der Eindeutigkeit des außenpolitischen Ziels (Sicherheit/Macht): Macht setzt Einigkeit voraus. Die Pluralität der Interessen, die im politischen Prozess innerhalb eines Landes artikuliert werden, kann im außenpolitischen Handeln nur eine Rolle spielen, wenn dort (wie im liberalen Paradigma) eine Pluralität der Ziele verfolgt wird.
- Internationale Beziehungen sind ein Nullsummenspiel. Macht (als das oberste Ziel der Außenpolitik im Realismus) und Sicherheit (oberstes Ziel im Neorealismus) können nur auf Kosten anderer Staaten gewonnen werden; eine allseitig vorteilhafte Kooperation, wie sie der Liberalismus unterstellt, ist aus dieser Sicht nicht möglich. Dadurch ist das politische Handeln in den internationalen Beziehungen in erster Linie kompetitiv (und konfliktträchtig), auch wenn es zwischen einzelnen Staaten zu Phasen der Kooperation kommen kann (vor allem wenn es eine äußere Bedrohung und/oder eine Hegemonialmacht gibt).

Innerhalb des Paradigmas des Realismus wird zwischen dem traditionellen und dem Neorealismus unterschieden. Dieser Unterschied ist vor allem methodischer Natur und hängt mit der Debatte zwischen Traditionalismus und Szientismus (Menzel 2001, 44) zusammen. Der Streit zwischen beiden Perspektiven lässt sich am Beispiel ihrer herausragenden Vertreter, Hans J. Morgenthau („Politics among Nations", 1948/1985[6]) und Kenneth N. Waltz („Theory of International Politics", 1979) verdeutlichen.

Für Morgenthau ist der Ansatzpunkt zur Erklärung staatlichen Handelns in der internationalen Politik der Mensch; er vertritt damit einen akteurszentrierten (im Unterschied zu Waltz' strukturzentriertem) Ansatz, der staatliches Handeln in der internationalen Politik auf anthropologische Annahmen zurückführt. Morgenthau (1985, 5) geht davon aus, dass alles staatliche Handeln vom Streben nach Macht geleitet ist: „We assume that statesmen think and act in terms of interest defined as power". Politik ist folglich ein Kampf um Macht: „International politics, like all politics, is a struggle for power." (ebd., 31) Im Verständnis der Macht grenzt Morgenthau sich aber explizit von Hobbes und Machiavelli ab. Macht ist für ihn Kontrolle über andere Menschen, die um dreier Ziele willen ausgeübt wird: „the expectation of benefits, the fear of disadvantages, the respect or love for men or institutions".[53] Mit dem dritten Ziel („respect or love for men or institutions") will Morgenthau sich von Hobbes und Machiavelli abgrenzen: Er stimmt mit deren Diagnose überein, dass im Umgang mit anderen Staaten immer mit dem Machtstreben und Egoismus der anderen Akteure gerechnet werden muss; in normativer Hinsicht aber geht es ihm darum zu zeigen, dass jede Außenpolitik, die den Frieden in der Welt fördern will, auf Macht angewiesen ist und somit danach streben muss, die nationale Machtposition auszubauen, wenn sie Konflikte reduzieren oder ihre Ideale durchsetzen will.[54] Wenn Morgenthau dem Men-

52 Gilpin (1975, 19). Das Argument ist heute überholt: unter den 25 Unternehmen mit den weltweit höchsten ausländischen Direktinvestitionen (ohne Finanzunternehmen) sind nur sieben US-amerikanische Unternehmen, 14 kommen aus EU-Staaten (UNCTAD 2007b, 229).

53 Morgenthau (1985, 32). Ausführlich zu Morgenthaus Machtbegriff: Rohde (2004, 123-154); s. a. Krell (2003, 143-147).

54 Morgenthau übersieht dabei, dass auch für Hobbes die Außenpolitik der Sicherung des Friedens dient; siehe dazu Abschnitt 4.1.1.

schen Machtstreben unterstellt, leugnet er nicht dessen Fähigkeit zu Verantwortung und zu moralischem Handeln, sondern bekämpft die (dem Idealismus zugeschriebene) Vorstellung, dass Moralität und Streben nach Macht einen Gegensatz darstellen. Das Ziel seiner realistischen Theorie ist (zumindest dem Anspruch nach) die Begründung verantwortungsbewusster Diplomatie im Sinne der Förderung des Friedens.[55]

Dazu passt es, dass Morgenthau für die Reduktion von Konflikten und die Vermeidung von Kriegen nicht auf den Mechanismus des Machtgleichgewichts, sondern auf gute Diplomatie setzt. Ob ein Machtgleichgewicht vorliegt, ist erstens aus der Sicht der Akteure stets unsicher, weil Macht eine psychologische Relation ist (1985, 32) und die Feststellung eines Gleichgewichts in dieser Relation stark von subjektiven Komponenten abhängt (223-227). Zweitens werden Außenpolitiker aufgrund dieser Unsicherheit nicht die Gleichheit der Macht anstreben (wobei sie das Risiko eingehen würden, sich in der Einschätzung des Gleichgewichts zu irren und schwächer zu sein), sondern sie streben aus Sicherheitsgründen danach, mehr Macht als die anderen Staaten zu haben; deshalb ist der Mechanismus des Machtgleichgewichts nicht nur unsicher, sondern auch unrealistisch (227-233). Wenn es in der Geschichte dennoch phasenweise zu einem Gleichgewicht der Mächte kam (wie z. B. nach dem Wiener Kongress von 1815), so war das nicht auf einen Mechanismus zurückzuführen, sondern auf den „moral consensus" (237) der beteiligten Nationen: ihren Willen, ein Gleichgewicht herzustellen, und die stillschweigende Übereinstimmung, dass ein Machtgleichgewicht für alle Seiten vorteilhaft sei. Verantwortungsbewusste Diplomatie in einem „moral consensus" kann zwar die Anarchie nicht aufheben, aber sie kann Konflikte eindämmen.

Der normative Bezug auf die Verantwortung der beteiligten Personen ist dem systemtheoretischen Neorealismus von Waltz fremd.[56] Waltz' Ansatzpunkt ist nicht der Mensch, sondern das internationale System (Waltz 1959); das Handeln der Menschen wird aus den Strukturen und den Zwängen heraus erklärt, die dieses System schafft.[57] Internationale Konflikte und Kriege gründen nicht im Machtstreben einzelner Akteure, die in der jeweiligen Situation auch anders handeln könnten, sondern folgen aus einer bestimmten Machtkonstellation in den internationalen Beziehungen: Zum Krieg kann es auch in einer Situation kommen, in der alle beteiligten Regierungen nach Frieden streben, wenn das Misstrauen zwischen ihnen so groß ist, dass der Krieg präventiv geführt wird. Ursache des Krieges ist aus neorealistischer Sicht nicht das akteursbedingte Machtstreben, sondern das systembedingte gegenseitige Misstrauen. Auch die Vermeidung von Konflikten und Kriegen wird systemtheoretisch erklärt: Sie resultiert aus einem Machtgleichgewicht, das nicht (wie bei Morgenthau) das Ergebnis guter Diplomatie ist, sondern aus der Struktur des Systems entsteht; entscheidend ist dabei insbesondere, ob das System uni-, bi- oder multilateral strukturiert ist.[58]

---

55 Vgl. Menzel (2001, 80): Morgenthau geht es um „den Unterschied zwischen idealistischer Gesinnungsethik und realistischer Verantwortungsethik". Zum Einfluss von Max Weber auf Morgenthaus Denken: Rohde (2004, 90-92).

56 Zu den Besonderheiten des Neorealismus siehe z. B. Lamy (2001), Menzel (2001, 91-162), Schörnig (2003). Zu Waltz: Krell (2003, 153-158). – Waltz' Anspruch, mit dem Neorealismus den wissenschaftlichen Realismus zu begründen, wird z. B. in dem Aufsatztitel deutlich: „Realist Thought and Neorealist Theory" (Waltz 1991).

57 Eine Tendenz in diese Richtung ist schon bei Morgenthau zu erkennen, wenn er in den „6 principles of political realism" erklärt, dass für das Verständnis des außenpolitischen Handelns von Staaten eine Auseinandersetzung mit den Motiven von Politikern irrelevant sei (1985, 5f.).

58 Ein Beispiel für eine solche Argumentation ist Mearsheimers Analyse der Kriegsgefahren in einem multipolar strukturierten Europa nach dem Ende des Kalten Krieges. Seine Analyse geht von der Prämisse aus, dass

Die Differenz zum traditionellen Realismus darf jedoch nicht überbewertet werden. Auch die systemische Begründung von Konflikten beruht schließlich auf der anthropologischen Prämisse, dass der Mensch stets mit der Schlechtigkeit der anderen Menschen rechnen und ein Staat das Machtstreben anderer Staaten fürchten muss; um die Berücksichtigung des Menschen kommt dieser Ansatz nicht herum. In der Kernaussage, dass die internationale Politik von einer unüberwindbaren Anarchie gekennzeichnet ist, in der die Staaten nach Sicherheit und Macht streben, stimmen die beiden Theorien im Wesentlichen überein.[59]

Hinsichtlich des Verhältnisses von Politik und Ökonomie folgt aus den Annahmen des Realismus (in beiden Varianten: traditionellem und Neorealismus), dass die Ökonomie sich auf der internationalen Ebene dem Sicherheits- und Machtstreben eines Staates und der Durchsetzung nationaler Interessen unterordnen muss.[60] Im traditionellen Realismus drückte sich dies in der Vernachlässigung der Ökonomie aus, während im Neorealismus die Abhängigkeit der Macht eines Staates von ökonomischen Faktoren (z. B. Technologie, Zugang zu natürlichen Ressourcen) anerkannt wird.[61] Eine zu große ökonomische Interdependenz wird von Neorealisten als Gefahr für die Unabhängigkeit eines Landes gesehen; so warnt Gilpin z. B. davor, dass sich die große Zahl U.S.-amerikanischer MNU im Falle eines Niedergangs der Hegemonialstellung der Vereinigten Staaten nachteilig auswirken kann, weil dann die Bedingungen, unter denen diese Unternehmen produzieren, nicht mehr hinreichend gestaltet werden können.

Die Unterordnung der Ökonomie unter die nationalstaatlichen Interessen wurde in der Ideengeschichte im Wesentlichen in drei Varianten vertreten (Balaam/Veseth 2008, 22-32):

- Für *klassische Merkantilisten*[62] wie den französischen Wirtschafts- und Finanzminister Jean-Baptiste Colbert war die ökonomische Rivalität der führenden europäischen Nationen Teil ihrer militärischen Rivalität: Förderung des Handels bedeutete Förderung der Exporte, um Edelmetalle zu erwerben, die der Finanzierung der Armee und der militärischen Vorhaben des Königs dienten. Der Handel ist aus dieser Sicht ein Nullsummenspiel; Außenhandelspolitik ist „une guerre d'argent contre tous les Estats de l'Europe".[63]

„the distribution and character of military power are the root causes of war and peace." (Mearsheimer 1990, 6.) In einem multipolaren System steigt die Kriegsgefahr im Vergleich zu einem bipolaren System erheblich; diese Gefahr kann nur durch ein Gleichgewicht der militärischen Macht reduziert werden. Um ein solches Gleichgewicht zwischen den europäischen Großmächten herzustellen, schlägt er die nukleare Aufrüstung Deutschlands vor (ebd., 54).

59 Waltz betont jedoch die Differenz zwischen Morgenthaus Annahme des Strebens nach Macht und der neorealistischen Annahme des Strebens nach Sicherheit: Zuviel Macht kann die Sicherheit eines Staates gefährden, weil sie bei anderen Staaten, die sich von dieser Macht bedroht fühlen, Gegenreaktionen provoziert. Deshalb streben Staaten nach einem Optimum an Macht, um ihre Sicherheit zu maximieren (Waltz 1991, 34-36).

60 Vergleiche hierzu: Gilpin (1987, 31-34), Buzan (1994), Balaam/Veseth (2008, Kapitel 2).

61 Besonders deutlich betont dies Ripsman (2005) in seinem Aufsatz: „False Dichotomies: Why Economics is High Politics".

62 Das Standardwerk zum klassischen Merkantilismus stammt von Heckscher (1932). Zur Abgrenzung von Merkantilisten und ökonomischen Nationalisten siehe Gilpin (2000, 92f.).

63 Colbert („Mémoire au Roi sur les Finances" von 1670, 250); er lobt an dieser Stelle den König dafür, dass er in diesem Krieg Spanien, Italien, Deutschland und England bereits niedergerungen hat und nun nur noch Holland besiegen muss. Dieser Krieg, „qui ne consiste qu'en esprit et en industrie", sei die Lebensaufgabe des Königs (ebd., 251). Zur Person und wirtschaftspolitischen Lehre Colberts: Born (1989).

- Aus Sicht des *ökonomischen Nationalismus*, wie er in Deutschland von Friedrich List (1841/1959) und in den Vereinigten Staaten von Alexander Hamilton (1791/1966) vertreten wurde, ging es in einer Zeit, in der Großbritannien eine unangefochtene Führungsrolle in der industriellen Revolution einnahm, darum, die heimische (nationale) Wirtschaft vor britischer Konkurrenz zu schützen und wettbewerbsfähig zu machen. Hier ist die Ökonomie nicht Grundlage militärischer Macht, sondern nationaler Unabhängigkeit. Die Positionen von Hamilton und List zum Schutz von sich entwickelnden Volkswirtschaften werden heute u. a. in der Entwicklungspolitik aufgegriffen (Senghaas 1999; Chang 2002): Entwicklungsländer sollen ihre nationale Wirtschaft vor dem internationalen Wettbewerb schützen, solange sie nicht international konkurrenzfähig sind.
- Als *Neomerkantilismus*[64] *oder ökonomischer Realismus*[65] werden Positionen bezeichnet, die unter der Bedingung einer hohen Interdependenz die Wirtschaft in den Industrieländern mit dem Ziel der Steigerung der nationalen Wettbewerbsfähigkeit oder des Schutzes heimischer Arbeitsplätze staatlich unterstützen wollen. US-amerikanische ökonomische (Neo-)Realisten wie Stephen Krasner (1976; 1985; 1995) und Robert Gilpin (1975; 1987; 2001) sehen trotz der militärischen Überlegenheit der Vereinigten Staaten einen (zumindest relativen) Rückgang ihrer wirtschaftlichen Wettbewerbsfähigkeit. Dadurch schwindet der Rückhalt der US-amerikanischen Regierung für eine liberale Weltwirtschaftsordnung und es kommt verstärkt zu protektionistischen und industriepolitischen Maßnahmen. Die Folge ist eine größere Bedeutung der regionalen Blöcke, zwischen denen Interessenkonflikte zunehmen, die häufig in Form von Handelskriegen ausgetragen werden. Die gegenwärtige Bedrohung der globalen Sicherheit durch den islamistischen Terrorismus bestärkt ökonomische Realisten in ihrem grundsätzlichen Pessimismus. – In Europa äußert sich der ökonomische Realismus vor allem in der Forderung nach einer aktiven Industriepolitik zur Förderung von Hochtechnologien.[66] Dabei wird ebenfalls in der Kategorie eines Wettbewerbs zwischen Blöcken (vor allem zwischen den Regionen innerhalb der Triade) gedacht und der Wettbewerb als Nullsummenspiel angesehen.[67]

Das gemeinsame Merkmal dieser drei Positionen besteht darin, dass die Wirtschaftspolitik stets nationalen Interessen untergeordnet wird. Freier Wettbewerb wird – anders als bei ökonomischen Liberalen – nicht um seiner selbst willen angestrebt, sondern nur dann befürwortet, wenn er aufgrund der eigenen wirtschaftlichen Überlegenheit den nationalen Zielen dient.[68]

---

64 Balaam/Veseth (2008, 26).

65 Menzel (2001, 158).

66 Gilpin (2000, 92) nennt die Vertreter solcher Forderungen „technonationalists".

67 Innerhalb der EU werden neomerkantilistische Bestrebungen in den letzten Jahren vor allem von der französischen Regierung unterstützt (vgl. die Kritik der Monopolkommission an der Förderung „nationaler Champions"; Monopolkommission 2004). Ein bekannter Befürworter europäischer Industriepolitik in der Literatur ist Seitz (1994; 1999).

68 Autoren wie Chang (2002), die eine entwicklungspolitische Perspektive vertreten, halten dies den Vereinigten Staaten vor, dass sie während der Entwicklung ihrer eigenen Industrie im 19. Jahrhundert eine stark protektionistische Handelspolitik betrieben haben, heute aber von den Entwicklungsländern im Rahmen der WTO eine schnelle Marktöffnung fordern (siehe dazu ausführlich Abschnitt 3.2.2.1). Robert Gilpin (1987; 2001) dagegen beurteilt das Eintreten der Vereinigten Staaten für Freihandel grundsätzlich positiv, weil er im Interesse aller Staaten ist, und fürchtet vielmehr eine schwindende US-amerikanische Unterstützung für liberale Handelspolitik, wenn die Wettbewerbsfähigkeit der Vereinigten Staaten sinkt.

2.2.2 Liberalismus

Der Liberalismus erscheint auf allen Ebenen als Gegenthese zum Realismus: Er ist geprägt vom Fortschrittsgeist der Aufklärung und betont somit die Möglichkeiten der internationalen Kooperation und der Herausbildung einer friedlichen Weltgesellschaft.[69] In der Entwicklung der Theorie der Internationalen Beziehungen reagierte der Realismus auf eine frühere Form des Liberalismus, den Idealismus, demzufolge der Krieg zwischen Staaten überwunden werden kann, wenn die Völker einsehen, dass er sich nicht auszahlt. Aus Sicht von Realisten wie E. H. Carr und Morgenthau war der Idealismus mitverantwortlich für die Appeasement-Politik gegenüber den Nationalsozialisten; sie kritisierten ihn für seine naive Überzeugung, dass der Mensch gut sei und dass die Außenpolitik von moralischen Prinzipien statt von Interessen geleitet sein soll. Diese Charakterisierung des Idealismus trifft aber nur auf einige der Idealisten, wie Alfred Zimmern, zu (Griffiths 1999, 100-104). Hinsichtlich der beiden bekanntesten Vertreter, Norman Angell und Woodrow Wilson, ist sie verzerrt (vgl. Griffiths 1999, 53): Angell und Wilson gehen gerade nicht von einem Konflikt zwischen Interessen und moralischen Werten aus, sondern unterstellen in der Tradition von Kant, dass die Verfolgung individueller Interessen mit der Zeit zur Herausbildung einer friedlichen Weltordnung führt.

Der Neoinstitutionalismus als neuere Form einer liberalen IPÖ-Theorie ist hinsichtlich des optimistischen Ausblicks in die Zukunft vorsichtiger als der Idealismus, beruht aber auf einem ganz ähnlichen Menschenbild:[70] Der Mensch handelt eigennützig, verfügt aber über eine aufgeklärte (oder zur Aufklärung fähige) Rationalität, die es ihm ermöglicht, den langfristigen Nutzen kooperativen Handelns zu erkennen. Der Neoinstitutionalismus wurde vor allem in den siebziger Jahren als szientistische Variante des Liberalismus entwickelt und bildet das Gegenstück zum Neorealismus. Gegen die neorealistische Theorie der hegemonialen Stabilität vertritt er erstens die Auffassung, dass die Errichtung der globalen Sicherheitsstrukturen und der Weltwirtschaftsordnung nach dem Zweiten Weltkrieg nicht das Werk der US-amerikanischen Hegemonialmacht waren, sondern dass sie aus dem gemeinsamen Interesse der beteiligten Staaten und deren Bereitschaft zur Kooperation entstanden sind;[71] zweitens sieht der Neoinstitutionalismus im Falle eines Niedergangs der Hegemonialmacht nicht das Ende der Weltwirtschaftsordnung gekommen: Keohane und Nye (2001, 47-51) betonen, dass internationale Organisationen eine Eigendynamik haben, so dass die fehlende Unterstützung von Seiten der Nationalstaaten nicht notwendig zum Zerfall dieser Organisationen führt. Der Unterschied zwischen Neoinstitutionalismus und Idealismus liegt weniger in den Prämissen als in der Methode: der Idealismus ist die traditionelle, akteurszentrierte Variante des Liberalismus, während der Neoinstitutionalismus die szientistische, strukturzentrierte Variante ist, die auf der Rational Choice-Theorie aufbaut.[72] Der Idealismus

69 Für einen Überblick siehe Gilpin (1987, 26-31), Doyle (1997), Rosenau/Durfee (2000, 34-46), Dunne (2001), Menzel (2001, 163-171).

70 Zur Abgrenzung des (Neo-)Institutionalismus vergleiche Keohane (1984, 5-17); s. a. Krell (2003, 176-179).

71 Keohane spricht von „demand for international regimes" (1982) . Zur neoinstitutionalistischen Kritik der Theorie hegemonialer Stabilität siehe Keohane (1984, Teil III).

72 Menzel (2001, 22; ebenso: Krell 2003) sieht dagegen im Idealismus und im Institutionalismus zwei unterschiedliche Paradigmen: Der Neoinstitutionalismus nehme eine Mittelposition zwischen Idealismus und Realismus ein, weil er auf einem realistischen Menschenbild aufbaue (der Mensch ist eigennützig), aber die Möglichkeit internationaler Kooperation aufzeige. Der Eigennutz der Individuen wird aber, wie gesagt, in der kantischen Tradition des Idealismus nicht geleugnet.

ist damit das Pendant zum traditionellen Realismus, der Neoinstitutionalismus das Pendant zum Neorealismus.

Will man den Kern des liberalen Paradigmas zusammenfassen, so zeigt sich, dass – bei aller sonstigen Verschiedenheit – der Ausgangspunkt der gleiche ist wie im Realismus: die Anarchie. Aus Sicht beider Paradigmen sind die internationalen Beziehungen dadurch gekennzeichnet, dass es keine allgemeinverbindliche Instanz gibt, die die Respektierung von Normen und Regeln durchsetzen kann.[73] Doch der Liberalismus ist grundsätzlich optimistisch hinsichtlich der Möglichkeiten, unter den Bedingungen der Anarchie zu dauerhafter und stabiler Kooperation zu kommen. Der Grund für den Optimismus liegt in dem skizzierten Menschenbild: Während aus realistischer Sicht in der Anarchie immer mit nichtkooperativem Verhalten (spieltheoretisch: Defektion) durch einen Kooperationspartner gerechnet werden muss, unterstellen Liberale, dass die beteiligten Individuen die langfristigen Nachteile aus dem Scheitern der Kooperation in Rechnung stellen und sich deshalb tendenziell kooperativ verhalten. Rationaler Egoismus fördert somit kooperatives Verhalten (vgl. z. B. Keohane 1984, 9).

Die weiteren Merkmale des Liberalismus, die ihn vom Paradigma des Realismus unterscheiden, folgen aus der Annahme des aufgeklärten Egoismus:

- Das Handeln der Akteure in den internationalen Beziehungen ist vom Primat des Strebens nach Wohlfahrt und nicht nach Sicherheit geleitet. Das bedeutet nicht, dass Liberale das Ziel der Sicherheit vernachlässigen. Vielmehr sehen sie die Sicherheit als Ergebnis des Strebens nach Wohlfahrt: Der internationale Handel überzeugt die Individuen vom Nutzen des Friedens und führt dauerhaft zur Überwindung gewalttätiger Konflikte. Für Realisten ist Sicherheit somit die unabdingbare Voraussetzung des Handels; für Liberale ist sie die Folge des Handels.
- In den internationalen Beziehungen gibt es eine Pluralität unterschiedlicher Akteure neben den Nationalstaaten, vor allem internationale Organisationen, multinationale Unternehmen und internationale Nichtregierungsorganisationen. Diese Akteure sind aus der Sicht des Realismus vom Schutz der Nationalstaaten abhängig. Aus liberaler Perspektive sind sie (potentiell) unabhängige Akteure, deren Austauschbeziehungen die internationale Interdependenz fördern. Traditionell gilt das Misstrauen des Liberalismus dem Staat: Auf der nationalen Ebene ist das entscheidende Anliegen die Bändigung der staatlichen Macht mit dem Ziel der Sicherung der Freiheit der Bürger. Auf der internationalen Ebene sind Staaten tendenziell die Ursache von Konflikten; die Kontrolle der Staaten durch die Bürger (Demokratie) und die Herausbildung einer transnationalen Zivilgesellschaft können das Machtstreben der Staaten eindämmen und damit den Frieden fördern.[74] Der Pluralität der Akteure in den internationalen Beziehungen kommt also eine ähnliche, die staatliche Politik kontrollierende Funktion zu wie dem Pluralismus im Inneren des Staates.
- Kooperatives Handeln in den internationalen Beziehungen führt zur Institutionalisierung der Kooperation; die internationalen Organisationen entwickeln im Laufe der

73 Die Gemeinsamkeiten von Neorealismus und Neoinstitutionalismus betont z. B. Baldwin (1993).

74 Die Bedeutung sogenannter „transnational sovereignty-free actors" betont z. B. Rosenau (1990, 36, 136f. und 307f.); siehe auch die Charakterisierung seines „turbulence-paradigm" in Rosenau/Durfee (2000, 47-75). Zum Konzept der Weltgesellschaft und der Transnationalisierungsprozesse siehe z. B.: Buzan (1993), Jung (1998), Zürn (1998), Beck (1998), Höffe (1999a), Rosecrance (2001), Messner (2002), Take (2003).

Zeit eine Eigendynamik, die zu einer Intensivierung der Kooperation oder zu ihrer Ausweitung auf neue Bereiche (Spillover) führen kann.[75] Während aus Sicht des Realismus politische Entscheidungsprozesse in internationalen Organisationen vom Willen der Nationalstaaten abhängig bleiben, sind diese Organisationen aus Sicht des Liberalismus neue transnationale Akteure, die den Kern einer sich neu entwickelnden Weltgesellschaft bilden.[76]

Aus diesen Merkmalen des Liberalismus folgt der spezifisch liberale Ansatz in der Charakterisierung des Verhältnisses von Politik und Ökonomie. Der Ökonomie kommt hier (im Unterschied zum Realismus) eine zentrale Bedeutung zu, weil der internationale Handel aufgrund seiner potentiell friedensfördernden Wirkung eine wichtige Grundlage des Fortschritts in den internationalen Beziehungen ist. Internationale Politische Ökonomie handelt aus dieser Sicht nicht von der Sorge der Nationalstaaten um ihre Sicherheit und wirtschaftliche Unabhängigkeit, sondern von den Bedingungen, unter denen der internationale Handel als Motor der Entwicklung einer friedlichen und freiheitlichen Weltgesellschaft wirkt.

Die Frage, welches diese Bedingungen sind, führt allerdings zu einem erheblichen Streit zwischen den Varianten des Liberalismus: Genügt es, die Freiheit des internationalen Wettbewerbs zu sichern und die Eigentumsrechte durchzusetzen? Oder bedarf es einer weitergehenden Gewährleistung der rechtlichen Gleichheit der Menschen bzw. Staaten, um der Gefahr des Missbrauchs wirtschaftlicher Macht durch transnationale Unternehmen oder politischer Macht durch einzelne Staaten zu begegnen? Oder ist darüber hinaus ein Ausgleich der wirtschaftlichen und sozialen Ungleichheit notwendig, um die Fähigkeiten der am wenigsten entwickelten Länder zur Teilnahme am internationalen Wettbewerb zu fördern? Die in der Darstellung der IPÖ-Paradigmen übliche Gegenüberstellung von Liberalismus und Realismus verdeckt, dass es innerhalb des Liberalismus erhebliche Differenzen zwischen dem Wirtschaftsliberalismus und verschiedenen Varianten des politischen Liberalismus gibt. Diese Differenzen mögen in der Internationalen Politik z. B. bei der Behandlung von sicherheitspolitischen Fragestellungen von untergeordneter Bedeutung sein; sobald es jedoch um das Verhältnis von Politik und Ökonomie geht, müssen sie berücksichtigt werden, um die Frontstellungen in den Debatten besser verstehen zu können.

Der Liberalismus lässt sich zunächst in den ökonomischen und den politischen Liberalismus unterteilen (siehe Abbildung 1: S. 45). Der *ökonomische Liberalismus* sieht als zentralen Ort der Verwirklichung der Freiheit den Markt an und analysiert dessen Selbstregulierungskräfte. Der Wettbewerb wird als idealer Mechanismus zur Koordination der Individuen angesehen, weil er die Akteure zwingt, der Marktgegenseite das jeweils beste Angebot zu unterbreiten, und damit trotz (bzw. gerade wegen) der Eigennutzorientierung der Individuen das für alle Beteiligten bestmögliche Ergebnis herbeiführt.[77] In einer groben Unterteilung lassen sich drei Varianten dieser Position erkennen, die in unterschiedlichem Maß auf die Selbstregulierungskräfte des Marktes vertrauen:

---

75 Vgl. den Neofunktionalismus von Haas (1964; 1968).

76 So sehen verschiedene Autoren die Vereinten Nationen als Kern einer zukünftigen Weltregierung (Held 1995, Höffe 1999a) oder eines „Weltregierens“ („governance without government“: Rosenau/Czempiel 1992, Reinicke 1998).

77 Vgl. Watrin (1998), Schenk et al. (1998), Weizsäcker (1999), Theurl/Smekal (2001).

- „Radikale" ökonomische Liberale sehen den Wettbewerb als ein System, das auf der Grundlage einer funktionierenden Eigentumsordnung im Wesentlichen von allein funktioniert; die internationale Politik hat gegenüber dem Wettbewerb allein die Funktion, die Eigentumsrechte (im umfassenden Sinne von Verfügungsrechten, einschließlich der sogenannten „intellectual property rights") zu definieren und durchzusetzen[78] und gegebenenfalls staatliche Wettbewerbsbeschränkungen (z. B. durch Zölle oder Subventionen) zu kontrollieren. Die Rahmenordnung des Wettbewerbs entsteht ihrerseits in einem übergeordneten Wettbewerb solcher Ordnungen (sogenannter Systemwettbewerb, siehe unten: 4.2.3.3).
- „Gemäßigte" ökonomische Liberale, zu denen insbesondere die Vertreter des Ordoliberalismus zählen[79], gehen davon aus, dass der Wettbewerb nur funktioniert, wenn der Staat eine Rahmenordnung schafft, die in umfassender Weise der Gefahr der Selbstaufhebung des Wettbewerbs vorbeugt und gegen die Tendenzen zur Entstehung und zum Missbrauch wirtschaftlicher Macht vorgeht (vgl. z. B. Eucken 1952/1990).
- Aus Sicht der „kritischen" ökonomischen Liberalen gibt es eine Reihe von Fällen, in denen der Wettbewerb mangelhaft funktioniert, und staatliche Interventionen in die Marktprozesse notwendig sind (z. B. bei Keynes im Falle konjunktureller Störungen des makroökonomischen Gleichgewichts).

Der *politische Liberalismus* ist dadurch gekennzeichnet, dass er als primären Ort der Verwirklichung von Freiheit und Individualismus nicht den Markt, sondern die Politik (genauer: den Rechtsstaat bzw. die Demokratie) ansieht.[80] Hier lassen sich zwei Varianten unterscheiden:

- Rechtsstaatlich orientierte politische Liberale sehen als entscheidende Aufgabe der Politik die Verwirklichung des Rechtsprinzips, insbesondere der formalen Gleichheit der Bürger vor dem Recht, das seinerseits dem Schutz der individuellen Freiheit der Bürger dient (Kant, Höffe).
- Sozialstaatlich orientierte politische Liberale gehen davon aus, dass über die Durchsetzung der Rechtsstaatlichkeit hinaus im demokratischen Prozess Umverteilungsmaßnahmen beschlossen werden müssen, die die Bürger von wirtschaftlichen Zwängen und Unsicherheiten unabhängig machen und die Rückwirkung wirtschaftlicher Ungleichheit auf politische Entscheidungsprozesse ausschließen (z. B. Habermas, Held, Young).[81]

Diese Varianten des ökonomischen und politischen Liberalismus lassen sich in drei liberale Positionen zusammenfassen, weil der rechtsstaatlich und der sozialstaatlich orientierte politische Liberalismus in ihren Voraussetzungen jeweils mit dem gemäßigten und dem kritischen ökonomischen Liberalismus kompatibel sind (Abbildung 2: S. 47). Letztere gehen beide davon aus, dass der Staat die Bedingungen für die Funktionsfähigkeit des Wettbe-

78 Zum umfassenden Begriff der Eigentumsrechte im Wirtschaftsliberalismus siehe Buchanan (1984, 12f.).

79 Führende Vertreter des Ordoliberalismus waren Walter Eucken, Franz Böhm, Wilhelm Röpke und Alexander Rüstow.

80 Siehe zu dieser Unterscheidung Kriele (1994, 177-180); dort wird der politische Liberalismus als Verfassungsliberalismus bezeichnet.

81 Die Positionen werden hier für den Überblick nur kurz skizziert; eine ausführliche Diskussion ihrer theoretischen Grundlagen erfolgt in Teil 4. Zum Problem der Zuordnung des Neoinstitutionalismus zum politischen Liberalismus siehe unten, 4.3.2.5.

werbs herstellen muss und dass in diesem Sinne der Politik ein Primat gegenüber dem Wettbewerb zukommt. Für den gemäßigten ökonomischen und den rechtsstaatlich orientierten politischen Liberalismus besteht diese Bedingung in der Schaffung eines (rechtlichen) Rahmens für die Ökonomie und in der Verhinderung der Selbstaufhebung des Wettbewerbs. Auch wenn das Politikverständnis des gemäßigten Wirtschaftsliberalismus nicht in jedem Punkt mit demjenigen des rechtsstaatlich orientierten politischen Liberalismus übereinstimmt (siehe dazu unten, 3.2.1.2), so entsprechen die beiden Positionen einander zumindest im Verständnis des Wettbewerbs und der Wirtschaftspolitik, so dass sich der gemäßigte Wirtschaftsliberalismus als das ökonomische Pendant zur politischen Theorie des rechtsstaatlich orientierten Liberalismus bezeichnen lässt. Die Verbindung dieser beiden Positionen soll hier als *rechtsstaatlicher Liberalismus* bezeichnet werden. Kritische ökonomische Liberale und sozialstaatlich orientierte Liberale gehen beide davon aus, dass der Wettbewerb nur dann für alle vorteilhaft ist, wenn der Staat in die Marktprozesse interveniert, um die Marktergebnisse zu korrigieren; im Unterschied zum Strukturalismus lehnen sie den Wettbewerb aber nicht grundsätzlich ab, sondern befürworten lediglich korrigierende Eingriffe in den Wettbewerb. Beide Positionen zusammen sollen hier als *sozialstaatlicher Liberalismus* zusammengefasst werden.

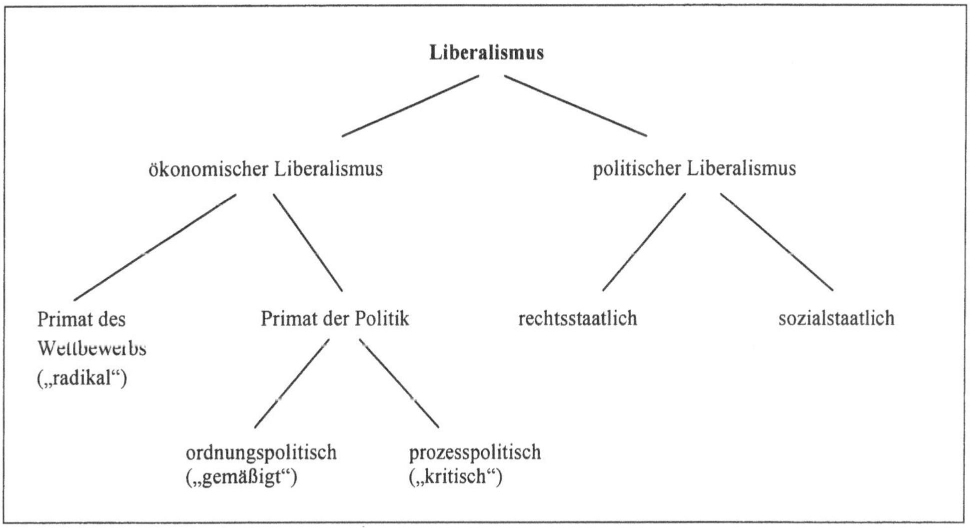

Abbildung 1: Varianten des Liberalismus

Verbindet man auf diese Weise die Varianten des politischen und des ökonomischen Liberalismus, so ergeben sich in Anwendung auf die IPÖ drei liberale Positionen:

- *Radikale ökonomische Liberale* gehen, wie oben dargestellt, grundsätzlich vom Primat des Wettbewerbs über den Staat bzw. die Politik aus und befürworten nur in Ausnahmefällen Interventionen in Marktprozesse; die Politik hat gegenüber dem Wettbewerb eine rein unterstützende Funktion. Auf der internationalen Ebene soll der Wettbewerb der politischen Rahmenordnungen (Systemwettbewerb) zur Selektion der effizientesten Rahmenordnungen führen. Die Unterstützung des Wettbewerbs durch die Politik ist in zweierlei Hinsicht notwendig: Sie soll national und international die Eigentumsrechte der Individuen (die als mit den Freiheitsrechten identisch angesehen werden) schützen und auf der nationalen Ebene öffentliche Güter bereitstellen (also diejenigen Güter, bei denen wegen fehlender Ausschließbarkeit im Konsum das Trittbrettfahrerproblem auftritt).[82] Die demokratische Kontrolle über die Produktion öffentlicher Güter ist aufgrund von Informationsmängeln ungenügend und führt zur Überproduktion und zur Verschuldung der öffentlichen Haushalte;[83] dies lässt sich verhindern, wenn der politische Prozess zusätzlich durch den Wettbewerb kontrolliert wird. Die Globalisierung wird als Chance gesehen, Staaten einem Wettbewerb der Systeme auszusetzen, in dem sie als Anbieter von Dienstleistungen wie Rechtssicherheit und Infrastruktur auftreten und um die Gunst von internationalen Investoren und zahlungskräftigen Bürgern konkurrieren. Diese Konkurrenz zwingt die Staaten zur Beschränkung der Markteingriffe und fördert die Entstehung einer globalen Marktgesellschaft.[84]

- *Rechtsstaatliche Liberale* gehen davon aus, dass der freie Wettbewerb einer rechtlichen Rahmenordnung bedarf, die den freien Zugang zu den Märkten und die Einhaltung der „Spielregeln" des Wettbewerbs sicherstellt.[85] Auf der internationalen Ebene schlägt sich dies in der Forderung nach der Schaffung einer Welthandelsordnung zum Schutz des freien Welthandels und einer Weltfinanzordnung zur Sicherung und Stabilisierung der internationalen Kapitalströme nieder.[86] Auf der politischen Ebene wird der Liberalismus aus dieser Sicht im Wesentlichen in der Durchsetzung des Rechtsstaates verwirklicht, der die formale Gleichheit der Bürger bei der Anwendung der Gesetze und der Mitwirkung an der Gesetzgebung sichert.[87] Die Grundlage der Freiheit ist die – möglichst weltweite – Durchsetzung des Rechtsprinzips: Konflikte sollen nicht mit Gewalt, sondern nach allgemein anerkannten Regeln gelöst werden, die für alle Menschen die gleichen sind. Diese Position, die in der Tradition der politischen Philosophie von Kant steht, vertritt z. B. Höffe (1999a) in seinem Buch „Demokratie im Zeitalter der Globalisierung": Aus seiner Sicht verlangen die Herausforderungen der Globalisierung „nach einer Rahmenordnung [...], die an die Stelle der Gewalt das Recht setzt, das Recht auf Gerechtigkeitsprinzipien verpflichtet und das gerechte Recht einer subsidiären und föderalen Weltrepublik überantwortet." (Ebd., 433) Für den rechtsstaatlich orientierten Liberalismus hat die Ökonomie zunächst eine Mittelfunktion: Es sind die ökonomischen Anreize des Freihandels, die die Menschen zu kooperativem Verhalten bewegen, so dass sie das Recht gegenüber der Gewalt bevorzugen. Kant versteht den ökonomischen Anreiz als eine List der Natur, die dem

82 Buchanan (1984, 139) nennt die erste Funktion den „Rechtsschutzstaat" („protective state"), die zweite den „Leistungsstaat" („productive state"); siehe dazu unten, 4.2.3.1.

83 Siehe z. B. Brennan/Buchanan (1993).

84 Vgl. Siebert/Koop (1990), Frey (1997), Kerber (1998a; 1998b), Sinn (2003a).

85 Die Notwendigkeit eines Ordnungsrahmens für den Wettbewerb wird mit besonderer Deutlichkeit von Walter Eucken gezeigt. Eucken betont die Gefahr der Selbstaufhebung des Wettbewerbs durch Monopolbildung, die staatliche Eingriffe in den Ordnungsrahmen des Wettbewerbs erforderlich macht (Eucken 1952/1990); eine Intervention in die Marktprozesse (wie sie von Keynesianern vorgeschlagen wird) lehnt er hingegen ab (ebd., 140-144). In dem grundsätzlichen Punkt, dass der Staat Bedingungen für die Funktionsfähigkeit des Wettbewerbs schaffen muss, ist diese Position bereits bei Adam Smith angelegt (WN IV.ix.51f./582f.); Smith sah aber nicht die Gefahr der Selbstaufhebung des Wettbewerbs.

86 Vgl. z. B. mit Bezug zur Weltfinanzordnung: Stark/Hartenstein (2002).

87 Z. B. Dahrendorf (1987), Höffe (2002); mit Bezug auf die Globalisierung: Fukuyama (1992).

Rechtsprinzip zum Durchbruch verhilft.[88] Fraglich ist, inwieweit das Rechtsprinzip letztlich wiederum ein Mittel für die Verfolgung ökonomischer Interessen ist.[89]

Liberales Paradigma:	**Ökonomische Theorie**	**Politische Theorie**		**Verhältnis von ökonomischem Wettbewerb und Politik**
		Aufgabe der Politik	**Verwirklichung im internationalen Kontext durch:**	
Radikaler ökonomischer Liberalismus	Ordnung des Wettbewerbs entsteht automatisch (im Wettbewerbsprozess) (*Hayek*)	Schutz der Eigentumsrechte und Bereitstellung öffentlicher Güter	Systemwettbewerb (Bsp.: *Frey*)	Primat des Wettbewerbs zur Korrektur der Funktionsmängel der Demokratie
Rechtsstaatlicher Liberalismus	Wettbewerb bedarf einer von der Politik gestalteten Rahmenordnung (*Smith*, *Eucken*)	umfassende Verwirklichung des Rechtsprinzips (formale Gleichheit der Bürger)	globale Demokratie und globaler Rechtsstaat (Bsp.: *Höffe*)	Primat der Politik; *Harmonie* von Wettbewerb und Demokratie (freier Handel fördert Frieden und Demokratie)
Sozialstaatlicher Liberalismus	Wettbewerb bedarf der Korrektur der inhärenten Instabilität des Marktes durch den Staat (*Keynes*)	Sicherung der materiellen Freiräume der Bürger durch Umverteilung	globaler Sozialstaat (Bsp.: *Held*)	Primat der Politik; *Konflikt* zwischen Wettbewerb und Demokratie (freier Handel gefährdet Frieden und Demokratie)

Abbildung 2: Zusammenhang von ökonomischem und politischem Liberalismus

- *Sozialstaatliche Liberale* sehen im System des freien Wettbewerbs eine Reihe von Funktionsmängeln, die eine staatliche Intervention erfordern: Der wirtschaftliche Wettbewerb führt zu großer Ungleichheit in der Einkommensverteilung, und diese Ungleichheit beeinträchtigt den politischen Prozess in der Demokratie.[90] Die Interessenharmonie zwischen den Individuen wird nicht (wie im ökonomischen Liberalismus) auf dem Markt, sondern in demokratischen Entscheidungsprozessen herbeigeführt, weil nur dort eine gleiche Berücksichtigung der Interessen aller Individuen

88 Kant („Frieden“, B 23f. und 65f.; „Idee“, A 405f.; s. u., Abschnitt 4.3.1.2).

89 Kant lehnt die utilitaristische Begründung des Rechts kategorisch ab (siehe z. B. GMS, B 3f., und „Gemeinspruch“, A 208-232); für Höffe hingegen ist die individuelle Vorteilhaftigkeit der Sozialordnung entscheidend für deren Legitimität (vgl. sein Konzept des „legitimatorischen Individualismus“: 1999a, 54).

90 Vgl. (mit Bezug zur Globalisierung) die Einleitung zu Streeck (Hg., 1998) und die Beiträge von Held, Offe und Scharpf in diesem Band.

über die Gleichheit der Partizipationsrechte sichergestellt werden kann (vgl. z. B. Held 1995, Kap. 11). Die Gleichheit der Partizipationsrechte setzt aber voraus, dass die Bürger nicht nur formal, sondern faktisch vergleichbare Möglichkeiten zur Partizipation haben; dies ist der Fall, wenn alle Bürger Zugang zu Bildung und zu den nötigen Informationen haben, über freie Zeit zur Teilnahme am politischen Prozess verfügen und unabhängig von Einflüssen anderer (wirtschaftlich Mächtiger) entscheiden können. Die Erfüllung dieser Voraussetzungen erfordert nicht die Durchsetzung völliger wirtschaftlicher Gleichheit wie im Sozialismus, wohl aber die Sicherung eines Minimums an materieller Freiheit (Freiheit von ökonomischer Unsicherheit) und die Kontrolle der politischen Wirkung von wirtschaftlicher Macht (Held 1995, Kap. 12). Die korrespondierende ökonomische Theorie ist, wie gesagt, der kritische ökonomische Liberalismus. Hierzu zählt insbesondere der Keynesianismus, der eine inhärente Instabilität der Marktwirtschaft diagnostiziert und deshalb regulierende staatliche Eingriffe in das Marktgeschehen fordert. Wesentliche Quellen der Instabilität sind die Investitionserwartungen, die Konjunkturschwankungen erheblich verstärken können, und Finanzmarktspekulationen[91]. Das Marktgleichgewicht und damit die Interessenharmonie können nur erreicht werden, wenn der Staat mit konjunkturpolitischen Maßnahmen eingreift und Finanzmarkttransaktionen reguliert werden.

Die Differenz zwischen diesen drei Varianten bezieht sich letztlich auf die Frage des Verhältnisses von Wettbewerb, Rechtsstaat und Demokratie. Rechtsstaatliche Liberale gehen davon aus, dass Wettbewerb und Demokratie sich unter dem Primat des Rechts konfliktfrei vereinbaren lassen; radikale wirtschaftliche und sozialstaatliche Liberale gehen hingegen von einem Konflikt zwischen dem Wettbewerb und der Demokratie aus; sie betonen jeweils die Funktionsmängel des einen Mechanismus zur Legitimation eines weitreichenden Primats des anderen. Markt und Demokratie werden von diesen beiden Positionen als primäre Orte der Verwirklichung individueller Freiheit gegeneinander ausgespielt.

In dieser Einteilung des Liberalismus, die in Abbildung 2 zusammengefasst ist, wird deutlich, dass in der IPÖ nicht drei, sondern fünf Paradigmen zu unterscheiden sind: neben dem Realismus und dem Strukturalismus die drei Varianten des Liberalismus. Diese Varianten lassen sich zwar auf einer grundsätzlichen Ebene als ein Paradigma (Liberalismus) zusammenfassen, doch auf der konkreten Ebene der Beurteilung des Verhältnisses von Politik und Ökonomie – und um diese Ebene geht es in der IPÖ zunächst – wird die Einteilung der Paradigmen dadurch zu grob. So lässt sich mit dem Drei-Paradigmen-Schema (Realismus – Liberalismus – Strukturalismus) z. B. die Globalisierungsdiskussion nicht strukturieren, weil die wesentlichen Auseinandersetzungen dort zwischen den Varianten des Liberalismus geführt werden (siehe dazu ausführlich die Abschnitte 2.3.1 und 2.3.2).

2.2.3 Strukturalismus

Wie im vorherigen Abschnitt 2.2.2 deutlich wurde, haben Realismus und Liberalismus eine Reihe von Gemeinsamkeiten: Beide gehen vom individuellen Nutzenkalkül aus und sehen das zentrale Problem der internationalen Beziehungen in der Frage, wie unter den Bedingungen der Anarchie Kooperation möglich ist. Der Unterschied bezieht sich auf die Deu-

91 Siehe dazu unten, Abschnitte 3.1.3 und 3.2.2.2, sowie Keynes (1936/1973, Kapitel 12).

tung des Kosten-Nutzen-Kalküls: Der Realismus unterstellt ein auf den kurzfristigen Nutzen zielendes Machtstreben der Akteure, weshalb das Streben nach Sicherheit im Vordergrund steht; der Liberalismus hingegen vertraut auf das langfristige Nutzenkalkül, in dem der Vorteil kooperativen Verhaltens erkannt wird und deshalb trotz der Anarchie die Errichtung internationaler Institutionen möglich ist. Der Realismus betont die Grenzen der Kooperation in der Anarchie, der Liberalismus ihre Chancen.

Der Strukturalismus formuliert die Gegenthese zu diesen beiden Paradigmen, insofern er das Kernproblem der internationalen Beziehungen nicht in der Herrschaftslosigkeit, sondern in den bestehenden Herrschaftsstrukturen sieht. Das zentrale Kennzeichen des Strukturalismus, der auf der Kapitalismuskritik von Marx aufbaut, ist die Annahme, dass alles menschliche Handeln (und somit auch das politische Handeln) von ökonomischen Strukturen determiniert ist.[92] Nach Marx trennen die Produktionsverhältnisse die gesellschaftlichen Akteure in Produktionsmittelbesitzer (Kapitalisten) und mittellose Proletarier. Die Ungleichheit führt unausweichlich zum Klassenkampf, der sich in der Ausbeutung der Proletarier durch die Kapitalisten äußert. Die Ausbeutung ist nicht Folge der Schlechtigkeit der Kapitalisten, sondern der Strukturen[93]: Aufgrund des Wettbewerbs unter den Kapitalisten haben diese keine andere Wahl, als die Löhne so weit zu senken, dass die Proletarier bestenfalls ihre Existenz sichern können. Die ökonomischen Gesetzmäßigkeiten bewirken eine fortschreitende Verschärfung des Wettbewerbs und führen zu einer zunehmenden Verelendung des Proletariats, so dass es schließlich zur Revolution kommt. In der Revolution wird das Privateigentum an Produktionsmitteln, das nach Marx die eigentliche Ursache der Ungleichheit und des Klassenkampfes ist, abgeschafft; dadurch ist der Weg frei für die Entwicklung der klassenlosen Gesellschaft.

Das Ziel der Revolution ist die Überwindung der Ungleichheit und die Befreiung der Menschen von Herrschaft. Während der Liberalismus nach den Voraussetzungen legitimer Herrschaft fragt, ist für Marx jede Form von Herrschaft per se illegitim, weil die mit ihr verbundene Ungleichheit stets Unfreiheit zur Folge hat. Nur die radikale Gleichheit sichert die Freiheit der Menschen, wobei die Freiheit dann jedoch im Unterschied zum Liberalismus nicht als individuelle Freiheit, sondern als Freiheit des Menschen im Kollektiv verstanden wird. Das Ziel der herrschaftsfreien Gesellschaft kann in einer konsequent strukturalistischen Theorie nicht durch Willensentscheidungen der Akteure herbeigeführt werden. Da das Handeln von den Strukturen determiniert wird, kommt es aufgrund der immanenten Widersprüche in den kapitalistischen Produktionsstrukturen automatisch zur Revolution. Der Nachweis dieses Automatismus war das zentrale Anliegen von Marx im „Kapital“.[94]

---

92 Linksliberale Ansätze, die auf eine Reform des Kapitalismus zielen und lediglich die Bedeutung ökonomischer Strukturen für IPÖ-Analysen, nicht aber die Determination menschlichen Handelns durch diese Strukturen unterstellen, zählen nach dieser Definition nicht zum Strukturalismus, sondern eher zum sozialstaatlichen Liberalismus bzw. zum Keynesianismus.

93 So schreibt Marx im Vorwort zum ersten Band des „Kapitals“ (S. 16): „Die Gestalten von Kapitalist und Grundeigentümer zeichne ich keineswegs in rosigem Licht. Aber es handelt sich hier um die Personen nur, soweit sie die Personifikation ökonomischer Kategorien sind, Träger von bestimmten Klassenverhältnissen und Interessen. Weniger als jeder andere kann mein Standpunkt, der die Entwicklung der ökonomischen Gesellschaftsformation als einen naturgeschichtlichen Prozess auffasst, den einzelnen verantwortlich machen für Verhältnisse, deren Geschöpf er sozial bleibt, sosehr er sich auch subjektiv über sie erheben mag.“

94 Lenin, der auf die praktische Umsetzung der Revolution zielte, wollte Marx in diesem Punkt nicht folgen, weil er dann auf unabsehbare Zeit dazu verdammt gewesen wäre, auf den Automatismus zu warten. Seine Theorie der Revolution ist entsprechend voluntaristisch. – Tatsächlich enthält Marx' Theorie der Revolution sowohl strukturalistische als auch voluntaristische Elemente, die unter seinen Anhängern in zwei Rich-

Die internationale und globale Dimension des Kapitalismus hat Marx zwar (zusammen mit Engels) im „Kommunistischen Manifest“ betont, aber in den Analysen der ökonomischen Gesetze des Kapitalismus spielt sie kaum eine Rolle. Offensichtlich geht er davon aus, dass die Unterscheidung zwischen der nationalen und der internationalen Ebene für die Analyse des Kapitalismus keinen wesentlichen Erkenntnisgewinn bringt. Dies ändert sich erst mit Lenin, der in der Not war, erklären zu müssen, weshalb nicht nur die von Marx prognostizierte Revolution bislang ausgeblieben war, sondern auch, weshalb die Verelendungstheorie offenkundig nicht zutraf. Hierzu entwickelte Lenin seine Imperialismustheorie, die er in „Der Imperialismus als höchstes Stadium des Kapitalismus“ (1917/1977) ausführt.[95] Demzufolge vermeiden die kapitalistischen Staaten in Europa die Produktions- und Unterkonsumtionskrisen durch den Kolonialismus: Ein Teil der überschüssigen Produkte wird durch die Kolonien abgenommen, während ein anderer Teil für die Sicherung der Kolonien und die Bereitstellung der Transportverbindungen benötigt wird. Gleichzeitig erlaubt die Ausbeutung der Kolonien es den Kapitalisten, der Arbeiterklasse im Mutterland Vergünstigungen zukommen zu lassen, so dass dort der Klassenkampf gemildert und die Revolution hinausgezögert werden kann. Doch die Konkurrenz der imperialistischen Staaten um die Vorherrschaft in den Kolonien führt notwendig auf einer ersten Stufe zum Krieg um die Kolonien vor Ort, auf einer zweiten Stufe zum Krieg zwischen den imperialistischen Staaten in Europa (Erster Weltkrieg); aufgrund des Krieges kommt es dann zur Revolution des Proletariats gegen die imperialistischen Regierungen.

Lenins Imperialismustheorie wurde im zwanzigsten Jahrhundert zur Grundlage zahlreicher Varianten einer marxistisch geprägten Theorie der internationalen Beziehungen. Vor der Entwicklung der von der US-amerikanischen Diskussion geprägten International Political Economy als neuem Teilgebiet der IP hatten die marxistischen Ansätze nahezu eine Monopolstellung auf die Verbindung politischer und ökonomischer Aspekte in der Analyse der internationalen Beziehungen. Während die nicht-marxistische Politikwissenschaft die Spezialisierung der Disziplinen und damit die Trennung von Politikwissenschaft und Volkswirtschaftslehre förderte, lag es in der Natur des Marxismus, alle internationalen Konflikte auf ökonomische Ursachen zurückzuführen. Drei Gruppen von marxistisch inspirierten Theorien lassen sich in der IPÖ-Diskussion unterscheiden:

- Die *Neoimperialismustheorie* entwickelte sich in den sechziger Jahren als Reaktion auf die Dekolonisierung. Ihre Vertreter (z. B. Dieter Senghaas 1972, 1974; Ernest Mandel 1972) versuchten zu zeigen, dass trotz der formellen Unabhängigkeit der ehemaligen Kolonien die Ausbeutungsstrukturen des Imperialismus erhalten bleiben.[96] Im Mittelpunkt des Interesses stehen die Mechanismen, mit denen die kapitalistischen Länder die Dritte Welt ausbeuten und durch Handelsverträge, militärischen Druck und die Aktivitäten multinationaler Unternehmen in ihre Abhängigkeit bringen. Mit diesen neuen Ausbeutungsmechanismen teilen die kapitalistischen Länder die Welt weiterhin in Ein-

tungen vereinseitigt werden: Kautsky (1918/1981) betont die ökonomischen Gesetzmäßigkeiten, die automatisch zur Umwandlung des Kapitalismus führen und eine demokratische Durchführung der Revolution erlauben, während Lenin (1902/1978) davon ausgeht, dass die Revolution *gemacht* und mit Gewalt durchgesetzt werden muss [in diesem Punkt stimmt auch Rosa Luxemburg (1918/1979) ihm zu].

95 Lenin bezieht sich in dieser Schrift ausführlich auf Hobson (1902/1988), der sich aus einer eher sozialdemokratischen Perspektive kritisch mit dem Imperialismus auseinandersetzt. Aus marxistischer Perspektive entwickelten vor Lenin Hilferding (1910/1968) und Luxemburg (1913/1975) Imperialismustheorien.

96 Für einen Überblick über die Neoimperialismustheorie siehe Menzel (2001, 185-188), Heinrich (2003).

flusszonen auf und nehmen den unterentwickelten Ländern die Chancen auf eine eigenständige Entwicklung. Die Verursachung von Unterentwicklung durch sowjetische Einflussnahme wurde in der Neoimperialismustheorie freilich nicht berücksichtigt.

- Die *Dependenztheorie* macht in ähnlicher Weise die entwickelten kapitalistischen Länder für die Unterentwicklung der Länder der Dritten Welt verantwortlich. Anders als die Neoimperialismustheorie konzentriert sie sich weniger auf die Mechanismen der Machtentfaltung der reichen Länder als auf die Analyse der Wirkung der Ausbeutung in den armen Ländern; als Fallbeispiele werden zumeist lateinamerikanische Länder herangezogen.[97] Eine der zentralen Thesen der Dependenztheorie lautet, dass die Ausbeutung der armen Länder auf einer Kooperation der (korrupten) Eliten der unterentwickelten Länder mit den Eliten der kapitalistischen Länder beruht. Die eigentlichen Opfer der Ausbeutung sind somit nicht die unterentwickelten Länder insgesamt, sondern die Armen in diesen Ländern.[98] Die kapitalistischen Staaten verfolgen das Interesse, zu möglichst geringen Kosten Rohstoffe und Agrarprodukte aus diesen Ländern zu beziehen; zu diesem Zweck versuchen sie, deren eigenständige Entwicklung zu verhindern und sie in einem Abhängigkeitsverhältnis zu halten.
- Die *Weltsystemtheorie*, die wesentlich von Immanuel Wallerstein formuliert wurde, der Schüler des französischen Wirtschafts- und Gesellschaftshistorikers Fernand Braudel ist, vereinigt beide Perspektiven[99]: den Blick auf die Expansion der kapitalistischen Länder (Zentrum) und den auf die Wirkungen dieser Expansion auf die Dritte Welt (Peripherie, Semiperipherie).[100] Das heutige Weltsystem und der durch unbegrenzte Profitmaximierung charakterisierte Kapitalismus entstanden nach Wallerstein im Europa des 16. Jahrhunderts. Der Kapitalismus entwickelte sich zur globalen Weltökonomie, die (im Unterschied zu einem Weltreich) nicht von einem politischen Zentrum aus gelenkt wird, sondern aus konkurrierenden Zentren besteht, die durch Marktbeziehungen zusammengehalten werden. Die Weltökonomie besteht aus drei hierarchisch verbundenen Teilen: Zentrum, Semiperipherie und Peripherie. Die technologisch anspruchsvollsten Produkte werden im Zentrum produziert, während technologisch geringwertige Produkte mit billigen Arbeitskräften in der Peripherie hergestellt werden. Die Semiperipherie bilden Staaten, die technologisch zwischen dem Zentrum und der Peripherie stehen und einerseits vom Zentrum ausgebeutet werden, andererseits aber die Macht haben, ihrerseits die Peripherie auszubeuten. Die Struktur des Weltsystems bestimmt die Position eines Staates in dieser Hierarchie; allerdings stellt Wallerstein (im Unterschied zur Dependenztheorie) eine gewisse Mobilität der Staaten in der Hierarchie fest, die sich innerhalb seiner strukturalistischen Theorie nicht befriedigend erklären lässt (siehe Menzel 2001, 197f.).

---

97 Siehe den von dem früheren brasilianischen Präsidenten mitverfassten Band „Abhängigkeit und Unterentwicklung in Lateinamerika" (Cardoso/Faletto 1976) sowie Osvaldo Sunkel (1972), André Gunder Frank (1975) und die zahlreichen Publikationen der United Nations Economic Commission for Latin America and the Carribean (ECLAC) unter der Leitung von Raul Prebisch.

98 Zur Analyse dieses Zusammenhangs siehe Galtung (1972).

99 Siehe Wallerstein (1979; 1986; 1998). Für eine Zusammenfassung siehe Hobden/Jones (2001, 205-209), Griffiths (1999, 252-257), Menzel (2001, 193-198), Krell (2003, 272-278).

100 Da die Weltsystemtheorie die verschiedenen Elemente der Neoimperialismustheorie und der Dependenztheorie vereinigt, ist es nicht überzeugend, sie (wie Meyers 1998, 406f.) als eigenständiges IPÖ-Paradigma neben dem Globalismus, dem Neorealismus und den Dependenztheorien anzusehen.

	Realismus	**Liberalismus**	**Strukturalismus**
anthropologische Prämisse	Mensch ist egoistisch (am kurzfristigen Nutzen orientierter, triebgesteuerter Egoismus)	Mensch ist interessengeleitet (am langfristigen Nutzen orientierter, rational kalkulierender Egoismus)	Mensch ist gut und nur aufgrund der ökonomischen Umstände schlecht
Funktion der Politik	Gewährleistung von Sicherheit und Ordnung	Ermöglichung des individuellen Strebens nach Wohlstand	Durchsetzung der Interessen der herrschenden Klasse im Klassenkampf
Charakter der internationalen Politik	internationales System ist aufgrund der Anarchie ein Selbsthilfesystem, in dem jeder Staat nach Macht/ Sicherheit strebt; IB = Nullsummenspiel	trotz der Anarchie ist Kooperation möglich; internat. Beziehungen potentiell für alle Beteiligten förderlich; IB = Positivsummenspiel	internat. Beziehungen geprägt von globaler Ausbeutung der Besitzlosen durch die Besitzenden
Aufgabe der Ökonomie in internationalen Beziehungen	Ökonomie ist dem Sicherheits- bzw. Machtstreben der Nationalstaaten untergeordnet	Handel schafft Sicherheit und Frieden	ökonomische Klasseninteressen liegen auch in den IB dem politischen Handeln zugrunde
Varianten hinsichtl. der Methode	Realismus Neorealismus	Idealismus Neoinstitutionalismus	Marxismus Postmoderner Strukturalismus
Varianten hinsichtlich des Verhältnisses von Politik u. Ökonomie	Klassischer Merkantilismus (Ziel = militärische Stärke), ökonomischer Nationalismus (Ziel = wirtschaftliche Entwicklung der Nation), Neomerkantilismus (Ziel = Sicherung der Wettbewerbsposition einer entwickelten Volkswirtschaft in einem Umfeld mit hoher Interdependenz).	Radikaler ökonomischer Liberalismus (Primat des Wettbewerbs über die Politik), Politischer Liberalismus (Primat der Politik über den Wettbewerb), 2 Varianten: – rechtsstaatlich (freier Wettbewerb bedarf rechtlicher Regeln), – sozialstaatlich (freier Wettbewerb bedarf korrigierender Eingriffe).	Neoimperialismustheorie (Analyse der Ausbeutungsmechanismen der kapitalistischen Länder), Dependenztheorie (Analyse der Wirkung der Ausbeutung in Ländern der Dritten Welt), Weltsystemtheorie (Analyse der weltgeschichtlichen Entwicklung der Ausbeutung).

Abbildung 3: Zusammenfassung der Paradigmendiskussion in der Internationalen Politischen Ökonomie

Trotz der Unterschiede zwischen diesen Ansätzen teilen sie als gemeinsamen Kern erstens die strukturalistische Annahme (Strukturen der Ungleichheit führen zur Ausbeutung der Schwächeren durch die Stärkeren), zweitens das daraus folgende Verständnis internationaler Beziehungen als globalem Kampf zwischen Herrschenden und Unterdrückten und drittens die Entlarvung politischen Handelns als von ökonomischen Interessen geleitet.[101] Die Unterschiede liegen in den Aspekten, die die Ansätze hervorheben; anders als beim Liberalismus gibt es zwischen den Varianten deshalb keine kontroversen Diskussionen, sondern sie verhalten sich eher komplementär zueinander.

Nach dem Zusammenbruch des Kommunismus ließ das Interesse an marxistisch orientierten Theorien zunächst deutlich nach.[102] Erst in der zweiten Hälfte der neunziger Jahre kam es im Zusammenhang mit der Globalisierungsdiskussion zu einer Renaissance von Theorien der internationalen Politik und Ökonomie, die auf Elemente des Marxismus zurückgriffen. Gemeinsames Merkmal der neueren strukturalistischen Ansätze ist es, dass sie keine Determination der geschichtlichen Entwicklung annehmen und somit in diesem zentralen Punkt vom Marxismus abweichen. Mit dem Marxismus verbindet diese Ansätze jedoch ihre radikale Herrschaftskritik, d. h. die Annahme, dass jede Form von Herrschaft Strukturen schafft, die die Beherrschten ihrer Freiheit berauben und sie unterdrücken. Die Utopie besteht also auch bei diesen neueren Autoren in einem Zustand der Herrschaftsfreiheit, der durch radikale Gleichheit erreicht werden soll.

Unter diesen neueren Ansätzen des Strukturalismus sind zwei Varianten zu unterscheiden: der Anarchismus sowie postmoderne Positionen. Ein Beispiel für eine anarchistische Perspektive auf die Globalisierung ist Chomsky, der die kapitalistische Weltwirtschaftsordnung als Produkt des amerikanischen Weltmachtstrebens darstellt und jede Form von politischer Herrschaft als Unterdrückung ansieht. Mit dem Marxismus verbindet ihn, dass er in der freien Marktwirtschaft allein einen Ausbeutungsmechanismus sieht (z. B. Chomsky 1999).[103] Theoretisch anspruchsvoller sind Autoren, die der Postmoderne zuzurechnen sind und die sich um eine Synthese von Marxismus und postmoderner Philosophie bemühen. Als Vertreter dieser Richtung können beispielhaft Hardt/Negri (2002), Manuel Castells (2001-2003) und Zygmunt Baumann (1992ff.) genannt werden. Diese Arbeiten folgen der Postmoderne in der grundsätzlichen Zurückweisung der Existenz objektiver Gesetzmäßigkeiten und verwerfen somit die Vorstellung, dass sich ein automatischer Zusammenbruch des Kapitalismus prognostizieren lasse. Der Weg zur Utopie der Herrschaftsfreiheit ist vom Individualismus bzw. Partikularismus der Postmoderne geprägt: Nach Hardt/Negri (2002) bedarf es der individuellen Rebellion gegen sämtliche Formen

101 Keohane (1984, 41-46) und Gilpin (1987, 42) betonen, dass die Interpretation der internationalen Beziehungen als (potentieller) Kampf eine Gemeinsamkeit des Realismus und des Marxismus sei. Tatsächlich ist der Kampf, der bei Marx im Mittelpunkt steht, in der Vertragstheorie von Hobbes (auf die sich der Realismus bezieht) bereits angelegt – mit dem Unterschied jedoch, dass bei Hobbes und im Realismus der Kampf zwischen Gleichen stattfindet, bei Marx zwischen Ungleichen (Kapitalisten und Proletarier).

102 Gilpin, der sein Buch „The Political Economy of International Relations“ (1987) mit einem ausführlichen Kapitel über die drei Paradigmen der IPÖ eingeleitet hatte, verzichtete in der Neufassung des Buches („The Global Political Economy“, 2001) auf eine Darstellung der Paradigmen und gibt zur Begründung unter anderem an, dass der Marxismus bzw. Strukturalismus mittlerweile nicht mehr relevant sei. Damit unterschätzt er zum einen die Renaissance der strukturalistischen Fundamentalkritik des Kapitalismus in der Globalisierungsdiskussion; zum anderen geht mit der Vernachlässigung des Strukturalismus die Möglichkeit verloren zu verdeutlichen, dass der Kapitalismus bzw. die freie Marktwirtschaft von zwei Seiten angegriffen werden: vom Strukturalismus *und* vom (Neo-)Realismus.

103 Ähnlich die Globalisierungskritik von Rupert/Solomon (2006).

von Herrschaft; nach Baumann wird die Postmoderne zur Auflösung der herrschaftsbegründenden Metaerzählungen und damit schließlich zur Auflösung der Herrschaft selbst führen.

2.2.4 Konstruktivismus als viertes Paradigma?

Nach dem Ende des Ost-West-Konflikts kam es in den Theorien der Internationalen Politik zu einer Diversifizierung der theoretischen Ansätze, die zu einer „neue[n] Unübersichtlichkeit in der Disziplin" führte (Menzel 2001, 201). Diese „Unübersichtlichkeit" wurde maßgeblich durch zwei Diskussionen gefördert: die disziplinübergreifende Globalisierungsdiskussion und die Kritik des Konstruktivismus am rationalistischen Ansatz des Neorealismus und des Neoinstitutionalismus. Auf die Globalisierungsdiskussion wird im nächsten Kapitel 2.3 noch näher eingegangen; hier soll zunächst die Frage geklärt werden, ob mit dem Konstruktivismus, der in den letzten fünfzehn Jahren in den IP-Diskussionen erhebliche Aufmerksamkeit bekommen hat (siehe z. B. Ruggie 1998), ein neues Paradigma der internationalen Politik bzw. der IPÖ etabliert wurde.[104]

Der Konstruktivismus hat in den achtziger Jahren die zweite große Methodendiskussion nach dem Streit zwischen Traditionalismus und Szientismus in den sechziger und siebziger Jahren in Gang gesetzt. Konstruktivisten stellen einige grundsätzliche Annahmen des Neorealismus und des Neoinstitutionalismus in Frage. Für Alexander Wendt war ein entscheidender Anlass für die Kritik an diesen auf der Rational Choice-Theorie aufbauenden Paradigmen die Tatsache, dass sie nicht in der Lage waren, das Ende des Ost-West-Konflikts zu erklären.[105] Neorealismus und Neoinstitutionalismus analysieren internationale Beziehungen unter der Annahme, dass die Interessen und Identitäten der Staaten gegeben und unveränderlich sind. Das Ende des Ost-West-Konflikts lässt sich aber nur erklären, wenn man die Veränderungen innerhalb der Länder des Ostblocks in die Analyse einbezieht, die dem Zusammenbruch des Kommunismus vorausgingen. Der Konstruktivismus hat genau dies zum Ziel: die Interessen und Identitäten der Staaten nicht als gegebene (exogene), sondern als endogene Variablen zu betrachten und damit zugleich immaterielle Faktoren („ideational factors", Ruggie 1998, 855) verstärkt zu berücksichtigen.

Damit wendet sich der Konstruktivismus gegen zwei zentrale Annahmen des Neorealismus und des Neoinstitutionalismus, den Individualismus und die Objektivität sozialer Phänomene:

- Neorealismus und Neoinstitutionalismus führen – wie in den Abschnitten 2.2.1 (S. 37ff.) und 2.2.2 (S. 41ff.) erläutert – die Struktur des internationalen Systems auf Eigenschaften der individuellen Akteure zurück; insofern sind beide Paradigmen individualistisch. Der Strukturalismus vertritt die Gegenposition: Die (ökonomischen) Strukturen determinieren das Handeln der Akteure. Aus Sicht des Konstruktivismus sind beide Perspektiven in ihrer Vereinseitigung reduktionistisch: Der Individualismus übersieht, dass die Herausbildung von Interessen und Identitäten immer schon in einer sozialen Struktur stattfindet und von dieser geprägt wird; der Strukturalismus hingegen negiert die Handlungsfreiheit der Individuen. Konstruktivistische Autoren wie Wendt

104 Für einen Überblick siehe Menzel (2001, 217-225), Krell (2003, 321-349).
105 Wendt (1992), dazu auch: Ulbert (2003, 400).

und Onuf versuchen, dieses Dilemma mit dem Konzept der Kodetermination von Akteuren und Strukturen zu überwinden, das auf der Strukturierungstheorie von Giddens beruht.[106] Dieses Konzept berücksichtigt beide Richtungen der Kausalität: Einerseits bilden Akteure ihre Interessen und Identitäten unter dem Einfluss gegebener Strukturen aus, andererseits werden die Strukturen durch die Wahlhandlungen der Akteure aufrechterhalten bzw. verändert.[107]

- Sowohl die Strukturen des internationalen Systems als auch die Interessen und Identitäten der Staaten werden als sozial konstruiert und nicht als objektiv gegebene Fakten angesehen. Das hat unter anderem eine entscheidende Konsequenz für das Verständnis der Anarchie. Aus neorealistischer Sicht führt die Abwesenheit einer von allen Staaten anerkannten zentralen Autorität notwendig dazu, dass das internationale System ein Selbsthilfesystem ist, in dem nur die Verfolgung von Machtpolitik die Sicherheit der einzelnen Staaten gewährleisten kann. Wendt (1999) argumentiert, dass diese Konsequenz nicht notwendig ist, sondern entscheidend von der Haltung eines Staates zu anderen Staaten abhängt. Staaten müssen – trotz der Anarchie – andere Staaten nicht als potentielle Feinde betrachten: In Abhängigkeit von Faktoren wie der Interdependenz, der Ähnlichkeit institutioneller Merkmale und dem Willen zur Selbstbeschränkung kann es zwischen Staaten auch Freundschaft geben oder zumindest eine Situation der geordneten Rivalität, in der sie unter Anerkennung bestimmter Regeln miteinander konkurrieren. „Anarchy is what states make of it", lautet Wendts (1992) bekannt gewordene Formulierung: Es liegt letztlich in der Entscheidung der Staaten, wie sie sich zu anderen Staaten verhalten, und diese Entscheidung hängt wesentlich von ihrem Selbstverständnis ab. Machtstrukturen und ökonomische Interessen – die zentralen Variablen des Neorealismus und Neoinstitutionalismus – genügen folglich nicht, um den Wandel in der internationalen Politik zu erklären; entscheidend sind die immateriellen Faktoren.

Das Konzept der Kodetermination in der Akteur-Struktur-Beziehung und die Berücksichtigung immaterieller Faktoren bei der Erklärung von Phänomenen der internationalen Politik bedeuten zwar eine Abkehr von einigen zentralen methodischen Annahmen des Neorealismus und des Neoinstitutionalismus, nicht aber die Begründung eines neuen IPÖ-Paradigmas. Je nach Ausrichtung der Autoren lassen sich die konstruktivistischen Beiträge entweder dem Liberalismus oder dem Strukturalismus zuordnen:

- Der gemäßigte Konstruktivismus, wie er z. B. von Wendt und Ruggie vertreten wird, sieht im Vergleich mit Neoinstitutionalisten einen größeren Spielraum an Kooperationsmöglichkeiten in der Anarchie; dennoch lassen sich ihre Ansätze dem Paradigma des Liberalismus zurechnen. Ruggie, ein Vertreter des Multilateralismus in der US-amerikanischen Literatur zur Internationalen Politik, vertritt z. B. eine konstruktivistische Interpretation der Schaffung einer multilateralen Weltordnung nach dem Zweiten Weltkrieg. Aus seiner Sicht war diese Weltordnung weder allein auf die Hegemonial-

106 Siehe Wendt (1992), Onuf (1997), Ruggie (1998); für einen Überblick: Ulbert (2003, 399).

107 Die entscheidende Frage, welcher Mechanismus zwischen den beiden Seiten – Akteur und Struktur – vermittelt, wird von Wendt durch eine Bevorzugung der Struktur „gelöst". Bei Onuf (1989) und Kratochwil (1989) hingegen wird diese Funktion von Regeln und Normen übernommen, denen eine eigenständige ontologische Qualität zugesprochen wird (dazu auch Ulbert 2003, 409f.).

stellung der Vereinigten Staaten und die Situation des Kalten Krieges noch allein auf die ökonomischen Interessen der beteiligten Staaten zurückzuführen, sondern auf das politische Selbstverständnis der Vereinigten Staaten: Die Vereinigten Staaten haben damals ihr liberales Politikverständnis auf die internationale Politik übertragen.[108] Dieses Argument passt zwar nicht zum Neoinstitutionalismus, wohl aber zum Kantischen Idealismus: Bei Kant ist die Übertragung des Selbstverständnisses der Republik auf das Verhältnis zu anderen Republiken ein entscheidender Mechanismus zur Förderung des Friedens in den internationalen Beziehungen. – Auch bei Wendt wird der Einfluss des Liberalismus deutlich, wenn er z. B. davon ausgeht, dass es langfristig in der internationalen Politik eine Tendenz zur Zunahme der Kooperation gibt (Wendt 1999, Kap. 6). Nach dem Westfälischen Frieden und nach dem Zweiten Weltkrieg wurde jeweils eine neue Qualität der zwischenstaatlichen Kooperation erreicht, zunächst (nach 1648) durch die gegenseitige Anerkennung der Existenz- und Eigentumsrechte, dann (nach 1945) durch die Förderung einer intensiven multilateralen Zusammenarbeit.[109] Basierend auf dem konstruktivistischen Ansatz verfolgt Wendt somit eine Reformulierung der optimistischen Theorie der internationalen Politik von Kant.

- Neben dem gemäßigten gibt es einen radikalen Konstruktivismus, der eine postmoderne Interpretation der internationalen Politik vertritt (dazu: Ruggie 1998, 881). Dieser Richtung geht es nicht allein darum, die Analyse des Wandels der internationalen Politik um die Einbeziehung immaterieller Faktoren zu erweitern, sondern es werden allgemein alle Phänomene als Konstrukte menschlichen Bewusstseins bzw. als sprachliche Konstrukte angesehen.[110] Im Unterschied zum gemäßigten Konstruktivismus wird hier die Möglichkeit sozialwissenschaftlicher Erkenntnis (also die Möglichkeit des Verstehens und Erkennens von Kausalzusammenhängen) grundsätzlich in Frage gestellt (Diez 2003, 470). Aus diesem Ansatz folgt – je nach Perspektive des Betrachters – die radikale Freiheit (wenn alles Konstrukt ist, wird alles möglich) bzw. die radikale Beliebigkeit (wenn alles Konstrukt ist, ist nichts notwendig bzw. verbindlich). Notwendigkeit und Objektivität werden von den Akteuren nur beansprucht, um Herrschaft zu legitimieren. Indem der Konstruktivismus die Unbegründbarkeit dieser Ansprüche aufzeigt, wird Herrschaft delegitimiert.[111] Das Ziel dieser Position ist – ganz im Sinne der Postmoderne – ein radikaler Partikularismus, der die Herrschaftsfreiheit sichern soll. Im vorigen Abschnitt wurde bereits angedeutet, dass dieser Ansatz trotz der Unterschiede zum deterministischen und kollektivistischen Ansatz des Marxismus dem Strukturalismus zugeordnet werden kann.

Im Ergebnis kann festgehalten werden, dass die Auseinandersetzung des Konstruktivismus mit dem Rationalismus im Wesentlichen eine methodische Diskussion ist, die sich gegen

108 „When we look more closely at the post-World War II situation, for example, we find that it was less the fact of American *hegemony* that accounts for the explosion of multilateral arrangements than it was the fact of *American* hegemony." (Ruggie 1992, 568, s.a. ebd. 584-593)

109 Wendt (1999) unterscheidet drei „cultures of anarchy", die er nach der politischen Philosophie von Hobbes (Verhältnis zwischen Staaten geprägt von Feindschaft; ebd., 260), Locke (Rivalität; 279) und Kant (Freundschaft; 298) benennt.

110 Allgemein zum radikalen Konstruktivismus in den Sozialwissenschaften und zu seinen philosophischen Grundlagen: Dettmann (1999).

111 Vgl. Campbells (1993, 91-94) Versuch, eine ethische Außenpolitik ohne Prinzipien zu begründen. Einen Überblick über den postmodernen Konstruktivismus in der IP gibt Diez (2003, 461-465).

den Szientismus der Rational Choice-Theorien (Neorealismus, Neoinstitutionalismus) richtet. Im Mittelpunkt steht die Frage, ob das Sicherheitsstreben bzw. die Interessen der Staaten ausreichend sind, um den Wandel im internationalen System zu erklären, oder ob andere Faktoren einbezogen werden müssen bzw. (im Falle des postmodernen Konstruktivismus) ob soziales Handeln sich überhaupt *erklären* lässt. Der Konstruktivismus begründet damit aber kein neues Paradigma des Verhältnisses von Politik und Ökonomie; die Debatte ist vielmehr mit derjenigen zwischen dem Traditionalismus (Realismus/Idealismus) und dem Szientismus (Neorealismus/Neoinstitutionalismus) zu vergleichen (Menzel 2001, 201-216) und kann daher im Folgenden vernachlässigt werden.

2.3 Die gegenwärtige IPÖ-Debatte: Internationale Politik und Globalisierung des Wettbewerbs

Die US-amerikanische IPÖ-Diskussion vor 1989 war bestimmt von der Kontroverse zwischen dem Neorealismus und dem Neoinstitutionalismus. Die Konjunktur der Paradigmen hing entscheidend von der weltpolitischen Lage ab: Der Realismus hatte seine Blütezeit während des Kalten Krieges in den fünfziger und sechziger Jahren; der Neoinstitutionalismus entwickelte sich in der Phase der Entspannungspolitik und der weltwirtschaftlichen Schwierigkeiten der siebziger Jahre; der Neorealismus erlebte seinen Aufschwung mit der zweiten Phase des Kalten Kriegs, die mit dem Einmarsch der Sowjetunion in Afghanistan 1979 begann.[112] Dieser Zusammenhang zwischen der Paradigmendiskussion und der weltpolitischen Entwicklung setzte sich nach dem Ende des Ost-West-Konflikts fort: Die Globalisierungsdiskussion der neunziger Jahre wurde von liberalen Positionen dominiert (insbesondere der Kontroverse zwischen ökonomischen und politischen Liberalen), während der Realismus in den Vereinigten Staaten eine Renaissance erlebte, nachdem die Anschläge vom 11. September 2001 das Ausmaß der Bedrohung durch den islamistischen Terrorismus verdeutlicht haben. Abseits von dieser Pendelbewegung zwischen den Zielen Sicherheit (Realismus) und Wohlstand (Liberalismus) steht der Strukturalismus, der beide Positionen als Klassenstandpunkte entlarvt: Die Sicherheit diene allein dem Schutz des Eigentums der Reichen, und ebenso diene die auf Wohlstandsmehrung zielende Kooperation vor allem denen, die bereits wohlhabend sind.

Im Folgenden soll ein Überblick über die Globalisierungsdiskussion und die Diskussion nach dem 11. September gegeben werden, um die neueren Diskussionen in der IPÖ zu schildern und in die Paradigmendiskussion einzuordnen (Abschnitte 2.3.1 und 2.3.2). In Kapitel 2.4 wird dann die Frage aufgeworfen, wie die Pluralität der Paradigmen für die Analyse der IPÖ fruchtbar genutzt werden kann.

2.3.1 Die Globalisierungsdiskussion der neunziger Jahre

Die Globalisierungsdiskussion hat die Themen der IPÖ von ihrem Nischendasein als Teilgebiet der Internationalen Politik in das Rampenlicht der Öffentlichkeit gezogen. Nach dem Ende des Ost-West-Konflikts wurde von Ökonomen, Politikwissenschaftlern und Soziologen eine Abkoppelung der Ökonomie von den Grenzen des Nationalstaats diagnostiziert,

112 Ausführlich zu dieser Entwicklung: Menzel (2001).

die sehr unterschiedlich bewertet wurde. Typisch für die Diskussion vor dem 11. September 2001 war auf der einen Seite ein exzessiver Optimismus hinsichtlich der friedensfördernden Wirkung des Handels, auf der anderen Seite eine ebenso exzessiv pessimistische Einschätzung der Ohnmacht der Politik angesichts der Macht der Ökonomie:

- Der Optimismus zeigt sich besonders deutlich in Fukuyamas These vom Ende der Geschichte (Fukuyama 1992). Das Ende des Ost-West-Konflikts wird von ihm als Beleg für den geschichtlichen Fortschritt gesehen, der zur weltweiten Durchsetzung der Demokratie als Regierungsform und zur Überwindung gewalttätiger Konflikte führt. Am Ende dieses Prozesses stehe ein Zustand des Friedens, in dem die Menschen sich gänzlich auf die Mehrung des Wohlstands konzentrieren können.[113]
- Die pessimistische Gegenposition hat Guéhenno (1995) mit seiner These vom Ende der Demokratie sehr prägnant formuliert. Die Politik in der Demokratie ziele auf Gerechtigkeit, der Markt auf Effizienz. Die Globalisierung untergrabe die Macht der Politik, weil letztere auf ein territorial definiertes Gemeinwesen – in der Moderne: den Nationalstaat – angewiesen ist. Diese territoriale Bindung löse sich im Zuge der Globalisierung auf, so dass die Politik bzw. die Demokratie machtlos werden. Am Ende stehe die Herrschaft der Ökonomie über die Politik und damit die Herrschaft der Effizienz über die Gerechtigkeit.

Die Globalisierungsdiskussion dreht sich somit um die Fragen, die in den siebziger Jahren zur Herausbildung der IPÖ führten[114]: In welcher Wechselbeziehung stehen Politik und Ökonomie auf der internationalen Ebene zueinander? Welche Handlungsmöglichkeiten hat die Politik auf der Ebene des Nationalstaats gegenüber der weltwirtschaftlichen Entwicklung? Welche Gestaltungsmöglichkeiten gibt es für die Politik auf der internationalen bzw. globalen Ebene?[115] Im Vergleich zu den IPÖ-Diskussionen der siebziger und achtziger Jahre ist das Neue an der Globalisierungsdiskussion, dass weltwirtschaftliche Fragen nicht mehr dem Problem der globalen Sicherheit untergeordnet sind. 1989 entfiel die existentielle Bedrohung durch die Konfrontation der Blöcke. Bis dahin war die Ökonomie in den Rahmen des Ost-West-Konflikts eingebettet, denn der Staat war für westliche Unternehmen immer auch eine Schutzmacht, die die wirtschaftliche Entfaltungsfreiheit gegen das sozialistische Modell der Planwirtschaft sicherte. Nach dem Wegfall des gegnerischen politischen Systems wurde diese Funktion des Staates in den Hintergrund gedrängt und die Ökonomie erlangte gegenüber der Politik eine zunehmende Eigendynamik, die durch den technischen Fortschritt in der Entwicklung der Informations- und Kommunikationstechnologie erheblich verstärkt wurde. Die Untersuchung der Konsequenzen dieser Entwicklung steht im Zentrum der Globalisierungsdiskussion.

Der Versuch, sich einen Überblick über diese Diskussion zu verschaffen, wird dadurch erschwert, dass der Begriff der Globalisierung von einer erheblichen Unschärfe gekennzeichnet ist. Der Begriff findet erst seit dem Ende der achtziger Jahre breitere Verwendung

113 Allerdings betont Fukuyama auch die Gefahren, die mit einem solchen Friedenszustand verbunden sind; siehe dazu ausführlich Abschnitt 4.3.2.3.

114 So auch Katzenstein/Keohane/Krasner (1998, 669) und Keohane/Nye (2000). Für einen umfassenden Überblick über die Globalisierungsdiskussion siehe z. B.: Beck (Hg., 1998), Menzel (1998), Held et al. (1999), Enquete-Kommission (2002); Meier-Walser/Stein (Hg., 2004).

115 Vgl. Windfuhr (1997).

und entwickelte sich Anfang der Neunziger zu einem regelrechten Modewort[116], auch wenn er vereinzelt schon in Publikationen der sechziger und siebziger Jahre erscheint.[117] Von den drei Disziplinen Ökonomie, Politikwissenschaft und Soziologie, deren Vertreter besonders intensiv an der Diskussion beteiligt sind, hat jede ein anderes Verständnis des definierenden Merkmals der Globalisierung: Für Ökonomen bezeichnet die Globalisierung die weltweite Integration der Güter- und Faktormärkte und damit die wachsende Bedeutung des wirtschaftlichen Wettbewerbs für die weltweite Koordination der Individuen.[118] Die ökonomische Globalisierung ist auch für Politikwissenschaftler und Soziologen wichtig, doch für sie ist der ökonomische häufig dem politischen bzw. gesellschaftlichen Aspekt untergeordnet: Für viele Politikwissenschaftler steht die Notwendigkeit, mit neuen Formen globalen politischen Handelns auf die ökonomische Globalisierung zu reagieren, im Mittelpunkt,[119] während Soziologen die Globalisierung häufig als Prozess der Individualisierung charakterisieren und nach den Bedingungen der Herausbildung einer Weltgesellschaft fragen.[120]

In der Diskussion innerhalb der Disziplinen lassen sich jeweils drei Positionen unterscheiden, die mit einigen Ausnahmen den drei IPÖ-Paradigmen entsprechen:

- Globalisierungsbefürworter vertreten die These, dass es erstens einen Prozess gibt, der sich adäquat als Globalisierung bezeichnen lässt, und dass zweitens dieser Prozess grundsätzlich zu begrüßen ist, weil er die Möglichkeit der Entwicklung einer friedlichen Weltordnung eröffnet. Es wird aber zum Teil ein noch erheblicher politischer Gestaltungsbedarf zur Schaffung einer solchen Ordnung gesehen. Diese positive Einschätzung der Globalisierung wird zumeist von ökonomischen und politischen Liberalen vertreten.
- Globalisierungsskeptiker[121] sehen den Begriff der Globalisierung als zumindest teilweise irreführend an: Aus ihrer Sicht gibt es entweder keine globale Entwicklung, die sich mit diesem Begriff adäquat bezeichnen ließe, oder nur eine ökonomische Globalisierung, die nicht durch eine entsprechende politische oder gesellschaftliche Globalisierung ergänzt werden kann. Die von den Globalisierungsbefürwortern betonten Integrationstendenzen lassen sich aus Sicht der Skeptiker nur regional (z. B. in der EU) oder zwischen einzelnen Regionen (EU – Nordamerika) nachweisen, nicht aber auf der globalen Ebene. Diese Position wird zumeist von Neomerkantilisten und Realisten vertreten.

---

116 Held et al. (1999, 1) kennzeichnen ihn treffend als „the cliché of our times". Zur Zunahme der Zahl der Publikationen, die seit Beginn der neunziger Jahre das Wort ‚Globalisierung' im Titel verwenden, siehe Busch (2006, 37), Enquete-Kommission (2002, 49).

117 Nach Angabe des „Oxford English Dictionary" (Oxford 1992, Bd. VI) erscheint der Begriff „Globalisierung" zum ersten Mal Anfang der sechziger Jahre im „Webster Dictionary" und im „Spectator" (s. a. Busch 1999, 14). Nach Kimminich (1974) liegt der Ursprung des Begriffs in der Völkerrechtsliteratur der sechziger Jahre.

118 Klodt (1998), Watrin (1998).

119 So nennt z. B. Held (1995, 16-23) die Veränderung der internationalen Beziehungen als entscheidendes Merkmal der Globalisierung.

120 Beck (1998, 12) nennt als definierendes Kriterium der Globalisierung die „Aufhebung der Entfernung"; aus der „Aufhebung der Vorstellung, in geschlossenen und gegeneinander abgrenzbaren Räumen von Nationalstaaten [...] zu leben", folgt der Individualismus (Beck 1997, 44; ähnlich: Giddens 1999).

121 Der Begriff wird hier von Held et al. (1999, 5) übernommen. Die Autoren unterscheiden zwischen Globalisierungsskeptikern, die die Globalisierung als einen Mythos ansehen, „hyperglobalists", die die Globalisierung als Aufbruch in eine neue Ära des globalen Marktes oder der globalen Demokratie deuten (ebd., 3f.,), und „transformationalists", die in der Globalisierung einen fundamentalen, hinsichtlich der Richtung jedoch unbestimmten Wandel sehen (ebd., 7f.); sie selbst rechnen sich der letzten Richtung zu.

- Als Globalisierungskritiker sollen hier Autoren bezeichnet werden, die davon ausgehen, dass es einen Prozess gibt, der sich adäquat als Globalisierung kennzeichnen lässt, die diesen Prozess jedoch fundamental kritisieren und ablehnen. Während Globalisierungsbefürworter davon ausgehen, dass die Globalisierung zumindest potentiell für alle Beteiligten nützlich sein kann, wenn entsprechende politische Voraussetzungen geschaffen werden, sehen Globalisierungskritiker in ihr die globale Ausweitung der Ausbeutungsmechanismen des Kapitalismus. Die Globalisierung ist aus dieser Sicht eine neue Stufe des Kapitalismus nach dem Imperialismus, auf der sich die wirtschaftliche Macht durch die Transnationalisierung der Unternehmen von der nationalstaatlichen Ebene ablöst. Globalisierungskritiker sind zumeist dem Paradigma des Strukturalismus zuzurechnen.[122]

Die Positionen, die von den Vertretern dieser drei Richtungen innerhalb der Ökonomie, der Politikwissenschaft und der Soziologie vertreten werden, sollen im Folgenden kurz skizziert werden; insoweit sie das Verhältnis von Politik und Ökonomie betreffen, werden sie in Teil 3 ausführlich diskutiert. Einen Überblick gibt die Abbildung 4 am Ende dieses Abschnitts.

Ökonomie

Aus ökonomischer Sicht sind der Wettbewerb und die technologische Entwicklung (die ihrerseits eine Folge des technologischen Wettbewerbs ist) die entscheidenden Triebkräfte der Globalisierung; sie bewirken den weltweiten Prozess der Integration der Güter- und Faktormärkte (Klodt 1998, 8). Dieses Verständnis von Globalisierung wird von ökonomischen Liberalen, die die überwältigende Mehrheit ihrer Zunft ausmachen, vertreten: Sie gehen davon aus, dass die Marktwirtschaft tatsächlich eine Tendenz zur Globalisierung aufweist, und dass sie potentiell für alle Staaten förderlich ist.[123] Der globale Wettbewerb kommt aus ihrer Sicht allen zugute. Wenn Menschen vom Wohlstand ausgeschlossen werden, so liegt das nicht am Wettbewerb, sondern daran, dass der Wettbewerb sich aufgrund von Protektionismus, staatlichen Interventionen oder politischer Instabilität nicht hinreichend entfalten kann.[124]

Die drei Varianten des ökonomischen Liberalismus (radikale, gemäßigte, kritische ökonomische Liberale) vertreten in Bezug auf die Globalisierung ihre bereits bekannten Positionen. Klassische ökonomische Liberale betonen die Notwendigkeit einer funktionierenden Welthandelsordnung und eines Ordnungsrahmens für die internationalen Finanz-

---

122 Diese Abgrenzung der Globalisierungskritiker unterscheidet sich von der Verwendung des Begriffs in der politischen Diskussion. Die summarische Bezeichnung aller, die z. B. auf Demonstrationen gegen WTO- oder IWF-Tagungen gegen die Globalisierung protestieren, als Globalisierungskritiker, verwischt den Unterschied zwischen denjenigen, die die aktuellen Prozesse für reformierbar und damit für *potentiell* positiv halten, und denjenigen, die eine revolutionäre Veränderung des Systems fordern. Hier kehrt in Bezug auf die Globalisierung der Unterschied zwischen Keynesianern bzw. Sozialdemokraten auf der einen, und Marxisten bzw. Kommunisten auf der anderen Seite wieder.

123 Die Sicht des ökonomischen Liberalismus auf die Globalisierung verdeutlichen die Beiträge in Schenk et al. (Hg., 1998) und Theurl/Smekal (2001); s. a. Watrin (1998), von Weizsäcker (1999).

124 So wird z. B. die Ursache der Armut in vielen afrikanischen Ländern in den politischen und gesellschaftlichen Rahmenbedingungen (Korruption, Bürgerkriege, AIDS etc.) gesehen, die die Ausbreitung der Marktwirtschaft und damit die Überwindung der Armut hemmen (Artadi/Sala-i-Martin 2003).

märkte.[125] Kritische ökonomische Liberale fordern darüber hinaus Eingriffe, die die wirtschaftliche Macht von multinationalen Unternehmen und die Spekulation an den internationalen Finanzmärkten kontrollieren, sowie unterentwickelte Länder bei der Entwicklung ihrer Wirtschaft unterstützen.[126] Radikale ökonomische Liberale sehen eine Chance, dass der globale Wettbewerb auch die Politik der Nationalstaaten kontrolliert: Aus ihrer Sicht führt die Globalisierung zu einem Systemwettbewerb, der dadurch gekennzeichnet ist, dass Staaten von Unternehmen nur noch als Anbieter bestimmter Dienstleistungen (Sicherheit, Infrastruktur, Ausbildung des Humankapitals) wahrgenommen werden, die – wie andere Dienstleistungsanbieter – nach ihrem Preis-Leistungs-Verhältnis beurteilt und mit konkurrierenden Anbietern (anderen Staaten bzw. Standorten) verglichen werden.[127]

Globalisierungsskeptiker stellen erstens die Tendenz zur weltweiten Integration der Märkte in Frage und weisen zweitens darauf hin, dass das Ausmaß an Interdependenz, das in den letzten Jahren erreicht wurde, nicht neu ist. Hirst und Thompson (1998; 1999)[128] kritisieren den Begriff der Globalisierung als irreführend, weil er eine weltweite Entwicklung suggeriert, die es ihrer Auffassung nach weder in der Vergangenheit gab noch in der Zukunft geben wird. Die wirtschaftliche Integration vollziehe sich fast ausschließlich innerhalb und zwischen den Regionen der Triade (Westeuropa, Nordamerika und Südostasien). Weiss (1998) zeigt, dass die derzeitige Interdependenz gemessen am Welthandel, an den ausländischen Direktinvestitionen und den Kapitalströmen mit dem Niveau der Interdependenz vor dem Ersten Weltkrieg vergleichbar ist, und die Globalisierung somit kein neues Phänomen darstellt (ähnlich: Bernholz 2001). Vertreter des Realismus und des Neomerkantilismus folgern daraus, dass die These von der Auflösung der Macht des Staates durch Transnationalisierungsprozesse falsch ist (Weiss 1998; Waltz 1999). Der entscheidende Wettbewerb findet auch weiterhin nicht (wie es ökonomische Liberale sehen) zwischen Unternehmen statt, sondern zwischen Regionen, die miteinander um die Vormachtstellung in der Weltwirtschaft ringen. Grundlage der Vormachtstellung ist die technologische Überlegenheit, die deshalb mit einer aktiven Industriepolitik zu fördern ist (z. B. Seitz 1994; 1999).[129]

Ökonomische Beiträge, die dem Strukturalismus zuzurechnen sind, analysieren die Ausbeutungsmechanismen des globalisierten Kapitalismus, die aus dieser Sicht im Ergebnis dazu führen, dass die Reichen immer reicher und die Armen immer ärmer werden. Entscheidende Akteure sind dabei erstens die von den Interessen der kapitalistischen Länder gesteuerten internationalen Organisationen (WTO, IWF, Weltbank), zweitens die transnationalen Unternehmen und drittens die „Spekulanten" auf den internationalen Finanzmärkten.[130]

125 Vgl. allgemein zum Problem einer globalen Ordnungspolitik: Meyer (2001); in Bezug auf Finanzmärkte: Stark/Hartenstein (2002); in Bezug auf Wettbewerbspolitik in der Globalisierung: Kantzenbach (2001).
126 Vgl. Strange (1986; 1988), Boris et al. (2000), Soros (2001), Stiglitz (2002).
127 Frey (1997), Kerber (1998a; 1998b), Sideras (2000).
128 Von den beiden Autoren ist nur Thompson Ökonom; Hirst lehrt Soziale Theorie.
129 Ein anderes neomerkantilistisches Argument für staatliche Eingriffe zum Schutz der nationalen Wirtschaft ist die Sozialpolitik, dazu: Rieger/Leibfried (2001).
130 Vgl. Narr/Schubert (1994).

Politikwissenschaft

In der Politikwissenschaft wird der Begriff der Globalisierung in der Regel nicht nur auf die ökonomische Globalisierung bezogen, sondern auch auf die Schaffung einer globalen politischen Rahmenordnung für die globalisierte Ökonomie.[131] In der US-amerikanischen IPÖ-Literatur wird sowohl von Neorealisten als auch von Neoinstitutionalisten regelmäßig betont, dass die ökonomische Globalisierung das Ergebnis der politischen Globalisierung war, die am Ende des Zweiten Weltkriegs einsetzte.[132] So ermöglichte z. B. erst die in Bretton Woods geschaffene internationale Ordnung der Finanzmärkte deren Liberalisierung, die Ende der siebziger Jahre (nach dem Übergang vom System fester zum System flexibler Wechselkurse im Jahr 1973) erheblich an Geschwindigkeit gewonnen hat.

In der Politikwissenschaft sind die Globalisierungsbefürworter überwiegend Vertreter des politischen Liberalismus. Sie unterteilen sich in zwei Varianten: Die einen deuten die gegenwärtige Globalisierung als einen vorwiegend ökonomischen Prozess, in dem der globale Markt die Handlungsfähigkeit des Nationalstaats bedroht; diesem Prozess muss durch die Schaffung einer transnationalen Politik begegnet werden. Die anderen sehen die wirtschaftliche Globalisierung positiv als einen Motor für die Herausbildung der neuen Formen transnationaler Politik. Als Fernziel für die Gestaltung transnationaler Politik werden von den Vertretern dieser beiden Richtungen zwei Modelle vorgeschlagen. Das eine Modell ist der Ausbau der Vereinten Nationen zu einer Art Weltexekutive. Höffe entwirft das Konzept einer „subsidiäre[n] und föderale[n] Weltrepublik" (1999a, 225), Held (1995, Kap. 12; 2007, Kapitel 10) fordert eine umfassende Demokratisierung der Vereinten Nationen und will ihr vor allem die Kompetenz für eine breit angelegte Weltsozialpolitik geben. Das zweite Modell lehnt die Einrichtung einer Weltexekutive ab und schlägt statt dessen eine Form des demokratischen Aushandelns von Lösungen für globale Probleme unter Einbeziehung der Betroffenen vor; an diesem Entscheidungsprozess sollen neben internationalen Regierungsorganisationen wie den Vereinten Nationen oder der WTO die Regierungen betroffener Nationalstaaten, Nichtregierungsorganisationen und multinationale Unternehmen beteiligt werden. In der Literatur wird dieses Modell als „governance without government"[133], „global governance"[134] oder „Weltinnenpolitik ohne Weltregierung" (Habermas 1998, 158) bezeichnet.

Auch die Globalisierungsskeptiker treten in zwei Varianten auf: Die einen kritisieren die Modelle transnationaler Politik als utopisch und sehen weiterhin im Staat den entscheidenden Akteur; die anderen stimmen der Kritik der Möglichkeit transnationaler Politik zu, aber gehen davon aus, dass die Globalisierung der Ökonomie zur Auflösung der Macht des Nationalstaats führt. Die erste Variante wird von Realisten vertreten. Aus ihrer Sicht wird die Zunahme der ökonomischen und politischen Interdependenz von Globalisierungsbefürwortern völlig übertrieben dargestellt; gleichzeitig werden die neuen sicherheitspolitischen Herausforderungen, die nach dem Ende des Ost-West-Konflikts aufgetreten sind, unterschätzt. Der vorherrschende Trend in der internationalen Politik ist aus Sicht von Realisten

131 Vgl. Behrens (Hg., 2005), Schirm (2006), Bieling (2007, Kapitel 4). – Diese Rahmenordnung hat aus der Sicht verschiedener Autoren den Zweck, die ökonomische Globalisierung einzuschränken. So ist z. B. für Habermas (1998, 142f.) die Überwindung des „Neoliberalismus" ein wesentliches Ziel der politischen Globalisierung.

132 Siehe z. B. Gilpin (1987), Keohane/Nye (2001).

133 Rosenau/Czempiel (1992), Reinicke (1998), Reinicke/Deng (2000).

134 Hauchler/Messner/Nuscheler (2001), Messner/Nuscheler (2002, 147-149).

nicht die Globalisierung, sondern die Herausbildung konkurrierender regionaler Blöcke, zwischen denen vermehrt wirtschaftliche und politische Konflikte auftreten. Diese Position vertreten in der US-amerikanischen Diskussion z. B. Waltz (1999) und Gilpin (2001), in Deutschland Link[135]. Auch Huntingtons These von der Unüberwindbarkeit der Konflikte zwischen kulturell definierten Blöcken ist hier einzuordnen (Huntington 1996). Eine weitere Bedrohung, auf die Realisten hinweisen, ist der Verlust an staatlicher Kontrolle in vielen Ländern der Dritten Welt, der zu einer Zunahme der Anarchie (Kaplan 2000) und zu neuen Formen regelloser kriegerischer Auseinandersetzungen führt (Münkler 2002)[136]. Als Antwort auf die neuen Bedrohungen fordern insbesondere US-amerikanische Realisten, dass die Vereinigten Staaten aufgrund ihrer militärischen, wirtschaftlichen und technologischen Überlegenheit in Fragen der internationalen Sicherheit aus eigenem Interesse eine Führungsrolle übernehmen sollen und nicht auf die Funktionsfähigkeit internationaler Organisationen vertrauen dürfen.[137]

Die zweite Variante von Globalisierungsskeptikern stellt nicht das Phänomen der Globalisierung als solches, sondern nur die Möglichkeit einer adäquaten politischen Globalisierung in Frage. Diese Sicht vertritt z. B. Guéhenno, dessen düstere Prognose oben bereits erwähnt wurde: Er sieht die Globalisierung als einen rein ökonomischen Prozess, der sich dem Zugriff politischer Regulierung entzieht, weil es nicht möglich ist, auf internationaler Ebene Strukturen zu schaffen, die die Ökonomie effektiv und vor allem demokratisch legitimiert steuern können.[138]

Globalisierungskritiker erkennen im Unterschied zu den Skeptikern eine Tendenz zur politischen Globalisierung, deuten sie aber als ein Streben nach Weltherrschaft. In der Frage, *wer* die Weltherrschaft anstrebt, gehen die Meinungen jedoch auseinander: Einerseits wird die These vertreten, dass das Subjekt der Herrschaft eine unsichtbare Kraft sei, die in vielen Erscheinungsformen auftritt: Nach Hardt/Negri (2002) steht hinter dem politischen Handeln der Vereinigten Staaten, der internationalen Organisationen und der multinationalen Unternehmen das „Empire", das (ganz im Sinne der Postmoderne) „dezentriert und deterritorialisierend" (ebd., 11) verstanden wird. Andere Autoren bleiben hingegen bei dem altbewährten Feindbild der Vereinigten Staaten, die nach dem Untergang der Sowjetunion ihre Macht zum hemmungslosen Streben nach politischer und ökonomischer Weltherrschaft ausnutzen (z. B. Chomsky 1999).[139]

135 „Globalisierung als Regionalisierung": Link (2001b; s. a. 2001a). Ausführlich zu den weltweiten Tendenzen der Regionalisierung: Roloff (1999).

136 Münkler schildert anschaulich den gegenwärtigen Wandel der Form gewalttätiger Auseinandersetzungen, zieht daraus aber nicht eine realistische, sondern eher eine liberale (auf internationale Kooperation und die Durchsetzung des Völkerrechts setzende) Schlussfolgerung.

137 Einer der ersten, die sich nach dem Ende des Kalten Krieges in diesem Sinne äußerten, war Charles Krauthammer (1990/91, 33): „We are in for abnormal times. Our best hope for safety in such times, as in difficult times past, is in American strength and will – the strength and will to lead a unipolar world, unashamedly laying down the rules of world order and being prepared to enforce them." Siehe auch: Mearsheimer (1990; 1994/95), Waltz (1993).

138 So auch der Soziologe F.-X. Kaufmann (1998, 7); für ihn liegt das spezifische Merkmal der Globalisierung in dem „Autonomisierungsgewinn der Geld- und Finanzwirtschaft, welche sich zunehmend nicht nur der staatlichen Kontrolle und Besteuerung entzieht, sondern über die internationalen Finanz- und Devisenmärkte geradezu selbst zur Kontrollinstanz staatlicher Wirtschaftspolitik wird." Diesen Autonomisierungsgewinn beurteilt er freilich – im Unterschied zu ökonomischen Liberalen – negativ. Ähnlich (an Kaufmann anknüpfend): Böckenförde (1999).

139 Virchow (2007) weist zu Recht darauf hin, dass zur Globalisierungskritik auch die völkisch-nationale Kritik der extremen Rechten gezählt werden muss; sie spielt zwar in der akademischen Diskussion keine Rolle, ist

Soziologie

Auch aus soziologischer Sicht kommt der ökonomischen Dimension der Globalisierung eine wichtige Bedeutung zu, doch Soziologen sehen die Ökonomie zumeist nur als Erscheinungsweise eines tiefer liegenden Prozesses der weltweiten Verbreitung eines stark individualisierten und pluralistischen Lebensstils. Globalisierungsbefürworter deuten diesen Prozess als Möglichkeit der Entstehung einer Weltgesellschaft, die die traditionellen, territorialen Gruppenbindungen (Familie, Nation) schrittweise auflöst und durch neue transnationale Bindungen ersetzt. So sieht Beck (2000) die Chance für die Entwicklung eines neuen kosmopolitischen Bewusstseins, das die Grundlage der Weltgesellschaft bildet; dazu kommt es jedoch nur, wenn die Individualisierung sich nicht als Entfaltung des „Marktegoismus“ (ebd., 84) vollzieht, sondern als eine kosmopolitische Individualisierung, die das Soziale neu entdeckt, das wesentlich auf der „Anerkennung der Unterschiedlichkeit der anderen“ beruht (ebd., 258).[140] Eine solche Akzeptanz der Pluralität der Lebensformen müsse nach Becks Auffassung jedoch erst gegen die aktuelle Entwicklung des „Turbokapitalismus“ durchgesetzt werden;[141] es muss also die ökonomische Globalisierung um die gesellschaftliche Dimension ergänzt werden.[142] – Eine Variante der Position der Globalisierungsbefürworter vertreten Autoren, die wie Baumann (1997; 1998; 2000) unter dem Einfluss der postmodernen Philosophie in der Globalisierung eine Chance zur globalen Durchsetzung eines radikalen Partikularismus sehen.

Globalisierungsskeptiker unter den Soziologen stimmen mit der Deutung überein, dass sich ein weltweiter Prozess der Individualisierung beobachten lasse, doch dieser Prozess führt aus ihrer Sicht nicht zur Herausbildung neuer Formen der Vergesellschaftung, sondern lediglich zur Auflösung der bestehenden gesellschaftlichen Bindungen. Rifkin (2000) kritisiert z. B. mit Blick auf die US-amerikanische Gesellschaft die Entwicklung eines postmodernen Individualismus, der nach seiner Deutung von einem gewandelten Selbstverständnis des Menschen gekennzeichnet ist: Die „Idee der individuellen Autonomie“, wie sie die Aufklärung geprägt hat, sei „von der Idee zahlreicher Beziehungen“ abgelöst worden (ebd., 281); das Selbst werde nicht mehr – wie es in der Folge der Aufklärung der Fall war – als eine Einheit begriffen, sondern definiere sich in einem fortwährenden Fluss von Beziehungen durch den jeweiligen momentanen Bezug zu anderen und strebe dabei nach einer Vervielfältigung der freien Verfügungsmöglichkeiten über Sachen, Dienstleistungen und Personen (ebd., 290f.). Auf diese Weise zerfällt das Individuum selbst in eine Vielheit – das Selbst (sofern man von einem solchen überhaupt noch reden kann) ist so fragmentiert wie seine Beziehungen und Bestrebungen. Die Fragmentierung des Individuums, der Gesellschaft und der Welt wird in vielen globalisierungsskeptischen Beiträgen als entscheidendes Merkmal der Globalisierung angesehen.[143]

Soziologische Globalisierungskritiker wie z. B. Castells (2001-2003) interpretieren die Globalisierung als weltweite Durchsetzung eines ökonomistischen Gesellschaftsverständnisses, in dem die Individuen den Interessen verselbständigter Finanzströme untergeordnet

aber in der Propaganda der rechtsextremen Parteien wie der NPD in Deutschland oder dem Front National in Frankreich immer präsent. Wie für die extreme Linke, spielt auch für die extreme Rechte das Feindbild USA eine entscheidende Rolle (Virchow 2007, 218).

140 Siehe auch Beck (1997 und 2002).

141 Der Begriff „Turbokapitalismus“ wurde von Luttwak (1999) in die Globalisierungsdiskussion eingeführt.

142 Zur Theorie von Beck siehe unten, Abschnitt 4.4.2.

143 Vgl. auch Sennett (2000).

werden. Castells diagnostiziert die Entwicklung einer globalen, kapitalistischen Netzwerkgesellschaft, deren Zentrum die Geld- und Kapitalströme auf den Finanzmärkten bilden. Die gänzlich von der Logik der kapitalistischen Ökonomie bestimmte Netzwerkgesellschaft zerstört tradierte soziale Identitäten und spaltet die Gesellschaft in diejenigen, die in die Netzwerke eingebunden sind, und in die Ausgeschlossenen. Die Ausgeschlossenen setzen sich jedoch gegen die Netzwerkgesellschaft zur Wehr und entwickeln mit der Zeit aus einer rein negativen Abwehrhaltung heraus eine positive Widerstandsidentität, die den Keim für eine neue, weltweite soziale Bewegung bildet.[144] – Wie in der politikwissenschaftlichen Globalisierungsdiskussion gibt es auch in der Soziologie Varianten des Strukturalismus, die das zentrale Problem in den Vereinigten Staaten sehen; hier ist es nicht das US-amerikanische Weltmachtstreben, das kritisiert wird, sondern die kulturelle Amerikanisierung, die zur Zerstörung aller anderen Kulturen führt.[145]

Die Systematisierung der Globalisierungsdiskussion verdeutlicht, weshalb sie so unübersichtlich ist: Auf den ersten Blick erscheint sie als eine Diskussion für und wider die Globalisierung der Marktwirtschaft. Doch die Gegner der globalisierten Marktwirtschaft sind ausgesprochen heterogen: Auch wenn ihre Kritikpunkte an der Marktwirtschaft sich ähneln, so sind doch die Vorstellungen dessen, was sie an die Stelle der globalisierten Marktwirtschaft setzen wollen, sehr unterschiedlich. Im Kern sind es drei Positionen, die den (radikalen) wirtschaftlichen Liberalismus ablehnen: der Realismus bzw. Neomerkantilismus, der eine Rückbesinnung auf die Bedeutung des Staates fordert, der politische Liberalismus, der die ökonomische Globalisierung um eine demokratisch legitimierte politische Rahmenordnung ergänzen will (teilweise mit dem Ziel, die globale Marktwirtschaft erheblich zu regulieren) und der Strukturalismus, der sowohl den Markt als auch die liberale Demokratie ablehnt, weil sie allein den Besitzenden zur Durchsetzung ihrer ökonomischen Interessen gegenüber den Besitzlosen dienen.

Die hier vorgeschlagene Systematik ist notwendigerweise holzschnittartig. Das Ziel der Systematisierung ist es auch nicht, ein Raster zu entwickeln, in das jeder einzelne Beitrag zu dieser Diskussion hineingepresst werden kann. Vielmehr soll die grobe Struktur der Diskussion verdeutlicht werden, um die Ähnlichkeit der Paradigmendiskussion in den drei Disziplinen Ökonomie, Politikwissenschaft und Soziologie (die am intensivsten an der Globalisierungsdiskussion beteiligt sind) zu zeigen. Dadurch wird zugleich der Zusammenhang zwischen der Globalisierungsdiskussion und der Paradigmendiskussion der IPÖ sichtbar: Die Struktur der Debatte wird auch hier von den Paradigmen Realismus, Liberalismus und Strukturalismus bestimmt.

144 Eines der grundsätzlichen Probleme, die in Castells Argumentation auftauchen, ist, dass er die Widerstandsbewegungen ohne weitergehende Begründung des Unterscheidungskriteriums in rückwärtsgewandte Bewegungen (islamischer Fundamentalismus, US-amerikanische Miliz- und Patriotenbewegung, u. a.) und progressive Bewegungen unterteilt (Umweltbewegung, Feminismus, Homosexuellenbewegung, u. a.). Nur die progressiven Bewegungen sollen die Revolution gegen die Netzwerkgesellschaft anführen, deren Ziel die Durchsetzung des radikalen Partikularismus ist. Unklar bleibt, wie auf der Grundlage einer partikularistischen Philosophie eine solche Unterscheidung zwischen rückwärtsgewandten und progressiven Bewegungen und die Bevorzugung der letzteren möglich ist.

145 Zur Diskussion dieses Arguments siehe die Beiträge in Beck (Hg., 2003), insbesondere den Beitrag von Ritzer und Stillmann.

	Ökonomie	**Politikwissenschaft**	**Soziologie**
Definition der Globalisierung	weltweite Integration der Güter- und Faktormärkte	Entwicklung neuer Formen zwischenstaatlicher Kooperation auf globaler Ebene	Entwicklung neuer Formen der transnationalen Vergesellschaftung
Ziel der Globalisierung	globaler Markt	globale Politik	Weltgesellschaft
Einschätzung: **Globalisierungs-befürworter** (≈ Liberalismus)	a. Wettbewerb soll auf wirtschaftliche Akteure / Aktivitäten beschränkt u. durch eine Weltwirtschaftsordnung geregelt werden; b. Politik soll dem Systemwettbewerb unterworfen werden (Wettbewerb als herrschendes Prinzip der Globalisierung).	Ökonomische Globalisierung wird entweder als förderlich oder als Gefahr für die Politik / Demokratie gesehen. Zwei Modelle: a. Weltinnenpolitik („governance without government"); b. Weltregierung (rechts- oder sozialstaatlich orientiert).	a. Globalisierung der Gesellschaft auf der Grundlage eines neuen kosmopolitischen Bewusstseins; b. Weltgesellschaft auf der Grundlage eines radikalen, postmodernen Partikularismus.
Globalisierungs-skeptiker (≈ Realismus/ Neomerkantilismus)	a. Keine Globalisierung, nur Intensivierung des Handels in der Triade; b. keine Globalisierung, sondern ökonomische Blockbildung; Wettbewerb zwischen Blöcken erfordert Industriepolitik.	a. Nicht Globalisierung, sondern Regionalisierung (Unterform: Forderung des „global American leadership"); b. nur ökonomische Globalisierung, ohne Möglichkeit der politischen Steuerung („Ende der Politik").	a. Keine oder nur ökonomische Globalisierung; Folge: Auflösung der traditionellen gesellschaftlichen Strukturen (Fragmentierung); b. Globalisierung als Amerikanisierung/ Verwestlichung.
Globalisierungs-kritiker (≈ Strukturalismus)	Globalisierung als Entfesselung des Kapitalismus (Loslösung „der Wirtschaft" vom Nationalstaat).	Globalisierung als US-amerikanisches Streben nach Weltherrschaft („Empire").	Globalisierung als radikale Ökonomisierung der Gesellschaft.

Abbildung 4: Strukturierung der Globalisierungsdiskussion nach Disziplinen („a." und „b." bezeichnen jeweils Varianten der Positionen)

2.3.2 IPÖ nach dem „11. September 2001"

Verschiedene Entwicklungen in der internationalen Ökonomie und der internationalen Politik haben dazu geführt, dass die Globalisierungsdiskussion seit der Jahrhundertwende pessimistischer geworden ist und verstärkt die Schattenseiten der Globalisierung thematisiert werden. Auf der wirtschaftlichen Ebene spielen hier eine Reihe verschiedener Faktoren eine Rolle:

- Im April 2000 kam es zu einem jähen Ende der Euphorie an den Aktienmärkten und es folgte über Monate ein Einbruch der Kurse. Die Realwirtschaft wurde von dieser Entwicklung zwar nur kurzzeitig negativ beeinflusst und die Börsenkurse haben sich in den Jahren 2004 bis 2007 wieder deutlich erholt; dennoch gibt es eine verbreitete Verunsicherung hinsichtlich der zukünftigen Entwicklung der Finanzmärkte, die seit dem Sommer 2007 durch die Krise am US-amerikanischen Hypothekenmarkt verstärkt wird.[146]
- Seit den Protesten gegen die Tagung der Welthandelsorganisation in Seattle 1999 hat die öffentliche Kritik an den sozialen Auswirkungen der Globalisierung stark zugenommen.[147] Die Kritik des „Neoliberalismus"[148] hat gerade in der jüngsten Zeit zu einer Stärkung linker Positionen in der öffentlichen politischen Diskussion geführt.[149] Auch bei internationalen Organisationen wie der WTO und dem IWF spielen in den letzten Jahren in Reaktion auf diese Kritik entwicklungs- und sozialpolitische Überlegungen eine verstärkte Rolle.[150]
- Die Globalisierungskritik ist in den Industrieländern verbunden mit der Sorge, dass die Verlagerung der Produktion in Schwellenländer und der damit verbundene Abbau von Arbeitsplätzen zu einer wachsenden sozialen Ungleichheit und zu einer Erosion des Sozialstaates führen.[151]
- Unter den Schwellenländern verzeichnen vor allem China und Indien in den letzten Jahren hohe Wachstumsraten, die nicht nur zu einer verstärkten Konkurrenz für europäische und US-amerikanische Unternehmen auf den Produktmärkten führen, sondern auch auf den Rohstoff- und den Finanzmärkten eine Verschiebung der Gewichte bewirken.[152]

Auf der politischen Ebene stellen die Terroranschläge vom 11. September 2001 einen entscheidenden Einschnitt dar. Sie haben den Optimismus der neunziger Jahre vom nahen

146 Siehe z. B. IWF (2007c, Kapitel 1).

147 Vgl. Grieco/Ikenberry (2003, 332f.).

148 Vgl. z. B. Butterwegge/Lösch/Ptak (2007). Zum Begriff des „Neoliberalismus" s. u., Fußnote 612.

149 In Deutschland zeigt sich dies z. B. am Abrücken der SPD von der Politik der „Agenda 2000" im Herbst 2007 und an der Bestätigung des Ziels eines „demokratischen Sozialismus" in ihrem neuen Grundsatzprogramm („Hamburger Programm. Grundsatzprogramm der Sozialdemokratischen Partei Deutschlands, beschlossen auf dem Hamburger Bundesparteitag der SPD am 28. Oktober 2007"; www.spd.de, zuletzt aufgerufen am 12.1.2008).

150 Bei der WTO wird dies bereits im Titel der aktuellen Welthandelsrunde deutlich: „Doha Development Agenda".

151 Siehe dazu z. B. die Beiträge in Linzbach/Lübking/Scholz/Schulte (Hg., 2007). Kritisch zu der These, dass die Globalisierung die Erosion des Sozialstaates bewirkt: Sinn (2003b) und Duwendag (2006, 101-149), beide argumentieren aus der Perspektive der Wirtschaftsliberalismus.

152 Zur neuen Rolle von China und Indien in der Weltwirtschaft und Weltpolitik siehe Hieber (2006a; 2006b).

„Ende der Geschichte" gründlich erschüttert und zu einer neuen Nüchternheit in der Betrachtung weltwirtschaftlicher und weltpolitischer Fragen geführt. In der US-amerikanischen Diskussion erlebt der Realismus seither einen neuen Aufschwung;[153] unter anderem wird diskutiert, ob die bisherigen Bündnisse in der Lage sind, auf die neuen Bedrohungen zu reagieren.[154] In der breiten Öffentlichkeit (in Europa und in den Vereinigten Staaten) ist in der Diskussion über Fragen der internationalen Politik die Globalisierung den Themen „Terrorismus"[155] und „Weltmacht Amerika"[156] gewichen.

Der internationale Terrorismus hat vor allem in der US-amerikanischen politikwissenschaftlichen Diskussion der Internationalen Politik eine Rückbesinnung auf den Staat bewirkt. Während vor dem 11. September 2001 die Globalisierungsdiskussion vielfach um die Frage kreiste, ob der Staat durch neue, transnationale Formen politischen Handelns ergänzt oder gar abgelöst werden kann, stellt nun kaum noch ein Autor die Bedeutung des Staates in Frage. In der Kontroverse zwischen Vertretern des Multilateralismus und des Unilateralismus[157] wird diskutiert, ob Weltpolitik von einer nach festen Regeln funktionierenden internationalen Staatengemeinschaft gemacht werden soll, oder ob die Vereinigten Staaten ihre Führungsposition nutzen sollen, um auf eigene Faust die weltpolitischen Fragen in die Hand zu nehmen. Die Unilateralisten, die wie erwähnt bereits seit den neunziger Jahren die Forderung nach „American global leadership"[158] erheben, sind mehrheitlich dem realistischen Paradigma zuzurechnen: Das oberste Ziel eines Staates ist die Sicherheit, und in dieser Frage darf ein Staat sich nicht von anderen abhängig machen. Das Credo des Unilateralismus hat George W. Bush in der „State of the Union Address" vom 20.1.2004 prägnant formuliert: „America will never seek a permission slip to defend the security of our country."[159] Wenn die Sicherheit der Vereinigten Staaten gefährdet ist, muss eine US-amerikanische Regierung im Fall von Meinungsverschiedenheiten mit den Partnern auch bereit sein, im Alleingang oder mit wechselnden „coalitions of the willing" zu handeln[160]; gegen akute Bedrohungen von Seiten sogenannter Schurkenstaaten muss die Regierung notfalls mit „preemptive actions" vorgehen[161]. Aus der Perspektive des Multilateralismus

153 Siehe z. B. den nach dem 11. September 2001 deutlich gestiegenen Anteil an Beiträgen zu sicherheitspolitischen Themen in der Zeitschrift „Foreign Affairs".

154 Siehe z. B. Dibb (2002), Katzenstein (2003), Kagan (2004). Aus europäischer Perspektive wird vor allem die Auswirkung des Terrorismus auf die transatlantischen Beziehungen diskutiert, siehe z. B. Rudolf (2002), Mayer/Rittberger/Zelli (2003).

155 Z. B. Berman (2003), Gunaratna (2003), Lewis (2003).

156 Z. B. Bender (2003), Ferguson (2004), Rüdiger Voigt (2005, 208-211). Einen kritischen Überblick über die Empire-Debatte gibt Ikenberry (2004). Da die Schwierigkeiten der USA im Irak deutlich die Grenzen ihrer Macht aufzeigen, ebbt diese Diskussion derzeit bereits wieder ab.

157 Einen guten Überblick über die Kontroverse gibt Fröhlich (2002), der hervorhebt, dass „Multilateralismus und Unilateralismus [...] traditionell zwei Seiten ein und derselben Medaille in der amerikanischen Außenpolitik" sind (24).

158 Siehe die Internetseite der Gruppe „Project for the New American Century" (www.newamericancentury.org; 22.12.2007), Zitat von der Seite „Statement of Principles".

159 Der Satz fällt in dem Abschnitt, in dem Bush sich zu der Frage äußert, welche Rolle die multilaterale Verständigung bei außenpolitischen Entscheidungen der USA spielen soll (http://www.whitehouse.gov/news/releases/2004/01/20040120-7.html; 22.12.2007). In der Literatur wird diese Position u. a. von Kagan (2003) vertreten.

160 Zu den verschiedenen Allianzen der Vereinigten Staaten im Kampf gegen den Terrorismus siehe den Beitrag von Colin Powell in „Foreign Affairs" (2004).

161 Die US-amerikanische Verteidigungsstrategie behält sich „preemptive actions" gegen Terroristen und Schurkenstaaten („rogue states") vor („National Security Strategy" vom September 2002, www.whitehouse.gov/nsc/nss/2002/nss.pdf, 22.12.2007; siehe auch die „National Strategy to Combat Weapons of Mass

hingegen beruht die Vormachtstellung der Vereinigten Staaten vor allem auf der Anerkennung ihrer Werte (Freiheit, Gleichheit, Demokratie); wenn diese Anerkennung durch unilaterale Alleingänge beschädigt wird, schwindet zugleich die Macht und damit die außenpolitische Handlungsfähigkeit.[162] Deshalb sollten die Vereinigten Staaten ihre Macht dazu nutzen, einen globalen Multilateralismus zu fördern.[163] Die Unilateralismus-Multilateralismus-Debatte setzt sich mit den neuen weltpolitischen Entwicklungen auseinander; doch auf der Paradigmenebene spielen in dieser Debatte wiederum die beiden Pole „power“ und „wealth“, Realismus und Liberalismus, die entscheidende Rolle.[164]

Die neue Bedeutung von Gewalt in den internationalen Beziehungen in Form von Terrorismus und den bereits in den neunziger Jahren diskutierten „neuen Kriegen“ hat auch Rückwirkungen auf die IPÖ-Diskussionen: Während im Optimismus der Neunziger die friedensfördernde Wirkung des Handels und der transnationalen Beziehungen im Vordergrund stand, wird nun verstärkt der Zusammenhang zwischen Ökonomie und Sicherheit bzw. Gewalt thematisiert.[165] Auf der empirischen Ebene gilt es, die ökonomischen Bedingungen der Gewalt zu untersuchen, zum Beispiel die finanzielle Unterstützung des Terrorismus oder die Bedeutung wirtschaftlicher Interessen der westlichen Länder sowie Chinas und Russlands in den zahlreichen lokalen Konflikten.[166] Auf der normativen Ebene wirft der Kampf gegen den Terrorismus die Frage nach den geeigneten Mitteln auf, mit denen dieser Kampf geführt werden muss. Die Kontroverse dreht sich vor allem darum, ob der Kampf primär mit den Mitteln des Militärs und des Geheimdienstes zu führen ist, oder ob verstärkt an den wirtschaftlichen und sozialen Wurzeln des Terrorismus angesetzt werden muss. *Realisten* betonen die Notwendigkeit, durch den militärischen Kampf gegen den Terrorismus die Sicherheit wiederherzustellen. Sicherheit ist aus ihrer Sicht unabdingbar für den Schutz des Welthandels und damit auch für die Verbesserung der wirtschaftlichen und sozialen Lage in den arabischen Ländern, in denen der islamistische Terrorismus seine Anhänger hat. *Liberale* sehen den militärischen Kampf hingegen als ungenügend oder falsch an: ungenügend, weil er nicht an den Ursachen des Terrorismus ansetzt, die in der wirtschaftlichen und sozialen Unterentwicklung der arabischen Welt liegen; falsch, weil das militärische Vorgehen neuen Hass schürt und somit neue Anhänger des Terrorismus hervorbringt. So betont Kellner (2007), dass die Terroranschläge vom 11. September 2001 Folge der Ambiguität der Globalisierung sind, die zwar neue Chancen der Vernetzung schafft, aber auch neue Spaltungen zwischen Armen und Reichen hervorruft; dem dürfe man nicht – wie George W. Bush – mit Militarismus begegnen, sondern es bedarf einer „strong reaffirmation of the basic values and institutions of democracy and a call for local/global solutions to problems that involve both dimensions.“ (Kellner 2007, 261.) *Strukturalisten* gehen einen Schritt weiter und sehen im Terrorismus den Beginn eines welt-

---

Destruction“ vom Dezember 2002, www.whitehouse.gov/news/releases/2002/12/WMDStrategy.pdf, 22.12.2007).

162 Multilateralisten sind nicht immer Vertreter des Liberalismus im Sinne der IP-Paradigmen. Brzezinski plädiert in seinem neuen Buch „The Choice“ (2004) um der Sicherheit Amerikas und der Welt willen für eine multilateral orientierte Führungsrolle der Vereinigten Staaten, die darauf zielt, eine „global community“ (218) zu bilden, indem „America's prevailing power into a co-optive hegemony“ verwandelt wird (217).

163 Nye (2002) nennt dies das Paradox der amerikanischen Macht.

164 Siehe auch Mayer/Rittberger/Zelli (2003), die in ihrer Analyse der transatlantischen Beziehungen zusätzlich den Konstruktivismus als eigenständiges Paradigma berücksichtigen.

165 Z. B. Dombrowski (2005), Ripsman (2005). Bereits vor dem 11. September hat Kaplan (2001) seine pessimistische Deutung der Globalisierung „The Coming Anarchy“ verfasst.

166 Münkler (2002, 159-173), Ross (2004).

weiten Aufstandes der Entrechteten gegen die Herrschaftsstrukuren des Kapitalismus. Hardt und Negri (2002) charakterisieren den islamischen Fundamentalismus als „postmodernes Unternehmen", was sich „in erster Linie an deren Zurückweisung der Moderne als europäisch-amerikanischer Hegemonie erkennen" lässt (ebd., 161). Auch die Iranische Revolution deuten sie als „machtvolle Zurückweisung des Weltmarkts" und somit „als die erste postmoderne Revolution" (ebd., 162). Aus dieser Sicht ist der islamistische Terrorismus als Avantgarde der Befreiung vom Kapitalismus zu begrüßen.[167]

Auch wenn die angespannte Sicherheitslage die weltwirtschaftlichen Fragen und ihre politischen Konsequenzen in der öffentlichen Debatte in den Hintergrund drängen, bleiben die klassischen IPÖ-Themen unverändert aktuell: Die Internationalisierung der Arbeitsteilung durch ausländische Direktinvestitionen vollzieht sich mit unverminderter Geschwindigkeit; die damit verbundene Verlagerung von Arbeitsplätzen von Hochlohn- in Niedriglohnländer wird von der Bevölkerung in den Industrieländern zunehmend als Bedrohung gesehen. Die Weiterentwicklung der Welthandelsordnung im Rahmen der WTO wird in der nächsten Zeit schwieriger werden, weil Fortschritte an eine Reform der europäischen und US-amerikanischen Agrarpolitik gebunden sind; deshalb könnten die Tendenzen zur Regionalisierung der Handelspolitik durch regionale Freihandelsabkommen gestärkt werden.[168] Die Fragen der Stabilität der internationalen Finanzmärkte sind ebenfalls unverändert relevant. Und schließlich bleibt angesichts der weiterhin sehr großen wirtschaftlichen und sozialen Ungleichheit zwischen reichen und armen Ländern die Frage nach der Wirkung des Freihandels und den Voraussetzungen für die Minderung der Armut eine drängende Frage der Weltpolitik.

2.4 Schlussfolgerung

2.4.1 Ergebnis des Überblicks über die IPÖ-Paradigmendiskussion

Der Überblick über die Paradigmendiskussion der IPÖ zeigt, dass sie im Kern um die Frage kreist, wie der freie Wettbewerb politisch zu beurteilen bzw. wie das Verhältnis von Politik und freiem Wettbewerb auf der Ebene der internationalen Beziehungen zu verstehen ist. Drei Beziehungen zwischen Politik und Wettbewerb stehen im Mittelpunkt der IPÖ-Debatten:

1. Politisches Handeln ist auf ökonomische Ressourcen angewiesen. Im internationalen Wettbewerb gilt es deshalb, die ökonomischen Grundlagen der Handlungsfähigkeit der Politik sicherzustellen. Hierzu ist zum einen die nationale Wirtschaftskraft zu erhalten bzw. zu steigern, denn eine (Netto-)Abwanderung von Unternehmen würde das Aufkommen an Steuern und Sozialabgaben vermindern und auf diese Weise die politische Handlungsfähigkeit beeinträchtigen. Zum anderen müssen Staaten in den internationalen Beziehungen den Zugang zu Ressourcen sichern, die nicht nur für einzelne Wirt-

167 Auch Kolko (2002) deutet den islamistischen Terrorismus als Reaktion auf die Ausbeutung unterentwickelter Staaten durch die Industrieländer; in abgemilderter Form findet sich die Position bei Rupert/Solomon (2006, 107-132).

168 Der „World Trade Report 2003" befasst sich ausführlich mit dem Trend zur Regionalisierung der Handelspolitik (WTO 2003, 46-67; zur Zunahme der Zahl der regionalen Freihandelsabkommen von 1950 bis 2002: ebd., 47).

schaftszweige, sondern für die Existenz der Volkswirtschaft entscheidend sind (z. B. Öl, Wasser). Die Bedeutung der Ökonomie für die Sicherheitspolitik und allgemein für die Handlungsfähigkeit von Staaten wird vor allem von Realisten/Neomerkantilisten thematisiert.

2. Politisches Handeln muss sicherstellen, dass es durch den freien Wettbewerb nicht zu einer so großen Ungleichheit in den Besitzverhältnissen kommt, dass die politische Stabilität oder die Möglichkeit großer Teile der Bevölkerung zur Partizipation an demokratischen Entscheidungsprozessen gefährdet ist. Dieser Aspekt wird vor allem von sozialstaatlichen Liberalen hervorgehoben (Strukturalisten setzen auch an der Ungleichheit an, aber sehen in politischer Instabilität nicht eine Gefahr, sondern eine Chance für die Revolution).
3. Die Politik muss die Bedingungen für die Funktionsfähigkeit des Wettbewerbs herstellen. Je nach der zugrundegelegten Wettbewerbstheorie bestehen diese Bedingungen in der Schaffung einer Eigentumsordnung, oder zusätzlich in der Vermeidung bzw. Kontrolle wirtschaftlicher Macht und im korrigierenden Eingriff im Falle von Marktversagen. Diesen Aspekt betonen vor allem Wirtschaftsliberale und rechtsstaatlich orientierte politische Liberale.

Bei allen drei Aspekten des Verhältnisses von Politik und Ökonomie geht es jeweils um die Frage, inwieweit das angestrebte Ziel (Handlungsfähigkeit der Politik, Stabilität der politischen Gemeinschaft, Sicherung der Funktionsfähigkeit des Wettbewerbs) durch die freie Koordination der Individuen im Tausch automatisch erreicht wird und an welchem Punkt kollektives Handeln erforderlich ist. Bei einer groben Einteilung ergeben sich drei grundsätzliche Antworten auf diese Frage: Erstens, dass der Freihandel internationale Politik ermöglicht, weil er Anreize zu friedlicher Kooperation schafft (Wirtschaftsliberalismus, rechtsstaatlicher Liberalismus[169]); zweitens, dass die internationale Politik Voraussetzungen schaffen muss, damit der wirtschaftliche Wettbewerb funktionieren kann (sozialstaatlicher Liberalismus, Realismus); drittens, dass sowohl der Wettbewerb als auch die internationale Politik Herrschaftsstrukturen schaffen und verstärken, die die Schwachen bzw. Armen unterdrücken (Strukturalismus).

Schon diese grobe Zuordnung der Paradigmen zu den drei Antworten auf die Frage nach dem Verhältnis von Politik und Ökonomie (bzw. freiem Wettbewerb) in den internationalen Beziehungen zeigt, dass die übliche Einteilung der IPÖ-Paradigmen in Realismus, Liberalismus und Strukturalismus unzureichend ist. Vielmehr muss der Liberalismus, wie oben dargestellt, weiter unterteilt werden in seine drei Varianten: radikaler Wirtschaftsliberalismus, rechtsstaatlicher Liberalismus und sozialstaatlicher Liberalismus. Erst mit diesem Fünf-Paradigmen-Schema lassen sich die Globalisierungsdiskussion und die IPÖ-Debatten so strukturieren, dass die entscheidenden Frontlinien deutlich werden. Das soll im nächsten Teil der Untersuchung genauer gezeigt werden, doch zuvor ist die Frage aufzuwerfen, wie man überhaupt fruchtbar mit der Pluralität der Paradigmen umgehen kann, ohne sich dezisionistisch (und damit willkürlich) für eines zu entscheiden oder relativistisch alle als gleich gültig anzusehen.

---

169 Genaugenommen stehen aus der Sicht von rechtsstaatlichen Liberalen die erste und die zweite Antwort in einem Wechselverhältnis zueinander: Einerseits ermöglicht der freie Wettbewerb internationale politische Kooperation, andererseits müssen in dieser Kooperation die Voraussetzungen für die Funktionsfähigkeit des Wettbewerbs geschaffen werden.

2.4.2 Wie führt man eine Paradigmendiskussion?

Die hier im Überblick dargestellte Paradigmendiskussion der IP und der IPÖ wird in der Literatur üblicherweise in vier Debatten eingeteilt[170]:

- Die erste Debatte fand zwischen dem Idealismus (dem vor und während des Ersten Weltkrieges gewissermaßen das Verdienst der Gründung der Internationalen Politik als eigenständigem Teilbereich der Politikwissenschaft zukam) und dem Realismus statt (dreißiger bis fünfziger Jahre);
- in der zweiten (methodischen) Debatte stand der aus der ersten „siegreich" hervorgegangene Realismus als Traditionalismus dem Szientismus gegenüber, der die Einführung des Behaviorismus in die IP zum Ziel hatte (sechziger Jahre);
- die dritte Debatte konfrontierte zwei Varianten des Szientismus: den Neorealismus, der sich als Weiterentwicklung des Realismus versteht, und den Neoinstitutionalismus, der in seiner optimistischen Einschätzung der Möglichkeit internationaler Kooperation am Idealismus anknüpft (siebziger und achtziger Jahre),
- die vierte Debatte wird zwischen diesen beiden rationalistischen (von der Rational Choice-Theorie ausgehenden) Ansätzen und dem Konstruktivismus geführt (achtziger und neunziger Jahre).

Bei diesen Debatten handelt es sich – bildlich gesprochen – um zwei ineinander verschränkte Pendelbewegungen: Die eine findet auf der inhaltlichen Ebene statt, auf der an immer neuen Gegenständen und in verschiedenen Varianten die Auseinandersetzung zwischen Realismus und Liberalismus stattfindet. Hier schlug das Pendel, wie in den vorherigen beiden Abschnitten beschrieben, zuletzt nach der liberalen Euphorie der neunziger Jahre zurück in Richtung Realismus.[171] Die andere Pendelbewegung lässt sich auf der Ebene der Methodendiskussion beobachten: Dort wird über das Für und Wider des behavioristischen Reduktionismus gestritten und damit letztlich über die Frage, ob und wie man angesichts der Willensfreiheit des Menschen zu eindeutigen Kausalaussagen gelangen kann. Diese zweite Diskussion führt zur methodischen Weiterentwicklung der Paradigmen, verändert aber nicht (zumindest nicht direkt) ihre Kernaussagen.[172]

Auf der inhaltlichen Ebene konzentriert sich die Paradigmendiskussion der IPÖ auf den Realismus und den Liberalismus, also die Frage, ob unter den außenpolitischen Zielen der Sicherheit oder dem Wohlstand das Primat zukommt. Diesen beiden von einer individualistischen politischen Philosophie ausgehenden Paradigmen steht der kollektivistisch orientierte Strukturalismus gegenüber, aus dessen Sicht Realismus und Liberalismus nur darüber streiten, wie die Interessen des Kapitals besser durchgesetzt werden können; der Strukturalismus zielt auf die Analyse der Ausbeutungsmechanismen, die aus seiner Sicht von Realismus und Liberalismus gerechtfertigt werden.

170 Wæver (1996), Menzel (2001). Die IPÖ entwickelte sich erst im Zuge der dritten Debatte in den siebziger Jahren zu einem eigenständigen Teilgebiet der IP (s. o., S. 31f.).

171 Die Globalisierungsdiskussion und die Diskussion über den globalen Terrorismus werden in der Literatur nicht als eigenständige Debatten gezählt, weil deren Einteilung sich an der Formulierung neuer Paradigmen (Realismus) oder neuer Methoden (Szientismus, Konstruktivismus) orientiert und nicht an den wechselnden Gegenständen.

172 Siehe dazu Menzel (2001, Kapitel 2 und 4).

Angesichts dieser Entwicklung der Paradigmendiskussion stellt sich die Frage, wie man zu einer angemessenen Charakterisierung des Verhältnisses von Politik und Ökonomie in der Theorie der Internationalen Politik kommen kann. Die Debatte scheint bislang in hohem Maße durch weltpolitische Trends (Kalter Krieg, Globalisierung, islamistischer Terrorismus etc.) bestimmt zu sein, so dass die theoretische Reflexion mehr ein Spielball der aktuellen Ereignisse ist, als dass sie eine Richtschnur für eine langfristig orientierte Deutung dieser Ereignisse liefern und eine Grundlage für eine nachhaltige Gestaltung internationaler Politik geben würde. Die Präferenz für ein Paradigma darf also nicht Folge einer momentanen Stimmung sein, sondern bedarf der theoretischen Begründung. Damit aber stellt sich die Frage, wie bei mehreren konfligierenden Paradigmen die Entscheidung über ihre Gültigkeit gefällt werden soll: Wie soll man eine Paradigmendiskussion überhaupt führen?

In der IPÖ lassen sich im Wesentlichen drei Vorstellungen unterscheiden, wie mit der Pluralität der Paradigmen umzugehen ist:

1. *Argumentativer Ansatz*: Autoren versuchen, ihr eigenes Paradigma mit empirischen Belegen und theoretischen Argumenten zu stützen und zielen darauf, die empirischen und theoretischen Schwächen der anderen Paradigmen aufzudecken; die Diskussion zielt dabei auf die argumentative Überwindung der „gegnerischen" Position.
2. *Perspektivischer Ansatz*: Eine Reihe von Autoren erkennt die Pluralität der Paradigmen als sich einander ergänzende Perspektiven an und versucht, zumindest Realismus und Liberalismus in einen umfassenderen Ansatz zu integrieren; Ziel ist es, den positiven Beitrag jedes Paradigmas zum Verständnis von IPÖ-Zusammenhängen herauszustellen.
3. *Dezisionistischer Ansatz*: Vor allem Susan Strange sieht die Paradigmendiskussion als einen Streit zwischen subjektiven Wertvorstellungen, der nicht nur die Wissenschaft, sondern auch die konkrete IPÖ prägt; laut Strange besteht die entscheidende Aufgabe der IPÖ als Wissenschaft darin zu zeigen, welcher Machtstrukturen sich die Akteure bei der Durchsetzung ihrer jeweiligen Wertvorstellungen bedienen. Aus dieser Sicht ist eine Paradigmendiskussion ein Streit über leere Begriffe, der zu keinem sinnvollen Ergebnis führen kann.

Diese drei Sichtweisen der Paradigmendiskussion sollen im Folgenden kurz dargestellt und diskutiert werden, um Anhaltspunkte für die eigene Vorgehensweise zu gewinnen.

ad 1: Das Ziel der argumentativen Überwindung des gegnerischen Paradigmas lässt sich – verständlicherweise – bei zahlreichen Autoren erkennen. Besonders deutlich wurde es in der ersten Debatte, in der es das klare Ziel des Realismus war zu zeigen, dass der Idealismus zur Begründung einer rationalen Außenpolitik und zur Erklärung des Handelns von Staaten in der internationalen Politik ungeeignet ist (vgl. Wæver 1996, 155). Das zentrale Argument gegen den Idealismus lautete, dass er von einem unrealistischen Menschenbild ausgeht und deshalb in der Einschätzung der internationalen Politik zu falschen Schlussfolgerungen kommt. Es ging dem Realismus nicht primär um den Nachweis eines logischen Widerspruchs innerhalb der politischen Theorie des Idealismus, sondern um den Nachweis der Unvereinbarkeit dieser Theorie mit der Wirklichkeit. Dieser Nachweis konnte angesichts des Scheiterns der Appeasement-Politik gegenüber Hitler und der Not des Idealismus, eine angemessene Antwort auf die Situation des Kalten Krieges zu formulieren, mit entsprechender Schärfe erbracht werden. Dabei zog der Realismus jedoch einen großen Teil seiner Stärke aus den Schwächen des Gegners und konnte von den eigenen Unvollkommenheiten ablenken.

Allgemein lautet das Kernargument zum Nachweis der Überlegenheit des eigenen Ansatzes über andere Paradigmen, dass es besser geeignet ist, die Wirklichkeit zu erklären. Der Empirie kommt dabei, ganz im Sinne des kritischen Rationalismus, eine Schlüsselrolle zu: Die Diskussion zwischen den Paradigmen besteht wesentlich darin, die auf ihnen beruhenden Theorien an der Wirklichkeit zu testen und zu versuchen, sie zu falsifizieren. Die Anwendung dieses Verfahrens in der Paradigmendiskussion der politischen Theorie wirft jedoch die Schwierigkeit auf, dass das, was als Wirklichkeit wahrgenommen wird, seinerseits von den Prämissen des gewählten Paradigmas abhängt. Die Beurteilung der Terroranschläge vom 11. September 2001 ist dafür ein gutes Beispiel, denn jedes der IP- bzw. IPÖ-Paradigmen hat das Ereignis als Bestätigung der eigenen Position gedeutet: Realisten sahen sich darin bestärkt, dass die nationale Sicherheit die primäre Aufgabe der Außenpolitik sein muss, und dass diese Aufgabe von den Liberalen in den neunziger Jahren gefährlich vernachlässigt wurde; Multilateralisten (die zumeist den politischen Liberalen zuzuordnen sind) sehen in den Anschlägen einen Beleg dafür, dass die globalen Gefahren zunehmen und es deshalb einer Intensivierung der internationalen Zusammenarbeit zur Bekämpfung dieser Gefahren bedarf;[173] Wirtschaftsliberale deuten den Terrorismus als Ausdruck der fehlenden wirtschaftlichen Perspektive in vielen Ländern der arabischen Welt: würde man diese Länder über den Freihandel in die globale Wirtschaft integrieren, so würden die Opportunitätskosten der Entscheidung, Terrorist zu werden, prohibitiv hoch werden (Frey 2004); Strukturalisten wiederum sehen in den Attentätern Vorkämpfer der globalen Revolution gegen die Herrschaft des Kapitals (Hardt/Negri 2002, 161f.).

Da die vom Terrorismus ausgehende Gefahr in den neunziger Jahren tatsächlich unterschätzt wurde, die internationale Kooperation der Staatengemeinschaft ohne Frage verbesserungsbedürftig ist und die wirtschaftliche, soziale und politische Entwicklung der meisten arabischen Länder als rückständig eingestuft werden kann[174], lassen sich zumindest die Einschätzungen der vom Individualismus ausgehenden Paradigmen durchaus empirisch untermauern. Allgemein wird sowohl die Auswahl als auch die Deutung der Ereignisse bzw. Daten bereits aus dem Blickwinkel des jeweiligen Paradigmas vorgenommen; das, was als Wirklichkeit bezeichnet wird, ist bereits *interpretierte* Wirklichkeit.

ad 2: Diese Schwierigkeit hat in den siebziger Jahren zur zweiten oben genannten Herangehensweise an die Paradigmendiskussion geführt: den Perspektivismus (Wæver 1996, 158-161). Nachdem unter dem Einfluss der kritischen Theorie auf die IP bzw. IPÖ der Strukturalismus die Diskussion zwischen Realismus und Idealismus bzw. Liberalismus ergänzte, wurde es üblich, die Diskussion durch das gleichberechtigte Nebeneinander der drei Paradigmen zu charakterisieren. Die Vertreter dieser Sicht gehen davon aus, dass sie jeweils unterschiedliche Perspektiven auf die Welt zum Ausdruck bringen, die alle einen Aspekt der Wirklichkeit erfassen. Der Wahrheit kommt man am nächsten, wenn man alle Paradigmen berücksichtigt, statt sie gegeneinander auszuspielen.[175] Diese Position hat die Lehrbücher der IP bzw. IPÖ nachhaltig beeinflusst: Während es für Morgenthau in „Politics

173 Keohane (2001), Rosenau (2002).
174 Siehe dazu: UNDP (2002).
175 Siehe z. B. Gilpin (1987).

among Nations" darum ging, die Überlegenheit des realistischen Paradigmas darzustellen, ist es heute üblich, zunächst einen Überblick über die Pluralität der Perspektiven zu geben.[176]

Teilweise stehen die unterschiedlichen „Perspektiven" dabei nebeneinander, ohne dass die Frage aufgeworfen wird, wann welche Perspektive nach welchem Kriterium die angemessenere ist (z. B. Balaam/Veseth 2008).[177] Andere Autoren bemühen sich darum, diese Frage zu beantworten und zielen auf eine Integration der Paradigmen. Ein Beispiel für eine solche Vorgehensweise in Bezug auf Realismus und Liberalismus geben Keohane und Nye in „Power and Interdependence" (2001, erste Auflage 1977).[178] Das Ziel dieses Buches ist es, die Veränderung der Interdependenz in der IPÖ zu erklären. Realismus und Liberalismus beschreiben aus Sicht von Keohane und Nye unterschiedliche Situationen der IPÖ, in denen die Interdependenz sich jeweils anders entwickelt: Das realistische Modell trifft in Situationen zu, in denen das primäre Ziel der Staaten die militärische Sicherheit ist und sicherheitspolitische Fragen alle anderen Aspekte der IP dominieren. In solchen Situationen werden die Staaten nur in begrenztem Umfang bereit sein, sich in eine wirtschaftliche Abhängigkeit zu begeben. Das liberale Modell dagegen lässt sich für die Analyse der „komplexen Interdependenz" (ebd., z. B. 32) anwenden. Mit diesem Begriff bezeichnen die Autoren eine Situation, in der die Staaten sich in ihrem außenpolitischen Handeln von einer Vielzahl von Zielen leiten lassen und in der auf der internationalen Bühne neben den Staaten zahlreiche andere Akteure wie MNU und internationale Organisationen agieren. Realismus und Liberalismus werden somit unterschiedlichen Situationen in der IPÖ zugeordnet.

Diese Herangehensweise ist jedoch mit dem Anspruch des Realismus nicht vereinbar: Seine Aussage ist nicht, dass die Kooperation zwischen Staaten gelegentlich schwierig ist, wenn sicherheitspolitische Belange im Vordergrund stehen, sondern dass die Sicherheit allgemein, in jeder Situation, das oberste Ziel eines Staates ist. Der liberale Ansatz enthält als Sonderfall (nämlich als Ausgangspunkt der Entwicklung der Kooperation) den Realismus, denn beide gehen von der Anarchie aus; doch Realisten werden sich nicht damit zufrieden geben, Theorien für die Analyse eines Sonderfalls zu entwickeln.[179]

Damit wird das grundsätzliche Problem des perspektivischen Ansatzes deutlich: Die Paradigmen ergänzen einander nicht, sondern schließen sich gegenseitig aus. Entweder es gilt die Annahme des Realismus, dass die Staaten aufgrund der Anarchie die Sicherheit

176 Siehe als Beispiele Goddard/Passé-Smith/Conklin (Hg., 1996), Schirm (2004), Balaam/Veseth (2008).

177 Diesem Umgang mit der Pluralität der Paradigmen lassen sich auch viele empirische Untersuchungen im Rahmen der IPÖ zurechnen, die die Sackgasse der Paradigmendiskussion durch die Zuwendung zur Empirie vermeiden wollen (vgl. z. B. die Beiträge in Schirm, Hg., 2006). Frieden und Martin (2002, 145) gehen davon aus, dass der Fortschritt in der IPÖ in den letzten zwanzig Jahren gerade darin besteht, dass die Forschung sich von der Paradigmendiskussion abgewendet hat und heute der Schwerpunkt auf der empirischen Arbeit über Fragen von Politik und internationaler Wirtschaft liegt.

178 Zu Keohane und Nye (2001) siehe Krell (2003, 183-194) und unten, Abschnitt 4.3.2.5.

179 Das gleiche Problem tritt bei Rosenau/Durfee (2000) auf. Sie beschreiben die Entwicklung der IPÖ als einen Wandel von einer staatenzentrierten Welt, in der die Staaten die entscheidenden Akteure waren, zu einer „multi-centric world", in der die internationalen Beziehungen von einer großen Vielzahl von Akteuren gekennzeichnet sind (ebd., 58). Der Realismus war aus Sicht der Autoren das adäquate Modell, um den früheren Zustand zu beschreiben, in dem die Staaten primär nach Sicherheit strebten (11-33). In der „multi-centric world" hingegen sehen sie auch den Liberalismus nicht mehr als adäquates Paradigma an, weil er weiterhin von den Staaten als entscheidenden Akteuren ausgeht; vielmehr bedarf es einer Weiterentwicklung des Liberalismus zum „turbulence paradigm", das die Pluralität der transnationalen Akteure und ihrer Ziele berücksichtigt (47-75). Wie bei Keohane und Nye kann der Realismus diese Sicht nicht als zufriedenstellende Integration der Perspektiven ansehen, weil er sich damit als geschichtlich überholt betrachten würde.

zum obersten Ziel ihrer Außenpolitik machen und nur soweit zu internationaler Kooperation bereit sind, wie dies die Sicherheit nicht beeinträchtigt; oder es gilt die liberale Sicht, dass Staaten das Sicherheitsproblem der Anarchie durch Kooperation lösen können. Beide widersprechen wiederum dem Strukturalismus: Realismus und Strukturalismus treffen sich zwar in der Interpretation der IP als Konflikt bzw. Kampf, doch im Realismus sind die entscheidenden Kontrahenten die Staaten, im Strukturalismus hingegen die Klassen. Strukturalismus und Liberalismus schließen sich in der Einschätzung der Vorteilhaftigkeit der Kooperation aus: Internationaler Handel ist aus liberaler Sicht (zumindest potentiell) für alle Seiten von Vorteil, während er aus strukturalistischer Sicht zur Ausbeutung der Schwächeren führt. Da diese Sichtweisen nicht miteinander vereinbar sind, können sie nicht als gleichberechtigte, sich einander ergänzende Perspektiven angesehen werden.

ad 3: Die dritte der oben genannten Deutungen der Paradigmendiskussion, die von Susan Strange vertreten wird, sieht in den Paradigmen lediglich die Bekundung subjektiver Präferenzen für die Werte, die in einer Gesellschaft verwirklicht werden sollen: Realisten streben nach Sicherheit, Liberale nach Wohlstand und Strukturalisten nach Freiheit bzw. Gerechtigkeit (im Sinne von Gleichheit). Hinter diesem Streit um Werte steht in Wahrheit ein Verteilungskampf: Realisten wollen einen starken Staat, Liberale befürworten das Primat des Marktes zum Vorteil der bereits Wohlhabenden, Strukturalisten streben nach einem ausgeglichenen Verhältnis von Staat und Markt mit dem Ziel der Förderung der Gleichheit.[180] Jeder befürwortet im Zweifel das Paradigma, von dem er im Verteilungskampf am meisten profitiert; der Schlüssel zum Verständnis dieser Auseinandersetzungen liegt deshalb nicht in einer theoretischen Analyse der Paradigmen, sondern in der Frage *cui bono? – Who gets what?*[181] Der Streit der Paradigmen wird nicht rational gelöst, sondern als Machtkampf ausgetragen.[182] Die Aufgabe der IPÖ als Wissenschaft ist es, diesen Machtkampf, also den Verteilungskampf in der internationalen Politik und Wirtschaft, zu untersuchen, wobei laut Strange insbesondere an den vier Quellen struktureller Macht anzusetzen ist: Sicherheit, Produktion, Finanzen und Wissen bzw. Technologie.[183]

In der Analyse der Machtverteilung in diesen Bereichen kommt Strange aber um einen Rückgriff auf die Paradigmen nicht herum. Da sie die internationalen Beziehungen als einen Machtkampf interpretiert, liegt es nahe, dass sie sich vor allem auf den Realismus und den Strukturalismus stützt. Sie selbst bezeichnet sich als „new realist" (Griffiths 1999, 41),

180 Siehe z. B. Strange (1988, 1-6 und 16f.).

181 Strange (1988, 24 und 232). Zur zentralen Bedeutung dieser Frage für Strange: Bieling (2003, 366), Balaam/Veseth (2008, 99f. und 456f.). Strange schließt mit dem *cui bono?* u. a. an Harold Lasswell (1950) an, der die Frage „Who gets what, when and how?" zur Grundfrage der Politik erklärt hatte.

182 Das wird besonders deutlich in den einführenden „Some Desert Island Stories" zu „States and Markets" (Strange 1988). In dieser Geschichte landen drei Rettungsboote eines gesunkenen Schiffes an unterschiedlichen Stellen einer einsamen Insel. Die Mannschaften der Boote organisieren ohne Kontakt zueinander jeweils eine Gesellschaft: Die erste baut eine Festung, um sich gegen eventuelle Angriffe zu schützen; die zweite führt einen Ersatz für Geld ein und schafft ein Marktsystem zur Förderung des Wohlstands; die dritte versucht nach dem Grundsatz „Jeder nach seiner Fähigkeiten, jedem nach seinen Bedürfnissen" eine Kommune zu bilden (ebd., 2). Die drei Gesellschaften verkörpern, wie nicht schwer zu erkennen ist, die drei Paradigmen der IPÖ. Strange entwirft nun verschiedene Szenarien, was geschieht, wenn die Gruppen einander begegnen; interessanterweise geht sie in allen Szenarien davon aus, dass jede Gruppe ihr Modell den anderen mit Gewalt aufzwingen will. Das ist auch kaum anders möglich, denn die rationale Auseinandersetzung erübrigt sich: „But, the tales are trying to say, the judgment of outcomes, as of goals, is a subjective matter. Theories of international political economy are rooted in personal preferences, prejudices and experience." (ebd., 6)

183 Zur Analyse dieser vier „structures of power in the world economy" siehe Strange (1988, Teil II).

unterscheidet sich aber vom herkömmlichen Realismus durch die Berücksichtigung der Vielzahl transnationaler Akteure, insbesondere der MNU, und durch die Anerkennung der Pluralität der Ziele dieser Akteure. Auch vom Strukturalismus übernimmt sie eine Reihe von Elementen, ohne sich ihm wirklich zurechnen zu lassen: Sie hat eine subjektive Präferenz für mehr Verteilungsgerechtigkeit (im Sinne von Gleichheit), teilt aber in ihrer Analyse z. B. nicht die strukturalistische Prämisse, dass alle Macht auf die Produktionsstruktur zurückzuführen sei.[184] Die vier Machtstrukturen sind vielmehr eigenständig und stehen zueinander in einem Verhältnis der Wechselwirkung; wenn einer der Machtstrukturen eine dominierende Rolle zukommt, so am ehesten dem Finanzbereich (Strange 1986). Stranges Ziel ist es, mit der Unterscheidung der vier Machtstrukturen einen „analytical framework" zu entwickeln, der es erlaubt, in eklektischer Weise Elemente der drei Paradigmen zu verwenden und damit die Situation des „dialogue of the deaf" zu überwinden (Strange 1991, 34).

Die Argumentation von Strange hat drei entscheidende Vorzüge:

- Erstens verdeutlicht sie, dass eine fruchtbare Paradigmendiskussion weder darin bestehen kann, dass die Kontrahenten sich gegenseitig argumentativ zu überwinden versuchen, noch darin, dass sie die Pluralität der Positionen als unabänderlich hinnehmen: Beim Ziel der argumentativen Überwindung messen sich die Kontrahenten gegenseitig an den Maßstäben des eigenen Paradigmas, so dass alle Seiten sich selbst als überlegen ansehen können; bei der Anerkennung der Pluralität der Positionen werden einander widersprechende Aussagen als gleichberechtigt anerkannt, was einer Aufgabe des Rationalitätsanspruchs gleichkommt.
- Zweitens weist Strange mit der Betonung der Verteilungsfrage auf den entscheidenden Kern der Paradigmendiskussion hin: Tatsächlich geht es wesentlich um die Frage, wem der globale wirtschaftliche Wettbewerb nützt. Realisten betonen die Bedeutung des Nationalstaats für die Sicherung des erreichten Wohlstands und befürchten Nachteile für die nationale Wirtschaft, wenn ein Staat im internationalen Wettbewerb in Hinblick auf Technologie und Effizienz nicht an der Spitze steht; (Wirtschafts-)Liberale gehen davon aus, dass der freie globale Wettbewerb für alle Seiten vorteilhaft ist; Strukturalisten kritisieren den freien Wettbewerb dafür, dass er dieses Ziel verfehlt und im Ergebnis zur Ausbeutung der Schwachen führt. Die Frage *cui bono?* ist tatsächlich die leitende Frage in dieser Auseinandersetzung.
- Drittens wird durch die Betonung der Verteilungsfrage deutlich, dass die Paradigmen der IPÖ nicht nur theoretische Ansätze zur Erklärung der Wirklichkeit liefern, die von außen an sie herangetragen werden. Vielmehr ist der Paradigmenstreit Teil der konkreten internationalen Politik und Ökonomie: Die politischen Auseinandersetzungen, die dort geführt werden, beruhen auf konkurrierenden Konzepten, wie Politik und Ökonomie zu verstehen und zu gestalten sind. Die Paradigmendiskussion ist nicht eine Diskussion *über* die Wirklichkeit (oder – noch abstrakter – über Theorien), sondern sie *ist* bereits die Wirklichkeit. Dieser Gedanke ist von zentraler Bedeutung für die Aus-

184 Wie dies z. B. bei Cox (1987) der Fall ist, der Strange maßgeblich beeinflusst hat. Beide, Strange und Cox, sind der britischen IPÖ zuzurechnen, die sich bewusst vom US-amerikanischen „mainstream" absetzen will (Murphy/Nelson 2001) und auf eine Kritik der Dominanz der Vereinigten Staaten in der Weltwirtschaft und Weltpolitik zielt (Gilpin 2001, 85). – Zum Problem der Zuordnung von Strange zu den IPÖ-Paradigmen siehe Bieling (2003, 370-372; 2007, 50-53).

einandersetzung mit dieser Diskussion und wird im Folgenden weiter zu verfolgen sein (siehe insb. Abschnitt 3.3.3).

Doch die Reduktion der Paradigmendiskussion auf einen Machtkampf, der von subjektiven Wertvorstellungen geleitet wird, kann nicht überzeugen, weil dadurch die Tragweite der Paradigmen unterschätzt wird. Wenn die Paradigmen nur subjektive Präferenzen über die Gestaltung der Gesellschaft zum Ausdruck bringen würden, müsste Strange in ihrer Analyse nicht immer wieder auf Elemente dieser Paradigmen zurückgreifen. Zwar möchte sie den Streit um leere Begriffe, als den sie die Paradigmendiskussion ansieht, umgehen, aber in ihrer Analyse ist sie doch wieder auf eben diese Begriffe angewiesen. Die Paradigmen sind eben mehr als eine subjektive Bekundung von Verteilungspräferenzen: Sie sind Annahmen darüber, wie Politik und Ökonomie überhaupt zu verstehen sind und in welcher Beziehung sie zueinander stehen. Wenn diese Annahmen allein von der subjektiven Präferenz abhingen, wäre auch die auf ihnen aufbauende Erkenntnis subjektiv; das käme der Aufgabe des Anspruchs der Wissenschaftlichkeit gleich. Greift man hingegen wie Strange eklektisch auf einzelne Annahmen und Versatzstücke der Paradigmen zurück, so vermeidet man die Paradigmendiskussion, indem man die Probleme ignoriert: Der Eklektizismus benutzt Versatzstücke aus einander widersprechenden Paradigmen, ohne den Widerspruch zum Thema zu machen.

Die Analyse des Machtkampfes zwischen den Vertretern der Paradigmen kann also die theoretische Auseinandersetzung nicht ersetzen, weil jede Machttheorie wieder auf paradigmatische Annahmen und damit „leere Begriffe“ (die so leer offensichtlich nicht sein können) angewiesen ist. Gleichzeitig lässt sich die Diskussion aus den genannten Gründen nicht auf der empirischen Ebene führen, so dass der einzige Ausweg darin besteht, die theoretische Auseinandersetzung mit den Paradigmen zu intensivieren. Dies wiederum kann nur fruchtbar sein, wenn der Fehler vermieden wird, die Paradigmen von einem vorgefassten Standpunkt aus zu beurteilen. Vielmehr muss es das Ziel sein, die Paradigmen immanent zu verstehen, und zu analysieren, wie sie jeweils auf die Schwächen der anderen reagieren. Auf diese Weise gilt es, die logische Struktur der Diskussion zu erfassen und zu verdeutlichen, dass die Positionen in einer Art negativer Abhängigkeit zueinander stehen, insofern sie jeweils ihre Stärke aus den Schwächen der gegnerischen Ansätze ziehen. Diese Analyse erlaubt dann wiederum, das Grundproblem der Diskussion zu erkennen und zu lösen.

3 Paradigmendiskussion auf der Ebene der Phänomene: Beurteilung der Globalisierung des Wettbewerbs

In Teil 2 wurde deutlich, dass die verbreitete Einteilung der Paradigmen der IPÖ in Realismus, Liberalismus und Strukturalismus zu unscharf ist, um die Diskussion über das Verhältnis von Politik und Ökonomie in den internationalen Beziehungen zu analysieren. Das zeigt sich insbesondere daran, dass der Streit über die Beurteilung der Globalisierung des Wettbewerbs zu großen Teilen zwischen Vertretern unterschiedlicher Varianten des Liberalismus stattfindet, wobei sich unter den Gegnern des Wirtschaftsliberalismus häufig ein Bündnis zwischen sozialstaatlichen Liberalen und Realisten bildet.[185] Die Einteilung des Liberalismus in den radikalen Wirtschaftsliberalismus, den rechtsstaatlichen Liberalismus und den sozialstaatlichen Liberalismus erlaubt es, die Diskussion über eine politische Rahmenordnung für den globalen Wettbewerbs besser zu strukturieren.

Die theoretische Auseinandersetzung mit den Paradigmen, die das Ziel dieser Untersuchung ist und in den Teilen 4 und 5 durchgeführt wird, soll in diesem Teil an die konkreten Fragen der Globalisierungsdiskussion zurückgebunden werden: Worin bestehen die Herausforderungen der Politik durch die Internationalisierung des Wettbewerbs? Welche konkreten Probleme ergeben sich auf der Ebene des Welthandels, der multinationalen Unternehmen und der Finanzmärkte? Welche unterschiedlichen Einschätzungen der Aufgaben der internationalen Politik werden in dieser Diskussion vertreten? Bevor die Antworten auf diese Fragen untersucht werden, soll zunächst der Bezugspunkt – die Globalisierung des Wettbewerbs – beschrieben werden. Das kann jedoch nur unter dem methodischen Vorbehalt geschehen, dass die Auswahl und Bestimmung von „Fakten“ immer schon vom Standpunkt des Betrachters (also dem Paradigma, von dem er bewusst oder unbewusst ausgeht) beeinflusst wird. Schon die Frage, ob die derzeitige Entwicklung der Weltwirtschaft die Politik überhaupt vor neue Herausforderungen stellt, d. h. ob es auf der weltwirtschaftlichen Ebene eine neue Entwicklung gibt, die die Verwendung eines neuen Begriffs (Globalisierung) rechtfertigt, wird – wie im ersten Teil gezeigt wurde (2.3.1) – sehr unterschiedlich beantwortet. Dennoch soll versucht werden, das Phänomen der Globalisierung zu beschreiben, indem diejenigen Merkmale dargestellt werden, die unter den Vertretern unterschiedlicher IPÖ-Paradigmen relativ unumstritten sind (Kapitel 3.1). In Kapitel 3.2 wird dann die Diskussion über die Herausforderung der Politik durch die Entwicklung des internationalen Wettbewerbs dargestellt. Im Ergebnis der Strukturierung und Analyse dieser Diskussion wird sich zeigen, dass in ihr konfligierende Modelle des Interessenausgleichs aufeinanderstoßen, die im folgenden Teil 4 im Rückgang auf die politische und ökonomische Ideengeschichte analysiert werden.

---

185 Das zeigt sich sehr deutlich in politischen Debatten, wenn nationalkonservative und linke Globalisierungskritiker z. B. gemeinsam gegen den EU-Verfassungsentwurf argumentierten (vgl. die Diskussion über den Verfassungsentwurf in Frankreich vor dem Referendum im Mai 2005).

3.1 Kennzeichen der wirtschaftlichen Globalisierung

Die treibenden Kräfte der Globalisierung des wirtschaftlichen Wettbewerbs sind der internationale Tausch von Gütern (Welthandel) und die internationale Wanderung von Produktionsfaktoren, insbesondere des Kapitals. Der Welthandel expandiert seit Ende des Zweiten Weltkriegs fast ununterbrochen in stärkerem Ausmaß als die weltweite Produktion (Abschnitt 3.1.1). Noch wichtiger für die Intensivierung des internationalen Wettbewerbs sind die grenzüberschreitenden Investitionen, die sich in Direktinvestitionen und Finanzinvestitionen unterteilen lassen. Mittels ausländischer Direktinvestitionen werden multinationale Unternehmen in anderen Ländern tätig (z. B. im Bereich der Produktion, der Forschung & Entwicklung oder des Vertriebs); die damit verbundene Flexibilität führt zu einer Standortkonkurrenz zwischen den Staaten (Abschnitt 3.1.2). Internationale Finanzinvestitionen werden hingegen mit der primären Absicht der Kapitalanlage über die Finanzmärkte getätigt. Die Vernetzung der internationalen Finanzmärkte ist aufgrund der modernen Kommunikationstechniken und der Liberalisierung der Kapitalmärkte soweit fortgeschritten, dass sie vielfach als zentrales Merkmal der Globalisierung angesehen wird (Abschnitt 3.1.3). Theoretisch ist bei der Untersuchung der Mobilität der Produktionsfaktoren auch die des Faktors Arbeit zu berücksichtigen; sie ist aber relativ niedrig und soll deshalb hier vernachlässigt werden.[186] Die Voraussetzungen für die Entwicklung des Welthandels und der grenzüberschreitenden Investitionen werden auf der politischen Ebene durch die Gestaltung der Welthandels- und Weltfinanzordnung und die weltweite Liberalisierung der Investitionen geschaffen; eine herausragende Rolle spielen dabei die Welthandelsorganisation (WTO) und der Internationale Währungsfonds (IWF; Abschnitt 3.1.4). Sobald man zur Frage nach der Beurteilung der Liberalisierung des Handels und der Investitionen kommt, spalten sich die Vertreter der verschiedenen Paradigmen in Befürworter und Gegner der Liberalisierung, wobei auf der einen Seite der entscheidende Vorzug des freien Wettbewerbs darin gesehen wird, dass er zur Überwindung der Armut beiträgt, während er auf der anderen Seite für eine weltweit zunehmende Ungleichheit verantwortlich gemacht wird (Kapitel 3.2).

3.1.1 Internationaler Tausch von Gütern: Welthandel

Der weltweite Handel mit Gütern und Dienstleistungen ist von einer großen Dynamik gekennzeichnet: In den neunziger Jahren betrug das Wachstum des Welthandels im Durchschnitt 6,8 Prozent im Jahr, während die weltweite Produktion im gleichen Zeitraum durchschnittlich um 2,3 Prozent pro Jahr wuchs (WTO 2001, 8). Der Trend, dass der Welthandel deutlich stärker als die weltweite Produktion wächst, wurde nur im Jahr 2001 durchbrochen und setzt sich seit dem ersten Quartal 2002 ununterbrochen fort.[187] Von 1980 bis 2006 hat

186 Zur internationalen Mobilität des Faktors Arbeit siehe z. B. Straubhaar (2001), Enquete-Kommission (2002, 251f.). Eine hohe Mobilität ist vor allem bei armen Menschen zu sehen, die nichts oder nur wenig zu verlieren haben, und bei reichen, die durch die Mobilität erheblich gewinnen können (z. B. hochqualifizierte Arbeitskräfte).

187 WTO (2007, 2), s. a. UNCTAD (2007a, 4-6). Die Rezession von 2001 schlug sich bereits seit dem dritten Quartal 2000 in den Handelsstatistiken nieder. Da der Rückgang der weltweiten Produktion vor allem handelsintensive Branchen betraf (z. B. die Informationstechnik), sank das Volumen des Welthandels 2001 stärker als das der weltweiten Produktion (WTO 2002, 8-10 und 2003, 5).

sich das Volumen des Welthandels verfünffacht und sein Anteil an der weltweiten Produktion ist von 36 auf 55 Prozent gestiegen.[188] Die Tatsache, dass weder der weltweite Einbruch an den Börsen in den Jahren 2000-2002, noch die Terroranschläge vom 11. September 2001, noch die gestiegenen Ölpreise[189] bislang zu einem dauerhaften Einbruch dieses Wachstumstrends führten, zeigt, wie robust dieses Wachstum ist.[190] Allerdings weisen sowohl die WTO als auch die UNCTAD auf bedeutende regionale Unterschiede hin: Das Wachstum des Welthandels wurde in den letzten Jahren (2004-2006) vor allem von Ostasien (China, Japan, Indien[191]) und den Vereinigten Staaten getragen, während in Afrika und dem Nahen Osten das Wachstum der Produktion und der Exporte unter dem weltweiten Durchschnitt lag.[192] Eine zentrale Frage in der Diskussion über die Vor- und Nachteile des Freihandels ist, ob die ungleiche Partizipation an den Früchten des Handels auf die Qualität der Wirtschaftspolitik in den einzelnen Ländern zurückzuführen ist oder darauf, dass freie Märkte bestehende Ungleichheit systematisch verstärken.[193]

Die Expansion des Welthandels nach dem Ende des Ost-West-Konflikts entspricht einem langfristigen Trend: Seit 1950 lag die durchschnittliche jährliche Wachstumsrate der weltweiten Exporte deutlich über derjenigen des weltweiten Sozialprodukts.[194] Diese Wachstumsphase knüpft an der Entwicklung vor dem Ersten Weltkrieg an, denn schon damals lag die Wachstumsrate der weltweiten Exporte kontinuierlich über derjenigen der weltweiten Produktion.[195] Dennoch gibt es einen erheblichen Unterschied zwischen der Entwicklung des Welthandels vor dem Ersten und nach dem Zweiten Weltkrieg. Der IWF betont in einer Studie über die historische Entwicklung der Globalisierung, dass der hohe Außenhandelsanteil vor dem Ersten Weltkrieg nicht dazu verleiten darf, die damalige Entwicklung als Globalisierung zu bezeichnen: „The process observed before 1914 could hardly be called ‚globalization', however, since large parts of the world did not participate and also because the speed of transport and communication was such that it was much less feasible than it is today to organize markets, or to operate firms, at the global level." (Ebd.) Bairoch und Kozul-Wright (1998) weisen auf einen weiteren wichtigen Unterschied zwischen den beiden Wachstumsphasen hin: Das Wachstum des Welthandels vor 1914 lässt sich nicht auf eine Politik des Freihandels und der Öffnung der Märkte zurückführen, sondern sei von einem erheblichen Protektionismus begleitet gewesen. Fast alle bedeutenden Handelsnatio-

---

188 Weltweite Importe und Exporte in Relation zum weltweiten Bruttosozialprodukt (IWF 2007b, 137).

189 Zu den Auswirkungen des gestiegenen Ölpreises auf die globale wirtschaftliche Entwicklung siehe UNCTAD (2005, 20-28).

190 WTO (2004a, 3; 2004d, 2-5).

191 Zum Wirtschaftswachstum in China und Indien siehe UNCTAD (2005, 28-40).

192 WTO (2007, 2), UNCTAD (2007, 4-6). Das Wachstum der Exporte aus der EU lag 2006 mit 7,5 Prozent knapp unter dem weltweiten Durchschnitt (8 Prozent). Ausführlich zur wirtschaftlichen Entwicklung einzelner Regionen: UNCTAD (2003a, 3-16).

193 Eine weitere Frage, die sowohl vom IWF als auch von der UNCTAD in ihren aktuellen Publikationen diskutiert wird, ist diejenige nach der Stabilität des Wachstums des Welthandels. Beide Institutionen sehen in den Turbulenzen an den internationalen Finanzmärkten (insbesondere in der Krise des US-amerikanischen Hypothekenmarktes, in den Wechselkursschwankungen und in der steigenden Inflation) eine Gefahr für die Stabilität der weltwirtschaftlichen Entwicklung (IWF 2007a, 9 und 2007b, 1-5; UNCTAD 2007a, 13-32).

194 Nach Angaben des HWWA nahm der Handel mit Waren von 1948 bis 2000 um durchschnittlich 6,1 Prozent im Jahr zu, während die weltweite Produktion im gleichen Zeitraum um durchschnittlich 3,9 Prozent im Jahr stieg (Borrmann/Jungnickel/Koopmann 2002, 2). Ausführliche Daten zur Entwicklung des Welthandels von 1950 bis 2000 finden sich in: WTO (2001, 27-35), s. a.: OECD (1997, 29), Held et al. (1999, 169 und 180), Koch (2000, 21), Bernholz (2001, 12f.), WTO (2007, 35-49).

195 IWF (1997, 112), siehe auch WTO (2007, 35-49, insb. 46).

nen haben zwischen 1875 und 1913 ihre Zölle erhöht; insbesondere die Vereinigten Staaten haben nach dem Bürgerkrieg eine Politik der Importsubstitution betrieben, die durch Zollerhöhungen unterstützt wurde (Bairoch/Kozul-Wright 1998, 43-45).[196]

Wenngleich also das Wachstum des Welthandels nach dem Zweiten Weltkrieg quantitativ gesehen (im Verhältnis zur weltweiten Produktion) kein neues Phänomen ist, gibt es doch zwei grundlegende Veränderungen: Zum einen führen die Liberalisierungsmaßnahmen, die viele Länder seit Ende der siebziger Jahre ergriffen haben, zu steigenden ausländischen Direktinvestitionen, und zum anderen wurde auf der Ebene der internationalen Politik eine Welthandelsordnung errichtet, die den Welthandel einem verbindlichen multilateralen Regelwerk unterwirft und seine Liberalisierung fördert. Die Welthandelsordnung (und nicht der Handel als solcher) steht zusammen mit den Aktivitäten multinationaler Unternehmen im Mittelpunkt der Auseinandersetzungen zwischen Befürwortern und Gegner eines globalen freien Wettbewerbs.

3.1.2 Internationale Wanderung von Produktionsfaktoren: Grenzüberschreitende Arbeitsteilung durch multinationale Unternehmen

Multinationale Unternehmen (MNU) sind in der Globalisierungsdiskussion Gegenstand heftiger Kontroversen: Zum einen werden sie als Motor der Globalisierung des Wettbewerbs (Wirtschaftsliberalismus) und als Hoffnungsträger für die Entwicklung einer globalen Zivilgesellschaft angesehen (politischer Liberalismus), zum anderen sieht man in ihnen eine Bedrohung der Souveränität der Nationalstaaten (Realisten) und eine treibende Kraft in den weltweiten Ausbeutungsbeziehungen (Strukturalismus). Hier soll, entsprechend der empirischen Intention dieses Kapitels, zunächst das Phänomen der Internationalisierung der Produktion als solches geschildert werden: Was sind MNU (Abschnitt 3.1.2.1), warum kommt es zur Multinationalisierung der Produktion (3.1.2.2), und wie entwickelten sich die ausländischen Direktinvestitionen und die grenzüberschreitenden Unternehmenskooperationen (als die beiden Formen grenzüberschreitenden Engagements von Unternehmen) in den letzten Jahrzehnten (3.1.2.3)?

3.1.2.1 Begriff des multi- bzw. transnationalen Unternehmens

Seit dem Ende des Zweiten Weltkriegs gibt es einen anhaltenden Trend zur Internationalisierung der Produktion durch grenzüberschreitende Investitionen und Kooperationen von Unternehmen. Derzeit gibt es weltweit über 78.000 multinationale Unternehmen (MNU) mit über 777.000 ausländischen Zweigstellen und insgesamt über 70 Millionen Beschäftigten; Mitte der achtziger Jahre waren weltweit nur 19 Millionen Menschen in MNU beschäftigt.[197] Diese Unternehmen wickeln ca. zwei Drittel des Welthandels ab, wovon

196 Zum empirischen Vergleich der aktuellen weltwirtschaftlichen Entwicklung mit der Zeit vor dem Ersten Weltkrieg siehe auch Perraton et al. (1998, 139-144). – Zum Protektionismus der Vereinigten Staaten und der europäischen Industrieländer im 19. Jahrhundert: Chang (2002, 19-51).

197 UNCTAD (2007b, 9 und 217f.; s. a. 2004a, 44). Die United Nations Conference on Trade and Development (UNCTAD) veröffentlicht umfassende Statistiken und empirischen Analysen über multinationale Unternehmen und ausländische Direktinvestitionen (Internetseite: www.unctad.org). In der Statistik werden nur Unternehmen mit ausländischen Direktinvestitionen (ADI) als MNU gezählt. Die tatsächliche wirtschaft-

wiederum die Hälfte auf den Austausch von Gütern und Vorleistungen innerhalb der MNU entfällt („intrafirm trade“, Held et al. 1999, 236). Die hundert größten multinationalen Unternehmen können als Motor der internationalen Produktion angesehen werden,[198] weil jedes von ihnen ein weltweites Netz von Kooperationspartnern und Zulieferbetrieben aufgebaut hat. Doch mittlerweile gibt es zunehmend auch kleine und mittelständische Unternehmen, die Standorte im Ausland aufbauen, so dass multinationale Unternehmen nicht automatisch mit Großunternehmen gleichgesetzt werden dürfen.[199]

Im weitesten Sinne ist ein multinationales Unternehmen ein Unternehmen „mit geschäftlichen Aktivitäten in mehreren Ländern“ (Tudyka 1994, 539). Da multinationale Unternehmen häufig nicht neue Zweigstellen im Ausland aufbauen, sondern Anteile an bestehenden ausländischen Unternehmen erwerben, muss der Anteilserwerb zum Zweck der Kapitalanlage im Ausland von einer ausländischen Geschäftsaktivität unterschieden werden. Das definierende Merkmal hierfür ist, ob ein bestimmender Einfluss auf die Geschäftspolitik des ausländischen Unternehmens erlangt wird; ein solcher Einfluss wird üblicherweise ab einem Anteil am Eigenkapital des Unternehmens von mindestens zehn Prozent angenommen.[200]

In der Literatur findet sich neben dem Begriff des multinationalen Unternehmens auch der des transnationalen Unternehmens (oder Konzerns)[201], wobei die Begriffe meistens synonym verwendet werden (Tudyka 1994, 539; Tetzlaff 1997, 385). Einige Autoren sehen jedoch in den transnationalen eine besondere Form der multinationalen Unternehmen:[202] Als transnational sehen sie diejenigen MNU an, die – wie der Begriff es suggeriert – ‚jenseits‘ der Nation operieren, weil sie die Bereitschaft und Fähigkeit haben, jeden Standort (einschließlich des Hauptsitzes) jederzeit in Frage zu stellen. Transnationale Unternehmen sind demnach MNU, die auch mit ihrem Hauptsitz nicht mehr an einen bestimmten Nationalstaat gebunden sind und somit einen besonders hohen Grad der Unabhängigkeit von der Politik erreicht haben. Diese Unterscheidung ist theoretisch sinnvoll, empirisch aber nicht operationalisierbar: Die Bereitschaft und Fähigkeit eines Unternehmens, seinen Hauptsitz zu verlagern, lässt sich nur in den seltensten Fällen und nur auf der Grundlage detaillierter Fallstudien feststellen. Hier soll deshalb im Folgenden nur der Oberbegriff multinationale Unternehmen verwendet werden.

---

liche Verflechtung wird damit erheblich unterschätzt, weil ein bedeutender Teil des internationalen unternehmerischen Engagements nicht über ADI, sondern über Kooperationsvereinbarungen mit ortsansässigen Unternehmen oder über regelmäßige Auftragsvergabe an internationale Partner in Produktionsnetzwerken erfolgt. – Zur Bedeutung der MNU für die Globalisierung siehe z. B. Held et al. (1999, 236-282, zum Problem der Abgrenzung von MNU: 237), Koch (2000, 55-88), Dörrenbächer/Plehwe (Hg., 2000).

198 UNCTAD (2000, 1). Für eine Übersicht über die hundert größten multinationalen Unternehmen siehe UNCTAD (2007b, 229-231); diese Statistik, die auch im Folgenden noch zitiert wird, berücksichtigt nur die „non-financial“ Unternehmen und schließt somit Banken, Versicherungen u. ä. aus.

199 Held et al. (1999, 236), UNCTAD (2000, 1). Die Gleichsetzung von MNU mit Großunternehmen erfolgt z. B. bei Tudyka (1994, 539).

200 IWF (2004a, 154), UNCTAD (2007b, 245).

201 So spricht die UNCTAD regelmäßig von „transnational corporations“ (z. B. UNCTAD 2000, 1; 2004a, Kapitel 3; UNCTAD 2007b).

202 Zum Begriff der Transnationalisierung in Abgrenzung von der Multinationalisierung siehe Kaufmann (1998, 6) und Hirst/Thompson (1998, 91f.); letztere schätzen den Anteil der transnational operierenden Unternehmen an den MNU jedoch als relativ gering ein.

3.1.2.2 Motive der Multinationalisierung

Die Multinationalisierung von Unternehmen ging im 18. und 19. Jahrhundert überwiegend von europäischen Unternehmen aus, die im Kolonialhandel (Handelshäuser, Banken, Versicherungen) oder im Rohstoff- und Energiesektor tätig waren.[203] Das zentrale Motiv war der Handel mit Waren aus den Kolonien und der Zugang zu Rohstoffen; dadurch entstanden zudem multinationale Unternehmen im Finanz- und Transportgewerbe. Die Bedeutung des Zugangs zu Rohstoffen als Motiv für die Multinationalisierung lässt sich noch heute daran erkennen, dass vier der zehn weltgrößten MNU Ölkonzerne sind.[204]

Von den zwanziger bis in die siebziger Jahre des vorigen Jahrhunderts waren es vor allem US-amerikanische Unternehmen, die international investierten. Neben dem Zugang zu Rohstoffen kamen in diesem Zeitraum drei weitere entscheidende Motive hinzu: die Suche nach kostengünstigeren Produktionsstandorten, die Ausweitung des Absatzgebietes, um bei der Massenproduktion höhere Skalenerträge zu erzielen[205] und die Nähe zum Kunden auf Märkten, auf denen die Kenntnis regionaler Besonderheiten wichtig für den Markterfolg ist. Noch Anfang der siebziger Jahre war eine deutliche Mehrzahl der weltweiten MNU US-amerikanischer Herkunft.[206]

Seither haben der Wettbewerbsdruck, der von den US-amerikanischen Unternehmen ausging,[207] und die Eigenheiten des technologischen Wettbewerbs die Internationalisierung auch nicht-amerikanischer Unternehmen erheblich vorangetrieben.[208] Der technologische Wettbewerb, der in den letzten Jahrzehnten in den meisten Sektoren für den Markterfolg der Unternehmen entscheidend geworden ist, weist drei Besonderheiten auf, die den Prozess der Internationalisierung fördern:[209]

- Technischer Fortschritt erfolgt zunehmend auf der Grundlage einer Integration von Technologien, die einzelne Unternehmen nicht insgesamt beherrschen können. Diese Integration erfordert eine intensive und oft internationale Zusammenarbeit zwischen zum Teil hoch spezialisierten Unternehmen.
- Neben den Anforderungen an die technischen Fähigkeiten der Unternehmen steigen die Kosten für Forschungs- und Entwicklungsprojekte in vielen Branchen auf ein Niveau, das von einzelnen Unternehmen häufig nicht mehr getragen werden kann; dies

203 Vernon (1971, 26), Tudyka (1994, 540).

204 BP, ExxonMobil, Royal Dutch/Shell und Total (UNCTAD 2007b, 229).

205 Dazu: Vernon (1971, 60-65).

206 Gilpin (1975, 12). Im Jahr 2005 waren nur noch 23 der 100 größten MNU US-amerikanische Unternehmen (siehe UNCTAD 2007b, 229-231). Unter den 50 größten MNU aus dem Bereich der Finanzwirtschaft („financial transnational corporations") waren im Jahr 2005 9 US-amerikanische Unternehmen (UNCTAD 2007b, 235).

207 Vgl. die Debatte in den siebziger Jahren über den technologischen Rückstand der europäischen gegenüber der US-amerikanischen Industrie. Die Europäische Kommission hat seit den siebziger Jahren das Zusammenwachsen europäischer Unternehmen im Rahmen ihrer Industriepolitik aktiv gefördert, um ein Gegengewicht zur US-amerikanischen Industrie zu schaffen (vgl. als frühes Dokument dieses Ziels das Industriememorandum der Europäischen Kommission von 1970; allgemein zur europäischen Industriepolitik siehe z. B. Hellmann 1994).

208 Zur Entwicklung der Investitionsstrategien von MNU siehe Bieling (2007, 127-130).

209 Zu den Merkmalen des Technologiewettbewerbs siehe Freeman (1982), OECD (1992), Stoneman (1995), Gruppe von Lissabon (2001, 103). Speziell zu den Motiven der Kooperation von Unternehmen im Technologiewettbewerb siehe die Arbeit des Verfassers (1999, 40-49).

nötigt die Unternehmen zur Suche nach Partnern, die sich an der Finanzierung und an den Risiken der Entwicklungsprojekte beteiligen.

- Da gleichzeitig die Produktlebenszyklen immer kürzer werden, müssen steigende Ausgaben für Forschung und Entwicklung in immer kürzeren Zeiträumen erwirtschaftet werden. Dies ist in der Regel nur durch eine internationale Ausdehnung der Absatzmärkte erreichbar, die sich häufig am schnellsten und kostengünstigsten durch eine Fusion oder Kooperation mit internationalen Partnern realisieren lässt, denn bestehende Unternehmen verfügen auf dem anvisierten Markt bereits über ein Vertriebsnetz und eine entsprechende Reputation bei den Kunden.

Diese Merkmale des Technologiewettbewerbs sind entscheidende Motive für die Multinationalisierung von Unternehmen (neben den anderen oben genannten). Die Vielfalt der Motive verdeutlicht zwei Punkte: Zum einen resultiert die Multinationalisierung nicht allein aus der freien Entscheidung der Unternehmen: Viele MNU werden durch die Beschleunigung des Technologiewettbewerbs, den Kostendruck auf dem Markt oder die Notwendigkeit, die Produktion zur Erzielung von Skalenerträgen auszuweiten, geradezu dazu gezwungen, international zu investieren und nach Partnern und Absatzmärkten zu suchen. Zum zweiten ist die Senkung der Produktionskosten nur eines von vielen Motiven für die Suche nach Standorten im Ausland. Das von Globalisierungskritikern vorgebrachte Argument, dass das Hauptmotiv von MNU die Suche nach Standorten mit billigen Arbeitskräften und niedrigen Sozial- und Umweltschutzstandards sei, kann so pauschal im übrigen schon deshalb nicht stimmen, weil die meisten Investitionen von MNU in Industrie- und nicht in Entwicklungsländern getätigt werden.[210]

3.1.2.3 Kennzeichen zunehmender Multinationalisierung: Zunahme der ausländischen Direktinvestitionen und der internationalen Kooperationen

Die Tendenz zur Multinationalisierung der Unternehmen lässt sich erstens an der Zunahme der ausländischen Direktinvestitionen und zweitens an der steigenden Zahl internationaler Kooperationen veranschaulichen; beides soll im Folgenden näher gezeigt werden. Als *ausländische Direktinvestition* (ADI; englisch „foreign direct investment“, FDI) gilt eine Beteiligung am Eigenkapital eines ausländischen Unternehmens, die mit einer dauerhaften Einflussnahme auf das unternehmerische Handeln verbunden ist;[211] die Einflussnahme auf das unternehmerische Handeln unterscheidet die ADI von einer bloßen Kapitalanlage (Portfolioinvestition). Eine ADI kann erstens im Aufbau einer neuen bzw. in der Erweiterung einer bestehenden Produktions- oder Vertriebseinrichtung bestehen; zweitens kann sie durch eine Fusion bzw. Unternehmensübernahme erfolgen; drittens kann die Investition durch Gründung eines Gemeinschaftsunternehmens mit einem ortsansässigen Partner durchgeführt werden („joint venture“). Im letzten Fall stellt die ADI zugleich eine Kooperation mit einem ausländischen Partner dar.

210 Nach Luxemburg und China stehen Frankreich und Deutschland weltweit an der Spitze der ADI-Empfängerländer (UNCTAD 2003b, 4). Insgesamt fließen 71 Prozent der ADI in Länder der Triade (UNCTAD 2001a, 1; s. a. UNCTAD 1997, 12f.; Enquete-Kommission 2001, 50f.).

211 Enquete-Kommission (2001, 50), Koch (2000, 38).

Die ADI wiesen seit Mitte der achtziger Jahre bis zum Jahr 2000 jährliche Wachstumsraten zwischen 18 und 55 Prozent auf; nach einem Einbruch in den Jahren 2000 bis 2003 erreichten sie von 2004 bis 2006 wieder Wachstumsraten zwischen 27 und 38 Prozent (UNCTAD 2007b, 9). Aus diesen Wachstumsraten wurde gelegentlich geschlossen, dass ADI das hervorstechende Merkmal der Globalisierung seien.[212] Der weltweite Bestand der ADI („FDI outward stock") ist seit 1982 von 627 auf 12.474 Milliarden US-Dollar (2006) gestiegen.[213] Zugleich hat die Bedeutung der ADI für die weltweite Kapitalbildung stark zugenommen: Während der Anteil der weltweiten ADI an der weltweiten Kapitalbildung im Jahr 1985 noch bei 2,5 Prozent lag, stieg er bis 1998 auf knapp 8 Prozent (Koch 2000, 42).[214] Der Einbruch der weltwirtschaftlichen Produktion zwischen 2000 und 2002 schlug sich besonders stark bei den ADI nieder. Die Summe der weltweiten Zuflüsse an ADI („FDI inflows") sank 2001 im Vergleich zum Vorjahr um 40,9 Prozent und 2002 um weitere 21 Prozent. Da dieser Rückgang der Stromgrößen von einem relativ hohen Ausgangsniveau ausging, stiegen die Bestände („FDI inward stock") immer noch um 7,5 (2001) bzw. 7,8 Prozent (2002; UNCTAD 2003b, 2).

Eine große Zahl der ADI wird als grenzüberschreitende Fusion[215] durchgeführt. Der Anteil der grenzüberschreitenden an der Gesamtzahl der weltweiten Fusionen ist von Mitte der achtziger bis Anfang der neunziger Jahre kontinuierlich gestiegen und lag bis 1999 stabil zwischen 25 und 30 Prozent (Koch 2000, 80; siehe auch: Kleinert/Klodt 2000, 5). Nach dem Jahr 2000 ist die Zahl der grenzüberschreitenden Fusionen zunächst von ihrem bisherigen Spitzenwert von 7.894 (2000) auf 4.493 (2002) zurückgegangen, lag jedoch 2006 wieder bei 6974.[216] Kleinert und Klodt (2002, 11f.) unterscheiden verschiedene Fusionswellen: Von 1984 bis 1988 gab es eine europäische Fusionswelle, die mit der Vollendung des Europäischen Binnenmarktes zusammenhing; von 1995 bis 2001 folgte eine weltweite Fusionswelle,[217] die sich auf die Deregulierung verschiedener Wirtschaftszweige (Telekommunikation, Energie, Finanzdienstleistungen) und auf die Globalisierung zurückführen ließ.[218] Nach einem Einbruch der Zahl der Fusionen in den Jahren 2001 bis 2003 gibt es seither eine weitere weltweite Fusionswelle, die alle Industriezweige betrifft und in

212 So zum Beispiel der Generaldirektor der WTO, Renato Ruggiero: „There can be no doubt that foreign direct investment has joined international trade as a primary motor of globalization. Indeed, in today's economy, trade and investment are not merely increasingly complementary, but also increasingly inseparable as two sides of the coin of the process of globalization." (Rede auf einer Tagung der UNCTAD zum Thema „Foreign direct investment and the multilateral trading system", Genf, 12.2.1996, Presseerklärung vom 13.2.1996: http://www.wto.org/english/news_e/ pres96_e/pr042_e.htm, 22.12.2007.)

213 UNCTAD (2007b, 9); s. a. IWF (1997, 61), Enquete-Kommission (2001, 50), Jakobeit (2001, 258), Herr (2001, 273). Sowohl regional als auch sektoral ist die Verteilung der ADI jedoch stark konzentriert. Bei der regionalen Verteilung dominieren die Industrieländer (s. o., Fußnote 210). Hinsichtlich der sektoralen Verteilung überwiegen technologieintensive Industriezweige und Dienstleistungen (Borrmann/Jungnickel/Koopmann 2002, 9f.).

214 Nach Held et al. (1999, 237) wird das tatsächliche Ausmaß der Internationalisierung der Produktion durch den Indikator ADI um ein Vielfaches unterschätzt, weil z. B. Reinvestitionen ausländischer Tochterunternehmen oder die Aufnahme von Fremdkapital durch ein Tochterunternehmen nicht als ADI registriert werden.

215 „Fusion" bezeichnet in der deutschen Wettbewerbspolitik sowohl den Zusammenschluss gleichberechtigter Partner zu einem neuen Unternehmen als auch die Übernahme eines Unternehmens durch ein anderes; der Begriff entspricht damit dem englischen „mergers & acquisitions (M&A)".

216 UNCTAD (2003b, 1 und 2007b, 274).

217 Zum Ende der letzten Fusionswelle im Jahr 2001: WTO (2002, 9).

218 S. a. Kleinert (2000, 160f.), Enquete-Kommission (2002, 160f.). – In der Fusionswelle der neunziger Jahre ist die Zahl der Zusammenschlüsse weltweit von weniger als 10.000 im Jahr 1990 auf jeweils 25.000 in den Jahren 1999 und 2000 angestiegen (Kleinert/Klodt 2002, 10).

der die Suche von Private-Equity-Unternehmen nach Anlagemöglichkeiten eine entscheidende Rolle spielt.[219] Zahlreiche Fusionen der letzten beiden Wellen haben wegen der Größe der beteiligten Unternehmen Schlagzeilen gemacht und es kam die Frage auf, ob solche ‚Megafusionen' (die freilich nur einen Teil der grenzüberschreitenden Fusionen ausmachen) nicht schon allein aufgrund ihrer Größe und des damit verbundenen politischen Einflusses eine Gefahr für den Wettbewerb und eventuell auch für die Demokratie darstellen.[220]

Die Gründe für das Wachstum der ADI liegen wie beim Welthandel nicht allein in unternehmerischen, sondern auch in politischen Entscheidungen, wie der bereits erwähnten Deregulierung einzelner Wirtschaftszweige oder der weltweiten Liberalisierung der Genehmigungs- und Anmeldeverfahren für ausländische Investitionen seit Beginn der achtziger Jahre. Knapp 95 Prozent der im Zeitraum von 1991 bis 2002 weltweit verzeichneten Änderungen der Regelungen für ADI zielten auf eine Liberalisierung;[221] bei diesen Änderungen ging es zumeist um die Öffnung bestimmter Branchen für ADI oder um die Erleichterung des Genehmigungsverfahrens.[222] Die Internationalisierung der Wirtschaft ist somit nicht allein ein Resultat der Eigendynamik des Marktes; vielmehr liegt ihr der politische Wille zugrunde, dieser Eigendynamik die Möglichkeit der Entfaltung zu geben.[223]

Die zweite Form des internationalen Engagements neben den ADI ist die *internationale Kooperation*, deren Kennzeichen die fallweise Zusammenarbeit von Partnern aus unterschiedlichen Ländern bei Wahrung ihrer rechtlichen und wirtschaftlichen Selbständigkeit ist. Während im Jahr 1990 1.760 Kooperationsvereinbarungen abgeschlossen wurden, lag diese Zahl 1995 bei 4.600.[224] Diese Kooperationen beziehen sich auf alle möglichen unternehmerischen Aufgabenbereiche, von der Forschung und Entwicklung über die Produktion bis hin zur Vermarktung.[225] Sie sind nur zum Teil mit gemeinsamen Investitionen verbunden und beschränken sich in der Regel auf die gemeinsame Durchführung einzelner Projekte; dadurch haben sie den Vorteil einer großen Flexibilität. Multinationale Unternehmen organisieren die internationale Arbeitsteilung zunehmend in Netzwerken, in denen sie fallweise auf eigene Zweigstellen oder auf Einrichtungen von Kooperationspartnern zugreifen. Dies ermöglicht es ihnen, jede Aufgabe an diejenige Stelle im eigenen oder in einem Partnerunternehmen zu delegieren, die sie am besten bzw. kostengünstigsten erfüllen kann.[226] Solche Formen der punktuellen Zusammenarbeit in abgegrenzten Bereichen kön-

---

219 Huffschmidt (2005), Müller-Stewens (2006).

220 Siehe z. B. UNCTAD (1997; 2000), K. Hansen (Hg., 2000), Jakobeit (2001, 261f.).

221 Eigene Berechnung auf Grundlage der Angaben der UNCTAD (2003b, 13). Dieser Trend hält an, hat sich aber in den Jahren 2003 bis 2006 abgeschwächt (UNCTAD 2007b, 14: Im Jahr 2006 zielten 80 Prozent der Änderungen der Regulierung von ADI auf eine Liberalisierung und eine Verbesserung des Investitionsklimas für ausländische Unternehmen).

222 Siehe UNCTAD (1997, 10). Ein großer Teil dieser Liberalisierungsmaßnahmen wurde von Regierungen in Entwicklungsländern durchgeführt, die damit ihre Länder für internationale Investitionen geöffnet haben (Tetzlaff 1997, 388).

223 Ähnlich: von Weizsäcker (1999, 48f.).

224 UNCTAD (1997, 5f.); die Zahlen gelten für „inter-firm agreements (equity and non-equity, other than strategic research-and-development (R&D) partnerships)" (ebd., 5).

225 In der Literatur werden grenzüberschreitende Kooperationen von MNU zum Teil als „strategische Allianzen" bezeichnet; vgl. hierzu: Hammes (1993), Stefan Voigt (1993), Blancke (1994). Dieser Begriff wirft jedoch erhebliche Abgrenzungsprobleme auf (siehe die Arbeit des Verfassers: 1999, 39f.).

226 Der flexible Zugriff auf Kooperationspartner setzt voraus, dass ein Unternehmen über eine Vielzahl von Kontakten verfügt, die es ihm ermöglicht, im Bedarfsfall ohne aufwendige Anbahnung eine Kooperation zu vereinbaren; in der ökonomischen und soziologischen Literatur werden diese jederzeit aktualisierbaren

nen durchaus mit intensiver Konkurrenz in anderen Bereichen verbunden sein, wie es unter anderem an den zahlreichen internationalen Kooperationsbeziehungen zwischen Automobilproduzenten zu sehen ist.[227] Dadurch wird der globale Wettbewerb um eine entscheidende Dimension erweitert, nämlich derjenigen des Wettbewerbs um die besten Partner.[228] Für den Markterfolg eines Unternehmens ist es zunehmend wichtiger, dass es dazu in der Lage ist, im globalen Maßstab auf Partner zuzugreifen (vgl. Sally 1994); dies gilt nicht nur für Großunternehmen, sondern (vor allem in technologisch anspruchsvollen Sektoren mit einem hohen Grad an Spezialisierung) auch für kleine und mittelständische Unternehmen.

Hier zeigt sich deutlich, dass eine Charakterisierung der Globalisierung als Zunahme der weltweiten Vernetzung der ökonomischen Aktivitäten zu unspezifisch ist. Der Begriff suggeriert eine Aufhebung von Marktschranken und damit ein Zusammenwachsen von lokalen bzw. nationalen Märkten. Auch wenn sich ein solches Zusammenwachsen vielfach beobachten lässt, ist damit die Veränderung der internationalen Ökonomie in den letzten Jahrzehnten nicht hinreichend charakterisiert: Sie vollzieht sich in entscheidendem Maße auf der Ebene der Akteure, die sich im Rahmen ihrer internationalen Aktivitäten auch auf lokal oder national begrenzten Märkten engagieren.[229] Der globale Wettbewerb wird von den MNU somit auf zwei Ebenen geführt: Einerseits wird im globalen Raum nach neuen Investitionsmöglichkeiten gesucht, andererseits findet – aufgrund der Bedeutung der Kooperation zwischen Unternehmen – ein globaler Wettbewerb um Kooperationspartner statt.

Die Rückwirkungen dieses Prozesses auf die Politik sind in der IPÖ- und der Globalisierungsdiskussion sehr umstritten (siehe das folgende Kapitel 3.2). Aus Sicht vieler Autoren können MNU sich durch die Suche nach globalen Investitionsmöglichkeiten vom Staat unabhängig machen und sich z. B. den Steuer- und Sozialgesetzen entziehen. Die Staaten wären dann nicht mehr Hoheitsgebiete, in denen die Unternehmen durch die Verteidigung nach außen und die Rechtsordnung nach innen Schutz für ihre wirtschaftliche Betätigung erhalten, sich ansonsten aber den politischen Entscheidungen fügen müssen, sondern sie wären gleichberechtigte Akteure, die den Unternehmen Standortdienstleistungen anbieten. Der globale Wettbewerb um die besten Partner würde sich damit auch auf das Verhältnis zwischen Staaten und Unternehmen erstrecken: die Staaten wären Dienstleistungspartner der Unternehmen, und die Unternehmen (u. a.) „Arbeitsplatzbeschaffungspartner" für die Staaten.[230] Diese Vision wird von ökonomischen Liberalen im Prinzip begrüßt, von politischen Liberalen und Strukturalisten kritisiert, und von Realisten entweder als Verkennung der tatsächlichen Entwicklung oder als Gefahr für die nationale Souveränität angesehen. Einigkeit besteht zwischen den Vertretern aller Paradigmen zumindest darin, dass sich auf der empirischen Ebene eine Intensivierung des globalen wirtschaftlichen Wettbewerbs als Faktum feststellen lässt – erst bei der Frage nach den Zusammenhängen und Ursache-Wirkungsverhältnissen (und damit auch bei der Frage, ob und in welcher Hinsicht diese Ent-

Kooperationsbeziehungen, die heute zu einem entscheidenden Wettbewerbsfaktor geworden sind, unter den Stichworten „weiche Kooperationsbeziehungen" („weak ties", vgl. Granovetter 1985, Grabher 1993), „relationale Verträge" (Macneil 1974; 1978) und „clans" (Ouchi 1979; 1980) diskutiert.

227 Zum Zusammenhang zwischen Kooperation und Wettbewerb siehe die Arbeit des Verfassers (1999).

228 Ein anschauliches (und auch Konsumenten bekanntes) Beispiel für die Bedeutung eines Netzwerks von Partnern für den Markterfolg ist der Wettbewerb zwischen der „Star Alliance" und der „Oneworld Alliance" im Luftfahrtbereich.

229 Zum Spannungsverhältnis von lokaler und transnationaler Tätigkeit von MNU siehe den Band von Mense-Petermann/Wagner (Hg., 2006).

230 Folgerichtig spricht Strange (1992, 6) von „state-firm diplomacy"; zur politischen Macht von MNU s. a. Fuchs (2005).

wicklung eine Herausforderung für die Politik darstellt) ergeben sich die Unterschiede zwischen den Paradigmen.

3.1.3 Internationale Wanderung von Finanzanlagen: globale Vernetzung der Finanzmärkte

Die Finanzmärkte stehen noch stärker als die Investitionen von MNU im Zentrum der Debatte über die Entwicklung des freien Wettbewerbs, weil die internationalen Transaktionen seit Beginn der Liberalisierung der Finanzmärkte in den siebziger Jahren erheblich gestiegen sind und es in den neunziger Jahren zu einer Serie von gravierenden Finanzkrisen kam.[231] Während Wirtschaftsliberale wie von Weizsäcker (1999, 35) in den Finanzmärkten einen „Wahrheitsmechanismus der Gesellschaft" sehen, der einen „wesentlichen Beitrag zur Zerstörung von Wolken-Kuckucks-Heimen leistet" (ebd.) und die Qualität nationaler Wirtschaftspolitik einer harten, aber unabhängigen Prüfung unterzieht (ebd., 112), ist die Entwicklung der Finanzmärkte für Strange (1986) Ausdruck des „Kasino-Kapitalismus", weil sie sich mehr und mehr von der Realwirtschaft abkoppeln und die eigentliche Ursache für die Finanzkrisen sind, die immer wieder ganze Länder in den Ruin stürzen.

Wie auch bei der Charakterisierung der Entwicklung des Welthandels erweist sich die rein quantitative Betrachtung als ungenügend, um die eigentlichen Veränderungen auf den Finanzmärkten abzubilden. Die Wachstumsrate des Volumens der internationalen Finanztransaktionen ist zweifellos beeindruckend: Der Tagesumsatz im globalen Devisenhandel lag im Herbst 2007 bei 3,2 Billionen Dollar und ist seit 2004 um 71 Prozent gestiegen.[232] Das Volumen der grenzüberschreitenden Transaktionen mit Rentenwerten und Aktien („bonds and equities") lag in den wichtigsten Industrieländern (G 7) bis 1980 unter zehn Prozent des Bruttoinlandsprodukts; bis 1996 war dieses Volumen in den meisten Industrieländern auf ein Vielfaches des Bruttoinlandsprodukts gestiegen.[233] In den letzten zwei Jahrzehnten hat insbesondere der Handel mit Finanzderivaten zugenommen: Der Bestand der börsenbetriebenen Derivate ist von 2,3 Billionen US-Dollar im Jahr 1990 auf 57,8 Billionen im Jahr 2005 gestiegen; der Bestand der außerbörslich gehandelten Derivate lag 2005 mit 285 Billionen US-Dollar noch fünfmal höher.[234]

Doch die Expansion der Finanzmärkte in den neunziger Jahren knüpft an eine längerfristige Entwicklung an. Nach Theurl (2001, 75) war „die Finanzmarktintegration während der Zeit des Goldstandards fortgeschrittener (...) als heute, wenn die Bruttokapitalströme in Relation zu realwirtschaftlichen Indikatoren herangezogen werden".[235] Dies betont auch der

231 Für eine Analyse dieser Krisen siehe Isard (2005, 119-152).

232 „Tagesumsatz: 3 210 000 000 000 Dollar", in: Frankfurter Allgemeine Zeitung, 26.9.2007 (Nr. 224, S. 25).

233 Zum Beispiel: Deutschland: 196,8 Prozent, Vereinigte Staaten: 151,5 Prozent, Frankreich: 229,2 Prozent; Italien: 435,4 Prozent (IWF 1997, 60). – Zur Globalisierung der Finanzmärkte siehe auch: Held et al. (1999, Kap. 4), Theurl (2001), Enquete-Kommission (2002, insb. 61-90).

234 Bundeszentrale für Politische Bildung (Hg., 2006, Kapitel Finanzmärkte: Finanzderivate). S. a. Enquete-Kommission (2002, 63, s. a. 65f.). – „Derivates is a generic term for instruments derived from other financial products where the basic payment is only a fraction of the total notional value of the product"; hierzu zählen unter anderem Terminverträge und Optionen (Held et al. 1999, 207f.; s. a. IWF 2004a, 153). Da der finanzielle Einsatz bei diesen Verträgen nur ein Bruchteil des Nennwertes der gehandelten Werte beträgt, eignen sich Derivate in besonderer Weise für spekulative Geschäfte (ebd.).

235 Ähnlich Hirst/Thompson (1998, 98), Heinrich (2000, 6). Zur Stabilität des Goldstandard-Regimes: Isard (2005, 15-18).

Internationale Währungsfonds. Im „World Economic Outlook" (IWF 2000) wird ausgeführt, dass es in den Jahren 1870 bis 1914 bereits eine erste Phase der Internationalisierung der Finanzmärkte gegeben habe. Anders als beim Warenhandel war dies auf den Finanzmärkten tatsächlich mit einem weitgehend freien Kapitalverkehr verbunden: Der Goldstandard gab der Weltwirtschaft ein stabiles Finanzgefüge, das es ermöglichte, auf Kapitalmarktrestriktionen weitgehend zu verzichten. Die daraus resultierende Mobilität des Kapitals ging von 1914 bis in die 1960er Jahre kontinuierlich zurück: Nach dem Ersten Weltkrieg waren der Goldstandard und damit das gesamte internationale Finanzsystem geschwächt; nach dem Zweiten Weltkrieg reagierte man auf die negativen Erfahrungen der Weltwirtschaftskrise, der großen Wechselkursschwankungen und der destabilisierenden Wirkung von Spekulationen mit einer umfassenden Regulierung der Finanzmärkte auf nationaler und internationaler Ebene. Ein entscheidender Schritt war dabei die Errichtung einer internationalen Finanzordnung mit einem System fester Wechselkurse im Rahmen des Abkommens von Bretton Woods (1944).[236]

Erst nach dem Zusammenbruch des Systems fester Wechselkurse im Jahr 1973 wurden die Voraussetzungen für eine größere internationale Mobilität des Kapitals geschaffen.[237] Weltweit setzte eine Phase der umfassenden Liberalisierung der Kapitalmärkte ein, die in den neunziger Jahren zum Abschluss kam und zu einer weitgehenden Abschaffung der Restriktionen im internationalen Kapitalverkehr führte.[238] In der Folge kam es seit Anfang der achtziger Jahre zu dem oben geschilderten rasanten Anstieg der internationalen Finanztransaktionen, der durch die geschichtliche Einordnung jedoch relativiert wird: Zu einem großen Teil geht er darauf zurück, dass das Volumen der Finanztransaktionen im Verhältnis zum Bruttosozialprodukt vom Beginn des Ersten Weltkriegs bis in die sechziger Jahre drastisch gesunken war (IWF 1997, 114: Abb. 47).

Die quantitative Betrachtung der langfristigen Entwicklung der Finanzmärkte blendet jedoch eine wichtige qualitative Veränderung aus: Vor dem ersten Weltkrieg gab der Goldstandard den Wertentwicklungen eine Richtgröße, während das heutige globale Finanzsystem am Fehlen eines allgemein anerkannten Maßstabs zu leiden scheint: Weder das Gold, noch eine globale Leitwährung, noch der Bezug der Finanztransaktionen zur Realwirtschaft dienen als stabilitätsfördernde Richtgröße. Diese qualitative Veränderung wird von den Kritikern als „Autonomisierung der Finanzmärkte" bezeichnet und ist aus ihrer Sicht die entscheidende Ursache der zahlreichen Finanzkrisen der letzten fünfzehn Jahre.[239] Über die Autonomisierung der Finanzmärkte gibt es jedoch einen erheblichen Streit zwischen den

236 IWF (2000, 163-171; 1997, 113f.). Ein Überblick über die historische Entwicklung der Internationalisierung der Finanzmärkte findet sich auch in: Held et al. (1999, 190-201), Keohane/Nye (2001, 57-75), Isard (2005, Kapitel 2).

237 Nach Hirst/Thompson (1998, 98) war die Flexibilisierung der Wechselkurse der ausschlaggebende Grund für das hohe Wachstum der Finanztransaktionen in den letzten 30 Jahren; die anderen Faktoren – insbesondere die Liberalisierung der Finanzmärkte – seien „lediglich deren Folge". – Die Deutsche Bundesbank (2001b, 16) weist darauf hin, dass die Freigabe der Wechselkurse im Jahr 1973 keine ganz freiwillige politische Entscheidung war: „Zunehmende Spannungen auf Grund divergierender wirtschafts- und vor allem stabilitätspolitischer Präferenzen in wichtigen IWF-Mitgliedsländern, damit einhergehende unterschiedliche Entwicklungen und zunehmend unglaubwürdige Paritäten lösten phasenweise massive Devisenströme und Spekulationswellen aus."

238 Williamson/Mahar (1998) haben für den Zeitraum 1973 bis 1996 eine ausführliche Analyse der Maßnahmen zur Liberalisierung der Kapitalmärkte in 35 Ländern durchgeführt.

239 Unter anderem Mexiko (1994/95), Ost- und Südostasien (Südkorea, Indonesien, Thailand, Malaysia: 1997), Russland (1998), Argentinien (2001/2002). Siehe dazu: Boris et al. (2000), Balaam/Veseth (2008, 151-170).

Vertretern der verschiedenen IPÖ-Paradigmen: Während radikale Wirtschaftsliberale keine Funktionsmängel der Finanzmärkte erkennen, die auf eine Abkopplung von der Realwirtschaft hindeuten würden,[240] sehen gemäßigte Wirtschaftsliberale und rechtsstaatliche Liberale die Gefahr einer zu hohen Volatilität der Finanzmärkte, die eine Verbesserung der Kontrolle der Finanzströme erfordert;[241] Keynesianer und sozialstaatliche Liberale sehen nicht nur gelegentliche, sondern systematische Funktionsstörungen, die regelmäßig zu Finanzkrisen führen, wenn nicht durch eine Regulierung der Finanzmärkte die Spekulation eingedämmt wird.[242] Strukturalisten wiederum lehnen internationale Finanzmärkte (und Finanzmärkte überhaupt) aus grundsätzlichen Erwägungen ab, weil sie nur Teil der globalen Ausbeutungsmechanismen sind.[243] Die Charakterisierung der qualitativen Veränderung der Finanzmärkte führt also bereits in die Paradigmendiskussion hinein und wird deshalb in Kapitel 3.2 in den Abschnitten zu den einzelnen Paradigmen behandelt.

3.1.4 Politischer Rahmen des internationalen Gütertauschs und der internationalen Faktorwanderungen: Welthandels- und Weltfinanzordnung

Die Entwicklung des Welthandels, die Internationalisierung der Produktion und die weltweite Vernetzung der Finanzmärkte hängen eng mit der Gestaltung der Weltwirtschaftsordnung zusammen, insbesondere der Vereinbarung des Allgemeinen Zoll- und Handelsabkommens („General Agreement on Tariffs and Trade", GATT)[244], der Errichtung einer internationalen Finanzordnung im Bretton-Woods-Abkommen (IWF, Weltbank) und der schrittweisen Liberalisierung der ADI und der Finanzmärkte[245]. Doch über die Frage, inwiefern die Veränderung der Weltwirtschaftsordnung das Wachstum der weltwirtschaftlichen Verflechtungen ermöglichte oder vielmehr Folge dieses Wachstums war, gibt es bereits eine Differenz zwischen ökonomischen und politischen Liberalen. Ökonomische Liberale sehen als entscheidende Ursache der wirtschaftlichen Globalisierung den technischen Fortschritt (vor allem die Senkung der Kommunikations- und Transportkosten; vgl. Klodt 1998); durch die zunehmende wirtschaftliche Verflechtung wurden die Staaten genötigt, eine entsprechende Weltwirtschaftsordnung zu schaffen. Politische Liberale (und Realisten) sehen hingegen die Politik als Motor der Entwicklung: Sie hat die Voraussetzungen geschaffen, durch die die Expansion der Weltwirtschaft überhaupt erst möglich wurde.

Das Phänomen der weltweiten Liberalisierung des Handels, der ADI und der Finanzmärkte wird als solches nicht bestritten. Dabei ist die Entwicklung in den drei Bereichen recht unterschiedlich: Für die ADI gibt es bislang kein weltweites multilaterales Regelsystem; die Liberalisierung wurde bislang auf einzelstaatlicher Ebene sowie in bilateralen und regionalen Vereinbarungen (z. B. EU, NAFTA) vorangetrieben. Die Finanzmärkte wurden (nach der Aufgabe des Systems fester Wechselkurse) auf nationaler Ebene liberalisiert, doch greift der Internationale Währungsfonds im Fall von Krisen ein, indem er Staaten, denen die

240 Z. B. von Weizsäcker (1999).

241 Hierzu zählen eine Reihe von Praktikern aus nationalen und internationalen Finanzinstitutionen, z. B. Tietmeyer (1995, 2 und 1997, 2), Bank für internationalen Zahlungsausgleich (2000, 121), Stark/Hartenstein (2002).

242 Z. B. Tobin (1984), Strange (1986), Stiglitz (2002).

243 Z. B. Castells (2001).

244 Zur Entwicklung des GATT und der WTO siehe Meng (1998), WTO (2007, 179-248).

245 Siehe dazu ausführlich Williamson/Mahar (1998).

Zahlungsunfähigkeit droht, Kredite zur Verfügung stellt. Am weitesten entwickelt ist die internationale Welthandelsordnung, die hier deshalb beispielhaft dargestellt wird.[246]

Für den Handel wurde mit dem GATT ein weltweites, multilaterales System geschaffen, das im Kern auf dem Prinzip der gegenseitigen Gewährung der allgemeinen Meistbegünstigung beruht: Jedes GATT- (bzw. heute: WTO-) Mitglied kommt „grundsätzlich in den Genuss des günstigsten Zollsatzes sowie der sonstigen günstigsten Regelungen [...], die das Partnerland bei der Einfuhr und Ausfuhr von Waren anwendet." (Deutsche Bundesbank 2003, 159.) Zudem gibt es im Rahmen des GATT bzw. heute der WTO regelmäßig Verhandlungsrunden zur weiteren Senkung der Handelsbeschränkungen („trade rounds", Handelsrunden). Seit der Gründung des GATT 1948 konnte in acht Handelsrunden die handelsgewichtete Zollbelastung gewerblicher und industrieller Handelsgüter in den Industriestaaten von etwa 40 auf 4 Prozent gesenkt werden; in den Entwicklungsländern liegt dieses Niveau derzeit bei 13 Prozent (Borrmann/Jungnickel/Koopmann 2002, 7).[247]

Mit dem Abschluss der Uruguay-Runde 1994 hat die internationale Handelspolitik durch die Gründung der Welthandelsorganisation (World Trade Organization, WTO) eine neue Qualität bekommen[248]: Zum ersten wurde das GATT erheblich ausgebaut, indem es um ein Abkommen zur Liberalisierung von Dienstleistungen (GATS, General Agreement on Trade in Services), ein Abkommen zum Schutz des geistigen Eigentums (TRIPS, Trade-Related Intellectual Property Rights) und ein Abkommen über eine Weltagrarordnung erweitert wurde.[249] Seit dem Beitritt Chinas zur WTO im Dezember 2001 unterliegen nunmehr über 90 Prozent des Welthandels diesen Regeln.[250] Zum zweiten wurde das Streitschlichtungsverfahren neu gestaltet. Im Rahmen des früheren GATT war die Verurteilung einer Handelsbeschränkung erst möglich, wenn das Streitschlichtungsorgan (Dispute Settlement Body, DSB), in dem auch die streitenden Parteien vertreten waren, ihr im Konsens zugestimmt hatte. Im Rahmen der WTO gilt statt dessen das Prinzip des negativen Konsenses: Die von einem Gremium unabhängiger Experten (sogenanntes „Panel") getroffene Entscheidung wird wirksam, wenn sie vom DSB nicht binnen 60 Tagen im Konsens abgelehnt wird.[251] In seiner Analyse dieser Änderung des Streitschlichtungsverfahrens folgert Meng (1998, 62): „Damit werden die Berichte dieser Organe [d. h. der Panels, H. H.] praktisch zu Urteilen, welche die verurteilte Partei nur durch eine Einigung mit der Gegenseite noch vor ihrer (negativen) ‚Verkündung durch den DSB' bewahren kann." Die WTO hat also die Möglichkeit, Handelshemmnisse einzelner Mitgliedstaaten gegen deren Willen

246 Zum IWF und zur internationalen Finanzordnung siehe z. B. Deutsche Bundesbank (2003), Balaam/Veseth (2008, Kapitel 7 und 8) und die Internetseite des IWF (www.imf.org).

247 Im gleichen Zeitraum haben jedoch die nichttarifären Handelshemmnisse deutlich zugenommen (Neuschwander 1998a, 142; Held et al. 1999, 164f.).

248 Eine umfassende Darstellung der neuen Welthandelsordnung und des Welthandelsrechts geben Stoll/Schorkopf (2002).

249 Die Vereinbarungen über den internationalen Agrarhandel haben an der Praxis der hohen Subventionen und der Marktabschottung vor allem in der EU und in den Vereinigten Staaten relativ wenig geändert, bringen aber die grundsätzliche Bereitschaft der Mitgliedstaaten zum Ausdruck, die Landwirtschaft nicht gänzlich vom WTO-System auszunehmen. Eine Zusammenfassung der Vereinbarungen von 1994 zur Landwirtschaft findet sich in: WTO (2004b, 4) Der Abbau der Subventionen und die Öffnung der Agrarmärkte stehen im Mittelpunkt der gegenwärtigen „Doha-Runde" (siehe WTO 2004c, Annex A).

250 Borrmann/Jungnickel/Koopmann (2002, 7).

251 Für eine detaillierte Darstellung des Streitbelegungsverfahrens der WTO siehe Stoll/Schorkopf (2002, Kapitel 6), sowie: Meng (1998, 61f.), Neuschwander (1998b).

zu verurteilen und den dadurch benachteiligten Ländern das Recht zu Sanktionsmaßnahmen einzuräumen.

Diese Möglichkeit, die Liberalisierung des Welthandels im Rahmen der GATT-, GATS- und TRIPS-Regeln auch ohne die jeweilige Zustimmung einzelner Mitgliedstaaten zu fördern, gibt der WTO die Macht, die Handelspolitik der Mitgliedstaaten zu kontrollieren. Völkerrechtlich gesehen wird deren Souveränität dadurch zwar nicht berührt, weil es für den Fall, dass berechtigte nationale Interessen gefährdet sind, Ausnahmeregelungen gibt (Stoll/Schorkopf 2002, Rdnr. 170); doch es muss in jedem Einzelfall geprüft werden, ob die nationalen Interessen, die ein Land geltend macht, unter diese Ausnahmeregelungen fallen, und diese Prüfung wird von der WTO vorgenommen. Politisch bedeutet die Gründung der WTO somit durchaus, dass die Mitgliedstaaten in begrenztem Rahmen auf Souveränität verzichten.[252]

In der gegenwärtigen Handelsrunde, deren Themen im November 2001 auf der Ministerkonferenz in Doha (Katar) festgelegt wurden, dringt die WTO auf eine weitere Liberalisierung des Welthandels. Die sogenannte „Doha-Agenda" lässt sich nach Darstellung der WTO (2003, 121-123) in vier Themenbereiche untergliedern:

- Bereits in der Bezeichnung der Handelsrunde als „Doha Development Agenda" (DDA) wird das oberste Ziel der engeren Verzahnung der Förderung des Handels und der wirtschaftlichen Entwicklung in den ärmeren Ländern deutlich. Damit reagiert diese Handelsrunde auf den vielfach von Entwicklungsländern erhobenen Vorwurf, die bisherigen Handelsrunden hätten vorwiegend den Interessen der Industrieländer gedient. Die Förderung der Entwicklung soll zum einen durch spezielle Regeln für die Teilnahme der ärmsten Entwicklungsländer („least developed countries") am Welthandel erfolgen[253], zum anderen durch flankierende Maßnahmen des Wissens- und Technologietransfers.[254] Aus Sicht der WTO ist es entscheidend, dass die Maßnahmen der Entwicklungsförderung in Einklang stehen mit dem Ziel der Liberalisierung des Welthandels, weil der freie Handel grundsätzlich die besten Entwicklungschancen eröffnet.[255]
- Zweitens soll die Liberalisierung derjenigen Märkte vorangetrieben werden, die bislang vom freien Wettbewerb ausgenommen waren. Hierzu zählt neben dem Dienstleistungssektor vor allem die Landwirtschaft. Die Handelshemmnisse im Bereich der Landwirtschaft sind Gegenstand besonders kontroverser Verhandlungen, weil zahlreiche Entwicklungsländer den Vereinigten Staaten und der EU vorhalten, dass sie bislang die Liberalisierung bei den Industrieprodukten forciert haben, bei denen sie einen eindeutigen Wettbewerbsvorteil besitzen, während sie zugleich die Liberalisierung der Agrarmärkte, auf denen sie vielfach weniger wettbewerbsfähig sind als die Entwicklungsländer, verhinderten. Gefordert wird ein Abbau der Zölle auf Agrarprodukte, eine

252 Nach Angaben des Abschlussberichts der Enquete-Kommission des Bundestages zur „Globalisierung der Weltwirtschaft" (im Folgenden zitiert als Enquete-Kommission 2002) haben die Vereinigten Staaten diesen Souveränitätsverzicht nur mit einem Vorbehalt akzeptiert: „Clinton konnte die Ratifizierung des WTO-Beitritts im Kongress nur dadurch erreichen, dass er den Wiederaustritt zusicherte, falls die Vereinigten Staaten dreimal vor dem Schiedsgericht angeklagt würden." (Ebd., 198.) Dazu auch Stoll/Schorkopf (2002, Rdnr. 671) und Gilpin (2000, 111).

253 „Special and Differential Treatment", WTO (2004c, 2).

254 „Technical assistance" und „capacity building", ebd.

255 Siehe dazu ausführlich Kapitel II des World Trade Report 2003 (WTO 2003, insbesondere 78-117).

deutliche Reduktion der Subventionen für heimische Landwirte und eine Abschaffung der Exportsubventionen.[256] Der Streit über die Liberalisierung der Landwirtschaft war ein wesentlicher Grund für das Scheitern der Ministerkonferenz in Cancún (Mexiko) im September 2003.
- Drittens soll das bestehende Regelwerk der WTO in verschiedene Richtungen weiterentwickelt werden. Insbesondere soll auf den Vorwurf reagiert werden, dass der durch das TRIPS garantierte Patentschutz Medikamente (vor allem gegen Krankheiten wie AIDS und Malaria) in den Entwicklungsländern unbezahlbar macht und dass in der Gentechnik Wissen von Naturvölkern genutzt und (missbräuchlich) patentiert wird. Ursprünglich sollten auch Regeln für ausländische Direktinvestitionen und weltweite Wettbewerbsregeln formuliert werden; dieses Ziel wurde aber auf der jüngsten Tagung des Allgemeinen Rats der WTO aus der Doha-Agenda gestrichen und auf unbestimmte Zeit verschoben (WTO 2004c, 3).
- Viertens sollen die Verfahrensregeln für die Streitschlichtung verbessert werden; diese Verbesserungen sind vor allem technischer Natur (WTO 2003, 173-177).

Die Verhandlungen über die Doha-Agenda sind außerordentlich kontrovers, so dass momentan nicht absehbar ist, ob die Befürworter weiterer umfassender Liberalisierungen sich durchsetzen können.[257] Vier Aspekte erschweren die Verhandlungen:

- Erstens befasst die Doha-Runde sich zum großen Teil mit Märkten, die bislang aufgrund der zu erwartenden Widerstände von den Verhandlungen weitgehend ausgenommen waren. Das betrifft vor allem die Landwirtschaft, bei der die EU und die Vereinigten Staaten aufgrund des Drucks und des politischen Einflusses der Landwirte nur eingeschränkt zu Verhandlungen bereit sind.
- Nachdem sowohl beim Abbau von Zöllen als auch bei der Bekämpfung nicht-tarifärer Handelshemmnisse in der Vergangenheit erhebliche Fortschritte erzielt wurden, rücken in dieser Handelsrunde die Auswirkungen des Freihandel auf andere Politikfelder wie die Entwicklungsförderung und die Gesundheitspolitik ins Blickfeld. Dadurch nimmt die Komplexität der Sachfragen in den Verhandlungen erheblich zu.
- Drittens steigt nach Angaben der WTO (2003, 123) die Heterogenität der an den Verhandlungen beteiligten Staaten, weil die klassische Einteilung in Entwicklungs- und Industrieländer zunehmend an Trennschärfe verliert und die Zahl der sogenannten Schwellenländer (die relativ divergierende Interessen haben) zunimmt. Ausdruck dieser Heterogenität war das Bündnis von Staaten, das sich in Cancún gegen die Agrarpolitik der EU und der Vereinigten Staaten richtete; in diesem Bündnis traten unter anderem Australien (als Industrieland), Brasilien (als Schwellenland) und Tschad (als Entwicklungsland) vereint auf.
- Viertens setzt die in der Globalisierungsdiskussion geäußerte Kritik am Freihandel die Regierungen der WTO-Mitgliedstaaten unter Druck, so dass sie sich zunehmend gegen

256 Den Stand der Verhandlungen im November/Dezember 2007 fasst ein Papier des Bundeswirtschaftsministeriums zusammen (http://www.bmwi.de/BMWi/Redaktion/PDF/WTO/wto-handelsrunde-stand-juli-august-2007,property=pdf,bereich=bmwi,sprache=de,rwb=true.pdf; 23.12.2007); siehe auch die Informationen der WTO auf ihrer Internetseite (http://www.wto.org/english/tratop_e/dda_e/dda_e.htm; 23.12.2007).

257 Die Verhandlungen waren im Juli 2006 zunächst gescheitert, wurden im Frühjahr 2007 aber erneut aufgenommen (siehe dazu die in Fußnote 256 angegebenen Quellen).

weitere Liberalisierungsbestrebungen wenden und nationale oder sozialpolitische Interessen geltend machen.

Diesen Schwierigkeiten der Doha-Runde steht die Eigendynamik entgegen, die internationale Verhandlungsprozesse bekommen können, wenn eine internationale Organisation wie die WTO die Agenda bestimmt und die Verhandlungen antreibt. Zwei Szenarien sind derzeit für die zukünftige Entwicklung denkbar: Dem „liberalen" Szenario zufolge ist es möglich, dass die Verhandlungen mit einem aus Sicht der Befürworter weiterer Liberalisierungen befriedigenden Ergebnis abgeschlossen werden. Das „realistische" Szenario geht davon aus, dass die Verhandlungen ins Stocken geraten und stattdessen die Regionalisierung der Handelspolitik zunimmt. In diesem Fall würde die weltweite multilaterale Handelspolitik durch regionale Freihandelsabkommen ersetzt werden, die sich voneinander abgrenzen; die WTO würde ihren Einfluss auf die weltweite Handelspolitik einbüßen, und bilaterale Abkommen zwischen Handelsblöcken (wie der EU und der NAFTA) würden eine entscheidende Rolle spielen. Aufgrund der Abwertung der WTO wäre dann jedoch verstärkt mit Konflikten zwischen den Handelsblöcken zu rechnen. Die Frage ist also, ob die Kompromisse, die gefunden werden, eher vom Wirtschaftsliberalismus geprägt sein werden oder von einem Bündnis aus „realistischer" (bzw. neomerkantilistischer) und „linker" Kritik (sozialstaatlicher Liberalismus und Strukturalismus).[258]

3.2 Der Streit über die Beurteilung der Globalisierung: Befürworter und Gegner des freien Wettbewerbs

Die Antwort auf die Frage, welche Aufgabe der internationalen Politik angesichts der Intensivierung des weltweiten Wettbewerbs zukommt, hängt entscheidend von der Beurteilung der Wirkung des Wettbewerbs auf Armut, soziale Gleichheit und die politische Handlungsfähigkeit der Nationalstaaten ab. An dieser Beurteilung scheiden sich die Vertreter der IPÖ-Paradigmen in Befürworter und Gegner des freien Wettbewerbs, wobei der Liberalismus in zwei Lager gespalten wird: Wirtschaftsliberale und rechtsstaatliche Liberale befürworten den Freihandel und die internationale Mobilität des Kapitals, wobei letztere die Notwendigkeit einer internationalen politischen Rahmenordnung für den Wettbewerb betonen und seitens der transnationalen Akteure (insbesondere der MNU) verantwortungsbewusstes Handeln fordern (Abschnitt 3.2.1). Diese Sicht wird von zwei Seiten angegriffen (Abschnitt 3.2.2): Realisten kritisieren, dass der Wettbewerb die Handlungsfähigkeit des Nationalstaats beschränkt, wodurch seine Unabhängigkeit und Sicherheit gefährdet werden (Abschnitt 3.2.2.1). Sozialstaatliche Liberale und Strukturalisten (Abschnitt 3.2.2.2) sehen die Liberalisierung von Handel und Investitionen als Grund für eine weltweit steigende soziale Ungleichheit; beide ähneln sich in der Kritik des Wettbewerbs und vertreten erst bei der Frage nach Lösungsmöglichkeiten gegensätzliche Positionen (Regulierung versus Überwindung der Marktwirtschaft). In jedem der folgenden Abschnitte wird zunächst auf die allgemeine Beurteilung des freien Wettbewerbs und des Freihandels eingegangen, bevor die Einschätzung von MNU, Finanzmärkten und Weltwirtschaftsordnung im Besonderen behandelt wird; letztere drei Punkte fallen beim Realismus bzw. Neomerkantilismus naturgemäß kurz aus, weil dort internationalen Akteuren eine wesentlich gerin-

258 Zur zukünftigen Entwicklung der WTO siehe auch Sally (2002).

gere Bedeutung beigemessen wird als im Liberalismus und im Strukturalismus. Eine Zusammenfassung erfolgt in Abschnitt 3.3.1 (S. 151, siehe auch die Abbildungen 5 und 6, S. 154f.).

3.2.1 Befürworter von Freihandel und internationaler Mobilität des Kapitals

Rechtsstaatliche Liberale übernehmen auf der wirtschaftspolitischen Ebene das wirtschaftsliberale Plädoyer für Freihandel und freie Investitionsmöglichkeiten von MNU. Deshalb soll im Folgenden zunächst auf die wirtschaftsliberale Sicht und dann auf die Besonderheiten des rechtsstaatlich orientierten politischen Liberalismus eingegangen werden.

3.2.1.1 Wirtschaftsliberalismus

Allgemeine Argumente für den Freihandel

Aus der Perspektive des ökonomischen Liberalismus ist der Wettbewerb der ideale Mechanismus zur Koordination der Individuen. Bereits bei Adam Smith wird deutlich, dass die Unterscheidung zwischen der nationalen und der internationalen Ebene dabei nicht relevant ist: Seine Begründung der Vorteile des Freihandels beruht auf der Analogie zwischen dem Verhalten eines Familienvaters innerhalb einer Volkswirtschaft und dem Verhalten der Volks- in der Weltwirtschaft. Der rational handelnde Familienvater wird stets die Produkte kaufen, die er selbst nicht billiger herstellen kann, und sich auf die Produktion der Produkte konzentrieren, bei denen er Vorteile gegenüber der Konkurrenz hat:

> It is the maxim of every prudent master of a family, never to attempt to make at home what it will cost him more to make than to buy. The taylor does not attempt to make his own shoes, but buys them from the shoemaker. The shoemaker does not attempt to make his own cloaths, but employs a taylor. (Smith, WN IV.ii.11/371f.)

Die Begründung des Tauschs mit absoluten Kostenvorteilen überträgt Smith im nächsten Schritt auf die Ebene des internationalen Handels:

> What is prudence in the conduct of every private family, can scarce be folly in that of a great kingdom. If a foreign country can supply us with a commodity cheaper than we ourselves can make it, better buy it of them with some part of the produce of our own industry, employed in a way in which we have some advantage. The general industry of the country, being always in proportion to the capital which employs it, will not thereby be diminished, no more than that of the above-mentioned artificers; but only left to find out the way in which it can be employed with the greatest advantage. (Smith, WN IV.ii.12/372)

Im internationalen Wettbewerb wird sich somit jedes Land auf die Produktion derjenigen Produkte spezialisieren, die es günstiger als alle anderen Länder herstellen kann; diese Arbeitsteilung kommt im Ergebnis allen beteiligten Ländern zugute, weil sie dazu führt, dass das Kapital am Ort seiner produktivsten Verwendung eingesetzt wird.

In der Entwicklung der wirtschaftsliberalen Außenhandelstheorie hat David Ricardo mit der Theorie der komparativen Kostenvorteile eine entscheidende Erweiterung dieser Überlegung formuliert: Die Spezialisierung der Länder im Handel ist nicht nur bei absoluten, sondern auch bei relativen Kostenvorteilen sinnvoll. Angenommen, zwei Länder produzieren je zwei Güter (A und B), und eines der beiden Länder kann beide Güter kostengünstiger produzieren, hat aber bei einem der beiden Güter (A) einen besonders großen Effizienzvorteil. In dieser Situation ist es für dieses Land effizient, sich auf die Produktion des Gutes A zu spezialisieren und das Gut B von dem anderen Land hinzuzukaufen. Maßgeblich ist bei der Entscheidung nicht, zu welchen Kosten das Gut B im Ausland produziert wird, sondern was im Inland die Produktion von Gut A im Vergleich zu dem kostet, was die inländische Produktion von B kosten würde.[259]

Die volkswirtschaftliche Außenhandelstheorie hat die klassische Theorie der komparativen Kostenvorteile erweitert und modifiziert,[260] doch Ricardos Überlegung ist immer noch grundlegend für das wirtschaftsliberale Verständnis des Handels.[261] Sie zeigt nämlich, dass ein Land im internationalen Wettbewerb auch dann erfolgreich sein kann, wenn es kein Gut kostengünstiger als die anderen Länder produzieren kann. Im Rahmen der Globalisierungsdiskussion erwidert der ökonomische Liberalismus mit diesem Argument den Vorwurf der Gegner des Freihandels, dass ein fairer Handel zwischen Industrie- und Entwicklungsländern nicht möglich sei. Dieser Vorwurf wird von zwei Seiten erhoben: Sozialstaatliche Liberale und Strukturalisten sehen die Entwicklungsländer als Verlierer des Freihandels, weil sie gegenüber den Industrieländern zu große Produktivitätsrückstände haben, um im Handel erfolgreich sein zu können; Neomerkantilisten hingegen befürchten, dass die Entwicklungsländer den Vorteil niedriger Löhne und geringerer Sozial- und Umweltregulierungen gegen die Industrieländern ausspielen. Beide unterstellen damit, dass Freihandel nur dann für alle Seiten von Vorteil ist, wenn die beteiligten Länder ein ähnliches Niveau der wirtschaftlichen Entwicklung haben. Ökonomische Liberale sehen hingegen die Verschiedenheit im Entwicklungsniveau positiv, weil sie allen Seiten erlaubt, im freien Handel die jeweiligen komparativen Vorteile zu verwirklichen. Diese Argumentation geht davon aus, dass erstens Ungleichheit als solche unproblematisch ist und zweitens es den Ärmsten

259 Ricardo veranschaulicht seine Theorie der komparativen Kostenvorteile am Beispiel des Handels zwischen England und Portugal mit Wein und Tuch. Angenommen, Portugal produziert eine Einheit Wein mit 80 Arbeitern, eine Einheit Tuch mit 90 Arbeitern, während in England für die Produktion von einer Einheit Wein 120 Arbeiter, für die von einer Einheit Tuch 100 Arbeiter benötigt werden. In diesem Beispiel ist sowohl die Wein- als auch die Tuchproduktion in Portugal effizienter als in England (absolute Kostenvorteile). Dennoch wird Portugal sich auf die Weinproduktion spezialisieren, weil es dann im Tausch mit England mit der Arbeit von 80 Arbeitern das erwerben kann, was es selbst nur mit 90 Arbeitern hätte produzieren können; England wiederum erhält für den Aufwand von 100 Arbeitern je Einheit in der Tuchproduktion eine Einheit Wein, für die in England 120 Arbeiter hätten eingesetzt werden müssen statt 80 in Portugal (Ricardo 1817/1973, 82; Kruse 1997, 80; Irwin 1996, 91).

260 Besonders hervorzuheben ist die neoklassische Formulierung der liberalen Außenhandelstheorie (unter anderem durch Eli Heckscher und Bertil Ohlin in den zwanziger und dreißiger Jahren), die nicht auf reale Preisunterschiede, sondern auf unterschiedliche Faktorausstattung und Opportunitätskosten abstellt (Ethier 1991, 140-169; Dieckheuer 1995, 58-64; Irwin 1996, 177). Die Entwicklung nach dem Zweiten Weltkrieg ist vor allem durch die Berücksichtigung von strategischer Handelspolitik (van Marrewijk 2002, 205-219) und Marktunvollkommenheiten geprägt (oligopolistische und monopolistische Marktstruktur, Produkt- und Preisdifferenzierung; siehe Dieckheuer 1995, 89-104). Zur Anwendung der wirtschaftsliberalen Außenhandelstheorie auf die Globalisierungsdiskussion siehe Egger/Pfaffermayr (1999).

261 Siehe z. B. WTO (2003, 86 und 110), UNCTAD (2003a, VII). Zur Verteidigung der Theorie der komparativen Kostenvorteile gegen ihre Kritiker im Rahmen der Globalisierungsdiskussion siehe Donges/Menzel/Paulus (2003, 28-33).

in einer wettbewerblich strukturierten (und deshalb reichen) Weltwirtschaft besser geht als in jedem alternativen internationalen Wirtschaftssystem; diese Prämissen werden in Kapitel 4.2 noch ausführlich behandelt.

Ökonomischen Liberalen ist jedoch bewusst, dass der Freihandel seine Vorzüge nur entfalten kann, wenn zwei entscheidende Voraussetzungen erfüllt sind:

- Erstens kann der Freihandel nur funktionieren, wenn alle beteiligten Länder sich gleichermaßen an seine Regeln halten. Die Durchsetzung der Regeln ist die Hauptaufgabe der WTO (s. u.); sie wird dadurch erschwert, dass viele Länder versuchen, die GATT- bzw. WTO-Vereinbarungen mit nicht-tarifären Handelshemmnissen zu unterlaufen. In Bezug auf das bestehende WTO-Regelsystem stimmen ökonomische Liberale dem vielfach von Kritikern der WTO vorgebrachten Argument zu, dass zahlreiche Produkte, in denen Entwicklungsländer besonders wettbewerbsfähig sind (vor allem Agrarprodukte), bislang von der Liberalisierung ausgenommen sind; das Regelsystem ist somit zugunsten eines Teils der WTO-Mitglieder verzerrt.
- Die Möglichkeiten eines Landes, seine komparativen Vorteile im internationalen Wettbewerb zu entwickeln, hängen wesentlich von der Qualität der politischen Institutionen ab: Länder mit hoher Korruption, schlechter Infrastruktur, Rechtsunsicherheit oder politischer Instabilität werden die Chancen, die die Liberalisierung ihnen bietet, nicht nutzen können.[262] Dies ist aus der Sicht von ökonomischen Liberalen der Grund dafür, dass einige Entwicklungsländer im internationalen Handel sehr erfolgreich sind,[263] während in anderen Ländern die wirtschaftliche und soziale Lage hoffnungslos zu sein scheint.[264]

Es wird jedoch auch von wirtschaftsliberaler Seite zugestanden, dass es im Zuge der Liberalisierung des Handels und der Investitionen in einem Entwicklungsland vorübergehend zu gravierenden Anpassungsschwierigkeiten kommen kann. Probleme können sich z. B. ergeben, wenn ein Land mit einer sehr einseitig ausgerichteten Industriestruktur sich plötzlich dem Weltmarkt öffnet, mit seinen Produkten aber nicht konkurrenzfähig ist. Aufgrund der fehlenden Diversifizierung der Produktion kann der Prozess der Anpassung an den Weltmarkt mit dem Niedergang großer Teile der inländischen Industrie und hoher Arbeitslosigkeit verbunden sein (Donges/Menzel/Paulus 2003, 32f.). Der Niedergang wird gestoppt, wenn die Preise der Güter bzw. Produktionsfaktoren soweit gesunken sind, dass der Wiedereinstieg sich für die Investoren lohnt. Allgemein ist eine einseitige Exportstruktur von Nachteil, wenn die Weltmarktpreise für das betreffende Produkt stark schwanken, wie dies vor allem bei Rohstoffen und Agrarprodukten der Fall ist; das Ziel der Wirtschaftspolitik muss in einem solchen Fall darin bestehen, auf wettbewerblichem Weg (d. h. durch Anreize

262 Weltbank und Welthandelsorganisation sehen hierin die Hauptursache für Armut: Die Weltbank hat ihren Weltentwicklungsbericht 2002 diesem Thema gewidmet unter dem Titel „Institutionen für Märkte schaffen"; die WTO behandelt das Thema regelmäßig in ihren jährlichen World Trade Reports (z. B. WTO 2003, 87f. und 95-99).

263 Der vom UNDP herausgegebene „Human Development Report" von 1999 (der ansonsten die Schattenseiten der Globalisierung betont) zeigt, dass es in allen Teilen der Welt Länder gibt, die zwischen 1985 und 1996 durchschnittliche jährliche Wachstumsraten der Exporte von Gütern und Dienstleistungen von über acht Prozent, teilweise sogar über 12 Prozent aufwiesen. Hierzu zählen Botswana, Jordanien, Bangladesch, Nepal, Indien, China, Süd-Korea, Thailand, Paraguay und Mexiko (UNDP 1999, 27).

264 Das trifft in besonderer Weise auf eine Vielzahl afrikanischer Länder zu; siehe dazu die Studie von Artadi und Sala-i-Martin (2003).

und nicht durch Regulierungen) die Diversifizierung der Exportstruktur zu fördern (ebd., 33).

Wenn die Voraussetzungen für einen mittel- und langfristig allseitig vorteilhaften Freihandel (nämlich die konsequente Durchsetzung der Liberalisierungsvereinbarungen, die Errichtung funktionierender Institutionen in Politik, Verwaltung und Justiz und die Diversifizierung der Exportstruktur) erfüllt sind, bewirkt die Liberalisierung des Handels die Ausschöpfung der Wachstumspotentiale eines Landes und dadurch die Hebung des Lebensstandards der Bevölkerung[265]: Der freie Handel fördert das Wachstum, welches wiederum die Voraussetzung für wirtschaftliche Entwicklung ist. Im World Trade Report von 2003 hat die Welthandelsorganisation diesen Zusammenhang zwischen Handel und Entwicklung zu ihrem Hauptthema gemacht und ihn mit vier Thesen untermauert:

1. Die Öffnung einer Volkswirtschaft für Handel und ausländische Direktinvestitionen ermöglicht den Zufluss von Kapital, das für die schnellere Entwicklung der Wachstumspotentiale einer Wirtschaft benötigt wird (ebd., 82 und 89).
2. Die Öffnung eines Landes für Handel und Investitionen bedeutet zugleich eine Öffnung für neue Ideen. Ausländische Investoren bringen neue Technologien und Kenntnisse ins Land, von denen sogenannte Spillover-Effekte auf die heimische Industrie ausgehen können. Der Import ausländischer Produkte fördert zudem die Qualitätsansprüche der Verbraucher, wodurch die heimischen Produzenten zu Qualitätsverbesserungen gezwungen werden, die wiederum deren Wettbewerbsfähigkeit auf dem Weltmarkt steigern (ebd., 90-95).
3. Da die Öffnung eines Landes die wirtschaftliche Entwicklung nur fördert, wenn die Regierung ein positives Investitionsklima schafft, entsteht ein Druck auf die Regierung, gute Wirtschaftspolitik zu betreiben, die Rechtssicherheit zu verbessern und die politische Stabilität sicherzustellen (ebd., 95-99). Es wird also davon ausgegangen, dass die ökonomischen Anreize aus dem Handel auf den politischen Prozess zurückwirken, ähnlich wie bei der These „Handel schafft Frieden".[266]
4. Das durch den freien Handel induzierte Wachstum kommt zumindest mittelfristig nicht nur den Oberschichten in den Entwicklungsländern, sondern der gesamten Bevölkerung zugute.[267] Dabei ist aus wirtschaftsliberaler Sicht nicht entscheidend, wie sich die Lage der unteren Bevölkerungsschichten im Vergleich zum Rest der Gesellschaft verändert, sondern dass sie sich im Vergleich zum Zustand vor der Handelsliberalisierung verbessert. Diese Sicht entspricht der Prämisse des ökonomischen Liberalismus, dass nicht soziale Ungleichheit als solche, sondern die Armut das Problem darstellt. Die WTO kommt hinsichtlich der Wirkung des Handels auf Ungleichheit und Armut zu der Schlussfolgerung, dass die positive Wirkung des Handels auf die unteren Bevölkerungsschichten wesentlich von der Höhe des Wachstums abhängt: „If the growth effect is strong enough, increased income inequality may well go hand in hand with poverty alleviation." (Ebd., XVIII.) Kurzfristig jedoch kann die Handelsliberali-

265 WTO 2003, 82f. Siehe auch Duwendag (2006, 31-44).

266 Sandholtz/Gray (2003) argumentieren z. B. in diese Richtung und zeigen, dass statistisch gesehen das Korruptionsniveau signifikant sinkt, je mehr ein Land in die Weltwirtschaft integriert ist. Freilich ließe sich die Korrelation auch mit umgekehrter Kausalität interpretieren; die These würde dann lauten, dass ein Land um so mehr in die Weltwirtschaft integriert sein kann, je niedriger das Korruptionsniveau ist.

267 WTO (2003, 109-113). – In der ökonomischen Literatur wird dies als „trickle-down-Effekt" bezeichnet (siehe Donges/Menzel/Paulus 2003, 34; kritisch dazu: Stiglitz 2002, 99f.).

sierung im Rahmen der Anpassungsphase zu einer erheblichen Verschlechterung der Lebensbedingungen der unteren Bevölkerungsschichten führen.[268]

Zusammengefasst leugnen Vertreter des ökonomischen Liberalismus nicht das Phänomen der Armut, halten es aber für falsch, die Liberalisierung des Handels und der internationalen Investitionstätigkeit dafür verantwortlich zu machen. Nicht ein Übermaß an wirtschaftlicher Freiheit, sondern der Mangel derselben, verbunden mit ineffizienten politischen Institutionen, führt zu Armut und Unterentwicklung.

Argumente für die Liberalisierung ausländischer Direktinvestitionen

Die Vorzüge des Freihandels gelten grundsätzlich auch für ausländische Direktinvestitionen. Sie werden von ökonomischen Liberalen als entscheidender Motor des wirtschaftlichen Wachstums in Entwicklungs- und Schwellenländern angesehen, weil sie erstens Kapital in diese Länder bringen und zweitens deren Wirtschaft in die weltweite Arbeitsteilung einbinden. Die möglichen positiven Effekte von MNU bzw. ihren Investitionen auf das Gastland sind vielfältig: Durch ihre hohe Mobilität und ständige Suche nach neuen Investitionsmöglichkeiten bringen sie Wachstumsimpulse und neues technisches Wissen in Länder, die bereit sind, ein positives Klima für Investoren zu schaffen.[269] In Entwicklungs- und Schwellenländern leisten sie darüber hinaus einen Beitrag zum Ausbau der Infrastruktur und zur Ausbildung der Beschäftigten. Durch den Bezug von Vorleistungen heimischer Produzenten kommt es zudem zu Multiplikatoreffekten, die der wirtschaftlichen Entwicklung des Gastlandes einen zusätzlichen Impuls geben können.[270] Ob diese positiven Effekte sich einstellen, hängt aus wirtschaftsliberaler Sicht nicht von der Einstellung der handelnden Personen in den MNU, sondern von den Anreizen ab:[271] Je besser das Investitionsklima in einem Land, desto mehr sind MNU zu Investitionen und zur Vernetzung mit der heimischen Wirtschaft bereit. Ein solches Klima wird vor allem durch Freizügigkeit, Rechtssicherheit, stabile politische Verhältnisse und eine funktionierende Verwaltung geschaffen.

Im Standortwettbewerb konkurrieren die Staaten um die Schaffung günstiger Voraussetzungen für die Ansiedlung von MNU. Dieser Wettbewerb wird aus wirtschaftsliberaler Sicht positiv gesehen, weil er die Staaten zu einer rationalen, volkswirtschaftlich sinnvollen Wirtschaftspolitik zwingt: Da die Investitionen der MNU allen zugute kommen, dient ihre Förderung durch die Wirtschaftspolitik dem allseitigen Vorteil. Das gilt nicht allein für Entwicklungsländer, in denen die Ansiedlung von MNU einen Beitrag zur Überwindung der Armut leisten soll, sondern auch in Industrieländern. Der Standortwettbewerb wirkt dort der Tendenz zu steigender Staatsverschuldung und zu einer volkswirtschaftlich gesehen zu hohen steuerlichen Belastung von Unternehmen entgegen, weil er die nur unzureichend funktionierende demokratische Kontrolle von Regierungen um die Kontrolle

---

268 WTO (2003, 109f.), Donges/Menzel/Paulus (2003, 34).

269 Wachstumsimpulse gehen von ADI jedoch nur aus, wenn sie die inländischen Investitionen nicht verdrängen („crowding out"), sondern es sich um Investitionen handelt, die ohne die ausländischen Investoren nicht getätigt worden wären („crowding in"; Epstein 2003, 155).

270 Eine Übersicht über die Vorteile der Investitionen von TNU für das Gastland findet sich bei Grunberg (2001, 353-355) und Epstein (2003).

271 In diesem Punkt weichen rechtsstaatlich orientierte politische Liberale von der wirtschaftsliberalen Argumentation ab (siehe unten, S. 106ff.).

durch den Markt ergänzt.[272] Der Wettbewerb als „Entdeckungsverfahren" (von Hayek 1969) wird dabei auf Staaten als Anbieter eines rechtlich-politischen Rahmens angewandt; wie auf anderen Märkten führt der Wettbewerb auch hier zu einer Verbesserung des Preis-Leistungs-Verhältnisses. Die Einschränkung der Handlungsspielräume nationalstaatlicher Politik durch den Standortwettbewerb, die vor allem von Realisten bzw. Neomerkantilisten kritisiert wird, ist aus dieser Sicht positiv zu beurteilen, weil nur solche politischen Eingriffe verhindert werden, die volkswirtschaftlichen Schaden anrichten würden.[273]

Argumente für die Liberalisierung internationaler Finanzmärkte

In eine ähnliche Richtung wirken aus wirtschaftsliberaler Sicht die Finanzmärkte: Indem Investoren bei ihren Anlageentscheidungen diejenigen Länder bevorzugen, in denen es Wachstumschancen gibt, belohnen sie zugleich gute Wirtschaftspolitik und sanktionieren wirtschaftspolitische Fehlentscheidungen. Wirtschaftsliberale bestreiten nicht, dass die Eigendynamik auf den Finanzmärkten in den letzten zwanzig Jahren erheblich gestiegen ist; sie sehen darin aber keine Abkopplung der Finanzmärkte von der Realwirtschaft. Vielmehr hat die weitreichende Liberalisierung der internationalen Finanztransaktionen aus ihrer Sicht dazu geführt, dass die Finanzmärkte wesentlich besser als zuvor ihrem Zweck dienen können, das Kapital an den Ort der produktivsten Verwendung zu lenken. In der volkswirtschaftlichen Literatur werden vier Funktionen unterschieden, die Finanzmärkte zu diesem Zweck erfüllen müssen (vgl. Hellwig 1997, 213):

- Die erste Funktion besteht in der Bereitstellung von Finanzmitteln für die Finanzierung von Investitionen, wobei der Zins die Ersparnisse zu den Kapitalnehmern lenken soll, deren Investitionsprojekte die höchsten Renditen aufweisen (Kapitalallokation);
- zweitens ermöglichen Finanzmärkte die Streuung wirtschaftlicher Risiken, indem Kapitalgeber (z. B. beim Aktienkauf) am unternehmerischen Risiko beteiligt werden (Risikoallokation);
- drittens werden auf den Finanzmärkten zur Verbesserung der Kapital- und Risikoallokation Informationen über Kapitalnehmer erstellt und verbreitet (dieser Aufgabe dienen zum einen Finanzintermediäre, zum anderen Informationspflichten, denen die Kapitalnehmer nachkommen müssen);
- viertens erfolgt über die Finanzmärkte die Überwachung, Kontrolle und eventuelle Sanktionierung der Kapitalnehmer (z. B. durch eine Verschlechterung der Risikoeinstufung durch Rating-Agenturen, die die Kosten der Kapitalbeschaffung erhöht).

Diese vier Funktionen stehen in einem hierarchischen Verhältnis zueinander: Kapital- und Risikoallokation sind die originären Funktionen der Finanzmärkte, während die Informations- und die Kontrollfunktionen den Zweck haben, die Erfüllung der ersten beiden Funktionen zu ermöglichen. Kapital- und Risikoallokation sind wiederum kein Selbstzweck, sondern stehen in einem dienenden Verhältnis zur Realwirtschaft, d. h. zur Produktion von

272 Dazu grundlegend z. B. Brennan/Buchanan (1993); mit Betonung der Vorteile des globalen Standortwettbewerbs: von Weizsäcker (1999, 16-29), Smekal (2001).

273 Ausführlich zu diesem Argument: von Weizsäcker (1999). Zum Systemwettbewerb siehe unten, Abschnitt 4.2.3.3.

Gütern und Dienstleistungen: Aus volkswirtschaftlicher Sicht geht es bei allen finanzwirtschaftlichen Transaktionen letztendlich um die Finanzierung realwirtschaftlicher Vorgänge, insbesondere um die Finanzierung von Investitionsprojekten.

Kritiker der Entwicklung der Finanzmärkte vertreten die These, dass dieser Zusammenhang aufgrund der Funktionsmängel der Finanzmärkte nicht mehr gegeben ist: Mit der zunehmenden Eigendynamik koppeln sie sich von der Realwirtschaft ab, mit der Folge, dass sie nicht mehr realwirtschaftliche Prozesse widerspiegeln, sondern umgekehrt die Realwirtschaft von den autonomen Prozessen auf den Finanzmärkten abhängig werden (siehe unten, S. 145). Diese Diagnose wird nur von radikalen Wirtschaftsliberalen zurückgewiesen: Aus ihrer Sicht hat sich die Qualität der Kontrollfunktion, die die Finanzmärkte über die Realwirtschaft ausüben, in den letzten zwanzig Jahren aufgrund der gestiegenen Bedeutung institutioneller Anleger erheblich verbessert. Gemäßigte Wirtschaftsliberale sehen demgegenüber durchaus die Gefahr einer hohen Volatilität der Finanzmärkte.

Als institutionelle Anleger werden professionelle Fondsmanager bezeichnet, die mittlerweile außerordentlich große Kapitalbeträge verwalten: In Deutschland entfielen auf sie Ende 1999 43 Prozent des gesamten in Aktien angelegten inländischen Vermögens; Anfang der neunziger Jahre waren es nur 26 Prozent (Deutsche Bundesbank 2001a, 45f.). Wirtschaftsliberale wie von Weizsäcker (1999, insb. 98-103) sehen in der wachsenden Bedeutung institutioneller Anleger eine Professionalisierung der Kapitalanlage. Arbeitsteilung und Spezialisierung erlauben eine Verbesserung der Qualität der Anlageentscheidung durch eine bessere Informationsgrundlage und eine schnellere Reaktionsmöglichkeit. Aufgrund der größeren Transparenz werden sowohl die Informations- als auch die Überwachungsfunktion der Finanzmärkte besser erfüllt, mit positiver Wirkung auf die Kapital- und Risikoallokation. Zudem operieren die meisten institutionellen Anleger international und versuchen, Risiken nicht nur durch eine sektorale, sondern auch durch eine internationale Streuung der angelegten Gelder zu reduzieren; aus volkswirtschaftlicher Sicht verbessert dies wiederum die internationale Kapitalallokation.[274] Die positiven Auswirkungen entfalten institutionelle Anleger vor allem deshalb, weil sie einem scharfen Wettbewerb ausgesetzt sind, der sie ständig zu einer Überprüfung und Optimierung ihrer Anlagestrategien zwingt (Deutsche Bundesbank 2001b, 21f.).

Diese optimistische Sicht wird von gemäßigten Wirtschaftsliberalen in Frage gestellt, die durchaus erkennen, dass in den letzten zwanzig Jahren (seit Beginn der umfassenden Liberalisierung der internationalen Finanzmärkte) die kurzfristigen, nicht durch die realwirtschaftlichen „Fundamentaldaten" gerechtfertigten Preisausschläge („Volatilität") zugenommen haben.[275] Den Anstieg der Volatilität führen sie gerade auf die institutionellen Anleger zurück (Tietmeyer 1997, 2), die aus der Sicht der radikalen Wirtschaftsliberalen die Funktionsfähigkeit der Finanzmärkte verbessern: Bei institutionellen Anlegern gibt es eine Tendenz zu gleichförmigem Verhalten, das Schwankungen an den Finanzmärkten erheblich verstärkt. Eine langfristige, an Fundamentaldaten orientierte Strategie konfrontiert einen institutionellen Anleger mit dem Problem, dass er bereit sein muss, dafür zeitweise eine schlechtere Rendite als die Konkurrenz in Kauf zu nehmen; das aber führt bei der hohen Mobilität der Kunden dieser Anleger zur Abwanderung. Institutionelle Anleger haben also einen starken Anreiz sicherzustellen, dass sie auf keinen Fall schlechtere Renditen als der Durchschnitt erwirtschaften – daraus resultiert eine hohe Risikoaversion und

274 Zu diesen Argumenten siehe Braasch (1997, 335-338).
275 Vgl. Tietmeyer (1995, 2) und Bank für Internationalen Zahlungsausgleich (2000, 121).

die Orientierung der Anlageentscheidungen an den anderen Marktteilnehmern (Braasch 1997, 342; Menkhoff/Tolksdorf 1999, 224-227).

Diese Tendenz zum gleichförmigen Verhalten lässt sich empirisch belegen. Die Deutsche Bundesbank (2001a) hat in einer repräsentativen Befragung deutscher Fondsmanager deren Marktverhalten untersucht und dabei festgestellt, dass viele Fondsmanager sich in ihren Entscheidungen von den gleichen Datenänderungen (z. B. überdurchschnittlicher Kursanstieg verbunden mit einem überproportionalen Wachstum) leiten lassen (ebd., 56f.). Die Tendenz zu gleichförmigem Verhalten wird dadurch verstärkt, dass Fondsmanager ohnehin eine gleichgerichtete Präferenz für Standardwerte und Werte mit hoher Marktkapitalisierung haben (ebd., 48 und 57) und dass sie im Bestreben, ihre Reputation zu schützen, dazu tendieren, keine Entscheidungen zu treffen, die sich von denen der Konkurrenz zu weit entfernen. Grundsätzlich sehen sie es als weniger schädlich an, gemeinsam mit Konkurrenten Verluste hinnehmen zu müssen, als diese alleine mit einer von der Konkurrenz abweichenden Anlagestrategie zu erleiden (ebd., 58).[276] Im Ergebnis sieht die Bundesbank neben den möglichen positiven Wirkungen der institutionellen Anleger auf die Effizienz der Kursentwicklung an Aktienmärkten die Gefahr, dass es durch gleichförmiges Verhalten zu einer Destabilisierung der Märkte kommt (ebd., 60). Diese Gefahr wird durch die hohen Konzentrationstendenzen unter den Finanzdienstleistern, auf die die Bank für Internationalen Zahlungsausgleich (2002, 131-133) hinweist, verstärkt, weil dadurch der Zusammenbruch eines Händlers größere Rückwirkungen auf die übrigen Marktteilnehmer hat.

Diese kritischen Hinweise von Seiten der Deutschen Bundesbank verdeutlichen, dass bereits unter Wirtschaftsliberalen die Entwicklung der Finanzmärkte von einigen mit einer gewissen Skepsis gesehen wird. Interessanterweise handelt es sich bei diesen „Skeptikern“ häufig um Autoren, die über praktische Erfahrungen mit der Regulierung internationaler Finanzmärkte verfügen,[277] während Optimisten wie z. B. von Weizsäcker zumeist reine Theoretiker sind.

Aufgaben der Weltwirtschaftsordnung

Hinsichtlich der Weltwirtschaftsordnung sehen Wirtschaftsliberale eine zentrale Aufgabe der internationalen Politik in der Durchsetzung der Liberalisierung der Güter- und Kapitalmärkte. Bei der Beurteilung der internationalen *Finanzordnung* spielt der Unterschied zwischen radikalen und gemäßigten Wirtschaftsliberalen eine entscheidende Rolle:

- Für radikale Wirtschaftsliberale überwiegen die Vorzüge des freien Kapitalverkehrs deutlich die möglichen Nachteile. Auf den Finanzmärkten werden individuelle Pläne von den Marktteilnehmern geprüft und realistische von unrealistischen Plänen geschieden, indem letztere nicht oder nur zu prohibitiv hohen Preisen finanziert werden (von Weizsäcker 1999, 35). Dieser „Wahrheitsmechanismus“ funktioniert zwar unvollkommen (ebd.), aber auf jeden Fall besser als jede politische Kontrolle der Finanzmärkte, denn die Marktteilnehmer suchen nach neuen innovativen Ideen und haben dabei ihre langfristigen Gewinnchancen im Auge, während der politische Prozess

276 Zu diesem Argument siehe auch Braasch (1997, 341).
277 Schlesinger (1987), Tietmeyer (1995; 1997), Stark/Hartenstein (2002).

in der Demokratie tendenziell auf die Erhaltung des *status quo* und auf den kurzfristigen Wählernutzen gerichtet ist (ebd., 16-29). Die Möglichkeit gleichförmigen Verhaltens institutioneller Anleger leugnet von Weizsäcker nicht, aber er geht davon aus, dass dieses Problem im Zuge der fortschreitenden Professionalisierung des Anlageverhaltens reduziert wird (113-121). Für die Lösung des Problems setzt er somit auf die Marktkräfte und nicht auf eine Regulierung durch die internationale Politik. Ähnliches gilt für Finanzkrisen, die von Vertretern anderer Paradigmen als Grund für die Notwendigkeit einer koordinierten internationalen Wirtschaftspolitik gesehen werden: Da Finanzmärkte aus wirtschaftsliberaler Sicht im Regelfall realwirtschaftliche Prozesse widerspiegeln, gelten Finanzkrisen als ‚hausgemacht', d. h. als Folge von Fehlern der nationalen Wirtschaftspolitik und von strukturellen Problemen der nationalen Wirtschaft (z. B. staatliche Investitionslenkung, Korruption). So ließ sich z. B. der plötzliche Abzug ausländischen Kapitals aus Südkorea im Jahr 1997 damit erklären, dass mehrere große Konzerne des Landes aufgrund hoher Verschuldung Konkurs anmelden mussten und zudem verschiedene Fälle von Korruption und Missmanagement bekannt wurden.[278] Dadurch wurden die Risiken einer Kapitalanlage in Südkorea von den internationalen Anlegern neu bewertet. Die durch die Kapitalflucht ausgelöste Finanzkrise ist in dieser Interpretation ein deutliches Beispiel dafür, wie die Finanzmärkte ihre Funktion als „Wahrheitsmechanismus" ausüben; die Antwort auf die Krise kann nur in tiefgreifenden Strukturreformen der südkoreanischen Wirtschaft liegen und nicht in einer internationalen Regulierung der Finanzmärkte.

- Gemäßigte Wirtschaftsliberale sehen demgegenüber deutlich die Gefahr von Fehlentwicklungen auf Finanzmärkten, ohne deshalb (im Unterschied z. B. zu Keynesianern) den freien Kapitalverkehr grundsätzlich in Frage zu stellen. Sie betrachten lediglich die derzeitigen Regeln und die Überwachung des freien Kapitalverkehrs als unzureichend und plädieren für eine Reform des institutionellen Rahmens der globalen Finanzmärkte. Die Vertreter dieser Sicht sind, wie erwähnt, vielfach Praktiker, wie z. B. die beiden ehemaligen Präsidenten der Deutschen Bundesbank, Helmut Schlesinger und Hans Tietmeyer.[279] Schlesinger warnte schon Mitte der achtziger Jahre vor einer Destabilisierung der Finanzmärkte durch eine zu weitgehende Liberalisierung und eine zu geringe Sorgfalt der Banken bei der Prüfung der Bonität von Schuldnern (Schlesinger 1987, 145). Tietmeyer geht davon aus, dass es „[z]umindest phasenweise [...] aufgrund spekulativer Übersteigerungen zu einer ‚Abkopplung' des Finanzsektors von der Realwirtschaft kommt" (1997, 2); eine solche Abkopplung würde aber im Regelfall nur kurzfristig auftreten und vom Markt wieder korrigiert werden. (1998, 2). Doch aufgrund der weltweiten Verflechtung der Finanzmärkte besteht die Gefahr, „dass selbst lokale ‚Brände' sich rasch ausbreiten und andere gefährdete Finanzplätze ‚anzünden'." (Ebd., 3.) Um dieser Gefahr vorzubeugen, bedarf es eines internationalen Regelwerks für die Finanzmärkte, „insbesondere eine[r] effiziente[n] und wirksame[n] Finanzmarkt- und Bankenaufsicht" (ebd., 4). Ausdruck einer solchen Überzeugung ist auch das „Financial Stability Forum", das auf Anregung des G7-Gipfels im Jahr 1999 gegründet wurde. In ihm erarbeiten Vertreter der Zentralbanken der G7-Staaten und internationaler Finanzinstitutionen Vorschläge für eine Verbesserung des Ordnungs-

278 Zum Verlauf der Finanzkrise in Südkorea siehe Kamppeter (2000).
279 Siehe auch die Analyse des internationalen Finanzsystems von Stark/Hartenstein (2002).

rahmens der internationalen Finanzmärkte.[280] Hinsichtlich der Finanzkrisen sehen gemäßigte Wirtschaftsliberale die Hauptursache ebenfalls (wie radikale Wirtschaftsliberale) in den einzelnen betroffenen Ländern, betonen aber, dass das Ausmaß der Krisen in vielen Fällen nur durch die Funktionsmängel der Finanzmärkte zu erklären ist, die ihrerseits auf schlechte oder fehlende institutionelle Regelungen zurückzuführen sind. Wenn die Finanzmärkte ihrer Aufgabe als Wahrheitsmechanismus gerecht werden würden, hätten die Anleger die oben genannten Schwierigkeiten der südkoreanischen Wirtschaft schon vorher erkannt, und es wäre in geringerem Ausmaß ausländisches Kapital investiert worden.

Während die Aufgabe der internationalen Politik in Bezug auf die Finanzmärkte aus der Sicht der radikalen Wirtschaftsliberalen somit im Wesentlichen darin besteht, durch Liberalisierungs- und Deregulierungsmaßnahmen ihr freies Funktionieren zu ermöglichen, müssen aus Sicht der gemäßigten Wirtschaftsliberalen vor allem zwei Funktionsmängel korrigiert werden: das Informations- und das Anreizproblem.[281] Das Informationsproblem besteht darin, dass die Bonität von Schuldnern in vielen Fällen nicht hinreichend geprüft wird, so dass das Risiko von Kapitalanlagen häufig unterschätzt wird. Dieses Problem ist unter anderem durch eine Verbesserung der internationalen Bankenaufsicht zu lösen. Das Anreizproblem resultiert aus der Rolle des IWF als „lender of last resort“, also der Tatsache, dass bei gravierenden Finanzkrisen im Regelfall der IWF hohe Kredite zur Verfügung stellt, um die Liquidität der betroffenen Länder sicherzustellen. Diese Finanzhilfen reduzieren die Anlagerisiken für private Anleger erheblich und fördern damit deren Risikobereitschaft.[282] Autoren wie Stark und Hartenstein (2002) folgern daraus, dass der IWF in Zukunft bei der Vergabe von Liquiditätshilfen eine stärkere Zurückhaltung zeigen solle. Allgemein betonen gemäßigte Wirtschaftsliberale die Notwendigkeit klarer internationaler Regeln, womit ihre Nähe zum rechtsstaatlich orientierten politischen Liberalismus deutlich wird.

Auf der Ebene der *Welthandelsordnung* wird die Rolle der WTO von allen Wirtschaftsliberalen grundsätzlich begrüßt (vgl. z. B. Langhammer 2002): Aus ihrer Sicht bedarf der internationale Handel eines Schiedsrichters, weil Regierungen häufig einen Anreiz haben, dem Druck von Sonderinteressengruppen nachzugeben, die Beschränkungen des Handels zu ihren Gunsten durchsetzen wollen. Geht man von eigennutzmaximierenden Akteuren aus, so stellt die Respektierung der Regeln, auf denen der Freihandel beruht, ein öffentliches Gut dar: Sie nutzt allen am Freihandel beteiligten Staaten, aber jeder einzelne hat einen Anreiz, gegen die Vereinbarungen zu verstoßen. Dieses Trittbrettfahrerproblem wird im Rahmen des WTO-Systems durch die Errichtung einer internationalen Organisation gelöst, die die Befugnis hat, einzelnen Staaten kontrollierte Sanktionen gegen Handelsbeschränkungen anderer Mitgliedstaaten zu erlauben. Die Androhung der Sanktionierung von Regelverstößen soll den Anreiz zu solchen Verstößen reduzieren; gleichzeitig soll die Kontrolle der Sanktionen durch die WTO die Eskalation eines Handelsstreits verhindern.

280 Siehe Enquete-Kommission (2002, 76f. und 100-103) und die Internet-Seite des „Financial Stability Forum“ (www.fsforum.org).

281 Vgl. dazu z. B. Stark/Hartenstein (2002).

282 Ökonomisch formuliert liegt hier somit ein „moral-hazard-Problem“ vor.

Trotz der grundsätzlichen Zustimmung ökonomischer Liberaler zum WTO-System kritisieren sie zwei Entwicklungen: Erstens gehen die bisherigen Liberalisierungsmaßnahmen ihnen nicht weit genug, weil es noch immer zahlreiche Güter gibt, die vom Freihandel ausgenommen sind (insbesondere der Agrarbereich). Zweitens wird die mit der Doha-Runde verbundene Ausweitung der Zielsetzung der WTO auf entwicklungs- und sozialpolitische Ziele kritisiert: Die WTO soll sich auf ihre Funktion als Schiedsrichter im Welthandel konzentrieren, und darüber hinaus nicht in die Wirtschaftsprozesse eingreifen. Solche Eingriffe führen tendenziell zu Wettbewerbsverzerrungen und sind somit kontraproduktiv.[283] Deshalb wird z. B. auch die Forderung zurückgewiesen, das WTO-Regelwerk zum Schutz der Verlierer im Welthandel um soziale Mindeststandards zu ergänzen, die die Länder erfüllen müssten, um am Handel zwischen den WTO-Mitgliedstaaten teilnehmen zu können.

In diesem letzten Punkt unterscheiden sich nicht nur die „radikalen", sondern auch die „gemäßigten" Wirtschaftsliberalen von politischen Liberalen, für die der Freihandel nicht nur aus ökonomischen, sondern auch aus sozialen und politischen Gründen zu fördern ist. Die Unterschiede zwischen der Befürwortung des Freihandels durch ökonomische und politische Liberale sollen im folgenden Abschnitt verdeutlicht werden.

3.2.1.2 Unterschiede zwischen Wirtschaftsliberalen und rechtsstaatlichen Liberalen

Vor allem bei der Beurteilung der Finanzmärkte wurden die Unterschiede zwischen radikalen und gemäßigten Wirtschaftsliberalen deutlich: Radikale Wirtschaftsliberale sehen als Voraussetzung für einen funktionierenden Wettbewerb eine umfassende, weltweite Liberalisierung der Märkte;[284] die Rahmenordnung des internationalen Wettbewerbs ist selbst Produkt des Wettbewerbs, und zwar desjenigen zwischen nationalen Regelsystemen. Gemäßigte Wirtschaftsliberale sehen demgegenüber die Aufgabe der internationalen Politik in der Gestaltung der Rahmenordnung des weltweiten Wettbewerbs auf den Güter- und Finanzmärkten. Diese Ordnung besteht auf der realwirtschaftlichen Ebene in Regeln und Institutionen zur Durchsetzung des freien und lauteren Wettbewerbs und zur Verhinderung von Wettbewerbsbeschränkungen und privatwirtschaftlichen Machtstellungen; auf der finanzwirtschaftlichen Ebene besteht sie in korrigierenden Eingriffen zur Behebung der Funktionsmängel der Finanzmärkte (insbesondere des Informationsproblems und der Volatilität).[285] Rechtsstaatliche Liberale stimmen in diesem Punkt mit gemäßigten Wirtschaftsliberalen überein, fordern aber darüber hinaus erstens weitergehende Regeln zur Sicherung der Chancengleichheit (insbesondere soziale Mindeststandards) und zweitens verantwortungsbewusstes Handeln auf Seiten der internationalen Investoren.

---

283 Siehe z. B. Berg (2002, 411-415), Langhammer (2002, 319f.).

284 Vgl. Watrin (1998); in Bezug auf die Mobilität des Kapitals: Theurl (2001); in Bezug auf die internationale Mobilität von Arbeitskräften: Straubhaar (2001).

285 Von herausragender Bedeutung für die Begründung der Notwendigkeit einer Rahmenordnung für den Wettbewerb ist bis heute Eucken (1952/1990). Der Begriff der Rahmenordnung wird auch von radikalen Wirtschaftsliberalen verwendet; aus ihrer Sicht entsteht diese Ordnung jedoch von selbst aus der Interaktion eigennutzorientierter Individuen; für Eucken besteht hingegen kein Zweifel daran, dass diese Ordnung von Seiten verantwortungsbewusster (und damit: nicht eigennutzorientierter) Politiker geschaffen werden muss (siehe ebd., Kapitel XIX und XX).

Rahmenordnung zur Sicherung der Chancengleichheit

Die erste der beiden Forderungen rechtsstaatlicher Liberaler, diejenige nach einer Rahmenordnung für den internationalen Wettbewerb, wird von Höffe (1999a, Kapitel 15) näher erläutert; er unterscheidet vier Aufgaben einer solchen Ordnung:[286]

1. Weltwettbewerbsordnung: Für die Sicherung der Freiheit des globalen Wettbewerbs müssen Regeln und Institutionen geschaffen werden, die die Entstehung und den Missbrauch privatwirtschaftlicher Machtstellungen verhindern. Radikale Wirtschaftsliberale sehen privatwirtschaftliche Macht auf der internationalen Ebene als ein zu vernachlässigendes Problem an, weil die Globalisierung zu einer Vergrößerung der Märkte und dadurch zu einer Zunahme der Zahl der Konkurrenten und zu einer Verschärfung des Wettbewerbs führt. Gemäßigte Wirtschaftsliberale und rechtsstaatliche Liberale halten dagegen, dass es auch im globalen Wettbewerb zu privatwirtschaftlichen Wettbewerbsbeschränkungen kommen kann:[287] Erstens gibt es Märkte, auf denen weltweit nur wenige Anbieter miteinander konkurrieren, so dass die Gefahr der Kartellbildung, der weiteren Konzentration durch Fusionen und des Missbrauchs einer marktbeherrschenden Stellung besteht. Zweitens bleiben trotz der Globalisierung eine Reihe von Marktschranken bestehen. Wenn große multinationale Unternehmen in regional abgegrenzten Märkten investieren, auf denen bislang nur regionale Anbieter tätig sind, können sie ihre Marktmacht zur Verdrängung dieser Anbieter einsetzen, auch wenn sie im wettbewerbsrechtlichen Sinne auf der internationalen Ebene nicht marktbeherrschend sind.[288] Da die Kooperation nationaler Wettbewerbsbehörden zur Bekämpfung dieser internationalen Wettbewerbsbeschränkungen nicht ausreicht, ist eine entsprechende Erweiterung der Aufgabenstellung der WTO erforderlich (siehe dazu: Stoll/Schorkopf 2002, 239-244).
2. Weltwirtschafts- und -finanzordnung: Zur Vermeidung und Bekämpfung weltweiter wirtschaftlicher Krisen bedarf es einer weltweiten Koordination der nationalen Wirtschaftspolitiken; diese Notwendigkeit wurde vor allem im Zuge der Weltwirtschaftskrise von 1929 deutlich (Höffe 1999a, 403-407).
3. Soziale Mindeststandards: Eine Gefahr des internationalen Standortwettbewerbs besteht darin, dass die Staaten multinationale Unternehmen nicht nur mit Steuervorteilen,

286 Höffe behandelt in dem genannten Kapitel noch einen fünften Bereich („Globale Solidarität und Menschenliebe"; ebd., 413), der aber systematisch gesehen nicht zur Rahmenordnung gehört, sondern die Frage betrifft, mit welcher Einstellung insbesondere transnationale Akteure innerhalb der Rahmenordnung handeln.

287 Siehe dazu z. B. Kantzenbach (2001). Der Entwurf eines Weltkartellrechts („Draft International Antitrust Code") wurde in Deutschland von Fikentscher und Immenga (1994) in kommentierter Fassung herausgegeben. Zu den Schwierigkeiten der Gestaltung und Durchsetzung eines „Weltkartellrechts": Basedow (1998), Meessen (2000); zur Diskussion wettbewerbsbeschränkender Wirkungen sogenannter „Megafusionen": K. Hansen (Hg., 2000), Kleinert (2000), Kleinert/Klodt (2000). Eine entscheidende Schwierigkeit bei der Durchsetzung eines Weltkartellrechts liegt darin, dass die Notwendigkeit eines solchen Rechts weltweit nur in wenigen Staaten anerkannt wird (vor allem in Nordamerika und der EU), und das Vorgehen einer Weltkartellbehörde gegen einzelne Unternehmen in den betroffenen Ländern große Widerstände auslösen würde.

288 Nicht jede Verdrängung regionaler Anbieter durch ein neu auf den (regionalen) Markt kommendes multinationales Unternehmen ist auf den Missbrauch von Marktmacht zurückzuführen; die Verdrängung kann auch durch Effizienzvorteile des MNU begründet sein. In letzterem Fall ist die Verdrängung der weniger effizienten Anbieter aus Sicht der Befürworter des Freihandels sinnvoll, weil sie die Allokation der Ressourcen verbessert und die volkswirtschaftliche Effizienz steigert: Wettbewerbspolitik dient der Sicherung der Freiheit des Wettbewerbs und nicht dem Bestandsschutz eingesessener Unternehmen.

sondern auch durch die Aufweichung von Sozial- und Umweltregelungen anzuziehen versuchen.[289] Eine solche Form der „ruinösen Konkurrenz“ soll aus der Sicht rechtsstaatlicher Liberaler durch die Einführung internationaler Mindeststandards verhindert werden, die sich z. B. auf die Sicherheit der Arbeitnehmer am Arbeitsplatz, die Arbeitsbedingungen sowie die Rechte der gewerkschaftlichen Organisation und der politischen Betätigung beziehen.[290] Im Rahmen der Doha-Runde wird diskutiert, ob die Einhaltung sozialer Mindeststandards zur Voraussetzung für die Teilnahme am freien Handel zwischen den WTO-Mitgliedstaaten gemacht werden soll. Dieser Vorschlag, der vor allem von politischen Liberalen unterstützt wird, stößt nicht nur unter Wirtschaftsliberalen auf Ablehnung, sondern auch in zahlreichen Entwicklungsländern, die darin einen protektionistischen Vorstoß von Seiten der Industrieländer sehen, mit dem die Entwicklungsländer um ihre Wettbewerbsvorteile gebracht werden sollen.[291]

4. Internationaler Umweltschutz: Im Umweltschutz sind Mindeststandards nicht allein wegen der Gefahr der ruinösen Konkurrenz zwischen Staaten erforderlich, sondern auch, weil Umweltstandards (im Unterschied zu Sozialstandards, die den Betroffenen unmittelbar zugute kommen) häufig ihre Wirkung nur entfalten, wenn mehrere Länder sie gemeinsam einhalten. Der Zweck von Umweltstandards besteht nicht allein darin, ein nachhaltiges Wirtschaften zu ermöglichen, sondern hat vor allem in Entwicklungsländern eine soziale (und durchaus existentielle) Komponente, wenn die Verschmutzung des Wassers, des Bodens und der Luft die Gesundheit der Menschen akut gefährden oder die Landwirtschaft beeinträchtigen.[292]

Verantwortungsbewusstes Handeln internationaler Akteure – Forderung einer Wirtschafts- und Unternehmensethik

Aus Sicht der rechtsstaatlichen Liberalen ist die Schaffung einer Rahmenordnung, die diese vier Aufgaben erfüllt, noch nicht ausreichend, um sicherzustellen, dass die Vorteile des internationalen Wettbewerbs allen Beteiligten zugute kommen. Bei rein anreizorientiertem Handeln der Akteure, wie es von Wirtschaftsliberalen vorausgesetzt wird, besteht die Gefahr, dass MNU die vor allem in Entwicklungsländern bestehenden Regelungslücken in der Sozial- und Umweltschutzgesetzgebung ausnutzen oder nationale Regierungen mit der Drohung der Abwanderung zur Gewährung von Ausnahmen von diesen Regelungen nötigen. Deshalb wird von rechtsstaatlichen Liberalen über eine Rahmenordnung des Wettbewerbs hinaus regelmäßig ein verantwortungsbewusstes Handeln der Akteure gefordert. Höffe (1999a, 190) spricht in diesem Zusammenhang von der Übertragung des Konzepts der aristotelischen Bürgertugenden auf die globale Ebene. Das Verantwortungsbewusstsein äußert sich unter anderem in freiwilligen Selbstbeschränkungen, mit denen MNU soziale

289 Zu den Problemen der Standortkonkurrenz: Scharpf (1998a, b), Schulze/Ursprung (1999).

290 Enquete-Kommission (2002, 164-172). An der Ausarbeitung solcher Standards ist unter anderem die Internationale Arbeitsorganisation (ILO) beteiligt (www.ilo.org).

291 Siehe dazu Stoll/Schorkopf (2002, Rdnr. 748); zu einem möglichen Konflikt zwischen der Ausarbeitung sozialer Mindeststandards im Rahmen der ILO und der Vereinbarung solcher Standards in der WTO siehe ebd. (Rdnr. 747).

292 Vgl. Simonis (1998; 2000), Eberwein/Chojnacki (2001), Enquete-Kommission (2002, 164-169), Balaam/Veseth (2008, Kapitel 20).

und ökologische Standards unabhängig von lokalen (staatlichen) Regelung akzeptieren; sie sind in der unternehmerischen Praxis und der Literatur zur Unternehmensethik als Verhaltenskodizes („codes of conduct") und „Corporate social responsibility" bekannt.[293] Solche Verhaltenskodizes wurden zunächst von Unternehmen mit langen Zulieferketten eingeführt, die einen bedeutenden Teil der lohnintensiven Produktion ins Ausland verlagern und sowohl in den eigenen ausländischen Betrieben als auch bei den Zulieferbetrieben und deren Subunternehmen die Einhaltung bestimmter sozialer Rechte und Standards sicherstellen wollten. Diese Rechte und Standards werden Bestandteil der Verträge mit den Zulieferern, die sich ihrerseits verpflichten, sie in Verträgen mit Subunternehmern durchzusetzen und die Überprüfung ihrer Einhaltung zu ermöglichen (sogenanntes „Monitoring").[294]

Auf der theoretischen Ebene werfen die Verhaltenskodizes von MNU zwei Probleme auf: Es stellt sich erstens die Frage, was MNU zu freiwilligen Selbstbeschränkungen motivieren kann, und zweitens, an welchem Punkt ihr gesellschaftliches Engagement in eine unerwünschte Einflussnahme umschlägt. Die erste Frage nach dem Motiv der freiwilligen Selbstbeschränkung wird im Rahmen der Wirtschaftsethik diskutiert, deren konkurrierende Positionen zumindest teilweise den IPÖ-Paradigmen entsprechen. Radikale Wirtschaftsliberale wie Homann oder Pies erklären freiwillige Selbstbeschränkungen allein aus den Anreizen eigennutzmaximierender Akteure; die Anreize wiederum ergeben sich aus den Rahmenbedingungen.[295] Homann unterscheidet eine Handlungsethik, die an den Zielen der Akteure ansetzt, von der Bedingungsethik, die gesellschaftlich unerwünschte Handlungen durch eine entsprechende Gestaltung der Anreize verhindern will. Die Beeinflussung der Ziele der Handlungen (Handlungsethik) war aus seiner Sicht nur in vormodernen Gesellschaften möglich, die hinsichtlich ihrer Größe und Komplexität überschaubar und von relativ einheitlichen Wertvorstellungen geprägt waren. Moderne pluralistische Gesellschaften können die Motive und Ziele der Individuen nicht beeinflussen und müssen deshalb auf der Bedingungsethik beruhen, derzufolge der „systematische Ort der Moral" die Rahmenordnung ist (Homann 1993, 34f.). Für die Auseinandersetzung mit dem Fehlverhalten von Akteuren lautet die entscheidende Frage nicht, ob ihre Motive gut oder schlecht sind, sondern ob die durch gesellschaftliche Übereinkunft geschaffenen Normen durchgesetzt werden können[296]:

> Eine moralische Norm hat keine Gültigkeit, solange ihre Durchsetzung nicht sichergestellt ist. (Homann 1993, 37; im Original hervorgehoben.)

Der Grund für die Nichteinhaltung moralischer Normen ist nicht die Schlechtigkeit der Akteure, sondern das Vorliegen einer „Dilemmastruktur" (siehe ebd.): Die Akteure rechnen aufgrund der Anreizstruktur damit, dass die anderen die Norm nicht einhalten und respektieren sie deshalb ebenfalls nicht.

---

293 Ausführlich zu Verhaltenskodizes: Scherrer/Greven (2001), Fuchs (2005, 132-142). Allgemein zur Unternehmensethik: Steinmann/Löhr (1992); zur Unternehmensethik in der Globalisierung siehe die Beiträge in Maak/Lunau (1998, Teil IV). Zum Konzept der „social responsibility": UNCTAD (2001b).

294 Siehe als Beispiele die Verhaltenskodizes von C&A (http://www.socam.org/fileadmin/user_upload/pdf/german.pdf; 22.12.2007) und Nike (http://www.nikeresponsibility.com/tools/Nike_Code_of_Conduct.pdf; 22.12.2007).

295 Siehe z. B. Homann (1988; 1993), Homann/Pies (1991), Homann/Blome-Drees (1992).

296 Fraglich ist natürlich, wie man zu einer solchen Übereinkunft kommt, wenn die Individuen nicht trotz des Pluralismus gemeinsame Vorstellungen davon haben, was sie als „gut" und „böse" ansehen.

Zu den Rahmenbedingungen, die das Verhalten der Akteure beeinflussen, zählen in diesem Ansatz nicht allein Regeln und Institutionen, sondern auch das Verhalten anderer Akteure, insbesondere der Konsumenten. Letztere können (zusammen mit Nichtregierungsorganisationen) einen erheblichen Druck auf Unternehmen ausüben, um diese zur Respektierung sozialer Rechte bzw. Mindeststandards zu zwingen. Bekannte Beispiele für die Beeinflussung des unternehmerischen Handelns von MNU sind die Konsumentenboykotts gegen Nike als Protest gegen Kinderarbeit und gegen Shell wegen der geplanten Versenkung der Ölplattform „Brent Spar".[297] Außerdem können Unternehmen mit der Einhaltung von Verhaltenskodizes für ihre Produkte werben und damit im Vergleich zu Konkurrenten, die solche Kodizes nicht berücksichtigen, eine Reputation als sozial engagiertes Unternehmen aufbauen. Aus der Sicht radikaler ökonomischer Liberaler sind solche Anreize – zusammen mit staatlich gesetzten Rahmenbedingungen – entscheidend, um Unternehmen zu einem verantwortlichen Handeln zu bewegen.

Diejenigen Vertreter der Wirtschaftsethik, die hinsichtlich ihrer Voraussetzungen dem rechtsstaatlichen Liberalismus nahestehen, lehnen diese ausschließlich von der Eigennutzorientierung der Akteure ausgehende Argumentation ab und weisen auf die Notwendigkeit einer intrinsischen Motivation zu ethischem Verhalten (einschließlich des Schutzes sozialer Rechte und der Umwelt) hin; Steinmann und Löhr (1994) sprechen in diesem Zusammenhang von einer republikanischen Unternehmensethik, Ulrich (2000) nennt sein Konzept einen „republikanischen Liberalismus".[298] Auf die grundsätzlichen Einwände gegen die radikal-wirtschaftsliberale Ethik von Homann sowie auf ihre befremdende Nähe zum Marxismus, der ebenfalls nicht die Personen, sondern die gesellschaftlichen Umstände (alias Rahmenbedingungen) für alle Übel verantwortlich macht, wird später noch zurückzukommen sein. An dieser Stelle sei nur die praktische Schwierigkeit genannt, die aus der Sicht des politischen Liberalismus auftritt, dass nämlich die Anreize durch den Druck der öffentlichen Meinung und das Streben nach Reputation nicht ausreichen werden, um MNU allgemein zu einem sozial verantwortlichen Handeln zu bewegen: Das Interesse von Konsumenten für die Bedingungen, unter denen ein Produkt hergestellt wird, ist nur in wenigen Fällen ausreichend, um einen wirksamen Druck auf die Unternehmen auszuüben; zudem wirkt der Druck der Konsumenten in der Regel nur auf Konsumgütermärkten. Deshalb fordern rechtsstaatliche Liberale ein intrinsisch motiviertes Verantwortungsbewusstsein, also eine Akzeptanz bestimmter Grenzen des Handelns aus einer inneren Überzeugung[299] – mit Kant gesprochen: aus dem Gefühl der Pflicht.[300] Der Unterschied zwischen diesen beiden Formen der Wirtschaftsethik führt zum Kern der Differenz zwischen ökonomischem und politischem Liberalismus, die darin besteht, dass für (radikale) Wirtschaftsliberale das Handeln der Akteure allein auf Anreize zurückgeführt wird, während es aus der Sicht politischer Liberaler ein inneres Korrektiv des Eigennutzstrebens gibt (siehe dazu Kapitel 4.2 und 4.3).

Die zweite der beiden oben genannten Schwierigkeiten bei der Begründung von Verhaltenskodizes für MNU (s. S. 109) betrifft das Verhältnis zwischen dem gesellschaftlichen

297 Der letzte Fall zeigt zugleich die Problematik solcher zumeist von einzelnen Nichtregierungsorganisationen initiierten und von den Medien unterstützten Aktionen: Greenpeace hatte im nachhinein eingestehen müssen, dass die betreffende Ölplattform wesentlich weniger Giftstoffe enthielt als während der Kampagne gegen Shell behauptet worden war. Die Proteste gegen Shell waren von Greenpeace also auf der Grundlage falscher Informationen provoziert worden.

298 Beide bauen auf einem diskursethischen Ansatz auf; siehe unten den Abschnitt zu Habermas (4.4.1).

299 Siehe z. B. Steinmann/Löhr (1994), Höffe (1999a, Kapitel 7), Ulrich (2000).

300 Zu Kants Philosophie als Grundlage des rechtsstaatlichen Liberalismus s. u., Abschnitt 4.3.1.2.

Engagement von MNU und der Politik. Kline (2003) zeigt an verschiedenen Beispielen den Konflikt zwischen der Forderung nach ethischer Verantwortung und sozialem Engagement von MNU einerseits und derjenigen nach rechtlicher Gleichbehandlung andererseits. Zwei Beispiele, die die Entwicklung des Verhältnisses von MNU und Politik auf der internationalen Ebene (insbesondere in den Diskussionen in der UNCTAD) besonders geprägt haben, verdeutlichen diesen Konflikt:

- Anfang der siebziger Jahre hat der chilenische Präsident Allende vor der Vollversammlung der Vereinten Nationen am Beispiel des US-amerikanischen Konzerns ITT das Verhalten von MNU in den Entwicklungsländern kritisiert und damit eine Welle von Enteignungen von Investitionen ausländischer Unternehmen in Entwicklungsländern ausgelöst. Offensichtlich hat ITT daraufhin gemeinsam mit der CIA den Sturz von Allende unterstützt. In der Folge wurde in den Vereinten Nationen, insbesondere der UNCTAD, über rechtlich bindende Verhaltensregeln für MNU verhandelt, die ihnen jegliche politische Einmischung verbieten sollten (Kline 2003, 3).
- In den achtziger Jahren änderte sich die Einstellung zur Frage des gesellschaftlich-politischen Engagements von MNU jedoch entschieden, denn nun rückte das Apartheidregime in Südafrika in den Blickpunkt des Interesses. Dabei wurde als Teil von Wirtschaftssanktionen gegen das Regime gefordert, dass MNU ihre Investitionen abziehen, um Druck auf die südafrikanische Regierung auszuüben. Es wurde somit genau das unterstützt, wofür ITT kritisiert worden war: die Förderung eines politischen Systemwechsels – freilich in eine andere politische Richtung (ebd., 6f.).

Das letzte Beispiel prägt die Diskussion über die Herausbildung einer transnationalen Zivilgesellschaft, in der das gesellschaftliche Engagement von MNU tendenziell positiv bewertet wird. Kline weist jedoch im Rahmen seiner Untersuchung darauf hin, dass dieses Engagement zweischneidig ist, weil die Grenze zwischen sozialer Verantwortung und politisch nicht legitimer Einmischung schwer zu bestimmen ist.

3.2.1.3 Zusammenfassung

Im Ergebnis lässt sich festhalten, dass es unter denen, die den freien Wettbewerb auf der internationalen Ebene befürworten, deutliche Unterschiede gibt in Bezug auf die Frage nach den Voraussetzungen, unter denen der Wettbewerb den allgemeinen Ausgleich der Interessen herbeiführt. Zwei Ebenen lassen sich dabei unterscheiden:

- Auf der institutionellen Ebene wird zwischen radikalen Wirtschaftsliberalen einerseits sowie gemäßigten Wirtschaftsliberalen und rechtsstaatlichen Liberalen andererseits die Notwendigkeit einer globalen politischen Rahmenordnung diskutiert. Letzere sehen die Gefahr, dass der freie Wettbewerb sich selbst zerstört und fordern deshalb, dass mittels einer solchen Rahmenordnung die Einhaltung der Spielregeln des freien Wettbewerbs überprüft und die Vermachtung der Märkte verhindert wird. Zudem befürworten gemäßigte Wirtschaftsliberale eine Rahmenordnung für die internationalen Finanzmärkte. Rechtsstaatlich orientierte politische Liberale gehen regelmäßig in ihren Forderungen für die Rahmenordnung des Wettbewerbs weiter als Wirtschaftsliberale.

- Auf der individuellen Ebene dreht sich der Streit um die Frage, inwieweit der Wettbewerb verantwortungsbewusstes Handeln seitens der Akteure voraussetzt. Während aus der Sicht (radikaler und gemäßigter) ökonomischer Liberaler der Wettbewerb und die Rahmenordnung durch ihre Anreiz- und Sanktionsmechanismen automatisch zur Koordination der eigennutzorientierten Handlungen führen, sehen rechtsstaatliche Liberale, obwohl sie den Wettbewerb befürworten, die Notwendigkeit, dass die Akteure aus intrinsischer Motivation bestimmte Grenzen des Handelns respektieren.

Gemeinsam ist den in diesem Abschnitt behandelten Positionen, dass sie im Grundsatz den freien globalen Wettbewerb befürworten und lediglich die Frage diskutieren, welche Voraussetzungen auf nationaler und internationaler Ebene erfüllt sein müssen, damit die Freiheit dauerhaft gewährleistet ist und zum angestrebten Ziel des harmonischen Ausgleichs der Interessen aller Beteiligten führt. In diesem Punkt unterscheiden sie sich von den im nächsten Abschnitt behandelten Positionen, die den freien Wettbewerb kritisch sehen und entweder die Marktprozesse durch politische Interventionen regulieren oder den Wettbewerb generell abschaffen wollen.

3.2.2 Kritiker des freien Wettbewerbs

In der Paradigmendiskussion der IPÖ wird deutlich, dass die Idee des globalen Freihandels von zwei Seiten angegriffen wird, die beide den optimistischen Ausblick auf die universelle Harmonie der Interessen in Frage stellen: Aus realistischer bzw. neomerkantilistischer Sicht findet der eigentliche globale Wettbewerb nicht auf der Ebene der Unternehmen sondern der Staaten statt, die um ihre wirtschaftliche und politische Vorrangstellung kämpfen; der freie ökonomische Wettbewerb dient dabei nur den Interessen einzelner, nicht aber aller Nationen (Abschnitt 3.2.2.1). Sozialstaatliche Liberale und Strukturalisten interpretieren den Wettbewerb ebenfalls als einen Konflikt, in dem es aber nicht um die Verteilung von politischer Macht, sondern von Wohlstand geht (Abschnitt 3.2.2.2). Beide Richtungen – „realistische" und „linke" Kritiker des freien Wettbewerbs – unterscheiden sich erstens in der Bestimmung der Kontrahenten des Konflikts (Staaten – soziale Schichten bzw. Klassen) und ihrer Zwecke (Macht – Gleichheit) , zweitens in ihrer Haltung zu dem universellen Anspruch des Wirtschaftsliberalismus: Während Realisten jeder Form eines globalen Interessenausgleichs skeptisch gegenüberstehen (mit Ausnahme der Situation der hegemonialen Stabilität), teilen sozialstaatliche Liberale und Strukturalisten in der Regel mit den Befürwortern des Freihandels den Anspruch, eine globale Ordnung zu errichten, haben aber eine andere Vorstellung von deren Gestaltung.

3.2.2.1 Realismus/Neomerkantilismus

Im Unterschied zum Wirtschaftsliberalismus, bei dem es sich auf der Ebene der grundlegenden Annahmen um eine relativ homogene Theorie handelt,[301] ist die realistische bzw.

301 Der Streit zwischen radikalen und gemäßigten Wirtschaftsliberalen dreht sich weniger um die Annahmen als solche, als vielmehr um die Frage, inwieweit diese Annahmen auf die Analyse der politischen Rahmenordnung angewandt werden sollen (s. u., Kapitel 4.2).

neomerkantilistische Theorie des Freihandels von sehr unterschiedlichen Ansätzen geprägt, deren Gemeinsamkeit zunächst allein in der Fokussierung auf das nationale bzw. staatliche Interesse zu liegen scheint. In Teil 2 wurde gezeigt, dass die Anwendung des Realismus auf die IPÖ je nach geschichtlichem Kontext als Merkantilismus (Wirtschaftspolitik des Absolutismus, Bsp.: Colbert), ökonomischer Nationalismus (Wirtschaftspolitik junger, noch vorwiegend agrarisch geprägter Nationen, Bsp.: Hamilton, List) und Neomerkantilismus (Wirtschaftspolitik im gegenwärtigen Kontext weitgehend liberalisierter Weltmärkte) bezeichnet wird. Hier soll eine weitere Unterteilung eingeführt werden, die Gilpin (2001) verwendet: Die drei genannten Varianten einer realistischen Wirtschaftspolitik sind *normativ*, insofern sie die Deutung des internationalen Wettbewerbs als eines unausweichlichen Machtkampfes zwischen Nationen akzeptieren, und eine Wirtschaftspolitik fordern, die den eigenen Staat in diesem Durchsetzungskampf zum Erfolg führt; dagegen formuliert Gilpin einen *analytischen* Realismus, der den Durchsetzungskampf zwischen den Staaten zwar als Normalfall ansieht, aber normativ dem Freihandel verpflichtet ist. Die ideale Situation besteht für ihn in der Vorherrschaft eines Hegemons, der in der Lage ist, ein weltweites Freihandelsregime durchzusetzen.[302] Im Folgenden werden zunächst drei Beispiele für die normative realistische Sicht der IPÖ behandelt:[303]

- Hamilton und List als klassische Beispiele der Kritik an der wirtschaftsliberalen Theorie aus der Sicht des ökonomischen Nationalismus;
- Chang (2002) als Übertragung der Argumentation von Hamilton und List auf die heutige Situation von Entwicklungsländern (entwicklungspolitischer Neomerkantilismus,
- Befürworter einer neomerkantilistischen Politik[304] der Industrieländer, die Nachteile des Freihandels entweder wegen der Konkurrenz von Niedriglohnländern oder wegen des internationalen Technologiewettbewerbs fürchten (sozialpolitischer und technologiepolitischer Neomerkantilismus).

Daran anschließend wird Gilpins Position des analytischen Realismus behandelt. Im Ergebnis wird die Gemeinsamkeit dieser unterschiedlichen Ansätze zur Analyse des freien internationalen Wettbewerbs herausgearbeitet und die Anwendung der Argumentation auf die Beurteilung multinationaler Unternehmen, internationaler Finanzmärkte und die Weltwirtschaftsordnung skizziert.

Ökonomischer Nationalismus: Alexander Hamilton und Friedrich List

Hamilton, der in der politischen Ideengeschichte vor allem als Mitautor der „Federalist Papers“ bekannt wurde, verfasste als „Secretary to the Treasury“ unter Präsident Washing-

302 Gilpin ist also, obwohl er Realist ist, nicht ein Gegner des Freihandels, sondern des wirtschaftsliberalen Verständnisses desselben. Seine Theorie versucht damit eine Brücke zwischen dem Wirtschaftsliberalismus und der realistischen Kritik des Freihandels zu schlagen.

303 Der klassische Merkantilismus wird hier nicht näher behandelt, weil Realisten und Neomerkantilisten sich in der gegenwärtigen Diskussion kaum auf ihn beziehen; für eine ausführliche Darstellung siehe Heckscher (1932).

304 Der Begriff Neomerkantilismus wird hier verwendet, weil er sich in der IPÖ als Bezeichnung für eine „realistische“ Wirtschaftspolitik in einer offenen Weltwirtschaft eingebürgert hat. Er soll hier aber nicht in dem pejorativen Sinn verstanden werden, der ihm von Vertretern des Wirtschaftsliberalismus gegeben wird.

ton im Dezember 1791 ein Konzept für die Gestaltung der Wirtschaftspolitik und des Außenhandels der jungen Republik: den „Report on the Subject of Manufactures“ (im Folgenden zitiert als „Report“). Dieser Text, in dem er für protektionistische Außenhandelspolitik und die aktive staatliche Unterstützung der (erst im Entstehen befindlichen) US-amerikanischen Industrie plädierte, wurde zusammen mit Friedrich Lists „Das nationale System der politischen Ökonomie“ (1841) zu einem der klassischen Texte des ökonomischen Nationalismus. Hamilton wendet sich in dem „Report“ mit zwei entscheidenden Argumenten gegen den ökonomischen Liberalismus:

- Erstens halten die Europäer sich nicht an die Regeln des freien Wettbewerbs, sondern betreiben eine merkantilistische Politik und verfolgen „the vain project of *selling every thing* and *buying nothing*“ (258, Hervorhebung im Original). Angesichts dessen haben die Vereinigten Staaten keine andere Wahl, als ihrerseits protektionistische Maßnahmen zu ergreifen.
- Zweitens wäre der Freihandel aber auch dann von Nachteil für die heimische Industrie, wenn die Europäer sich an die Regeln des freien Wettbewerbs halten würden. Die Europäer (allen voran Großbritannien) exportierten damals vor allem Manufakturprodukte, während die Vereinigten Staaten, deren Wirtschaft überwiegend landwirtschaftlich geprägt war, fast ausschließlich Agrarprodukte ausführten. Die landwirtschaftliche Produktion hat aus der Sicht von Hamilton gegenüber der industriellen Produktion gravierende Nachteile: Der Ertrag hängt von der Saison und den Schwankungen des Wetters ab und die Arbeitsproduktivität liegt im Bereich der Landwirtschaft allgemein unter der in Manufakturbetrieben, weil es auf dem Land „more examples of remissness“ gäbe (241).[305]

Hamilton lehnt somit die Freihandelstheorie nicht grundsätzlich ab, sondern beschränkt ihre Anwendung auf Situationen, in denen erstens sichergestellt werden kann, dass alle beteiligten Staaten sich an die Regeln des freien Wettbewerbs halten und diese Staaten zweitens ein vergleichbares Niveau der wirtschaftlichen Entwicklung haben. Offen bleibt jedoch, ob seiner Ansicht nach die erste Bedingung überhaupt erfüllt werden kann.

Aus diesen Einwänden gegen den Wirtschaftsliberalismus leitet Hamilton seine Begründung der Schutzzollpolitik und der Förderung der Manufakturen ab, die wesentlich auf zwei Voraussetzungen beruht:

- Erstens hängt die Sicherung der (hart erkämpften und zur damaligen Zeit immer noch bedrohten) nationalen Unabhängigkeit der Vereinigten Staaten von der Entwicklung einer eigenständigen Rüstungsindustrie ab. Das Ziel ist „to render the Unites States, independent on foreign nations, for military and other essential supplies“ (230).

305 Mit dieser Einschätzung wendet Hamilton sich gegen die sogenannten „agrarians“ (wie z. B. Jefferson), nach denen die Regierung der Vereinigten Staaten vor allem die Landwirtschaft fördern sollte. Ein zentrales Argument von Jefferson war, dass Industrie und Handel den Menschen korrumpieren, während die Landwirtschaft die Tugendhaftigkeit der Bürger fördert. Auf der wirtschaftstheoretischen Ebene ist Hamiltons Argument zudem gegen die Physiokraten gerichtet, aus deren Sicht allein die Landwirtschaft produktiv, Industrie und Handel aber unproduktiv sind. – Zur Argumentation von Hamilton gegen die Freihandelstheorie siehe auch den von ihm verfassten sechsten Artikel der „Federalist Papers“.

- Zweitens wird die Entwicklung dieser Industriezweige zu langsam erfolgen, wenn man sie allein dem Markt überlässt; deshalb bedarf es des „incitement and patronage of the government“ (267).

Den wirtschaftsliberalen Einwand, dass Schutzzölle und Fördermaßnahmen für die heimische Industrie zu einer Erhöhung des inländischen Preisniveaus und damit zu einer Senkung der Konsumentenwohlfahrt führen, nimmt Hamilton vorweg (285) und hält dagegen, dass dies nur kurzfristig gilt (bis die heimische Industrie hinreichend entwickelt ist)[306] und angesichts des Ziels – der Sicherung der nationalen Unabhängigkeit – ein leicht in Kauf zu nehmender Nachteil ist. Damit wird hier ein grundlegender Einwand des Realismus gegen den Wirtschaftsliberalismus deutlich: Die freie Konsumentenentscheidung und das Ziel der individuellen Wohlfahrtssteigerung setzen voraus, dass die Nation in Sicherheit lebt. Solange dies nicht der Fall ist, müssen die individuellen Interessen den nationalen Sicherheitsbelangen untergeordnet werden. Da im Realismus das Ziel der staatlichen Politik die Maximierung der Macht bzw. Sicherheit ist, tritt die Situation hinreichender Sicherheit, in der dem individuellen Wohlfahrtsstreben die Priorität eingeräumt werden kann, genaugenommen nie ein.

Die Argumentation von Hamilton hatte spürbaren Einfluss auf diejenige von *Friedrich List*.[307] Beiden Autoren geht es um die wirtschaftliche Entwicklung eines vorwiegend agrarisch strukturierten Landes, das im internationalen Wettbewerb gegenüber der Industrie Großbritanniens erheblich im Rückstand ist. Der Protektionismus dient dem Aufbau der heimischen Industrie, um im internationalen Wettbewerb auf gleichem Entwicklungsstand mit britischen Unternehmen konkurrieren zu können. List schlägt für die Förderung der wirtschaftlichen Entwicklung „Erziehungszölle“ vor, die in ihrer ökonomischen Wirkung nichts anderes als Hamiltons Schutzzölle sind.[308] Der Unterschied zwischen beiden Autoren liegt in Lists Verständnis des Ziels der „Erziehung“ der Nation, das über eine Politik der Stärke und Unabhängigkeit hinausgeht und in entscheidendem Maße auch in der Förderung der Kultur der Nation besteht.

Die Frage nach dem Ziel der Entwicklung thematisiert List im Zusammenhang mit seiner Kritik an der Freihandelstheorie.[309] Ansatzpunkt der Kritik ist das oben angeführte Zitat von Adam Smith, in dem letzterer die Vorzüge von Arbeitsteilung und Tausch auf der internationalen Ebene mit denen auf der Ebene der Hauswirtschaft und Familie gleichsetzt: So wie ein Schneider und ein Schuster sich auf der individuellen Ebene spezialisieren, so sollten dies nach Smith auch Nationen tun (s. o., S. 96). List wendet sich vehement gegen diese Analogie:

> Nein! in der Nationalökonomie kann Weisheit sein, was in der Privatökonomie Torheit wäre, und umgekehrt, aus dem ganz einfachen Grunde, weil ein Schneider keine Nation und eine Na-

306 Ähnlich List: „Der durch die Schutzzölle verursachte Verlust der Nation besteht jedenfalls nur in *Werten*, dagegen gewinnt sie *Kräfte*, vermittelst welcher sie für ewige Zeiten in den Stand gesetzt wird, unberechenbare Summen von Werten zu produzieren. Dieser Aufwand an Werten ist demnach nur *als der Preis der industriellen Erziehung der Nation* zu betrachten.“ („Nationales System“, 46, Hervorhebung im Original.)

307 List setzte sich während der Zeit seines Exils in den Vereinigten Staaten mit Hamiltons Position auseinander: Häuser (1989, 240), Gilpin (2001, 201).

308 Siehe Friedrich List: „Das nationale System der politischen Ökonomie“ (1841); über Lists Konzept der Erziehungszölle: Häuser (1989), Kruse (1997, 156-158).

309 Siehe dazu das „Zweite Buch“ des „Nationalen Systems“, insbesondere Kapitel 11-16.

tion kein Schneider ist; weil eine Familie etwas ganz anderes ist als ein Verein von Millionen Familien, ein Haus etwas ganz anderes als ein großes Nationalterritorium. („Nationales System“, 168.)

Die Differenz zwischen Familie und Staat – die in der politischen Ideengeschichte seit Aristoteles[310] immer wieder als ein zentrales Problem auftritt – besteht nach List darin, dass die Ökonomie in der Familie der Erwirtschaftung von materiellem Reichtum („Tauschwerten“) dient, während der „Nationalreichtum“ mehr ist als „das Aggregat des Reichtums aller Individuen“ und vielmehr in der Summe der produktiven Kräfte besteht („Nationales System“, 171). Der Begriff der „produktiven Kraft“ impliziert bei List zwei Überlegungen[311]: Erstens kommt es in der Nationalökonomie auf die Quelle des Reichtums und nicht den Reichtum selbst an[312], und zweitens darf der Reichtum nicht materiell verstanden werden. Nach List besteht der wahre Reichtum in den immateriellen Tätigkeiten; zu den produktiven Kräften zählt er insbesondere „Unterricht und Religiosität, Wissenschaft und Kunst“ (ebd., 147). Die Entfaltung dieser Kräfte dient dem Wohlstand, der Macht und der Kultur der Nation (ebd., 1 und 32) und letztlich der „geistige[n] und körperliche[n] Wohlfahrt der Individuen“ (38). Unklar bleibt dabei das Verhältnis von Wohlstand und Macht auf der einen und Kultur und geistiger Wohlfahrt auf der anderen Seite: Während der Begriff „produktive Kraft“ suggeriert, dass alle Kräfte (auch die geistig-kulturellen) die Funktion haben, die Produktion von Wohlstand und Macht zu steigern, scheint es List insgesamt eher darum zu gehen, dass die Menschen die Gesamtheit ihrer Anlagen, vor allem der kulturellen und geistigen, in der produktiven Tätigkeit entfalten. Das entscheidende Ziel läge dann in der Entwicklung dieser Anlagen selbst und nicht in den äußeren Produkten der Tätigkeit. Ein solcher Bezug zum Deutschen Idealismus[313] kann aber nur vermutet werden; er wird von List nicht explizit formuliert.[314]

Deutlich wird hingegen der Bezug der Ökonomie auf den Nationalstaat: Die Nationalökonomie dient der „ökonomischen Erziehung der Nation“ (175, im Original hervorgehoben), die nur gelingen kann, wenn diese im internationalen Wettbewerb vor der Konkurrenz höherentwickelter Nationen geschützt wird. Erst auf der höchsten Stufe der wirtschaftlich-technischen Entwicklung, die sich durch eine Verbindung von Landwirtschaft, Manufakturwesen und Handel auszeichnet,[315] ist ein freier Handel möglich und darüber hinaus eine

310 Aristoteles betont gleich im zweiten Absatz der „Politik“ (1252 a 7-16) den Unterschied zwischen der Herrschaft im Haus und in der Polis und wendet sich damit gegen Platon, der im „Politikos“ (258e ff.) nach dem Wesen der Herrschaft im Allgemeinen (unabhängig von spezifischen Formen der Herrschaft) fragt. Siehe dazu unten, S. 326.

311 Kapitel 12 des „Nationalen Systems“ kündigt im Titel eine „Theorie der produktiven Kräfte“ an, enthält aber vor allem eine Kritik der klassischen Werttheorie und keine präzise Definition der „produktiven Kräfte“ (s. a. Häuser 1989, 243).

312 Das sagt bereits Smith im ersten Absatz der Einleitung zum WN, wird von ihm aber aus Sicht von List nicht konsequent durchgehalten („Nationales System“, 144f.).

313 Siehe insbesondere Fichte: „Die Bestimmung des Menschen“.

314 Diese Interpretation wird durch seine vehemente Kritik am Materialismus plausibel. So kritisiert er z. B. in der Vorrede den Begriff der „Güterwelt“: „In diesem Begriff liegt eine Welt von Irrtum – es gibt keine *Güterwelt*! Zu dem Begriff von Welt gehört geistiges und lebendiges Wesen, wäre es auch nur Tierleben oder Tiergeist. […] Nehmt den Geist hinweg, und alles was ein *Gut* hieß wird zur toten Materie.“ (18, Hervorhebung im Original) In dieser Aussage liegt das Primat eindeutig auf der geistigen Kraft, die etwas hervorbringt, und nicht auf dem Produkt.

315 List geht von der Entwicklung einer Volkswirtschaft über folgende Stufen aus: „wilder Zustand, Hirtenstand, Agrikulturstand, Agrikultur-Manufakturstand, Agrikultur-Manufaktur-Handelsstand.“ (39)

politische Zusammenarbeit der Nationen in einer Konföderation, die auf internationaler Ebene die Geltung des Rechts verwirklicht.[316]

Beide Autoren des ökonomischen Nationalismus sind bis heute von Bedeutung: Hamilton wird häufig von Kritikern des Freihandels gegen US-amerikanische Forderungen einer weitergehenden Öffnung der Märkte in Entwicklungsländern angeführt mit dem Hinweis, dass die Vereinigten Staaten selbst ihre wirtschaftliche Stärke zunächst unter dem Schutz protektionistischer Maßnahmen entwickelt haben; auf List greifen eine Reihe von Entwicklungsökonomen zurück, wenn es um die Frage der Handelspolitik für Entwicklungsländer geht (z. B. Senghaas 1999).

Entwicklungspolitischer Neomerkantilismus: Ha-Joon Chang

Ein Beispiel für die Rezeption von Hamilton und List in der gegenwärtigen IPÖ-Diskussion ist das Buch „Kicking Away the Ladder. Development Strategy in Historical Perspective" des britischen Ökonomen Chang (2002), das hier die entwicklungspolitische Variante des Neomerkantilismus illustrieren soll.[317] Chang wendet sich gegen die wirtschaftsliberale Argumentation der Industrieländer, derzufolge das wirtschaftliche Wachstum von Entwicklungsländern am besten durch eine rasche Marktöffnung gefördert wird. Sein zentrales Gegenargument zielt auf die Entlarvung dieser Argumentation: Die Industrieländer fordern von den Entwicklungsländern die Anwendung einer wirtschaftspolitischen Strategie, die sie selbst nicht befolgt haben; das bedeutet laut Chang, dass sie in Wahrheit an dem Ziel der Entwicklung der wirtschaftlich schwachen Staaten nicht interessiert sind, sondern ihre eigene Stärke im internationalen Wettbewerb ausspielen wollen.

Chang analysiert ausführlich die historische Entwicklung der Wirtschaftspolitik der wichtigsten Industrieländer während der Phase des Aufbaus ihrer nationalen Industrie im 18. und 19. Jahrhundert. Besonderes Gewicht legt er auf Großbritannien und die Vereinigten Staaten, die sich beide als Vorreiter der Idee des Freihandels verstehen:

- Bereits List hatte gezeigt, dass die britische Industrie sich im 18. Jahrhundert unter dem Schutz hoher Zollmauern entwickelt hat; bei der Entwicklung seines Konzepts der Erziehungszölle hatte er die britische Entwicklung als Vorbild vor Augen.[318] Von List übernimmt Chang auch das Bild vom Wegstoßen der Leiter (vgl. den Titel: „Kicking away the ladder"): Großbritannien habe das Niveau seiner wirtschaftlich-technologischen Entwicklung auf der Leiter des Protektionismus erklommen; erst nachdem es zur führenden Wirtschaftsnation geworden war, begann es, sich in der Wirtschaftstheorie und Außenhandelspolitik für den Freihandel einzusetzen, um andere Länder davon abzuhalten, auf dem gleichen Weg wirtschaftliche Stärke zu errin-

316 „Nationales System" (38f.); mit diesem Fernziel einer Konföderation der Nationen verlässt List freilich den Boden des Realismus.

317 Die Zuordnung von Chang zum entwicklungspolitischen Neomerkantilismus lässt sich dadurch rechtfertigen, dass er nationalen wirtschaftspolitischen Maßnahmen eines (zeitlich begrenzten) Protektionismus gegenüber internationalen Maßnahmen zur Regulierung des globalen Wettbewerbs den Vorzug gibt. Bei ihm zeigt sich jedoch, dass der Übergang vom Neomerkantilismus zum sozialstaatlichen Liberalismus *in praxi* fließend ist.

318 Chang (2002, 4 und 19-24) unter Bezug auf List („Nationales System", 73-88).

gen.[319] Das britische Plädoyer für Freihandel ist also von nichts anderem motiviert als dem Streben nach Durchsetzung nationaler Interessen im internationalen Wettbewerb.

- In ähnlicher Weise sind die Vereinigten Staaten im gesamten 19. Jahrhundert zunächst den wirtschaftspolitischen Vorschlägen von Hamilton und anderen Befürwortern des ökonomischen Nationalismus gefolgt und haben unter dem Schutz hoher Zölle die Entwicklung der heimischen Industrie gefördert. Erst als sie an wirtschaftlicher Stärke allen anderen Nationen überlegen waren, entwickelten sie sich nach dem Zweiten Weltkrieg zum Befürworter des Freihandels (Chang 2002, 24-32).

Das grundlegende Argument lautet also, dass nur wirtschaftlich starke Nationen den Freihandel befürworten, um die Schwäche der anderen Nationen im internationalen Wettbewerb besser ausnutzen zu können. Die wirtschaftsliberale These von der Harmonie und vom Ausgleich der Interessen ist aus dieser Sicht bloße Heuchelei.[320]

Trotz der durch die wirtschaftliche Globalisierung veränderten Rahmenbedingungen folgert Chang, dass die Erfahrungen der Industrieländer aus dem 18. und 19. Jahrhundert auf heutige Entwicklungsländer übertragbar sind. Aus seiner Sicht hat sich gezeigt, dass die wirtschaftsliberale Prognose einer Beschleunigung des Wachstums in Entwicklungsländern durch die Liberalisierung der Märkte nicht eingetreten ist (ebd., 128). Der Grund liegt darin, dass Entwicklungsländer durch die Marktöffnung nur kurzfristige Vorteile durch die neu gewonnenen Exportmöglichkeiten auf der Grundlage der vorhandenen Industriestruktur realisieren können. Langfristig jedoch erschwert der Freihandel den Wandel der Wirtschaftsstruktur, wenn er zwischen Ländern mit deutlich unterschiedlichem Entwicklungsstand vereinbart wird, und entfaltet seine Vorzüge nur zwischen Ländern mit ähnlicher Wirtschaftsstruktur.

Deshalb wäre aus der Sicht von Chang ein Ausbau des freien Handels zwischen den (südamerikanischen) Mitgliedstaaten des Mercosur zu begrüßen, während die Realisierung der „Free Trade Area of the Americas“ (FTAA, eine Freihandelszone aller nord- und lateinamerikanischen Länder) abzulehnen ist. Eine Freihandelszone zwischen Ländern unterschiedlichen Entwicklungsstandes gereicht nach Chang nur dann zum Vorteil aller Beteiligten, wenn sie – wie die Europäische Union – den Kapitalfluss von den wohlhabenden in die unterentwickelten Regionen fördert und die Wanderung der Arbeitskräfte ermöglicht (Chang 2003). Im Ergebnis lehnt Chang (wie schon Hamilton) den Freihandel nicht grundsätzlich ab. Seine Vorschläge für die Gestaltung der Wirtschaftspolitik in Entwicklungsländern beschränken sich im übrigen nicht auf die Forderung von „Erziehungszöllen“; er betont, dass der Protektionismus nur dann positive Effekte auf die wirtschaftliche Entwicklung hat, wenn in dem jeweiligen Land zusätzlich umfassende Reformen der politischen Institutionen, des Rechtssystems und der Wirtschaftspolitik durchgeführt werden.

---

319 Bei List heißt es dazu: „Erst mit Adam Smith kam noch eine neue zu den oben aufgezählten Staatsmaximen, nämlich die: *die wahre Politik Englands durch die von Adam Smith erfundenen kosmopolitischen Redensarten und Argumente zu verdecken, um fremde Nationen abzuhalten, diese Politik nachzuahmen*. Es ist eine allgemeine Klugheitsregel, dass man, auf den Gipfel der Größe gelangt, die Leiter, vermittelst welcher man ihn erklommen, hinter sich werfe, um andern die Mittel zu benehmen, uns nachzuklimmen. Hierin liegt das Geheimnis der kosmopolitischen Lehre Adam Smiths (...)“ („Nationales System“, 313).

320 Diese Entlarvung hat freilich den Makel, dass sie gegen jede Wirtschaftstheorie vorgebracht werden kann: So könnte ein Vertreter des Freihandels kontern, dass nur diejenigen den Realismus vertreten, die sich zum Fürsprecher von Staaten machen, denen der Leistungswille fehlt, um die Vorteile des internationalen Wettbewerbs für sich zu nutzen. In der Sachfrage ist man damit keinen Schritt weiter gekommen.

Sozial- und technologiepolitischer Neomerkantilismus in Industrieländern

Bei den Autoren, die eine neomerkantilistische Wirtschaftspolitik für Industrieländer fordern, dominieren zwei Argumentationsstränge:

- Der erste Argumentationsstrang geht wie Chang vom Wettbewerb zwischen Industrie- und Entwicklungsländern aus, sieht aber als Benachteiligte die Industrieländer, die im Wettbewerb der Produktionsstandorte aufgrund der hohen Lohnkosten (die sich aus Löhnen und Sozialabgaben zusammensetzen) nicht mit Entwicklungs- und Transformationsländern konkurrieren können. Dieser Wettbewerbsnachteil führt zur Abwanderung vieler Unternehmen aus den Industrieländern; der damit verbundene Verlust an Arbeitsplätzen setzt die Regierungen unter Druck, Gegenmaßnahmen zum Schutz der heimischen Industrie zu ergreifen. Diese Maßnahmen bezeichnen Rieger und Leibfried (2001, 155) als „Wohlfahrtsmerkantilismus", der sich dadurch auszeichnet, dass die Wirtschafts- und Handelspolitik vorwiegend an sozialpolitischen Interessen ausgerichtet wird. Das Ziel des Wohlfahrtsmerkantilismus ist es zum einen, die Exportchancen zu erhöhen, um die inländische Produktion zu fördern, und zum anderen, Anreize für abwanderungswillige Unternehmen zu schaffen, ihre Produktion im Inland zu belassen (ebd. 155f.). Zu dieser Form von Neomerkantilismus, die auf den Schutz von Arbeitsplätzen und sozialstaatlichen Sicherungssystemen ausgerichtet ist, zählt auch die Subventionierung von Branchen, die auf dem Weltmarkt ohne öffentliche Unterstützung nicht wettbewerbsfähig sind (z. B. Landwirtschaft und Stahlindustrie in der EU und in den Vereinigten Staaten). – Im Vergleich mit Chang ist es interessant, dass in beiden Fällen gezeigt werden soll, dass der Wettbewerb sich im Falle der wirtschaftlichen Ungleichheit als nachteilig erweist; doch die Schwäche wird jeweils auf einer anderen Seite gesehen: einmal auf Seiten der Entwicklungs-, dann wieder auf Seiten der Industrieländer. Offensichtlich gibt es keine Übereinstimmung in der Frage, woran wirtschaftliche Stärke bzw. Schwäche überhaupt zu messen ist.
- Der andere Argumentationsstrang sieht als den entscheidenden Wettbewerb, in dem ein Nationalstaat (bzw. die EU) bestehen muss, den Technologiewettbewerb zwischen hochentwickelten Industrieländern an. Ein bekannter Vertreter dieser Sicht ist im deutschsprachigen Raum Konrad Seitz[321]; er fordert eine verstärkte Politik der Innovations- und Technologieförderung, um die europäische Industrie im Wettstreit um technologische Vorherrschaft in der Triade zu unterstützen. Im Wettbewerb geht es aus seiner Sicht nicht um die Spezialisierung auf diejenigen Produkte, in denen die Länder ihre jeweiligen komparativen Vorteile haben, sondern um ein Ringen um globale Führung im wissenschaftlichen und technischen Fortschritt. Die entscheidende Kluft im Wettbewerb zwischen den Nationen ist nicht diejenige zwischen Industrie- und Entwicklungsländern, sondern diejenige zwischen dem technologischen Führer unter den Industrieländern und allen anderen Ländern.[322] Ob ein Land im Technologiewettbewerb eine führende Stellung einnimmt, hängt davon ab, ob das politische und wirtschaftliche System die Innovationskraft fördert. Der Technologiewettbewerb ist also

321 Siehe Seitz (1994; 1999; 2000). Eine ähnliche Position vertritt Steingart (2006), der den westlichen Ländern empfiehlt, sich gegen den asiatischen „Raubtierkapitalismus" zusammenzuschließen.

322 Seitz hat dabei die anderen *Industrie*länder im Blick, weil es ihm vor allem um die Analyse der Stellung Deutschlands und der EU im internationalen Wettbewerb geht.

äußerer Ausdruck eines Wettbewerbs der Systeme, in dem derzeit drei Varianten des Kapitalismus gegeneinander antreten: der amerikanisch-britische Kapitalismus, der sich seit Reagan und Thatcher zu einer „Laissez-faire-Wirtschaft" wandelte (Seitz 2000, 311); die deutsche Soziale Marktwirtschaft, die das freie Spiel der Marktkräfte um soziale Sicherungssysteme ergänzt, die die Verlierer der Wettbewerbsprozesse schützen (ebd., 312); und der japanische Kapitalismus, der ein „von der Staatsbürokratie gelenkter, merkantilistischer Kapitalismus" ist (ebd.). Als „vierter großer Spieler" wird im Laufe des 21. Jahrhunderts China hinzukommen (ebd.). Diese Varianten des Kapitalismus weisen für den Technologiewettbewerb unterschiedliche Vor- und Nachteile auf; deshalb konnte die Führungsrolle in der Vergangenheit zwischen Japan (achtziger Jahre) und den Vereinigten Staaten (neunziger Jahre) wechseln. – Mit dieser Interpretation des internationalen Wettbewerbs schließt Seitz eine Spezialisierung der Länder bzw. Regionen und damit eine Aufteilung der Führungsrolle offensichtlich aus: Nach dem Prinzip „the winner takes it all" gibt es jeweils nur einen Führer, und die anderen sind Verlierer. Der Wettbewerb ist folglich ein Nullsummenspiel, bei dem jede Nation versuchen muss, die Führungsposition einzunehmen.[323]

Ein weiteres Argument kam erst in jüngster Zeit auf: dass die Industrieländer sich vor ausländischen Staatsfonds schützen müssen. Dabei geht es im Wesentlichen um Staatsfonds, die Russland, China sowie arabische Länder aus ihren Handelsbilanzüberschüssen alimentieren.[324] Diese Fonds, deren Manager weltweit nach Anlagemöglichkeiten suchen, rufen schon wegen ihrer bloßen Größe Besorgnis in den Industrieländern hervor. Vor allem aber gibt es die Befürchtung, dass Beteiligungen an westlichen Unternehmen in politischen Konflikten als Druckmittel eingesetzt werden könnten. Diese Sorge wird durch den Typ von Investitionen, die die Fonds favorisieren, verstärkt: Russland will sein Geld vorwiegend in westliche Energieversorgungsunternehmen investieren, wodurch die Energieabhängigkeit Europas von Russland noch verstärkt wird; China investiert sein Geld vor allem in westliche Technologieunternehmen und wird damit im Zweifel einen weiteren Technologietransfer beabsichtigen, der negative Auswirkungen auf die Wettbewerbsfähigkeit der europäischen und US-amerikanischen Industrie hätte.[325] Die Bundesregierung prüft derzeit gesetzliche Möglichkeiten, die Investitionen von Staatsfonds in bestimmten „sensiblen" Bereichen blockieren zu können; der IWF sucht nach globalen Lösungen, um einen Wildwuchs protektionistischer Regelungen auf nationaler Ebene zu vermeiden.

Die bislang behandelten Varianten des Neomerkantilismus gehen alle davon, dass der Wettbewerb zwischen Ungleichen stattfindet, und dass ein solcher Wettbewerb zum Nachteil des Schwächeren ist; uneinig sind sie in der Festlegung, zwischen welchen Ländern die entscheidende Ungleichheit besteht: Agrar- und Industrieländer (Hamilton, List), Entwick-

323 Eine Zuspitzung erfährt diese Position, wenn der internationale Wettbewerb als globaler „Wirtschaftskrieg" interpretiert wird (siehe die verschiedenen Zitate von Unternehmensmanagern in: Gruppe von Lissabon 2001, 133f.).

324 Für eine Übersicht über die größten Staatsfonds siehe: Thornton/Reed/Lakshman (2008). An der Spitze der Liste steht Adia (Abu Dhabi Investment Authority) mit einem geschätzten Vermögen von 875 Milliarden Dollar.

325 Siehe Aizenman/Glick (2007), Bloed (2007), Thornton/Reed/Lakshman (2008). Die öffentliche Debatte über die Investitionen von Staatsfonds wurde u. a. durch den Versuch des Fonds „DP World" aus den Vereinigten Arabischen Emiraten, mehrere US-amerikanische Häfen zu kaufen, angeregt (Aizenman/Glick 2007).

lungs- und Industrieländer (Chang), Hochlohnländer/Wohlfahrtsstaaten und Niedriglohnländer (Rieger/Leibfried), Innovatoren und Imitatoren im Technologiewettbewerb (Seitz).

Analytischer Realismus: Robert Gilpin

Von der Sicht des ökonomischen Nationalismus und des Neomerkantilismus unterscheidet sich Gilpins analytischer Realismus, weil er den Freihandel durchaus befürwortet und lediglich die Chancen für die dauerhafte Durchsetzung eines internationalen Freihandelsregimes skeptisch beurteilt. Gilpins Ziel ist nicht eine Kritik der Freihandelsdoktrin als solcher, sondern die Analyse der Bedingungen, die in der internationalen Politik verwirklicht sein müssen, damit der Freihandel funktioniert. Im Ergebnis geht er davon aus, dass in der Regel die Verlierer des internationalen Wettbewerbs politisch einflussreicher sind als die Gewinner, so dass nur eine starke Hegemonialmacht, die ein überragendes Interesse am Freihandel hat, bereit ist, diese Bedingungen durchzusetzen (Gilpin 2000, 93).

Im Mittelpunkt von Gilpins Werk steht die Analyse der US-amerikanischen Hegemonie. In seinem Buch „War and Change in World Politics“ von 1981 untersucht er allgemein die Ursachen für den Aufstieg und Niedergang von Hegemonialmächten in der internationalen Politik. Das Buch „The Political Economy of International Relations“ (1987) zeigt die Bedeutung der US-amerikanischen Hegemonie für die Entwicklung der Weltwirtschaftsordnung nach dem Zweiten Weltkrieg; passend zur amerikanischen IPÖ-Diskussion der achtziger Jahre prognostizierte er damals die Ablösung der Vereinigten Staaten als Hegemonialmacht durch Japan und den Niedergang des internationalen Freihandelsregimes.

Diese Prognose wurde 1990 mit dem Beginn der Wirtschaftskrise in Japan obsolet, doch Gilpins Skepsis hinsichtlich der Zukunft des globalen Freihandels bleibt auch in seinem Buch „Global Political Economy“ (2001)[326] bestehen: Dort zeigt er, dass die Entwicklung des Freihandels sowohl in den Industrie- als auch in den Entwicklungsländern heftig umstritten ist. Die Kontroverse dreht sich um die entscheidende Frage der politischen Gestaltung der Weltwirtschaft: Was ist das Ziel dieser Gestaltung – „Governance for what?“ (Gilpin 2001, 400) Während der Zeit des Kalten Krieges war das Ziel eindeutig: Der Freihandel diente der Stärkung der westlichen Volkswirtschaften im Bündnis gegen die Sowjetunion. Nach dem Wegfall dieser Bedrohung 1989/90 war das Ziel für viele Vertreter der US-Administration ebenfalls klar: Es bestand in der Förderung des weltweiten Freihandels und der Mobilität internationaler Investoren, um die Voraussetzungen für eine globale Wohlstandssteigerung zu schaffen. Dieses Ziel wurde jedoch in der zweiten Hälfte der neunziger Jahre durch die Gegner des Freihandels in Frage gestellt, die sich sowohl in den westlichen Industrieländern als auch in den Entwicklungsländern formierten und eine bessere („gerechtere“) Verteilung des Wohlstands forderten. Die Auseinandersetzung über Weltwirtschaft und Weltpolitik wird seither von den alten Kontrahenten bestimmt, den Befürwortern des freien Wettbewerbs, die das Ziel der Steigerung des Wohlstands verfolgen, und den Gegnern, die auf eine Regulierung des Wettbewerbs zum Zweck einer gleichmäßigeren Verteilung zielen:

326 Der Band „The Challenge of Global Capitalism. The World Economy in the 21st Century“ (2000) charakterisiert die weltwirtschaftliche und weltpolitische Entwicklung für ein breiteres Publikum und deckt sich in Teilen mit dem stärker theoretisch orientierten Band „Global Political Economy“ von 2001.

> Thus, the battle was joined once again between those who desired a world governed by the market and those who wanted the market subordinated to some higher political authority that would pursue one or another social purpose. Throughout much of modern history, this battle over the ends of economic activity has been fought principally at the domestic level between the representatives of capital and labor. In the increasingly integrated global economy of the twenty-first century, the battleground has become the entire globe, and the types as well as the number of participants have greatly expanded to include states, international organizations and nongovernmental organizations. This is the new global economic order that those interested in international political economy must confront. (Gilpin 2001, 402.)

Seit den Anschlägen vom 11. September 2001 kann man als dritte Gruppe von Kontrahenten diejenigen hinzufügen, die (vor allem in den Vereinigten Staaten) das Primat der militärischen Sicherheit über alle anderen außenpolitischen Ziele betonen. Das Verständnis der Internationalen Politischen Ökonomie, das Gilpin in diesem Zitat vertritt, ähnelt stark demjenigen von Susan Strange, die ebenfalls – wie in Abschnitt 2.4.2 dargestellt – die internationalen Beziehungen als ein Ringen zwischen den drei Forderungen nach mehr Sicherheit (durch militärische Aufrüstung und Allianzen), mehr Wohlstand (durch freie Märkte) und mehr Gleichheit (durch Regulierung der internationalen Märkte und internationale Umverteilung) charakterisiert.[327]

Gilpins theoretische Kritik am Freihandel geht von der Idee aus, dass Märkte generell in ein politisches und gesellschaftliches Umfeld eingebettet sind und ihr Funktionieren nicht allein von der Eigengesetzlichkeit der ökonomischen Prozesse (die Gegenstand der Volkswirtschaftslehre ist) abhängt, sondern auch von dem Zweck, der in den verschiedenen Ländern der Ökonomie zugewiesen wird:

> The central idea that markets are embedded in larger sociopolitical systems underlies my interpretation of both political economy and international political economy. The government, powerful domestic interests, and historical experiences determine the purpose of the economy and establish the parameters within which the market (price mechanism) functions. (Gilpin 2001, 41)

In diesem Zitat werden die Grundzüge von Gilpins „realistischer" Theorie der Ökonomie deutlich: Die Eigengesetzlichkeit ökonomischer Prozesse wird zwar nicht geleugnet, aber doch erheblich relativiert, insofern die konkreten wirtschaftlichen Prozesse nur vom jeweiligen politischen und gesellschaftlichen Rahmen her verstanden werden können, der seinerseits im Zusammenspiel der mächtigen Akteure – Unternehmen, Gewerkschaften, internationale Organisationen und vor allem Regierungen – bestimmt wird.[328]

Dieser Rahmen kann aus Gilpins Sicht nicht auf der Grundlage der wirtschaftsliberalen Theorie verstanden werden. Der Wirtschaftsliberalismus interpretiert Institutionen als Ergebnis rationaler Wahlhandlungen der Individuen, die auf die Verbesserung der Effizienz

---

327 Die Ähnlichkeit zwischen beiden Autoren bezieht sich aber nur auf diesen grundsätzlichen Punkt. In der Anwendung des realistischen Ansatzes, der von der Eigennutzorientierung der Akteure ausgeht, ist Strange konsequenter als Gilpin, weil sie unterstellt, dass der Hegemon seine Macht nicht zugunsten des internationalen Gemeinwohls, sondern seines eigenen Nutzens einsetzt (aus der logischen Stringenz folgt aber noch nicht die Richtigkeit der Argumentation). Mit der Kritik der Verteilungsergebnisse des internationalen Wettbewerbs und der Forderung nach einer keynesianischen Weltwirtschaftspolitik weicht Strange hingegen vom Realismus (und von Gilpin) ab.

328 In der Anerkennung der Bedeutung nicht-staatlicher Akteure in den internationalen Beziehungen weicht Gilpin von den üblichen Annahmen des (Neo-)Realismus ab.

der Koordination zielen. Institutionen werden dort auf die Rationalität der Akteure, die sie schaffen, oder auf die List des Wettbewerbs (die ebenfalls als eine Form von Rationalität gedeutet wird) zurückgeführt (Gilpin 2001, 38f.). Das realistische Politikverständnis lehnt eine solche „rationale" Erklärung von Institutionen ab: Sie sind nicht Folge von Vereinbarungen, sondern von Interessenkonflikten; sie entstehen aus Machtkämpfen und Zufällen. Die Ineffizienz zahlreicher politischer Institutionen ist nach Gilpin ein Beleg dafür, dass ihre Herausbildung nicht von einer unsichtbaren Hand gesteuert worden sein kann (ebd.).

Damit ist der Unterschied zwischen der wirtschaftsliberalen und der realistischen Erklärung der Entstehung und Veränderung von Institutionen aber noch nicht hinreichend erklärt. Vielmehr kommt noch ein anderer entscheidender Punkt hinzu: Individuen und Staaten orientieren sich, wie Gilpin in Auseinandersetzung mit der wirtschaftsliberalen Theorie des Freihandels betont, nicht allein am absoluten, sondern auch (und maßgeblich) am relativen Gewinn.[329] Diese Bezeichnung ist etwas irreführend: Auch aus wirtschaftsliberaler Sicht richten Akteure ihre Handlungen nach dem zu erwartenden relativen Gewinn, weil sie ihn in Relation zum Aufwand setzen. Aus realistischer Sicht geht es den Akteuren jedoch nicht bloß um einen angemessenen (bzw. maximalen) Gewinn im Verhältnis zum Aufwand, sondern – zumal wenn es um Vereinbarungen zwischen Staaten geht – auch im Verhältnis zu dem Gewinn der *anderen Akteure.*

Diese Unterscheidung liegt offensichtlich auch Gilpins Definition von Ökonomie und Politik zugrunde. Ökonomie versteht er als Streben nach Wohlstand, Politik als Streben nach Macht.[330] Wohlstand definiert er als

> anything (capital, land, and labor) that can generate future income; it is composed of physical assets and human capital [...] (Gilpin 1975, 23)

Macht hingegen grenzt er mit Morgenthau als „man's control over the minds and actions of other men" ab.[331] Abgesehen davon, dass die Definition des Wohlstands zirkulär ist (da „future income" nichts anderes ist als „future wealth", lautet sie: „wealth is anything that can generate future wealth"), ist die Abgrenzung deshalb unpräzise, weil auch Wohlstand einem die Möglichkeit gibt, das Handeln anderer Menschen zu beeinflussen. Entscheidend ist wohl vielmehr, dass das Streben nach Wohlstand auf den Besitz von bzw. die Verfügung über Güter (Waren und Dienstleistungen) zielt, während Macht, wie Gilpin an gleicher Stelle betont, ein relationaler Begriff ist: Es geht nicht allein darum, das Denken und Handeln anderer beeinflussen zu können, sondern darum, dass man es in stärkerem Maße tun kann als andere Akteure. Die Ökonomie ist damit in Gilpins Verständnis definiert durch das Streben nach Wohlstand gemessen am bisherigen Besitz von Gütern; Politik hingegen ist das Streben nach Macht im Vergleich zu den Verfügungsmöglichkeiten anderer Akteure.

Gilpins grundsätzlicher Einwand gegen den Wirtschaftsliberalismus lautet somit, dass er die politische Dimension des Freihandels verkennt: Den Akteuren geht es bei der Aushandlung von Freihandelsabkommen nicht nur darum, ob sie im Vergleich zur Situation vor dem Abkommen besser gestellt werden, sondern auch, ob sie ihre Position im Vergleich zu

329 Gilpin (2001, 78f.). Die Unterscheidung von „absolute gains" und „relative gains" wird von (Neo-)Realisten in der US-amerikanischen IP-Debatte als wesentliches Argument gegen die Analyse der Kooperationsbereitschaft von Staaten im „neoliberal institutionalism" verwendet: Grieco (1988), Robert Powell (1991), Mearsheimer (1994/95, 12f. und 15-24).

330 Gilpin (1981, 9-11, mit Verweis auf sein Buch von 1975).

331 Morgenthau/Thompson (1985, 26), zitiert von Gilpin (1975, 24).

anderen beteiligten Akteure verbessern. Bei allen Vereinbarungen vergleichen die Akteure ihre Vor- und Nachteile miteinander und wollen eine bestimmte Vorstellung von Gleichheit bzw. Gerechtigkeit durchsetzen. Die verschiedenen Positionen, die den Freihandel befürworten oder kritisieren, sind deshalb aus dieser Sicht nicht bloß von akademischem Interesse, sondern liegen auch dem Streit über das Für und Wider des Freihandels in internationalen Verhandlungsprozessen zugrunde. Die Analyse der Paradigmen ist nicht nur eine theoretische Reflexion, sondern eine direkte Auseinandersetzung mit den intellektuellen Strömungen, die das Ringen um die Gestaltung der Welt(wirtschafts)ordnung prägen.

Zusammenfassung und Beurteilung von MNU, internationalen Finanzmärkten und Weltwirtschaftsordnung aus Sicht des Realismus/Neomerkantilismus

In der Auseinandersetzung mit Gilpins Konzept des analytischen Realismus wird der gemeinsame Kern der hier behandelten realistischen bzw. neomerkantilistischen Positionen deutlich. Auf den ersten Blick scheint die Gemeinsamkeit allein in der Diagnose eines Konflikts zwischen der Verwirklichung des Freihandels und der Durchsetzung nationaler Interessen zu bestehen. Dieses Interesse wird jedoch von allen Autoren anders verstanden: Bei Hamilton stehen die Sicherheit und die hart erkämpfte Unabhängigkeit der Vereinigten Staaten im Vordergrund; List geht es um die Entwicklung der nationalen Produktivkräfte als Teil der kulturellen Entwicklung einer Nation; Chang zielt auf die Förderung der Wettbewerbsfähigkeit von Entwicklungsländern; Seitz betont die Notwendigkeit einer aktiven Technologie- und Industriepolitik in Deutschland und der Europäischen Union, um die Führungsrolle im internationalen Technologiewettbewerb (der wesentlich zwischen den Ländern der Triade stattfindet) zu erringen.

Die Vielfalt dieser Positionen wirft die Frage auf, wie das nationalstaatliche Interesse, um das es dem Realismus bzw. Neomerkantilismus geht, überhaupt zu verstehen ist. Die Frage ist auch deshalb relevant, weil der Wirtschaftsliberalismus ebenfalls für sich beansprucht, den nationalen Interessen zu dienen. Gilpin gibt in seiner Unterscheidung von Politik und Ökonomie einen Hinweis, was das spezifische Merkmal des Realismus bzw. Neomerkantilismus ist: der „politische" Blick auf den Freihandel. Anders als im Wirtschaftsliberalismus geht es nicht um die Frage, ob der Freihandel den Wohlstand in einem Land fördert oder nicht, sondern wie er die Stellung dieses Landes im Vergleich zu anderen Ländern verändert. Wenn es um Machtpositionen und nicht um Wohlstandszuwachs geht, können nicht alle gleichermaßen vom Freihandel profitieren. Zwischen den Staaten kann es ein Konfliktverhältnis geben, eine Machtbalance oder ein Dominanzverhältnis mit einer Hegemonialmacht – eine Harmonie jedoch, wie sie der Wirtschaftsliberalismus postuliert, kann es aus dieser Perspektive nicht geben.

Das „realistische" der hier behandelten Theorien besteht also darin, anzuerkennen, dass die Akteure sich aneinander messen und ihre Position im Vergleich mit derjenigen anderer Akteure sichern oder verbessern wollen. Uneinigkeit herrscht zwischen den realistischen Positionen darüber, in welcher Hinsicht die Akteure ihre Position sichern oder verbessern wollen. An der Vielfalt der Vorstellungen, worin das nationale Interesse der Staaten besteht, zeigt sich, dass spätestens hier der Realismus aufhört und die Deutung der Realität beginnt.

Abschließend zu diesem Abschnitt soll noch die Beurteilung multinationaler Unternehmen, internationaler Finanzmärkte sowie der Weltwirtschaftsordnung aus der Sicht des

Realismus bzw. Neomerkantilismus skizziert werden. Sie kann kürzer behandelt werden als bei den anderen Paradigmen, weil sie weniger ausgearbeitet ist als in der Theorie des Wirtschaftsliberalismus oder des sozialstaatlichen Liberalismus. Dies wiederum dürfte daran liegen, dass Handel und Finanzmärkte weniger ökonomisch (mit Blick auf ihre Funktionsweise) als vielmehr politisch (mit Blick auf die Machtposition der Staaten) beurteilt werden, so dass den Besonderheiten der real- und finanzwirtschaftlichen Ebene eine geringere Bedeutung beigemessen werden.

Die internationalen Investitionen von *MNU* werden grundsätzlich skeptisch beurteilt. Anders als sozialstaatliche Liberale und Strukturalisten, die (wie im folgenden Abschnitt deutlich werden wird) den Nachteil vor allem auf Seiten der Empfängerländer sehen, können aus der Sicht von Realisten und Neomerkantilisten beide Seiten, Empfänger- und Ursprungsländer, gravierende Nachteile haben: In den Empfängerländern kommt es zwar zu einem Zufluss an Kapital und eventuell zur Schaffung von Arbeitsplätzen (wenn nicht nur ein bereits bestehendes Unternehmen übernommen wird), doch die Steuerung der Investitionen erfolgt von ausländischen Unternehmen, die die Investition jederzeit verlagern können. Ursprungsländer wiederum können, sofern es sich bei der ausländischen Investition um eine Produktionsverlagerung handelt, Arbeitsplätze und Steuereinnahmen verlieren. US-amerikanische Realisten wie Gilpin (1975) betonen darüber hinaus die Abhängigkeit der MNU von der Fähigkeit der Hegemonialmacht, die Regeln des freien Wettbewerbs und die Mobilität des Kapitals durchzusetzen, wozu auch die Fähigkeit gehört, in Entwicklungsländern die Enteignung ausländischer Investoren zu verhindern (die freilich in den siebziger Jahren ein aktuelleres Thema war als in der derzeitigen Situation). Verliert der Hegemon seine dominierende Stellung – hier kommt wiederum die bereits mehrfach erwähnte Sorge US-amerikanischer Realisten ins Spiel – so wird er die Investitionsaktivitäten der MNU nicht mehr hinreichend schützen können.

Die internationalen *Finanzmärkte* werden von Realisten in ökonomischer Hinsicht ähnlich kritisch beurteilt wie von Keynesianern. So sieht z. B. Gilpin (2000; 2001) sowohl das System der flexiblen Wechselkurse als auch die sehr weitgehende Liberalisierung der internationalen Finanzmärkte kritisch, weil sie zu einer hohen Volatilität der Märkte führen, die ihrerseits bedeutende volkswirtschaftliche Kosten verursacht. Der Schwerpunkt der realistischen Sicht auf die Finanzmärkte liegt jedoch auf den politischen Aspekten: einerseits den Schwierigkeiten der Koordination der Wirtschaftspolitik zwischen den nationalen Regierungen in der Anarchie, andererseits der Wirkung der Volatilität der Märkte auf die Innenpolitik (z. B. die Akzeptanz offener Märkte bei der Mehrheit der Wähler).

Gilpin unterscheidet in seiner Analyse zwischen der Währungs- und der Finanzpolitik.[332] Im Bereich der Währungspolitik sieht er hinter der Einführung des Euro einen weltweiten Trend der Regierungen, auf die Nachteile der Wechselkursschwankungen mit dem Versuch der Stabilisierung der Kurse zu reagieren. So wie es im Handel durch die Vereinbarung regionaler Freihandelszonen zur Herausbildung von Handelsblöcken kommen kann, die in einem neomerkantilistischen Konfliktverhältnis zueinander stehen, so sieht er im Bereich der Währung die Gefahr der Entstehung dreier Währungsblöcke, die sich um den

332 Internationale Währungspolitik befasst sich mit der Gestaltung der Wechselkurse; die zentrale Frage in der IPÖ lautet, ob das derzeitige System der flexiblen Wechselkurse vorteilhaft ist und welche Alternativen es zu diesem System gibt. Internationale Finanzpolitik befasst sich mit grenzüberschreitenden Finanztransaktionen (Anlagen, Kreditvergabe usw.); die zentralen Probleme sind zum einen die hohe Verschuldung von Entwicklungsländern, zum anderen die Krisenanfälligkeit der Finanzmärkte (siehe Gilpin 2001, Kapitel 9 und 10; zur Einführung: Balaam/Veseth 2008, Kapitel 7 und 8).

Euro, den Dollar und den Yen herum bilden und gegeneinander arbeiten (Gilpin 2001, 259f.). Diese Gefahr lässt sich nur abwenden, wenn eine Nation oder eine Gruppe von Nationen die Führungsrolle übernimmt und die internationale Koordinierung der Währungspolitik zwischen diesen Blöcken fördert.

Ähnlich lautet das Urteil über die fehlende Regulierung der internationalen Finanzmärkte. Unregulierte Finanzmärkte führen regelmäßig zu irrationalen Überhitzungen („Manien"),[333] auf die dann eine „Panik" und damit verbunden ein „Crash" folgt.[334] Aufgrund dieser Tendenz zur Irrationalität sind für Gilpin wie für Kindleberger (und im Übrigen auch für Keynes, obwohl er einem anderen Paradigma zuzurechnen ist) Finanzkrisen ein inhärentes Problem des Kapitalismus (Gilpin 2001, 266). Sie können nur durch eine Stärkung der Rolle des IWF vermieden werden, die ebenfalls nur zu erreichen ist, wenn eine Nation die internationale Führungsrolle übernimmt (ebd., 273-277).

Die Skepsis in der Beurteilung der Finanzmärkte zeigt sich in ähnlicher Weise in Bezug auf die *WTO*. Hier konfligieren unter Realisten zwei Urteile miteinander, die beide davon ausgehen, dass die internationale Handelspolitik von Machtkämpfen geprägt ist:

- Auf der einen Seite wird die WTO als Kartell der mächtigen Staaten, allen voran der Vereinigten Staaten und der Europäischen Union, gesehen, dessen Zweck die Öffnung der Weltmärkte für diese Staaten ist. Aus dieser Sicht ist die WTO eine durchaus handlungsfähige Organisation, die jedoch nicht dem Wohl aller Mitgliedstaaten, sondern nur dem der mächtigsten Mitglieder dient (z. B. Chang 2002).
- Auf der anderen Seite wird die Handlungsfähigkeit der WTO angezweifelt (z. B. Gilpin 2001, 221-233): Da die Durchsetzung des Freihandels ein öffentliches Gut ist, fehlt es an der Bereitschaft der Mitgliedstaaten, die WTO mit hinreichenden Befugnissen und finanziellen Mitteln auszustatten, so dass sie eine effektive Welthandelspolitik betreiben könnte.

Aus der Rivalität der Staaten in der internationalen Politik kann man also entweder die Instrumentalisierung der WTO durch die starken Staaten oder die Schwäche der WTO wegen eines fehlenden Engagements der Mitglieder ableiten. Die Vertreter beider Sichtweisen führen jeweils als empirischen „Beleg" die Funktionsmängel im WTO-System an, doch können sie (da sie sich logisch einander ausschließen) nicht beide gelten. Hier zeigt sich wiederum, dass der Realismus mit dem Anspruch, die wirklichen Kräfte aufzuzeigen, die die internationale Politik bewegen, zu einer Auseinandersetzung mit verschiedenen Deutungen der Realität genötigt ist. Die Realität als einen Machtkampf zu deuten, erklärt eben noch gar nichts: Die entscheidende Frage lautet, welche politischen Vorstellungen in einem Machtkampf miteinander kollidieren.

---

333 Im folgenden Abschnitt wird bei der Diskussion der keynesianischen Theorie der Finanzmärkte deutlich werden, dass diese Überhitzungen nicht die Folge irrationalen Verhaltens, sondern individuell-rationaler Anlageentscheidungen sind (siehe unten, S. 146).

334 Gilpin (2001, 264-266) bezieht sich in seiner Analyse auf Kindleberger (1973; 2001). Für eine Zusammenfassung der verschiedenen Phasen von Finanzkrisen nach Kindleberger siehe Balaam/Veseth (2008, 157f.).

3.2.2.2 Sozialstaatliche Liberale und Strukturalisten

Sozialstaatliche Liberale und Strukturalisten kritisieren wie Realisten, dass die Vision einer Harmonie der Interessen im freien Wettbewerb weltfremd sei, weil er nur den Erfolgreichen diene und zu wirtschaftlicher und sozialer Ungleichheit (und damit auch zu politischen Konflikten) führt. Doch während aus realistischer Sicht diese Konflikte auf der internationalen Ebene aufgrund der Situation der Anarchie nicht vermeidbar sind, gehen sozialstaatliche Liberale und Strukturalisten davon aus, dass es prinzipiell möglich ist, die Ungleichheit zu reduzieren.

Die „linke" Kritik am Freihandel unterteilt sich in eine Vielzahl unterschiedlicher Positionen, die von der Forderung nach konjunkturpolitischen Eingriffen im Fall einer Rezession und nach staatlicher Regulierung einzelner Branchen bis zur neomarxistischen Forderung nach revolutionärer Überwindung der Marktwirtschaft reichen. Die Gemeinsamkeit dieser Positionen liegt in der Einschätzung, dass der freie, unregulierte Wettbewerb zu einer nicht hinnehmbaren wirtschaftlichen und sozialen Ungleichheit führt, und dass der Politik die Aufgabe zukommt, mehr Gleichheit durchzusetzen. Der entscheidende Unterschied zwischen sozialstaatlichen Liberalen und Strukturalisten liegt darin, dass liberale Kritiker des freien Wettbewerbs ihn als grundsätzlich regulierbar einschätzen, während strukturalistische Kritiker ihn aus grundsätzlichen Erwägungen ablehnen oder die Privatinitiative so weitgehend regulieren wollen, dass der Wettbewerb faktisch aufgehoben wird. Die Grenze zwischen beiden Richtungen der „linken" Kritik ist jedoch fließend, weil sich schwer bestimmen lässt, an welchem Punkt eine staatliche Regulierung die private Initiative so stark einschnürt, dass der Wettbewerb faktisch aufgehoben wird. Deshalb soll die Kritik des freien Wettbewerbs durch diese beiden Positionen hier in einem gemeinsamen Abschnitt behandelt werden.[335]

Wie schon im Abschnitt über den Wirtschaftsliberalismus, wird zunächst die grundsätzliche Haltung zum globalen Freihandel erläutert, bevor auf die Besonderheiten der Einschätzung von MNU, internationalen Finanzmärkten und der Weltwirtschaftsordnung eingegangen wird. Da sozialstaatliche Liberale und Strukturalisten die Bedeutung internationaler Akteure hervorheben, kommt der Beurteilung von MNU und internationalen Organisationen hier wieder eine größere Bedeutung zu als zuvor im Abschnitt über den Realismus bzw. Neomerkantilismus.

Allgemeine Kritik des Freihandels

Die Kritik von sozialstaatlichen Liberalen und Strukturalisten am Freihandel setzt – wie auch diejenige von Realisten – an der zentralen wirtschaftsliberalen Handelstheorie an: der Theorie der komparativen Kostenvorteile. Gegen die Grundaussage dieser Theorie, dass bei freiem internationalen Wettbewerb jedes Land sich auf die Produktion des Produkts spezialisiert, das es (relativ) am besten produzieren kann, wird in Feld geführt, dass:

335 Die fließende Grenze zwischen sozialstaatlichem Liberalismus und Strukturalismus führt dazu, dass die Zuordnung von Autoren zu einer der beiden Richtungen gelegentlich schwierig ist – so z. B. bei den Beiträgen in Brühl (Hg., 2001) oder in dem von Mander/Goldsmith herausgegebenen „Schwarzbuch Globalisierung" (2002).

1. der Wettbewerb nicht automatisch zu einem Gleichgewicht führt, weil die Tendenz zum Gleichgewicht
   a. allgemein zwar besteht, aber durch Marktversagen oder Wettbewerbsverzerrungen gestört wird, oder
   b. oft nicht besteht, so dass der Ausgleich der Interessen durch staatliche Interventionen in den Wettbewerb sichergestellt werden muss, oder
   c. grundsätzlich nicht besteht, weil eine auf Privatindustrie beruhende Wirtschaft notwendig zu einem Kampf zwischen Besitzenden und Besitzlosen führt und jede Regulierung des Wettbewerbs nur den herrschenden Kapitalisten zugutekommt;[336]
2. die wirtschaftsliberale Sicht Verteilungswirkungen des Wettbewerbs systematisch vernachlässigt,
3. im Wirtschaftsliberalismus alle gesellschaftlichen Ebenen dem ökonomischen Prinzip unterworfen werden.

Diese Kritikpunkte sollen im Folgenden anhand einzelner beispielhaft ausgewählter Autoren erläutert werden.

(1.a) Die mildeste Kritik am Wirtschaftsliberalismus, die zugleich dem rechtsstaatlichen Liberalismus am nächsten steht, stellt das Ziel, ein gesamtwirtschaftliches Gleichgewicht über den Wettbewerb zu erreichen, nicht in Frage, sondern betont, dass das Gleichgewicht nur dann realisiert werden kann, wenn der Staat durch Eingriff in die Marktprozesse bestimmte Voraussetzungen erfüllt. Mit Bezug auf den internationalen Handel wird diese Position unter anderem von Joseph Stiglitz vertreten, der für seine Arbeiten über das Versagen von Märkten bei Informationsmängeln mit dem Nobelpreis für Wirtschaftswissenschaften ausgezeichnet wurde und nach seiner dreijährigen Tätigkeit als Chefvolkswirt der Weltbank (Februar 1997 – Januar 2000) eine harte Kritik der Politik des IWF und der WTO verfasste.[337] Im Mittelpunkt seiner Kritik stehen die Bedingungen, unter denen der IWF Kredite an Länder vergibt, die aufgrund von Liquiditätsproblemen in eine finanzielle Krise geraten sind. Diese Bedingungen sind als „Konsens von Washington" bekannt und umfassen insbesondere eine rigide Sparpolitik der öffentlichen Haushalte, eine zügige Privatisierung von Staatsbetrieben und eine weitreichende Liberalisierung der Märkte (auch für ausländische Produkte und Investitionen).[338] Der IWF will mit diesen Maßnahmen die Privatinitiative und den Wettbewerb fördern, damit die Wachstumspotentiale der entsprechenden Länder genutzt werden und auf diesem Weg die Krise überwunden wird.

Stiglitz zeigt an einer Vielzahl von Beispielen, dass der IWF bei der Durchsetzung dieser wirtschaftspolitischen Reformen in Entwicklungs- und Transformationsländern unterstellt, dass grundsätzlich die private Initiative dem staatlichen Handeln überlegen ist und der Rückzug des Staates aus einem Tätigkeitsbereich automatisch dazu führt, dass das entsprechende Angebot von Privaten übernommen wird (sofern es eine effektive Nachfrage gibt). Dies sei aber aus verschiedenen Gründen nicht der Fall:

336 Aus marxistischer Sicht führen Reformen und Regulierungen des Wettbewerbs nur dazu, dass der Klassenkampf gemildert und damit das Ausbeutungssystem stabilisiert wird. Dem Arbeiter geht es demzufolge im Kapitalismus immer schlecht, auch wenn es ihm scheinbar besser geht; auf diese Weise schützt sich der Marxismus vor der empirischen Widerlegung.

337 „Globalization and its Discontents", hier zitiert nach der deutschen Ausgabe: „Die Schatten der Globalisierung" (2002).

338 Zum „Konsens von Washington" siehe Stiglitz (2002, Kapitel 3) und Enquete-Kommission (2002, 74).

- Erstens führt der Rückzug des Staates gerade in Entwicklungsländern nicht automatisch dazu, dass die entsprechende Leistung aus privater Initiative erbracht wird. Unternehmerische Initiative setzt voraus, dass die Menschen über das notwendige Startkapital und über Bildung verfügen; beide Bedingungen sind in den betreffenden Ländern oft nicht hinreichend erfüllt. Ein anschauliches Beispiel für die möglichen Folgen des Rückzugs des Staates aus einer Tätigkeit ist die Abschaffung der staatlichen Vertriebskommissionen für landwirtschaftliche Produkte, die in vielen Entwicklungsländern die Erzeugnisse der Bauern kaufen, um sie im In- und Ausland zu vermarkten (Stiglitz 2002, 95f.). Der IWF hatte die Abschaffung dieser Kommissionen in mehreren westafrikanischen Staaten durchgesetzt, weil sie (wohl zu Recht) als ineffizient und korrupt eingeschätzt wurden; ein Hauptproblem bestand darin, dass die Erzeuger nur einen Bruchteil des Endpreises der Produkte erhielten. Der Rückzug des Staates führte indes zu einer dramatischen Verschlechterung der Situation gerade für die Bauern: Da es in den entsprechenden Regionen kaum Banken gibt, die Kredite zur Unterstützung der Gründung von Fuhrunternehmen bereitstellen, wurde die entstandene Lücke von den wenigen Bauern geschlossen, die über Lastwagen verfügten; dadurch entstanden lokale Transportmonopole, die „zur Domäne der örtlichen Mafia" wurden (ebd., 96). In diesem Beispiel hätte der Rückzug des Staates folglich mit einer gezielten Förderung der Gründung privater Fuhrunternehmen einhergehen müssen. In diesem wie in zahlreichen anderen von Stiglitz aufgeführten Beispielfällen erweisen sich Korruption, unzureichende Bildung und die mangelnde Verfügbarkeit von Kapital als entscheidende Hemmnisse für die Funktionsfähigkeit des freien Wettbewerbs.[339]
- Zweitens muss im Falle des Rückzugs des Staates sichergestellt werden, dass die neu entstehenden Märkte allen potentiellen Anbietern offen stehen und die Prinzipien des Rechts und der Chancengleichheit respektiert werden. Stiglitz betont insbesondere die Notwendigkeit einer staatlichen Aufsicht zur Verhinderung der Entstehung korrupter und mafioser Strukturen; das wird am Beispiel der Privatisierungspolitik in Russland besonders deutlich: Der IWF hat dort eher die Entstehung der russischen Mafia als die Herausbildung einer Marktwirtschaft gefördert (Stiglitz 2002, Kapitel 5).
- Drittens bestreitet Stiglitz, dass – wenn denn funktionierende Märkte entstehen und es zu Wachstumsimpulsen kommt – dieses Wachstum allen Bevölkerungsschichten zugute kommt. Gegen die „trickle-down-Theorie" (siehe oben, Fußnote 267) hält Stiglitz die Erfahrung, dass ein vom freien Wettbewerb hervorgerufenes Wachstum gerade in Entwicklungsländern häufig zu einer Verschärfung sozialer Ungleichheiten führt (Stiglitz 2002, 99-101).[340] Nach Stiglitz' Darstellung hält der IWF auch eine Verschlechterung der sozialen Lage der untersten Schichten im Zuge von wirtschaftlichen Reformen für hinnehmbar, sofern sie vorübergehend ist und sozusagen die

339 Die mangelnde Verfügbarkeit von Kapital beruht ökonomisch gesehen zu einem wesentlichen Teil auf einem Informationsproblem. Banken richten sich bei der Vergabe von Krediten und der Festlegung von Zinsen unter anderem nach dem Ausfallrisiko, dass in unterentwickelten Regionen zumal bei Unternehmensgründern (mit vermutlich niedriger beruflicher Qualifikation) besonders hoch ist. Wenn Banken in dieser Situation mit der Vergabe von Krediten zurückhaltend sind, so ist das Verhalten aus ökonomischer Sicht individuell rational, gesamtwirtschaftlich jedoch problematisch. Zu den Schwierigkeiten kleiner Unternehmen in Entwicklungsländern, Fremdkapital zu beschaffen: Enquete-Kommission (2002, 85f.), Weltbank (2002, 44-51).

340 Stiglitz' Kritik trifft nicht ganz den Punkt der „trickle-down-Theorie": Dieser Theorie zufolge ist die Ungleichheit zwischen den sozialen Schichten unerheblich; entscheidend ist allein, ob es den untersten Schichten nach den Reformen besser geht als zuvor.

Schmerzen des Reformprozesses darstellt. Diese Katharsis-Theorie sei weltfremd, weil sie die politischen und sozialen Rückwirkungen ökonomischer Reformen vernachlässigt. So habe der IWF wiederholt von Ländern, die sich in einer Finanzkrise befanden, den Abbau von Nahrungsmittelsubventionen gefordert, wodurch es zu Ausschreitungen kam und die durch die Krise verursachte Verarmung des Mittelstandes noch beschleunigt wurde. Die dadurch entstehende politische Instabilität hat marktwirtschaftlichen Reformen im Ergebnis geschadet und wäre mit einer adäquaten Sozialpolitik vermeidbar gewesen (ebd., z. B. 51).[341]

- Viertens sind Finanzkrisen aus der Sicht von Stiglitz nicht nur Folge schlechter Wirtschaftspolitik, sondern werden auch durch Funktionsstörungen auf Märkten (konjunkturelle Entwicklung der Realwirtschaft, „Blasen" auf Finanzmärkten) hervorgerufen. Die Kreditvergabekonditionen des „Washington Consensus" gehen hingegen davon aus, dass Wirtschaftskrisen regelmäßig auf schlechte Wirtschaftspolitik zurückzuführen sind. Aus Sicht des IWF wird eine Krise nur überwunden, wenn ausländische Investoren Vertrauen in die Wirtschaftspolitik zurückgewinnen; Voraussetzung dafür ist insbesondere eine rigide Sparpolitik. Aus Stiglitz' (keynesianischer) Sicht ist dies im Fall von konjunkturellen Problemen die falsche Antwort, weil eine solche Sparpolitik das wirtschaftliche Wachstum hemmt und der Staat vielmehr die Konjunktur „ankurbeln" müsse (ebd., 53).

Der zentrale Unterschied zwischen der in diesen vier Kritikpunkten deutlich werdenden sozialstaatlich-liberalen Position und dem Wirtschaftsliberalismus liegt im Verständnis des Wettbewerbs, der für Stiglitz ein Mechanismus, aber eben kein Automatismus ist. Aus Sicht des Wirtschaftsliberalismus dient der Wettbewerb der Koordination der individuellen Interessen, die der einzig legitime Maßstab zur Beurteilung von Marktleistungen sind.[342] Auf der gesellschaftlichen und politischen Ebene lässt sich nur beurteilen, ob bestimmte Grundregeln der Koordination (Eigentumsrechte, Wettbewerbsregeln) eingehalten werden, nicht aber, ob die Marktergebnisse wünschenswert sind. Jeder Versuch, die Ergebnisse des Wettbewerbs zu beurteilen, wird als „Anmaßung von Wissen" kritisiert (z. B. von Hayek 1975, 15), d. h. als Unterstellung, dass man besser als die Marktteilnehmer wisse, was für sie „gut" sei.

Diese Sicht setzt voraus, dass der Wettbewerb funktioniert, sofern die Marktteilnehmer die Wettbewerbsregeln respektieren. Stiglitz' Ansatz ist demgegenüber einer Wettbewerbskonzeption zuzuordnen, derzufolge Märkte eine Reihe von Fehlfunktionen aufweisen können (sogenanntes Marktversagen[343]); diese Fehlfunktionen können nur aufgrund einer

341 Einen Überblick über die Kritik am IWF gibt Isard (2005, 106f.).

342 Dem radikalen Wirtschaftsliberalismus entspricht in der Wettbewerbstheorie das Konzept der Chicagoer Schule, das wettbewerbspolitische Eingriffe für weitestgehend unnötig hält und im Staat die eigentliche Gefährdung des Wettbewerbs sieht (z. B. Posner 1976, Bork 1978). Das wettbewerbstheoretische Pendant zum gemäßigten Wirtschaftsliberalismus ist das Konzept der Wettbewerbsfreiheit, das die Kontrolle des Wettbewerbs allein auf die Ebene der Verhaltensregeln beschränken will. Dem Staat wird eine Art Schiedsrichterfunktion zugedacht, in der er die Einhaltung von „Spielregeln" überwacht, ansonsten aber die „Spielzüge" und die Marktergebnisse nicht beurteilt.

343 Für eine Einführung in die Theorie des Marktversagens siehe Fritsch/Wein/Ewers (2005); die Autoren vertreten jedoch im Unterschied zu Stiglitz eine dezidiert wirtschaftsliberale Sicht und sind sowohl gegenüber der Notwendigkeit, Marktversagen zu korrigieren, als auch gegenüber der Möglichkeit, dies durch staatliche Eingriffe zu erreichen, skeptisch.

Vorstellung der wünschenswerten Marktergebnisse festgestellt werden.[344] In der Wettbewerbstheorie wird gelegentlich davon gesprochen, dass dieses Wettbewerbsverständnis „instrumentell" sei, während im Wirtschaftsliberalismus der Wettbewerb einen Zweck an sich habe. Das ist insofern ungenau, als in beiden Fällen der Wettbewerb übergeordneten Zwecken dient, doch im Wirtschaftsliberalismus können die Zwecke allein von den Individuen bestimmt werden, während der sozialstaatliche Liberalismus aufbauend auf der Theorie des funktionsfähigen Wettbewerbs davon ausgeht, dass es über die individuellen Zwecke hinaus gesellschaftlich wünschenswerte Zwecke gibt, die im politischen Prozess definiert werden. Die Politik hat somit gegenüber der Ökonomie über die Festsetzung und Durchsetzung von Regeln hinaus eine regulative Funktion, die dem demokratischen Prozess (in dem über die Kriterien zum Eingriff in den Wettbewerb entschieden wird) eine wesentlich größere Bedeutung zukommen lässt, als dies im Wirtschaftsliberalismus oder im rechtsstaatlichen Liberalismus der Fall ist.

Dieses Verständnis des Wettbewerbs findet auf der makroökonomischen Ebene seine Entsprechung in der Forderung nach konjunktur- und sozialpolitischen Maßnahmen zur Stabilisierung der wirtschaftlichen und sozialen Entwicklung. Zur Durchsetzung dieser Maßnahmen schlägt er in seinem jüngsten Buch „Die Chancen der Globalisierung" (2006) einen umfassenden globalen Gesellschaftsvertrag vor, der die Armut reduzieren, das internationale Wirtschaftssystem fairer und krisensicherer machen und die Umweltverschmutzung reduzieren soll. Bei seinen Vorschlägen geht Stiglitz davon aus, dass eine rein regelorientierte Politik unzureichend ist, doch das Ziel der Politik ist immer die Unterstützung des Wettbewerbs, an dessen grundsätzlicher Tendenz zum Gleichgewicht er keinen Zweifel hegt.

(1.b) Diese Annahme einer grundsätzlichen Tendenz von Marktprozessen zum Gleichgewicht unterscheidet Stiglitz von derjenigen Variante des sozialstaatlichen Liberalismus, die diese Tendenz in Frage stellt und daraus eine wesentlich weitergehende Notwendigkeit zur Regulierung von Marktprozessen ableitet, ohne jedoch (wie der Strukturalismus bzw. Neomarxismus) die Abschaffung des Privateigentums und damit die Unterbindung jeglicher privater Initiative zu fordern. Ein besonders prägnanter Vertreter dieser Sicht ist der schwedische Wirtschaftswissenschaftler und sozialdemokratische Politiker Gunnar Myrdal, der sich (aufbauend auf Wicksell und Keynes) vor allem in den fünfziger und sechziger Jahren mit Fragen der internationalen Handelspolitik und der Wirtschaftspolitik in Entwicklungsländern befasst hat (vgl. Myrdal 1958; 1970; 1974; die folgenden Angaben beziehen sich auf den Band von 1974).

Myrdals zentrales Anliegen ist der Nachweis, dass die freie Marktwirtschaft bestehende Ungleichgewichte zwischen Regionen (national wie international) verstärkt und damit wirtschaftliche und soziale Ungleichheiten fördert. Dem neoklassischen Modell eines zum Gleichgewicht führenden Wettbewerbs stellt er das Modell der „kumulativen Verursachung" (Myrdal 1974, 34) entgegen, das er an einem einfachen Beispiel illustriert (ebd., 35). Angenommen, in einer Gemeinde brennt eine Fabrik ab, die vielen Menschen aus der

344 Dies entspricht in der Wettbewerbstheorie der „Theorie des funktionsfähigen Wettbewerbs", in der Marktergebnisse anhand bestimmter Kriterien beurteilt werden wie der Verbesserung der Ressourcenallokation, der leistungsgerechten Entlohnung der Produktionsfaktoren und der Intensität des technischen Fortschritts (Kantzenbach 1967, 16-19). Diese Kriterien sollen sowohl bei der Entscheidung über die Regulierung von Märkten als auch bei der Anwendung des Kartellrechts durch die Wettbewerbsbehörden angewandt werden (Kantzenbach/Kallfass 1981 und Mantzavinos 1994, 23-41 u. 96-114).

Region den Arbeitsplatz sichert, und „es wird klar, dass es keinen Zweck hat, sie an diesem Ort wieder aufzubauen“ (ebd.), so kommt es in der Gemeinde zu einer hohen Arbeitslosigkeit. Dies leitet einen Abwärtstrend ein: Das sinkende Einkommen führt zu einem Konsumrückgang und zu sinkenden Steuereinnahmen; dadurch gehen weitere Arbeitsplätze im Handels- und Dienstleistungsgewerbe verloren und die notwendigen öffentlichen Investitionen, die auch eine Voraussetzung dafür sind, neue Unternehmen anzusiedeln, unterbleiben. „Ein Prozess zirkulärer Verursachung ist somit in Gang gesetzt, dessen kumulative Effekte im Sinne des *circulus vitiosus* sichtbar werden.“ (Ebd., Hervorhebung im Original.) Während im neoklassischen Gleichgewichtsmodell in einer solchen Situation sinkende Faktorpreise dazu führen, dass Investitionen sich wieder lohnen und die Abwärtsbewegung gestoppt wird, geht Myrdal davon aus, dass die Marktkräfte sich gegenseitig verstärken und die Situation solange verschlechtern, bis der Staat eingreift und den Trend umkehrt. Zu einer ähnlichen gegenseitigen Verstärkung der Marktkräfte kommt es, wenn der Ausgangseffekt positiv (wachstumsinduzierend) ist; in diesem Fall kommt es zu einer kontinuierlichen Aufwärtsbewegung (ebd., 36).

In der wirtschaftsliberalen Theorie führen der Handel und die Mobilität von Produktionsfaktoren zu einem Ausgleich der Wachstumseffekte zwischen den Regionen (gemäß der Theorie der komparativen Kostenvorteile). Nach Myrdal hat dieser Austausch zwischen Regionen im Regelfall die gegenteilige Wirkung. Er unterscheidet zwei Effekte:

- Zum einen ziehen wachsende Regionen die produktivsten Ressourcen aus Regionen im Niedergang ab. Durch diese „Kontereffekte“ kommt es zu einer Verschärfung der Ungleichheit (38f.).
- Zum anderen wirkt die wirtschaftliche Expansion einer wachsenden Region über diese hinaus; diese „Ausbreitungseffekte“ führen zu einer Angleichung der wirtschaftlichen Entwicklung zwischen den Wachstumszentren und den angrenzenden Regionen (41f.).

Zwischen allen Regionen wirken stets beide Effekte, so dass es für ihre wirtschaftliche Entwicklung entscheidend ist, welcher der beiden Effekte dominiert. Myrdal unterscheidet bei der Einschätzung des Verhältnisses der beiden Effekte zwischen der nationalen und der internationalen Ebene:

- Auf der nationalen Ebene hängt die Entwicklung vom Wohlstandsniveau des jeweiligen Landes ab: In reichen Ländern hat der Staat die Möglichkeit, rückständige Regionen zu unterstützen; dank einer „egalitären Politik“ (48) dominieren die Ausbreitungseffekte über die Kontereffekte. In armen Ländern hingegen fehlen die Mittel für eine solche Politik, so dass die Kontereffekte stärker sind.
- Auf der internationalen Ebene fehlt es zwischen armen und reichen Ländern an einer internationalen Organisation, die sich für eine aktive Entwicklungspolitik einsetzt und eine Umverteilung des Wohlstandes betreibt; deshalb dominieren hier die Kontereffekte.

Die Besonderheit der internationalen Ebene liegt somit darin, dass dort die gravierendsten Ungleichheiten auftreten: Die Entwicklungsländer sind aus Myrdals Sicht die größten Verlierer des internationalen Freihandels. Der Teufelskreis, in dem sie sich befinden, lässt sich aus seiner Sicht nur mit einer Verknüpfung von nationalen und internationalen Regulierungsmaßnahmen durchbrechen. Auf der nationalen Ebene bedürfen unterentwickelte Länder einer „nationale[n] wirtschaftliche[n] Entwicklungspolitik" (83), die mittels staatlicher Planung der Investitionen die Wirtschaftskraft gezielt steigert (84). Neben Investitionen in Sachkapital kommt der Verbesserung des Bildungssystems eine erhebliche Bedeutung zu (100). Der wesentliche Unterschied zwischen diesen Vorschlägen und einer sozialistischen Planung liegt darin, dass Myrdal die private Initiative nicht ersetzen, sondern fördern will: Das Ziel ist es, einen „aufwärtsgerichtete[n] kumulative[n] Prozess" einzuleiten (83).[345] In der Handelspolitik soll die Planung durch protektionistische Maßnahmen ergänzt werden, die ähnlich wie bei Hamilton und List im Entstehen befindliche Industrien vor ausländischer Konkurrenz schützen sollen (97).

Anders als im Neomerkantilismus wird hier davon ausgegangen, dass solche nationalen Maßnahmen für sich genommen nicht ausreichen und um eine internationale Wirtschaftspolitik ergänzt werden müssen. Auf der internationalen Ebene muss der Entwicklungsprozess von den Industrieländern unterstützt werden, und zwar erstens durch die Aufhebung der protektionistischen Regelungen, die für die Entwicklungsländer besonders schädlich sind (vor allem im Agrarbereich; 188) und zweitens durch eine umfassendere und effektivere Entwicklungshilfe (188f.). Im Prinzip wäre für eine wirksame globale Umverteilungspolitik ein „Weltstaat" erforderlich (69f.); da ein solcher aber auf absehbare Zeit nicht durchzusetzen ist, sieht Myrdal die Einrichtung einer entsprechenden Unterorganisation bei den Vereinten Nationen als Zwischenlösung an.[346]

Wenngleich die konkreten politischen Vorschläge von Myrdal von den Diskussionen der fünfziger und sechziger Jahre geprägt sind, ist sein grundsätzlicher Einwand gegen die Freihandelstheorie weiterhin interessant, weil seine Position den fließenden Übergang vom sozialstaatlichen Liberalismus zum Strukturalismus verdeutlicht. Myrdal plädiert für eine Art Planwirtschaft mit Privatinitiative, bei der die Planung in Regionen, die von einer Krise betroffen sind, den Trend umkehren und Investitionen fördern soll. Die Planung tritt dabei nicht wie in einer sozialistischen Zentralverwaltungswirtschaft an die Stelle des Wettbewerbs, sondern soll den Wettbewerb steuern. Außerdem verdeutlicht Myrdals Einwand gegen den Wirtschaftsliberalismus, dass dessen These einer Gleichgewichtstendenz auf freien Märkten nicht notwendig zutrifft. Marktkräfte können grundsätzlich in zwei Richtungen wirken: zum Gleichgewicht hin und vom Gleichgewicht weg. Die Frage ist somit, unter welchen Bedingungen der Wettbewerbsmechanismus zum Gleichgewicht hinführt. Myrdal belässt es aber leider dabei, den Wirtschaftsliberalismus mit der Behauptung des Gegenteils zu konfrontieren, denn entgegen seinem Anspruch wird die Ursache des Aufstiegs und des Niedergangs von Regionen nicht wirklich benannt. In dem oben genannten Beispiel der Abwärtsbewegung einer Region durch den Brand in einer Fabrik nimmt er – fast beiläufig – an, dass es sich nach dem Brand in der Fabrik nicht lohnt, sie an demselben Ort wieder aufzubauen und erläutert ausführlich den dadurch einsetzenden Teufelskreis. Die

345 Die starke Betonung der staatlichen Planung ist sicherlich zeitbedingt: Die erste Auflage des englischen Originals erschien unter dem Titel „Economic Theory and Underdeveloped Regions" im Jahr 1956; die wirtschaftspolitische Diskussion in Westeuropa war in den fünfziger und sechziger Jahre von einer euphorischen Einschätzung der Möglichkeiten staatlicher Planung und Steuerung gekennzeichnet (vgl. z. B. die „planification" in Frankreich). Erst seit der Mitte der siebziger Jahre kam es zu einer Renaissance des Wirtschaftsliberalismus.

346 Myrdal hat hier die Diskussion uber den „Special United Nations Fund for Economic Development" Anfang und Mitte der fünfziger Jahre im Blick, der jedoch nie errichtet wurde (1974, 71; die erste Auflage des Bandes erschien 1956). Erst in den sechziger Jahren kam es zur Gründung der UNCTAD (1964) und des UNDP (1965), in den der 1958 errichtete „United Nations Special Fund" (UNSF) aufging (siehe Opitz 2002, 156 und 170). Die UNCTAD wird von Myrdal in einem anderen Band als Misserfolg kritisiert (1970, 179-183).

eigentlich interessante Frage ist aber doch, *warum* sich der Wiederaufbau der Fabrik nicht lohnt. Der Brand hat doch offensichtlich nur ein längst vorhandenes Problem offen zutage treten lassen, das darin besteht, dass Investitionen in dieser Region nicht rentabel sind. Allgemein formuliert: Myrdals Theorie des Teufelskreises lenkt von der Analyse der eigentlichen Ursache ab, weil sie als Ursache benennt, was eigentlich eine Folge ist (nämlich die durch den unterlassenen Wiederaufbau der Fabrik entstehende Arbeitslosigkeit). Wären die staatlich induzierten Investitionen, die Myrdal für eine solche Region fordert, dennoch erfolgreich, so wäre das eher eine Folge des Glücks als ein Ergebnis der Planung. In der praktischen Erfahrung mit der Steuerung des Wettbewerbs ist dieses Glück freilich meistens ausgeblieben.

(1.c) Die eigentlichen Ursachen der Ungleichheit zu benennen, beansprucht der Strukturalismus: Der Freihandel wird aus strukturalistischer Sicht von den wirtschaftlich Starken durchgesetzt, um die Schwachen auszubeuten. Hinter dem von Myrdal behaupteten Teufelskreis stehen die Gesetze des Klassenkampfes, die auch das politische Handeln beherrschen: Es liegt gar nicht im Interesse eines kapitalistischen Staates, die Entwicklung armer Regionen zu fördern, sondern sich ihre Schwäche zunutze zu machen. Diese Argumentation wird in der Deutung von Ricardos Beispiel des Handels mit Wein und Tuch zwischen Portugal und England deutlich, die sich bei Altvater/Mahnkopf (2002)[347] findet. Wie oben erläutert (S. 97), wollte Ricardo mit dem Beispiel zeigen, wie Länder sich im freien Handel auf die Produktion derjenigen Produkte spezialisieren, die sie (bei gegebener Qualität) am relativ kostengünstigsten herstellen können. Altvater/Mahnkopf (2002, 225f.) zufolge beruhte der Handel mit Wein und Tuch zwischen Portugal und England auf einem Handelsabkommen[348], das 1703 zwischen den beiden Ländern ausgehandelt worden war. England verfolgte mit dem Abkommen ein zweifaches Ziel: Einerseits wurde durch die Ausfuhr von Wolle und Tuch nach Portugal die dortige Industrie in diesem Bereich vernichtet und als Konkurrent auf dem Weltmarkt ausgeschaltet. Zum anderen verschaffte der Vertrag England einen Einfluss auf das im Entstehen befindliche Finanzwesen in Lissabon, weil der Handel zwischen beiden Ländern mit englischen Krediten finanziert wurde. Drittens profitierte England von nun an von dem Goldzufluss aus Brasilien, weil Portugal einen Teil der englischen Waren im Handel mit Brasilien gegen Gold tauschte und dieses Gold wiederum als Zahlungsmittel im Handel mit England einsetzte. In dieser Deutung ist die Spezialisierung beider Länder alles andere als ein Ergebnis freien Wettbewerbs, sondern vielmehr ein geschickter Schachzug von England (als aufstrebender Hegemonialmacht) zur wirtschaftlichen Kontrolle eines Konkurrenten. Eine vergleichbare Argumentation wird in der gegenwärtigen Diskussion über den Freihandel mit Vorliebe gegen die Vereinigten Staaten bzw. die Industrieländer insgesamt vorgebracht: dass alle internationalen Handelsvereinbarungen vor allem den Zwecken der reichen Länder dienen – vornehmlich dem Zweck, den Entwicklungsländern jede Chance zu nehmen, zu ernsthaften Konkurrenten heranzuwachsen.

---

347 Wenngleich die folgende Deutung ein treffendes Beispiel für eine strukturalistische Argumentation in der IPÖ ist, ist das Buch „Grenzen der Globalisierung“ von Altvater/Mahnkopf ansonsten eher dem sozialstaatlichen Liberalismus zuzuordnen.

348 Sogenannter Methuen-Vertrag, benannt nach dem englischen Lord Methuen, der den Vertrag ausgehandelt hat (Altvater/Mahnkopf 2002, 225).

Diese strukturalistische Argumentation ähnelt auffällig derjenigen des Realismus[349]: Beide Paradigmen gehen davon aus, dass der Freihandel den wirtschaftlich Überlegenen zur Selbstdurchsetzung im Machtkampf dient. Jedoch gibt es zwei wesentliche Unterschiede. Erstens sieht der Realismus die entscheidenden Kontrahenten in Nationen, die nach politischer Macht (Realismus) bzw. nach Sicherheit (Neorealismus) streben, während im Strukturalismus der eigentliche Konflikt zwischen ökonomisch definierten Klassen ausgetragen wird. Zweitens führt der potentielle Konflikt zwischen Nationen im Realismus nicht notwendig zur Vernichtung einer oder mehrerer Nationen, vielmehr kann es auch zu einer Machtbalance oder zu einer stabilen Hegemonie kommen. Aus strukturalistischer Sicht hingegen führt die Entwicklung zwangsläufig[350] zur Aufhebung des Kapitalismus und somit zum Untergang der kapitalistischen Klasse.

(2) Die beiden anderen oben genannten Kritikpunkte am Freihandel, die Vernachlässigung des Verteilungsproblems im Wirtschaftsliberalismus und die Gefahr der Ökonomisierung aller Gesellschaftsbereiche, führen über die rein ökonomische Analyse des Freihandels hinaus und berühren die philosophischen Grundlagen der Paradigmen, die Gegenstand der Teile 4 und 5 sind; sie sollen an dieser Stelle deshalb nur knapp behandelt werden.

Im Wirtschaftsliberalismus wird die Verteilung des aus dem Freihandel resultierenden Wohlstandes aus zwei Gründen vernachlässigt: Zum einen wird, wie bereits diskutiert, angenommen, dass der Wohlstand bei freiem Wettbewerb allen zugute kommt („trickle-down-Effekt", s. o., Fußnote 267); zum anderen werden Aussagen über die Verteilung aus methodischen Gründen als problematisch angesehen, weil sie mit einer Wertung über die gerechte Verteilung verbunden sind. Die Ökonomie als Wissenschaft, so das wirtschaftsliberale Credo, könne nur Aussagen über die Produktion des Wohlstandes machen und darüber, wie die Allokation der Ressourcen, die Effizienz und der technische Fortschritt verbessert werden können, nicht aber Aussagen über die wünschenswerte Verteilung. Letztere beruhen auf rein subjektiven Wertungen, die der wissenschaftlichen (objektiven) Erkenntnis nicht zugänglich sind; Aussagen über die Verbesserung der Effizienz hingegen beruhen lediglich auf der Annahme des Nichtsättigungsprinzips, also dem Grundsatz „mehr ist besser".

In der Darstellung von Stiglitz' Kritik an der wirtschaftsliberalen Sicht des Freihandels wurde deutlich, dass der Wirtschaftsliberalismus den inneren Zusammenhang von Produktion und Verteilung vernachlässigt: Der IWF knüpft die Vergabe von Krediten regelmäßig an die Bedingung, dass Sozialausgaben gekürzt werden; wenn diese Kürzungen (z. B. die Streichung der Subventionierung von Grundnahrungsmitteln) jedoch zu einer gravierenden Verschlechterung der wirtschaftlichen Situation der unteren Schichten führen, kann es zu politischen Unruhen kommen, die die Entwicklung einer funktionierenden Marktwirtschaft nachhaltig beeinträchtigen. Aus dieser (politischen) Sicht ist die Vernachlässigung von Verteilungsfragen naiv, weil sie unterstellt, dass Allokation und Verteilung sich trennen ließen: Tatsächlich gibt es eine Reihe von Wechselwirkungen zwischen diesen beiden Seiten des ökonomischen Prozesses.[351]

349 Zu dieser Ähnlichkeit siehe auch Gilpin (1987, 56f.).

350 Die Annahme der Zwangsläufigkeit der Entwicklung wird von neueren strukturalistischen Theorien, die an der Postmoderne anknüpfen, zum Teil fallengelassen (vgl. Hardt/Negri 2002, 6).

351 Ähnlich lautete die Argumentation von Vertretern der Sozialen Marktwirtschaft; so steht z. B. für Eucken (1952/1990, 1) die soziale Frage im Zentrum seiner „Grundsätze der Wirtschaftspolitik".

Die Vernachlässigung der Verteilungsfrage mit dem Argument, dass die Auseinandersetzung mit der Verteilung gegen den Grundsatz der Werturteilsfreiheit verstößt, ist darüber hinaus nicht stimmig, weil auch die Analyse der Produktionsseite Werturteile voraussetzt. Erstens beruht das Nichtsättigungsprinzip auf der normativen Annahme, dass ein „Mehr" an produzierten Gütern besser ist. Diese Annahme erscheint nur deshalb unproblematisch, weil Wirtschaftsliberale diejenigen Theorien, die diese Annahme in Frage stellen, regelmäßig ausblenden. Sowohl bei Platon als auch bei Aristoteles wird das Nichtsättigungsprinzip als „pleonexia" (Mehr-haben-wollen) scharf verurteilt[352]; in der gegenwärtigen Diskussion wird eine an Aristoteles anknüpfende Kritik der Pleonexia in der Katholischen Soziallehre[353], in der Kommunitarismusdebatte[354] und in der Wirtschaftsethik[355] vertreten. Aus Sicht des Wirtschaftsliberalismus handelt es sich dabei um eine normative Kritik der Ökonomie – doch warum sollte die wirtschaftsliberale Nichtsättigungsannahme weniger normativ sein als deren Kritik? Die Kernthese des Wirtschaftsliberalismus lautet, dass die Eigennutzmaximierung einem gesellschaftlichen Interessenausgleich nicht im Wege steht; diese Aussage ist nicht weniger normativ als die Gegenthese, dass ein Interessenausgleich auf der Grundlage der Eigennutzmaximierung nicht möglich ist. An dieser Stelle geht es noch nicht um die Frage, welche Seite recht hat, sondern nur um die Feststellung, dass eine auf der Annahme der Eigennutzmaximierung aufbauende Theorie nicht weniger wertfrei ist als die Gegenposition. Folglich kann der Wirtschaftsliberalismus der Reflexion über Verteilungsfragen nicht mit dem allgemeinen Hinweis auf deren Normativität ausweichen.

Die normativen Grundlagen des Wirtschaftsliberalismus zeigen sich in einem anderen Punkt noch deutlicher: in der Einschätzung, worin Kosten und Nutzen bestehen. Der Wirtschaftsliberalismus beruft sich auf die Bewertung des Marktes: Die Wahlhandlungen der Individuen sind Ausdruck ihrer Wertschätzung. Der Markt kann bei der Beurteilung von Kosten und Nutzen jedoch kaum als der letzte Maßstab angesehen werden, denn sonst müsste z. B. der Handel mit Heroin als wohlstandsfördernd gelten. Auch wenn man diesen Handel als illegal und nur gesetzeskonformen Handel als wohlstandsfördernd ansieht (und somit den Werturteilen des Gesetzgebers folgt),[356] bleibt das Problem der externen Effekte: Die Produktion und der Konsum zahlreicher Güter sind mit Auswirkungen auf das Nutzenniveau anderer Individuen verbunden, die nicht über den Markt abgegolten werden. Von besonderer Bedeutung sind dabei die negativen externen Effekte, insbesondere die Umweltverschmutzung. Eine korrekte Beurteilung der Verbesserung der Effizienz und der Wohlstandssteigerung muss diese Effekte in die Analyse einbeziehen. Dabei entsteht aber ein kaum lösbares Bewertungsproblem, denn der Wohlstandseffekt z. B. einer Investition lässt sich nur bewerten, wenn alle externen Effekte (einschließlich Umweltschäden) quanti-

352 Platon: Rep. I, Gespräch mit Thrasymachos; Aristoteles: Pol. I 9 (siehe dazu unten, Teil 5).

353 Siehe z. B. die Sozialenzykliken „Quadragesimo anno" von Pius XI. (1931) und „Centesimus annus" von Johannes Paul II. (1991).

354 Z. B. Etzioni (1993).

355 Z. B. Koslowski (1988).

356 Diese Sicht ist dem gemäßigten Wirtschaftsliberalismus zuzurechnen. Radikale Wirtschaftsliberale lehnen jede „Bevormundung" der Konsumenten durch den Gesetzgeber ab, weil – unter der Annahme rationalen Verhaltens der Individuen (d. h. der Annahme, dass sie wissen, was für sie gut ist) Gesetze nur dazu da sind, Dritte vor Schaden zu bewahren, nicht aber dazu, Menschen vor sich selbst zu schützen. Vgl. zu dieser Problematik die Diskussion in der Volkswirtschaftslehre über „meritorische Güter" (Musgrave/Musgrave/Kullmer 1994, 87-90).

fiziert und in das Kosten-Nutzen-Kalkül der Investition einbezogen werden. Ohne Werturteile zu fällen, ist eine solche Quantifizierung nicht möglich.[357]

Da also jede Einschätzung über eine Verbesserung der Allokation auf die präzise Berechnung der Kosten und Nutzen angewiesen ist und dabei alle externen Effekte berücksichtigt werden müssen, sind Marktpreise ein unzureichender Maßstab für die Feststellung, ob die Allokation sich tatsächlich verbessert hat. Was in der Volkswirtschaftslehre als externer Effekt bezeichnet wird, ist im Grunde nichts anderes als die soziale und politische Dimension der Ökonomie: Weil sich diese Effekte nicht in Marktpreisen berechnen lassen und ihre Einschätzung auf Werturteilen beruht, bedarf es des Primats der Politik über die Ökonomie. Das unterstreicht den politischen Charakter der Ökonomie, der von sozialstaatlichen Liberalen folglich mit Recht hervorgehoben wird.

(3) Der dritte Einwand, der von „linken“ Kritikern gegen die Globalisierung des Wettbewerbs vorgebracht wird, richtet sich gegen die Ökonomisierung aller Gesellschaftsbereiche, die als Folge des globalen Freihandels befürchtet wird. Der Freihandel fördert aus Sicht der sozialstaatlichen Liberalen und der Strukturalisten die in kapitalistischen Ländern vorhandene Tendenz, die Effizienzorientierung und die ökonomische Rationalität auf alle Lebensbereiche zu übertragen. Im internationalen Kontext bedroht dies zum einen die Interessen der Armen (vor allem in unterentwickelten Ländern) zum anderen die kulturelle Vielfalt:

- Der Konflikt zwischen ökonomischer Effizienz und den Interessen der Armen tritt besonders deutlich in der Gesundheits- und Umweltschutzpolitik zutage. In der Gesundheitspolitik ist es aus Gründen der Effizienz erforderlich, pharmazeutischen Unternehmen, die Forschung und Entwicklung betreiben, mittels Patenten die Eigentumsrechte an ihren Innovationen zu sichern, damit sie die Kosten für die Forschung und Entwicklung decken können. Dadurch liegt der Preis für einige Medikamente, die in Entwicklungsländern dringend in großen Mengen benötigt werden (z. B. Medikamente gegen Malaria und AIDS), weit über den Herstellungskosten, so dass sie für die meisten Kranken in diesen Ländern unerschwinglich sind. Hier besteht ein Konflikt zwischen der ökonomischen Logik, nach der der Patentschutz als Anreiz zur Forschung und Entwicklung erforderlich ist, und dem entwicklungs- und gesundheitspolitischen Anliegen, das Leben vieler Menschen zu schützen.[358] Ähnliche Konflikte treten in der Umwelt- und Sozialpolitik in Bezug auf die Wettbewerbsfähigkeit von Entwicklungsländern auf: Einerseits sind gewisse Umwelt- und Sozialstandards erforderlich, um

---

357 Das wird z. B. in der vom Umweltbundesamt geförderten Studie „Die Nachfrage nach Umweltqualität in der Bundesrepublik Deutschland“ (Holm-Müller/Hansen/Klockmann/Luther 1991) deutlich, an der der Verfasser seinerzeit mitgewirkt hat. Dort wurde versucht, den volkswirtschaftlichen Schaden durch Verkehrslärm indirekt über die Zahlungsbereitschaft für ruhige Wohnlagen zu erfassen und zu monetarisieren. Abgesehen davon, dass sich der Lärm als mietmindernder Faktor kaum von anderen Einflussfaktoren isolieren ließ, weil Wohnungen z. B. an lauten Straßen regelmäßig auch hinsichtlich der Bauqualität, des sozialen Umfeldes etc. von geringerer Qualität als Wohnungen in ruhigen Wohnlagen sind, müssen bei der Auswahl der Bewertungsmethoden zahlreiche Vorentscheidungen getroffen werden, die das Ergebnis beeinflussen, so dass keineswegs von einer wertfreien Monetarisierung gesprochen werden kann, die die Präferenzen der Nachfrager objektiv widergibt.

358 Vgl. zu diesem Problem Singleton (2008, insb. 208-211). – Ein weiteres Problem im Bereich des Patentschutzes ist die Frage der Patentierung von Genen und die Gefahr, dass Landwirte in Entwicklungsländern durch den Bezug gentechnisch veränderten Saatguts in die Abhängigkeit einiger weniger großer Biotechnologieunternehmen geraten; siehe dazu unten, Fußnote 362.

eine minimale Lebensqualität zu sichern, andererseits kann dies zu einem Verlust an Wettbewerbsfähigkeit führen, der zu Arbeitslosigkeit führt.

- Die kulturelle Vielfalt wird durch den Freihandel bedroht, wenn lokale Sitten und Konsumgewohnheiten durch den Konsum von weltweit standardisierten Massenprodukten ersetzt werden; diese Entwicklung wird aufbauend auf Ritzer als „McDonaldisierung" bezeichnet (vgl. Ritzer 1995, Ritzer/Stillmann 2003). Diese Kritik am Freihandel geht davon aus, dass die ökonomische Rationalität ein zentrales Kennzeichen der westlichen Kultur ist, das durch den Freihandel in andere Kulturen hineingetragen wird und dort die jeweiligen Traditionen dominiert und zerstört, so dass die kulturelle Vielfalt verlorengeht. Barber geht einen Schritt weiter und sieht vor allem in der islamischen Welt eine Protestbewegung, die sich gegen die ökonomische Rationalität des Kapitalismus richtet; den Konflikt bezeichnet er als „Jihad vs. McWorld" (Barber 1995).

In beiden Fällen gehen die Kritiker des Freihandels davon aus, dass es einen Konflikt zwischen der ökonomischen Rationalität und gesellschaftlichen Interessen gibt. Während im Wirtschaftsliberalismus hervorgehoben wird, dass der Wettbewerb den Menschen Freiräume bietet und der vom Wettbewerb ausgehende Zwang als unvermeidbarer Begleiteffekt angesehen werden muss[359], sehen sozialstaatliche Liberale in diesem Zwang eine Gefahr für die Gesellschaft: Der Wettbewerb zwingt die Menschen zu Handlungen, deren Konsequenzen sie eigentlich nicht wollen.[360] So fordert der Wettbewerb z. B. eine zunehmende Flexibilität im Arbeitsleben, die zu Lasten des sozialen Beziehungsgefüges geht. Während Wirtschaftsliberale diese Folge als gewollt oder zumindest freiwillig in Kauf genommen deuten, weil sie die Qualität des Angebots verbessert, sehen Kritiker wie Sennett (2000) darin ein Dilemma.[361] Vor allem im Arbeitsleben handeln die Menschen nicht frei, sondern in beständiger Sorge um ihre berufliche (und damit auch soziale) Existenz. Alle beugen sich dem Zwang des Wettbewerbs, um nicht gegenüber Konkurrenten zurückzufallen, doch es wäre für alle Beteiligten besser, eine Begrenzung des Wettbewerbs zu vereinbaren. Da auf der individuellen Ebene das Handeln vom Gefangenendilemma bestimmt wird, muss die Begrenzung des Wettbewerbs auf der politischen Ebene durchgesetzt werden. Kommt es nicht zu einer solchen Begrenzung des Wettbewerbs, so wird er schrittweise auf alle möglichen Lebensbereiche übergreifen und den Menschen allein auf seine ökonomische Seite reduzieren (vgl. z. B. Gruppe von Lissabon 2001, 139). Das Ergebnis wäre, dass der freie Wettbewerb nicht zu einer Harmonie der Interessen, sondern zumindest für die meisten Menschen zu einer Verschlechterung der Lage führt.

Strukturalisten schließen sich dieser Kritik an, unterstellen aber, dass es nicht möglich ist, den Wettbewerb durch politische Entscheidungen und Regulierungen zu begrenzen. Die zunehmende Ökonomisierung wird aus marxistischer Perspektive vielmehr als Zeichen einer Zuspitzung der Ausbeutungsverhältnisse gewertet, die am Ende in die Überwindung des Kapitalismus münden wird.

359 Vgl. Weizsäcker (1999, 7f.).

360 So z. B. Butterwegge/Lösch/Ptak (2007).

361 In eine ähnliche Richtung zielt die Kritik an der zunehmenden Beschleunigung wirtschaftlicher und gesellschaftlicher Prozesse (vgl. Brieskorn/Wallacher 2001).

Kritik von MNU und Shareholder-Value-Maximierung

Aus dieser allgemeinen Kritik der Globalisierung des Wettbewerbs lässt sich die Beurteilung von MNU, von internationalen Finanzmärkten und von der Weltwirtschaftsordnung durch Keynesianer und sozialstaatliche Liberale ableiten. Gegen internationale Investitionen von MNU werden vor allem drei Argumente vorgebracht: die Ausbeutung von Entwicklungsländern aufgrund der niedrigen Löhne und Umwelt- bzw. Sozialstandards (1), die Gefahr der Vermachtung von Märkten auf der globalen Ebene (2) und die Einflussnahme auf politische Entscheidungsprozesse durch den Einsatz wirtschaftlicher Macht im politischen Prozess (3). Hinter der Kritik an MNU steht häufig auf einer grundlegenderen Ebene die Ablehnung des Ziels der Gewinnmaximierung, die in der gegenwärtigen Diskussion als Kritik am Shareholder-Value-Ansatz artikuliert wird (4).

(1) Die erste Kritik an MNU richtet sich gegen deren Möglichkeit, im Standortwettbewerb zwischen Staaten die Produktion in die Länder zu verlagern, die die niedrigsten Löhne, Steuern sowie Sozial- und Umweltstandards haben. Diese Macht der MNU beruht nicht auf ihrer Größe, sondern auf ihrer Flexibilität in Verbindung mit der Abhängigkeit staatlicher Regierungen von privatwirtschaftlichen Investitionen. Der Standortwettbewerb erlaubt somit aus sozialstaatlich-liberaler und strukturalistischer Sicht einen Ausbeutungsprozess, in dem die lokalen Arbeitnehmer, Zulieferer und Anrainer die Opfer sind.[362] MNU können gezielt den fehlenden Rechtsschutz in Entwicklungsländern und die fehlenden materiellen Möglichkeiten der Vertragspartner und Arbeitnehmer, auf dem Rechtsweg gegen sie vorzugehen, nutzen.[363] Im Ergebnis können die Investitionen von MNU eine Zerstörung der natürlichen, kulturellen und sozialen Umwelt bewirken (Tetzlaff 1997, 388); Vertreter dieser Sicht plädieren deshalb für internationale, rechtlich verbindliche Verhaltenskodizes für MNU[364] und hoffen auf einen entsprechenden Druck von Seiten der öffentlichen Meinung. Gegenüber den Nachteilen der Investitionen von MNU für die Gastländer seien die Vorteile durch den Technologietransfer und die Schaffung von Arbeitsplätzen häufig zu vernachlässigen, weil die technologisch anspruchsvollen Aktivitäten zumeist in den Indu-

362 Neben den zahlreichen Fällen, in denen MNU von billigen Arbeitskräften profitieren (z. B. in den mexikanischen „maquiladoras" entlang der US-amerikanischen Grenze; Grunberg 2001, 357) sind Anbieter von gentechnisch verändertem Saatgut ein gutes Beispiel für die Macht, die MNU über Vertragspartner in Entwicklungsländern (in diesem Fall Bauern) ausüben können. Auf diesem Markt dominieren weltweit einige wenige, vorwiegend US-amerikanische Unternehmen, die aufgrund des TRIPS-Abkommens zum Schutz des geistigen Eigentums die Landwirte dazu verpflichten können, bei der Verwendung von patentiertem Saatgut für jede Aussaat neues Saatgut zu kaufen bzw. für die Verwendung von einbehaltenem Saatgut aus der vorherigen Ernte eine Lizenz zu zahlen. Das Unternehmen Monsanto hat die Anwendung dieser Regelung auf die Spitze getrieben, indem es ein Saatgut entwickelt hat, dessen ‚Frucht' unfruchtbar ist und somit nicht für eine erneute Aussaat verwendet werden kann (Rifkin 2000, 92-94; Shiva 2001, 145f.); die Produktion dieses Saatguts wurde mittlerweile aufgrund von Protesten eingestellt. In jedem Fall geraten Landwirte durch diese Verträge in eine existentielle Abhängigkeit von den Saatgutproduzenten, weil sie in Zeiten wirtschaftlicher Not nicht frei über einbehaltenes Saatgut verfügen können. Dass die Landwirte sich überhaupt in diese Abhängigkeit begeben, erreichen die Produzenten, indem sie ihnen das Saatgut über mehrere Perioden kostenlos zur Verfügung stellen und erst einen Preis fordern, wenn die Landwirte kaum noch über herkömmliches Saatgut verfügen (Enquete-Kommission 2002, 289).

363 Das Ausnutzen des fehlenden Rechtsschutzes kann bis hin zur Missachtung von Menschenrechten gehen; siehe dazu den jährlichen Bericht von Human Rights Watch (z. B. Human Rights Watch 2007, 55-57 und 60; Misol 2006).

364 Siehe oben, Abschnitt 3.2.1.2 (S. 109ff.).

strieländern verbleiben (für einen Überblick über diese Argumente siehe z. B. Grunberg 2001, 357).

(2) Der zweite Kritikpunkt lautet, dass durch das Wachstum der größten MNU eine Vermachtung der Märkte auf internationaler Ebene droht, ohne dass es eine adäquate Wettbewerbspolitik gibt, die dies verhindern kann. Das globale Freihandelsregime der WTO wird bislang nicht von einer entsprechenden supranationalen Wettbewerbsordnung flankiert, die der Entstehung wirtschaftlicher Macht vorbeugt und Eingriffe im Falle des Missbrauchs der Macht ermöglicht. In diesem Punkt fordern sozialstaatliche Liberale wie schon die rechtsstaatlichen Liberalen eine globale Wettbewerbspolitik (siehe oben, S. 107).

(3) Drittens schließlich wird auf die Gefahr hingewiesen, dass MNU ihre wirtschaftliche Macht im politischen Prozess einsetzen, um nationale und internationale Entscheidungen zu beeinflussen.[365] MNU können sich im internationalen Wettbewerb gezielt der Unterstützung von Staaten bedienen und an den Standorten investieren, an denen die Regierung ihren Anliegen gegenüber besonders offen ist. Wirtschaftsliberale und rechtsstaatliche Liberale würden dem im Grundsatz zustimmen, doch sie gehen davon aus, dass der Einfluss der MNU positiv ist, weil sie eine stabile und berechenbare Wirtschaftspolitik fördern; sozialstaatliche Liberale hingegen kritisieren, dass „Bündnisse“ zwischen MNU und Regierungen nur den Eliten der Gastländer zugute kommen, nicht aber der breiten Bevölkerung. Positive statistische Angaben über wirtschaftliches Wachstum in Entwicklungs- und Schwellenländern werden aus dieser Sicht nicht als Zeichen globaler Prosperität gewertet, sondern als Zeichen der Verlagerung der Kluft zwischen einem reichen Norden und einem armen Süden hin zu einer Kluft zwischen Globalisierungsverlierern und -gewinnern in allen Ländern, einschließlich der Industrieländer.

Auch in der internationalen Politik versuchen MNU Einfluss auf Entscheidungsprozesse in internationalen Organisationen zu nehmen, vor allem wenn es um die Aushandlung internationaler Handelsabkommen geht. So zeigt z. B. Scherrer (1999), welchen Einfluss US-amerikanische Großunternehmen auf die Durchsetzung einer liberalen Außenwirtschaftspolitik der Vereinigten Staaten genommen haben;[366] beim Abkommen über den Schutz des geistigen Eigentums (TRIPS) gibt es Hinweise, dass einige MNU aus dem Bereich der Gentechnik erheblichen Einfluss auf die Formulierung genommen haben;[367] Windfuhr (1992) untersucht die Einflussnahme von MNU auf die GATT-Verhandlungen während der Uruguay-Runde.

Die Reformvorschläge sozialstaatlicher Liberaler, die auf eine Regulierung der Investitionstätigkeit von MNU zielen, verdeutlichen, dass sie im Unterschied zu Strukturalisten davon ausgehen, dass MNU in der Globalisierung eine positive Wirkung entfalten können. Voraussetzung dafür ist (über die Errichtung einer rechtlichen Rahmenordnung mit Verhaltenskodizes hinaus, wie sie rechtsstaatliche Liberale fordern; s. o., S. 106ff.) eine umfassende demokratische Kontrolle von MNU (vgl. Held 2007). Die Forderung nach demokra-

365 Siehe Fuchs (2005 und 2006).

366 Nach Kuttner (2001, 179) kam z. B. die Zustimmung der Clinton-Administration zum WTO-Beitritt Chinas wesentlich auf Druck der US-amerikanischen Industrie zustande.

367 Shiva (2001, 144) zitiert einen Manager des US-amerikanischen Unternehmens Monsanto, demzufolge das TRIPS-Abkommen wesentlich von dem Intellectual Property Committee, einem Zusammenschluss von zwölf US-Konzernen (darunter auch Monsanto), ausgearbeitet wurde. Es ist aber nicht auszuschließen, dass es sich dabei um eine Selbstüberschätzung des betreffenden Managers handelt.

tischer Kontrolle von MNU wird auch als Stakeholder-Ansatz bezeichnet, der als Kritik an der Gewinnmaximierungsstrategie des Shareholder-Value-Konzepts formuliert wurde. Die Diskussion zwischen diesen beiden Ansätzen hängt nur mittelbar mit dem internationalen Wettbewerb zusammen, weil sie in gleicher Weise die nationale Ebene betrifft; auf sie soll aber dennoch im Folgenden näher eingegangen werden, weil in ihr die unterschiedliche Einschätzung des Gewinnstrebens und der allgemeinen Funktion von Unternehmen durch Wirtschaftsliberale und sozialstaatliche Liberale deutlich wird.

(4) Das Shareholder-Value-Konzept wurde in den siebziger und achtziger Jahren aus zwei Gründen entwickelt: Zum einen führte das starke Wachstum der Unternehmen zu einem steigenden Bedarf an Eigenkapital, das sich vor allem große Unternehmen über die Börse beschaffen. Mit zunehmender Größe der Unternehmen wurde es dabei für die Aktionäre immer schwieriger, das Management zu kontrollieren, weil ihnen die nötigen Informationen für die Leistungsbeurteilung fehlten. Zum zweiten wuchs die Bedeutung institutioneller Anleger (s. o., S. 102), die für den Vergleich alternativer Anlagen professionelle Methoden der Wertpapieranalyse zu entwickeln versuchten. In beiden Fällen ging es darum, die Leistung des Managements eines Unternehmens mit möglichst einfachen Maßstäben – idealerweise mit einer einzigen Kennzahl – beurteilen zu können.[368] Rappaport (1986) schlug als Ausgangspunkt für eine solche Kennzahl den Cash Flow vor, der die Differenz aus den zahlungswirksamen Erträgen und Aufwendungen in einer Periode angibt.[369] Der Shareholder Value als Gegenwartswert des Eigenkapitals solle aus der Differenz zwischen der Summe der abdiskontierten Cash Flow zukünftiger Perioden und dem Fremdkapital berechnet werden.[370] Der Unternehmenswert wird somit auf der Grundlage der Erwartung über die künftige Ertragslage geschätzt. Da am Aktienmarkt eben diese Erwartungen gehandelt werden, entspricht im Idealfall (d. h. wenn die Annahmen der wirtschaftsliberalen Markttheorie erfüllt sind und insbesondere die Aktionäre hinreichend informiert sind) der Wert der Aktie dem Shareholder Value.[371]

Aus wirtschaftsliberaler Sicht soll das Management von MNU den Shareholder-Value, d. h. den Wert des Unternehmens am Aktienmarkt, maximieren. Dies wird erstens damit begründet, dass die Ausrichtung am Shareholder-Value (und damit am Aktienkurs) eine langfristige Perspektive in der Entscheidungsfindung des Managements fördert, weil der Shareholder Value auf der Grundlage langfristiger Erwartungen gebildet wird. Zweitens wird auf diese Weise die Kontrolle des Marktes über das Unternehmensmanagement verbessert, weil der Einfluss von Banken und Gewerkschaften zurückgedrängt wird, die aus

368 Lazonick/O'Sullivan (2000, 14-17). Zur gestiegenen Bedeutung des Shareholder-Value-Ansatzes in Deutschland in den neunziger Jahren siehe Jürgens/Naumann/Rupp (2000).

369 Da der Cash Flow nicht eine bloß rechnerische Gewinngröße, sondern einen tatsächlichen Über- (oder Unter-)schuss an Finanzmitteln bezeichnet, dient er allgemein als Kennzahl zur Beurteilung der Finanzkraft eines Unternehmens (Coenenberg/Günther 1993, 304-306).

370 Rappaport (1986, 50-77), Bea (1997, 541), Wagenhofer (1998). Die Summe der abdiskontierten Cash Flow zukünftiger Perioden gibt den Gesamtwert des Unternehmens für diese Perioden an; da es sich um Zukunftswerte handelt, beruht diese Zahl jedoch allein auf Erwartungen.

371 Die Aktionäre, die einen Maßstab für die Bewertung von Unternehmen suchen, werden also auf den Aktienkurs des jeweiligen Unternehmens verwiesen. Das löst aber das Ausgangsproblem nicht, das doch für sie darin besteht zu beurteilen, ob der Aktienwert dem Unternehmenswert entspricht und folglich mit einer Steigerung oder Senkung des Aktienkurses zu rechnen ist.

wirtschaftsliberaler Sicht nicht hinreichend vom Markt kontrolliert werden und deshalb mehr ihrem Eigennutz als dem Nutzen der Anteilseigner dienen.[372]

Sozialstaatliche Liberale kritisieren den Shareholder-Value-Ansatz, weil die Maximierung des Börsenwerts durch das Management nicht zur Verfolgung langfristiger Ziele führt, sondern im Gegenteil zu einer Orientierung an kurzfristigen Erfolgen. Anleger gehen bei der Beurteilung eines Unternehmens von *Erwartungen* aus (nämlich dem erwarteten Cash Flow der nächsten Perioden), die naturgemäß stärkeren Schwankungen unterliegen als die tatsächlich realisierten Ergebnisse. Die daraus resultierenden Schwankungen des Börsenkurses beeinflussen das Management, das sein Handeln danach richtet, wie es auf den Börsenwert des Unternehmens wirkt. Der Shareholder-Value-Ansatz wirkt auf diese Weise wie ein Transmissionsriemen, der die Funktionsmängel der Finanzmärkte auf die Unternehmensführung überträgt: Die Volatilität der Finanzmärkte fördert das Bestreben der Unternehmen, ständig neue Erfolgsmeldungen zu präsentieren; das Streben institutioneller Anleger nach kurzfristigen Erfolgen wirkt zurück auf den Planungshorizont des Managements; und offensichtlich – wie durch die Aufdeckung der zahlreichen Bilanzierungsskandale in den Vereinigten Staaten deutlich wurde[373] – verführen spekulative „Blasen“ (s. u., S. 145f.) das Management dazu, die Börse mit übertriebenen und zum Teil bewusst gefälschten Erfolgsmeldungen weiter anzuheizen.[374] Dabei machen sich die Unternehmen ganz offensichtlich die asymmetrische Informationsverteilung zwischen Management und Aktionären bzw. potentiellen Aktienkäufern zunutze (Bank für Internationalen Zahlungsausgleich 2002, 135-136).

Doch selbst wenn der Aktienmarkt eine langfristige Orientierung des Managements fördern würde, wäre der Shareholder-Value-Ansatz aus Sicht des sozialstaatlichen Liberalismus abzulehnen, weil durch die einseitige Ausrichtung an den Interessen der Anteilseigner die berechtigten Interessen Dritter vernachlässigt werden (sogenannte „Stakeholder“, zu denen insbesondere die Arbeitnehmer, aber auch Zulieferer, Abnehmer und das gesellschaftliche Umfeld zählen). Der Share-holder-Value-Ansatz beruht auf der Annahme, dass alle berechtigten Interessen der Stakeholder durch explizite vertragliche und rechtliche Pflichten abgedeckt sind und es – ökonomisch gesprochen – keine „externen Effekte“ der Unternehmensentscheidungen gibt. Die Eigentümer können somit aus wirtschaftsliberaler Sicht allein über den Cash Flow verfügen (Speckbacher 1997, 633). Aus Sicht sozialstaatlicher Liberaler bestehen jedoch neben den expliziten Verpflichtungen der Unternehmen auch solche impliziter Natur (z. B. Sicherung der Arbeitsplätze oder der Weiterbildungsmöglichkeiten der Beschäftigten, ebd.). Diese impliziten Verpflichtungen versucht der Stakeholder-Ansatz, der von den Kritikern als Alternative zum Shareholder-Value-Ansatz

---

372 In der Formulierung der Rational Choice-Theorie wird dadurch das Prinzipal-Agent-Problem zwischen Aktionären und Management reduziert. Aktionäre verfügen nur über unzureichende Möglichkeiten, im Rahmen einer Hauptversammlung Einfluss auf die Unternehmensleitung zu nehmen („voice“); dieser mangelnde direkte Einfluss wird durch die Möglichkeit des schnellen Ausstieg aus der Kapitalanlage (der sich dann im Börsenkurs niederschlägt) kompensiert („exit“). Die Wirkung der Exit-Option setzt jedoch einen flexiblen, gut funktionierenden Kapitalmarkt voraus, auf dem die Anleger über klare Bewertungskriterien verfügen. Diese Bedingung wird aus wirtschaftsliberaler Sicht durch die Anwendung des Shareholder-Value-Ansatzes erfüllt (von Weizsäcker 1999, 103-107; s. a. das Minderheitenvotum der FDP im Endbericht der Enquete-Kommission zur Globalisierung: Enquete-Kommission 2002, 511f.).

373 Siehe dazu Stiglitz (2004). Der wohl spektakulärste Betrugsfall in den letzten Jahren war der Aufstieg und Niedergang von Enron; siehe dazu die packende und detailreiche Darstellung von McLean/Elkind (2003).

374 Vgl. zu diesen negativen Wirkungen das Interview mit dem St. Gallener Betriebswirt und Unternehmensberater Fredmund Malik im „Spiegel“ (Malik 2002); siehe auch Koch (2000, 65-67).

vorgeschlagen wird, zu berücksichtigen: Unternehmerische Entscheidungen sollen nicht eindimensional an den Interessen der Aktionäre ausgerichtet werden, sondern mehrdimensional an den Interessen aller Beteiligten, insbesondere an denen der Beschäftigten.[375] Das bedeutet im Kern eine Ablehnung des Ziels der Gewinnmaximierung: Ein Unternehmen dient aus Sicht sozialstaatlicher Liberaler nicht bzw. nicht ausschließlich der Erwirtschaftung von Überschüssen für die Eigentümer, sondern (auch) der Förderung der Interessen der am Produktionsprozess Beteiligten bzw. von ihm Betroffenen.

Bei den Investitionsentscheidungen von MNU müssten dementsprechend die Interessen Dritter einbezogen werden,[376] was praktisch z. B. durch einen institutionalisierten Dialog zwischen der Unternehmensführung, Arbeitnehmervertretern, Vertretern von Nichtregierungsorganisationen und der Politik umgesetzt werden kann.[377] Sozialstaatliche Liberale setzen dabei häufig auf eine Kontrolle der Unternehmen durch die „Zivilgesellschaft“, in der sich die verschiedenen Gruppen von Betroffenen organisieren.[378]

Hier zeigt sich eine grundlegende Differenz des sozialstaatlichen Liberalismus zum Wirtschaftsliberalismus: Beiden geht es um die Koordination der Individuen, doch während (radikale) Wirtschaftsliberale diese Koordination allein dem Markt zutrauen und im Systemwettbewerb auch den politischen Prozess der Demokratie der Kontrolle durch den Markt unterwerfen wollen, sind sozialstaatliche Liberale dem Markt gegenüber skeptisch und wollen Marktprozesse und unternehmerische Entscheidungen demokratisch kontrollieren. Der Markt dient aus ihrer Sicht primär den Interessen der Eigentümer, die Demokratie hingegen erlaubt die gleichberechtigte Artikulation der Interessen aller „Betroffenen“. Der Streit um das Primat von Politik und Ökonomie wird also als Streit um das Primat der Koordinationsmechanismen Markt und Demokratie ausgefochten.

Neben diesem Unterschied zwischen den beiden Perspektiven eint sie jedoch eine tiefere Gemeinsamkeit, die Ausrichtung an individuellen Interessen, seien es die Interessen der Anteilseigner oder die der sonstigen Betroffenen. Dies wird deutlich, wenn man die längerfristige Entwicklung des Unternehmensbegriffs betrachtet. Sowohl in den Vereinigten Staaten als auch in Deutschland dominierte in den fünfziger und sechziger Jahren die Überzeugung, dass der Gewinn eines Unternehmens in erster Linie der Reinvestition und damit der Kapitalerhaltung und dem Wachstum dient. Diese Auffassung war in der deutschen Betriebswirtschaftslehre mit dem Leitbild des „Unternehmens an sich“ verbunden, demzufolge das Unternehmen eine eigenständige Einheit darstellt, deren Gewinn nicht irgendwelchen individuellen Interessen, sondern der Aufrechterhaltung und Erweiterung dieser Einheit dienen soll; das Unternehmen sollte seinerseits als Teil eines größeren Gemeinwesens letztlich einem gemeinwirtschaftlichen Zweck unterworfen sein (Wagner 1997, 484).

Den in den siebziger Jahren einsetzenden Wandel des Unternehmensverständnisses charakterisieren Lazonick/O'Sullivan (2000, 17) mit der Formel: „From ‚retain and invest‘ to ‚downsize and distribute‘“. Nach dem neuen Verständnis dient der Gewinn nicht mehr primär der Kapitalerhaltung, sondern der Ausschüttung an die Kapitaleigentümer; zudem

375 Speckbacher (1997, 633-635), Enquete-Kommission (2002, 86f.); eine kritische Darstellung des Stakeholder-Ansatzes findet sich in von Weizsäcker (1999, 103-107). – Bei dieser Diskussion geht es jedoch nicht mehr um ein spezifisches Problem globalisierter Kapitalmärkte, sondern um die alte Frage nach der Berechtigung des Gewinns eines Unternehmers bzw. Kapitaleigentümers (so auch Wagner 1997, 475).

376 Vgl. z. B. Altvater/Mahnkopf (2002, 509-516).

377 Ein solcher Ansatz wird aufbauend auf Habermas von Ulrich (1987) in seinem „Programm der kommunikativ-ethischen Vernunft“ entwickelt.

378 Zur internationalen Zivilgesellschaft vgl. z. B. Keane (2003).

wird das Ziel der Gewinnmaximierung von nun an verstärkt durch eine Veränderung der Unternehmensgrenzen verfolgt werden, also im Wesentlichen durch die Auslagerung („outsourcing") von Teilaufgaben. Das impliziert einen grundsätzlichen Paradigmenwechsel: das Management soll nicht mehr dem Unternehmen dienen, sondern seinen Eigentümern; es soll nicht mehr das Wachstum des Unternehmens anstreben, sondern die Maximierung der Anteilswerte, d. h. des Shareholder Value. Damit wird die Vorstellung aufgegeben, dass das Unternehmen als solches eine Einheit darstellt; an die Stelle des Konzepts des „Unternehmens an sich" tritt die Interpretation des Unternehmens „als Geflecht von Vertragsbeziehungen" (Speckbacher 1997, 633). Bei der zunehmenden Komplexität der Vertragsformen führt diese Sicht im nächsten Schritt dazu, dass der Unterschied zwischen dem Unternehmen und seinem Umfeld, zwischen „innen" und „außen", zunehmend verschwimmt, so dass die moderne Betriebswirtschaftslehre bereits von der „grenzenlosen Unternehmung" spricht (Picot/Reichwald/Wigand 2001) – eine durchaus postmoderne Vorstellung.

Der Stakeholder-Value-Ansatz kritisiert nun nicht die Ausrichtung von Unternehmensentscheidungen an individuellen Interessen, sondern die Auswahl der Individuen, deren Interessen berücksichtigt werden: Die Entscheidungen sollen nicht allein die Interessen der Anteilseigner, sondern auch die der übrigen Betroffenen, insbesondere der Beschäftigten, berücksichtigen. Offen bleibt dabei allerdings, nach welchem Maßstab zwischen den divergierenden Interessen vermittelt werden soll. Schon die Operationalisierung des Shareholder-Value-Ansatzes ist dem Problem ausgesetzt, dass Eigentümer zum Teil unterschiedliche Interessen verfolgen (z. B. Präferenz für kurzfristige, hohe oder für langfristige, moderate Gewinne; Speckbacher 1997, 631-633). Dies gilt erst recht für das Stakeholder-Konzept, das es mit einer wesentlich größeren Heterogenität von Interessen zu tun hat.

Die Diskussion zwischen dem Shareholder-Value- und dem Stakeholder-Ansatz verdeutlicht die grundsätzlichen Unterschiede in der Einschätzung der Rolle von Unternehmen und des Ziels der Gewinnmaximierung zwischen Wirtschaftsliberalen und sozialstaatlichen Liberalen, die in Teil 4 auf der Ebene der philosophischen Annahmen vertieft werden. Hier sei abschließend noch die Beurteilung von MNU aus strukturalistischer Sicht erwähnt. Sie geht mit der Kritik an der Investitionstätigkeit von MNU einen entscheidenden Schritt weiter und sieht sie als Vorposten der westlichen (kapitalistischen) Wirtschaftsmacht, mit deren Hilfe die wirtschaftlich überlegenen Länder, allen voran die Vereinigten Staaten, sich den Rest der Welt untertan machen wollen. So sieht Hymer (1976) in den MNU ein Instrument des US-amerikanischen Imperialismus, der nach Ausbeutung der schwächeren Länder strebt; die PDS interpretiert in ihrem Minderheitenvotum zum Endbericht der Enquete-Kommission die Liberalisierung des Welthandels als Werk der Lobby von MNU;[379] und McChesney erkennt hinter dem Prozess der Globalisierung das Macht- und Geldstreben der Vereinigten Staaten und der MNU. Seine Formulierung ist charakteristisch für den Duktus strukturalistischer Autoren:

> Was neoliberale Wirtschaftsideologen als natürliche Ausdehnung freier Märkte über Ländergrenzen hinweg preisen, ist tatsächlich genau das Gegenteil. Die Globalisierung wird von mächtigen Regierungen, insbesondere der US-amerikanischen, betrieben, um internationale Handelsabkommen zu erzwingen, die es den Konzernen erleichtern, die Wirtschaftsgefüge anderer Nationen zu kontrollieren, ohne für die Folgen aufkommen zu müssen. (McChesney, Einleitung zu: Chomsky 1999, 15.)

379 Enquete-Kommission (2002, 547f.).

Das heißt im Klartext: Die Aktivitäten der MNU sind aus strukturalistischer Sicht eine moderne Form der Kolonisierung, die im Vergleich zum klassischen Imperialismus einen Effizienzvorteil aufweist, weil die Ausbeuter sich der leidigen Verantwortung für die Verwaltung der Kolonien entledigt haben und ihre „Opfer" flexibler wählen können. Hier wird die Analyse zur Entlarvung und damit letztlich zu einer leeren Phrase, denn nach dieser Logik lässt sich jedes Handeln als egoistisch entlarven – auch das der strukturalistischen Autoren.

Forderung nach einer internationalen Regulierung der Finanzmärkte

Ein weiterer zentraler Ansatzpunkt der Kritik am globalen Wettbewerb sind die globalen Finanzmärkte. Im Abschnitt über das wirtschaftsliberale Verständnis der Finanzmärkte (siehe S. 101) wurde darauf hingewiesen, dass sie eine dienende Funktion gegenüber der Realwirtschaft haben, indem sie die Kapital- und Risikoallokation sowie die Kontrolle von Investoren (Kapitalnehmern) und die Information von Kapitalgebern ermöglichen. In der Beurteilung der Finanzmärkte folgen sozialstaatliche Liberale dem Keynesianismus und gehen davon aus, dass es aufgrund systematischer Fehlfunktionen regelmäßig zu einer Abkopplung von der Realwirtschaft kommt. Die Folge der Autonomisierung der Finanzmärkte ist, dass sie ihre eigentlichen Funktionen nur noch eingeschränkt erfüllen; zudem kommt es regelmäßig zu Krisen, die teilweise verheerende Rückwirkungen auf die Realwirtschaft haben.

Der wesentliche Grund für die Abkopplung der Finanzmärkte von der Realwirtschaft wird in der Spekulation gesehen, die seit Beginn der Liberalisierung der Finanzmärkte in den siebziger Jahren stark gestiegen ist.[380] Spekulative Transaktionen richten sich allein nach kurzfristigen Kursänderungen, reagieren damit sehr schnell auf Schwankungen und verstärken sie. Die Verstärkung von Kursschwankungen durch gleichgerichtetes Verhalten von Finanzmarktinvestoren wird in der keynesianisch orientierten Literatur als Herdenverhalten bezeichnet („herding").

Das Herdenverhalten resultiert daraus, dass ein Kapitalanleger sich bei der Anlageentscheidung naturgemäß an der Erwartung zukünftiger Erträge orientiert, diese Erträge auf den Finanzmärkten aber ihrerseits wieder von der Einschätzung des Werts der Anlage durch andere Marktteilnehmer abhängig sind. Während auf Gütermärkten der Nutzen eines Produkts für den Nachfrager üblicherweise unabhängig davon ist, ob andere Nachfrager dieses Produkt ebenfalls kaufen, ist eine Kurssteigerung bei Aktien oder die Bonität eines Kapitalnehmers von der Einschätzung der Aktie bzw. der Bonität durch andere Marktteilnehmer abhängig; ökonomisch gesprochen liegen somit eine Externalität vor (vgl. Devenow/Welch 1996, 604). Dadurch kommt es aus keynesianischer Sicht auf Finanzmärkten systematisch[381] zu gleichgerichtetem Verhalten. Wird die Bonität eines Unternehmens oder eines Staates von einigen Anlegern oder von einer Rating-Agentur herabgestuft,[382] so mindert dies die Ertragsaussichten der Anleger und kann eine Flucht aus dieser Anlage bewirken.

380 Für einen breiten Überblick über die Diskussion der Abkopplungsthese siehe Menkhoff/Tolksdorf (1999, insb. Kapitel 2).

381 In der Annahme, dass das Problem *systematisch* auftritt, liegt der wesentliche Unterschied zur oben (S. 102) geschilderten Sicht gemäßigter Wirtschaftsliberaler.

382 Rating-Agenturen beurteilen die Zahlungsfähigkeit internationaler Schuldner. Zu ihrer Bedeutung für die Beurteilung von Anlagemöglichkeiten vgl. Enquete-Kommission (2002, 66f., 75, 86).

John Maynard Keynes beschreibt dieses Phänomen im zwölften Kapitel der „General Theory of Employment, Interest and Money" (1936/1973, 156). Er vergleicht das Verhalten der Akteure an Finanzmärkten mit dem von Teilnehmern an einem Zeitungswettbewerb, bei dem die Teilnehmer unter hundert Photos von Gesichtern die sechs schönsten aussuchen sollen, wobei derjenige der Gewinner ist, der mit seiner Auswahl am nächsten an der durchschnittlichen Präferenz aller Wettbewerbsteilnehmer liegt:

> so that each competitor has to pick, not those faces which he himself finds prettiest, but those which he thinks likeliest to catch the fancy of the other competitors, all of whom are looking at the problem from the same point of view. It is not a case of choosing those which, to the best of one's judgment, are really the prettiest, nor even those which average opinion genuinely thinks the prettiest. We have reached the third degree where we devote our intelligences to anticipating what average opinion expects the average opinion to be. And there are some, I believe, who practise the fourth, fifth and higher degrees. (Ebd.)[383]

Im Ergebnis wird eine Anlageoption nicht mehr nach ihren realwirtschaftlichen Ertragsaussichten beurteilt, sondern nach der vermuteten Beurteilung der Anlage durch andere Finanzmarktinvestoren. Da diese Beurteilung sich wesentlich schneller ändern kann als die faktischen Ertragsaussichten, ist das Verhalten der Anleger tendenziell kurzfristig orientiert (ebd. 154f.).

Dieses Verhalten ist aus der Sicht der Marktteilnehmer nur auf den ersten Blick irrational. Die verschiedenen Modelle, die in der Literatur der letzten Jahre zur Erklärung des Herdenverhaltens entwickelt wurden, zeigen, dass es sich dabei nicht allein um ein massenpsychologisches Phänomen handelt, sondern dass es aufgrund der genannten Externalitäten durch individuell rationales Verhalten hervorgerufen werden kann. Das Herdenverhalten stellt somit ein Marktversagen dar, weil der Markt es nicht vermag, den Ausgleich der individuellen Interessen herbeizuführen.[384] Durch das gleichförmige Verhalten institutioneller Anleger[385], die jeweils große Mengen an Kapital bewegen und flexibler als Privathaushalte auf Kursänderungen reagieren, wird dieses Problem erheblich verstärkt.

In welchem Ausmaß das Herdenverhalten die Finanzmärkte tatsächlich destabilisiert und in ihrer Funktionsfähigkeit beeinträchtigt, lässt sich empirisch schwer beurteilen. Nach Devenow/Welch (1996, 612) beruhen die meisten Modelle, die die Wirkung des Herdenverhaltens auf die Finanzmärkte untersuchen, „primarily on anecdotal observations"; diesem Urteil schließen sich auch Menkhoff/Tolksdorf (1999, 245) an. Der empirische Nachweis gestaltet sich schon aus methodischen Gründen als schwierig: Zum einen setzt die Feststellung der Übertreibung eines Preisanstiegs oder -verfalls als Maßstab eine Vorstellung vom angemessenen Preis voraus, der kaum zu ermitteln ist; zum anderen lässt sich die Wirkung des Herdenverhaltens auf Finanzmärkte nicht isoliert beobachten, weil bei der Gefahr einer Krise nationale und gegebenenfalls auch internationale Finanzinstitutionen intervenieren, so dass sich kaum feststellen lässt, ob die Märkte aus eigener Kraft oder dank

383 Keynes zufolge liegt die bedeutendste Börse der Welt (New York Stock Exchange) nicht zufällig in den Vereinigten Staaten: „Even outside the field of finance, Americans are apt to be unduly interested in discovering what average opinion believes average opinion to be; and this national weakness finds its nemesis in the stock market." (Keynes 1936/1973, 159.)

384 Einen Überblick über die Literatur zum Herdenverhalten geben Devenow/Welch (1996), Menkhoff/Tolksdorf (1999, 242-247) und Bikhchandani/Sharma (2001).

385 Zu institutionellen Anlegern siehe oben, S. 102.

der finanzpolitischen Interventionen die Destabilisierung überwunden haben. Dennoch wird das Phänomen nur von radikalen Wirtschaftsliberalen bestritten; gemäßigte Wirtschaftsliberale folgen zwar nicht der Erklärung von Keynes, sehen aber durchaus die Gefahren, die mit der Volatilität unregulierter Finanzmärkte verbunden sind.

Im Unterschied zu gemäßigten Wirtschaftsliberalen fordern Keynesianer nicht nur eine Verschärfung der Regeln wie z. B. eine strengere Überprüfung der Kreditwürdigkeit von Kapitalnehmern, sondern eine quantitative Beschränkung spekulativer Transaktionen.[386] Zwei bekannte keynesianische Befürworter einer solchen Regulierung der Finanzmärkte sind Strange und Tobin. Nach Strange (1986) haben sich die Finanzmärkte nach der Freigabe der Wechselkurse im Jahr 1973 zu einem „Kasino" entwickelt,[387] in dem die ehemals seriösen Banker, „grave-faced and dressed in conservative black pinstripe suits, jealous for their reputation for caution and for the careful guardianship of their customers' money" durch Spielernaturen ersetzt wurden, wie man sie vormals nur aus Kasinos kannte (Strange 1986, 1f.). Diesen Trend führt Strange – die sich in ihren Ausführungen auf die siebziger und achtziger Jahre bezieht – auf die gestiegene Unsicherheit in der Entwicklung der Weltwirtschaft zurück, vor allem die schwankenden Wechselkurse, die gestiegenen Ölpreise und die Inflation:

> „Uncertainty in each has fed the uncertainty and volatility of the others. And the common factor linking them all to each other has been the international financial system." (Ebd., 4)

Die Gefahren, die mit der Instabilität des Kasino-Kapitalismus verbunden sind, lassen sich nur durch eine Stabilisierung der Finanzmärkte bannen: Die Aufgabe lautet „cooling the casino" (ebd., 170); zu diesem Zweck sollen die Vereinigten Staaten auf eine Stabilisierung der Wechselkurse und der Zinsen hinwirken. Im Unterschied zu der Forderung gemäßigter Wirtschaftsliberaler nach Regeln und besseren Kontrollmechanismen für internationale Finanztransaktionen plädiert sie für eine Reduktion des Volumens der Finanzmarkttransaktionen.

Tobin (1984) zeigt in seiner Analyse der Funktionsfähigkeit von Finanzmärkten, wie durch einen Anstieg spekulativer Transaktionen die Preise auf diesen Märkten verzerrt werden können und welche Rückwirkungen dies auf die Realwirtschaft hat. Sein im Rahmen der Globalisierungsdiskussion weithin bekannt gewordener Vorschlag einer Besteuerung von Finanzmarkttransaktionen zielt darauf, den Anreiz für spekulative Transaktionen

386 In der globalisierungskritischen Literatur wird dabei häufig die Schwierigkeit übersehen, spekulative Transaktionen von nicht-spekulativen zu unterscheiden. Als Beispiel für das Ausmaß der Spekulation wird häufig angeführt, dass nur vier Prozent der weltweiten Devisenmarkttransaktionen direkt durch den grenzüberschreitenden Güterhandel induziert sind, woraus geschlossen wird, dass die übrigen 96 Prozent spekulativen Zwecken dienen. Diese Angabe geht, wie Menkhoff/Tolksdorff (1999) zeigen, von der irrigen Vorstellung aus, dass jede Finanztransaktion, der nicht eine realwirtschaftliche Transaktion entspricht, bereits als Indiz für Spekulation gelten kann (ebd., 11f. und 20-24). Es gibt jedoch zahlreiche ‚autonome' Finanztransaktionen, die indirekt realwirtschaftlichen Prozessen dienen. Ein Beispiel auf Devisenmärkten sind Termingeschäfte mit dem Ziel der Absicherung gegen Kursrisiken, ohne die viele internationale Handelsgeschäfte nicht zustande kämen. Die Gleichsetzung autonomer Finanztransaktionen mit Spekulationsgeschäften ist somit nicht haltbar. Differenzierte Analysen des Anteils der Spekulation an den weltweiten Devisenmarktgeschäfte führen zu sehr unterschiedlichen Ergebnissen; je nach Berechnungsmethode schwanken die Angaben zwischen 26,3 und 63,7 Prozent (Menkhoff/Tolksdorff 1999, 168-171).

387 Der Vergleich der Finanzmärkte mit einem Spielkasino wurde schon von Keynes (1936/1973, z. B. 157, 159) verwendet.

zu reduzieren.[388] Damit will er wie Strange eine Korrektur der Marktergebnisse erreichen und geht wie sie davon aus, dass die Finanzmärkte aus immanenten Gründen ineffizient sind, insofern das individuelle Gewinnstreben dort nicht zu einem allseits förderlichen Ergebnis führt – mit anderen Worten: aus keynesianischer Sicht funktioniert Smith' unsichtbare Hand auf den Finanzmärkten nicht.[389]

In der Tradition der keynesianischen Kritik der Funktionsfähigkeit der Finanzmärkte stehen zahlreiche Beiträge zur Globalisierungsdiskussion. Ein prominentes Beispiel ist das Kapitel über Finanzmärkte im Endbericht der Enquete-Kommission des Bundestags „Globalisierung der Weltwirtschaft – Herausforderungen und Antworten", das wesentlich von der pessimistischen Beurteilung der Finanzmärkte durch die SPD, Bündnis 90/Die Grünen und die PDS geprägt ist und eine Reihe von Vorschlägen zur Regulierung der internationalen Finanzmärkte formuliert.[390]

Kritik der „neoliberalen" Weltwirtschaftsordnung

Aus der kritischen Haltung sozialstaatlicher Liberaler und Keynesianer zu einem freien globalen Wettbewerb folgt eine entsprechende Ablehnung der wirtschaftsliberalen Ausrichtung der maßgeblichen für die Weltwirtschaftsordnung verantwortlichen Institutionen. Der IWF wird dafür kritisiert, dass er die wesentliche Ursache für Finanzkrisen in den betroffenen Ländern und nicht in den Funktionsmängeln unregulierter Finanzmärkte sieht. Die wirtschaftspolitischen Fehler der betroffenen Länder können nur die Auslösung der Krise, nicht aber die heftigen Reaktionen der Finanzmärkte erklären. Aus keynesianischer Sicht liegt das eigentliche Problem im Herdenverhalten, d. h. in der Neigung der Finanzmärkte zu spekulativen Übertreibungen. Alle Finanzkrisen der neunziger Jahre sind in ihrem Verlauf folgendem Muster gefolgt:[391] Die Gewinnmöglichkeiten führten zum Zufluss von ausländischem Kapital; dadurch kam es zu einer Expansion des Kapitalmarkts in diesem Land; die damit verbundenen Gewinne haben auch unerfahrene und wenig informierte Anleger angezogen. Kritisch wurde diese Entwicklung jeweils dann, wenn die Grenze der Absorptionsfähigkeit eines Landes für ausländisches Kapital überschritten war und die Erträge aus Kapitalanlagen zu stagnieren begannen: Von diesem Moment an genügte ein vergleichsweise geringfügiges Ereignis, um Insider zum Abzug ihres Kapitals zu bewegen. Die dadurch einsetzenden Kursverluste bewirkten einen Herdeneffekt, indem sie große

---

388 Auf diesen Vorschlag bezieht sich in der Globalisierungsdiskussion die Organisation „Attac", deren zentrale Forderung eine weltweite Besteuerung internationaler Finanztransaktionen ist. Tobin verwahrte sich jedoch mehrfach gegen seine Vereinnahmung durch die Globalisierungskritiker: Sein Anliegen sei die Verbesserung der Effizienz der internationalen Finanzmärkte und nicht eine grundsätzliche Kritik der Globalisierung gewesen (siehe Piper 2002). Eine Diskussion der Vor- und Nachteile der Tobin-Steuer aus wirtschaftsliberaler Sicht findet sich bei Duwendag (2006, 86-99).

389 Ein Überblick über die Positionen von Strange und Tobin findet sich in Menkhoff/Tolksdorf (1999, 41-43 und 49f.).

390 Der Leiter der Arbeitsgruppe „Finanzmärkte" in der Enquete-Kommission zur Globalisierung war Elmar Altvater (vgl. Altvater/Mahnkopf 2002). Die CDU weist in ihrem Minderheitenvotum darauf hin, dass die Koalitionsparteien bei Meinungsunterschieden in dieser Arbeitsgruppe in der Regel durch die PDS verstärkt wurden (Enquete-Kommission 2002, 478).

391 Die im Folgenden skizzierte keynesianische Sicht des Verlaufs von Finanzkrisen entspricht derjenigen von Kindleberger (2001, 30-35), dessen wirtschaftspolitische Position jedoch dem Realismus zuzuordnen ist. Zum Verlauf von Finanzkrisen s. a. Balaam/Veseth (2008, 157f.).

Teile der übrigen Anleger dazu bewegen, ihr Kapital ebenfalls abzuziehen. Die nun einsetzende Krise bedroht nicht allein die wirtschaftliche und soziale Lage in dem betroffenen Land,[392] sondern zudem die wichtigsten Handelspartner (Gefahr einer „contagion crises“[393]).

Die Krisen werden aus keynesianischer Sicht zudem durch verfehlte Maßnahmen zur Krisenbewältigung seitens des IWF verstärkt, der im Sinne des „Washington consensus“ (s. o., S. 128) Kredite nur unter der Bedingung vergibt, dass die betroffenen Regierungen eine Politik der Liberalisierung der Märkte und der strikten Haushaltsdisziplin einhalten. Diese Auflagen wurden von Stiglitz (2002; s. o. S. 128ff.) kritisiert, weil sie weder die Funktionsmängel der Finanzmärkte, noch die unzureichenden Bedingungen für Privatisierungs- und Deregulierungsmaßnahmen in Entwicklungsländern berücksichtigen.

Ähnlich scharf wird die WTO kritisiert, die aus der Sicht von sozialstaatlichen Liberalen für viele Missstände verantwortlich ist, die dem globalen Freihandel zugesprochen werden. Im Wesentlichen sind es vier Argumente, die für weitgehende Reformen der WTO und des WTO-Regelwerks angeführt werden. Erstens fördere die WTO einseitig die Interessen der Industrieländer (z. B. indem die WTO-Vorschriften bislang nicht auf Agrarmärkte angewandt werden); zweitens werde der Zusammenhang zwischen Handels- und Sozialpolitik vernachlässigt[394]; drittens seien die Entscheidungsprozesse (vor allem in den Welthandelsrunden) intransparent und undemokratisch.[395] Die geforderte Demokratisierung der WTO soll auch dem Ziel dienen, eine einseitige Fokussierung auf Handelsfragen zu überwinden und die Pluralität gesellschaftlicher Interessen in Bezug auf den Handel innerhalb der WTO widerzuspiegeln. Viertens schließlich wird der WTO vorgeworfen, mit dem TRIPS- und GATS-Abkommen die Logik des Marktes auf Gegenstände zu übertragen, die nicht zur Ware gemacht werden dürfen. Diese Kritik zielt vor allem gegen die im TRIPS vorgesehene Möglichkeit, Gene zu patentieren (z. B. Koechlin 2001) und die Gefahr, dass bei konsequenter Durchsetzung des GATS die staatliche Subventionierung des Kultur- und Bildungsbereichs verhindert werden kann (Enquete-Kommission 2002, 146-155). Zugespitzt formuliert stellt die „neoliberale Globalisierung“, wie sie in der Errichtung der WTO zum Ausdruck kommt, den „Motor der Entdemokratisierung“ dar (Lösch 2007, 251).

Da Strukturalisten den Wettbewerb grundsätzlich ablehnen, halten sie die WTO und den IWF für nicht reformierbar. Auf diese Institutionen wird wiederum das Entlarvungsargument angewandt, demzufolge sie von den Industrieländern unter dem Einfluss der MNU eingerichtet wurde, um sich den Zutritt auf die Märkte in den Entwicklungsländern zu erleichtern. So wird aus Chomskys Sicht der Freihandel von der WTO nur in den Bereichen umgesetzt, in denen dies den Interessen der Vereinigten Staaten dient (Chomsky 1999, 82f.). Allgemein verfolgen die Vereinigten Staaten mit der WTO nur das Ziel, „sich in die inneren Angelegen-

---

392 In Russland führte die Finanzkrise von 1998 nach Angaben des Instituts für Weltwirtschaft (1999, 12) in den ersten drei Quartalen 1999 im Vergleich zum Vorjahreszeitraum zu einem Rückgang der realen Durchschnittslöhne um 32,4 Prozent und der Renten um 51,2 Prozent. Insgesamt waren die Geldeinkommen bis September 1999 auf 57 Prozent des Niveaus vom Dezember 1996 gesunken. – Die mittel- und langfristig wohl schwerwiegendste soziale Folge der Finanzkrisen ist die Verarmung eines Teils des (häufig gerade erst neu entstandenen) Mittelstandes, was wiederum Konsequenzen für die politische Stabilität der betroffenen Länder hat (vgl. Becker/Rüland/Werz 1999).

393 Krugman (1991, 100-105), Isard (2005, 172-175.

394 Zur Forderung internationaler Umwelt- und Sozialstandards siehe z. B. Altvater/Mahnkopf (2002, 227-234), Stoll/Schorkopf (2002, 249-262).

395 Zu den Vorschlägen zur Demokratisierung der WTO siehe z. B. Enquete-Kommission (2002, 158f.), Stoll/Schorkopf (2002, 262-267). Zur Kritik an der mangelnden Transparenz: Wallach (2002, 266f.).

heiten anderer Staaten einzumischen" (ebd., 86), weil die WTO in den Mitgliedstaaten Privatisierungen erzwingen kann, die es US-Konzernen ermöglichen, Unternehmen aufzukaufen.

3.2.2.3 Zusammenfassung

Im Vergleich mit dem Realismus werden die zentralen Kritikpunkte des sozialstaatlichen Liberalismus und des Strukturalismus am freien Wettbewerb besonders deutlich. Der entscheidende Ansatzpunkt aller Kritiker des freien Wettbewerbs ist die Ungleichheit, die er hervorruft. Das Versprechen des Wirtschaftsliberalismus, dass der freie Wettbewerb alle im Vergleich zu ihrer Ausgangssituation besser stellt und zum bestmöglichen Ausgleich der individuellen Interessen führt, werde nicht eingelöst; vielmehr habe die Liberalisierung des Welthandels, der ausländischen Direktinvestitionen und der Finanzmärkte eine wachsende Ungleichheit zur Folge.

Für Realisten bzw. Neomerkantilisten lässt sich die Ungleichheit jedoch nicht durch eine internationale Regulierung des Wettbewerbs überwinden. Schwächere Staaten können sich nur bemühen, mit der richtigen Mischung aus Protektionismus und Industriepolitik ihre Stellung in der Weltwirtschaft zu behaupten, so wie es in den letzten Jahrzehnten eine Reihe von ost- und südostasiatischen Ländern getan haben. Die Ökonomie dient damit faktisch der Selbstbehauptung in einer Welt der Ungleichheit; darin liegt aus Sicht des Realismus der unaufhebbare politische Charakter der Ökonomie in den internationalen Beziehungen.

Sozialstaatliche Liberale wollen die Ungleichheit im Rahmen der internationalen Politik mildern und gehen davon aus, dass dies durch eine Regulierung des Wettbewerbs möglich ist. Das Ziel der Regulierung des Wettbewerbs besteht letztlich darin, das wirtschaftsliberale Versprechen „Wohlstand für alle" einzulösen. Wenngleich somit Realisten und sozialstaatliche Liberale beide eine politische Kontrolle des Wettbewerbs fordern, so bedeutet dies doch etwas Unterschiedliches, weil sie ein anderes (Außen-)Politikverständnis haben: Bei den einen zielt Politik auf Selbstbehauptung in einer von Ungleichheit gekennzeichneten Welt, bei den anderen zielt sie auf Reduktion der Ungleichheit. Letzteres setzt auf der internationalen Ebene eine enge Kooperation der Staaten voraus, um die Voraussetzungen für Eingriffe in die Marktprozesse und gegebenenfalls für eine weltweite Umverteilung durch internationale Sozialpolitik[396] zu schaffen.

Strukturalisten radikalisieren die sozialstaatlich-liberale Kritik der Ungleichheit und wollen den Wettbewerb abschaffen, um eine herrschaftsfreie Gesellschaft zu verwirklichen. Neben der äußerlichen Gemeinsamkeit der beiden Paradigmen, die den freien Wettbewerb von „links" kritisieren, gibt es erhebliche Unterschiede, insofern der sozialstaatliche Liberalismus in allen Vorschlägen zur Regulierung des Wettbewerbs den Grundsätzen des Liberalismus verpflichtet ist, während der Strukturalismus genau diese Grundsätze in Frage stellt. Jedoch gibt es zwischen den Theorien, die sich dem sozialstaatlichen Liberalismus zurechnen lassen, große Unterschiede: Während einige (wie Stiglitz) dem gemäßigten Wirtschaftsliberalismus nahestehen, nähern sich andere dem Strukturalismus an (z. B. Beck; s. u., Abschnitt 4.4.2).

---

396 So z. B. Held (1995).

3.3 Zusammenfassung und Schlussfolgerungen

In Teil 2 wurde am Ende des Überblicks über die IPÖ-Paradigmendiskussion festgehalten, dass im Mittelpunkt dieser Diskussion die Frage nach dem Verhältnis von globalem wirtschaftlichem Wettbewerb und internationaler Politik steht. In diesem Teil wurden zunächst die wesentlichen Merkmale der Globalisierung des Wettbewerbs beschrieben. Darauf aufbauend wurde die Diskussion, wie dieser Prozess zu beurteilen ist und in welcher Weise er die nationale und internationale Politik herausfordert, dargestellt und auf Grundlage des Fünf-Paradigmen-Schemas strukturiert. Die Diskussion soll hier zusammengefasst (Abschnitt 3.3.1) und auf ihre Grundlagen hin analysiert werden (Abschnitt 3.3.2); dabei wird sich zeigen, dass sie im Kern auf die Frage zielt, wie der Interessenausgleich zu verstehen ist, der aus liberaler und „realistischer“ Sicht in Politik und Ökonomie verwirklicht werden soll. Abschließend wird die Frage nach dem Verhältnis von Interessenkonflikten in konkreten weltwirtschaftlichen und weltpolitischen Beziehungen einerseits und der Paradigmendiskussion andererseits aufgeworfen (Abschnitt 3.3.3).

Die folgende Zusammenfassung bezieht sich auf die grundsätzliche Einschätzung des Verhältnisses von globalem Wettbewerb und Politik in den fünf Paradigmen; einen Überblick gibt die tabellarische Darstellung in Abbildung 5 (S. 154). Die Beurteilung von MNU, Finanzmärkten und Weltwirtschaftsordnung wird nicht noch einmal im Text, sondern nur in einer Tabelle zusammengefasst (Abbildung 6: S. 155).

3.3.1 Zusammenfassung der Diskussion

3.3.1.1 Befürworter des freien globalen Wettbewerbs

Wirtschaftsliberalismus

Aus wirtschaftsliberaler Sicht ermöglicht der freie Wettbewerb auf der internationalen Ebene jedem Land die Spezialisierung auf diejenigen Produkte, die es am besten produzieren kann. Der Unterschied zwischen der nationalen und der internationalen Ebene ist kein grundsätzlicher, sondern besteht nur darin, dass die Vorteile der Arbeitsteilung, die im Wettbewerb auf der nationalen Ebene fruchtbar werden, auf der internationalen Ebene in noch viel größerem Umfang realisiert werden können. Das Ideal des Wirtschaftsliberalen ist die globale Ausdehnung der Marktwirtschaft,[397] weil dies die maximale Ausschöpfung der Spezialisierungsvorteile ermöglicht. Die Öffnung eines Landes für den internationalen Wettbewerb ermöglicht die Teilhabe seiner Bürger an den Wohlstandsgewinnen, die letztlich allen, auch den Ärmsten, zugute kommen. Wettbewerb führt nicht notwendigerweise zu weniger Ungleichheit, sondern zu mehr Wohlstand für alle; deshalb ist die Durchsetzung des Freihandels die beste Entwicklungshilfe.

Die politische Voraussetzung für das Funktionieren des Wettbewerbs ist im Wesentlichen die Sicherung der Eigentumsrechte und die Bereitstellung einiger öffentlicher Güter (die aus privater Initiative nicht produziert werden würden) durch den Staat. Diese Staatsaufgaben werden aus der Sicht radikaler Wirtschaftsliberaler auf der internationalen Ebene als Dienstleistungen im Standortwettbewerb zwischen den Staaten angeboten, die versuchen,

397 Siehe dazu bereits Adam Smith (WN I.3.4/21).

Investitionen und qualifizierte Arbeitskräfte anzuziehen. Gemäßigte Wirtschaftsliberale gehen indes davon aus, dass der Staat mehr als ein Dienstleistungsunternehmen sein muss, weil der Wettbewerb auf ihn als eine Art Schiedsrichter angewiesen ist, der die Freiheit des Wettbewerbs sicherstellt, indem er unter anderem der Entstehung von Marktmacht vorbeugt oder bestimmte Formen des unlauteren und des Behinderungswettbewerbs unterbindet. Im Unterschied zu radikalen Wirtschaftsliberalen fordern sie deshalb auch auf der internationalen Ebene eine politische Rahmenordnung für den Wettbewerb und schließen sich in diesem Punkt politischen Liberalen an.

Hinsichtlich des Verhältnisses von Politik und Ökonomie sehen radikale Wirtschaftsliberale den Wettbewerb als einen Mechanismus an, der automatisch zum Ausgleich der Interessen führt. Gemäßigte Wirtschaftsliberale halten hingegen eine staatliche Kontrolle in Bezug auf die Einhaltung der Spielregeln des Wettbewerbs für erforderlich und erkennen damit die Notwendigkeit des Primats der Politik an; darin stehen sie dem rechtsstaatlichen Liberalismus nahe, der die Voraussetzungen einer politischen Rahmenordnung jedoch noch umfassender benennt.

Rechtsstaatlicher Liberalismus

Rechtsstaatliche Liberale stimmen den Wirtschaftsliberalen in ihrer optimistischen Einschätzung des Wettbewerbs zwar zu, sehen aber wie die gemäßigten Wirtschaftsliberalen die Notwendigkeit, eine politische Rahmenordnung für den Wettbewerb zu schaffen. Dieser Rahmen hat die Funktion, das Recht als Voraussetzung des freien Wettbewerbs und damit auch die (formale) Gleichheit der Bürger als Rechtssubjekte zu sichern. Das setzt einen deutlich komplexeren Rechtsbegriff voraus als er dem Wirtschaftsliberalismus zugrundeliegt, wie im folgenden Teil 4 noch gezeigt werden soll. Im Konkreten liegt ein wesentlicher Unterschied zum (radikalen und gemäßigten) Wirtschaftsliberalismus darin, dass bei den Bürgern ein eigenes Rechts- und Verantwortungsbewusstsein vorausgesetzt wird, so dass z. B. MNU bei Investitionen in Entwicklungsländern nicht jede Regelungslücke in der Sozial- und Umweltschutzgesetzgebung zur Profitmaximierung ausnutzen. Hinsichtlich des Problems der vom Wettbewerb hervorgerufenen Ungleichheit wird das Prinzip der Leistungsgerechtigkeit nicht in Frage gestellt, doch es wird um die Forderung ergänzt, dass die Ungleichheit nicht das Erfordernis der rechtlichen (formalen) Gleichheit der Bürger einschränken darf. Das Paradigma des rechtsstaatlichen Liberalismus umfasst somit auf der ökonomischen Ebene den gemäßigten Wirtschaftsliberalismus und expliziert auf der politischen Ebene die Voraussetzungen der Rechtsstaatlichkeit.[398]

Aus Sicht rechtsstaatlicher Liberaler gibt es – ebenso wie aus wirtschaftsliberaler Sicht – keine grundsätzliche Differenz zwischen der nationalen und der internationalen Ebene. Der globale Wettbewerb stellt die Politik jedoch vor die Herausforderung, auch das Recht zu globalisieren und eine globale Rahmenordnung für den Wettbewerb zu schaffen. Angesichts der Heterogenität der kulturellen Einflüsse auf das Rechtsverständnis in den verschiedenen Regionen der Welt wirft dies deutlich größere Schwierigkeiten auf als die Durchsetzung eines nationalen Rechtsverständnisses. Das politische Ideal, das den Vertre-

398 Eine der wenigen Ausnahmen in diesem Punkt stellen die Vertreter der Freiburger Schule des Ordoliberalismus dar, insb. Eucken (1952/1990), der als Ökonom die Reinform eines rechtsstaatlichen Liberalismus vertritt.

tern dieses Paradigmas vorschwebt, ist eine globale Rechtsordnung und Verantwortungsgemeinschaft, die einen freien und für alle förderlichen Wettbewerb ermöglicht.

3.3.1.2 Gegner des freien globalen Wettbewerbs

Realismus/Neomerkantilismus

Realismus bzw. Neomerkantilismus ähneln dem Strukturalismus, insofern ein Ausgleich der Interessen auf der internationalen Ebene als nicht oder nur schwer möglich angesehen wird. Doch während für Strukturalisten die internationale ebenso wie die nationale Ebene nur vom Klassenkampf beherrscht wird, ist aus realistischer Sicht auf der nationalen Ebene, d. h. innerhalb einer Staatsordnung, sehr wohl ein Ausgleich der individuellen Interessen und damit ein funktionierender Wettbewerb möglich. Im internationalen Bereich hingegen müssen die Staaten sich in der Anarchie behaupten; dort dient der Wettbewerb allein dem Vorteil des wirtschaftlich stärkeren Landes. Realisten operieren hier wie Strukturalisten mit einem Entlarvungsargument, demzufolge hinter der wirtschaftsliberalen Forderung nach Wettbewerbsfreiheit die Machtinteressen der dominierenden Staaten stehen. Im Unterschied zum Strukturalismus wird der Konflikt zwischen Staaten jedoch nicht ökonomisch, sondern politisch gedeutet: Es geht nicht um Wohlstand, sondern um Macht. In der Anarchie gilt die erste Sorge der Staaten der Sicherung ihrer Existenz und ihres Prestiges; die Ökonomie wird hier als Instrument der Politik gesehen.

Dennoch gibt es im Realismus begrenzte Möglichkeiten der wirtschaftlichen Kooperation. Zwar ist der latente Konflikt zwischen den Staaten nicht grundsätzlich überwindbar, doch sobald es zu einem Gleichgewicht der Kräfte oder zu einer Hegemonialstellung kommt, wird eine Kooperation möglich: Im ersten Fall ist es eine Kooperation unter Gleichen im Vertrauen auf die Machtbalance, im zweiten Fall kann sie vom Hegemon, wenn er es als in seinem Interesse stehend ansieht, durchgesetzt werden. Ein benevolenter Hegemon wird vor allem von US-amerikanischen Realisten als Idealfall angesehen, weil er längerfristig für Stabilität in den internationalen Beziehungen sorgen kann; ihnen dient die *pax romana* als Vorbild für die *pax americana.*

Sozialstaatlicher Liberalismus

Sozialstaatliche Liberale knüpfen am rechtsstaatlichen Liberalismus an und gehen in der Benennung der Voraussetzungen für die Funktionsfähigkeit des globalen Wettbewerbs einen Schritt weiter: Das wirtschaftsliberale Ziel, dass der Wettbewerb zu Wohlstand für alle führen soll, kann nur erreicht werden, wenn der Staat zusätzlich zur Errichtung der Rahmenordnung regulierend in die Wettbewerbsprozesse eingreift und Funktionsstörungen sowohl auf der mikroökonomischen Ebene (Regulierung bei Marktversagen) als auch auf der makroökonomischen Ebene (Konjunkturpolitik) korrigiert. Da Marktprozesse nicht automatisch zu einem Ausgleich zwischen den Individuen führen, können die Verteilungsergebnisse nicht generell als gerecht angesehen werden und bedürfen ebenfalls der Korrektur. Die Kriterien, nach denen die Korrektur der Marktergebnisse erfolgt, werden im demokratischen Prozess festgelegt.

Gegenstand der Beurteilung:	**Befürworter des freien Wettbewerbs**		**Kritiker des freien Wettbewerbs**		
	(radikaler) Wirtschaftsliberalismus	**rechtsstaatlich orientierter politischer Liberalismus**	**Realismus / Neomerkantilismus**	**sozialstaatlich orientierter politischer Liberalismus**	**Strukturalismus**
Globalisierung des Wettbewerbs	Globalisierung ermöglicht die Ausschöpfung von Spezialisierungsvorteilen und Tauschmöglichkeiten.	Globalisierung eröffnet Chancen für globalen Wohlstand und globale politische Zusammenarbeit; globaler Handel schafft Aussichten auf globalen Frieden.	Globalisierung führt zur Durchsetzung des Stärkeren, solange der Wettbewerb nicht durch benevolenten Hegemon / Machtgleichgewicht reguliert wird.	Globalisierung führt zu Wettbewerbsbeschränkungen, Marktversagen und soziale Ungleichheit, wenn der Wettbewerb nicht reguliert wird.	Globalisierung führt zur Verschärfung der Ausbeutung, aber die Zuspitzung der Klassenkämpfe verheißt die nahe Überwindung des Kapitalismus.
Aufgabe der Außenpolitik bzw. der internationalen Politik	Sicherung der Eigentumsrechte und Verhinderung staatlicher Wettbewerbsverzerrungen.	Gestaltung einer umfassenden rechtlichen Rahmenordnung und Sicherung der Wettbewerbsfreiheit.	Nationale Politik dient der militärischen Sicherheit und der wirtschaftlichen Unabhängigkeit.	Regulierung des Wettbewerbs u. Umverteilung (Sozialpolitik); Festlegung d. Maßstäbe, nach denen in den Wettbewerb interveniert werden soll.	Politik steht im Kapitalismus generell im Dienst der Herrschenden u. wird insb. von USA und MNU gesteuert.
Verhältnis ökonomischer Wettbewerb – Politik	Primat des ökonomischen Wettbewerbs: Übertragung des Wettbewerbs auf die Ebene der Politik im Systemwettbewerb.	Primat der internationalen Politik: Kooperation der Staaten bei der Gestaltung der Rahmenordnung für den globalen Wettbewerb.	Primat der nationalen Politik: politischer Wettbewerb der Staaten dominiert den wirtschaftlichen Wettbewerb.	Primat der internationalen Politik: Kooperation der Staaten bei der Steuerung des globalen Wettbewerbs.	Primat der Ökonomie: Ökonomische Interessen bestimmen die Politik.
Ideal der Globalisierung	Die Welt als globaler Markt.	Globale Verwirklichung des Rechts.	Globale Sicherheit durch benevolenten Hegemon.	Globale Demokratie zur Steuerung des Wettbewerbs, globale Sozialpolitik.	Globale Herrschaftsfreiheit (radikale Gleichheit).

Abbildung 5: Globalisierung des Wettbewerbs und internationale Politik aus der Sicht der IPÖ-Paradigmen

Gegenstand der Beurteilung:	**(radikaler) Wirtschaftsliberalismus**	**rechtsstaatlich orientierter politischer Liberalismus**	**Realismus/ Neomerkantilismus**	**sozialstaatlich orientierter politischer Liberalismus**	**Strukturalismus**
Nutzen des Freihandels	Freihandel nützt allen: Staaten spezialisieren sich auf Produkte, die sie relativ am besten produzieren können.	Freihandel nützt allen, wenn die Entstehung und der Missbrauch wirtschaftlicher Macht verhindert werden.	Freihandel nützt den wirtschaftlich starken Staaten zur Sicherung ihrer Vorherrschaft in der internationalen Politik.	Ohne Regulierung des Marktes nützt der Freihandel nur den wirtschaftlich erfolgreichen Akteuren.	Freihandel nützt nur der herrschenden Klasse und dient der Ausbeutung der Schwachen.
Internationale Arbeitsteilung durch MNU	Ermöglicht optimale Allokation der Ressourcen u. Nutzung von Spezialisierungsvorteilen.	Positive Wirkung, sofern MNU sich an die Grundsätze der internationalen Rechtsordnung und an Verhaltenskodizes halten.	Negative Wirkung auf Gastland (Verlust der Kontrolle über eigene Unternehmen) u. Herkunftsland (Verlust von Kapital/Arbeitsplätzen).	MNU nutzen niedrige Löhne u. Lücken in Sozialstaat u. Umweltpolitik aus, solange sie nicht kontrolliert werden.	MNU sind die Speerspitze des westlichen Kapitalismus bei der Ausbeutung der Dritten Welt.
Standortwettbewerb	Positiv: Zwang zu rationaler Wirtschaftspolitik u. Rechtsstaatlichkeit.	Positiv, sofern er sich auf die Wirtschaftspolitik beschränkt und nicht den Rechtsstaat untergräbt.	Negativ: Gefahr der Aushöhlung der Souveränität der Nationalstaaten; dient nur wirtschaftlich starken Staaten.	Problematisch, weil er wirtschaftlich schwachen Staaten schadet.	Negativ, weil er Ausdruck der Bestimmung der Politik durch die Interessen der Kapitalisten ist.
Globalisierung der Finanzmärkte	Positive Wirkung auf die Allokation des Kapitals.	Positiv, sofern durch polit. Rahmenbedingungen die Volatilität reduziert wird.	Negativ: Gefahr der Aushöhlung der Souveränität der Nationalstaaten.	Ambivalent: Notwendigkeit von Eingriffen zur Vermeidung des Herdenverhaltens.	Negativ: Spekulation auf Finanzmärkten = höchste Form von Habgier.
Weltwirtschaftsordnung	WTO soll den Wettbewerb vor politisch bedingten Verzerrungen schützen; Skepsis gegenüber IWF.	WTO und IWF sind Keimzellen einer globalen Weltwirtschaftsordnung; wichtige Rolle der VN u. NRO.	Skepsis gegenüber WTO u. IWF, weil sie in nationalstaatliche Belange eingreifen oder weil sie zu schwach sind, um wirksam zu sein.	WTO und IWF müssen demokratisiert werden; ihre Aufgaben müssen um sozialpolitische Ziele erweitert werden.	WTO und IWF sind Instrumente der reichen Staaten und der MNU bei der Ausbeutung der schwachen Staaten.

Abbildung 6: Beurteilung von Freihandel, MNU, Finanzmärkten und Weltwirtschaftsordnung in den IPÖ-Paradigmen

Die Wirtschaftspolitik, die für die Steuerung und Regulierung des Wettbewerbs erforderlich ist, unterscheidet sich auf der internationalen Ebene nicht grundsätzlich von derjenigen auf der nationalen Ebene; sie setzt aber im internationalen Bereich wesentlich umfassendere Institutionen und Regelungen voraus als die von rechtsstaatlichen Liberalen geforderte rechtliche Rahmenordnung. Da es nicht allein um die Vereinbarung und Durchsetzung von Rechtsprinzipien geht, sondern um steuernde Eingriffe der Politik, wird hier die demokratische Legitimation der damit beauftragten Institutionen zu einer entscheidenden Herausforderung. Der Wettbewerb wird als Instrument zur Erreichung bestimmter gesellschaftlich wünschenswerter Ergebnisse angesehen.

Da im demokratischen Prozess die gesellschaftlich wünschenswerten Ergebnisse des Wettbewerbs definiert werden, ist es von entscheidender Bedeutung, dass die Ungleichheit der Verteilung der Marktergebnisse nicht einen Teil der Bürger von der Partizipation am demokratischen Prozess faktisch ausschließt. Jeder Bürger muss in der Lage sein, seine Interessen zu artikulieren und sich in hinreichendem Maße über die anstehenden politischen Fragen zu informieren. Die globale demokratische Steuerung des Wettbewerbs erfordert somit eine globale Demokratie, die ihrerseits eine globale Sozialpolitik zur materiellen Absicherung des Pluralismus voraussetzt; darin besteht denn auch die Idealvorstellung einer Reihe von sozialstaatlichen Liberalen.[399]

Strukturalismus

Der Strukturalismus formuliert eine Fundamentalkritik am Wirtschaftsliberalismus, indem er die Möglichkeit eines Interessenausgleichs im Wettbewerb grundsätzlich ausschließt. Solange wirtschaftliche Ungleichheit besteht, werden die wirtschaftlich Stärkeren (die Kapitalbesitzer) die wirtschaftlich Schwächeren (die Arbeiter und Besitzlosen) ausbeuten. Alle Versuche einer Regulierung des Wettbewerbs führen bestenfalls zur Stabilisierung der Ausbeutungsstrukturen; das Ziel muss deshalb in der Überwindung der Ungleichheit liegen, die als Ursache aller Übel angesehen wird.

Die strukturalistischen Theorien der IPÖ stützen sich auf Lenins Imperialismustheorie, nach der die internationale Ebene nicht (wie bei Marx) als bloße Erweiterung des nationalen Klassenkampfes gesehen wird, sondern als entscheidende Ebene des Konflikts: Der Klassenkampf wird zwischen den Ländern des Zentrums (vor allem Länder der Triade) und den Ländern der Peripherie (vor allem Entwicklungsländer) ausgetragen. Im Laufe der Zeit kommt es zum Aufbegehren der Ausgebeuteten und zur Revolution. Dieser Grundgedanke liegt auch den radikalen Strukturalisten in der gegenwärtigen Debatte zugrunde, die einen revolutionären Wandel explizit anstreben (wie Hardt/Negri 2002, Castells 2001ff.). Diese Autoren begrüßen die Globalisierung des Wettbewerbs, weil sie eine Zuspitzung der sozialen Konflikte bewirkt und somit eine Überwindung des Kapitalismus erwarten lässt. Das Ideal, das schließlich erreicht werden soll, ist die Gleichheit aller Menschen im globalen Maßstab, wobei die Gleichheit in der gegenwärtigen Diskussion aufgrund der postmodernen Einflüsse eher partikularistisch als kollektivistisch verstanden wird.

399 Ein prägnantes Beispiel für diese Forderung ist Helds Konzept einer Weltrepublik (Held 1995). Nicht alle sozialstaatlichen Liberalen gehen jedoch soweit, eine globale Sozialpolitik zu fordern; so plädiert z. B. Stiglitz (2002) lediglich für eine stärkere Berücksichtigung entwicklungs- und sozialpolitischer Belange durch den IWF. Innerhalb dieses Paradigmas gibt es folglich eine große Heterogenität von Theorien.

3.3.2 Das Verständnis des Interessenausgleichs als Kernfrage der Paradigmendiskussion

Die Zusammenfassung verdeutlicht noch einmal die Heterogenität der Argumente, die gegen die Globalisierung des Wettbewerbs vorgebracht werden, und führt zugleich zu der Frage nach dem Kern der Diskussion: Was ist das Grundproblem, um das es in diesem Streit geht? Vergleicht man die Positionen der Kritiker des freien Wettbewerbs, so fällt auf, dass der sozialstaatliche Liberalismus im Unterschied zum Realismus und zum Strukturalismus mit den beiden anderen Varianten des Liberalismus die optimistische Einschätzung teilt, dass internationale Kooperation im Bereich der Wirtschaft und der Politik möglich ist; er kritisiert lediglich, dass Wirtschaftsliberale dabei zu sehr auf den Markt und den Wettbewerb statt auf die Politik und die Demokratie setzen und dass rechtsstaatliche Liberale für die Lenkung des Wettbewerbs allein auf die Rahmenordnung vertrauen und nicht korrigierend in die Wettbewerbsprozesse und in die Einkommensverteilung eingreifen wollen. Die liberalen Positionen gehen somit grundsätzlich von der Möglichkeit eines Interessenausgleichs auf der globalen Ebene aus und streiten sich vor allem über die Frage, welcher Mechanismus (Markt – Recht – Demokratie) diesen Ausgleich unter welchen Bedingungen (wirtschaftliche Freiheit – rechtliche Rahmenordnung – demokratisch legitimierte Eingriffe in den Wettbewerb) herbeiführen kann. Aus Sicht des Realismus hängt die Funktionsfähigkeit des internationalen Wettbewerbs von Bedingungen ab, die nur mit politischer Macht durchgesetzt werden können.

Bei den drei liberalen IPÖ-Paradigmen und im Realismus geht es also um die Frage, ob die Globalisierung des Wettbewerbs zu einem Ausgleich der Interessen der beteiligten Individuen führen kann und wenn ja, unter welchen Bedingungen er das tut. Ausgehend von dieser Frage nach den Bedingungen des Interessenausgleichs (als Kern der Frage nach dem Verhältnis von Politik und Ökonomie in den internationalen Beziehungen) lassen sich die Paradigmen in einer Diärese, also einer dichotomischen Untergliederung, zueinander in Beziehung setzen (Abbildung 7: S. 159).[400] Mit einer solchen Untergliederung lässt sich zeigen, wie die Paradigmen die logisch denkbaren Antworten auf die Ausgangsfrage ausfüllen. Die Einteilung führt naturgemäß zu einer idealtypischen Abgrenzung; die in den IPÖ-Debatten vertretenen konkreten Positionen sind oft weniger eindeutig und verwenden teilweise Versatzstücke aus verschiedenen Paradigmen.[401] Eine solche Einschränkung gilt aber generell bei jeder Einteilung von Paradigmen und nicht nur bei der Anwendung des diäretischen Verfahrens.

Auf die Frage, ob im globalen Wettbewerb ein Interessenausgleich möglich ist, gibt es zwei logisch denkbare Antworten: Erstens, dass der Interessenausgleich möglich und zweitens, dass er nicht möglich ist. Wenn ein Ausgleich grundsätzlich möglich ist, so kann er zum einen – wie im Liberalismus – als dauerhafter Ausgleich gedacht werden; in den inter-

---

400 Das Verfahren der Diärese (oder Dihairesis) geht philosophiegeschichtlich auf Platon zurück, der es in den Dialogen „Sophistes“ und „Politikos“ äußerlich betrachtet als Methode der Begriffsdefinition einführt. Im „Phaidros“ erläutert Platon die tiefere Bedeutung des Verfahrens (265c-266c): Die *διαίρεσις* (Einteilung) bezeichnet den Teil der Dialektik, der einen Oberpunkt dergestalt untergliedert, dass die logische Struktur des betreffenden Sachverhalts deutlich wird. Der andere Teil der Dialektik ist die *συναγωγή* (Vereinigung, Zusammenziehung), die darin besteht, „das überall Zerstreute anschauend zusammenzufassen in eine Gestalt, um jedes genau zu bestimmen“ („Phaidros“, 265d).

401 So wurde z. B. schon in Teil 2 darauf hingewiesen, dass die Verwendung des Rational Choice-Ansatzes zu einer Annäherung zwischen dem Neorealismus und dem Neoinstitutionalismus geführt hat. Auch der Übergang vom sozialstaatlichen Liberalismus zum Strukturalismus ist (wie erwähnt) gelegentlich fließend.

nationalen Beziehungen kann sich aus dieser Sicht eine fortschreitende wirtschaftliche und politische Zusammenarbeit ergeben. Zum anderen kann der Interessenausgleich temporär sein, weil er – wie im Realismus – von zufälligen Machtkonstellationen abhängig ist, die sich in der Situation der Anarchie nicht gezielt und dauerhaft herbeiführen lassen.

Im Liberalismus unterscheiden sich die Varianten danach, ob der Wettbewerb automatisch zum Interessenausgleich führt (radikaler Wirtschaftsliberalismus) oder nicht. Wird der Interessenausgleich im Wettbewerb nicht automatisch erreicht, so müssen seitens der Politik die Bedingungen der Möglichkeit eines Ausgleichs geschaffen werden: entweder eine Rahmenordnung für den Wettbewerb oder zusätzlich zur Rahmenordnung eine Korrektur der Marktergebnisse. Im Realismus ergeben sich zwei Möglichkeiten des temporären Interessenausgleichs: durch Machtgleichgewicht oder durch einen benevolenten Hegemon. Sowohl das Gleichgewicht als auch die Hegemonie können als Ergebnis der Außenpolitik und Diplomatie (Realismus) oder als Folge systemischer Prozesse (Neorealismus) gedeutet werden.

Der Strukturalismus geht von der Unmöglichkeit eines globalen Interessenausgleichs aus und deutet die internationalen Beziehungen als einen Kampf. Strukturalisten sehen auch temporär keine Möglichkeit des Interessenausgleichs, solange überhaupt politische und ökonomische Herrschaftsstrukturen bestehen. Herrschaft schafft Ungleichheit, die wiederum die Ausbeutung der Schwächeren zur Folge hat. Strukturalisten konzentrieren sich auf die Analyse der Herrschaftsstrukturen und plädieren für eine herrschaftsfreie Gesellschaft, die entweder kollektivistisch verstanden wird (insbesondere bei Marx und im Marxismus) oder radikal partikularistisch (wie bei einigen postmodernen Autoren). In beiden Varianten beruht die Utopie eines weltweiten Friedens auf der Ablehnung der Idee eines Ausgleichs zwischen individuellen Interessen in Tauschbeziehungen. Hier lässt sich der Vollständigkeit halber die radikale Gegenposition erwähnen, derzufolge der diagnostizierte Kampf nicht überwunden, sondern bejaht werden soll; dies ist der Faschismus, der jedoch in der IPÖ-Literatur nicht vertreten und deshalb hier auch nicht weiter behandelt wird. Er geht wie der Strukturalismus davon aus, dass ein Ausgleich der individuellen Interessen grundsätzlich nicht möglich ist, lehnt aber auch die Utopie der Herrschaftsfreiheit ab. Der Kampf zwischen Ungleichen wird hier als das lebenserhaltende Prinzip gedeutet, das zur Höherentwicklung der Menschen führt. Aus Sicht des Faschismus domestiziert der ökonomische Wettbewerb dieses Prinzip und schränkt es soweit ein, dass es diese Funktion nicht mehr hinreichend erfüllen kann.[402]

Die Diärese verdeutlicht, dass es bei der Beurteilung der Globalisierung des Wettbewerbs durch die IPÖ-Paradigmen nur vordergründig um die Bedingungen der Funktionsfähigkeit des Wettbewerbs geht. Hinter der in Kapitel 3.2 dargestellten Diskussion steht die eigentliche Frage, wie der Interessenausgleich zwischen Individuen bzw. Staaten überhaupt zu verstehen ist. Der Realismus und die Varianten des Liberalismus unterscheiden sich danach, welches Prinzip sie als für den Interessenausgleich entscheidend ansehen:

1. Radikaler Wirtschaftsliberalismus: Der Interessenausgleich erfolgt im *Tausch*; der Tausch (als Vertrag) begründet das Recht und die Politik (Verfassung); Machtpositionen können im Wettbewerb nur kurzfristig aufgebaut werden, so dass sie keine besondere Herausforderung für die Politik darstellen.

402 Siehe dazu den Kommentar zu Hitlers „Mein Kampf“ von Zehnpfennig (2000). Zur Gegenüberstellung von Marxismus (Kommunismus) und Faschismus bzw. Nationalsozialismus: ebd., 276-284; zum Begriff des Faschismus: ebd., 310f. und Anmerkung 323.

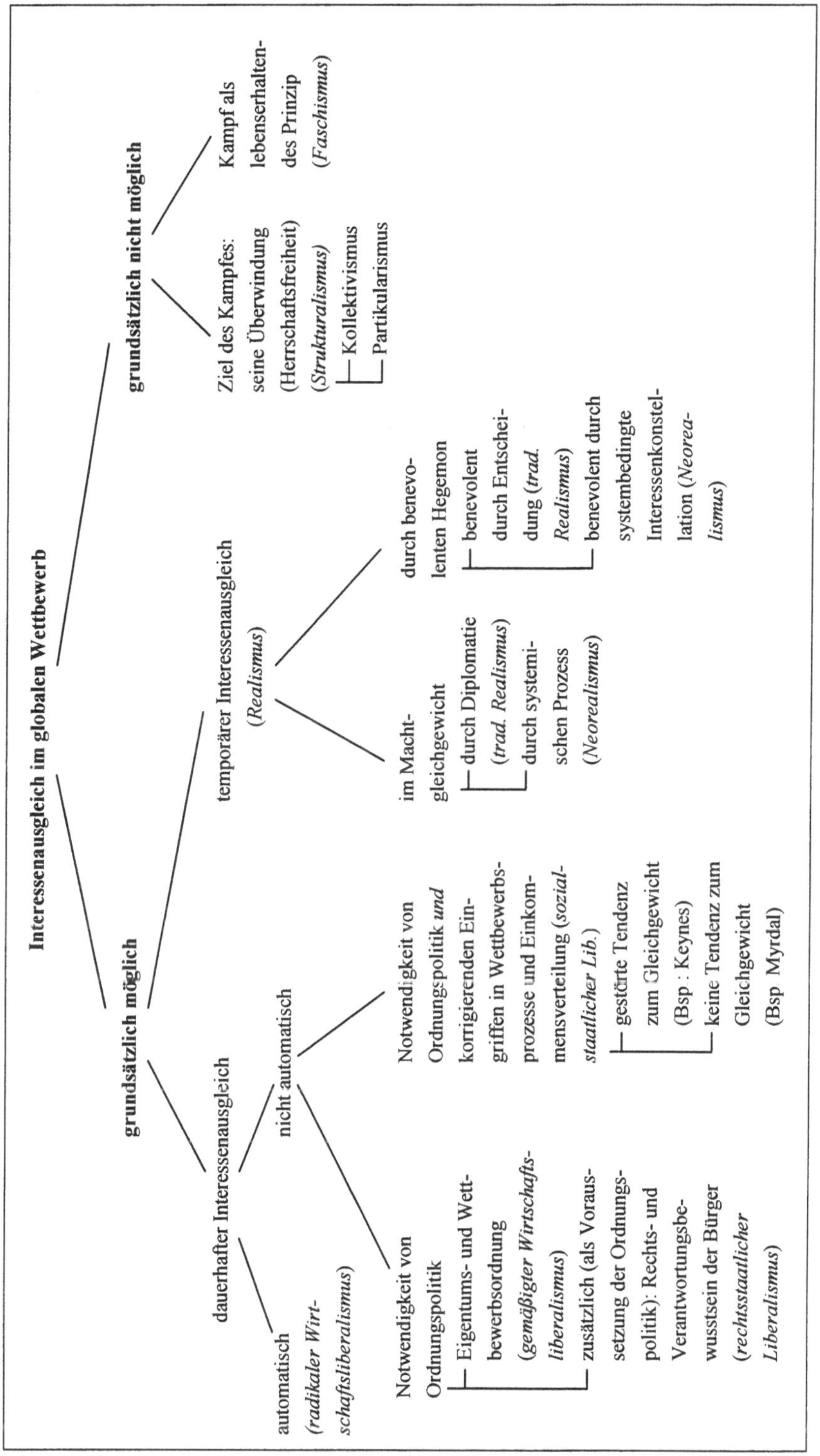

Abbildung 7: Diärese der paradigmatischen Urteile über die Möglichkeit eines Interessenausgleichs im globalen Wettbewerb

2. Rechtsstaatlicher Liberalismus: Der Tausch führt nur zu einem Interessenausgleich, wenn er einer bestimmten Form – dem *Recht* – genügt; das Recht wird durch eine Rahmenordnung für den Tausch bzw. den Wettbewerb umgesetzt; auch die politische Macht muss dem Recht unterworfen sein.
3. Sozialstaatlicher Liberalismus: Der Interessenausgleich erfolgt primär durch *Partizipation* am demokratischen Prozess, in dem die Kriterien für korrigierende und steuernde Eingriffe in den Wettbewerb definiert werden; um die Voraussetzungen für die Partizipation zu sichern, muss darüber hinaus eine Umverteilung der Einkommen und des Vermögens vorgenommen werden.
4. Realismus: Der Interessenausgleich im Tausch und in demokratischen Prozessen ist auf die Durchsetzung von Regeln angewiesen, die Macht voraussetzen. Die *Macht* ist das begründende Prinzip der Politik und der Ökonomie.

In der Diskussion über die Globalisierung des Wettbewerbs geht es den Vertretern der Paradigmen jeweils darum, ihr Prinzip zur Geltung zu bringen: den Tausch, das Recht, die Partizipation oder die Macht. Die Prinzipien der konkurrierenden Paradigmen werden nicht als irrelevant abgelehnt, sondern dem jeweils eigenen Prinzip untergeordnet. So leugnet z. B. der rechtsstaatliche Liberalismus nicht das Phänomen der Macht, sondern will die Macht dem Recht unterwerfen und sie damit kontrollieren; umgekehrt lehnt der Realismus das Recht nicht ab, sondern geht davon aus, dass nur mittels Macht Recht durchgesetzt werden kann.

Der Strukturalismus hingegen lehnt das Konzept des Interessenausgleichs grundsätzlich ab und formuliert eine Fundamentalkritik der drei anderen Paradigmen. Aus seiner Sicht setzen sich im Tausch, bei der Formulierung des Rechts oder in der Demokratie immer die Stärkeren durch; die Ergebnisse dienen folglich immer dem Nutzen der Stärkeren und sind zum Schaden der Schwächeren. Solange es Ungleichheit gibt, könne es deshalb keinen Ausgleich geben. Diese Kritik lenkt den Blick auf die entscheidende Frage, ob es den anderen Paradigmen gelingt, die Bedingungen für einen Interessenausgleich hinreichend zu spezifizieren oder ob der Umschlag des Ausgleichs in den Kampf in der unzureichenden Begründung ihrer Position angelegt ist. In der Analyse der Grundlegung der Paradigmen im politischen Denken der Neuzeit (Teil 4) wird deutlich werden, dass sowohl im Realismus als auch in den Varianten des Liberalismus die Voraussetzungen für den Ausgleich von Interessen nicht hinreichend benannt werden und sie dadurch der Kritik des Strukturalismus bzw. Marxismus Vorschub leisten. Bevor jedoch zu dieser Analyse übergegangen wird, soll zunächst der Stellenwert der Paradigmendiskussion für die politische Praxis näher bestimmt werden.

3.3.3 Paradigmendiskussion und politische Praxis: personaler Realismus I

3.3.3.1 Paradigmen und Interessen

In der Auseinandersetzung mit Strange (2.4.2) und Gilpin (3.2.2.1) wurde die Frage aufgeworfen, wie sich die Paradigmendiskussion zur empirischen Wirklichkeit (und damit auch zur konkreten Politik) verhält, und festgestellt, dass sie nicht nur eine akademische Reflexion dieser Wirklichkeit ist, sondern dass in dieser Diskussion die Positionen ausformuliert werden, die auch in konkreten politischen Konflikten aufeinanderstoßen. Die Strukturierung der Paradigmendiskussion in der IPÖ ist somit zugleich die Grundlage für die Analyse konkreter internationaler Interessenkonflikte. Diese These lässt sich nun, nach der Zurückführung der Diskussion auf das Verständnis des Interessenausgleichs als ihrem Kern, präzisieren.

Auf den ersten Blick scheinen Akteure in politischen Konflikten nur ihre eigenen Interessen im Blick zu haben, so dass es naheliegen würde, die Paradigmen als eine Art rhetorisches Instrument zur Durchsetzung eigener Interessen anzusehen. Ein solches Verständnis des Verhältnisses von Interessen und Paradigmen kann aber nicht befriedigen, wie sich an einem einfachen Beispiel zeigen lässt. Wenn es zwischen dem IWF und einzelnen Entwicklungsländern zu einem Streit über die Konditionen einer Kreditvergabe kommt, treffen häufig gegensätzliche wirtschaftspolitische Konzeptionen aufeinander: der Wirtschaftsliberalismus auf Seiten des IWF und eine dem Neomerkantilismus oder dem sozialstaatlichen Liberalismus zuzuordnende Konzeption von Wirtschaftspolitik auf Seiten des Entwicklungslandes. So wie Strange den Zusammenhang zwischen Paradigmen und Interessen interpretiert, werden die Interessen eines Akteurs von seiner Situation und seinen subjektiven Präferenzen bestimmt; von dort her entscheidet sich, welches Paradigma er zur rationalen Begründung seiner Interessen wählt. Die Argumente sind somit nur scheinbar objektiv, in Wahrheit reflektieren sie die subjektiven Interessen. Daraus folgert sie, dass es wenig sinnvoll ist, sich in der IPÖ mit der Paradigmendiskussion zu befassen, und man vielmehr die konkreten Machtmittel untersuchen soll, mit denen die Akteure ihre Interessen durchzusetzen versuchen (Strange 1988; s. o., S. 72ff.).

In dem Rückgriff der Akteure auf objektive Argumente deutet sich aber noch eine andere Möglichkeit an, das Verhältnis von Interessen und Paradigmen zu verstehen: nämlich zu fragen, wie die Akteure ihre Interessen überhaupt definieren. In Konflikten wie demjenigen zwischen einem Entwicklungsland als Kreditnehmer und dem IWF als Kreditgeber treten beide Seiten häufig nicht nur mit dem Ziel auf, ihre jeweiligen Interessen durchzusetzen, sondern sie beanspruchen tatsächlich (und nicht nur rhetorisch), dass ihre Sicht gerechtfertigt und deshalb richtig ist. Das deutet sich bereits in dem verletzten Rechtsgefühl eines Akteurs an, der seine Position in den internationalen Beziehungen nicht durchsetzen kann. Ein solches Gefühl setzt voraus, dass einem nach Maßgabe eines höheren, intersubjektiv gültigen Maßstabs (von dem erwartet wird, dass auch der andere ihn anzuerkennen hat) nicht das Gebührende zuerteilt wurde; wenn es den Akteuren tatsächlich nur um subjektive Interessen ginge, könnte höchstens das Ehrgefühl verletzt werden. Noch deutlicher wird dieser Punkt, wenn man berücksichtigt, dass der Rechtfertigung der eigenen Position gegenüber Dritten die Formulierung dieser Position durch den Akteur selbst vorausgeht: Jeder Akteur muss zunächst bestimmen, was er als sein Interesse versteht, bevor er dies gegen andere durchsetzt – und bei dieser Festlegung wird er den Irrtum ausschließen wollen.

Betrachtet man in dem genannten Beispiel den Prozess der Interessendefinition des IWF aus Sicht des Realismus, so spielen dabei diejenigen Mitgliedstaaten die entscheidende Rolle, die aufgrund ihres Beitrags zu dem Fonds über die meisten Stimmen verfügen, allen voran die Vereinigten Staaten.[403] Der dominierende Einfluss des mächtigsten Mitgliedstaates

403 Die Industrieländer verfügen über einen Anteil von über 60 Prozent an den Gesamtstimmen (siehe http://www.imf.org/external/np/exr/facts/quotas.htm; 23.12.2007). Die Vereinigten Staaten haben wegen ihres hohen Kapitalanteils am Fonds 17,1 Prozent der Stimmrechte (ebd., s. a. Deutsche Bundesbank 2003,

ist unbestreitbar – aber damit ist der Prozess der Interessendefinition nicht erklärt, sondern nur auf die nächsthöhere Ebene verlagert. Die Frage lautet nun: Wie definieren die Vereinigten Staaten (und andere wichtige Mitgliedsländer) ihre Interessen in Bezug auf den IWF?

Als treibende Kraft bei der Gründung des IWF im Rahmen des Bretton-Woods-Abkommens von 1944 verfolgten die Vereinigten Staaten vor allem das Ziel, eine Institution im Bereich der Währungspolitik zu schaffen, die im Fall von Finanzkrisen regulierend eingreifen kann, um die Wiederholung einer Weltwirtschaftskrise wie derjenigen von 1929 zu verhindern.[404] Die damalige Definition der US-amerikanischen Interessen in Bezug auf den IWF war geprägt von einer keynesianischen Deutung der Weltwirtschaft und der Wirtschaftspolitik; Keynes persönlich nahm als Berater an den Verhandlungen über das Bretton-Woods-Abkommen teil. Die Deutung der wirtschaftspolitischen Zusammenhänge und damit der Aufgabe des IWF änderte sich in den siebziger und achtziger Jahren, als der Keynesianismus durch den Wirtschaftsliberalismus abgelöst wurde. Diesem Wandel lag mit Sicherheit auch ein verändertes Interesse der Vereinigten Staaten zugrunde, das wiederum mit der Abschaffung der Goldkonvertibilität des Dollars und dem Übergang von einem System fester zu flexiblen Wechselkursen zu tun hatte.[405] Ein durch die Umstände verändertes Interesse der Vereinigten Staaten kann aber für sich genommen nicht die Wende der IWF-Politik vom Keynesianismus zum Wirtschaftsliberalismus erklären, denn diese Wende erfasste nicht nur Anfang der achtziger Jahre zahlreiche Regierungen in den Industrieländern,[406] sondern setzte bereits in den siebziger Jahren in vielen wirtschaftswissenschaftlichen Fakultäten der westlichen Welt ein. Der Wechsel vom keynesianischen zum wirtschaftsliberalen Paradigma in der Politik des IWF lässt sich somit nicht allein durch die Einflussnahme der Vereinigten Staaten erklären – es sei denn man unterstellt, dass sie nicht nur den IWF, sondern das gesamte wirtschaftswissenschaftliche Denken der westlichen Welt kontrollieren. Was den Paradigmenwechsel letztlich verursacht hat, muss hier nicht geklärt werden; entscheidend ist, dass nicht ein verändertes Interessenkalkül zur Wahl eines anderen Paradigmas geführt hat, sondern der Wechsel des Paradigmas zur Neudefinition der Interessen.

Wenn man also die Wirklichkeit der internationalen Beziehungen machtpolitisch erklärt, hat man damit noch relativ wenig gesagt. Selbstverständlich geht es allen Akteuren um die Durchsetzung ihrer Interessen – aber die entscheidende Frage lautet: Was verstehen sie darunter? Wie definieren sie ihre Interessen? Wenn der Mächtige sich überlegt, wie er seine Macht einsetzt, so muss er dabei eine Weltdeutung zugrundelegen, also eine Vorstellung davon, welche Ziele er in der Außenpolitik anstreben will und mit welchen Mitteln er diese erreichen kann. Ruggie weist zu Recht darauf hin, dass – um ein anderes Beispiel zu nehmen – das Verhalten der Vereinigten Staaten als Hegemonialmacht nach dem Zweiten Weltkrieg nur unter Rückgriff auf die grundlegenden politischen Überzeugungen der Ver-

21). Zum Einfluss der Vereinigten Staaten auf den IWF siehe auch Keohane/Nye (2001, 69). Zur Zeit wird im IWF eine Reform der Stimmrechtsverteilung diskutiert: IWF (2007a, 54-56).

404 Für eine politikwissenschaftliche Analyse der Entwicklung der internationalen Währungspolitik und speziell der Gründung des IWF vgl. Keohane/Nye (2001, Kap. 4).

405 Stiglitz (2002, 28) führt den Wandel in der Ausrichtung von IWF und Weltbank Anfang der achtziger Jahre maßgeblich auf den Einfluss von Reagan zurück.

406 Vgl. die Wahl von Margaret Thatcher zur Premierministerin von Großbritannien (1979), von Ronald Reagan zum Präsidenten der Vereinigten Staaten (1980) und von Helmut Kohl zum deutschen Bundeskanzler (1982 bzw. '83).

einigten Staaten zu erklären ist und nicht aus der Hegemonialstellung als solcher.[407] Ein Akteur der internationalen Politik wie die Vereinigten Staaten *kann* die Welt als rücksichtslosen Machtkampf deuten – entscheidend ist: Er *muss* es nicht. Die konkrete Situation kann ihn dazu zwingen, mit Akteuren umzugehen, die eine solche Deutung vertreten; sie kann ihn aber nicht zwingen, deren Deutung zu übernehmen.[408]

Daraus folgt, dass die Erklärung des Handelns der Akteure aus einem Interessen- und Machtkalkül notwendig auf die Weltdeutung der Akteure zurückgehen muss: Solange man nicht im marxistischen Sinn annimmt, dass das Handeln vollständig von den Umständen determiniert wird, hat ein Akteur bei der Formulierung seiner Interessen eine Wahlfreiheit. Dieser Formulierung der Interessen liegen auch Annahmen über Wirkungszusammenhänge zugrunde, zum Beispiel im Falle des IWF Theorien über die Funktionsfähigkeit von Märkten oder über den Zusammenhang von Außenhandel und wirtschaftlicher Entwicklung. Der Inhalt der verschiedenen Weltdeutungen wird durch die Paradigmen der IPÖ expliziert und systematisch durchdacht; die Grundmöglichkeiten der Weltdeutungen entsprechen den Varianten der Paradigmen. Ausgehend von ihren Weltdeutungen formulieren die Akteure in weltwirtschaftlichen und weltpolitischen Kontexten ihre Interessen.

3.3.3.2 Politik und Ökonomie

Diese Bestimmung des Verhältnisses von Weltdeutungen bzw. Paradigmen einerseits und Interessen andererseits erlaubt eine Präzisierung der Abgrenzung von Politik und Ökonomie. Eine erste Präzisierung ergab sich bereits aus der Auseinandersetzung mit Gilpins Abgrenzung von Politik und Ökonomie, die von seiner „realistischen" Position geprägt ist (s. o.: 3.2.2.1, S. 123). Gilpin definiert die Ökonomie als Streben nach Wohlstand, die Politik als Streben nach Macht. Dem liegt, so wurde oben gezeigt, als eigentlicher Unterschied zugrunde, dass es in der Ökonomie um eine Mehrung der Verfügungsrechte über Güter geht, wobei das „Mehr" sich auf die Ausgangssituation des Akteurs bezieht, während es in der Politik um eine Verbesserung der Situation eines Akteurs im Vergleich zu anderen Akteuren geht. Der primäre Unterschied liegt aus dieser Sicht nicht in den Gegenständen, auf die ökonomisches und politisches Handeln gerichtet sind, sondern im Referenzpunkt des „Mehr-haben-wollens": In der Ökonomie geht es, einfacher formuliert, um das „Mehr-haben als vorher", in der Politik um das „Mehr-haben als andere". Das Streben, ein Ölfeld zu kontrollieren, kann also sowohl ökonomisch als auch politisch motiviert sein: Ökonomisch motiviert ist es, wenn es der Erzielung von Gewinn, politisch, wenn es sicherheitspolitischen Interessen eines Staates dient.

Mit dieser Unterscheidung von Politik und Ökonomie wird deutlich, warum Realismus und Wirtschaftsliberalismus einander nicht verstehen, obwohl sie beide von der Annahme des Eigennutzstrebens der Akteure ausgehen. Der Wirtschaftsliberalismus deutet das Eigennutzstreben ökonomisch: In einer Tauschhandlung interessieren sich die Akteure nicht für die Veränderung des Nutzenniveaus der Tauschpartner, sondern nur dafür, wie sich ihre eigene Situation verändert. Bei der Wahl zwischen Handlungsoptionen maximiert

407 Ruggie (1992, 584-593); siehe auch oben das Zitat aus diesem Aufsatz in Fußnote 108.

408 In dieser Situation standen z. B. die Vereinigten Staaten im Zweiten Weltkrieg, als sie durch die weltpolitische Entwicklung zum Kampf gegen Hitler gezwungen wurden und dabei mit ihrem späteren Gegner, der Sowjetunion, zusammenarbeiten mussten (siehe dazu Bierling 2003, 86f.).

ein Akteur den eigenen Nutzen im Vergleich zu seinem Ausgangsniveau; der Nutzen der Tauschpartner interessiert ihn nur insofern, als er eine Voraussetzung für das Zustandekommen des Tauschs ist. Aufgrund dieser Annahme ist es z. B. unerheblich, ob eine Liberalisierung des Handels die wirtschaftliche und soziale Ungleichheit in einer Gesellschaft verstärkt, solange alle Akteure eine Aussicht auf Verbesserung ihrer Ausgangssituation haben: Die Verteilung der Wohlstandsgewinne aus wirtschaftlichen Reformen ist irrelevant.[409] Aus Sicht des Realismus muss dies als naiv erscheinen: Akteure interessieren sich nicht allein für die Verbesserung ihrer Situation im Vergleich zum Ausgangspunkt, sondern sie vergleichen sich miteinander. Nicht der Gewinn im Vergleich zu vorher ist entscheidend, sondern die Frage, ob man mehr als die anderen gewinnt und somit seine relative Position in den Machtbeziehungen verbessert. Politisches Handeln zeichnet sich aus realistischer Sicht gerade dadurch aus, dass es auf die Verbesserung der relativen Stellung zielt.

Das ist aber noch keine hinreichende Abgrenzung, weil es auch im wirtschaftlichen Wettbewerb zum Teil darum geht, mehr als andere zu haben bzw. sich von anderen zu unterscheiden.[410] Nicht der soziale Bezug als solcher kennzeichnet das politische Handeln gegenüber dem ökonomischen, sondern die Hinsicht, in der die Akteure ihre Position verbessern wollen: In politischen Konflikten geht es nicht um die bloße Durchsetzung von Interessen, sondern um die Durchsetzung der Anerkennung einer Weltdeutung, die die Akteure als objektiv richtig ansehen. Den Kern dieser Weltdeutung bildet ein bestimmtes Verständnis des Interessenausgleichs. Es ist das entscheidende Merkmal politischen Handelns, von der objektiven Berechtigung des eigenen Verständnisses des Interessenausgleichs auszugehen und dieses Verständnis durchsetzen zu wollen: Die eigene Vorstellung von der Lösung eines Konflikts wird als objektiv berechtigt und damit als gerecht angesehen. Politisches Handeln zielt nicht bloß auf die Verfolgung subjektiver Interessen, sondern auf die Durchsetzung von Gerechtigkeitsvorstellungen.[411]

Dies lässt sich wiederum an dem oben angeführten Beispiel eines Konflikts über die Kreditvergabe des IWF verdeutlichen: Wenn ein privater Kreditnehmer zu einer Bank geht, verhandeln (im Regelfall) beide Seiten in dem Wissen, dass jede Seite für sich möglichst günstige Konditionen erzielen möchte. Die Verhandlung führt entweder zu einer Einigung oder zu der Feststellung, dass die Verhandlungspositionen zu weit auseinander liegen. Einen politischen Charakter bekommt der Konflikt erst, wenn die Akteure mit unterschiedlichen Weltdeutungen und dem Anspruch auf deren Richtigkeit in die Verhandlung gehen: Wenn ein Entwicklungsland davon ausgeht, dass es einen moralisch gerechtfertigten Anspruch auf einen Kredit vom IWF hat, während dieser das ökonomische Prinzip verteidigt, dass ein Kredit nicht ohne Sicherungen und ohne die Prüfung der Kreditwürdigkeit des entsprechenden Landes vergeben werden darf, geht es nicht mehr bloß um Geld und Konditionen, sondern um die Durchsetzung bestimmter Vorstellungen eines angemessenen Interessenausgleichs – kurzum: es wird über die Frage der Gerechtigkeit gestritten. Während es

409 Sehr deutlich wird dies z. B. von Buchanan (1984, 27) ausgesprochen: nicht Ungleichheit ist die Ursache gesellschaftlicher Konflikte, sondern Uneinigkeit oder Ungewissheit über die Definition von Eigentumsrechten.

410 Vgl. Veblen (1965), Bourdieu (1979).

411 Das gilt auch, wenn ein politischer Akteur das rücksichtslose Machtstreben zum Grundsatz seines Handelns macht, wie es z. B. bei Machiavelli der Fall ist (siehe zur Interpretation von Machiavelli Abschnitt 4.1.1): Erstens wird in der Regel versucht, das Streben nach Macht durch ein höheres Ziel zu legitimieren (im Falle Machiavellis war dies die Einigung Italiens), zweitens wird diese Position des rücksichtslosen Machtstrebens erst dadurch politisch, dass das Machtstreben als objektiv gerechtfertigt angesehen und behauptet wird, dass Macht tatsächlich Recht schafft.

bei ökonomischen Konflikten um die materielle Verbesserung der eigenen Situation im Vergleich zur Ausgangssituation geht, zielen politische Konflikte im Kern auf die Durchsetzung von Gerechtigkeitsvorstellungen.

Die Akteure gehen in ihrem Handeln davon aus, dass ihre Weltdeutungen richtig und ihre Gerechtigkeitsvorstellungen berechtigt sind; sie beanspruchen für sie objektive Gültigkeit. Dieser Rückbindung der Akteure an eine beanspruchte Objektivität soll hier mit dem Konzept der *Person* Rechnung getragen werden: Anders als beim Verständnis der Akteure als Individuen werden die Interessen nicht als gegeben (oder als Ergebnis einer willkürlichen Entscheidung) gesehen, sondern als Ergebnis einer Entscheidung unter Rückbindung an eine beanspruchte Objektivität.[412] Die Entscheidung für eine Weltdeutung muss von den Akteuren nicht explizit begründet werden; ausschlaggebend für das Verständnis der Akteure als Personen ist nur, dass sie sie als begründet ansehen.

Gilpin und anderen Vertretern des Realismus ist also zunächst darin zuzustimmen, dass sie politische Beziehungen als ein Ringen um Macht und um die Durchsetzung von Interessen deuten. Doch anders als der individualistische Realismus es annimmt, geht es nicht um die Durchsetzung gegebener Interessen, sondern um die Durchsetzung der Anerkennung einer Weltdeutung und der mit ihr verbundenen Gerechtigkeitsvorstellung. Diese Deutung politischer Konflikte soll im Folgenden als *personaler Realismus* bezeichnet werden (in Abgrenzung zum individualistischen Realismus in der Internationalen Politik).

Die Konzeption des personalen Realismus baut auf den Verfassungslehren der griechischen politischen Philosophie auf: Platon und Aristoteles deuten beide die Verfassungskonflikte in den griechischen Poleis ihrer Zeit als Konflikte von Gerechtigkeitsvorstellungen. Neben der Bedrohung der Poleis durch die Tyrannis, die dem Prinzip des „Rechts des Stärkeren" folgt, sehen sie die entscheidende Gefahr für die politische Stabilität im Konflikt zwischen Oligarchie und Demokratie. In der „Politeia" kennzeichnet Platon die Oligarchie als „die nach der Schatzung geordnete Verfassung" (550 c), in der der Staat politisch und sozial in zwei Lager gespalten ist. Der „große Fehler" der Oligarchie ist es,

> daß ein solcher Staat notwendig nicht einer ist, sondern zwei; den einen bilden die Armen, den anderen die Reichen, welche beide, immer jedoch sich gegenseitig auflauernd, zusammenwohnen. (Rep. 551 d)

Die Spaltung in Arme und Reiche und die auf ihren eigenen Nutzen hin orientierte Herrschaft der Reichen führt in der Reaktion zur Herrschaft der Armen, die die Gleichheit der Bürger als Voraussetzung für die Freiheit aller anstrebt (555 b – 558 c).[413] Oligarchie und

412 Der Begriff der Person wird in den Teilen 5 und 6 in Auseinandersetzung mit der politischen Philosophie von Aristoteles näher bestimmt. Bei Aristoteles erscheint der Begriff freilich nur der Sache nach, z. B. in dem Verständnis des Menschen als politischem Lebewesen (*φύσει πολιτικὸν ζῷον*, Pol. 1253 a 3), d. h. als ein Lebewesen, das zur Verwirklichung seiner Vernunftanlage auf die Gemeinschaft angewiesen ist. Der Begriff selbst ist lateinischen Ursprungs und hat ideengeschichtlich erst seit Tertullian, Augustinus und Boethius und eine bedeutende Rolle gespielt. Zur philosophiegeschichtlichen Entwicklung des Begriffs siehe Fuhrmann et al. (1989), Sturma (Hg., 2001, Teil I), Kather (2007); zu seiner Bedeutung in der vorchristlichen Philosophie: Forschner (2001).

413 Der Demokratiebegriff bei Platon und Aristoteles unterscheidet sich signifikant vom heutigen Demokratieverständnis: Der Begriff bezeichnet die Herrschaft zum Vorteil der Armen (vgl. Aristoteles, Pol. III 7 und 8), die in ihrer extremen Form „nichts anderes als eine vielköpfige Gewaltherrschaft" ist (Aristoteles, Pol. V 10, 1312 b 36-38; vgl. Platon, „Nomoi", 714 a und 832 b/c). Während der moderne Demokratiebegriff die Rechtsstaatlichkeit der Demokratie immer mitdenkt, verstehen Platon und Aristoteles unter Demokratie vor

Demokratie werden in den „Nomoi“ zusammen mit der Tyrannis als „Parteiherrschaft“ bezeichnet, in denen die Herrschaft nicht „freiwillig über freiwillige Untertanen“ ausgeübt wird (832 c), „sondern jede [Verfassung, H. H.] herrscht nach eigenem Willen über unfreiwillige Untertanen mit steter Anwendung von Gewalt“ (ebd.).

An dieser Kennzeichnung politischer Konflikte knüpft Aristoteles in der „Politik“ an. Auch er führt die politischen Konflikte zwischen Oligarchen und Demokraten in den griechischen Stadtstaaten zurück auf einen Streit über Gerechtigkeitsvorstellungen. Die Staaten waren vom Ringen zweier Parteien um politische Macht gekennzeichnet: Die Oligarchen als Vertreter der reichen Oberschicht beanspruchten die politische Herrschaft für sich und wollten die Armen von der Herrschaft ausschließen; umgekehrt wollten die Demokraten als Vertreter der armen Unterschicht die Herrschaft der Vielen durchsetzen. Beide Seiten strebten danach, sich gegenüber der anderen durchzusetzen; vielfach waren den Akteuren in diesen Auseinandersetzungen alle Mittel recht, um auf Kosten der anderen Seite den eigenen Vorteil zu suchen.

In diesem Punkt sind sowohl Platon als auch Aristoteles Realisten: Die empirische Wirklichkeit der Politik wird als ein Kampf um Macht und Selbstdurchsetzung gekennzeichnet. Doch ihre Analyse zeigt zugleich, dass ein wirklicher Realismus, der nicht nur auf die Beschreibung, sondern auf das Verstehen der Wirklichkeit zielt, einen Schritt weitergehen und fragen muss, worauf die Selbstdurchsetzung eigentlich zielt. Platon sieht den Grund für politische Konflikte in der fehlenden politischen Ordnung: Oligarchische und demokratische Staaten werden wie die Personen, die diese Verfassungen verkörpern, von Begierden und nicht von der Vernunft beherrscht (vgl. „Nomoi“, 714 a). Aristoteles sieht als den Kern des Streits zwischen den beiden Verfassungen ein unterschiedliches Rechtsverständnis (Pol. III 9): Die Oligarchen schließen aus der Ungleichheit der Bürger hinsichtlich ihres Vermögens auf eine Ungleichheit schlechthin, so dass ihrer Auffassung nach alle Rechte den Reichen zuzuschreiben sind; die Demokraten wiederum folgern aus der Gleichheit der „freien Geburt“, dass die Bürger schlechthin in jeder Hinsicht gleich sind (ebd., 1280 a 20-25). Beide Autoren analysieren die politischen Auseinandersetzungen in der Polis als eine Art Klassenkampf; doch im Unterschied zur marxistischen Deutung von Politik als Klassenkampf erklären sie den Kampf nicht aus ökonomischen Interessen, sondern zeigen, dass der scheinbar ökonomische Streit über Vermögensfragen von unterschiedlichen Vorstellungen über den gerechten Interessenausgleich geprägt ist. Politik ist somit nicht ein Kampf um das „Mehr-haben“ an Dingen, sondern um das „Recht-haben“ in Bezug auf Gerechtigkeit. Im Anspruch des „Rechthabens“ in Bezug auf die letzten Maßstäbe (also: in Bezug auf Wahrheit) zeigt sich der eigentliche, der um sich selbst wissende politische Selbstdurchsetzungswille.

Das Politische besteht also gewissermaßen im Anspruch auf die Verallgemeinerbarkeit des eigenen Verständnisses des Interessenausgleichs. Dieses Ergebnis liefert den Schlüssel für die weitere Auseinandersetzung mit den fünf IPÖ-Paradigmen im nächsten Teil der Untersuchung: Die Rückführung der Diskussion über die Globalisierung des Wettbewerbs auf die verschiedenen Vorstellungen vom Interessenausgleich bildet die Voraussetzung für

---

dem Hintergrund der Erfahrungen ihrer Zeit eine Willkürherrschaft der Armen (als Analogon zur Oligarchie, die eine Willkürherrschaft der Reichen zu ihrem eigenen Vorteil darstellt; siehe Platon, „Politeia“ VIII: 555 b – 558 c). Ein vergleichbar pejorativer Demokratiebegriff findet sich noch bei Kant („Frieden“, B 25). Zum Vergleich des Demokratiebegriffs der Antike und der Moderne: Bleicken (1995, Kap. XVI), Nippel (2003), Münkler (2003). Die Unterscheidung der Verfassungen bei Aristoteles wird unten in Kapitel 5.4 behandelt.

die Analyse dieser Vorstellungen. Dabei wird sich zeigen, dass ein Teil der Paradigmen gewissermaßen die theoretische Ausformulierung des oligarchischen und demokratischen Denkens ist, das Platon und Aristoteles in ihrer politischen Philosophie kritisieren. Die Auseinandersetzung mit den geistigen Grundlagen der Paradigmen ermöglicht dann auch die Prüfung, ob die jeweils beanspruchte Verallgemeinerung logisch konsistent ist. Der Anspruch auf objektive Gültigkeit setzt Widerspruchsfreiheit auf der Ebene der Grundannahmen voraus; an diesem Maßstab können die Paradigmen gemessen werden.

4 Der Kern der Paradigmendiskussion: Konzeptionen des Interessenausgleichs

Das Ziel der Auseinandersetzung mit den Paradigmen der IPÖ ist es, eine Orientierung für die Beurteilung der Globalisierung des wirtschaftlichen Wettbewerbs zu gewinnen. In Hinblick auf dieses Ziel wurde in Teil 3 auf der Ebene der Phänomene angesetzt, um die konkreten Herausforderungen, die der Politik aus der Globalisierung des Wettbewerbs erwachsen, darzustellen. Im Ergebnis wurde deutlich, dass hinter der Frage, wie die Globalisierung des wirtschaftlichen Wettbewerbs zu beurteilen ist, auf einer tieferen Ebene die Frage steht, wie überhaupt ein Interessenausgleich zwischen Individuen erzielt werden kann.

Der (individualistische) Realismus und die drei Varianten des Liberalismus gehen in ihrem Verständnis von Politik und Ökonomie vom Individuum und seinen Interessen aus: Wirtschaftliches und politisches Handeln soll auf individuelle Entscheidungen zurückgeführt werden; die Zustimmung der Individuen wird zum entscheidenden Maßstab für die Beurteilung von Normen und Institutionen. Die Vertreter der Positionen, die die Globalisierung des freien Wettbewerbs befürworten, argumentieren, dass der Wettbewerb grundsätzlich allen beteiligten Seiten zugute kommen kann: Die Aufgabe des Wettbewerbs ist es, die Koordination der Individuen durch Tauschhandlungen zu ermöglichen. Die Kritiker des freien Wettbewerbs stellen in Frage, dass eine solche Koordination im freien Wettbewerb möglich ist: Aus Sicht des Realismus fehlen auf der internationalen Ebene im Regelfall die Voraussetzungen für einen fairen wirtschaftlichen Wettbewerb; aus sozialstaatlich-liberaler Sicht führt der freie Wettbewerb zu einer wirtschaftlichen und sozialen Ungleichheit, die der Vorstellung vom Interessenausgleich in diesem Paradigma widerspricht. Realismus und sozialstaatlicher Liberalismus folgen damit grundsätzlich den individualistischen Voraussetzungen, kommen aber in der Beurteilung des freien globalen Wettbewerbs zu anderen Ergebnissen als deren Fürsprecher.

In diesem Teil der Untersuchung sollen die individualistischen Konzeptionen des Interessenausgleichs auf ihre Grundlagen in der politischen Philosophie zurückgeführt werden. Der Strukturalismus wird dabei vernachlässigt, weil er den Interessenausgleich grundsätzlich nicht für erreichbar hält: Solange die Individuen danach streben, Interessen durchzusetzen, wird es soziale Ungleichheit geben, die die Stärkeren auf Kosten der Schwächeren ausnutzen. Der Strukturalismus ist folglich von den Paradigmen zu trennen, die nach den Bedingungen des Interessenausgleichs fragen. Er ist jedoch im Hintergrund relevant, weil ein Scheitern des Ausgleichs zu den sozialen und politischen Spaltungen führen kann, die aus strukturalistischer Sicht in einer individualistischen Gesellschaft unabwendbar sind.

In der Einschätzung des Wettbewerbs scheiden sich die vier individualistischen Paradigmen an der Beantwortung von zwei Fragen:

1. Welche Bedingungen müssen erfüllt sein, damit Individuen Verträge schließen können?

2. Führt jeder Vertrag zu einem Interessenausgleich zwischen den Vertragspartnern?

Die erste Frage berührt insbesondere das Problem der Durchsetzung von Eigentumsrechten: Verträge beruhen auf der wechselseitigen Anerkennung der Eigentumsrechte durch die Vertragspartner. Aus Sicht von „Realisten" setzt diese Anerkennung einen Souverän voraus, so dass sie auf der internationalen Ebene nur durch einen benevolenten Hegemon für längere Zeit gesichert werden kann. Aus liberaler Sicht hingegen kann sich auf internationaler Ebene schrittweise eine Kooperation der Akteure entwickeln, weil sie deren Vorteilhaftigkeit erkennen werden.

Die zweite Frage verweist auf das Problem der Qualifizierung der Willenserklärung. Nur aus realistischer und (radikal-)wirtschaftsliberaler Sicht sind Vertrag und Interessenausgleich deckungsgleich; politische (rechtsstaatliche und sozialstaatliche) Liberale gehen hingegen davon aus, dass es Situationen gibt, in denen einer der Vertragspartner unter Zwang zustimmt und die äußerlich übereinstimmende Willenserklärung nicht bedeutet, dass es einen wirklichen Interessenausgleich gibt. Die zentrale Frage des politischen Liberalismus lautet, unter welchen Bedingungen die Zustimmung zu einem Vertrag einen tatsächlichen Interessenausgleich herbeiführt – oder anders formuliert: unter welchen Bedingungen der Wettbewerb (in dem die Individuen Verträge abschließen) zum Vorteil aller Beteiligten ist. Als Antwort nennt der rechtsstaatliche Liberalismus – wie im Folgenden gezeigt werden soll – die gegenseitige Anerkennung der rechtlichen Gleichheit der Vertragspartner; der sozialstaatliche Liberalismus fordert darüber hinaus, dass die Beteiligten ihre Entscheidung frei von ökonomischen und sozialen Zwängen treffen können. Die Debatte zwischen den Varianten des Liberalismus dreht sich somit um die Frage, in welcher Hinsicht die Individuen gleich sein müssen, damit alle in gleicher Weise frei sein können; diese alte Frage der politischen Philosophie wird im Rahmen der Globalisierungsdiskussion und der Paradigmendiskussion der IPÖ für die globale Ebene neu gestellt.

Die Bedingungen, unter denen Verträge zwischen Individuen zustande kommen und einen Interessenausgleich herbeiführen, werden im Rahmen der individualistischen Paradigmen in der Theorie des Gesellschaftsvertrags behandelt. Die unterschiedlichen Konzeptionen des Interessenausgleichs in den IPÖ-Paradigmen lassen sich auf unterschiedliche Varianten der Vertragstheorie zurückführen, denn sie erklären gesellschaftliche Normen, Regeln der kollektiven Entscheidungsfindung und politische Institutionen aus einer ursprünglichen Zustimmung der Individuen heraus und damit aus einer Art Meta-Vertrag. Mit dem Gesellschaftsvertrag (vor allem durch die Spezifizierung der Eigentumsrechte) werden die Voraussetzungen für einzelne Verträge zwischen den Individuen geschaffen. Entsprechend den vier Konzeptionen des Interessenausgleichs, die den individualistischen IPÖ-Paradigmen zugrundeliegen, lassen sich vier Modelle des Gesellschaftsvertrags unterscheiden, die jeweils auf dem Prinzip des Tausches (bzw. der Zustimmung), des Rechts, der Partizipation und der Macht beruhen.

4.1 Individualistischer Realismus

Von den vier Konzeptionen des Interessenausgleichs soll hier zuerst der Realismus behandelt werden.[414] Ihm liegt die Hobbes'sche Theorie des Gesellschaftsvertrags zugrunde, auf der alle späteren (liberalen) Vertragstheorien aufbauen und von der sie sich zugleich abgrenzen. Das Ziel von Hobbes ist es zu zeigen, dass ein dauerhafter Interessenausgleich nur innerhalb einer staatlichen Ordnung möglich ist, deren Grundlage die Macht des Souveräns ist. Die Macht ist die Grundlage des Rechts, weil sie den Rückfall in die Anarchie verhindert; damit ist sie auch die Voraussetzung für wirtschaftliche Tauschprozesse. Der Realismus teilt dieses Politikverständnis von Hobbes, was sich auch daran zeigt, dass Autoren, die dem Realismus zuzurechnen sind, sich regelmäßig auf Hobbes' Konzept der Anarchie beziehen.[415]

Hobbes' Erklärung von Recht und Politik aus der Situation des Machtkampfes im Naturzustand richtet sich bekanntlich zunächst gegen Aristoteles: „Auctoritas, non veritas facit legem" lautet der ihm zugeschriebene Satz, mit dem er sich gegen die aristotelische Naturrechtslehre wendet. Neben Aristoteles hat er aber noch einen zweiten Gegner im Blick: die Vertreter einer Position, die den Machtkampf nicht als Problem ansieht, sondern ihn (wie z. B. Machiavelli) bejaht.[416] Hobbes geht gerade nicht davon aus, dass der im Leviathan herrschende Souverän der Stärkere ist, der aufgrund herausragender persönlicher Eigenschaften den „Pöbel"[417] unterwirft. Ihm geht es nicht um die Analyse von Techniken der Selbstdurchsetzung im politischen Machtkampf, sondern um die Errichtung einer politischen Ordnung, die den Machtkampf domestiziert. An verschiedenen Stellen in seinem Werk wendet er sich deutlich gegen die Reduktion politischen Handelns auf einen bloßen Kampf um Selbstdurchsetzung. Diese Abgrenzung von Aristoteles einerseits und vom Machiavellismus andererseits entspricht der Position von Morgenthau: Beide, Hobbes und Morgenthau, kritisieren den Idealismus, der ein Recht jenseits der Zustimmung der Individuen annimmt, und lehnen zugleich die Reduktion von Politik auf das Recht des Stärkeren ab. Wie Hobbes dies begründet, soll im Folgenden untersucht werden; die entscheidende Frage wird sein, ob die Gratwanderung zwischen den beiden gegnerischen Positionen gelingt.

4.1.1 Zwei Formen von Machtpolitik: Hobbes und Machiavelli

Die Rückführung des Realismus auf Hobbes steht zunächst in Widerspruch dazu, dass Morgenthau (als Begründer des traditionellen Realismus) sich von Hobbes abgrenzt. Er übernimmt zwar von Hobbes das Konzept der Anarchie (z. B. Morgenthau 1952, 34), rechnet ihn aber ansonsten zusammen mit Machiavelli zu den Autoren, die im Unterschied zu seiner eigenen Position ein maßloses Machtstreben rechtfertigen wollen.[418] Die Gleichsetzung von Hobbes und Machiavelli beruht jedoch auf Morgenthaus Fehlinterpretation von

414 Mit „Realismus" ist in Kapitel 4.1 durchgehend der individualistische Realismus gemeint.

415 Zum Zusammenhang zwischen Hobbes und dem Realismus siehe z. B. Johnson (1993) und die Beiträge in dem Band von Airaksinen und Bertmann (Hg., 1989).

416 Hobbes setzt sich, wie in diesem Kapitel gezeigt werden soll, mit Argumenten auseinander, die von Machiavelli vertreten werden; er erwähnt ihn aber in seinen Schriften nicht namentlich (vgl. Sullivan 2004, 80f.).

417 Machiavelli: „Principe" (XVIII, 140).

418 S. o., Abschnitt 2.2.1, sowie Morgenthau (1985, 32).

Hobbes: Während Machiavelli tatsächlich für das „Recht des Stärkeren" eintritt und die Realität des politischen Machtkampfes nicht nur feststellt, sondern bejaht,[419] unterstellt Hobbes, dass Staaten nach Sicherheit und nicht nach unumschränkter Macht streben; daraus leitet er das Gebot einer zurückhaltenden Außenpolitik ab, die nicht unnötig das Bedürfnis nach Revanche fördert und die die Eskalation von Konflikten vermeidet (siehe unten, S. 185). Morgenthaus Überlegung, dass gute Außenpolitik unter der „realistischen" Annahme eines allgemeinen Machtstrebens der Staaten um die Förderung des Friedens (im Sinne von Sicherheit) bemüht sein soll, ist somit durchaus mit Hobbes vereinbar, nicht aber mit Machiavelli.

Ideengeschichtlich wird am Unterschied zwischen Hobbes und Machiavelli das zentrale Argument des Realismus deutlich, dass Politik zwar vom Machtkampf geprägt ist, aber am Ende (zumindest auf der nationalen Ebene) die Macht den Zweck hat, das Recht durchzusetzen. Der Realismus in der Internationalen Politik leitet aus dem Machtstreben der Menschen die Notwendigkeit des Strebens nach Sicherheit ab; das Machtstreben wird nicht zum Selbstzweck. Morgenthau geht davon aus, dass Staaten nach Überlegenheit streben (und streben sollen), doch die Überlegenheit dient der Sicherheit und der Wahrung der nationalen Interessen und nicht der schrankenlosen Erweiterung von Machtpositionen. Diese Unterscheidung wird in der Diskussion über den Realismus und über die Interpretation von Politik als Machtkampf häufig übersehen, was wesentlich damit zusammenhängt, dass Machiavelli von vielen Autoren zu wohlwollend interpretiert und seine Bejahung des Machtkampfes unterschätzt wird. Zwei Aspekte spielen dabei eine zentrale Rolle: die Interpretation des Realismus von Machiavellis Politikverständnis und die Unterschiede zwischen dem „Principe" und den „Discorsi".

Machiavelli wird von einer Reihe von Interpreten als ein Realist angesehen, der erkannt hatte, dass Politiker im Kontext der kriegerischen Auseinandersetzungen seiner Zeit nur etwas durchsetzen konnten, wenn sie zu Mitteln griffen, die gemeinhin als unmoralisch gelten. Die Verhaltensregeln, die Machiavelli aufstellte, dienten im Ergebnis dem Gemeinwohl, nämlich der Einigung Italiens und der Errichtung einer stabilen staatlichen Ordnung. Diese Position findet sich bereits bei Hegel;[420] in neuerer Zeit wird sie u. a. von Skinner (1988) und Kersting (1988) vertreten.[421] Nach Skinner ist Machiavelli „Exponent[ ] einer ausgeprägten humanistischen Tradition des klassischen Republikanismus" (Skinner 1988, 7); seine zentrale Botschaft lautet, dass der Fürst am Guten festhalten muss, soweit es möglich ist, aber im Notfall vor dem Schlechten nicht zurückschrecken darf (ebd. 67). Kersting deutet Machiavellis Verhaltensregeln für den Herrscher als Abschied vom „ethischen Normativismus"; sein Verdienst liege darin, „einen von allen Wertbindungen gelösten politi-

---

419 Das gilt nicht nur für den Herrscher im Verhältnis zu den Untertanen (siehe z. B. das Lob der Politik von Cesare Borgia in „Principe" VII), sondern auch für das Verhältnis zwischen Staaten: In den „Discorsi" lobt Machiavelli die Freiheit der römischen Republik ausdrücklich als Mittel für die Selbstdurchsetzung im Kampf zwischen Staaten (z. B. „Discorsi" II.2); die Selbstdurchsetzung erweist sich somit bei Machiavelli als das oberste Ziel der Politik. Vgl. Sullivan (2004, 81): „The battles that thrill Machiavelli repel Hobbes."

420 „Oft hat man dieses Buch [den „Principe", H.H.], als mit den Maximen der grausamsten Tyrannei erfüllt, mit Abscheu verworfen, aber in dem hohen Sinne der Notwendigkeit einer Staatsbildung hat Machiavelli die Grundsätze aufgestellt, nach welchen in jenen Umständen die Staaten gebildet werden mussten." (Hegel, „Vorlesungen über die Philosophie der Geschichte", 482). Vgl. auch Hegels frühe Schrift „Die Verfassung Deutschlands" (1800-1802), in der er Machiavellis Einsatz für die Einigung Italiens als Vorbild für die Einigung Deutschlands darstellt (S. 552-558).

421 Diese Deutung bildet gewissermaßen die Gegenposition zu Morgenthau: Hobbes und Machiavelli werden hier beide als Vertreter eines gemäßigten Machtkampfes gelesen.

schen Realismus und Pragmatismus in die politische Literatur einzuführen" (ebd., 91).[422] Diese Interpretationen reduzieren Machiavellis Aussagen zur „virtú" darauf, dass ein Herrscher um der Herstellung oder Sicherung der staatlichen Ordnung willen in Dilemmasituationen zu Handlungen genötigt sein kann, die unter normalen Umständen als unmoralisch gelten.[423] Seine Aussagen gehen aber wesentlich weiter: In den Kapiteln über das Verhalten des Herrschers im „Principe" (Kap. XV-XIX) nimmt er eine fundamentale Umwertung der Werte vor, in der die herkömmliche Moral nur noch ein Instrument der Selbstdurchsetzung des Fürsten ist. Wahre Tugend („virtú") besteht in der Selbstdurchsetzung, während herkömmliche Tugend allein als Schein nützlich ist, wenn sie dazu dient, die Beherrschten gefügig zu machen. Zwar nennt Machiavelli am Ende des „Principe" ein Ziel, dem die Macht des Herrschers dient, nämlich die Einigung Italiens. Doch in den „Discorsi" wird deutlich, dass die Einheit eines Staates wiederum nur der Selbstbehauptung im internationalen Umfeld dient, so dass das Ziel der Macht am Ende doch nur die Erweiterung der Macht ist.[424] Selbst wenn die Macht und die Einheit einem höheren Ziel dienen würden, wäre es fraglich, was das für ein Gut sein könnte, dass nur durch moralisch verwerfliche Handlungen (nach Maßgabe dieses Guten) erreicht werden könnte. Mit dem Gut der Freiheit im Sinne des politischen Liberalismus, der die Freiheit an den unbedingten Respekt des Rechts bindet, ist ein solches Politikverständnis jedenfalls nicht vereinbar.

Die zweite Variante einer wohlwollenden Interpretation von Machiavelli betont den Unterschied zwischen dem „Principe" und den „Discorsi" und findet in letzteren einen Beleg für die republikanische Gesinnung Machiavellis, die im „Principe" nicht hinreichend zur Geltung kommt. So beruft sich z. B. Doyle (1997, 46f. und 105-107) auf die „Discorsi", wenn er Morgenthau und Machiavelli als Vertreter ein und derselben Position („fundamentalist realism", 48) ansieht: Machiavelli sei ein „republican by conviction, a true lover of civic freedom" (103). Tatsächlich lobt Machiavelli die Freiheit in den „Discorsi" aber nur, weil sie der Selbstdurchsetzung eines Staates im internationalen Kampf um Macht dient; die Selbstdurchsetzung im Machtkampf ist sowohl in den „Discorsi" als auch im „Principe" das letzte Ziel. Das wird ironischerweise gerade in einem Zitat deutlich, mit dem Doyle (1997, 103) seine Deutung stützen will: Machiavelli führt in „Discorsi" I 58 aus, dass Republiken langfristig stabiler seien als Monarchien und lobt dort nicht den Vorteil der republikanischen Staatsform für den einzelnen Bürger, sondern für das Ziel der Selbstdurchsetzung. Die republikanische Freiheit hat für ihn keinen Eigenwert, sondern ist – entsprechend dem „virtú"-Verständnis des „Principe" – ein Instrument der kollektiven Selbstbehauptung.

Aus diesen Gründen wird hier der kritischen Lesart gefolgt, derzufolge Machiavellis politische Philosophie letztlich auf ein Plädoyer für das „Recht des Stärkeren" hinausläuft. Diese Interpretation wird in der Literatur z. B. von Ritter (1948), Strauss (1958), Faul (1961) und Sternberger (1975; 1982) vertreten, ist jedoch in den letzten Jahrzehnten eher zu einer Minderheitenposition geworden. Insbesondere Faul und Sternberger kritisieren die

422 Kersting (1988) sieht in der Trennung von Politik und Moral bei Machiavelli offensichtlich einen Erkenntnisfortschritt. Das Ziel der Politik sei für Machiavelli „mantenere lo stato", die Aufrechterhaltung der Machtposition des Herrschers. Das traditionelle sittliche Konzept von Politik wird damit von einer „Ethik der politischen Selbsterhaltung" (102) abgelöst. „Die Unterscheidungsleistung der konventionellen Moral bleibt unangetastet, nur kann sie für das Politische nicht als Orientierung dienen." (Ebd.)

423 So auch Münkler (1982): „virtú" sei der „Inbegriff all dessen, was geeignet ist, die Lebensfähigkeit und Stabilität des Gemeinwesens zu gewährleisten".

424 Sternbergers Betonung des „Dämonischen" in Machiavellis „Principe" ist somit durchaus angemessen (Sternberger 1978, 159-265).

Reduktion von Politik auf eine Technik des Machtkampfes und der Selbstbehauptung (oder modern formuliert: der Sicherung der Stabilität), bei der die Frage nach dem Zweck der politischen Gemeinschaft ausgeblendet wird. Sternberger (1975) stimmt der These der wohlwollenden Interpreten zu, dass der moderne Politikbegriff maßgeblich von Machiavelli geprägt worden sei. Darin aber sieht er gerade das Problem der Politikwissenschaft: Das moderne Politikverständnis konzentriert sich wesentlich auf die Analyse von Herrschaft und von Techniken des Machterwerbs und -erhalts; ein Politikverständnis, das auf die Errichtung einer verfassungsmäßigen Ordnung zielt und sich am Wert der Gerechtigkeit orientiert, werde hingegen verdrängt (ebd., 49; s. a. Faul 1961, insb. 49-74).

In der Internationalen Politik und der IPÖ nehmen Autoren, die den Realismus vertreten, zwar an, dass die Akteure im Kampf um Macht bzw. Sicherheit danach streben, ihre Interessen durchzusetzen; aber sie fragen nicht primär nach den Techniken der Selbstdurchsetzung, sondern nach Möglichkeiten, die Anarchie zu überwinden und trotz der Selbstdurchsetzung zu kooperieren. Dieser Ansatz entspricht nicht der politischen Philosophie von Machiavelli, sondern derjenigen von Hobbes. Machiavelli ist für den Realismus wie für Hobbes vor allem als Gegenposition relevant: Der Realismus in der IPÖ nimmt die Selbstdurchsetzung als ein Faktum an, aber er rechtfertigt sie nicht.

Der hier aufgezeigte Unterschied zwischen Hobbes und Machiavelli beruht darauf, dass Hobbes zwar auch von einem natürlichen Machtstreben des Menschen ausgeht, er aber zugleich annimmt, dass die Menschen in ihren Fähigkeiten grundsätzlich gleich sind. Es gibt aus seiner Sicht keinen Stärkeren, der sich wie Cesare Borgia seinen Mitmenschen überlegen fühlen kann. Aufgrund der Annahme der Gleichheit kann das Machtstreben durch den Gesellschaftsvertrag gebändigt werden; auf der internationalen Ebene erwächst aus der Gleichheit die Möglichkeit des Machtgleichgewichts. Machiavelli hingegen nimmt im „Principe“ die fundamentale Ungleichheit zwischen dem „Pöbel“ („il vulgo“) und dem wahren Herrscher an („il principe nuovo“).[425] Angesichts der Ungleichheit zwischen den Menschen kommt es dem Stärkeren zu, die Macht zu ergreifen und sich als Herrscher zu behaupten. In den „Discorsi“ wird die Argumentation differenziert; dort unterscheidet Machiavelli zwischen politischen Gemeinschaften von Gleichen und solchen von Ungleichen. Nur für die Gemeinschaft der Gleichen ist die Verfassung der Republik geeignet, die dank der Freiheit im Innern auf der internationalen Ebene anderen Staaten überlegen ist. Am Ende erweist sich auch im Fall der Republik die Selbstdurchsetzung unter Ungleichen auf der internationalen Ebene als das höchste Ziel.

Hobbes' politische Philosophie, die somit die eigentliche ideengeschichtliche Wurzel des Realismus in der IPÖ bzw. IP darstellt, wird im Folgenden in drei Schritten dargestellt: Ausgehend von der Anthropologie und der Theorie des Naturzustands (Abschnitt 4.1.2) werden das Staatsverständnis (4.1.3) und die Theorie der internationalen Politik rekonstruiert (4.1.4). Abschließend wird die Frage aufgeworfen, ob Hobbes Begründung des Rechts aus der Macht plausibel ist und als Grundlage für die Deutung der weltwirtschaftlichen und weltpolitischen Zusammenhänge dienen kann (4.1.5).

425 „il vulgo“: „Principe“ XVIII, 140. – Der neue Herrscher („principe nuovo“), von dem Machiavelli regelmäßig spricht (z. B. „Principe“ VII, 50; XVII, 128), ist zunächst derjenige, der im Fall eines Machtvakuums die Macht an sich nimmt und faktisch eine neue Herrschaft errichtet. Doch es wird deutlich, dass der neu an die Macht gekommene Herrscher auch einen neuen Herrscher*typus* vertreten soll: den „uomo virtuoso“, der sich durch die „virtú“ auszeichnet (z. B. „Principe“ VII 50, XII 96; „Discorsi“ I 1, 9). Nach Sternberger (1982, 172) ist der neue Herrscher derjenige, der sich in seinem Handeln an keinerlei Tradition gebunden sieht. Zum „uomo virtuoso“ vgl. auch Kersting (1988, 74-86).

4.1.2 Anthropologie und Naturzustand

Wie erwähnt liegt ein zentraler Unterschied zwischen Hobbes und Machiavelli in Hobbes' Annahme der Gleichheit der Menschen, die aus seiner Anthropologie abgeleitet wird. Die Menschen streben zwar von Natur nach Macht,[426] doch aufgrund der Gleichheit ihrer Fähigkeiten führt dieses Streben zu einem für alle unerträglichen Konkurrenzkampf (= Naturzustand; Abschnitt 4.1.2.1). Die Folge dieses Kampfes ist eine allgegenwärtige Todesfurcht, die die grundsätzliche Bereitschaft der Individuen zum Frieden fördert (4.1.2.2). Die Gleichheit der Todesfurcht ist das zentrale Element in Hobbes' Argumentation, das die Menschen in ihrem Machtstreben mäßigt und den Gesellschaftsvertrag ermöglicht.

4.1.2.1 Gleichheit der Menschen in ihren Fähigkeiten

Hobbes unterscheidet in seiner Anthropologie zwischen den körperlichen und intellektuellen Fähigkeiten der Menschen und begründet die Gleichheit der körperlichen Fähigkeiten relativ knapp: Die Menschen sind sich zumindest soweit gleich, dass auch der physisch Überlegene stets einen Angriff von Schwächeren fürchten muss. Der Schwächere kann den Stärkeren entweder durch Hinterlist oder durch ein Bündnis mit anderen Schwachen bezwingen (Lev. XIII, 60/94; zur Zitierweise: Fußnote 426). Das Gleichheitskriterium, das Hobbes hier zugrundelegt, ist folglich die allen gegebene Möglichkeit, andere in Todesfurcht zu versetzen.[427]

Die Begründung der Gleichheit der intellektuellen Fähigkeiten („faculties of mind", Lev. XIII, ebd.) ist komplizierter und ergibt sich aus Hobbes' materialistischer Anthropologie, die hier kurz skizziert werden soll.[428] Die Hierarchie von Vernunft und Begierde, aus der Aristoteles die natürliche Ungleichheit der Menschen ableitet,[429] wird von ihm umgekehrt: Der Verstand ist für den Menschen ein bloßes Mittel, das ihm bei der Verfolgung seiner von den Leidenschaften vorgegebenen Ziele dient. Mehr kann der Verstand bei Hobbes schon deshalb nicht sein, weil alles Denken auf sinnliche Empfindung zurückgeht: Die Einwirkung äußerer Objekte auf unsere Sinne ist Ursache der Empfindungen (Lev. I), die eine Einbildung (Erinnerung an die Empfindung) hinterlassen (Lev. II). Denken ist in der einfachsten Form (ohne Verwendung von Sprache) eine Verknüpfung von Einbildungen (Lev. III). Geregelte Folgen von Einbildungen können zwei Formen annehmen: Zum einen kann man ausgehend von einer „eingebildeten Wirkung" nach den Mitteln fragen, mit de-

426 Das Streben nach „Reichtum, Wissen und Ehre" kann auf das „Verlangen nach Macht" zurückgeführt werden (Lev. VIII, 35/56; s. u. das Zitat auf S. 176). – Der „Leviathan" (Lev.) wird nach der englischen Ausgabe von 1651 (Oxford: Oxford University Press 1998) und nach der deutschen Übersetzung von Euchner (Frankfurt: Suhrkamp, 1984) zitiert. Zitierweise: Lev. Kapitelzahl, Seitenzahl der englischen Ausgabe von 1651/Seitenzahl der Suhrkamp-Ausgabe (die Seitenzahlen der englischen Ausgabe von 1651 sind in verschiedenen Studienausgaben angeführt).

427 Eine Argumentation, die freilich von Faktoren wie der Ausübung von Herrschaft durch psychologischen Druck völlig absieht.

428 Zu Hobbes' Anthropologie siehe Chwaszcza (1996).

429 Aristoteles, Pol. I 2 (1252 a 30-34) und I 3-7. Hobbes argumentiert vor allem in den der Anthropologie gewidmeten Kapiteln durchgehend gegen Aristoteles; siehe dazu Wolfers (1991). Aristoteles' These der natürlichen Ungleichheit der Menschen kritisiert Hobbes explizit in „De cive" III.13. Zur politischen Philosophie von Aristoteles siehe unten, Teil 5.

nen diese Wirkung erzielt wird; zum anderen kann man „bei der Einbildung eines beliebigen Dings nach allen möglichen Wirkungen suchen, die damit hervorgebracht werden können“ (Lev. III, 9/20). Die erste Form von Gedankenfolgen ist allen Lebewesen zu eigen: die Fähigkeit, im Fall von Hunger und Durst nach Mitteln zu suchen, um diese Bedürfnisse zu befriedigen. Die zweite Form hingegen ist nach Hobbes eine ausschließlich menschliche Fähigkeit: angesichts eines Gegenstandes danach zu fragen, zu welchem Zweck dieser Gegenstand ein Mittel (Werkzeug) sein kann. Dieses Streben nach Erweiterung der Möglichkeiten – und nicht, wie bei Aristoteles, dasjenige nach der (zweckfreien) Erkenntnis der letzten Ursache – ist die eigentliche intellektuelle Leistung des Menschen.

Diese Leistung, die grundsätzlich schon ohne Sprache möglich ist (als „mental discourse“, Lev. III, 8/19), wird durch die Verwendung von Sprache verfeinert, weil diese durch die Zuordnung von Namen zu Einbildungen die Bildung von Klassen von Einbildungen erlaubt und zudem die Kommunikation zwischen Menschen ermöglicht. Aufgrund des Nominalismus, den Hobbes vertritt, führt die Verwendung von Sprache jedoch nicht zu einer neuen Qualität von Gedankenfolgen; der ursprüngliche Zweck des Denkens – nämlich die Erweiterung der Handlungsmöglichkeiten und damit der Macht – scheint aus Hobbes' Sicht schon ohne Sprache erreichbar zu sein.

Sprache und Verstand sind laut Hobbes ein „Rechnen“ mit Namen bzw. Gedankenfolgen. Er unterscheidet zwei intellektuelle Fähigkeiten: Klugheit („prudence“) und Wissenschaft („science“). *Klugheit* beruht auf Erfahrung:

> But this is certain; by how much one man has more experience of things past, than another; by so much also he is more prudent, and his expectations the seldomer fail him. (Lev. III, 10/21)

Die Erfahrung eines Menschen ist die Summe seiner vergangenen Einbildungen (= Erinnerungen; Lev. II, 5/14). Menschen, die ähnliches erlebt haben, verfügen über eine ähnliche Erfahrung – im Naturzustand (in dem alle ähnliches erleben) bedeutet das, dass Unterschiede der Erfahrung vor allem auf das Alter zurückzuführen sind. Da Hobbes zudem davon ausgeht, dass das Leben im Naturzustand kurz ist (Lev. XIII, 62/96), wird es auf der Ebene der Erfahrung nur geringfügige Unterschiede zwischen den Menschen geben.

Wissenschaft als „knowledge of consequences, and dependence of one fact upon another“ ist im Unterschied zur Klugheit eine Folge des Fleißes im Erlernen von Kenntnissen und im Einüben des methodischen Vorgehens und des logischen Folgerns (Lev. V, 21/36). Auf dieser Ebene gibt es deutliche Unterschiede zwischen den Menschen, die auf Unterschiede der Leidenschaften zurückzuführen sind:

> The passions that most of all cause the difference of wit, are principally, the more or less desire of power, of riches, of knowledge, and of honour. All which may be reduced to the first, that is, desire of power. For riches, knowledge and honour are but several sorts of power. (Lev. VIII, 35/56)

Da das Denken auf die Erweiterung der Handlungsmöglichkeiten, also auf Macht zielt, sind die Unterschiede in der Fähigkeit zum systematischen Denken zugespitzt formuliert eine Folge des mehr oder weniger starken Willens zur Macht. Doch diese Unterschiede sind offensichtlich nicht so groß, dass ein einzelner durch herausragende Klugheit und Wissenschaft die Hoffnung haben kann, die anderen Menschen dauerhaft zu unterwerfen, wie dies der mit „virtú“ und „fortuna“ gesegnete „uomo virtuoso“ in Machiavellis „Principe“ tut.

Entscheidend ist für Hobbes, dass auch der Stärkste immer noch den Widerstand der Schwächeren fürchten muss.

Das Verhältnis von Klugheit und Wissenschaft erläutert Hobbes (bezeichnenderweise) am Beispiel des Umgangs mit einer Waffe: Beide sind nützlich, doch ohne Klugheit bzw. Erfahrung ist die Wissenschaft wertlos. Sie hilft nur dem, der Erfahrung hat, und kann ihn zur Vollkommenheit in der jeweiligen Fähigkeit führen (Lev. V, 22/37f.). Für die Überlebensfähigkeit des Menschen ist (zumindest im Naturzustand) offensichtlich die Erfahrung wichtiger als die Wissenschaft (vgl. Lev. XIII, 60f./94), zumal im Naturzustand die Möglichkeiten zur Entwicklung von Wissenschaften ohnehin begrenzt sein dürften.

Das Beispiel des Umgangs mit der Waffe verdeutlicht Hobbes' grundsätzliches Verhältnis zur Intellektualität. In seiner materialistischen Anthropologie dient das Denken dem Überleben und den Leidenschaften des Menschen; die letzten Maßstäbe des Handelns sind Lust und Unlust:

> But whatsoever is the object of any man's appetite or desire; that is it, which he for his part calleth *good*: and the object of his hate and aversion, *evil*; and of his contempt, *vile* and *inconsiderable*. (Lev. VI, 24/41)

Gesetze und Moral können somit allein diesen Zwecken dienen: nach Lust zu streben und Unlust zu vermeiden. Jenseits des individuellen Lust-Leid-Kalküls gibt es keine Maßstäbe. Die Aufgabe der Politikwissenschaft besteht darin, Gesetze und politische Institutionen zu bestimmen, die das größte Leid, den Tod als *summum malum*[430], vermeiden, indem sie durch Anreize und Sanktionen das Lust-Leid-Kalkül der Individuen so verändern, dass ein friedliches Zusammenleben möglich wird.[431]

4.1.2.2 Folge der Gleichheit der Fähigkeiten: Gleichheit der Todesfurcht

Für das Verständnis des Naturzustands in Hobbes' politischer Philosophie sind zwei seiner Annahmen von zentraler Bedeutung: Alle Menschen verfügen über relativ gleiche körperliche und intellektuelle Fähigkeiten, und es gibt keinen gesetzlichen oder moralischen Maßstab des Handelns jenseits der Lust bzw. der Unlust der Individuen. Aus der zweiten Annahme folgt, dass es im Naturzustand keine moralischen Pflichten gibt, die das „Recht auf alles" beschränken; in dieser Hinsicht steht Hobbes Machiavellis Rechtfertigung des Rechts des Stärkeren durchaus nahe. Der Unterschied zwischen den beiden Autoren liegt im ersten Punkt: Aus Hobbes' Sicht gibt es keinen dauerhaft Stärkeren. Aus der Annahme der grundsätzlichen Gleichheit der Individuen folgt, dass *alle* ständig um ihr Leben fürchten müssen, da auch ein einzelner herausragender Mensch durch ein Bündnis von Schwächeren besiegt werden kann; alle sind deshalb darum bemüht, den Tod als *summum malum* zu vermeiden.

430 „De cive" I.7. Die Bedeutung der Todesfurcht für Hobbes' politische Philosophie hebt insbesondere Ilting (1964/65) hervor.

431 Hobbes spricht davon, dass Wissenschaft im Allgemeinen „the benefit of mankind" zum Ziel hat (Lev. V, 22/37). Dieser hehre Anspruch verdeutlicht ein Grundproblem seiner individualistischen Philosophie: Einerseits hat der einzelne immer nur seinen individuellen Nutzen im Blick; andererseits soll aber am Ende eine Ordnung entstehen, die allgemein (und nicht nur für einzelne Individuen) gut ist.

Die Gleichheit der Todesfurcht führt zur Bereitschaft, Frieden zu schließen (Lev. XIII, 63/98).[432] Die „laws of nature", die Hobbes in Kapitel XIV und XV im „Leviathan" behandelt, gebieten den Menschen im Naturzustand das zu tun, was ihrer Selbsterhaltung dient; diese sogenannten Gesetze sind im Grunde nichts anderes als Klugheitsregeln,[433] die sich alle auf eine einzige zurückführen lassen:

> Do not that to another, which thou wouldest not have done to thyself. (Lev. XV, 79/120f.)

Die Begründung dieser Regel liegt – anders als im Neuen Testament, auf das Hobbes sich bezieht – nicht in der Sorge um den anderen, sondern allein in der Einsicht in die Gleichheit der Todesfurcht, durch die es möglich wird, den Naturzustand zu überwinden, weil *alle* diesen Zustand für unerträglich halten.[434] Es handelt sich also bei diesen Gesetzen in keiner Weise um moralische Gebote, sondern allein um das Resultat der Reflexion über die Bedingungen der Selbsterhaltung unter der Annahme der Gleichheit der Furcht.[435]

4.1.3 Gesellschaftsvertrag

4.1.3.1 Macht als Grundlage des Rechts

Ausgehend von den anthropologischen Annahmen, die Hobbes im ersten Teil des „Leviathan" erläutert, entwickelt er seine Theorie des Gesellschaftsvertrags als eines Vertrags über den Verzicht der beteiligten Individuen auf ihr „Recht auf alles" und die Übertragung dieses Rechts auf einen Souverän (Lev. XVII). Durch diese Übertragung wird die Vielzahl der Einzelwillen auf einen einzigen Willen reduziert: den des Souveräns, der die politische Gemeinschaft leitet (Lev. XVII, 114/134). Mit dem Vertrag wird eine politische Macht eingesetzt, der sich alle in der Hoffnung unterwerfen, dass sie für die Sicherheit von Leib und Leben sorgt. Die Macht des Souveräns ist die Voraussetzung für die Schaffung und Durchsetzung des bürgerlichen Rechts, das diese Sicherheit garantieren soll.

Die Einsetzung der politischen Macht des Souveräns erfolgt durch die Macht der Mehrheit:

---

432 Das erste der natürlichen Gesetze gebietet dem Menschen, zum Friedensschluss bereit zu sein, sobald Frieden möglich ist; alle anderen natürlichen Gesetze lassen sich aus diesem ersten ableiten (s. a. Kodalle 1972, 47).

433 Dies wird von Hobbes selbst an verschiedenen Stellen betont; er bezeichnet die „laws of nature" als „dictates of reason" (Lev. XV, 80/122; s. a. XXVI, 138/205).

434 Hobbes nimmt damit eine völlige Umwertung der sogenannten „Goldenen Regel" des Neuen Testaments vor (Matthäus 7,12; Lukas 6,31), auf das er sich in Lev. XV (79/120f.) und XIV (65/100) beruft. Das christliche Gebot, anderen alles das zu tun, was man selbst von ihnen erwartet, wird mit dem Respekt vor der Würde des anderen begründet. Dieser Respekt folgt aus der Annahme der Gottebenbildlichkeit des Menschen. Interessanterweise geben Matthäus und Lukas das Gebot in positiver Formulierung wieder (was man tun soll), während Hobbes die populäre negative Formulierung wählt (was man lassen soll). Schon darin ist eine fundamentale Differenz zu erkennen: Hobbes reflektiert über die Schranken des am Eigennutz ausgerichteten individuellen Handelns, das Neue Testament hingegen über die Grundlagen des richtigen Handelns.

435 Ähnlich Gotesky (1940), der die Verwendung des Begriffs des natürlichen Gesetzes aus dem Diskussionskontext der Zeit erklärt: Hobbes habe den Begriff aus der damals vorherrschenden Naturrechtslehre übernommen, ihm aber einen völlig neuen Inhalt gegeben.

> [B]ecause the major part hath by consenting voices declared a sovereign; he that dissented must now consent with the rest; that is, be contented to avow all the actions he shall do, or else justly be destroyed by the rest. (Lev. XVIII 117/138)

Wer sich der Macht der Mehrheit widersetzt oder auch nur gegen ihren Beschluss protestiert, bleibt dieser Mehrheit gegenüber im Kriegszustand und darf als Feind vernichtet werden (ebd.). Das gilt auch für den, der an dem Vertrag gar nicht beteiligt war (ebd.), denn entscheidend ist nicht die Partizipation an dem Akt der kollektiven Willensbildung, sondern allein das Ergebnis: die Einsetzung einer Macht, die den Krieg beendet.[436] Diesen Akt der Einsetzung als Vertrag zu bezeichnen, ist gewissermaßen ein Euphemismus, denn genau genommen wird der Souverän nicht durch einen Akt der Zustimmung eingesetzt, sondern durch das Recht der Stärkeren – der Mehrheit.

Der Souverän, der selbst nicht Teil des Vertrages ist (Lev. XVIII, 89/137), erhält die absolute Macht, alle Gesetze zu erlassen, die für die Gewährleistung der Sicherheit im Staate erforderlich sind. Mittels „the terror of some power“ (Lev. XVII, 85/131), also der Androhung von Sanktionen (bis hin zur Todesstrafe), sichert er die Befolgung der Gesetze durch die Untertanen. Die Todesfurcht, die zur Einsetzung des Souveräns führte, wird nun von ihm für die Durchsetzung des Rechts genutzt. Erst von diesem Punkt ab, also nach der Einsetzung einer Zwangsgewalt („coercive power“, Lev. XV, 71/110), gibt es Gerechtigkeit und Ungerechtigkeit:

> And in this law of nature, consisteth the fountain and original of JUSTICE. For where no covenant hath preceded, there hath no right been transferred, and every man has right to every thing; and consequently no action can be unjust. But when a covenant is made, then to break it is *unjust*: and the definition of INJUSTICE, is no other than *the not performance of covenant*. And whatsoever is not unjust, is *just*. (Lev. XV, 71/110; Hervorhebungen im Original.)

Das Zitat verdeutlicht den Zusammenhang zwischen der Gerechtigkeit und dem Gesetz der Natur: Das Gesetz der Natur vermittelt dem Menschen bereits im Naturzustand den Begriff der Gerechtigkeit, der notwendig dem Vertrag vorausgehen muss. Doch erst mit dem Abschluss des Vertrags kann dieser Begriff verbindlich werden: Solange es keine Macht gibt, die die Gesetze durchsetzt, kann von niemandem ihre Befolgung erwartet werden.

Malcolm (2002) deutet in seiner Interpretation von Hobbes' politischer Philosophie das Gesetz der Natur und den in ihm enthaltenen Begriff der Gerechtigkeit als Beleg dafür, dass Hobbes – im Unterschied zu Machiavelli – nicht einem amoralischen Verständnis der Anarchie im Naturzustand das Wort redet. Er unterscheidet in Hobbes' „Leviathan“ drei Stufen der Entwicklung von Recht und Moral. Auf der ersten Stufe, dem „psychological level of evaluation“ (Malcolm 2002, 436), kennt das Individuum nur die Unterscheidung von Lust und Schmerz als Grundlage der Unterscheidung von gut und schlecht. Diese Bewertungen sind rein subjektiv. Doch bereits im Naturzustand kommt es zu einer ersten Objektivierung der Wertungen durch die Gesetze der Natur: Die von allen erfahrene Todes-

436 Die Problematik dieser Sicht wird daran deutlich, dass sie das Vorgehen der Europäer in ihren Kolonien ohne Einschränkungen legitimiert: Die Versklavung der Schwarzen in Afrika und die Vernichtung der Indianer in Amerika könnte aus Hobbes' Sicht als ein Akt der Befriedung interpretiert werden. Wer den Gesellschaftszustand, den die Europäer brachten, ablehnte, blieb im Kriegszustand und durfte weiterhin als Feind behandelt werden. – Der rechtsstaatliche Liberalismus lehnt diese Sicht ab; siehe Kants Kritik des Kolonialismus („Frieden“, B 42).

furcht führt – so Malcolm – dazu, dass es für alle vernünftig ist, grundsätzlich zum Abschluss eines Gesellschaftsvertrags und damit zur Herstellung einer friedlichen Gesellschaft bereit zu sein. Die Gleichheit der Furcht liefert die Grundlage für moralische Urteile, die von allen anerkannt werden können und insofern objektiv sind.[437] Die Anarchie kennt zwar keine faktische Gerechtigkeit, weil es keine Instanz zur Durchsetzung von Gesetzen gibt; es gibt aber sehr wohl bereits hier eine Vorstellung von Moral. Malcolm (2002, 436f.) folgert daraus, dass erstens der Naturzustand kein amoralischer Zustand ist und zweitens die absolute Herrschaft des Souveräns nicht in Willkürherrschaft umschlägt. Der Souverän, so Malcolm, ist zwar nicht an den Vertrag, aber doch zumindest an die natürlichen Gesetze gebunden.

Soweit diese Abgrenzung darauf zielt, Hobbes' Staatsverständnis von Machiavellis „Recht des Stärkeren" zu unterscheiden, ist ihr zuzustimmen: Anders als Hobbes geht Machiavelli gerade nicht davon aus, dass es eine gleiche Todesfurcht aller Menschen gibt, die die Bereitschaft zum Frieden gebietet. Doch für die in diesem Teil entscheidende Abgrenzung der politischen Philosophie von Hobbes (als Grundlage des Realismus) von derjenigen des Liberalismus ist die Frage entscheidend, welches Moralverständnis der Argumentation im „Leviathan" tatsächlich zugrundeliegt. Wie im vorherigen Abschnitt gezeigt wurde (S. 178), sind die natürlichen Gesetze allein Gebote der Vernunft, die aus der „Pflicht" zur Selbsterhaltung[438] unter der Annahme der allgemeinen und gleichen Todesfurcht deduziert werden. Das, was Malcolm als Moralität bezeichnet, ist also nicht mehr als ein Nutzenkalkül in Absicht auf die Selbsterhaltung; zudem bleiben die natürlichen Gesetze ohne jede Folge für das individuelle Handeln, solange der Souverän keine bürgerlichen Gesetze erlässt und mit Gewalt durchsetzt.

Hier liegt ein grundlegender Unterschied zum politischen Liberalismus, wie er z. B. von John Locke entwickelt wurde. In Lockes „Second Treatise of Government" gebietet das natürliche Gesetz den Respekt vor der gleichen Freiheit aller; dieser Respekt drückt sich im Gesellschaftszustand als Respekt vor den bürgerlichen Gesetzen aus und bewirkt, dass diese Gesetze nicht allein wegen der abschreckenden Wirkung einer übergeordneten Gewalt befolgt werden, sondern auch aus Einsicht in ihren Zweck. Bei Hobbes hingegen haben die natürlichen Gesetze nur eine einzige Funktion: Sie sollen erklären, warum die Individuen im Naturzustand bereit sind, einen Gesellschaftsvertrag zu schließen. Das ist tatsächlich erklärungsbedürftig, weil es kaum zu verstehen ist, wie Menschen, die sich fundamental misstrauen und ständig damit rechnen, von anderen erschlagen zu werden, plötzlich damit einverstanden sein können, ihr „Recht auf alles" abzugeben und auf einen einzelnen unter ihnen zu übertragen. Die natürlichen Gesetze artikulieren zumindest den Wunsch der Individuen nach Überwindung des Naturzustandes, auch wenn offen bleibt, wie im Moment des Vertragsschlusses das allseitige Misstrauen überwunden werden kann.[439]

437 So auch Tricaud (1988, 151f.), der die natürlichen Gesetze als „ethisches Ideal" von Hobbes bezeichnet, das jedoch nicht ohne weiteres realisierbar sei (ebd., 152, im Original hervorgehoben).

438 Hobbes nennt das Gesetz der Natur „a precept, or general rule, found out by reason, by which a man is forbidden to do, that, which is destructive of his life, or taketh away the means of preserving the same" (Lev. XIV, 64/99). Es bleibt unklar, warum Hobbes hier von einer Vorschrift spricht und nicht vom Überlebenswillen der Individuen.

439 Auf den Widerspruch, dass der Vertrag die Zwangsgewalt erst schafft, die er für sein Zustandekommen eigentlich voraussetzt, wird in der Literatur des Öfteren hingewiesen, siehe z. B. Kodalle (1972, 52-54 und 79-82; er schließt aus diesem Problem, dass der Vertrag sich nur unter Rückgriff auf Hobbes' Bundestheologie erklären lasse) und Heger (1981, 93; er kritisiert Hobbes aus marxistischer Perspektive).

Doch genau genommen stellt sich dieses Problem, wie der Vertrag konkret zustande gekommen ist, für Hobbes gar nicht, da er – wiederum anders als Locke – nicht davon ausgeht, dass ein Staat tatsächlich per Vertrag gegründet wird. Vielmehr geht es ihm darum, bestehende politische Macht mit dem Argument zu legitimieren, dass jeder Untertan ihr zustimmt, wenn er sich die Schrecken der Alternative (nämlich des Naturzustandes) vergegenwärtigt.[440] Das eigentliche Problem, um das es Hobbes also geht, ist dasjenige des Bürgerkriegs, d. h. des Zerfalls und nicht der ursprünglichen Errichtung eines Staates.[441] Er beschreibt zwar den theoretischen Zustand vor der Existenz eines Staates, doch tatsächlich geht es ihm um die Gefahr seiner Auflösung und des Rückfalls in den Naturzustand. Die Frage, wie die Individuen beim Abschluss des Vertrags ihr Misstrauen überwinden, ist folglich sekundär: Hobbes' Botschaft lautet, dass sie als Untertanen jede bestehende politische Herrschaft anerkennen sollen, weil die Alternative zur Anerkennung der Herrschaft der Bürgerkrieg ist.

Diese Interpretation, dass es Hobbes nicht auf den Vertragsschluss, sondern auf die Legitimation bestehender Herrschaft ankommt, wird auch dadurch gestützt, dass aus seiner Sicht die Begründung von Herrschaft durch die Unterwerfung eines Volkes („commonwealth by acquisition") mit derjenigen durch einen Vertragsabschluss („commonwealth by institution", Lev. XVII, 88/135) gleichwertig ist. Das wird in Kapitel XX im „Leviathan" besonders deutlich, das den „commonwealth by acquisition" behandelt. Dort sagt Hobbes ausdrücklich, dass es zweitrangig sei, ob politische Herrschaft durch Einsetzung oder durch gewalttätige Unterwerfung zustande kommt:

> And this kind of dominion, or sovereignty [i. e. the commonwealth by acquisition, H.H.], differeth from sovereignty by institution, only in this, that men who choose their sovereign, do it for fear of one another, and not of him whom they institute: but in this case, they subject themselves, to him they are afraid of. In both cases they do it for fear [...]. (Lev. XX, 102/155)

Die tatsächliche Übereinkunft spielt also gar keine Rolle: politische Macht wird nicht durch faktische Zustimmung legitimiert, sondern dadurch, dass sie im (Überlebens-)Interesse der Individuen ist. Jede Theorie des Gesellschaftsvertrags beruht auf einem zweistufigen Modell. Der Gesellschaftsvertrag schafft auf der ersten Stufe durch Übereinkunft die Bedingungen, durch die auf der zweiten Stufe die individuellen Vereinbarungen zwischen Individuen ermöglicht werden. Bei Hobbes besteht der Interessenausgleich auf der ersten Stufe darin, dass eine politische Macht anerkannt wird, die den Kriegszustand durch Androhung von Gewalt beendet und die Sicherheit gewährleistet. Das ist für ihn weit mehr als eine Bedingung für individuelle Verträge: Da der Tod das größte Übel ist, stellt die Sicherung des Überlebens das höchste Gut dar. Die Besonderheit dieser Sicht wird im Vergleich mit dem Wirtschaftsliberalismus deutlich: Dort kommt dem Gesellschaftsvertrag eine rein transzendentale Bedeutung zu, nämlich die Eigentumsrechte als Bedingung der Möglichkeit individueller Tauschhandlungen zu definieren. Bei Hobbes hingegen wird der größte Nutzen des Gesellschaftsvertrags bereits mit der Einsetzung des Souveräns (und damit der

440 Ähnlich Kersting (2000, 69f.): Hobbes geht es nicht darum zu erklären, wie der Staat entstanden ist, sondern die „Geltungsbedingungen von Verträgen überhaupt" aufzuzeigen (ebd., 70). Wenn man das so formuliert, muss man die entscheidende Geltungsbedingung aber auch klar benennen: Es ist die Durchsetzung der Mehrheit, und somit, wie gesagt, das Recht der Stärkeren.

441 Ähnlich Tricaud (1988, 148): Der Naturzustand ist „eher als eine Schilderung der Ursprünge [...] eine Mahnung an eine ständige Gefahr".

Schaffung von Frieden) realisiert. Die unterschiedlichen Prioritäten – Primat der Sicherheit bzw. Primat des Wohlstands – werden folglich im unterschiedlichen Verständnis des Gesellschaftsvertrags erkennbar. Aus dem Primat der Sicherheit folgt bei Hobbes die ambivalente Beurteilung des Wettbewerbs: Er ist nur solange förderlich, wie er die Sicherheit nicht gefährdet.

4.1.3.2 Ambivalente Beurteilung des Wettbewerbs

Der Wettbewerb stellt eine latente Gefahr für die Sicherheit dar, weil er in seiner Urform die Konkurrenz im Naturzustand ist: eine existentielle Rivalität um Güter verbunden mit der (präventiven) Bereitschaft, Konkurrenten mit allen Mitteln auszuschalten. Innerhalb einer staatlichen Ordnung jedoch kann der Wettbewerb kanalisiert werden. Er wechselt damit gewissermaßen seinen Charakter, weil Wettbewerbshandlungen nun nicht mehr darauf zielen, in einem existentiellen Kampf das eigene Überleben zu sichern, sondern darauf, in einem gesicherten Umfeld Gewinn zu erwirtschaften. Die Durchsetzung der Sicherheit durch den Leviathan ermöglicht gewissermaßen die Domestizierung des menschlichen Strebens nach Reichtum, Ehre und Macht.

Der domestizierte (wirtschaftliche) Wettbewerb birgt jedoch die Gefahr des Rück-falls in den ursprünglichen Konkurrenzkampf; deshalb muss der Souverän in seiner Gesetzgebung darauf achten, dass die Untertanen im Wettbewerb nur solche Handlungen vornehmen, die die Einheit des Staates nicht gefährden. Das wird an zwei Punkten besonders deutlich: dem Verständnis des Eigentums und der Beurteilung wirtschaftlicher Ungleichheit. Die Eigentumsrechte sind (anders als später bei Locke) nicht von Natur gegeben, sondern vom Souverän definiert (Lev. XVIII, 91/140); er kontrolliert auch die Verteilung des Eigentums, einschließlich des Eigentums an Grund und Boden (Lev. XXIV, 128/191). Als Maß liegt dabei das Staatsziel der Sicherheit zugrunde und nicht z. B. ein individuelles Recht auf den Ertrag der Früchte der eigenen Arbeit. Ebenso wird wirtschaftliche Ungleichheit nicht als Ausdruck unterschiedlicher individueller Leistung hingenommen, sondern nach ihrer Wirkung auf die Sicherheit beurteilt. Wirtschaftliche Not kann zu Aufständen führen, und deshalb soll der Staat zur Wahrung der öffentlichen Ordnung eine Armenfürsorge einrichten:

> And whereas many men, by accident inevitable, become unable to maintain themselves by their labour; they ought not to be left to the charity of private persons; but to be provided for, as far forth as the necessities of nature require, by the laws of the commonwealth. (Lev. XXX, 181/264)

Auf der internationalen Ebene zeigt sich noch ein weiterer Grund für eine politische Intervention in Marktprozesse: die Vermeidung der wirtschaftlichen Abhängigkeit von potentiellen Gegnern; darauf wird im nächsten Abschnitt (4.1.4) noch einzugehen sein.

4.1.3.3 Gleichheit und Ungleichheit: das Verhältnis von Souverän und Untertanen

Die Gleichheit der Individuen, der im politischen Liberalismus eine entscheidende Bedeutung zukommt (als Gleichheit vor dem Recht bzw. Gleichheit der Bedingungen der Partizipation am politischen Prozess), spielt also auch hier eine gewisse Rolle, und zwar nicht nur in ökonomischer Hinsicht als Vermeidung wirtschaftlicher bzw. sozialer Ungleichheit, die zu politischer Instabilität führt, sondern auch in politischer Hinsicht: als Gleichheit der Untertanen gegenüber dem Souverän, die die Kehrseite der Ungleichheit zwischen dem Souverän und seinen Untertanen ist. Die Individuen haben sich per Vertrag zu unbedingtem Gehorsam gegenüber dem Souverän verpflichtet; frei sind sie allein in den Dingen, die der Souverän nicht durch Gesetz geregelt hat (Lev. XXI, 109/165). Der Souverän hingegen verfügt durch die eigentümliche Konstruktion des Hobbes'schen Gesellschaftsvertrags über nahezu uneingeschränkte Macht: Da er selbst nicht Vertragspartner ist, bleibt er in seinem Handeln frei und kann den Vertrag *per definitionem* nicht brechen (Lev. XVIII, 89/137); da jeder Untertan durch den Vertrag „author of all the actions, and judgments of the sovereign" wird (Lev. XVIII, 90/139), und es unmöglich ist, dass jemand sich selbst Unrecht zufügt,[442] kann der Souverän keinem Untertan Unrecht tun (ebd.). Diese Ungleichheit bewirkt die Gleichheit der Untertanen in ihrem Verhältnis zum Souverän. Der gleichen Schwäche der Individuen im Naturzustand korrespondiert im bürgerlichen Zustand die gleiche Abhängigkeit vom Souverän.[443]

Die Gleichheit, die im politischen Liberalismus zur entscheidenden Voraussetzung der Freiheit wird, spielt also auch bei Hobbes eine wichtige Rolle: Die anthropologisch begründete Gleichheit der Individuen führt zur Gleichheit der Todesfurcht im Naturzustand und ist Grundlage für die Gleichheit gegenüber dem Souverän im bürgerlichen Zustand. Nur ist diese Gleichheit – anders als im Liberalismus – nicht eine politische Forderung, sondern eine anthropologische Annahme. Hier wird nicht die gleiche Freiheit gefordert, sondern die gleiche allgemeine Schwäche postuliert.[444]

Die Ungleichheit zwischen dem Souverän und den Untertanen wirft aber nun die Frage auf, wie Hobbes annehmen kann, dass der Souverän trotz seiner absoluten Machtfülle das Staatsziel im Auge behält. Anders formuliert: Welchen Grund hat der Souverän in Hobbes' „Leviathan", nicht den Verhaltensregeln zu folgen, die Machiavelli im „Principe" formuliert hat? Die Antwort ergibt sich aus den Textstellen, in denen Hobbes indirekt (d. h. ohne ihn beim Namen zu nennen) gegen Machiavelli argumentiert und die Frage aufwirft, ob es vernünftig sein kann, einen Vertrag zu brechen (Lev. XV).[445] „Narren" sagen – so Hobbes – dass es so etwas wie Gerechtigkeit gar nicht gäbe: das Einhalten oder Brechen von Verträgen ist ihrer Meinung nach eine Sache des Vorteilskalküls (Lev. XV, 72/111). Einige Autoren hätten sogar die erfolgreiche Verschlagenheit als Tugend bezeichnet:

> From such reasoning as this, successful wickedness hath obtained the name of virtue (ebd.).

442 Hobbes folgt in diesem Punkt Aristoteles' Verständnis der Gerechtigkeit als eines „fremden Gutes" (EN V 1130 a 4; zur logischen Unmöglichkeit, sich selbst Unrecht zu tun: EN V 1134 b 12 und 1138 a 4 – b 15).

443 Hobbes betont im Übrigen, dass die rechtliche Gleichbehandlung der Untertanen durch den Souverän eine Bedingung für die politische Stabilität des Leviathan ist (Lev. XXX, 180/262).

444 Vgl. Hegel, Vorlesungen über die Geschichte der Philosophie, Teil 4, 125.

445 In Kapitel XVIII des „Principe" behandelt Machiavelli die Frage, ob ein Herrscher ein Versprechen oder eine Vereinbarung halten muss: „Ein kluger Herrscher kann und darf daher sein Wort nicht halten, wenn ihm dies zum Nachteil gereicht und wenn die Gründe fortgefallen sind, die ihn veranlasst hatten, sein Versprechen zu geben. [...] Auch hat es noch nie einem Fürsten an rechtmäßigen Gründen gefehlt, um seinen Wortbruch zu verschleiern." („Principe" XVIII, 137.)

Ob Hobbes an dieser Stelle bewusst gegen Machiavelli argumentiert, lässt sich hier nicht feststellen. Entscheidend ist, dass dessen Argument, Verträge nur instrumentell zu sehen und sie nur einzuhalten, wenn es nützt, hier zurückgewiesen wird. Das Argument gegen die Nichteinhaltung eines Vertrags ist aber nicht ein prinzipielles, sondern (ganz in der Logik der Argumentation von Hobbes) ebenfalls ein Vorteilskalkül: nämlich die Gefahr, bei der Nichteinhaltung entdeckt und sanktioniert zu werden (ebd., 73/112). Auch wenn der Souverän an keinen Vertrag gebunden ist, wendet Hobbes den Grundsatz, dass die Furcht die Mutter von Ordnung und Gesetz ist, auch auf ihn an.

Hobbes verdeutlicht dies am Beispiel des Erwerbs der Souveränität durch Rebellion: Dieses Vorgehen ist aus seiner Sicht strikt abzulehnen, weil die Rebellion gegen einen etablierten Souverän andere Untertanen auf die Idee bringen kann, es nachzuahmen (Lev. XV, 73/113). Die Schranke, die Hobbes hier für den Erwerb von Souveränität benennt, lässt sich auch auf den etablierten Souverän anwenden: Aus Furcht vor Instabilität und Krieg hat er ein Interesse daran, in seinen Entscheidungen das Wohl seiner Untertanen soweit zu berücksichtigen, dass sie nicht zu Aufruhr neigen.

Wenngleich also der Gesellschaftsvertrag den Souverän mit uneingeschränkter Macht ausstattet, ändert dies nichts an der latenten Todesfurcht. Der Souverän hält die Untertanen mit der Androhung von Sanktionen in Schach; umgekehrt wird der Souverän durch die Furcht vor Aufruhr und Rebellion diszipliniert. Die Gleichheit der Todesfurcht, durch die der Vertrag überhaupt erst möglich wird, bleibt auch danach, trotz der Ungleichheit, das einigende Band zwischen beiden Seiten und genügt offensichtlich, um das Handeln des Souveräns auf das Staatsziel der Sicherheit auszurichten.

Das schließt nicht aus, dass die Untertanen die Herrschaft des absoluten Souveräns als nachteilig oder unangenehm empfinden. Auf den Einwand (der später von Locke formuliert wird, „Zweite Abhandlung“, § 90), dass der Souverän seine Macht zum Nachteil der Untertanen missbrauchen könnte, antwortet Hobbes mit dem knappen Hinweis, dass jeder Zustand mit Unannehmlichkeiten einhergeht, die größte unter allen Unannehmlichkeiten aber der Bürgerkrieg sei (Lev. XVIII, 94/143f.). Dabei unterstellt er jedoch eine gewisse Mäßigung des Souveräns aus Furcht vor Reaktionen der Untertanen und setzt voraus, dass der Souverän diese Furcht auch tatsächlich empfindet. Fällt die Souveränität jedoch in die Hand eines Cesare Borgia (also in die Hand eines Menschen, der diese Furcht nicht zu empfinden scheint), so wird seine Allmacht zur Tyrannis. Hier zeigt sich noch einmal der entscheidende Unterschied zwischen Hobbes und Machiavelli: Letztlich wird bei Hobbes selbst die große Ungleichheit zwischen Souverän und Untertanen noch durch die Gleichheit der Todesfurcht relativiert; politische Macht ist damit immer die Macht einer Mehrheit gegenüber einer Minderheit, und nicht – wie bei Machiavelli – die Macht eines einzelnen gegenüber den Vielen (sei es ein einzelner Mensch oder ein einzelner Staat).

4.1.4 Internationale Politik

4.1.4.1 Gemeinsamkeiten von Naturzustand und internationaler Anarchie

Während der Souverän im Innern des Staates das Recht durchsetzen kann, besteht auf der internationalen Ebene die Anarchie fort. Hobbes selbst weist an verschiedenen Stellen auf die Parallele zwischen der Anarchie im Naturzustand und in den internationalen Beziehungen hin (vgl. Lott 1989). In „Leviathan“ XIII antwortet er auf die Frage, wie realistisch die Annahme des Naturzustands sei, dass es ihn als Kampf „Mann gegen Mann“ zumindest im weltweiten Maßstab wohl kaum gegeben hat. Die beiden Anschauungsformen, auf die er verweist, sind der Bürgerkrieg und die internationale Politik (Lev. XIII, 63/97). Auf letztere bezieht er sich in folgendem Zitat:

> But though there had never been any time, wherein particular men were in a condition of war one against another; yet in all times, kings, and persons of sovereign authority, because of their independency, are in continual jealousies, and in the state and posture of gladiators; having their weapons pointing, and their eyes fixed on one another; that is, their forts, garrisons, and guns upon the frontiers of their kingdoms; and continual spies upon their neighbours; which is a posture of war. (Lev. XIII, 63/97f.)

Die Gemeinsamkeit zwischen dem ursprünglichen Naturzustand und der internationalen Politik liegt folglich in der Tatsache, dass es im Verhältnis zwischen den Staaten keine souveräne Gewalt gibt, die Normen durchsetzen könnte. Den natürlichen Gesetzen im Naturzustand entspricht in der internationalen Politik das Völkerrecht, das jedem Souverän das gleiche Recht und die gleiche Pflicht gibt, für die Sicherheit seines Volkes zu sorgen[446]:

> Concerning the offices of one sovereign to another, which are comprehended in that law, which is commonly called the *law of nations*, I need not say anything in this place; because the law of nations, and the law of nature, is the same thing. And every sovereign hath the same right, in procuring the safety of his people, that any particular man can have, in procuring the safety of his own body. (Lev. XXX, 185/269f.; Hervorhebung im Original).

Daraus folgt, dass das Streben nach Sicherheit in der internationalen Politik wie im Naturzustand keine moralische Grenze kennt und alle Maßnahmen erlaubt sind, die der Sicherheit des Staates dienen.[447] Dennoch geht Hobbes offensichtlich davon aus, dass aus dem Streben nach Sicherheit keine maßlose Außenpolitik folgt. An verschiedenen Stellen deutet er an, dass Staaten wohlberaten sind, eine maßvolle Außenpolitik zu betreiben und sich im Krieg dem Feind gegenüber maßvoll zu verhalten. Wiederum liegt die Begründung nicht in einem vorvertraglichen Moralverständnis, sondern in dem Kalkül, dass die eigene Maßlosigkeit in der Außenpolitik und im Krieg die Maßlosigkeit der Feinde provozieren würde. So heißt es in „De Corpore Politico“:

> The last thing contained in that supreme law, *salus populi*, is their defence; and consisteth partly in the obedience and unity of the subjects, of which hath been already spoken, and in which consisteth the means of levying soldiers, and of having money, arms, ships, and fortified places in readiness for defence; *and partly, in the avoiding of unnecessary wars*. For such commonwealths, or such monarchs, as affect war for itself, that is to say, out of ambition, or of vainglory, or that make account to revenge every little injury, or disgrace done by their neighbours, if they ruin not themselves, their fortune must be better than they have reason to expect. („De Corpore Politico“ Second Part, IX.9, 219f.; Hervorhebung durch den Verfasser, H. H.)

446 Die Bestimmung des Völkerrechts, die Hobbes an der im Folgenden zitierten Stelle vornimmt, wendet sich (ohne ihn beim Namen zu nennen) gegen Grotius, der in „De iure belli ac pacis“ die These vertreten hat, dass dem Völkerrecht ein vorvertragliches Gerechtigkeitsverständnis zugrundeliegt.

447 „It is a trite saying, that all laws are silent in the time of war, and it is a true one“ (Hobbes, „De cive“, V.2).

Es liegt also im wohlverstandenen Eigeninteresse der Staaten, dass sie mit dem Instrument der Selbstverteidigung maßvoll umgehen. Die Mäßigung im Streben nach Sicherheit ist die Grundlage für die Entstehung eines Machtgleichgewichts durch gegenseitige Abschreckung. Im Rahmen eines solchen Gleichgewichts dürfte dann – auch wenn Hobbes sich dazu nicht direkt äußert – eine eingeschränkte zwischenstaatliche Zusammenarbeit z. B. zur Erleichterung des Handels möglich sein.

Die Annahme der Möglichkeit eines Machtgleichgewichts im Rahmen einer rein sicherheitsorientierten Außenpolitik ist jedoch problematisch, weil sie – wie schon Hobbes' oben angeführter Einwand gegen die Erlangung der Souveränität durch Rebellion – auf einer psychologischen Überlegung beruht, die nur gelegentlich zutrifft: der Annahme, dass Staaten trotz einer ungleichen Verteilung der Macht sich alle gleichermaßen in ihrer Sicherheit bedroht fühlen und aus dem Gefühl der Bedrohung die Folgerung ziehen, sich aus Furcht vor Vergeltung in ihrer Außenpolitik zu mäßigen. Dass diese Folgerung nicht notwendig ist, zeigt sich mit besonderer Deutlichkeit im berühmten Melier-Dialog, den Thukydides im „Peloponnesischen Krieg" wiedergibt (V 84-116). Dort argumentieren beide Seiten, dass ihre Sicht zum Vorteil der Sicherheit der Athener sei: Aus der Sicht der Athener ist die Neutralität der Melier eine Bedrohung der Sicherheit Athens, weil sie andere Vasallenstaaten im attischen Seebund dazu verleiten könnte, ebenfalls die Neutralität anzustreben und aufsässig zu werden. Die Melier wiederum argumentieren, dass ihre Vernichtung durch die Athener die Bundesgenossen im Seebund dazu bewegen könnte, sich von Athen abzuwenden. Ob also das Streben eines Staates nach Sicherheit dazu führt, dass er sich in der Entscheidung zum Krieg maßvoll verhält, hängt wesentlich von dem psychologischen Kalkül ab, d. h. von der Einschätzung der Wirkung des eigenen Handelns auf die anderen Akteure. Dieses Kalkül ist stets unsicher und widerspricht damit dem Ansatz „more geometrico".[448]

4.1.4.2 Unterschiede zwischen dem Naturzustand und der internationalen Anarchie

Neben diesen Gemeinsamkeiten zwischen der Anarchie im Naturzustand und in der internationalen Politik gibt es einen entscheidenden Unterschied: Die Anarchie in der internationalen Politik ist nicht nur erträglicher als die im Naturzustand, sondern für die wirtschaftliche Entwicklung der Staaten sogar förderlich. Gleich im Anschluss an das Zitat aus Kapitel XIII, in dem er den Naturzustand mit dem Kriegszustand zwischen Staaten vergleicht (s. o., S. 185), heißt es:

> But because they [the kings, and persons of sovereign authority; H.H.] uphold thereby, the industry of their subjects; there does not follow from it, that misery, which accompanies the liberty of particular men. (Lev. XIII, 63/98)

Die Sicherheit, die der einzelne Staat den Individuen gewährt, ist ausreichend; eine darüber hinausgehende Sicherheit durch einen umfassenden Frieden in der internationalen Politik

448 Dieser Einwand gegen eine allein auf Sicherheitserwägungen beruhende Außenpolitik findet sich bereits bei Grotius („De iure belli ac pacis", 77f.). Cicero („De officiis", I 24) warnt allgemein vor der Ungerechtigkeit, die aus der Furcht vor Schädigung durch andere und der damit verbundenen Neigung zu Präventivmaßnahmen resultiert.

ist nicht nur unrealistisch, weil sie die Unterwerfung der Staaten unter eine gemeinsame souveräne Gewalt voraussetzt, sondern auch nicht wünschenswert, weil sie die Anreize der Untertanen zu wirtschaftlicher Leistung schwächen würde. Der Kriegszustand zwischen den Staaten ist förderlich, weil er kontinuierliche Rüstungsanstrengungen erfordert, die sich positiv auf die Wirtschaftsleistung auswirken. Außerdem wird die Bedrohung durch äußere Feinde den Zusammenhalt innerhalb eines Staates stärken. Letzteres Argument wird von Hobbes zwar nicht explizit genannt; es entspricht aber der Logik seiner Argumentation.

Die Ökonomie wird in der Außenpolitik ähnlich wie in der Innenpolitik den Sicherheitsbedürfnissen des Staates untergeordnet; die Aufgabe der Wirtschaftspolitik besteht im Wesentlichen in dieser Unterordnung der Wirtschaft unter die Politik. In dem Kapitel des „Leviathan", das der Ökonomie gewidmet ist (Lev. XXIV), geht Hobbes auf die Regulierung des Außenhandels nach Maßgabe der Sicherheit ein. Freihandel würde dazu führen, dass die Untertanen die Freiheit in zweierlei Hinsicht missbrauchen würden:

> For if it did belong to private persons to use their own discretion therein, some of them would be drawn for gain, both to furnish the enemy with means to hurt the commonwealth, and hurt it themselves, by importing such things, as pleasing men's appetites, be nevertheless noxious, or at least unprofitable to them. (Lev. XXIV, 129/193)

Die Regulierung des Außenhandels muss also sicherstellen, dass keine sicherheitsrelevanten Produkte exportiert und nur solche Produkte importiert werden, die nicht die Genusssucht fördern und damit die Verteidigungsfähigkeit schwächen. Ideal wäre offensichtlich der umgekehrte Fall: der Import von militärisch nützlichen Gütern und technologischem Know-how und der Export von Luxusprodukten, die geeignet sind, die Gegner zu verweichlichen.

Diese Unterwerfung des Außenhandels (und damit des internationalen wirtschaftlichen Wettbewerbs) unter das Ziel des Sicherheits- und Machtstrebens entspricht dem Merkantilismus. Das zeigt sich nicht allein an den geforderten Maßnahmen zur Regulierung der Wirtschaft, sondern auch an der Einteilung der Güter in solche, die notwendig und nützlich sind, und solche, die allein der Genusssucht dienen und potentiell schädlich sind. Eine solche Einteilung verstößt aus wirtschaftsliberaler Sicht gegen den Grundsatz, dass die Individuen die Nützlichkeit von Gütern nach eigenem Maß bewerten.[449] Bei Hobbes (und allgemein im Merkantilismus) gibt es hingegen einen objektiven Maßstab zur Beurteilung aller Handlungen und Güter: die Sicherheit, die als oberstes Bedürfnis der Individuen angesehen wird.

Wie schon auf der innerstaatlichen Ebene zeigt sich der wirtschaftliche Wettbewerb als ambivalent: Einerseits fördert er die Wirtschaftskraft und kann dem Staat dadurch zur Sicherung der Verteidigungsfähigkeit dienen, andererseits können Gewinn- und Genusssucht gerade diese Fähigkeit schmälern. Im Außenverhältnis des Staates muss die Ökonomie somit ähnlich wie im Inneren dem Primat der Politik und des Strebens nach Sicherheit unterworfen werden: Wirtschaftliche Produktion dient dem Streben nach Sicherheit, nicht umgekehrt die Sicherheit dem Streben nach Wohlstand.

449 Der klassische Wirtschaftsliberalismus, für den das Ziel der Volkswirtschaft die Steigerung des nationalen Wohlstandes ist, überträgt diese Einteilung von der Ebene der Güter auf die der Arbeit, die in produktive und unproduktive Arbeit unterschieden wird (vgl. Smith, WN II.iii). In der neoklassischen Ökonomie, die als alleiniges Ziel die individuelle Nutzenmaximierung kennt, ist für solche Unterscheidungen kein Raum.

4.1.4.3 Zusammenfassung der Merkmale der internationalen Politik nach Hobbes

Zusammenfassend lässt sich festhalten, dass die internationale Politik nach Hobbes durch vier Merkmale gekennzeichnet ist:

1. Die Staaten befinden sich untereinander im Zustand der Anarchie. Da es keine souveräne Gewalt gibt, die Recht durchsetzen kann, gibt es auch keine Normen, die dem Handeln der Staaten Schranken auferlegen. Daraus folgt, dass jeder einzelne Staat aus Furcht vor dem Machtstreben der anderen Staaten alle möglichen Maßnahmen zum Schutz der Sicherheit seiner Bürger ergreifen wird. Die einzige Schranke in der Wahl der Maßnahmen wird nicht durch die Moral (im Sinne der Anerkennung einer vorvertraglichen Norm), sondern durch das Eigennutzkalkül gesetzt: Staaten werden versuchen, sich auf Maßnahmen zu beschränken, die nicht unnötige gewalttätige Reaktionen von Seiten anderer Staaten provozieren.
2. Die wirtschaftlichen Beziehungen zwischen den Staaten werden ihrem Sicherheitsstreben untergeordnet. Es gibt in den internationalen Beziehungen keine ausschließlich ökonomischen Fragen: Jede wirtschaftliche Zusammenarbeit wird unter dem Gesichtspunkt ihrer Rückwirkung auf die politische Machtstellung beurteilt; jeder wirtschaftliche Wettbewerb um Ressourcen, Technologien oder Absatzmärkte wird als Reflex eines internationalen politischen Wettbewerbs um Macht gedeutet.
3. Da es aufgrund der Anarchie in der internationalen Politik keine rechtlichen bzw. moralischen Normen gibt, lässt sich auch die Ungleichheit zwischen den Staaten und deren Ausnützung durch stärkere auf Kosten von schwächeren Staaten nicht moralisch beurteilen. Der einzige Maßstab zur Kritik des Handelns eines Staates liegt in dem Nachweis, dass es seinen Interessen widerspricht. Dennoch ist die Ungleichheit der Macht zwischen Staaten nur eine relative, nicht eine absolute: Sie wird immer begrenzt durch die Gleichheit der Furcht, d. h. dadurch, dass auch ein mächtiger Staat fürchten muss, dass schwächere Staaten sich gegen ihn zusammenschließen. Aufgrund dieser Gleichheit der Furcht ist es denkbar, dass es in Hobbes' Verständnis von internationaler Politik zu einem temporären Machtgleichgewicht zwischen rivalisierenden Staaten kommt.
4. Die Überwindung der Anarchie in der internationalen Politik durch einen Zusammenschluss der Staaten zu einem Weltstaat ist aus Hobbes' Sicht nicht nur unrealistisch, sondern auch nicht wünschenswert. Ein zu hohes Maß an Sicherheit in einem „ewigen Frieden" kann sie gerade dadurch gefährden, dass die Menschen in Ermangelung einer Bedrohung in ihren Anstrengungen zur Gewährleistung dieser Sicherheit nachlassen. Bei Hobbes klingt somit bereits ein Argument an, das später von Kant ausführlicher formuliert wird (s. u., Abschnitt 4.3.1.2): Der Krieg fördert die wirtschaftliche Produktivität und dient dem technischen und wirtschaftlichen Fortschritt. Der Unterschied zwischen beiden Autoren liegt darin, dass bei Kant im Laufe der Geschichte ein Punkt erreicht wird, an dem der Krieg seine „Aufgabe" erfüllt hat, während er bei Hobbes unaufhebbar ist. Hobbes scheint somit – ohne dies auszusprechen – von einem optimalen Sicherheitsniveau auszugehen, bei dem innerhalb der Staaten durch den absolut herrschenden Souverän die Unsicherheit des Naturzustandes überwunden ist, während zwischen den Staaten die Unsicherheit als notwendiger Antrieb für die Menschen bestehen bleibt.

4.1.5 Ergebnis

Im Ergebnis zeigt sich, dass die politische Philosophie von Hobbes sowohl als Abgrenzung von Aristoteles als auch als Zurückweisung von Machiavelli zu verstehen ist. Gegen Aristoteles betont Hobbes, dass das Recht auf Macht, d. h. auf der Fähigkeit zur Durchsetzung des Rechts, beruht. Diese These greift der Realismus auf, wenn er sich gegen die Positionen wendet, die er als Idealismus bezeichnet: Recht kann nur verbindlich sein, wenn es durchgesetzt wird; und durchgesetzt wird es nur, wenn es eine Macht gibt, die dazu in der Lage ist. In der internationalen Politik kann das Recht also nur zur Geltung kommen, wenn ein benevolenter Hegemon sich dafür einsetzt. Politisches Handeln zielt somit primär auf die Maximierung von Macht bzw. Sicherheit; wird ein Konflikt zwischen Macht bzw. Sicherheit einerseits und dem Rechtsempfinden andererseits wahrgenommen, so wird stets zugunsten von Macht bzw. Sicherheit entschieden.

In Abgrenzung von Machiavelli geht Hobbes davon aus, dass alle Menschen gleichermaßen den Tod als *summum malum* fürchten. Nur aufgrund dieser Annahme führt die absolute Herrschaft des Souveräns im „Leviathan" nicht in die Tyrannis, sondern wenigstens in Ansätzen zur Herrschaft des Rechts. In der internationalen Politik ist aus Sicht des Realismus die gleiche Todesfurcht die entscheidende Voraussetzung dafür, dass sich ein Machtgleichgewicht als Gleichgewicht der gegenseitigen Abschreckung herausbilden kann. Machiavelli unterstellt demgegenüber eine natürliche Ungleichheit zwischen den Menschen (im „Principe") bzw. zwischen Staaten (in den „Discorsi"): Vertragliche Vereinbarungen werden nur von Schwachen eingehalten, denen „virtú" und „fortuna" fehlen, um sich über diese Vereinbarungen hinwegzusetzen.[450] Starke Menschen fürchten die Vergeltung der Nichteinhaltung nicht, weil sie sich in eine Position bringen, in der allein sie selbst vergelten, die schwächeren aber keine Macht dazu haben. Weder auf der Ebene der Individuen noch auf der der Staaten gibt es bei Machiavelli eine Schranke im Handeln des Stärkeren, die der Gleichheit der Todesfurcht bei Hobbes entspricht. Es scheint aus seiner Sicht wesensmäßig zur „virtú" zu gehören, eine solche Furcht nicht zu kennen.

Auch Hobbes kennt keine vorvertraglichen Pflichten zwischen den Menschen: Der einzige Grund, Vereinbarungen einzuhalten, ist die Furcht vor Sanktionen. Allerdings müssen alle, auch der Souverän, mit der Vergeltung ihrer Handlungen rechnen; die Gleichheit der Todesfurcht stellt eine Gemeinsamkeit zwischen den Menschen her, die eine auf ein allgemeines Ziel gerichtete Politik (Frieden im Sinne von Sicherheit) erst möglich macht. Politik bleibt damit bei Hobbes (im Unterschied zu Machiavelli) zumindest dem Anspruch nach dem Gemeinwohl verpflichtet; dieses besteht aber nicht, wie in der aristotelischen Tradition, in der Ausrichtung auf ein *summum bonum*, sondern wird reduziert auf die Vermeidung des *summum malum*.

Das Gemeinwohl, verstanden als Herstellung von Frieden, ist die eigentliche Legitimation von Herrschaft; die faktische Zustimmung zu einem Gesellschaftsvertrag erweist sich bei näherem Hinsehen als sekundär. Das, was Hobbes als Vertrag bezeichnet, ist ein rein gedankliches Konstrukt: Der Gewaltakt der Einsetzung eines Herrschers durch die Mehrheit („commonwealth by *institution*") bzw. der Erlangung von Herrschaft durch

450 Siehe die Kapitel XV-XVIII im „Principe", in denen Machiavelli sich mit den Tugenden der Herrscher auseinandersetzt und eine radikale Umwertung der Werte vornimmt: Alles, was im bürgerlichen Kontext als Tugend verstanden wird, ist aus der Perspektive des Herrschenden Schwäche, wenn es etwas anderem als dem bloßen Schein dient. Zu Machiavellis Einschätzung vertraglicher Vereinbarungen s. o., Fußnote 445.

kriegerische Eroberung („commonwealth by *acquisition*")[451] wird mit dem Argument legitimiert, dass die Untertanen der Herrschaft zustimmen würden, wenn sie sich die Alternative – den Bürgerkrieg – hinreichend deutlich vergegenwärtigen.

Der Frieden als Vermeidung von Krieg und Sicherung des Überlebens ist *die* Aufgabe der Politik; die Ökonomie und mit ihr der wirtschaftliche Wettbewerb werden diesem Ziel gänzlich untergeordnet. Der primäre Interessenausgleich besteht sowohl für Hobbes als auch für den Realismus in der Anerkennung einer politischen Ordnung, durch die der Frieden gesichert wird; der Interessenausgleich im Bereich der Ökonomie ist zweitrangig. Diese Hierarchie zeigt sich bei Hobbes darin, dass er ökonomische Fragen nur am Rande behandelt; im Realismus wird sie in der Einteilung der Außenpolitik in „high politics" (Sicherheitspolitik) und „low politics" (u. a. Handelspolitik) deutlich.

In dieser Hierarchie liegt ein entscheidendes Problem der politischen Philosophie von Hobbes und des Realismus: Die Sicherheit kann nämlich nur solange als höchstes Ziel der Politik gelten, wie sie nicht gewährleistet ist; sobald der Leviathan errichtet ist, werden die Individuen das Prinzip der Zustimmung ernst nehmen und mehr fordern als Sicherheit – z. B. politische oder wirtschaftliche Freiheit. Sicherheit kann kein Selbstzweck sein und folglich für sich genommen den Staat nicht begründen; wäre dies der Fall, so wäre jede Militärdiktatur gerechtfertigt.

Das verweist auf ein weiteres Problem: Gerade in Staatsformen wie der absoluten Monarchie, in denen der Rückfall in den Naturzustand durch eine starke souveräne Gewalt am ehesten verhindert werden kann, werden die Untertanen von der Macht des Souveräns besonders bedroht. Dieses Argument bringt z. B. Locke gegen Hobbes vor: Indem der Souverän außerhalb des Vertrags steht, besteht der Naturzustand zwischen den Untertanen und dem Souverän fort, weil sie seiner unbeschränkten Willkür ausgeliefert sind („Zweite Abhandlung", § 90-93). Aus Lockes Sicht liegt das Problem darin, dass der Missbrauch der Macht zu befürchten ist, was vor allem dann der Fall ist, wenn der Souverän sich als der Stärkere ansieht und sich wie ein Cesare Borgia verhält.

Schwerer noch wiegt der logische Einwand gegen die Konstruktion des Leviathan: Gerade die Verwirklichung des Strebens nach Sicherheit kann den Umschlag in die Tyrannis herbeiführen. Sicherheit wird im Leviathan durch „the terror of some power" und das „Schwert" (Lev. XVII, 85/131), kurzum: durch die Furcht vor dem Souverän erkauft. Die Sicherheit des Staates wird folglich am ehesten gewährleistet, wenn die Untertanen in ständiger Unsicherheit und Furcht vor der Gewalt des Souveräns leben. Dies ist dann nicht Folge des Missbrauchs der Macht, sondern ihres Gebrauchs zu dem von Hobbes vorgesehenen Zweck. Ein ähnliches Problem ergibt sich auf der internationalen Ebene: Das Streben nach Sicherheit kann nicht nur zu einem Machtgleichgewicht führen, sondern ebenso zu einer Eskalation, wenn nämlich Staaten zum Zwecke der Erhöhung ihrer Sicherheit Präventivkriege gegen einander führen. Der Präventivkrieg wird zwar um der Sicherheit willen geführt, ruft aber – wenn es zu einer Eskalation kommt – nur eine Erhöhung der Unsicherheit hervor.

Das Streben nach Sicherheit kann also sowohl auf der nationalen als auch auf der internationalen Ebene in bestimmten Fällen genau das Gegenteil, nämlich Unsicherheit, bewirken. Das aber bedeutet, dass Sicherheit aus rein logischen Gründen kein Selbstzweck sein kann, sondern von einem anderen Faktor abhängt. Aus Sicht des Liberalismus ist dieser Faktor die Freiheit: Sie *schafft* den Frieden, und ist nicht ein Rest an Handlungsspiel-

451 Lev. XVII (88/135; Hervorhebungen im Original).

räumen, der nach der Durchsetzung des Friedens übrigbleibt. Doch im Verständnis der Freiheit gibt es zwischen den Varianten des Liberalismus große Unterschiede, die in den folgenden Kapiteln (4.2 bis 4.4) behandelt werden sollen.

4.2 Radikaler ökonomischer Liberalismus

Von den Varianten des Liberalismus soll hier zunächst der radikale Wirtschaftsliberalismus behandelt werden, der hinsichtlich des Verhältnisses von Politik und freiem Wettbewerb für das Primat des Wettbewerbs eintritt und die politische Rahmenordnung ökonomisch begründen will. Diese Begründung soll durch die Zurückführung der Rahmenordnung auf einen wettbewerblichen Evolutionsprozess oder auf ein ökonomisches Kosten-Nutzen-Kalkül erfolgen.[452] Würde man der ideengeschichtlichen Entwicklung folgen, so müsste im Anschluss an den Realismus zunächst der politische Liberalismus behandelt werden: Historisch folgt auf Hobbes' „Leviathan" die Kritik der dort geforderten Allmacht des Souveräns, die erstens darauf zielt, nicht den politischen Herrscher als Souverän zu verstehen, sondern das Parlament (Locke) oder das Volk (Kant), und die zweitens für eine durch Gewaltenteilung und -verschränkung kontrollierte politische Herrschaft plädiert. Die Forderung nach offenen Märkten mit freiem Wettbewerb, die den klassischen Wirtschaftsliberalismus auszeichnet, wurde erst seit der zweiten Hälfte des 18. Jahrhunderts erhoben, und zwar nicht als Entgegensetzung zum politischen Liberalismus, sondern zunächst als dessen Übertragung auf den Bereich der Wirtschaft (vgl. Kruse 1997, Kap. 2). Die Komplementarität des politischen und wirtschaftlichen Liberalismus ist bereits bei Locke angelegt und zeigt sich besonders deutlich im Werk von Adam Smith: Seine Erklärung von Politik und Gesellschaft stützt sich nicht allein auf das Prinzip des Eigennutzes, sondern auch auf dasjenige der Sympathie, die er in der „Theory of Moral Sentiments" (TMS) als das Band bezeichnet, das die Gesellschaft zusammenhält.[453] Erst im zwanzigsten Jahrhundert wird das ökonomische Verhaltensmodell auf die Politik angewandt; führende Autoren, die sich die ökonomische Begründung gesellschaftlicher bzw. politischer Ordnung zum Ziel setzen, sind James Buchanan und Friedrich August von Hayek.

Hier soll nicht der ideengeschichtlichen Entwicklung des Wirtschaftsliberalismus gefolgt werden, sondern die Analyse der systematischen Zusammenhänge zwischen den Konzeptionen des Interessenausgleichs in den IPÖ-Paradigmen im Vordergrund stehen. In systematischer Hinsicht ist der radikale Wirtschaftsliberalismus diejenige Variante des Liberalismus, die dem Realismus am nächsten steht, weil sie mit ihm das eindimensionale Menschenbild teilt: So wie bei Hobbes der Mensch allein durch sein Machtstreben motiviert ist (in dem umfassenden Sinne des Strebens nach „Reichtum, Wissen und Ehre", Lev. VIII, 35/56) und er sich nur aufgrund der Unerträglichkeit des Naturzustands der politischen Ordnung des Leviathans unterwirft, so wird im radikalen Wirtschaftsliberalismus politische Herrschaft allein aus dem Nutzenkalkül der Individuen legitimiert.[454] Realismus und Wirtschaftsliberalismus gehen beide davon aus, dass die politische Ordnung aus-

452 Der gemäßigte Wirtschaftsliberalismus beschränkt sich hingegen in seinen Aussagen im Wesentlichen auf den Bereich der Wirtschaft und schließt sich auf der Ebene der politischen Rahmenordnung den Theorien des politischen Liberalismus an (zur Einteilung der liberalen Paradigmen s. o.: Abschnitt 2.2.2, S. 41ff.).

453 Smith, TMS (II.ii.3.1/127; s. a. I.i.4.7/25, II.ii.3.5/129).

454 Im Unterschied zu Hobbes wird das Eigennutzstreben jedoch nicht anthropologisch begründet, sondern hat allein den Status einer Verhaltensannahme (siehe dazu den folgenden Abschnitt 4.2.1).

schließlich durch externe Anreize hergestellt und aufrechterhalten wird: Gesetze werden nur beachtet und Verträge zwischen Individuen nur eingehalten, wenn es einen externen Anreiz dazu gibt, und dieser Anreiz wird bereits als hinreichende Bedingung für das Einhalten von Verträgen gesehen. Im politischen Liberalismus dagegen ist das zugrundeliegende Menschenbild differenzierter: bei Locke, Kant und Smith kommt zum Eigennutzstreben die Fähigkeit zur Sittlichkeit hinzu, die den dauerhaften Bestand einer politischen Gemeinschaft erst ermöglicht. Vertreter des politischen Liberalismus gehen davon aus, dass die Stabilität einer politischen Ordnung von der Milderung des Eigennutzstrebens (z. B. bei Smith durch die Sympathie) abhängt, während im Realismus und im radikalen Wirtschaftsliberalismus die Koordination eigennutzorientierter Individuen allein durch äußere Anreize – nämlich den Zwang, den der Souverän bzw. der Wettbewerb ausüben – erfolgt.

Im Folgenden werden zunächst die allgemeinen Grundlagen des (radikalen) Wirtschaftsliberalismus dargestellt: das Menschenbild des *homo oeconomicus* (Abschnitt 4.2.1) und das Verständnis von Freiheit und Wettbewerb (4.2.2). In Abschnitt 4.2.3 werden dann zwei Varianten des Verhältnisses von Vertrag und Wettbewerb behandelt, Buchanans ökonomische Theorie des Gesellschaftsvertrags und von Hayeks evolutorische Theorie der Entstehung von Rahmenordnungen, sowie ihre Anwendung auf die IPÖ in der Theorie des Systemwettbewerbs. Abschnitt 4.2.4 fasst die wesentlichen Ergebnisse zusammen und thematisiert die Probleme des radikalen Wirtschaftsliberalismus.

4.2.1 Das Menschenbild des radikalen Wirtschaftsliberalismus

Der moderne Wirtschaftsliberalismus legt das Menschenbild des *homo oeconomicus* zugrunde, möchte dieses aber nicht als Anthropologie verstanden wissen[455]: Der *homo oeconomicus* ist ein Verhaltensmodell, mit dessen Hilfe das soziale Handeln des Menschen analysiert werden soll, ohne dass damit der Anspruch erhoben wird, die tatsächlichen Motive menschlichen Handelns vollständig zu erfassen.[456] Wirtschaftsliberale Autoren betonen, dass sie nicht die Existenz „außerökonomischer“ Motive leugnen; sie sehen deren Analyse aber als Aufgabe anderer Wissenschaften an (wie der Psychologie und der Soziologie) und gehen zudem davon aus, dass zur Erklärung des sozialen Verhaltens von Individuen die Annahme der Eigennutzmaximierung ausreicht (z. B. Becker 1993). Hier sollen zunächst die Annahmen dieses Verhaltensmodell erläutert werden (Abschnitt 4.2.1.1), bevor auf das daraus resultierende Verständnis der Ökonomie als „Methode“ eingegangen wird (4.2.1.2).

4.2.1.1 Das ökonomische Verhaltensmodell

Das Verhaltensmodell des *homo oeconomicus* versteht alle individuellen Entscheidungen als Ergebnis einer Wahl zwischen Handlungsalternativen, die danach bewertet werden, in

455 In diesem Punkt steht der Wirtschaftsliberalismus dem Neorealismus nahe, der im Unterschied zum traditionellen Realismus ebenfalls eine anthropologische Fundierung vermeiden will; beide folgen hierin dem Behaviorismus (zum Behaviorismus siehe Vanberg 1975, 38-42).

456 Z. B. Vogt (1999, 274).

welchem Maße sie den individuellen Nutzen steigern (Eigennutzannahme).[457] Beurteilt werden die Handlungen auf der Grundlage der individuellen Präferenzen nach ihren Folgen für das individuelle Nutzenniveau („Konsequentialismus"; Birnbacher, 1990, 69; Höffe 1992, 10). Das Ziel dieser Wahlhandlungen ist es, angesichts äußerer Handlungsrestriktionen durch Knappheit und Sanktionen für regelwidriges Verhalten eine maximale Befriedigung der individuellen Wünsche zu erreichen (Nutzenmaximierung).

Der Begriff des Nutzens wird rein formal verstanden: Was ein Individuum als Nutzen ansieht, hängt allein von seinen subjektiven Präferenzen ab, deren Inhalt beliebig ist.[458] Allerdings werden über den Nutzen verschiedene formale Annahmen gemacht, die notwendig sind, um ein erklärungs- und prognosetaugliches Verhaltensmodell zu bekommen:

1. Die Präferenzen der Individuen, nach denen sie Kosten und Nutzen von Handlungsalternativen beurteilen, sind gegeben und verändern sich nicht oder höchstens langsamer als die äußeren Faktoren, von denen das Handeln abhängt.[459] Dadurch ist es möglich, alle Verhaltensänderungen von Individuen auf die Veränderung von Restriktionen zurückzuführen. So werden z. B. Änderungen des Konsumverhaltens nicht als Folge veränderter Präferenzen, sondern als Resultat einer Änderung der relativen Preise (d. h. des Verhältnisses der Preise der Güter) interpretiert (vgl. Frey 1990, 5). Diese Annahme spielt bei der Anwendung des ökonomischen Verhaltensmodells auf das Rechtssystem und die politische Rahmenordnung eine entscheidende Rolle: Entscheidungen für einen Rechtsverstoß werden aus dieser Sicht allein als Folge falscher Anreize interpretiert. Ein Beispiel dafür ist die sogenannte „Laffer-Kurve", die das Ausmaß an Steuerhinterziehung auf die Höhe des Steuersatzes zurückführt und daraus ein Kalkül zur Maximierung des effektiven Steueraufkommens ableitet (unter Einbeziehung des Verlusts an Steuerzahlungen durch Steuerhinterziehung bei zu hohem Steuersatz; z. B. Blankart 2003, 254-256). Die Berücksichtigung einer Kategorie wie der Steuermoral wird als Rückgriff auf „außerökonomische" Faktoren angesehen, die in einer ökonomischen Analyse auszublenden sind. Homann macht diese Vorgehensweise zur Grundlage seiner Theorie der Wirtschaftsethik, in der die Voraussetzung für ethisches Handeln in einer entsprechenden Gestaltung der Anreize gesehen wird: Will man ein bestimmtes als ethisch angesehenes Verhalten fördern, so muss man nach Homann nicht auf die Präferenzen der Individuen einwirken, sondern die Anreize verändern: „Der systematische Ort der Moral in der Marktwirtschaft ist die Rahmenordnung."[460]
2. Es wird angenommen, dass beim Konsum eines einzelnen Gutes der zusätzliche Nutzen jeder zusätzlich konsumierten Einheit sinkt (abnehmender Grenznutzen, sogenanntes erstes Gossensches Gesetz). Wenngleich somit bei einem einzelnen Gut eine Sättigung auftreten kann, wird in Bezug auf die Gesamtheit der Güter angenommen,

457 Vgl. Fritsch (1983, 28f.), Frey (1990, 6f.), Williamson (1990, 53-57). Für eine umfassende Darstellung des Modells des *homo oeconomicus* und der Diskussion über die Annahmen des Modells siehe Kirchgässner (1991).

458 Vanberg (1975, 81f.) sieht in dem formalen Nutzenbegriff die entscheidende Stärke des sogenannten antireduktionistischen Individualismus, der auf jede Form von „Introspektion" verzichtet und das Verhalten der Individuen allein aus einer Änderung der Anreize erklärt. Zu den Problemen des ökonomischen Nutzenbegriffs siehe van Ackeren (2005).

459 Stigler/Becker (1977), Kromphardt (1982, 918f.), Frey (1990, 5).

460 Homann/Blome-Drees (1992, 35, im Original hervorgehoben), s. a. Homann (1999, 336) und oben, 3.3.1.2.

dass es in jeder Situation wenigstens ein Gut gibt, von dem das betrachtete Individuum noch mehr haben möchte (sog. Nichtsättigungsannahme; Neumann 1980, 351).

3. Die Präferenzen der Individuen beziehen sich nicht allein auf materielle, sondern auch auf immaterielle Güter; außerdem können in der Nutzenfunktion eines Individuums die Nutzenzuwächse anderer Individuen berücksichtigt werden (Neumann 1980, 357). Entscheidend ist allein, dass das Individuum den Nutzen aller Güter und Handlungen vergleichen kann. Allgemein wird dabei eine ordinale Bewertung als hinreichend angesehen (d. h. das Individuum kann eine Rangordnung der Präferenzen bzw. Güter angeben, aber der Abstand zwischen den Rängen ist nicht interpretierbar; vgl. Neumann 1980, 350). Einige Autoren nehmen hingegen an, dass die Kommensurabilität von Gütern bzw. Handlungsoptionen grundsätzlich durch das Geld hergestellt wird, d. h. dass jeder Nutzenzuwachs prinzipiell mit Geld kompensiert werden könnte und somit auch in Geld messbar ist (Milgrom/Roberts 1992, 35; Wolff 1999, 113).

Die Annahme der Eigennutzmaximierung impliziert somit, dass die Individuen in der Verfolgung ihres Nutzens keine anderen Schranken als die Anreize kennen, die durch die relativen Preise der Handlungsoptionen gegeben sind. Von einem Rechts- oder Unrechtsbewusstsein der Individuen wird abstrahiert – womit nicht gesagt wird, dass es das nicht gibt, sondern nur, dass es innerhalb einer *ökonomischen* Theorie des Rechts und der Politik keine Rolle spielt (vgl. Homann/Blome-Drees 1992, 37). Williamson folgert daraus, dass die Individuen sich an Gesetze und Verträge nur dann halten, wenn sie einen hinreichenden Anreiz dazu haben; er nennt dies die Annahme „opportunistischen Verhaltens“:

> Unter Opportunismus verstehe ich die Verfolgung von Eigennutz unter Zuhilfenahme von List. Das schließt krassere Formen ein, wie Lügen, Stehlen und Betrügen, beschränkt sich aber keineswegs auf diese. Häufiger bedient sich Opportunismus raffinierterer Formen der Täuschung. (Williamson 1990, 54.)

Mit dieser Definition wendet Williamson sich gegen das Verständnis der Nutzenmaximierung, das der neoklassischen Markttheorie zugrundeliegt. Dort wird der Eigennutz stets im Rahmen bestimmter Regeln verfolgt: Die Regeln und die Anreize der Individuen, sich an die Regeln zu halten, werden vorausgesetzt; die Schwierigkeit, Regeln so zu gestalten, dass es zu einem stabilen Zusammenwirken der Individuen kommt, wird dort ausgeblendet (ebd., 56).

Die Eigennutzmaximierung ist an zwei weitere Voraussetzungen gebunden: Erstens müssen die Individuen ihre verschiedenen Handlungsalternativen einschließlich der Folgen ihres Handelns kennen, zweitens müssen sie in der Lage sein, die Folgen ihrer Handlungen zu bewerten und die besseren von den schlechteren Folgen zu unterscheiden (Rationalitätsannahme).[461] Dabei wird je nach Rationalitätskonzept von unterschiedlichen Annahmen über den Informationsstand der Individuen ausgegangen. Aufgrund der vielfältigen Kritik an der Annahme der vollständigen Information wird häufig das Konzept der beschränkten Rationalität zugrundegelegt,[462] das auf der Annahme beruht, dass die Individuen nicht vollständig informiert sind, weil die Beschaffung von Informationen Kosten verursacht und folglich der Informationsstand eines Individuums seinerseits das Ergebnis eines Optimie-

461 Fritsch (1983, 30), McKenzie/Tullock (1984, 28f.), Williamson (1990, 50-53), Zundel (1994, 24-40).
462 Williamson (1990, 51f.); s. a. Becker (1993, 5).

rungsprozesses ist. Ökonomisch gesprochen sind bei dem optimalen Informationsniveau eines Individuums die Grenzkosten und die Grenznutzen der Informationsbeschaffung gleich (wenn man annimmt, dass die Grenzkosten steigen und der Grenznutzen sinkt).

4.2.1.2 Ökonomie als Methode?

Die Anwendung des ökonomischen Verhaltensmodells wird in der Literatur in Anlehnung an Schumpeter (1908/1970, 88-98) als „methodologischer Individualismus" bezeichnet. Mit diesem Begriff zielte Schumpeter darauf, die werturteilsfreie Analyse wirtschaftlicher Vorgänge durch ihre Rückführung auf individuelle Entscheidungen von einem politischen Individualismus abzugrenzen, der z. B. mehr Freiheit für die Bürger fordert (ebd., 90).[463] Die Betonung, dass die Eigennutzannahme eine Sache des „methodischen" Vorgehens sei, dient zudem der Abwehr des Missverständnisses, dass es sich beim *homo oeconomicus* um eine anthropologische Theorie handele, die eine umfassende Beschreibung des Wesens des Menschen intendiere. Mit der Entwicklung des radikalen Wirtschaftsliberalismus, d. h. mit der Anwendung des *homo oeconomicus* auf alle Bereiche des menschlichen Handelns, bekam der methodologische Individualismus dann aber einen anderen Stellenwert: Er dient nun nur noch *pro forma* der Beschränkung des Gültigkeitsbereichs der Ergebnisse, und wird vielmehr zur Grundlage des sogenannten „ökonomischen Imperialismus"[464], der mit dem ökonomischen Verhaltensmodell jedwedes Verhalten des Menschen erklären will.

Der radikale Wirtschaftsliberalismus zielt damit auf eine grundlegende Änderung des Verständnisses der Volkswirtschaftslehre und ihres Verhältnisses zu anderen Sozialwissenschaften: Die Anwendung des ökonomischen Verhaltensmodells soll nicht mehr innerhalb der Volkswirtschaftslehre ein theoretischer Ansatz unter vielen zur Analyse wirtschaftlicher Zusammenhänge sein, sondern soll als „ökonomische Methode" die Ökonomie als Wissenschaft definieren, die neben den „Methoden" der anderen Sozialwissenschaften wie der Soziologie und der Psychologie steht.[465] In diesem Sinne ist auch die ökonomische Theorie der Politik zu verstehen: als Anwendung der Verhaltenstheorie des *homo oeconomicus* auf den Bereich der Politik. Gary S. Becker (1993) geht noch weiter, indem er eine ökonomische Theorie der Ehe, der Fruchtbarkeit, der Kriminalität etc. entwickelt.[466] Der Anspruch des radikalen Wirtschaftsliberalismus ist es, die Ökonomie als „Ökonomik" neu zu definieren, d. h. als Anwendung einer bestimmten Verhaltenstheorie auf beliebige Bereiche menschlichen Handelns.[467] Auf diesen Anspruch soll hier kurz eingegangen werden, weil dies für die Einschätzung der ökonomischen Theorie der Politik von Bedeutung ist.

---

463 Für eine ausführliche Diskussion der Varianten des methodologischen Individualismus siehe Vanberg (1975, Kap. 1-4).

464 Vgl. zu dem Begriff Pies/Leschke (1998). Homann (1999, 333) stellt mit Genugtuung fest, dass der Begriff „anfangs kritisch, heute bereits neutral" verwendet wird. Für einen knappen Überblick über die Position siehe Söllner (1999, 172f.).

465 Die Politikwissenschaft wird in diesem Zusammenhang selten genannt. Sie ist (bislang) von einer Pluralität konkurrierender Paradigmen gekennzeichnet, deren Gemeinsamkeit im Gegenstandsbereich bzw. in der Fragestellung liegt.

466 Im deutschsprachigen Raum kommen ihm Frey (1990; 2004) und Homann (1988; 1993; Homann/Blome-Drees 1992) am nächsten.

467 Bei dieser Neudefinition bleibt regelmäßig die Frage offen, was denn dann das Abgrenzungsmerkmal der Ökonomie im Sinne von Wirtschaft (d. h. als konkretem Handlungsbereich) sein soll, wenn das ökonomi-

Die Idee, die Ökonomie über den „ökonomischen Ansatz“ und nicht über einen spezifischen Gegenstandsbereich zu definieren, wurde maßgeblich von Becker entwickelt. Den Gegenstand, so Becker (1993, 3), würden die verschiedenen Sozialwissenschaften vielfach teilen, wenn z. B. wirtschaftliche Phänomene sowohl von Ökonomen als auch von Politikwissenschaftlern, Soziologen und Psychologen untersucht werden; insofern könne er kein befriedigendes Unterscheidungsmerkmal sein (ebd.).[468] Die Abgrenzung der Ökonomie über die zugrundegelegte Verhaltenstheorie ermöglicht hingegen ihre Anwendung auf alle Bereiche menschlichen Handelns:

> Alles menschliche Verhalten kann vielmehr so betrachtet werden, als habe man es mit Akteuren zu tun, die ihren eigenen Nutzen, bezogen auf ein stabiles Präferenzsystem, maximieren und sich in verschiedenen Märkten eine optimale Ausstattung an Information und anderen Faktoren schaffen. Trifft dieses Argument zu, dann bietet der ökonomische Ansatz einen einheitlichen Bezugsrahmen für die Analyse menschlichen Handelns, wie ihn Bentham, Comte, Marx und andere seit langem gesucht, aber verfehlt haben. (Becker 1993, 15)

Dieses Ökonomieverständnis wird auch von Homann vertreten. Die Abgrenzung der Sozialwissenschaften über ihren Gegenstandsbereich führt seiner Auffassung nach zu einem Verständnis von Interdisziplinarität, in dem die einzelnen Wissenschaften ihre Erträge wie in einer „Schrebergartenkolonie“ austauschen (Homann 1999, 339) – als Produkt der Bewirtschaftung der jeweils eigenen Parzelle. Stattdessen soll die „ökonomische Methode der Vorteils-/Nachteils-Kalkulation“ (ebd., 340; im Original hervorgehoben) auf alle Bereiche menschlichen Handelns angewandt werden. Die Ergebnisse anderer Sozialwissenschaften können entweder selbst zum Gegenstand der Ökonomie werden (ein Beispiel wäre die „Rekonstruktion“ der Verhaltensmuster sozialer Gruppen als Nutzenmaximierung der diesen Gruppen angehörenden Individuen) oder im Rahmen der ökonomischen Analyse als Restriktionen für die individuelle Nutzenmaximierung interpretiert werden (z. B. psychologische Ergebnisse über Grenzen kognitiver Fähigkeiten, die für die ökonomische Interpretation der Informationsverarbeitung relevant sind). Die Deutungshoheit menschlichen Handelns liegt damit auf Seiten der Ökonomie: Die übrigen Sozialwissenschaften präparieren den Ökonomen die Untersuchungsgegenstände oder liefern Zusatzinformationen, die von Ökonomen als Randbedingungen in ihrer Analyse berücksichtigt werden können.[469]

Diese Vorgehensweise wirft erstens ein begriffliches Problem auf, weil die Bezeichnung „ökonomische Methode“ irreführend ist. Eine Methode ist im üblichen wissenschaftlichen Sprachgebrauch ein systematisches Verfahren der Erkenntnisgewinnung. Bei der

---

sche Verhalten in der Ökonomik völlig formal und losgelöst von jedem konkreten Handlungsbereich definiert wird.

468 Beckers Zurückweisung der Abgrenzung der Sozialwissenschaften über ihren Gegenstand ist zu knapp: Die herkömmliche Abgrenzung umfasst neben dem Gegenstand einer Wissenschaft ihre spezifische Fragestellung bzw. einen spezifischen Aspekt des Gegenstandes, der untersucht werden soll. So werden z. B. bei Adam Smith Tauschhandlungen unter dem Gesichtspunkt ihrer Wirkung auf den Volkswohlstand analysiert, während ein Soziologe dieselben Tauschhandlungen z. B. unter dem Gesichtspunkt der Bildung sozialer Gruppen untersuchen würde.

469 Vgl. auch Pies in der Einleitung zu Pies/Leschke (Hg., 1998, 21): „*Nicht* sinnvoll ist Interdisziplinarität als psycho-logisierende Durchbrechung oder sozio-logisierende Aufweichung der ökonomischen Modell-Logik.“ (Hervorhebung im Original) Anders gesagt: Interdisziplinarität darf nicht dazu führen, dass die eigene Vorgehensweise in Frage gestellt wird.

Wahl der Methode geht es z. B. um die Frage, ob bei einer Untersuchung modelltheoretisch oder empirisch vorgegangen werden soll, ob in einer empirischen Untersuchung quantitative oder qualitative Erhebungen gemacht werden etc. (vgl. Kromphardt 1982). Die „ökonomische Methode" meint jedoch etwas anderes: nämlich die Festlegung auf eine bestimmte Verhaltenstheorie, die mit unterschiedlichen Methoden im herkömmlichen Verständnis des Begriffs (d. h. theoretisch oder empirisch etc.) auf soziale Phänomene angewandt wird.

Die Definition der Ökonomie als Anwendung einer einzigen Verhaltenstheorie führt zweitens zu einem Theorie-Monismus: Konkurrierende Theorien menschlichen Handelns werden zwar nicht allgemein verworfen, aber aus der Volkswirtschaftslehre und damit aus der Diskussion innerhalb der Disziplin ausgeschlossen. Eine Pluralität von Paradigmen, wie sie die Diskussion in der IPÖ oder allgemein in der Politikwissenschaft kennzeichnet, wird als glücklich überwundener Zustand des Suchens nach der richtigen, alles erklärenden Theorie gedeutet – eine Vorgehensweise, die schon deshalb irritiert, weil die liberale Ökonomie ansonsten immer die Vorzüge des Wettbewerbs betont.

Aus der Ausschaltung des Wettbewerbs der Theorien folgt drittens, dass die Verhaltenstheorie des *homo oeconomicus* unwiderlegbar wird. Die Auseinandersetzung mit konkurrierenden Theorien wird schlicht unterbunden, weil sie noch nicht einmal im Rahmen interdisziplinärer Debatten möglich ist.[470] Mehr noch: jeder Versuch einer Widerlegung dieser Verhaltenstheorie wird als Angriff gegen die gesamte Disziplin gedeutet. Damit hätte die bürgerliche Volkswirtschaftslehre ihrerseits tatsächlich erreicht, was Marx anstrebte[471]: hermetische Geschlossenheit. So wie im Marxismus jedem Kritiker des herrschenden Dogmas bescheinigt wurde, dass ihm das höhere Bewusstsein des Geschichtsprozesses fehlt,[472] so wird von den Vertretern des ökonomischen Imperialismus jeder Kritiker der ökonomischen Verhaltenstheorie nicht nur als außerhalb der Ökonomie stehend angesehen, sondern auch als „vormodern", denn Homann weist immer wieder darauf hin, dass unter den Bedingungen der modernen Gesellschaft das ökonomische Verhaltensmodell das einzig adäquate zur Analyse menschlichen Verhaltens sei.[473] Andere Sozialwissenschaften können nur insoweit alternative Theorien entwickeln, als sie damit nicht das Deutungsmonopol der „Ökonomik" in Frage stellen.

Die Definition der Volkswirtschaftslehre über die Anwendung einer einzelnen Verhaltenstheorie ist die logische Weiterentwicklung der neoklassischen ökonomischen Theorie. In der ökonomischen Klassik (z. B. bei Smith und Ricardo) wird die „politische Ökonomie" von ihrem Gegenstand bzw. ihrer spezifischen Fragestellung her bestimmt, nämlich der Frage nach den Ursachen des Volkswohlstandes. Dieser Wohlstand wird in gewisser Weise objektiv verstanden: als Menge aller nützlichen und angenehmen Dinge. Das Ziel ist nicht die Erklärung des Tausches durch ein formales Modell der Nutzenmaximierung,

470 Vgl. das Zitat von Pies in Fußnote 469.

471 Siehe das oben (S. 196) angeführte Zitat von Becker.

472 Diese Haltung wird schon bei Marx und Engels im „Kommunistischen Manifest" deutlich, wenn es dort heißt: „Die Kommunisten [...] haben theoretisch vor der übrigen Masse des Proletariats die Einsicht in die Bedingungen, den Gang und die allgemeinen Resultate der proletarischen Bewegung voraus." (MEW Bd. 4, 474.)

473 Z. B. Homann (1999, 330), Homann/Blome-Drees (1992, 20f.), Homann (2001, 18). – Die Qualifizierung der Gegner in einer geistigen Auseinandersetzung als vormodern weist eine interessante Parallele zum Diskussionsstil von Marxisten auf, die ebenfalls konkurrierende Positionen als Ausdruck einer anderen geschichtlichen Epoche ansehen, so dass jede ernsthafte Auseinandersetzung mit deren Argumenten sinnlos wird.

sondern die Erklärung des wirtschaftlichen Wachstums durch den Tausch im freien Wettbewerb. Der subjektive Nutzen spielt zwar bereits eine bedeutende Rolle, aber es werden nicht alle wirtschaftlichen Prozesse auf ihn zurückgeführt.[474] Dieser Schritt wird erst mit der subjektiven Wertlehre der neoklassischen Ökonomie vollzogen.[475] Im neoklassischen Verständnis ist der Gegenstand der Volkswirtschaftslehre die Nutzenmaximierung unter der Bedingung der Knappheit. Die Formalisierung der ökonomischen Analyse bereitet den Weg für ihre Ausweitung auf jeden beliebigen Bereich des menschlichen Handelns vor. Es muss nun nur noch der Schritt vollzogen werden, nicht nur wirtschaftliche Güter im klassischen Sinne als knappe Güter zu verstehen, sondern alles, was der Mensch anstrebt und was für ihn Wert hat. Die Verhaltensannahmen der Gewinnmaximierung der Unternehmer wird z. B. auf Politiker übertragen, die als Stimmenmaximierer verstanden werden, und der Konsument wird unter Berücksichtigung der Zeit als knappem Gut ein nutzenmaximierender „Zeit-Investor".[476]

4.2.2 Freier Wettbewerb als Bedingung der Nutzenmaximierung

Die Möglichkeit zur Nutzenmaximierung hängt davon ab, dass die Individuen bei ihren Tauschhandlungen frei wählen können und der Wettbewerb die Marktgegenseite dazu zwingt, ein möglichst günstiges Angebot zu unterbreiten. Die Freiheit im Wettbewerb setzt zum einen Chancengleichheit und zum anderen eine Rahmenordnung voraus, die die Eigentums- und Verfügungsrechte und gegebenenfalls die Wettbewerbsfreiheit sichert. Die wirtschaftsliberale Deutung des Zusammenhangs von Wettbewerbsfreiheit, Chancengleichheit und Rahmenordnung soll im Folgenden dargestellt werden.

4.2.2.1 Freiheit

Freiheit wird im Wirtschaftsliberalismus als Wahlfreiheit verstanden, d. h. als Möglichkeit, von den jeweiligen Handlungsoptionen diejenige zu wählen, die hinsichtlich des Kosten-Nutzen-Verhältnisses am meisten den individuellen Präferenzen entspricht. Die Koordination der Individuen soll nicht über eine Beeinflussung der individuellen Präferenzen, sondern über die Gestaltung der Rahmenbedingungen (Restriktionen) erfolgen. Diese Restriktionen beschränken die Wahlfreiheit einzelner Individuen dort, wo dies im Interesse der Wahlfreiheit aller übrigen Individuen ist, aber es wird dem Individuum nicht vorgeschrieben, was es wählen soll. Der Freiheit werden also um der Freiheit willen Grenzen gesetzt

---

474 Das zeigt sich mit besonderer Deutlichkeit in der klassischen Wertlehre, die sowohl Elemente einer Nutzentheorie, als auch Elemente einer Arbeitswertlehre enthält. Daraus entwickelt Marx eine reine Arbeitswertlehre, die Neoklassik eine reine Nutzenlehre; erst bei den beiden letzteren Theorien wird das gesamte Ökonomieverständnis aus der jeweiligen Wertlehre abgeleitet.

475 Siehe z. B. Jevons (1879/1924, insbesondere Kapitel III); für einen Überblick: Kruse (1997, Kapitel VII).

476 Stigler/Becker (1977, 77) charakterisieren diesen Schritt, der in der „New Theory of Consumer Choice" vollzogen wird, folgendermaßen: „In the traditional theory, households maximize a utility function of the goods and services bought in the marketplace, whereas in the reformulation they maximize a utility function of objects of choice, called commodities, that they produce with market goods, their own time, their skills, training and other human capital, and other inputs." Während also in der bisherigen (neoklassischen) Theorie der Haushalt ein passiver Konsument ist, wird er nun aktiv verstanden: er investiert in Humankapital, soziale Beziehungen (Sozialkapital) etc. und „produziert" gewissermaßen den Nutzen.

(vgl. den Titel von Buchanans Buch: „Die Grenzen der Freiheit“, 1984). Anders als im politischen Liberalismus hängt die Respektierung dieser Grenzen allein vom Kosten-Nutzen-Kalkül der Individuen und damit von äußeren Anreizen (vor allem der Androhung von Sanktionen) ab, und nicht von zusätzlichen Faktoren wie den „moral sentiments“ in der schottischen Aufklärung oder der sittlichen Autonomie bei Kant.

Die Bedingungen, die sowohl die Wahlfreiheit als auch die Koordination der individuellen Handlungen sichern sollen, sind (1) die Gesetze und (2) der Wettbewerb. Die *Gesetze* dienen (a) der Sicherung der Verfügungsrechte („property rights“) und (b) der Regelung der Entscheidungsverfahren für die Produktion öffentlicher Güter; Buchanan (1984) nennt diese beiden Funktionen den „Rechtsschutzstaat“ („protective state“) und den „Leistungsstaat“ („productive state“; Buchanan 1984, 97-100). Für die Nutzensteigerung bedarf es zusätzlich des *Wettbewerbs*, der daraus resultiert, dass die jeweilige Marktgegenseite die Möglichkeit zur Abwanderung hat und zwischen Alternativen wählen kann.[477] Wenn ein Anbieter sich an den Wünschen der Nachfrager orientiert, wird er durch den Erfolg (Gewinn) belohnt; tut er dies nicht, so besteht die Sanktion in einem Verlust oder im Ausscheiden aus dem Markt. Erst durch den Wettbewerb gibt es Anreize zu kontinuierlichen Leistungsverbesserungen und Sanktionen für schlechte Leistungen. Der Druck, der durch den Wettbewerb ausgeübt wird, stellt einerseits eine Einschränkung der Freiheit dar,[478] führt aber andererseits durch die Steigerung der Produktivität und der Einkommen zu einer Erweiterung der Handlungsoptionen und damit der Wahlfreiheit. Die Freiheit im Wirtschaftsliberalismus besteht nicht darin, dass kein Zwang ausgeübt wird, sondern dass dieser Zwang nicht von einzelnen Individuen ausgeht, die ihre Macht zum eigenen Vorteil und zum Schaden anderer einsetzen.

Die Bedeutung des Wettbewerbs folgt aus dem Misstrauen, das Wirtschaftsliberale gegen jede Form von Machtkonzentration hegen. Bei einem mächtigen Souverän wie in Hobbes' Leviathan oder einer internationalen Hegemonialmacht gehen sie davon aus, dass die Macht stets für die Verfolgung des eigenen Nutzens eingesetzt wird. Freiheit soll dadurch verwirklicht werden, dass an die Stelle der Kontrolle des Eigennutzstrebens durch einen mächtigen Souverän die Kontrolle durch den Wettbewerb tritt. Der Wettbewerb hat den Vorteil, dass er (theoretisch) alle Akteure kontrolliert (während bei Hobbes die Herrschaft des Souveräns nicht kontrolliert wird), und dass er aus unfreien Untertanen Bürger mit unternehmerischen Freiheiten macht. In der Demokratie wird der Wettbewerb auf die Politik übertragen (vgl. Downs 1968); der Politiker als Stimmenmaximierer im Wettbewerb wird als politischer Unternehmer gedeutet. An die Stelle kontrollierender Individuen tritt so mit dem Wettbewerb ein kontrollierender Mechanismus, der die Entstehung dauerhafter Machtpositionen sowohl in der Ökonomie als auch in der Politik verhindern soll.

---

477 Kirzner (1978, 9) definiert den Wettbewerb als einen Prozess, in dem jeder Marktteilnehmer versucht, der Marktgegenseite die „vorteilhafteste Gelegenheit“ zu bieten. Der Wettbewerbsdruck kann grundsätzlich von beiden Marktseiten ausgehen: Die Anbieter können um die Nachfrager konkurrieren und die Nachfrager um die Anbieter. Der verbreitete Fall sind Märkte, auf denen die Anbieter im Wettbewerb um die Nachfrager stehen; im Falle eines knappen Angebots kann es unter den Nachfragern zu einer Wettbewerbssituation kommen, in der sie den Druck spüren, der von den Wahlmöglichkeiten der Anbieter ausgeht. – Zum Konzept des Wettbewerbsdrucks siehe die Arbeit des Verfassers (1999, 105f.).

478 So heißt es bei von Hayek (1969, 260): „Die Tatsache, dass der Wettbewerb nicht nur zeigt, wie die Dinge besser gemacht werden können, sondern alle, deren Einkommen vom Markt abhängt, zwingt, die Verbesserungen nachzuahmen, ist natürlich einer der Hauptgründe für die Abneigung gegen den Wettbewerb.“

Der Wirtschaftsliberalismus zieht aus der Annahme des Eigennutzstrebens die optimistische Schlussfolgerung, dass unter der Voraussetzung eines freien Wettbewerbs dieses Streben zu einer Ordnung führt, die für alle Individuen die bestmögliche ist. Anders als das Sicherheitsstreben bei Hobbes und im Realismus führt die Nutzenmaximierung aus wirtschaftsliberaler Sicht tendenziell zu einem kooperativen Verhalten der Individuen, weil sie den Nutzen der Kooperation erkennen. Das ist der Grundgedanke von Smith' vielzitierter „unsichtbarer Hand":[479] dass die Ordnung der Gesellschaft zwar ein Ergebnis individuellen Handelns, nicht aber der Intentionen der Individuen ist. Während im „Leviathan" der Souverän das Gemeinwohl (die Sicherheit) im Blick haben muss, braucht im Wettbewerb aus wirtschaftsliberaler Sicht niemand auf das Gemeinwohl zu achten, sondern das Eigennutzstreben wird automatisch zum Vorteil aller Individuen koordiniert.

4.2.2.2 Ungleichheit der Einkommen, Gleichheit der Chancen

Die mit dem Wettbewerb verbundene wirtschaftliche und soziale Ungleichheit zwischen erfolgreichen und erfolglosen Anbietern stellt aus wirtschaftsliberaler Sicht keine Beeinträchtigung der Freiheit dar, sondern wird sogar als unbedingt erforderlich angesehen: Die (ungleichen) Marktergebnisse zeigen, welche Leistungen aus der Sicht der Marktgegenseite erfolgreich sind (Informationsfunktion der Ungleichheit) und geben den Akteuren mit einem schlechten Ergebnis einen Anreiz zur Verbesserung der Leistung (Anreizfunktion der Ungleichheit). Wer ein schlechtes Marktergebnis hatte (Verlust als Unternehmer, niedriger Lohn oder Arbeitslosigkeit als Arbeitnehmer) wird versuchen, die Strategien der Erfolgreichen nachzuahmen. Dieser „Imitationswettbewerb" schmälert die Vorsprungsgewinne der Erfolgreichen und schafft dadurch Anreize zu neuen Innovationen.[480] Durch das Vorstoßen und Nachziehen im Wettbewerb werden somit ständig neue, aus der Sicht der Nachfrager bessere Lösungen gefunden und verbreitet. Dieser Prozess von Innovation und Diffusion – von Hayek (1969) spricht vom Wettbewerb als einem „Entdeckungsverfahren" – kommt allen in der Gesellschaft zugute, weil die Erfolglosen indirekt an den Gewinnen der Erfolgreichen partizipieren, wenn deren Konsum und Investitionen neue Verdienstmöglichkeiten schaffen („trickle-down-Effekt", s. o., 3.2.1.1).

Während die Ungleichheit der Markteinkommen folglich nicht gegen den Wettbewerb spricht, sondern eine notwendige Voraussetzung desselben ist, muss auf der Ebene der Chancen der Teilnahme am Wettbewerb die (formale) Gleichheit gewährleistet sein. Chancengleichheit besteht darin, dass jedes Individuum prinzipiell die Möglichkeit hat, durch Leistung zu Erfolg zu kommen. Wirtschaftliche Freiheit und Chancengleichheit sind aus der Sicht des ökonomischen Liberalismus zwei Seiten einer Medaille: Freiheit besteht darin, dass jeder im Rahmen der Spielregeln des Wettbewerbs als Anbieter bzw. Nachfrager auf dem Markt auftreten kann; Chancengleichheit bedeutet, dass diese Freiheit formal jedem Individuum gleichermaßen zukommt.

479 Siehe Smith, WN (IV.ii.9/371; vgl. auch TMS IV.i.10/316).

480 In gewisser Weise ist somit in einer Wettbewerbswirtschaft jeder Marktteilnehmer ein Unternehmer (vgl. Kirzner 1978, 24f.).

4.2.2.3 Rahmenordnung des Wettbewerbs

Damit der freie Wettbewerb einen umfassenden Interessenausgleich bewirkt, müssen von Seiten der Politik bestimmte Rahmenbedingungen realisiert werden. Anhand von drei Problembereichen lässt sich die Position des radikalen Wirtschaftsliberalismus hinsichtlich der Frage der Legitimation und der Funktion dieser Rahmenordnung vom gemäßigten Wirtschaftsliberalismus abgrenzen:

1. Wie wird der rechtliche und politische Rahmen des Wettbewerbs legitimiert? Kein Wirtschaftsliberaler bestreitet, dass der freie Wettbewerb nur funktioniert, wenn es eine gesicherte Eigentumsordnung gibt. Die Frage ist jedoch, ob die erforderliche politische Ordnung auch ökonomisch begründet werden kann und soll. Radikale Wirtschaftsliberale bejahen diese Frage und verwenden das Modell des *homo oeconomicus* für die Begründung der Rahmenordnung; gemäßigte Wirtschaftsliberale hingegen beschränken die Anwendung des ökonomischen Verhaltensmodells auf den Bereich der Wirtschaft und schließen sich hinsichtlich der Begründung dieses Rahmens Positionen des politischen Liberalismus an. Innerhalb des radikalen Wirtschaftsliberalismus lassen sich im Wesentlichen zwei Varianten unterscheiden (s. u., Abschnitt 4.2.3): Erstens die Theorie, dass die Rahmenordnung des Wettbewerbs durch einen Gesellschaftsvertrag legitimiert wird, der mit der ökonomischen Verhaltenstheorie begründet wird; zweitens die Theorie, dass die politische Rahmenordnung das Ergebnis eines Wettbewerbs höherer Ordnung ist, nämlich eines Wettbewerbs der politischen Systeme.
2. Welche Maßnahmen sind zur Sicherung der Chancengleichheit im Wettbewerb erforderlich? Anders gefragt: Besteht, auch wenn die Eigentumsordnung gesichert ist, die Gefahr der Selbstaufhebung des Wettbewerbs durch Monopol- und Kartellbildungen, so dass der Staat zur Sicherung des Wettbewerbs eingreifen muss? Vertreter der *Chicago School*[481], die dem radikalen Wirtschaftsliberalismus zuzurechnen sind, gehen davon aus, dass der freie Wettbewerb im Regelfall keiner wettbewerbspolitischen Interventionen bedarf. Alle Beschränkungen des Wettbewerbs lassen sich aus ihrer Sicht auf Marktzutrittsschranken zurückführen (also fehlende Chancengleichheit), wobei zwischen privaten und staatlichen Marktzutrittsschranken unterschieden wird. Private (von Unternehmen errichtete) Marktschranken beruhen in der Regel auf besonderen Leistungen und sind erodierbar,[482] deshalb stellen sie keinen Grund für staatliche Interventionen dar.[483] Problematisch sind vielmehr staatliche Regulierungen des Marktzugangs, weil sie nicht erodierbar sind. Wettbewerbspolitik ist deshalb aus der Sicht der Chicago School in erster Linie Deregulierungspolitik, d. h. der möglichst

481 Z. B. Stigler (1970), Posner (1976), Demsetz (1976), Bork (1978).

482 Marktschranken werden als „erodierbar" bezeichnet, wenn sie auf einer Leistung beruhen und potentielle Konkurrenten durch eine vergleichbare oder bessere Leistung in den Markt eintreten können. Beispiele für solche Marktschranken sind Investitionen in Reputation oder Forschung & Entwicklung.

483 Entscheidend für diese Argumentation der Chicago School ist das Konzept der potentiellen Konkurrenz, demzufolge der Wettbewerbsdruck auf einem Markt nicht allein von den aktuellen Marktteilnehmern ausgeht, sondern auch von den Unternehmen, die auf den Markt kämen, wenn die aktuellen Marktteilnehmer sich nicht wettbewerblich verhalten würden. Die Wirksamkeit der potentiellen Konkurrenz hängt vor allem von den Kosten des Marktzutritts und des Marktaustritts (= Marktschranken) ab. Das Konzept der potentiellen Konkurrenz wurde im Rahmen der Theorie der bestreitbaren Märkte entwickelt, grundlegend dazu: Baumol (1982), Baumol/Panzar/Willig (1982).

weitgehende Abbau von Eingriffen in den Markt. Dem stehen diejenigen Ökonomen gegenüber, die davon ausgehen, dass der Wettbewerb durch marktmächtige Unternehmen dauerhaft beschränkt werden kann, so dass die Politik die Wettbewerbsfreiheit und Chancengleichheit sichern sowie Verzerrungen der Wettbewerbsergebnisse verhindern muss. Dabei kann sie zum einen auf der Ebene der Verhaltensregeln im Wettbewerb (Marktverhaltensansatz) ansetzen, zum anderen kann sie gestaltend in die Marktstruktur eingreifen (Marktstrukturansatz). Der *Marktstrukturansatz* beruht auf der Annahme, dass sich eindeutige Zusammenhänge zwischen der Marktstruktur, dem Marktverhalten und dem Marktergebnis feststellen lassen, so dass mittels einer Intervention in die Marktstruktur bestimmte politisch erwünschte Marktergebnisse erzielt werden können. Diese Vorgehensweise wird von radikalen Wirtschaftsliberalen grundsätzlich abgelehnt, weil sie den besonderen Charakter des Wettbewerbs als „Entdeckungsverfahren" übersieht;[484] sie wird vor allem von Ökonomen vertreten, die dem sozialstaatlich orientierten politischen Liberalismus nahestehen und allgemein steuernde Eingriffe in den Wettbewerb (im Sinne des Keynesianismus) befürworten. Der *Marktverhaltensansatz* hingegen wird sowohl von radikalen Wirtschaftsliberalen vertreten (die für die Erklärung der Entstehung der Wettbewerbsregeln auf die sogenannte ökonomische Theorie der Politik zurückgreifen) als auch von rechtsstaatlich orientierten politischen Liberalen.

3. In welcher Form soll die Politik auf Marktversagen reagieren, d. h. auf Situationen, in denen die Marktergebnisse deutlich von den erwünschten Ergebnissen abweichen und der „Automatismus" des Wettbewerbs nicht funktioniert? Allgemein werden drei Formen von Marktversagen unterschieden[485]: Erstens die sogenannten negativen externen Effekte, d. h. negative Wirkungen einer Handlung auf das Nutzenniveau anderer Individuen, die nicht marktfähig sind und deshalb auch nicht über den Markt kompensiert werden (Beispiel: Umweltverschmutzung); zweitens Fälle, in denen einzelne Konsumenten nicht von der Nutzung eines Gutes ausgeschlossen werden können, so dass es die Gefahr des Trittbrettfahrerverhaltens gibt (öffentliche Güter, z. B. Infrastruktur, Landesverteidigung); drittens Informationsmängel, d. h. Situationen, in denen die Nachfrager die Qualität eines Produktes oder einer Dienstleistung nicht erkennen können; dies führt zur Frage, inwieweit der Staat den Marktzutritt und die Qualität von Produkten bzw. Dienstleistungen mit Qualitätsstandards regulieren soll. Neben diesen Formen des Marktversagens auf der mikroökonomischen Ebene gibt es auf der makroökonomischen Ebene die Diskussion darüber, ob konjunkturelle Schwankungen staatliche Eingriffe zur Stabilisierung der Wachstumsprozesse erforderlich machen. – Hinsichtlich der Frage, wie politisch auf Marktversagen reagiert werden soll, lassen sich wiederum drei Positionen erkennen: Radikale Wirtschaftsliberale stehen jeder staatlichen Intervention in Märkte skeptisch gegenüber und weisen darauf hin, dass es neben dem Marktversagen auch ein „Staatsversagen"[486] gibt. Deshalb gehen sie in den wenigstens Fällen davon aus, dass es überhaupt sinnvoll ist, wenn der Staat in die Marktprozesse eingreift; dort wo es unvermeidlich ist, sollten die Eingriffe durch einen übergeordneten Wettbewerb der Systeme kontrolliert werden (s. u., 4.2.3.3). Ordnungspolitisch orientierte Liberale befürworten eine politische Intervention durch

484 Vgl. von Hayeks bekannten Aufsatz: „Der Wettbewerb als Entdeckungsverfahren" (1969).
485 Zur Theorie des Marktversagens siehe Fritsch/Wein/Ewers (2005).
486 Zum Begriff des Staatsversagens vgl. Jänicke (1986).

die Gestaltung von Regeln (d. h. auf der Ebene des Ordnungsrahmens). Keynesianisch orientierte Autoren halten hingegen eine Korrektur des Marktversagens durch direkte staatliche Eingriffe in die Marktprozesse für sinnvoll (staatliche Regulierung).

Für das grundsätzliche Verhältnis von Politik und Ökonomie ist vor allem die erste dieser drei Fragen – diejenige nach der Legitimation des politischen und rechtlichen Rahmens des Wettbewerbs – relevant; auf sie soll im folgenden Abschnitt 4.2.3 noch näher eingegangen werden. Die beiden anderen Fragen sind eher praktischer Natur und können an dieser Stelle nicht weiter verfolgt werden.[487]

4.2.3 Die politische Rahmenordnung des Wettbewerbs im radikalen Wirtschaftsliberalismus

Der radikale Wirtschaftsliberalismus zeichnet sich, wie bereits deutlich wurde, nicht dadurch aus, dass dem Wettbewerb keinerlei Schranken gesetzt werden sollen, sondern dass die wenigen Schranken, die es geben soll, auf der Grundlage der ökonomischen Verhaltenstheorie legitimiert werden. In der IPÖ tritt der radikale Wirtschaftsliberalismus vor allem als Befürwortung eines internationalen Wettbewerbs der politischen Rahmenordnungen auf; diese Position knüpft sowohl an von Hayeks evolutorischem Verständnis des Wettbewerbs als auch an Buchanans vertragstheoretischem Verständnis der Rahmenordnung an. Auf der grundsätzlichen Ebene des Verhältnisses von Gesellschaftsvertrag und Wettbewerb konkurrieren von Hayeks Theorie der Herausbildung von Regeln und Verfassungen im Wettbewerb und die Vertragstheorie von Buchanan, die sich unmittelbar auf Hobbes bezieht und den „Leviathan" aus ökonomischer Perspektive umdeutet. Im Folgenden sollen zunächst die grundsätzlichen Positionen von Buchanan und von Hayek dargestellt werden (Abschnitte 4.2.3.1 und 4.2.3.2), bevor ihre Anwendung auf die IPÖ im Konzept des Systemwettbewerbs behandelt wird (Abschnitt 4.2.3.3).

4.2.3.1 Der vertragstheoretische Ansatz von James Buchanan

Das Ziel von Buchanan ist es, die Bedingung der Möglichkeit ökonomischer Tauschhandlungen zu erklären: die Eigentumsordnung. In seinem Buch „Grenzen der Freiheit" (1984)[488] entwirft er dazu eine ökonomische Umformulierung der Hobbes'schen Theorie des Gesellschaftsvertrags, an der die Unterschiede und Gemeinsamkeiten zwischen Realismus und Wirtschaftsliberalismus deutlich werden. Der wesentliche Unterschied liegt im zugrundegelegten Menschenbild: Der Vertrag wird bei Buchanan nicht zwischen Individuen geschlossen, die mit allen Mitteln nach Macht bzw. Sicherheit streben, sondern zwischen solchen, die im Sinne des *homo oeconomicus* langfristig ihren Nutzen maximieren.

---

487 Für eine Auseinandersetzung mit den verschiedenen Theorien der Begründung wettbewerbspolitischer Eingriffe in den Markt (sogenannte Leitbilder des Wettbewerbs) vgl. die Dissertation des Verfassers (1999).

488 Das englische Original erschien 1975 unter dem Titel „Limits of Liberty" und richtete sich sowohl gegen die Konzeption des Minimalstaats bei Robert Nozick (1974) als auch gegen die sozialliberale Konzeption des Gesellschaftsvertrags bei Rawls (1975). – Die Seitenzahlen beziehen sich im Folgenden auf die deutsche Ausgabe („Grenzen der Freiheit", 1984).

Im Naturzustand hat das Individuum bei Buchanan wie schon bei Hobbes ein Recht auf alles (ebd., 34). Dadurch kommt es bei knappen Gütern zur Rivalität zwischen den Individuen, die einerseits versuchen, sich diese Güter durch Gewalt und Diebstahl anzueignen, andererseits gezwungen sind, aufgrund desselben Verhaltens der anderen ihren Besitz zu verteidigen. Das Ergebnis des Kampfes um ein knappes Gut x ist ein Gleichgewichtszustand, den Buchanan die „natürliche Verteilung" von x nennt:

> Die „natürliche Verteilung" stellt somit eine Art Gleichgewicht im theoretischen Sinne dar, in dem sich jeder bei der Sicherung (und Verteidigung) seiner Anteile an x so verhält, dass der Nutzen der Schutzaufwendungen (bzw. Besitzstandsänderungen) gleich den jeweiligen Grenzkosten ist. (Buchanan 1984, 34)

Dieser Gleichgewichtszustand erweist sich für die Individuen als nachteilig, weil er mit hohen Aufwendungen für den Schutz des Besitzes verbunden ist. Sie werden deshalb erkennen, dass sie sich besserstellen können, wenn sie einen „Tausch i. S. eines Abkommens über Verhaltensbeschränkungen" (ebd., 35) machen und gegenseitig den Besitz, den sie in der Situation der natürlichen Verteilung haben, anerkennen; diese Vereinbarung von Eigentumsrechten ermöglicht die Einsparung der Verteidigungskosten. Der Gesellschaftsvertrag besteht zunächst lediglich in der Festschreibung des *status quo* der natürlichen Verteilung und in der Zuordnung von Verfügungsrechten auf der Grundlage dieser Verteilung. Sie bildet den Ausgangspunkt für den Vertragszustand, und Buchanan weist explizit darauf hin, dass es keinen Grund gibt, anzunehmen, dass es sich dabei um eine Gleichverteilung der Güter handelt:

> Die Ungleichheit unter den Menschen in der „natürlichen Verteilung" ist auf jeden Fall eine Folge der inhärent vorhandenen Unterschiede in den menschlichen Fähigkeiten und der tatsächlich auftretenden Verhaltensmuster. (Buchanan 1984, 37)

In einem Modell mit nur zwei Individuen hält Buchanan es für möglich, dass die Vertragspartner sich an den Gesellschaftsvertrag halten, weil sie fürchten, dass eine Vertragsverletzung zum Rückfall in den Naturzustand führt (ebd., 38). Erst bei einer größeren Zahl an Vertragspartnern wird es notwendig, über die Anerkennung der Eigentumsrechte hinaus eine Instanz zu vereinbaren, die Vertragsverletzungen (d. h. Verletzungen der durch den Vertrag festgelegten Eigentumsordnung) ahndet (ebd., 92-97). Das Ziel der Sanktionierung von Vertragsverstößen liegt darin, den Anreiz zum Vertragsbruch durch eine Erhöhung seiner Kosten zu verringern.[489]

---

489 Spieltheoretisch geht es darum, die Situation des Gefangenendilemmas zu überwinden, das hinsichtlich der Einhaltung von Regeln auftritt (Buchanan 1984, 38f.): Alle Individuen haben ein Interesse daran, dass Regeln z. B. zum Schutz des Eigentums von allen respektiert werden. Für jeden einzelnen wäre jedoch die beste Situation diejenige, in der alle anderen sich an die Regel halten und nur er selbst dagegen verstößt. – Die Bezeichnung des Gefangenendilemmas geht auf folgende Geschichte zurück, mit der es üblicherweise illustriert wird: Zwei Schwerverbrecher werden von der Polizei gefasst, doch die vorliegenden Beweise reichen für eine Verurteilung nicht aus. Daraufhin unterbreitet der Richter den beiden Häftlingen, die sich seit ihrer Festnahme in Einzelhaft befinden und keine Gelegenheit zur Absprache haben, ein Angebot: Wenn beide das Verbrechen leugnen, können sie nur aufgrund einer früheren, geringfügigeren Straftat zu zwei Jahren Haft verurteilt werden. Wenn einer gesteht, kommt er frei; dafür wird der andere, sofern er leugnet, für zwölf Jahre inhaftiert. Gestehen indessen beide, so bekommen sie jeweils acht Jahre Haft. Die kooperative Lösung bestände darin, dass beide Gefangenen das Verbrechen leugnen. Doch da jeder damit rechnen muss, dass der andere die nicht-kooperative Lösung wählt und das Verbrechen gesteht, wird er ebenfalls gestehen

Der Gesellschaftsvertrag ermöglicht durch die Definition der Eigentumsrechte und die Schaffung einer Instanz zu ihrer Durchsetzung (Rechtsschutzstaat) die sogenannten postkonstitutionellen Verträge, die sich auf die Produktion und den Tausch von Gütern beziehen. Buchanan unterscheidet bei den postkonstitutionellen Verträgen zwei Arten:

- Verträge über den Tausch und die Produktion privater Güter, auf die die herkömmliche volkswirtschaftliche Markttheorie angewandt werden kann;
- Verträge über die Produktion öffentlicher Güter, bei denen aufgrund der Nichtausschließbarkeit von der Nutzung das sogenannte Trittbrettfahrerproblem auftritt, so dass Private keinen Anreiz haben, sie anzubieten.[490]

Die Bereitstellung öffentlicher Güter kann nicht dem Zusammenspiel von Angebot und Nachfrage auf dem Markt überlassen werden; vielmehr bedarf es institutionalisierter Verfahren der kollektiven Entscheidung über ihre Bereitstellung: den sogenannten Leistungsstaat („productive state“, 98). Mit der Legitimation des Leistungsstaates grenzt Buchanan sich gezielt von Nozicks Theorie des Minimalstaats ab (Nozick 1974); zugleich ist sein Ziel die Begrenzung der Produktion öffentlicher Güter angesichts der Tendenz zur Verschuldung der öffentlichen Haushalte in Demokratien.[491]

Vergleicht man nun die Konstruktion des Gesellschaftsvertrages bei Buchanan mit derjenigen von Hobbes, so fallen zunächst entscheidende Gemeinsamkeiten auf: Beide Autoren gehen davon aus, dass erst der Vertrag einen Begriff von Gerechtigkeit schafft, weil die Gerechtigkeit in der Respektierung des Vertrages besteht – d. h. bei Buchanan: in der Respektierung der Eigentumsrechte und der politischen Entscheidungsverfahren für die Produktion öffentlicher Güter. Folglich kann es weder bei Buchanan noch bei Hobbes einen Maßstab geben, mit dem sich der Gesellschaftsvertrag seinerseits beurteilen ließe; das wird bei Buchanan insbesondere an der Stelle deutlich, an der er auf die Frage der Freiwilligkeit der Zustimmung eingeht. Weil eine Differenzierung zwischen freiwilliger und unfreiwilliger Zustimmung einen vorvertraglichen Gerechtigkeitsmaßstab voraussetzen würde, geht Buchanan davon aus, dass prinzipiell jede Zustimmung zum Gesellschaftsvertrag eine freiwillige ist. Selbst ein „Sklavereivertrag“ kann ein legitimer Vertrag sein,

> wenn die „Schwachen“ damit einverstanden sind, für die „Starken“ Güter zu produzieren im Austausch gegen ein wenig mehr als die nackte Existenz, die ihnen unter anarchistischen Verhältnissen nicht sicher ist. Ein Sklavereivertrag würde – wie die anderen Verträge auch – individuelle Rechte festlegen, und im Ausmaß seiner gegenseitigen Anerkennung wäre die Gewähr

und es kommt zum beiderseitigen Geständnis. In dieser Situation kann keiner der Partner sein „Ergebnis“ durch die Wahl einer anderen Verhaltensweise verbessern (sogenanntes Nash-Gleichgewicht). Die paretooptimale Lösung (aus der subjektiven Sicht der Angeklagten) wäre dagegen das beiderseitige Leugnen. – Für eine Darstellung des Gefangenendilemmas siehe z. B. Axelrod (1991, 6-10), Locher (1991a; 1991b), Güth/Kliemt (1995, 14-25), Holler/Illing (1996, 2-9), Little (2001, 306-309).

490 Vgl. Buchanan (1984, Kapitel 3, insb. 51-54). Genau genommen ist ein öffentliches Gut in der ökonomischen Theorie durch zwei Merkmale definiert: neben der Nichtausschließbarkeit kommt der nichtrivalisierende Konsum hinzu. Ist nämlich der Konsum rivalisierend, so werden andere automatisch an der Nutzung gehindert. Relevant ist die Berücksichtigung beider Merkmale, weil es umgekehrt Güter gibt, deren Konsum nichtrivalisierend ist, bei denen aber der Ausschluss leicht zu bewerkstelligen ist; diese Güter werden in der Ökonomie als Clubkollektivgüter bezeichnet.

491 Vgl. Buchanan (1984, Kapitel 9) sowie Brennan/Buchanan (1993).

für wechselseitige Vorteile gegeben, wenn als Folge davon die Aufwendungen für Verteidigung und Eroberung zurückgingen. (Buchanan 1984, 86)

Hobbes würde dieser Sicht vermutlich zustimmen, sonst könnte er die Errichtung einer souveränen Gewalt durch Vertrag und durch Unterwerfung nicht gleichsetzen. Vertreter des politischen Liberalismus hingegen lehnen diese Sicht ab; aus ihrer Sicht kommt ein gültiger Vertrag nur zustande, wenn die Partner sich gegenseitig als formal gleichgestellt anerkennen.

Der Annahme, dass es keine vorvertraglichen Maßstäbe gibt, entspricht die Tatsache, dass es nichts Gemeinsames gibt, das die Individuen im Naturzustand verbindet. Das zeigt sich bei Buchanan zum einen darin, dass das Individuum erst zur Person wird, wenn durch die Festlegung der Verfügungsrechte die Grenzen zwischen den Individuen definiert sind;[492] zum anderen wird es in seiner These deutlich, dass es jenseits des Vertrags keine Menschenrechte gibt, weil Menschenrechte aus seiner Sicht nichts anderes als (durch den Gesellschaftsvertrag festgelegte) Verfügungsrechte sind (14).[493]

Während in der Ablehnung vorvertraglicher Maßstäbe eine weitere Gemeinsamkeit zwischen Buchanan und Hobbes (und damit zwischen dem Wirtschaftsliberalismus und dem Realismus) besteht, gibt es einen wesentlichen Unterschied in der Begründung des Gesellschaftsvertrags. Das zentrale Problem im Naturzustand ist nicht die existentielle Bedrohung der Individuen und die daraus resultierende Todesfurcht, sondern die Höhe der Verteidigungskosten; der Vertrag hat nicht primär den Zweck, das Überleben zu sichern, sondern Möglichkeiten zur Mehrung des Besitzes zu eröffnen. Das Gleichgewicht der natürlichen Verteilung im Naturzustand wäre bei Hobbes nicht denkbar, weil sein Verständnis des Naturzustands ein solches Gleichgewicht ausschließt: Bei Hobbes muss jeder fürchten, dass der andere ihn umbringen will, um ihn als Konkurrenten auszuschalten; in dieser Situation optimieren die Individuen nicht ihre Schutzaufwendungen, sondern kämpfen um das nackte Überleben. Die Konstruktion eines Naturzustandes, in dem die Individuen ihre Verteidigungsaufwendungen optimieren, unterstellt im Prinzip einen gemäßigten, „aufgeklärten" Egoismus, der sich durch langfristige Nutzenmaximierung auszeichnet und den Buchanan vom „eng verstandenen Eigeninteresse" bei Hobbes abgrenzt (37). Die Individuen konkurrieren um Güter, nicht um Macht; sie trachten – sofern es sich lohnt – nach dem Besitz des anderen, nicht aber unbedingt nach seinem Leben. Buchanan unterstellt damit im Unterschied zu Hobbes eine Haltung des „leben und leben lassen", mit der die Individuen bereits im Naturzustand die Eskalation des Kampfes zu vermeiden suchen.

Die unterschiedliche Konstruktion des Naturzustands wirkt auf das Verständnis des Gesellschaftsvertrages zurück: Da das größte Ärgernis im Naturzustand für Buchanan nicht die Angst um das Überleben ist, sondern die Höhe der Verteidigungskosten, hat der Vertrag nicht primär die existentielle Aufgabe, das Überleben zu sichern, sondern die ökonomische Funktion, die Eigentumsrechte zu sichern und damit die Voraussetzungen für eine funktionierende Marktwirtschaft zu schaffen. Der Gesellschaftsvertrag dient der Ermöglichung des wirtschaftlichen Wettbewerbs und damit des wirtschaftlichen Wachstums und der Nutzensteigerung; er wird aus einem ökonomischen Kalkül abgeschlossen und hat einen rein ökonomischen Zweck.

492 „Durch die Beschreibung seiner Eigentumsrechte wird ein Mensch als ‚Person' definiert." (Buchanan 1984, 13)

493 Genau genommen lehnt Buchanan damit die übliche Unterscheidung von Menschen- und Bürgerrechten ab.

Mit dem Zweck der individuellen Nutzensteigerung sind zwei weitere Funktionen des Gesellschaftsvertrags verbunden: zum einen – gegen Nozicks Minimalstaat – die Legitimation des Leistungsstaates, die oben bereits erwähnt wurde; zum anderen – gegen Rawls, der in seiner Theorie der Gerechtigkeit die These vertritt, dass ein gerechter Gesellschaftsvertrag nur in Grenzen eine ungleiche Einkommensverteilung zulassen kann – die Legitimation von wirtschaftlicher Ungleichheit. Die Gleichheit der Bürger darf sich allein auf die „Durchsetzung und Gewährleistung der jeweils geltenden Rechtsstruktur" beziehen, nicht aber auf die „Allokation von Rechten auf Einzelpersonen und Gruppen in der Gesellschaft" (also die Verteilung; 16). Für Buchanan besteht der Zweck der individualistischen Gesellschaftsordnung nicht darin, bestimmte subjektiv als gerecht empfundene Verteilungsergebnisse herbeizuführen, sondern eine stabile Rechtsordnung zu errichten, die durch die Sicherung der Eigentumsrechte die Voraussetzung für die Tauschprozesse der Individuen schafft. Eine solche Rechtsordnung kann auch unter der Bedingung großer Ungleichheit vereinbart werden. Das entscheidende Gerechtigkeitskriterium ist die Zustimmung der Vertragspartner, die auch bei extremer Ungleichheit denkbar ist, sofern der Starke dem Schwachen einen kleinen Vorteil einräumt. Der Extremfall der Ungleichheit zwischen den Individuen ist der oben genannte Sklavereivertrag, der aus Buchanans Sicht nicht der Idee des Gesellschaftsvertrages widerspricht.

Das daraus resultierende Verständnis von Freiheit und Gleichheit ist von grundlegender Bedeutung, um die Position des radikalen ökonomischen Liberalismus in der IPÖ-Diskussion zu verstehen. Aus seiner Sicht besteht beim Kampf gegen die anhaltende Armut in vielen Entwicklungsländern die entscheidende Herausforderung darin, den Menschen in diesen Ländern durch stabile politische Institutionen und freien Handel die Möglichkeit zur Teilnahme an den globalen Marktprozessen zu geben. Internationale Politik soll nicht darauf zielen, die Ungleichheit zwischen den Ländern zu reduzieren, sondern Bedingungen zu schaffen, unter denen die Ungleichheit der Verteilung als Resultat der Ungleichheit der Leistung angesehen werden kann. Sofern Ungleichheit für Wirtschaftsliberale also überhaupt ein Problem darstellt, gilt sie als Symptom fehlender wirtschaftlicher Freiheit.

4.2.3.2 Der evolutorische Ansatz von Friedrich August von Hayek

Von Hayeks Anliegen ähnelt demjenigen von Buchanan, insofern es auch ihm um das Verständnis der politischen Rahmenordnung des Wettbewerbs geht. Anders als bei Buchanan wird die Rahmenordnung jedoch nicht als Resultat einer hypothetischen Konvention gedeutet, sondern als Ergebnis eines Wettbewerbsprozesses auf der Ebene der Regeln und Institutionen. Die Vertragstheorie beruht aus von Hayeks Sicht auf dem „konstruktivistischen Vorurteil" (von Hayek 1975), dass die Regeln und Institutionen, die eine Gesellschaft konstituieren, aus einem rationalen Entwurf hervorgehen können. Eine solche Konstruktion kann nur zu einer primitiven Ordnung führen, die der Komplexität gesellschaftlicher Prozesse nicht gerecht wird (ders. 1980, I 73); zudem können nicht die Interessen aller Individuen berücksichtigt werden, so dass sich einzelne Gruppen durchsetzen werden, die ihr Anliegen als „sozial gerecht" definieren und die übrigen Individuen ihren subjektiven Vorstellungen unterwerfen wollen (ders. 1981, II 97). Im Konstruktivismus des Gesellschaftsvertrags liegt somit aus von Hayeks Sicht der Keim des Despotismus, während die Theorie der „spontanen Ordnung“, die auf seinem evolutorischen Wettbewerbsverständnis aufbaut, Grundlage einer freiheitlichen Gesellschaft ist.

Die neoklassische Markttheorie, die Buchanan in seiner Argumentation zugrundelegt, geht davon aus, dass der Markt bei einer gegebenen Nachfrage und einem gegebenen Angebot zu einem Gleichgewicht führt, das den für beide Seiten optimalen Zustand darstellt.[494] Von Hayek (1969, 249-258) kritisiert diese Sicht als statisch: Der Wettbewerb dient seiner Auffassung nach nicht der Herbeiführung von Gleichgewichtszuständen, sondern der Entdeckung neuer, unbekannter Lösungen. Die neoklassische Mikroökonomie nimmt alles als gegeben an, was im Wettbewerb erst entdeckt werden muss; so ist zum Beispiel die Nachfragekurve für den Unternehmer kein Datum, an das er seine Produktion anpasst, sondern er muss herausfinden, welche Produkte zu welchen Preisen nachgefragt werden.[495] Versteht man den Wettbewerb in von Hayeks Sinn als ein Entdeckungsverfahren, gibt es keinen Maßstab, um einzelne Marktergebnisse als effizient oder ineffizient zu beurteilen. Es kann nur geprüft werden, ob die Marktteilnehmer die Spielregeln des offenen Marktprozesses einhalten. Prognosen über die Ergebnisse von Wettbewerbsprozessen lassen sich nur auf einer abstrakten Ebene machen: als sogenannte Mustervoraussage („pattern prediction“; von Hayek 1972), dass Systeme, die die individuellen Handlungen wettbewerblich koordinieren, bessere Ergebnisse hervorbringen als nicht-wettbewerbliche Systeme.

Das Problem der Beurteilung von Marktergebnissen verdeutlicht von Hayek an einer Stelle, an der er einräumt, dass der Wettbewerb als Entdeckungsverfahren mit hohen Kosten verbunden ist:

> Die Kosten des Entdeckungsverfahrens, das wir gebrauchen, sind beträchtlich. Aber wir tun den Leistungen des Marktes Unrecht, wenn wir sie gewissermaßen „von oben herunter“ beurteilen, nämlich durch den Vergleich mit einem idealen Standard, den wir in keiner bekannten Weise erreichen können. Wenn wir sie, wie das allein zulässig erscheint, „von unten hinauf“ beurteilen, d. h. im Vergleich mit dem, was wir mittels irgendeiner anderen uns zur Verfügung stehenden Methode erreichen können, insbesondere im Vergleich mit dem, was produziert würde, wenn Wettbewerb verhindert würde – z. B. wenn nur jene ein Gut erzeugen dürften, denen eine Behörde das Recht dazu erteilt –, so muss die Leistung des Marktes sehr beträchtlich erscheinen. (Ders. 1969, 257.)

Die Alternative, die von Hayeks politisches und ökonomisches Denken dominiert, ist diejenige von freier Marktwirtschaft und Zentralverwaltungswirtschaft; jeder Eingriff in die Wettbewerbsprozesse bedeutet eine Einschränkung der Freiheit des Wettbewerbs und einen Schritt in Richtung Zentralverwaltungswirtschaft. Die Grundlage dieser Sicht ist von Hayeks Theorie der „spontanen Ordnung“. Sie ergibt sich von allein, d. h. ohne von jemandem geplant zu werden, aus der Regelmäßigkeit individuellen Verhaltens;[496] sie ist „Ergebnis menschlichen Handelns, aber nicht menschlichen Entwurfes“ (ders. 1975, 6). Die spontane Ordnung grenzt von Hayek von der „Organisation“ ab, die nach vorgegebenem Plan für die Erfüllung eines gegebenen Zwecks gestaltet wird. Mit dieser Einteilung wendet er sich gegen die klassische Unterscheidung von Natur und Konvention: Letztere sugge-

494 Ökonomisch gesprochen wird im Marktgleichgewicht bei vollständiger Konkurrenz die Summe aus Konsumenten- und Produzentenrente maximiert.

495 Kirzner (1978, 6-13) sieht hierin die entscheidende Leistung des Unternehmertums.

496 Zum Konzept der spontanen Ordnung siehe von Hayek (1963; 1980, I 55-79).

riere, dass menschliche Einrichtungen immer auf Konvention beruhen und damit „künstlich", d. h. bewusst geschaffen, seien. Tatsächlich aber beruhen nur Organisationen auf Konvention, während spontane Ordnungen sich gewissermaßen natürlich aus der Interaktion der Individuen ergeben.[497] Organisationen sind ein Produkt menschlicher Willkür, sie können bewusst gestaltet werden. Eine spontane Ordnung entzieht sich dem Zugriff menschlichen Gestaltungswillens; wer in sie eingreift, der zerstört sie. Da der Markt eine spontane Ordnung darstellt, folgt daraus, dass Eingriffe in Marktprozesse im strengen Sinne „gegen die Natur" sind.

Alle komplexen Systeme enthalten nach von Hayek beide Arten von Ordnungen; er betont aber, dass es nicht möglich sei, „diese beiden Ordnungsprinzipien in jeder beliebigen Art zu mischen." (Von Hayek 1980, I 72.) Organisationen bieten sich nur dort an, wo die Koordination der Individuen eine Aufgabe von überschaubarer Komplexität darstellt. Auf der Ebene der Gesellschaft kann eine freiheitliche Ordnung nur als spontane Ordnung verwirklicht werden. Das bedeutet, dass die Regeln und Institutionen der Gesellschaft nicht in einem Gesellschaftsvertrag entworfen werden, sondern sich in einem Selektionsprozess herausbilden:

> Das kulturelle Erbe, in das der Mensch hineingeboren wird, besteht aus einem Komplex von Praktiken oder Verhaltensregeln, die sich durchgesetzt haben, weil sie einer Gruppe von Menschen zum Erfolg verholfen haben, die aber nicht deshalb angenommen wurden, weil bekannt war, dass sie einen erwünschten Effekt herbeiführen würden. (Von Hayek 1980, I 34.)

Der „Erfolg" eines Menschen oder einer Gruppe, den von Hayek in diesem Zitat zum entscheidenden Kriterium für die Durchsetzung einer Regel erhebt, besteht in der langfristigen Sicherung des „Fortbestand[s] der Gruppe" (ebd.): Regeln setzen sich durch, weil sie „die Überlebenschance der Gruppe" erhöhen (ebd.), ihr eine „überlegene Stärke verleihen" (ebd., 35) und andere Gruppen durch Anwendung dieser Regeln verdrängt werden können. Diese allgemeine Interpretation der Herausbildung von Verhaltensregeln und Institutionen überträgt von Hayek auch auf die politische Ordnung.[498]

Da von Hayek in seinen Überlegungen vom nutzenmaximierenden *homo oeconomicus* ausgeht, führt dieser Wettbewerb zwischen einzelnen Gruppen nicht zu einem Konkurrenzkampf in der Form des Hobbes'schen Naturzustandes. Vielmehr geht er davon aus, dass sich in diesem Prozess Regeln des kooperativen Verhaltens herausbilden, die sich langfristig als „erfolgreicher" erweisen als Regeln des nicht-kooperativen Verhaltens. Machtunter-

497 Von Hayek (1963, 8; 1980, I 36). Er bezieht sich an dieser Stelle auf den Nomos-Physis-Gegensatz in der griechischen Sophistik, der seiner Auffassung nach die Quelle für diese falsche Zweiteilung ist. Dabei übersieht er aber, dass ein Teil der Sophisten das Konzept einer auf Konvention gegründeten Gesellschaft kritisierte und ihm dasjenige der natürlichen Ordnung der Gesellschaft gegenüberstellte: Sowohl Thrasymachos als auch Kallikles kritisierten die bürgerliche Ordnung als eine Konvention der Schwachen, die auf die Bändigung und Unterdrückung der Starken zielt; die natürliche Ordnung der Gesellschaft beruht in ihrer Sicht hingegen auf dem Recht des Stärkeren. Wie Thrasymachos und Kallikles betont von Hayek die Bedeutung der natürlichen Ordnung. Aufgrund des unterschiedlichen Menschenbildes ist die Konsequenz bei ihm jedoch nicht der Umsturz der bürgerlichen Gesetze und das Lob der Tyrannis, sondern die Begründung eben dieser Gesetze als Folge einer natürlichen Entwicklung. Der Vergleich mit den beiden Sophisten verdeutlicht ein entscheidendes Problem: Nämlich die Frage, was in von Hayeks Theorie den Ausgleich zwischen den Individuen sichert und den Umschlag des Wettbewerbs in einen Kampf um Selbstdurchsetzung verhindert. – Für die Position von Thrasymachos siehe Platon, „Politeia" I; für Kallikles: Platon, „Gorgias" (482c-484c).

498 Siehe vor allem von Hayek (1983); vgl. zu diesem Punkt auch: Vanberg (1981), Hoppmann (1987).

schiede zwischen den verschiedenen Gruppen spielen dabei offensichtlich nur eine untergeordnete Rolle: Dieses Problem wird kaum erwähnt, und zudem gäbe es keine Handhabe gegen Machtmissbrauch, weil es im Wettbewerb zwischen Regelsystemen und politischen Institutionen naturgemäß keine Wettbewerbspolitik gibt, die der Entstehung bzw. dem Missbrauch von Macht entgegenwirken könnte.

Mit der wirtschaftlichen Ungleichheit in Form einer ungleichen Verteilung der Markteinkommen setzt von Hayek sich hingegen immer wieder auseinander, um die Kritik abzuwehren, dass die freie Marktwirtschaft „unsozial" sei. Dieser Kritik begegnet er im Wesentlichen mit drei Argumenten: Erstens ist wirtschaftliche Ungleichheit notwendig, damit es einen hinreichenden Leistungsanreiz gibt. Zweitens geht er davon aus, dass eine freie Marktwirtschaft zu wirtschaftlichem Wachstum führt, wodurch die Lage der untersten Schichten in einer Gesellschaft verbessert wird. Während diese beiden Argumente allgemein von Wirtschaftsliberalen verwendet werden und in Abschnitt 3.2.1.1 bereits behandelt wurden, ist das dritte spezifisch für Hayeks evolutorische Theorie: Es gibt aus seiner Sicht keinen Maßstab für soziale Gerechtigkeit, der es erlauben würde, eine bestimmte Verteilung als ungerecht zu bezeichnen; der Begriff der sozialen Gerechtigkeit sei vielmehr ein „quasi-religiöser Aberglaube" und „gegenwärtig wahrscheinlich die schwerste Bedrohung der meisten anderen Werte einer freien Zivilisation" (1981, II 98). In der Vertragstheorie von Buchanan war die natürliche Verteilung die Grundlage für den Vertrag; sie wurde damit von den Partnern anerkannt und gewissermaßen sanktioniert. Diese Überlegung stellt einen Versuch dar, der ungleichen Verteilung durch die hypothetische Zustimmung der Individuen Legitimität zu verleihen. Demgegenüber argumentiert von Hayek, dass jeder Ansatz, wirtschaftliche bzw. soziale Ungleichheit zu kritisieren, darauf beruht, subjektive Maßstäbe auf die spontane Ordnung anzuwenden, um sie damit dem eigenen Vorurteil (also: Egoismus) zu unterwerfen. Der Begriff der sozialen Gerechtigkeit ist letztlich gegen die spontane (d. h. freiheitliche) Ordnung gerichtet:

> Der Ausdruck bezeichnete natürlich von Anfang an Bestrebungen, die den innersten Kern des Sozialismus ausmachten. (Von Hayek 1981, II 96)

Diese Zurückweisung des Begriffs der sozialen Gerechtigkeit impliziert, dass aus von Hayeks Sicht jede Beurteilung einer spontanen Ordnung ihrem Wesen nach despotisch ist. Die spontane Ordnung birgt nicht nur die Hoffnung, freiheitlich zu sein, sondern sie ist *per definitionem* freiheitlich.

4.2.3.3 Der Systemwettbewerb in der IPÖ

Die ökonomischen Theorien der Politik von Buchanan und von Hayek werden beide in der Theorie des Systemwettbewerbs aufgegriffen, die eine positive Deutung des globalen Standortwettbewerbs entwickelt. Die Wirkung des Standortwettbewerbs wird nicht als Einschränkung der Spielräume nationaler Wirtschaftspolitik gesehen, sondern als Anreiz zur Verbesserung der Effizienz und der Wettbewerbsfähigkeit eines politischen Systems im Vergleich mit anderen. Die Theorie des Systemwettbewerbs knüpft an der Neuen Politischen Ökonomie an, derzufolge die Kontrolle von Regierungen in einer Demokratie durch regelmäßige Wahlen nicht genügt, um die Ausrichtung der Politik an den Präferenzen der Bürger sicherzustellen. Das liegt vor allem an dem Prinzipal-Agent-Problem, das im politischen Prozess auf mehreren Ebenen auftritt: Zum einen sind die Bürger bei Wahlen nur unzureichend über die Politik der Regierung informiert; dieser Mangel an Information gibt der Regierung einen diskretionären Entscheidungsspielraum, den sie (unter Zugrundelegung der ökonomischen Verhaltenstheorie) für die Verfolgung ihres eigenen Vorteils nutzen wird und der zugleich Sonderinteressengruppen die Möglichkeit der Beeinflussung der politischen Entscheidungsprozesse gibt. Zum anderen befindet sich die Regierung gegenüber der Bürokratie in einer ähnlichen Situation wie der Wähler gegenüber der Regierung: die Regierung verfügt über weniger Informationen als die Bürokratie, so dass letztere einen diskretionären Entscheidungsspielraum hat, den sie zur Erweiterung ihres Budgets und damit ihrer Macht ausnutzen wird. Die Neue Politische Ökonomie kommt somit in der Analyse der Funktionsfähigkeit der Demokratie zu eher pessimistischen Einschätzungen; Olson (1991) geht soweit, einen unausweichlichen Niedergang jeder Demokratie aufgrund des mit der Zeit steigenden Einflusses von Sonderinteressengruppen anzunehmen.

Aufgrund dieser Mängel der demokratischen Kontrolle von Regierung und Bürokratie ist nach Ansicht der Vertreter der Theorie des Systemwettbewerbs eine ergänzende Kontrolle durch den internationalen Wettbewerb der nationalen bzw. regionalen Politik um Arbeitskräfte, Finanzkapital und Investitionen erforderlich. In der ökonomischen Theorie der Politik werden politische Akteure wie Gemeinden, Regionen und Nationalstaaten als Anbieter einer Kombination öffentlicher Güter zu einem bestimmten Preis verstanden („Steuer-Leistungs-Paket", Kerber 1998a, 200). Diese Akteure bieten öffentliche Güter wie ein Club an: Jedes Mitglied kann die Güter frei nutzen, ist im Rahmen der Satzung des Clubs an der Wahl des Club-Managements (Regierung) und an Entscheidungen über die Produktion von Clubgütern beteiligt und muss als Gegenleistung einen Mitgliedsbeitrag bzw. bestimmte Gebühren entrichten.[499] Die Clubs wiederum bieten ihre Leistungen im Wettbewerb um möglichst zahlungskräftige Mitglieder an. Der Wettbewerb zwischen den Clubs fördert die Effizienz der Produktion und die Qualität des Angebots.

Dieses Modell der Clubgüterproduktion wird in vielfältiger Weise auf den Wettbewerb zwischen politischen Systemen angewandt.[500] Beispielhaft sollen hier zwei Ansätze vorgestellt werden: Frey (1997) hat eine Theorie der „functional, overlapping, competing jurisdictions" (FOCJ) entwickelt, nach der staatliche Aufgaben möglichst weitgehend wettbewerblich gegliedert werden sollen; Kerber (1998a) legt in seinen Ausführungen den Schwerpunkt auf die Frage der Wettbewerbsordnung des Systemwettbewerbs.

Der Grundgedanke von Frey (1997) lautet, dass die Bürger in ihren Gemeinden einen gemäß ihrer Präferenzen optimalen Mix an öffentlichen Gütern zusammenstellen können, wenn diese von unterschiedlichen Trägern in verschiedenen Gemeinden konkurrierend angeboten werden. Die Leistungen Bildung, Straßenbau und -unterhalt, öffentlicher Nahverkehr bis hin zur öffentlichen Sicherheit und Verteidigung (*sic*: ebd., 18) sollen funktional aufgegliedert und von verschiedenen „Jurisdiktionen" angeboten werden. Unter Jurisdiktion versteht Frey den Anbieter eines öffentlichen Gutes, der von Gemeinden vertraglich zur Erbringung einer Leistung verpflichtet wird. Die Gemeinden wählen für jede öffentliche Leistung diejenige Jurisdiktion, die das beste Preis-Leistungs-Verhältnis anbietet. FOCJ weisen vier Merkmale auf (ebd., 11-17):

499 Grundlegend zur Theorie der Produktion von Clubgütern: Buchanan (1965). Zu den Problemen der Analogie von Produktwettbewerb und institutionellem Wettbewerb siehe Kiwit/Voigt (1998).

500 Vgl. neben den im Folgenden behandelten Beiträgen von Frey und Kerber: Siebert/Koop (1990), Windisch (1998), Sinn (2003a).

- Funktional („functional“): Jede Jurisdiktion bietet den Gemeinden eine bestimmte Leistung an; dadurch können sie sich auf eine Aufgabe konzentrieren, die sie (unter Wettbewerbsbedingungen) über die Grenzen von Gemeinden, Regionen und Staaten hinweg in der optimalen räumlichen Ausdehnung anbieten werden.
- Überlappend („overlapping“): Dadurch, dass jede Aufgabe in der optimalen räumlichen Ausdehnung angeboten wird, überlappen sich die Tätigkeitsbereiche der Jurisdiktionen: so können die Grenzen eines Schulbezirks anders verlaufen als diejenigen der Wasserversorgung oder der Polizei. Frey denkt dabei explizit an eine Auflösung der nationalstaatlichen Grenzen, bleibt aber hinsichtlich der Konsequenzen einer solchen Auflösung eher diffus.[501]
- Wettbewerblich („competing“): Eine gegebene Leistung wird in einer gegebenen Region von verschiedenen Jurisdiktionen angeboten, zwischen denen die Gemeinden wählen. Aus einer einmal abgeschlossenen vertraglichen Bindung können die Gemeinden wieder austreten, so dass der Wettbewerbsdruck auf die Jurisdiktion (d. h. der Anreiz zur Verbesserung des Preis-Leistungs-Verhältnisses) dauerhaft bestehen bleibt.
- Jurisdiktion („jurisdiction“): Obwohl die bisherige Charakterisierung auf eine privatwirtschaftliche Organisation der Produktion öffentlicher Güter hinausläuft, betont Frey, dass die Anbieter nicht Unternehmen, sondern Körperschaften des öffentlichen Rechts sind (jedoch keine Gebietskörperschaften, da sie in ihrem Angebot nicht mehr an ein bestimmtes Gebiet gebunden sind). Diese Eigenschaft zeigt sich vor allem darin, dass sie über Steuerhoheit und Zwangsgewalt verfügen (ebd., 16).

Der Vorzug dieser Form der Zergliederung der staatlichen Leistungserbringung liegt aus Freys Sicht darin, dass zum einen die FOCJ durch den Wettbewerb gezwungen werden, die Effizienz der Produktion zu verbessern und die Qualität der Leistungen an den Präferenzen der Nachfrager (Gemeinden) auszurichten; zum anderen haben die Nachfrager die Möglichkeit, die aus ihrer Sicht optimale Zusammensetzung öffentlicher Leistungen zu beziehen. In seinen weiteren Ausführungen behandelt Frey diese Vorzüge *en détail* und geht auch auf bestehende Beispiele in der Schweiz und in den Vereinigten Staaten (62-66) ein. Zwei entscheidende Fragen werden aber nicht behandelt:

- Zum einen die Frage, wie die Gemeinden bzw. Staaten sich rechtlich zu den FOCJ verhalten. Wenn sie zwischen den FOCJ als den Anbietern der Leistungen wählen und grundsätzlich ein Recht zum Austritt aus einem FOCJ haben, dann liegt die politische und rechtliche Gewalt allein in den Gemeinden und Staaten, die folglich in einem privatrechtlichen Verhältnis zu den FOCJ stehen. Diese wären damit aber keine Jurisdiktionen mehr, sondern private Unternehmen. Freys Vorschlag läuft folglich auf eine Privatisierung des Leistungsstaats (im Sinne von Buchanan) hinaus, einschließlich der Aufgaben der Rechtsdurchsetzung (Polizei). Die Gemeinden wären nur für die Rechtsetzung und für die Verwaltung der Verträge mit Jurisdiktionen zuständig.

501 Frey spricht davon, dass das „Primat des Nationalstaates über untergeordnete Gliedstaaten (Länder, Provinzen, Regionen, Gemeinden) aufgehoben“ werden soll (ebd., 20). Es bleibt dort wie auch an anderen Stellen unklar, ob sich dies nur auf den Leistungsstaat, oder auch auf den Rechtsschutzstaat (insbesondere den Schutz der Grundrechte) bezieht.

- Zum anderen wird nicht geklärt, wie der Wettbewerb zwischen den Leistungserbringern gesichert wird. Hier gilt es, erstens Lösungen für die bekannten Probleme des Marktversagens und der Wettbewerbsbeschränkung (zum Beispiel durch die Bildung von Kartellen zwischen FOCJ) zu finden; zweitens muss bei den FOCJ, die mit hoheitlichen Befugnissen ausgestattet sind (Polizei, Armee) sichergestellt werden, dass diese Macht nicht missbraucht wird. Dass Frey eine Quasi-Privatisierung der Landesverteidigung vorschlägt (ebd., 14), ohne auf das Problem der politischen Kontrolle der Armee zu sprechen zu kommen, ist aus politikwissenschaftlicher Perspektive gelinde gesagt irritierend.

Diese Mängel von Freys Konzept verdeutlichen ein grundsätzliches Problem, das sowohl in einer Reihe von Beiträgen zum Systemwettbewerb auftritt als auch in von Hayeks evolutorischer Theorie der Verfassung: Es wird angenommen, dass das Ergebnis des Evolutionsprozesses nicht ein allgemeiner Machtkampf ist bzw. dass Machtkämpfe im freien Wettbewerb automatisch vermieden werden.

In diesem Punkt ist der Ansatz von Wolfgang Kerber (1998a), der an der Unterscheidung von Rechtsschutz- und Leistungsstaat bei Buchanan anknüpft, überzeugender, weil er die Frage aufwirft, unter welchen Bedingungen der Wettbewerb zwischen politischen Systemen, die auch bei ihm als Clubgüterproduzenten verstanden werden (ebd., 201), funktionsfähig ist. Die entscheidende Bedingung für den Systemwettbewerb lautet, dass es eine Instanz gibt, die die notwendigen Regeln (und damit die Rechtsordnung) durchsetzt. Die Produktion öffentlicher Güter findet in privatrechtlichen Beziehungen statt (ebd., 225), während „bezüglich der notwendigen Regeln für die Lösung von kollektiven Problemen", insbesondere die Sicherung der Eigentumsrechte und der Vertragsfreiheit, die „Rechtssubjekte in einem Unterordnungsverhältnis gegenüber einer Instanz (Staat)" stehen (ebd., 222).

Anders als bei Frey soll bei Kerber der Wettbewerb zwischen den politischen Systemen nicht durch eine funktionale Zergliederung der öffentlichen Aufgaben und die Aufhebung ihres territorialen Bezugs erreicht werden, sondern vielmehr durch die Mobilität der Bürger, die unter den politischen Systemen („Clubs") dasjenige wählen, das ihren Präferenzen am ehesten entspricht. Dieser Wettbewerb funktioniert nur, wenn bestimmte Voraussetzungen erfüllt sind:

- Die Mobilität der Bürger muss sichergestellt werden. Dazu ist es erforderlich, die Kosten der Mobilität zu senken, indem eine möglichst dezentrale politische Struktur geschaffen wird (ebd., 213): Je niedriger die Entfernung der Bürger zu alternativen politischen Systemen, desto leichter fällt ihnen die Abwanderung, wenn sie mit den Leistungen eines politischen Systems unzufrieden sind.
- Anreize zum sogenannten „Rosinenpicken" müssen möglichst weitgehend reduziert werden. Eine hohe Mobilität der Bürger birgt die Gefahr, dass sie nicht bereit sind, sich in einem politischen System an Investitionen in Infrastruktur oder Bildung zu beteiligen, die vor allem einen langfristigen Nutzen haben. Um einen Anreiz zu schaffen, sich an solchen Investitionen zu beteiligen, schlägt Kerber „die Schaffung von Märkten für handelbare Clubmitgliedschaften (‚Staatsbürgerschaften')" (ebd., 217) vor: Die Bürger müssen beim Zuzug in ein politisches System eine Art „Eintrittspreis" (216) bezahlen, der als „Beitrag für den in der Vergangenheit aufgebauten kollektiven

Kapitalbestand" zu verstehen ist.[502] Wenn die mit dem Eintrittspreis erworbene Mitgliedschaft handelbar ist, haben die Bürger einen Anreiz, für die Produktion öffentlicher Güter zu stimmen, die langfristig den Wert des politischen Systems steigern.

- Wettbewerbsbeschränkendes Verhalten der politischen Akteure muss unterbunden werden. Bei einem lebhaften Wettbewerb der politischen Systeme besteht die Gefahr, dass die politischen Akteure in diesen Systemen versuchen, den Wettbewerb durch eine Reduktion der Mobilität der Bürger oder durch eine Kartellbildung mit anderen Systemen zu beschränken. Deshalb bedarf es analog zur Wettbewerbspolitik auf Gütermärkten einer unabhängigen Behörde, die im Falle von Wettbewerbsbeschränkungen eingreift und die Freiheit des Wettbewerbs sichert. Diese Behörde hat insbesondere auch darüber zu wachen, dass die politischen Kompetenzen in einem föderalen System auf der jeweils niedrigstmöglichen Stufe angesiedelt werden (ebd., 212).

Während Frey für die Anwendung seines Ansatzes vor allem die Europäische Union im Blick hat, zielt Kerber auf die globale Ebene: Seiner Ansicht nach sollte der Wettbewerb der politischen Systeme im weltweiten Kontext verwirklicht werden, wobei die WTO den Ausgangspunkt für die Schaffung einer entsprechenden Wettbewerbsordnung für den Systemwettbewerb bilden könnte (223f.). Wenn eine globale Behörde darüber entscheiden kann, auf welcher föderalen Ebene politische Aufgaben anzusiedeln sind, hätte sie faktisch die Befugnis, gestaltend in die Verfassung der Nationalstaaten einzugreifen. Das ist nicht nur, wie Kerber einräumt, utopisch (ebd., 223), sondern setzt vor allem einen Weltstaat voraus (mit einer parlamentarischen Kontrolle der Exekutivgewalt), von dem ansonsten bei ihm keine Rede ist.

Bei der Einrichtung einer globalen Verfassung für den Wettbewerb tritt eine weitere Schwierigkeit der ökonomischen Verhaltenstheorie auf: Eine solche Verfassung kann nicht von eigennutzmaximierenden Individuen formuliert und durchgesetzt werden; vielmehr müssen die Individuen in diesem Prozess das Ziel der Schaffung einer funktionierenden Ordnung im Blick haben. Bei einer globalen Rahmenordnung hilft da auch der Systemwettbewerb nicht mehr, weil die „Weltbürger" keine Möglichkeit zum Ausweichen haben.

Homann kommt auf dieses Problem, dass die Rahmenordnung, mit der die Anreize gesetzt werden, von Individuen gestaltet werden muss, die selbst nicht nur den Anreizen folgen, in einem Nebensatz zu sprechen:

> […] die Regeln [müssen] entsprechend moralischen Intentionen gestaltet werden: Dafür müssen diejenigen, die diese Regeln gestalten, in ihrem individuellen Erziehungsprozess eine gewisse moralische Haltung, Hexis, gewonnen und moralische Erfahrungen gemacht haben. Sie brauchen eine persönliche Vorstellung davon, was ‚Solidarität aller Menschen' als Prinzip der Moral konkret heißt und heißen kann. Damit gehen persönliche moralische Intentionen und Motivationen nicht in die wirtschaftlichen Handlungen, sondern in die Gestaltung der Regeln für diese wirtschaftlichen Handlungen ein. (Homann/Blome-Drees 1992, 39f.)

Homann hebt hervor, dass konkrete Regeln im politischen Prozess unter Befolgung von Meta-Regeln gestaltet werden, so dass es eine Hierarchie von Regeln gibt. Auf den unteren Ebenen in dieser Hierarchie kann auf die Moral in der Rahmenordnung gesetzt werden; für

502 Da auf den Märkten für handelbare Staatsbürgerschaften wie auf Aktien- und Finanzmärkten mit Erwartungen gehandelt würde, müsste man wohl mit allen in Abschnitt 3.2.2.2 behandelten Problemen des Shareholder-Value-Ansatzes und des Herdenverhaltens rechnen.

die Gestaltung der obersten Regeln, also insbesondere der Verfassungsgrundsätze, ist hingegen individuelle Moral unverzichtbar:

> Aber immer stehen am Ende dieser Regelhierarchie Individuen, die aus ihrer Erfahrung und ihren Idealen die Gestaltung vornehmen. (Ebd., 40.)

Das bedeutet im Klartext, dass am Ende doch wieder auf ein Handlungsprinzip zurückgegriffen werden muss, dass jenseits der ökonomischen Verhaltenstheorie liegt. Damit aber wird das gesamte Unterfangen des radikalen Wirtschaftsliberalismus fragwürdig: Sein Ziel ist es ja gerade zu zeigen, dass wirtschaftliche und politische Ordnungen allein auf die Eigennutzmaximierung der Individuen zurückgeführt werden können. Wenn am Ende doch wieder die Moral entscheidend ist, müsste es das erste Anliegen des Wirtschaftsliberalismus sein, nach der Substanz dieser Moral zu fragen und zu untersuchen, wie man diese moralische Haltung fördern kann; seine zentrale Botschaft müsste darauf zielen, die Beschränktheit der ökonomischen Verhaltenstheorie zu verdeutlichen und vor dem Irrglauben zu warnen, dass man alles, einschließlich der politischen Verfassung, mit ihr erklären könne. Stattdessen operieren radikale Wirtschaftsliberale allein mit dem Prinzip der Eigennutzmaximierung und gestehen höchstens am Rande, fast im Nebensatz, zu, dass dies nicht genügt, um eine funktionsfähige politische Gemeinschaft zu begründen.[503] Aus der Sicht des politischen Liberalismus, der die Notwendigkeit eines zweiten, das Eigennutzstreben mildernden, Prinzips betont, kommt die Anwendung des ökonomischen Verhaltensmodells auf alle Sachbereiche menschlichen Handelns einer Aushöhlung eben derjenigen moralischen Grundlagen von Politik und Ökonomie gleich, von denen sich bei näherem Hinsehen herausstellt, dass auch der radikale Wirtschaftsliberalismus sie braucht.

4.2.4 Ergebnis

4.2.4.1 Probleme der vertragstheoretischen und evolutorischen Begründung der Rahmenordnung des Wettbewerbs

Die Kontroverse zwischen der vertragstheoretischen und der evolutorischen Variante des radikalen Wirtschaftsliberalismus verdeutlicht ein Grundproblem dieses Paradigmas, nämlich den Anspruch einzulösen, politisches Handeln (einschließlich der Gestaltung der Rahmenordnung des Wettbewerbs) gänzlich aus einem eigennutzmaximierenden Kalkül der Individuen zu erklären. Die vertragstheoretische Variante, für dic hicr bcispielhaft die Position von Buchanan vorgestellt wurde, betont die Notwendigkeit der bewussten Schaffung und Gestaltung einer Rahmenordnung des Wettbewerbs. Wendet man die Verhaltensannahmen des *homo oeconomicus* auf die Gruppen an, die besonderen Einfluss auf die Gestaltung der Rahmenordnung haben und berücksichtigt dabei die asymmetrische Verteilung der Einflussmöglichkeiten sowie der Informationen und der Urteilsfähigkeit unter den Wählern (vgl. Olson 1968; 1991), so wird die Rahmenordnung nicht der Funktionsfähigkeit des Wettbewerbs dienen, sondern den Sonderinteressen besonders einflussreicher Gruppen.

503 Dies ist auch ein wesentliches Argument, das von Seiten der Kommunitaristen gegen den Liberalismus formuliert wird; vgl. die Beiträge in Honneth (Hg., 1993).

Der vertragstheoretische Ansatz setzt voraus, dass die Ausarbeitung der politischen Verfassung und des rechtlichen Rahmens des Wettbewerbs von Personen erfolgt, die nicht den Eigennutz, sondern das Gemeinwohl im Blick haben – oder bei denen auf wundersame Weise Eigennutz und Gemeinwohl deckungsgleich sind (was ansonsten von radikalen Wirtschaftsliberalen nicht angenommen wird: gerade die Differenz von Eigennutz und Gemeinwohl macht den Wettbewerb aus ihrer Sicht notwendig). Gleiches muss für die Personen angenommen werden, die die Durchsetzung und Anwendung der Rahmenordnung in letzter Instanz kontrollieren: Wenn Richter nur solange nicht korrupt sind, wie sie von äußeren Anreizen davon abgehalten werden, ist der Niedergang der Justiz nur eine Frage der Zeit. Homann hat diesen Punkt, wie im vorherigen Abschnitt gezeigt wurde, gesehen, ohne die entsprechende Konsequenz zu ziehen – nämlich zu fragen, welche Voraussetzungen erfüllt sein müssen, damit eine Rahmenordnung tatsächlich der Freiheit des Wettbewerbs und der Chancengleichheit dient. Auch Buchanan führt in seinem neueren Band „Die Begründung von Regeln“ (Brennan/Buchanan 1993) ein Motiv ein, das über die Eigennutzmaximierung hinausgeht: Um die Staatstätigkeit zu begrenzen und das Staatsdefizit zu reduzieren, müsse durch eine verbesserte Erziehung der Bürger eine neue „civic moral“ gefördert werden, die die Eigenverantwortung fördert (ebd., 196).

Das Problem der Annahme einer solchen zusätzlichen Motivation liegt darin, dass sie die einseitige Betonung des Wettbewerbs als Koordinationsmechanismus in Frage stellt: Radikale Wirtschaftsliberale wollen den Wettbewerb auf alle gesellschaftlichen Bereiche (neben der Ökonomie und der Politik u. a. auch auf den Bereich der Bildung) anwenden, weil ihrem Verhaltensmodell zufolge die Individuen stets äußere Anreize brauchen, um ihre Eigennutzmaximierung mit dem Gemeinwohl in Einklang zu bringen. Wenn es nun aber noch andere Motivationen neben der Eigennutzmaximierung geben soll, damit die Wettbewerbswelt der radikalen Wirtschaftsliberalen überhaupt funktioniert, dann wird der ursprüngliche Grund für die einseitige Betonung des Wettbewerbs hinfällig: Er ist dann nur noch ein Koordinationsmechanismus unter anderen.

Von Hayek stimmt dem Einwand, dass eine bewusste Gestaltung der Rahmenordnung des Wettbewerbs nur den Sonderinteressen derjenigen dienen würde, die diese Rahmenordnung gestalten, implizit zu. Seine Lösung des Problems besteht in der Anwendung des Wettbewerbsprinzips auf die Ebene der Rahmenordnung: Im weltweiten Wettbewerb der Rahmenordnungen setzen sich diejenigen Ordnungen durch, die die Staaten besonders durchsetzungsfähig machen. Die Rahmenordnung wird nicht gestaltet, sondern entwickelt sich quasi automatisch zum Besten der Akteure. Diese Theorie führt zu einer nächsten Schwierigkeit: Entweder man nimmt von Hayeks Argument ernst, dass jede Beurteilung der Ergebnisse des Wettbewerbs mit dem Maßstab einer Gemeinwohlvorstellung im Kern schon „sozialistisch“ ist (s. o., S. 210); dann darf man aber auch nicht einschreiten, wenn aus der Freiheit heraus Kräfte entstehen, die die Freiheit bedrohen, sondern muss im Wettbewerb der Rahmenordnungen alles zulassen. Oder man unterscheidet – wie von Hayek es offensichtlich tut – zwischen Rahmenordnungen, die die Freiheit fördern, und solchen, die sie gefährden, und fällt damit ein Urteil über das Ergebnis von Wettbewerbsprozessen (nämlich auf der Ebene des Systemwettbewerbs). Ein solches Urteil beruht nicht allein auf einer „Mustervoraussage“ (vgl. von Hayek 1972), welche rechtliche Ordnung mehr Freiheit zulässt, sondern auf der Formulierung eines Verständnisses von Freiheit und von einer gerechten Verteilung von Freiheitsspielräumen unter den Individuen. Damit setzt die Unterscheidung zwischen freiheitlichen und nicht-freiheitlichen Rahmenordnungen nichts Geringeres voraus als einen Begriff von sozialer Gerechtigkeit, den von Hayek so vehement bekämpft.

Die Schwierigkeit, die vertragstheoretische und die evolutorische Variante des radikalen Wirtschaftsliberalismus zu begründen, verdeutlicht ein Grundproblem des radikalen Wirtschaftsliberalismus: Wenn es nur eigennutzmaximierende Individuen gibt, wird sich für den Wettbewerb, der die Koordination zwischen ihnen leisten soll, keine funktionsfähige Rahmenordnung herausbilden. Die Rahmenordnung entsteht nicht automatisch, sondern setzt die bewusste Unterscheidung von freiheitlichen und nicht-freiheitlichen Rahmenordnungen voraus; die Umsetzung dieser Unterscheidung im politischen Prozess durch die Förderung freiheitlicher Gesetze erfordert zumindest ein zweites, die Eigennutzmaximierung milderndes Prinzip. Ein solches Prinzip ist im Übrigen nicht erst bei der Gestaltung und Durchsetzung der Rahmenordnung erforderlich, sondern auch in den Wettbewerbsprozessen: Die Vermeidung von Wettbewerbsbeschränkungen erfordert neben äußeren Sanktionen die Akzeptanz des Wettbewerbs als Koordinationsmechanismus durch die Akteure (siehe dazu die Arbeit des Verfassers von 1999). Die Frage, welches Prinzip das Handeln der Individuen neben dem Eigennutzstreben leiten muss, steht im Mittelpunkt des politischen Liberalismus. Bevor dieser in seinen zwei Varianten, dem rechtsstaatlichen und dem sozialstaatlichen Liberalismus, behandelt wird, sollen zunächst die Gemeinsamkeiten des radikalen Wirtschaftsliberalismus und des Realismus reflektiert werden.

4.2.4.2 Machtstreben und Nutzenmaximierung – Vergleich des Interessenausgleichs im Realismus und im radikalen Wirtschaftsliberalismus

Vergleicht man das ökonomische Verhaltensmodell mit dem des Realismus, demzufolge der Mensch nach Macht und Sicherheit strebt, so fallen einem zunächst einige Gemeinsamkeiten auf. Beide Ansätze interpretieren ökonomisches und politisches Handeln als ein Maximierungs- und Optimierungskalkül; sie lehnen eine inhaltliche Bewertung der individuellen Ziele ab und konzentrieren sich auf die Analyse der Techniken der Nutzen- und der Macht- bzw. Sicherheitsmaximierung; und beide übertragen ihre Sicht von ihrem ursprünglichen Gegenstandsbereich auf andere Bereiche menschlichen Handelns, insofern der Realismus wirtschaftliche Vorgänge als Handlungen des Macht- bzw. Sicherheitsstrebens, und der radikale Wirtschaftsliberalismus politische Vorgänge als Handlungen der Nutzenmaximierung versteht. Diese Gemeinsamkeiten lassen sich auf eine parallele ideengeschichtliche Entwicklung zurückführen, Politik und Ökonomie als eine formale *techne* zu verstehen[504]: Der Realismus hat seine Grundlage in Hobbes' Charakterisierung des Souveräns durch die *techne* der Wahrung der Sicherheit; die Grundlage des Wirtschaftsliberalismus bildet die Charakterisierung der Marktteilnehmer als Eigennutzmaximierer in der neoklassischen ökonomischen Theorie. Das Ziel beider Paradigmen ist es, alle Normen und alles kollektive Handeln aus Kosten-Nutzen-Kalkülen der Individuen zu begründen. Die Frage ist nun, in welchem Verhältnis das Macht- und das Nutzenstreben zueinander stehen.

504 Johannes Messner (1984, 771). Zum technischen Verständnis der Politik vgl. aus kritischer Sicht: Faul (1961, 49-74), Sternberger (1975).

Macht ist nach Hobbes allgemein das Vermögen eines Menschen, einen bestimmten als wünschenswert angesehenen Zustand herbeizuführen.[505] Der Begriff wird zunächst im Sinne einer real vorhandenen Möglichkeit gebraucht; erst im Kontext der politischen Theorie bezeichnet er eine Relation zwischen Personen bzw. Personengruppen, weil dort die Möglichkeiten eines Menschen unmittelbar von den Möglichkeiten der anderen abhängen.[506] Das Streben nach Macht kann, wie oben gezeigt wurde (4.1.1), zwei Zielen dienen: der Sicherheit und der reinen Selbstdurchsetzung. Für Hobbes ist – aufgrund der Bedeutung der Todesfurcht – die Sicherheit entscheidend: Innerhalb eines Staates nutzt der Souverän seine Macht, um Gehorsam gegenüber den Gesetzen und damit Frieden zu erwirken. In zwischenstaatlichen Beziehungen wird Macht zur Abschreckung anderer Staaten und zur Abwehr von Angriffen eingesetzt. Die Souveränität eines Staates dient im Realismus der Sicherheit: Um sicher zu sein, muss ein Staat unabhängig sein, d. h. er darf in seinen Entscheidungen nicht der Macht anderer Staaten unterworfen sein, die diese Macht unweigerlich missbrauchen würden.[507]

Das Streben nach Macht um der Sicherheit willen ist von dem um der Selbstdurchsetzung willen zu unterscheiden. Letzteres bildet den Kern des politischen Denkens von Machiavelli (s. o., S. 172ff.), wird aber philosophisch erst bei Nietzsche in seinen tieferen Dimensionen erfasst.[508] Nietzsche betont an einer Stelle, an der er sich mit dem Darwinismus auseinandersetzt, dass es sich beim Kampf ums Dasein um einen Ausnahmefall des allgemeinen Kampfes um Selbstdurchsetzung handelt, der das Leben eigentlich auszeichnet:

> Der Kampf ums Dasein ist nur eine *Ausnahme*, eine zeitweilige Restriktion des Lebenswillens; der große und der kleine Kampf dreht sich allenthalben ums Übergewicht, um Wachstum und Ausdehnung, um Macht, gemäß dem Willen zur Macht, der eben der Wille des Lebens ist. („Fröhliche Wissenschaft“, 215)

In dieser radikalen Variante bildet das Ideal des Machtstrebens einen Gegensatz zum Nutzenstreben: Wenn das Leben im Willen zur Macht verwirklicht wird, dann ist der Blick auf den Nutzen, d. h. auf das Ergebnis der Selbstdurchsetzung, eine Abwendung von dem eigentlichen Ziel des Lebens. Die englische Nutzenphilosophie verbucht den Akt der Selbstdurchsetzung als „Kosten“, die um des Gewinns willen in Kauf genommen werden müssen; für diese Sicht hat Nietzsche nur Spott übrig.[509] In der Pleonexia, dem Mehr-Haben-Wollen, das bereits der Sophist Thrasymachos gelobt hatte[510], liegt für Nietzsche die Betonung nicht auf dem „*Haben* von etwas“, sondern allein auf dem „*Mehr*“. In der klassi-

505 Lev. (X, 41/66). In den „Elements“ (II.X.6, 131) bezeichnet Hobbes Macht als eine Bewegung, die eine andere Handlung hervorrufen kann: „power is not a certain accident, which differs from all acts, but is, indeed, an act, namely, motion, which is therefore called power, because another act shall be produced by it afterwards.“

506 Das relationale Verständnis von Macht kommt auch in der Definition von Max Weber (1956, 28) zum Ausdruck. Er definiert Macht als „jede Chance, innerhalb einer sozialen Beziehung den eigenen Willen auch gegen Widerstreben durchzusetzen, gleichviel worauf diese Chance beruht.“

507 Eine Ausnahme bildet die Abhängigkeit von einem benevolenten Hegemon, der es als seinen Vorteil erkennt, die Abhängigkeit der schwächeren Staaten nicht auszunutzen.

508 Zur hier vertretenen Interpretation von Nietzsche vgl. Voegelin (1999a, 73-77; 1999b).

509 Vgl. „Zur Genealogie der Moral“ (772f.).

510 Vgl. das Gespräch zwischen Thrasymachos und Sokrates in Platons „Politeia“ (insbesondere das Lob der Pleonexia und der Tyrannis: Rep. I, 343 a – 344 c).

schen Einteilung der Verfassungen[511] und der mit ihnen verbundenen Grundhaltungen entspricht dieses Verständnis des Lobes der Pleonexia dem der Tyrannis.

Diese radikale Form des Machtstrebens ist sowohl von derjenigen des Realismus als auch vom Nutzenstreben des Wirtschaftsliberalismus abzugrenzen (vgl. die Diärese auf S. 221). In beiden Paradigmen geht es den Individuen in der Selbstdurchsetzung um ein äußeres Gut (Sicherheit/Macht und Nutzen), statt dass – wie bei Nietzsche – das Streben nach dem äußeren Gut Ausdruck der Selbstdurchsetzung ist. Das, was aus Nietzsches Sicht eine Verkehrung darstellt, nämlich die Instrumentalisierung des Selbstdurchsetzungswillens für äußere Zwecke, macht einen Interessenausgleich überhaupt erst möglich, weil aus realistischer und wirtschaftsliberaler Sicht die Selbstdurchsetzung gemäßigt wird, um das äußere Ziel des Strebens besser zu erreichen.

Für die Charakterisierung des Unterschieds zwischen dem Realismus und dem radikalen Wirtschaftsliberalismus lässt sich an der Unterscheidung von Politik und Ökonomie am Ende von Kapitel 3.3 anknüpfen. Dort wurde Gilpins Definition der Politik durch das Streben nach Macht und der Ökonomie durch das Streben nach Wohlstand dahingehend präzisiert, dass es sich in seinem Verständnis um zwei Varianten des individuellen Vorteilskalküls handelt: Das Streben nach Macht zielt primär auf die Verbesserung der eigenen Position im Vergleich zu anderen, das Streben nach Wohlstand bzw. Nutzen zielt hingegen primär auf die Verbesserung der eigenen Position im Vergleich zur Ausgangslage. Einfacher formuliert und in Abgrenzung vom reinen Selbstdurchsetzungswillen, dem es um das *Mehr*-haben geht: In Realismus und radikalem Wirtschaftsliberalismus wird das Mehrhaben-wollen angenommen, und zwar in den Varianten „Mehr-haben-als-andere" und „Mehr-*haben*-als-vorher.

Aus diesen beiden Perspektiven folgt der Unterschied zwischen den beiden Paradigmen in der Einschätzung der Möglichkeit eines Interessenausgleichs. Wenn das Handeln darauf zielt, einen Vorteil gegenüber anderen zu erringen, dann sind die Individuen im Naturzustand und die Staaten in den internationalen Beziehungen unmittelbare Konkurrenten: Solange es keine Macht gibt, die das Recht durchsetzt, ist der Vorteil des einen automatisch der Nachteil des anderen. Streben die Individuen hingegen nach Nutzenmaximierung, so ist der andere nur mittelbar ein Konkurrent: Eine Konkurrenzbeziehung ergibt sich, wenn mehrere nach demselben (nicht teilbaren) Gut streben. Grundsätzlich gibt es zwischen nutzenmaximierenden Individuen die Möglichkeit eines Ausgleichs durch Vereinbarungen, die alle Seiten besserstellen.

Die Auseinandersetzung mit den theoretischen Grundlagen der beiden Paradigmen verdeutlicht, dass Gilpins Definitionen von Politik und Ökonomie dem Politikbegriff des Realismus und dem Ökonomiebegriff des Wirtschaftsliberalismus entsprechen. Gilpins Definition der Politik durch das Ziel der Macht und der Ökonomie durch das Ziel des Wohlstands lassen sich auf die Unterscheidung der Verbesserung der eigenen Position im Vergleich zu anderen und im Vergleich zur Ausgangslage zurückführen (s. o., 3.3.3.2). Diese Abgrenzung erweist sich schon aus einem rein formalen Grund als unbefriedigend: Sie führt zur Auflösung der Differenz von Politik und Ökonomie. Im radikalen Wirtschaftsliberalismus erfolgt eine vollständige Ökonomisierung der Politik, während der Realismus streng genommen in eine völlige Politisierung der Ökonomie mündet. Daraus folgt auch die Sprachlosigkeit zwischen den Disziplinen: Eine Internationale Politik, die vom Paradigma des Realismus ausgeht, und eine vom radikalen Wirtschaftsliberalismus

511 Vgl. Platon, „Politeia" VIII und IX; Aristoteles, „Politik" III 7.

geprägte Theorie der Weltwirtschaft können versuchen, das Kalkül der anderen Seite jeweils in die eigene Sprache zu übersetzen, aber ihre Vertreter sind nicht in der Lage, sinnvoll miteinander zu kommunizieren.

Doch das grundsätzlichere Problem der beiden Paradigmen zeigt sich, wenn man sie im Sinne des personalen Realismus (s. o., 3.3.3.2) von ihrem Anspruch her versteht, mit der Konzeption des Interessenausgleichs ein bestimmtes Gerechtigkeitsverständnis zu vertreten. Der Realismus betrachtet das Streben nach Macht und Sicherheit nicht bloß als ein Faktum, sondern geht davon aus, dass ein Interessenausgleich und die Respektierung des Rechts in der internationalen Politik nur möglich sind, wenn es Frieden und damit Sicherheit gibt. Solange es keinen Frieden gibt, muss die Außenpolitik eines Staates primär dem Ziel der Sicherheit verpflichtet sein. Die Respektierung des Rechts in einer Situation der Feindschaft oder der kriegerischen Auseinandersetzung wird vom Realismus als naiv und verantwortungslos beurteilt. Das Verfahren, im Kampf gegen den internationalen Terrorismus Verdächtige gefangenzuhalten, ohne ihnen die üblichen Rechte von Kriegs- oder mutmaßlichen Strafgefangenen zu gewähren, lässt sich aus Sicht des Realismus ebenso rechtfertigen wie die Anwendung von Folter: In der Anarchie kann der Gegner sich nicht auf das Recht berufen; somit gibt es keine Unterscheidung zwischen Verdächtigen und Schuldigen (die ja das Recht voraussetzt), sondern nur die Unterscheidung zwischen Freund (dem, der „für mich" ist) und Feind (der, der „gegen mich" ist). Solange die Sicherheit bedroht ist, wird jeder Einsatz von Macht zur Förderung der Sicherheit als gerechtfertigt angesehen.

So wie der Realismus das Macht- und Sicherheitsstreben von Staaten nicht nur annimmt, sondern rechtfertigt und sogar zur moralischen Pflicht erhebt (indem andere Verhaltensweisen als verantwortungslos bezeichnet werden), argumentiert der radikale Wirtschaftsliberalismus mit Bezug auf die Eigennutzmaximierung. Die Botschaft des radikalen Wirtschaftsliberalismus lautet nicht einfach, dass zwischen eigennutzmaximierenden Individuen ein Interessenausgleich möglich ist, sondern dass die Eigennutzmaximierung für alle von Vorteil ist, weil sie Einkommen generiert, Investitionen anregt und Arbeitsplätze schafft. Auch hier lautet der Umkehrschluss, dass eine Beschränkung der Eigennutzmaximierung moralisch unverantwortlich wäre. Armut wird nicht durch Freigebigkeit bekämpft, sondern durch Freihandel und gewinnmaximierende MNU.

Im Sinne des personalen Realismus rechtfertigen beide Paradigmen sowohl die bestehende Ungleichheit in der Verteilung von Macht bzw. Wohlstand als auch den Einsatz von Macht und Wohlstand nach Maß des Eigeninteresses. Das entspricht der Charakterisierung der Oligarchie in der politischen Philosophie der griechischen Antike: Die Oligarchen, so Aristoteles, halten die wirtschaftliche und soziale Ungleichheit der Bürger für gerecht und streben nach einer (aus ihrer Sicht legitimen) Privilegierung der Vermögenden (Pol. III 9, 1280 a 10-15).[512] Mit welcher politischen Theorie sie ihre Position begründen, führt er nicht weiter aus; doch wenn man seine Interpretation des politischen Streits zwischen Demokraten und Oligarchen in der Polis auf die Globalisierungsdiskussion und die Diskussion zwischen den IPÖ-Paradigmen überträgt, wird deutlich, dass der Realismus und der radikale Wirtschaftsliberalismus eine solche Rechtfertigung der Ungleichheit formulieren und somit das theoretische Fundament oligarchischer Positionen darstellen. Am deutlichsten wird dies im Realismus, der davon ausgeht, dass es in der Anarchie weder ein alle Staaten bindendes Naturrecht gibt noch das Macht- bzw. Sicherheitsstreben für alle Staaten vorteilhaft ist; im radikalen Wirtschaftsliberalismus wird zumindest davon ausgegangen, dass die

512 Ähnlich bereits Platon, Rep. VIII (550 c – 552 d).

ungleiche Verteilung der Marktergebnisse letztlich für alle von Vorteil ist. Unabhängig davon, ob die Ungleichheit allen zugute kommt, besteht die Gemeinsamkeit der beiden Paradigmen darin, dass sie den *status quo* der Verteilung von Macht und Wohlstand als gerechtfertigt ansehen. Die natürlichen Gegner dieser oligarchischen Positionen sind diejenigen Paradigmen, die eine stärkere Gleichheit fordern, nämlich der sozialstaatliche Liberalismus und der Strukturalismus, während der rechtsstaatliche Liberalismus um einen Ausgleich zwischen den beiden Polen bemüht ist.

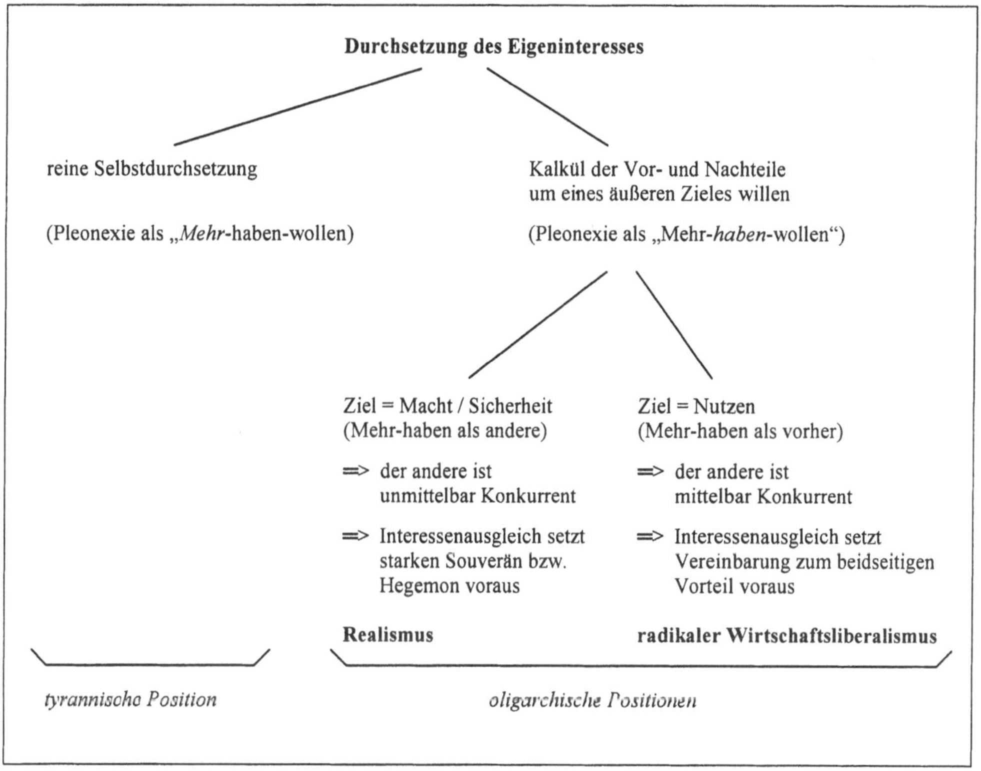

Abbildung 8: Diärese der Paradigmen, die Politik und Ökonomie allein aus dem individuellen Eigeninteresse erklären

Aus der Kritik der beiden Paradigmen, die in den beiden ersten Kapiteln dieses Teils (4.1 und 4.2) formuliert wurde, folgt keineswegs, dass das Sicherheitsstreben oder die Gewinnmaximierung verwerflich seien, sondern lediglich, dass sie nicht genügen, um einen Interessenausgleich zu erklären. Realismus und radikaler Wirtschaftsliberalismus müssen für die Erklärung des Interessenausgleichs ein Prinzip voraussetzen, das den Eigennutz mildert; gleichzeitig leugnen sie aber die Notwendigkeit eines solchen Prinzips. In beiden Fällen ist dieses Prinzip das gleiche: Ein Interessenausgleich ist sowohl bei Hobbes bzw. im Realismus als auch im radikalen Wirtschaftsliberalismus nur möglich, weil die Individuen die Logik ihres eigenen Kosten-Nutzen-Kalküls verallgemeinern und davon ausgehen, dass ihr Gegenüber ebenso denkt wie sie. Die Untertanen und der Souverän wissen bei Hobbes, dass sie alle die gleiche Todesfurcht verspüren; das mäßigt beide Seiten in der Wahl der Mittel. Im Wirtschaftsliberalismus geht jede Seite davon aus, dass die andere danach strebt, ihren Nutzen zu maximieren. Bei Machiavelli hingegen geht der „uomo virtuoso" davon aus, dass er dem „Pöbel" überlegen ist und es zwischen beiden Seiten eine fundamentale Ungleichheit gibt; deshalb wird er ihn, wie es ihm passt, betrügen und unterwerfen.

Das aber heißt nichts anderes, als dass der Realismus und der radikale Wirtschaftsliberalismus implizit davon ausgehen, dass die Individuen einander als in gewisser Hinsicht Gleiche begegnen: als ebenbürtige Gegner oder Partner. Die Annahme dieser Gleichheit und das daraus resultierende Kalkül, dass der andere auf eine bestimmte Situation ähnlich reagiert, wie sie selbst reagieren würden, mäßigt die Selbstdurchsetzung. Diese Annahme wird aber im Realismus und im radikalen Wirtschaftsliberalismus nicht ausgesprochen, weil beide die damit verbundene Konsequenz ablehnen: dass nämlich der Interessenausgleich auf Seiten der Individuen eine bestimmte innere Haltung und damit eine Form von Moralität voraussetzt. Der rechtsstaatliche Liberalismus hebt gerade diese Annahme hervor; die Begrenzung des Eigennutzes durch das Prinzip der Verallgemeinerung ist das zentrale Merkmal seiner Konzeption des Interessenausgleichs.

4.3 Rechtsstaatlicher Liberalismus

Der politische Liberalismus ist ideengeschichtlich aus der Kritik am Absolutismus und dessen Verfechtern in der politischen Philosophie (wie Hobbes) entstanden. Dies kommt besonders deutlich in der bereits erwähnten Kritik von Locke an der absolutistischen Stellung des Herrschers über dem Recht zum Ausdruck („Zweite Abhandlung", §§ 90-93): Für Locke bedeutet diese Stellung die Fortsetzung des Naturzustands im Verhältnis zwischen dem Herrscher und seinen Untertanen. Die Untertanen können nur zu freien Bürgern werden, wenn alle in der politischen Gemeinschaft, also auch die Regierung, dem Recht unterstellt sind.[513] Der radikale Wirtschaftsliberalismus würde der Kritik am Absolutismus zustimmen, doch besteht für ihn die Lösung nicht in der Bindung an das Recht, sondern in der Unterwerfung unter den Mechanismus des Wettbewerbs. In der evolutorischen Variante des Wirtschaftsliberalismus wird das Recht selbst zum Resultat des Wettbewerbsprozesses.

In systematischer Hinsicht lässt sich der politische Liberalismus nicht nur als Kritik am Absolutismus, sondern auch am wirtschaftsliberalen Glauben an den automatischen Ausgleich der Egoismen deuten. Jeder Wettbewerb, auch der Wettbewerb zwischen Institutionen und Rechtsordnungen, braucht Regeln, um den Missbrauch von Machtpositionen, die aus der Ungleichheit der Wettbewerbsergebnisse entstehen, zu verhindern. Die Freiheit des Wettbewerbs birgt die Gefahr der Selbstaufhebung, deshalb kann der Wettbewerb nicht Quelle des Rechts sein, sondern ist vom Recht abhängig. Zudem führt eine ausschließliche Kontrolle eigennutzorientierter Individuen durch den Wettbewerb (also die rein extrinsische Sicherung des Interessenausgleichs durch Anreize und Sanktionen) dazu, dass die Indivi-

513 Eine Ausnahme bilden offensichtlich die Sklaven: Im Fall einer rechtmäßigen Eroberung haben die Gefangenen dem Naturrecht zufolge ihr Lebensrecht verwirkt; es ist somit erlaubt, sie zu töten oder alternativ (als Aufschub der Tötung) zu versklaven („Zweite Abhandlung", §§ 23f.). Während die Bürger einer politischen Gemeinschaft also alle dem Recht unterstehen, gilt zwischen Herren und Sklaven der „fortgesetzte Kriegszustand" (ebd., § 24). In diesem Punkt zeigt sich, dass hinsichtlich des Naturrechts und damit auch der internationalen Beziehungen die Differenz zwischen Hobbes und Locke nicht sehr groß ist.

duen sich ständig kontrollieren und evaluieren müssen. Diese Kontrolle (einschließlich der Kontrolle der Kontrolleure) führt im Ergebnis zu einer Bürokratisierung aller Lebensbereiche, die jede Freiheit erstickt; die aktuelle Entwicklung der deutschen Universität gibt dafür ein anschauliches Beispiel.

Allein aus dem Macht- und Nutzenstreben der Individuen lässt sich somit aus Sicht des politischen Liberalismus keine freiheitliche Gesellschaft begründen. Die rechtsstaatliche Variante des politischen Liberalismus ist jedoch optimistisch, dass die wirtschaftliche Freiheit mit der Zeit zur Entwicklung des Rechts (einschließlich des Rechtsbewusstseins) und der politischen Freiheit führt. In den internationalen Beziehungen fördert der Freihandel den Frieden, die Rechtsstaatlichkeit und die Demokratie. Das Recht, das die Freiheit sichern soll, und der wirtschaftliche Wettbewerb stehen nicht in Konflikt miteinander. Diese optimistische Sicht des Verhältnisses von wirtschaftlicher und politischer Freiheit tritt in der Ideengeschichte besonders deutlich in der Geschichtsphilosophie von Kant zutage (Abschnitt 4.3.1), wird aber auch in der gegenwärtigen Diskussion vertreten (Abschnitt 4.3.2). Neben Kant soll als weitere ideengeschichtliche Wurzel des rechtsstaatlichen Liberalismus die politische Philosophie von Locke skizziert werden, weil er in seiner Kritik des Absolutismus zugleich das Verständnis von Freiheit als Wahlfreiheit kritisiert, das dem radikalen Wirtschaftsliberalismus zugrundeliegt.

4.3.1 Ideengeschichtliche Grundlagen des politischen Liberalismus

4.3.1.1 Freiheit durch Bindung an das Recht: John Locke

Um Lockes Unterscheidung zwischen der auf dem Markt zum Ausdruck kommenden Wahlfreiheit und der politischen Freiheit im Sinne der freien Bindung an das Recht herauszuarbeiten, soll zunächst auf seine ökonomische Theorie eingegangen werden, bevor sein Verständnis von Freiheit als Selbstgesetzgebung und seine Sicht des Verhältnisses von Politik und Ökonomie behandelt werden. In seiner ökonomischen Theorie nimmt Locke im „Second Treatise of Government“[514] die Grundzüge von Adam Smith' Verständnis der wirtschaftlichen Freiheit vorweg: Wirtschaftliche Freiheit besteht im natürlichen Recht der Menschen auf den Ertrag ihrer Arbeit und somit auf Privatbesitz,[515] auf der Wahlfreiheit der Menschen im Wettbewerb und auf umfassender Chancengleichheit.[516] Die ungleiche Verteilung des Besitzes ist Ausdruck ungleicher Leistung, denn die Arbeit ist es, die „den Menschen unterschiedliche Ansprüche auf einzelne Teile der Welt zu ihrem persönlichen Gebrauch schaffen konnte“.[517] Unterschiede im Wert der Arbeitsprodukte sind fast aus-

514 Veröffentlicht 1689, verfasst vermutlich 1681. Die Kapitel- und Paragraphenangaben in diesem Abschnitt beziehen sich auf diesen Text.

515 Siehe Kapitel V: „Of Property“; dazu ausführlich: Brocker (1992, 162-221).

516 Locke verwendet diese Begriffe nicht explizit, doch der Sache nach sind sie in Kapitel V enthalten. Die Idee der Chancengleichheit liegt der Feststellung zugrunde, dass *jeder* durch seine Arbeit Eigentum erwerben kann und niemand durch die Realisierung seiner Erwerbschancen diejenigen der anderen ungebührlich beeinträchtigen darf (§ 27). Die Befürwortung des freien Wettbewerbs zeigt sich u. a. in der Charakterisierung des „wise and godlike“ Fürsten als eines Politikers, der freiheitliche Gesetze zur Förderung des ehrlichen Fleißes errichtet („laws of liberty to secure protection and encouragement to the honest industry of mankind against the oppression of power and narrowness of party“, § 42).

517 „[W]e see how labour could make men distinct titles to several parcels of it [the world, H. H.], for their private uses; wherein there could be no doubt of right, no room for quarrel.“ (§ 39)

schließlich auf den „menschlichen Fleiß“[518] zurückzuführen, und nur zu einem geringeren Teil auf die Natur (also z. B. Unterschiede in der Fruchtbarkeit des Bodens, § 40). Das entspricht dem oben behandelten Argument des Wirtschaftsliberalismus, dass die ungleiche Verteilung des Besitzes auf Unterschiede zwischen den Menschen zurückzuführen ist (z. B. Buchanan 1984, 37).

Locke geht davon aus, dass die Menschen der ungleichen Verteilung des Besitzes implizit zugestimmt haben, als sie anfingen, Geld als Mittel des Tausches und der Wertaufbewahrung zu nutzen. Vor der Einführung des Geldes war der Besitz durch das begrenzt, was der einzelne verbrauchen konnte. Nach dem Gesetz der Natur ist die Menge an Gütern, die der einzelne sich durch Arbeit aneignen darf, begrenzt: Es muss erstens genügend für andere übrigbleiben und zweitens darf die Menge nicht das übersteigen, was er zum Leben braucht und lagern kann, ohne dass es verdirbt:

> As much as anyone can make use of to any advantage of life before it spoils, so much he may by his labour fix a property in. Whatever is beyond this, is more than his share and belongs to others. (§ 31)

Diese Begrenzung entfällt nach Einführung des Geldes, weil Geld sich unbegrenzt lagern und somit schrankenlos akkumulieren lässt. Bei Locke scheint die erste Funktion des Geldes nicht die Erleichterung des Tauschs, sondern die Wertaufbewahrung und damit die Akkumulation von Reichtum zu sein (§§ 47f.). Die Übereinkunft über die Verwendung von Gold und Silber als Tauschmittel bedeutet die implizite Zustimmung der Menschen zu einer ungleichen Verteilung des Besitzes:

> But since gold and silver, being little useful to the life of man in proportion to food, raiment, and carriage, has its value only from the consent of men, whereof labour yet makes, in great part, the measure, *it is plain that men have agreed to disproportionate and unequal possession of the earth*, they having by a tacit and voluntary consent found out a way how a man may fairly possess more land than he himself can use of the product of, by receiving in exchange for the overplus gold and silver, which may be hoarded up without injury to anyone, these metals not spoiling or decaying in the hands of the possessor. (§ 50; Hervorhebung durch den Verfasser.)

Die stillschweigende Einwilligung in die ungleiche Besitzverteilung ist aus Lockes Sicht insofern unproblematisch, als sie letztlich allen zugute kommt. In Vorwegnahme des „trickle-down-Effekts“ (s. o., Abschnitt 3.2.1.1) geht er davon aus, dass es dem Ärmsten in einer reichen Gesellschaft immer noch besser geht als dem Reichen in einer armen Gesellschaft:

> [A]nd a king of a large and fruitful territory there [bei den nordamerikanischen Indianern, H. H.] feeds, lodges, and is clad worse than a day-labourer in England.[519]

So weit entspricht Lockes Argumentation derjenigen von ökonomischen Liberalen. Doch der Begriff der Freiheit ist für ihn nicht auf wirtschaftliche Freiheit im Tauschgeschäft beschränkt; Freiheit ist mehr als Wahlfreiheit. Das komplexere Verständnis von Freiheit als Autonomie zeigt sich auf der politischen Ebene und wird in Lockes Analyse des Natur-

518 „[H]uman industry“, § 42.
519 § 41. Die Behauptung wurde von Adam Smith fast wörtlich übernommen (WN, Introduction, Abs. 4).

zustandes und des Gesellschaftsvertrags deutlich. Im Naturzustand besteht Freiheit in der Unabhängigkeit von *äußeren* Zwängen, die es den Menschen ermöglicht, allein dem Naturgesetz und damit der dem Menschen von der Vernunft auferlegten Pflicht (§ 6) zu folgen:

> *The natural liberty of man is* to be free from any superior power on earth, and not to be under the will or legislative authority of man, but *to have only the law of nature for his rule.* (§ 22; Hervorhebung vom Verfasser)

Die Verbindung von Freiheit und Pflicht bzw. Recht, die später bei Kant eine zentrale Rolle spielt, entfaltet Locke in der Analyse der Entstehung der Rechtsordnung. Im ursprünglich friedlichen Naturzustand führt die Freiheit aufgrund der Befugnis der Menschen, das natürliche Gesetz selbst zu vollstrecken (§ 7), zum Kriegszustand (Kapitel 3). Der Kriegszustand kann nur überwunden werden, indem die Menschen sich zu einer politischen Gemeinschaft zusammenschließen, in der das Recht nicht mehr von der Natur gegeben, sondern von Menschen geschaffen wird:

> The liberty of man, in society, is to be under no other legislative power but that established, by consent, in the commonwealth, nor under the dominion of any will, or restraint of any law, but what the legislative shall enact, according to the trust put in it. (§ 22)

An die Stelle des Naturgesetzes tritt durch den Gesellschaftsvertrag das von Menschen geschaffene Recht, sofern es von einer legitimen, d. h. auf Zustimmung beruhenden, gesetzgebenden Versammlung geschaffen wurde. Locke weist explizit darauf hin, dass Freiheit somit nicht bedeutet, „für jeden zu tun, was ihm beliebt, zu leben, wie es ihm gefällt, und durch keine Gesetze gebunden zu sein“,[520] sondern dass freies Handeln die freiwillige Bindung an das Recht voraussetzt.

Dieser Bezug der Freiheit zum Recht wird von gemäßigten Wirtschaftsliberalen zumindest unbewusst vorausgesetzt, wenn sie davon ausgehen, dass die Marktteilnehmer bei der Wahl zwischen Alternativen nicht ständig über die Option des Stehlens nachdenken. Radikale ökonomische Liberale führen jedoch gesetzeskonformes Handeln allein auf Anreize zurück: Wenn die Menschen nicht stehlen (statt zu tauschen), so liegt das daran, dass die angedrohte Strafe multipliziert mit der Wahrscheinlichkeit, erwischt zu werden (also der Erwartungswert der Kosten des Diebstahls) höher ist als der Nutzen des Diebesgutes.[521] Brennan und Buchanan (1993), die an sich den radikalen ökonomischen Liberalen zuzurechnen sind, bemerken, dass dieses Verständnis von Freiheit als radikaler Handlungsfreiheit ohne Rechtsbindung dazu führt, dass die Strafe nur noch ein Preis für den Regelverstoß ist. Das genügt ihnen dann doch nicht: Die Strafe müsse „mit dem moralischen Makel belastet sein, eine ‚ungerechte‘ Handlung begangen zu haben“, damit sie einen „mäßigenden Einfluss“ auf das Handeln hat (ebd., 134). Dieser moralische Makel lässt sich aber auf der Grundlage des ökonomischen Liberalismus nicht begründen; dazu bedarf es des komplexeren Freiheitsbegriffs des politischen Liberalismus. An dieser Frage, ob die

520 § 22. Locke zitiert hier Sir Robert Filmer („Observations upon Aristotle's Politiques“), der diese Freiheit nur dem Monarchen zugesprochen hat, der (anders als bei Locke) eben nicht einem höheren Gesetz untersteht, sondern selbst die höchste Quelle des Rechts und damit radikal frei (im Sinne von bindungslos) ist. Die Demokratisierung der so verstandenen Freiheit durch Übertragung auf alle Bürger führt nach Filmer zum Zerfall der politischen Ordnung.

521 Siehe hierzu z. B. Becker (1993, 47f.).

Befolgung des Rechts allein extrinsisch motiviert ist (durch Androhung von Sanktionen), oder eine intrinsische Komponente hat, die die Wirkung der Sanktionen verstärkt (das Gefühl der Scham im Falle des Verstoßes gegen das Gesetz[522]), scheiden sich radikale ökonomische und politische Liberale.

Der komplexere Freiheitsbegriff des politischen Liberalismus beruht auf der Annahme der Gleichheit der Bürger im politischen Prozess: Freiheit als Bindung an das aus der Übereinkunft der Bürger hervorgehende Gesetz setzt voraus, dass *alle* Bürger sich *in gleicher Weise* dieser Übereinkunft fügen und sie respektieren. Gäbe es hier eine Ungleichheit, so würde das Gesetz einzelne Individuen oder Gruppen bevorzugen; die verfassungsmäßige Ordnung würde in Despotie umschlagen. Politische Gleichheit lässt sich nicht auf Chancengleichheit reduzieren, weil sie sich nicht darauf beschränkt, allen Bürgern gleiche Startchancen im politischen Prozess zuzusprechen, sondern fordert, dass alle im Prinzip in gleicher Weise Autoren und Adressaten des Rechts sind. Ökonomische Chancengleichheit ist durchaus mit (temporären) Monopolstellungen vereinbar, sofern diese auf Leistung beruhen; politische Gleichheit setzt hingegen voraus, dass die Unterschiede in der wirtschaftlichen Leistungsfähigkeit keine Rückwirkung auf den Prozess der Rechtsetzung und Rechtsanwendung hat.

Wenn Freiheit auf der politischen Ebene auf einer umfassenderen Gleichheit beruht als wirtschaftliche Freiheit im Wettbewerb, so besteht die Gefahr, dass ökonomische Ungleichheit die politische Freiheit einschränkt. Ein solches Spannungsverhältnis zwischen der ökonomischen und der politischen Ebene kann im Wirtschaftsliberalismus, der die Unterscheidung dieser Ebenen nicht kennt, nicht auftreten. Das zeigt sich besonders deutlich an der Beurteilung des Sklavereivertrags, den Buchanan, wie oben erwähnt, als legitime Form des Gesellschaftsvertrags ansieht, sofern beide Seiten ihm zugestimmt haben und auch der Sklave einen Vorteil aus dem Vertrag hat (z. B. die Zusicherung, nicht getötet zu werden).[523] Buchanan will mit diesem Beispiel verdeutlichen, dass Ungleichheit zwischen Vertragspartnern nicht die Legitimität des Vertrags in Frage stellt. Dieses Argument ist aus der Perspektive des politischen Liberalismus in zweifacher Hinsicht absurd:

- Zum einen betont Locke, dass es einen Sklavereivertrag aus grundsätzlichen Erwägungen nicht geben kann.[524] Nach dem Gesetz der Natur ist der Mensch zur Selbsterhaltung verpflichtet (§ 6) und darf somit nicht frei über sein eigenes Leben verfügen; folglich darf er sich auch nicht zum Sklaven eines anderen machen (§ 23).[525]

---

522 Siehe hierzu eine der frühesten Formulierungen der Position des politischen Liberalismus in Protagoras' Mythos von der Erschaffung des Menschen und der Entstehung der bürgerlichen Gesellschaft. Dort gelingt das Zusammenleben der Menschen erst, nachdem Zeus die Menschen mit Scham (*αἰδώς*) und Recht (*δίκη*) ausgestattet hat (Platon: Protagoras, 322c; siehe dazu: Zehnpfennig 2001, 69-72).

523 Buchanan (1984, 86); s. o., Abschnitt 4.2.3.1 (S. 203ff.).

524 Woraus nicht folgt, dass es nach Locke keine legitime Sklaverei geben könne; siehe dazu Fußnote 513.

525 Rousseau (dessen Vertragstheorie jedoch nicht dem politischen Liberalismus zugerechnet werden kann, s. Talmon 1961) verdeutlicht den logischen Widerspruch des Sklavereivertrags, dass der sich als Sklave Veräußernde die Bedingung des Vertragsschlusses aufhebt, indem er durch die Zustimmung zum Sklavereivertrag seine eigene Zustimmung als irrelevant erklärt; er begibt sich damit vollständig der Möglichkeit, die vertraglich vereinbarte Gegenleistung von seinem „Besitzer" einzufordern. („Renoncer à sa liberté c'est renoncer à sa qualité d'homme, aux droits de l'humanité, même à ses devoirs. [...] N'est-il pas clair qu'on n'est engagé à rien envers celui dont on a droit de tout éxiger, et cette seule condition, sans équivalent, sans échange n'entraîne-t-elle pas la nullité de l'acte ? Car quel droit mon esclave auroit-il contre moi, puisque tout ce qu'il a m'appartient, et que son droit étant le mien, ce droit de moi contre moi-même est un mot qui n'a aucun sens ?" „Contrat Social" I.4, 356.)

- Zum zweiten ist jede erhebliche Ungleichheit bei Abschluss des Gesellschaftsvertrags problematisch, weil dieser nach dem Verständnis des politischen Liberalismus nicht nur Eigentumsrechte auf der Grundlage der natürlichen Verteilung definiert (wie dies bei Buchanan der Fall ist), sondern in der gegenseitigen Zusicherung besteht, dass alle Beteiligten sich gleichermaßen dem Prinzip des Rechts unterwerfen. Hinsichtlich dieser Übereinkunft müssen alle gleich sein; die ökonomische Ungleichheit darf hier keine Auswirkung haben. Der mögliche Konflikt zwischen ökonomischer Gleichheit und politischer Ungleichheit wird von Locke nicht thematisiert; es ist aber zu vermuten, dass er für ihn unproblematisch ist, weil hinsichtlich der Furcht vor dem Rückfall in den Kriegszustand, in dem Leben, Freiheit und Besitz[526] von allen gleichermaßen bedroht werden, alle Menschen gleich sind. In diesem Punkt würde Locke der Argumentation von Hobbes folgen, bei dem die Furcht der große Gleichmacher ist, der die Menschen zur Einwilligung in eine Vereinbarung bewegt.[527]

Diese Sicht unterscheidet sich sowohl von der vertragstheoretischen als auch von der evolutorischen Variante des Wirtschaftsliberalismus. Für Buchanan gibt es kein Spannungsverhältnis zwischen ökonomischer Ungleichheit und politischer Freiheit, weil er keinen Unterschied zwischen einem Vertrag zum Kauf von Gütern und der Übereinkunft über Rechtsgrundsätze macht: Er überträgt das ökonomische Verständnis von Freiheit als Wahlfreiheit und Gleichheit als Chancengleichheit im Wettbewerb auf die Politik. Aus von Hayeks Sicht ist die Übertragung des Vertragsmodells auf die Entstehung gesellschaftlicher Regeln „Konstruktivismus" (z. B. von Hayek 1975): Regeln entwickeln sich in einem offenen, evolutorischen Prozess und bilden eine „spontane Ordnung", deren Ergebnisse nicht prognostiziert und (wie bei einem Vertrag) vereinbart werden können. Das Analogon für die Entstehung gesellschaftlicher Regeln ist für ihn nicht der Vertrag, sondern der Wettbewerb. Dadurch umgeht von Hayek das Problem der Verzerrung des Entstehungsprozesses dieser Regeln durch wirtschaftliche Ungleichheit, denn mächtige Personen oder Gruppen können den Wettbewerb zwischen Regeln und Regelsystemen nur kurzfristig zu ihren Gunsten beeinflussen (im Extremfall durch eine vorübergehende völlige Ausschaltung des Wettbewerbs wie im Kommunismus); mittel- und langfristig können sie den Wettbewerb aber nicht verhindern. Doch aus dieser Unterscheidung von geplanter und spontaner Ordnung folgt nicht eine grundsätzliche Unterscheidung der ökonomischen und der politischen Ebene: wie Buchanan überträgt von Hayek die Maßstäbe der Ökonomie auf die Politik, so dass es folgerichtig kein Spannungsverhältnis zwischen beiden geben kann.

Anders der politische Liberalismus: Locke unterscheidet implizit zwischen der ökonomischen Freiheit als Wahlfreiheit und der politischen Freiheit als Selbstgesetzgebung. Ökonomische Freiheit ist nicht nur mit ungleicher Verteilung des Besitzes vereinbar, sondern setzt diese sogar voraus, weil sonst der Anreiz zu höherer Leistung absterben würde. Auf der politischen Ebene hingegen erfordert Freiheit die Gleichheit der Bürger als Autoren und Adressaten des Rechts.

Grundsätzlich kann die ökonomische Ebene auf die politische in zweierlei Weise wirken: Erstens kann die wirtschaftliche Freiheit die politische Freiheit fördern, so dass also im

526 D. h. das Eigentum in der umfassenden Definition von Locke (§ 123).

527 Zur Bedeutung der Furcht bei Hobbes siehe z. B. „Leviathan" (Kap. XIII, Abs. 1-3, 14). Im Unterschied zu Locke gibt es bei Hobbes im Naturzustand keine wirtschaftliche Ungleichheit, weil die Menschen vor Abschluss des Gesellschaftsvertrags kein Eigentum besitzen.

Rahmen der Globalisierung die Durchsetzung des Freihandels der Verbreitung von Rechtsstaatlichkeit und Demokratie dienen kann. Diese Sicht wird von Locke angedeutet und von Kant weiter ausgeführt. Zweitens kann die wirtschaftliche Ungleichheit die Beteiligung der Armen am politischen Prozess beeinträchtigen; zu große wirtschaftliche Abhängigkeit kann in politische Abhängigkeit umschlagen; diese mögliche Wirkung des Wettbewerbs betonen sozialstaatliche Liberale.

4.3.1.2 Freiheit als Selbstgesetzgebung: Immanuel Kant

Die klassische Position des rechtsstaatlichen politischen Liberalismus wurde von Kant formuliert, dessen Verständnis von Freiheit und Gleichheit in der gegenwärtigen Diskussion sowohl rechtsstaatliche als auch sozialstaatliche Liberale maßgeblich beeinflusst.[528] Im Folgenden wird zunächst gezeigt, wie sich Kants Verständnis von Freiheit als Autonomie aus seiner Moralphilosophie herleitet; dann werden sein Verständnis von Gleichheit als formaler Gleichheit vor dem Gesetz und deren Verhältnis zu wirtschaftlicher Ungleichheit behandelt; und schließlich werden die positiven Wirkungen der wirtschaftlichen Freiheit auf die Entwicklung der sittlichen (aufgeklärten) Freiheit im Laufe des Geschichtsprozesses analysiert. Die Unterschiede und Gemeinsamkeiten zwischen Kant und gegenwärtigen Vertretern des rechtsstaatlichen Liberalismus werden in Abschnitt 4.3.2 behandelt.

Sittlichkeit und Autonomie

Kant übernimmt der Sache nach den politischen Freiheitsbegriff von Locke, begründet ihn aber ausgehend vom Kritizismus anders. Versucht man, Lockes politische Theorie aus der Sicht des Kritizismus zu beurteilen, so liegt die entscheidende Schwäche in der Berufung auf natürliche Gesetze. Diesen Gesetzen kommt in Lockes Argumentationsgang eine zentrale Bedeutung zu, weil sie eine Vorbildfunktion für den Abschluss des Gesellschaftsvertrags (und damit für das von Menschen verfasste Gesetz) haben; sie werden aber unzureichend begründet und sind mit Lockes empiristischer Erkenntnistheorie nur schwer vereinbar. Kant will das Problem der Begründung der natürlichen Gesetze lösen, indem er in der praktischen Philosophie eine ähnliche kopernikanische Wende[529] vollzieht wie in der theoretischen Philosophie: Das „natürliche“ Gesetz ist nicht von einer (wie auch immer verstandenen) Natur als etwas Objektives vorgegeben, sondern es ist als Sittengesetz in der Vernunft des Menschen angelegt. Ihre „höchste praktische Bestimmung“ erkennt die Vernunft in der „Gründung eines guten Willens“ (GMS, B 7). Dieser kann nicht durch die Wirkung der Handlung (und damit den Zweck des Wollens) gekennzeichnet sein, weil sich die äußeren Wirkungen einer Handlung durch die handelnde Person nur bedingt kontrollieren lassen, die Sittlichkeit einer Handlung aber von ihr selbst und nicht den äußeren Umständen abhängen soll. Die Quelle der Sittlichkeit soll im Subjekt selbst liegen und ist das „Prinzip des Willens, unangesehen der Zwecke“ (GMS, B 14). Dieses Prinzip ist das Gesetz bzw. die Pflicht: die „Einschränkung des Willens auf die Bedingung einer allgemeinen, durch eine angenommene Maxime möglichen Gesetzgebung“ („Gemeinspruch“,

528 Vgl. Kants Bedeutung für Fukuyama (1992), Held (1995), Habermas (1992; 1998), Höffe (1999a).
529 Siehe zu dieser Formulierung: KrV (B XVI).

A 212f.). Sittlichkeit ist die „Vorstellung des Gesetzes an sich selbst“ als „Bestimmungsgrund des Willens“ (GMS, B 15f.). Dieses Gesetz formuliert eine formale Anforderung an das Handeln[530]: Es ist der kategorische Imperativ, nur so zu handeln, dass ich wollen kann, dass die Maxime meiner Handlung ein allgemeines Gesetz wird (GMS, B 17 u. 52).

Aus diesem Verständnis der Sittlichkeit folgt dasjenige der Freiheit. Wie Locke weist Kant das Verständnis von Freiheit als „tun, was man will“ (das dem ökonomischen Verständnis von Freiheit als Wahlfreiheit entspricht) zurück. Freiheit ist für Kant die Verwirklichung von Sittlichkeit durch Selbstgesetzgebung: Negativ bezeichnet sie die Unabhängigkeit von den eigenen sinnlichen Neigungen und von der Willkür anderer; positiv bedeutet sie, sich allein vom Willen der praktischen Vernunft abhängig zu machen, d. h. im Einklang mit dem Sittengesetz zu handeln.[531] Die materielle Seite der Handlung wird dabei von der subjektiven Vorstellung von Glückseligkeit bestimmt. Dies wird in Kants bekannter Definition der Freiheit deutlich:

> Niemand kann mich zwingen, auf seine Art (wie er sich das Wohlsein anderer Menschen denkt) glücklich zu sein, sondern ein jeder darf seine Glückseligkeit auf dem Wege suchen, welcher ihm selbst gut dünkt, wenn er nur der Freiheit anderer, einem ähnlichen Zwecke nachzustreben, die mit der Freiheit von jedermann nach einem möglichen allgemeinen Gesetze zusammen bestehen kann, (d. i. diesem Rechte des anderen) nicht Abbruch tut. („Gemeinspruch“, A 235f.)

In diesem Zitat betont Kant die beiden entscheidenden Komponenten der Freiheit: erstens die Bestimmung des Inhalts einer Handlung durch die eigene Vorstellung von Glückseligkeit (unabhängig vom inneren Zwang sinnlicher Neigungen und vom äußeren Zwang fremder Willkür), und zweitens die Bestimmung der Gesetzmäßigkeit im sittlichen Sinn (Form) durch die Prüfung, ob das Handeln mit dem Sittengesetz vereinbar ist. Freiheit kann folglich nie darin bestehen, sich gegen das Sittengesetz zu entscheiden („Rechtslehre“, B 27), sondern bedeutet definitionsgemäß, diesem zu folgen. Deshalb *ist* Freiheit Autonomie (Selbstgesetzgebung).[532]

Freiheit, politische Gleichheit und wirtschaftliche Ungleichheit

In dem oben angeführten Zitat aus dem „Gemeinspruch“ wird zugleich der Zusammenhang zwischen Freiheit und Gleichheit deutlich: Der Rahmen der eigenen Freiheit wird durch die Freiheit der anderen Menschen abgesteckt, die vor dem Gesetz alle gleich sind. Auch dem Prinzip der Verallgemeinerung, auf dem der kategorische Imperativ beruht, liegt die Idee der Gleichheit vor dem Gesetz zugrunde: Die Maxime einer Handlung soll danach geprüft werden, ob sie immer, gegen jedermann und in jeder Situation, anwendbar ist.

530 Kant unterscheidet beim Willen dessen „Prinzip a priori, welches formell ist, und [...] seiner Triebfeder a posteriori, welche materiell ist“; der moralische Wert liegt allein im Prinzip des Willens (GMS, B 14).

531 „In der Unabhängigkeit nämlich von aller Materie des Gesetzes (nämlich einem begehrten Objekte) und zugleich doch Bestimmung der Willkür durch die bloße allgemeine gesetzgebende Form, deren eine Maxime fähig sein muss, besteht das alleinige Prinzip der Sittlichkeit. Jene *Unabhängigkeit* aber ist Freiheit im *negativen*, diese *eigene Gesetzgebung* aber der reinen, und, als solche, praktischen Vernunft ist Freiheit im *positiven* Verstande.“ (KpV, A 58f.)

532 Diesen Zusammenhang zwischen Freiheit und Sittengesetz bzw. Pflicht betont auch Bielefeldt (1997, 527): „it is the awareness of duty which opens up the way to a profound understanding of human freedom and to a genuinely normative concept of rights.“

Diese Gleichheit wird rein formal verstanden, als Gleichheit vor dem Gesetz. Das Verhältnis der formalen Gleichheit zur wirtschaftlichen (materiellen) Ungleichheit ist abhängig davon, ob man die Menschen als Adressaten oder als Autoren des Rechts betrachtet. Als Adressaten des Rechts sind die Menschen „Untertanen“ und als solche gleich („Gemeinspruch“, A 235), auch wenn sie in wirtschaftlicher Hinsicht ungleich sein mögen:

> Diese durchgängige Gleichheit der Menschen in einem Staat, als Untertanen desselben, besteht aber ganz wohl mit der größten Ungleichheit, der Menge, und den Graden ihres Besitztums [...]; so dass des einen Wohlfahrt sehr vom Willen des anderen abhängt (des Armen vom Reichen) [...]. Aber dem *Rechte* nach [...] sind sie dennoch, als Untertanen, alle einander gleich; weil keiner irgend jemanden anders zwingen kann, als durch das öffentliche Gesetz [...]. („Gemeinspruch“, A 238f., Hervorhebung im Original.)

Wirtschaftliche Abhängigkeit und Ungleichheit haben somit auf die Gleichheit der Menschen als Adressaten des Rechts keinen Einfluss, doch umgekehrt wirkt die Gleichheit vor dem Gesetz auf die wirtschaftliche Ebene und erscheint dort als Forderung nach Chancengleichheit. Formale Gleichheit impliziert nämlich, dass das wirtschaftliche und gesellschaftliche Fortkommen nicht von Standesprivilegien, sondern von „Talent“, „Fleiß“ und „Glück“ abhängen (ebd., 239).

Anders verhält es sich mit der Gleichheit der Menschen als *Autoren* des Rechts. Bei der Bestimmung des Bürgers als „Mitgesetzgeber[ ]“ („Gemeinspruch“, A 244) spielt die wirtschaftliche Ungleichheit insofern eine Rolle, als die politische Selbständigkeit, die sich im Stimmrecht ausdrückt und den Bürger kennzeichnet, an die wirtschaftliche Selbständigkeit geknüpft ist. Als entscheidende Qualität des Bürgers nennt Kant:

> dass er *sein eigener Herr* [...] sei, mithin irgend ein *Eigentum* habe (wozu auch jede Kunst, Handwerk, oder schöne Kunst, oder Wissenschaft gezählt werden kann), welches ihn ernährt [...]. (Ebd., A 245.)

Das Kriterium, das den wirtschaftlich abhängigen vom wirtschaftlich unabhängigen Untertan unterscheidet und letzterem den Status des Bürgers gibt,[533] ist, dass der erste „den Gebrauch seiner Kräfte, den er einem anderen bewilligt“, veräußert, während der zweite (der Bürger) etwas verfertigt, das er als sein Eigentum an andere verkauft.[534] Wenn jemand in seiner Tätigkeit vom Willen eines anderen abhängig ist, so ist er zwar als Adressat des Rechts anderen gleichgestellt, kann aber nicht an der Gesetzgebung teilnehmen.[535] Nach heutigem Sprachgebrauch wären demnach Arbeiter und Angestellte keine Bürger und hätten kein Wahlrecht. Innerhalb der Gruppe der Bürger gilt aber nach Kant das Prinzip der Gleichheit: Jeder Bürger soll eine Stimme haben, das Stimmrecht also nicht vom Umfang des Besitzes abhängen („Gemeinspruch“, A 247f.).

533 In der „Rechtslehre“ (B 197) spricht Kant vom „aktiven“ und „passiven“ Staatsbürger, weist aber darauf hin, dass der Begriff „passiver Staatsbürger“ (als eines Bürgers ohne Recht, an der Gesetzgebung teilzunehmen), eigentlich ein Widerspruch in sich sei.

534 „Gemeinspruch“ (A 246, Anm.); ebenso: „Rechtslehre“ (B 197).

535 Kant ist jedoch in der Anwendung dieses Kriteriums nicht ganz kohärent, wenn er Staatsbeamte und staatliche Angestellte hiervon ausnimmt und ihnen den Status des Bürgers zuweist („Rechtslehre“, B 197).

Mit der Unterscheidung von Bürgern und bloßen Untertanen (Gleichheit der Bürger als Autoren, Gleichheit aller Untertanen als Adressaten des Rechts) „löst" Kant das Problem der Verzerrung des politischen Prozesses in der Demokratie durch wirtschaftliche Ungleichheit: Dieses Problem besteht gerade darin, dass wirtschaftlich Mächtige die Abhängigkeit der Armen und Mittellosen ausnützen und politische Entscheidungsprozesse zu ihren Gunsten beeinflussen können. Schließt man die wirtschaftlich Abhängigen von der Beteiligung am politischen Prozess durch eine entsprechende Definition des Bürgers aus, so ist das Problem gelöst – freilich nicht in einem Sinne, der nach heutigem Verständnis der Demokratie akzeptabel wäre. – Aus heutiger Sicht akzeptabler ist in diesem Punkt der Ansatz der Sozialen Marktwirtschaft, der darin besteht, jedem die Möglichkeit zur Überwindung der wirtschaftlichen Abhängigkeit zu geben. Die Tatsache, dass sich abhängige Erwerbsarbeit in der Industriegesellschaft nicht vermeiden lässt, soll dadurch kompensiert werden, dass jeder als Ausdruck der Selbständigkeit Eigentum an Grund und Boden erwerben kann.[536]

Von den beiden möglichen Wirkungen der Ökonomie auf die politische Freiheit ist die negative Wirkung (aus wirtschaftlicher Freiheit resultierende Ungleichheit beeinträchtigt die politische Freiheit und Gleichheit) somit aus der Sicht von Kant zu vernachlässigen. Er betont vielmehr in verschiedenen Schriften die positive Wirkung der wirtschaftlichen Freiheit und des Handels auf die Verbreitung der Demokratie (in seiner Formulierung: Republik), die Herausbildung eines Staatenbundes und die Entwicklung eines kosmopolitischen Weltbürgerrechts.[537] Kants Ethik beruht zwar auf der fundamentalen Ablehnung eines ausschließlich an der Nützlichkeit orientierten Handelns zugunsten einer Orientierung des Handelns am Sittengesetz (der Pflicht); in seinen Schriften über Politik und Geschichte wird jedoch deutlich, dass einem solchen ökonomischen Verständnis von Freiheit die zentrale geschichtliche Funktion zukommt, der Idee der Freiheit überhaupt zum Durchbruch zu verhelfen. Das wirtschaftliche Verständnis von Freiheit soll im geschichtlichen Prozess dem aufgeklärten Verständnis von Freiheit als Autonomie den Weg bahnen. Dieser Gedanke steht im Zentrum von Kants Theorie des Verhältnisses von Politik und Ökonomie.

Politik und Ökonomie im Geschichtsprozess

Den Menschen kennzeichnet nach Kant die „ungesellige[ ] Geselligkeit", also die Neigung, sich einerseits zu vergesellschaften, andererseits zu vereinzeln, weil er alles „bloß nach seinem Sinn richten" will und dabei aber immer mit dem Widerstand von Seiten anderer rechnen muss, die den gleichen Antrieb haben („Idee", A 392). Im Widerstand, auf den der Mensch stößt, wenn er alles „nach seinem Sinn richten" will, sieht Kant den entscheidenden Motor für den Fortschritt in der Geschichte:

---

536 Euckens Ziel war es, durch die Errichtung der Wettbewerbsordnung wirtschaftliche Macht zu streuen (Eucken 1952/1990); W. Röpke (1949) forderte zur Überwindung von „Vermassung und Proletarisierung" (239) u. a. die „Wiederherstellung des Eigentums" (279), insbesondere des Bodeneigentums (283). In beiden Fällen bestand das Ziel darin, die wirtschaftliche Abhängigkeit oder zumindest deren Auswirkungen zu reduzieren.

537 Die entscheidenden Schriften zu diesem Thema sind: „Idee zu einer allgemeinen Geschichte in weltbürgerlicher Absicht" (1784), „Über den Gemeinspruch: Das mag in der Theorie richtig sein, taugt aber nicht für die Praxis" (1793) und „Zum ewigen Frieden" (1. Aufl. 1795).

> Dieser Widerstand ist es nun, welcher alle Kräfte des Menschen erweckt, ihn dahin bringt, seinen Hang zur Faulheit zu überwinden, und, getrieben durch Ehrsucht, Herrschsucht oder Habsucht, sich einen Rang unter seinen Mitmenschen zu verschaffen, die er wohl nicht *leiden*, von denen er aber auch nicht *lassen* kann. („Idee“, A 392f.)

Der Wille, die eigenen Vorstellungen gegen den Widerstand der anderen Menschen zu verwirklichen, somit: der Wille zur Selbstdurchsetzung, ist es, der den Menschen dazu bringt, sich nicht mit „einem arkadischen Schäferleben“, in „vollkommener Eintracht, Genügsamkeit und Wechselliebe“ zu begnügen (ebd., A 393), sondern im Wettbewerb nach und nach alle im Menschen angelegten Talente zu entfalten – einschließlich der Anlage des Sittengesetzes:

> da werden alle Talente nach und nach entwickelt, der Geschmack gebildet, und selbst durch fortgesetzte Aufklärung der Anfang zur Gründung der Denkungsart gemacht, welche die grobe Naturanlage zur sittlichen Unterscheidung mit der Zeit in bestimmte praktische Prinzipien, und so eine *pathologisch*-abgedrungene Zusammenstimmung zu einer Gesellschaft endlich in ein *moralisches* Ganze verwandeln kann. (Ebd.)[538]

Dieser Prozess der Errichtung einer politischen und moralischen Ordnung wird nicht durch sittliches Handeln angetrieben, sondern durch das Nutzenkalkül: Die pure Not zwingt die Menschen dazu, einen Staat zu gründen und „in einer gesetzmäßigen Verfassung Ruhe und Sicherheit zu suchen“ („Idee“, A 399); diese „pathologisch-abgedrungene Zusammenstimmung“ ist ideengeschichtlich nichts anderes als Hobbes' aus der Furcht geborener Gesellschaftsvertrag. Ein solcher Vertrag kann aber nur bedingt Sicherheit schaffen, solange zwischen den Staaten der Kriegszustand andauert.[539] Die Not, die aus den durch Kriege verursachten Verwüstungen entsteht, und die Einsicht, dass die Kosten des Krieges seinen Ertrag erheblich übersteigen, bringen die Staaten dazu, mittels eines Völkerbundes auch im Verhältnis zueinander eine Friedensordnung zu errichten.[540]

Diese Entwicklung hin zu einem „ewigen Frieden“ wird wesentlich durch die wirtschaftliche Freiheit gefördert: Innerhalb eines Staates entwickelt sich zunächst die bürgerliche Freiheit als Gewerbefreiheit; sie strahlt mit der Zeit auf andere Bereiche, insbesondere Religion und Politik, aus und mündet in die Errichtung einer Republik, d. h. die Anwendung des Prinzips der Selbstgesetzgebung im Staat.[541] Wenn die Staaten Republiken sind und somit jeder Krieg zumindest prinzipiell der Zustimmung durch die Bürger bedarf, geht das Interesse an der Kriegführung schnell verloren: denn anders als in einem despotisch regierten Staat müssen diejenigen, die dem Krieg zustimmen, auch die Kosten in Form von

538 „Pathologisch“ bedeutet bei Kant: „durch sinnliche Antriebe [...] bestimmt“ (KrV, B 830).

539 „Idee“ (A 398). Im „Frieden“ wird darauf hingewiesen, dass der Gesellschaftsvertrag wesentlich aus dem Grund abgeschlossen wird, im Krieg bestehen zu können: „Wenn ein Volk auch nicht durch innere Misshelligkeit genötigt würde, sich unter den Zwang öffentlicher Gesetze zu begeben, so würde es doch der Krieg von außen tun, indem [...] ein jedes Volk ein anderes es drängende Volk zum Nachbarn vor sich findet, gegen das es sich innerlich zu einem Staat bilden muss, um, als *Macht*, gegen dieses gerüstet zu sein.“ (B 59f.; Hervorhebung im Original.)

540 „Idee“ (A 399), „Frieden“ (Zweiter Definitivartikel).

541 Die Republik beruht nach Kant auf drei Prinzipien: der Freiheit als Mensch, der Gleichheit als Untertan (Adressat des Rechts) und der Selbständigkeit als Bürger (d. h. Gleichheit als Mitgesetzgeber; „Gemeinspruch“, A 235-249). Diese Prinzipien sind im „Frieden“ (Erster Definitivartikel) etwas anders formuliert, meinen in der Sache aber dasselbe. Zur Erläuterung siehe oben die Ausführungen zum Freiheits- und Gleichheitsverständnis.

Leid und Verwüstung tragen („Frieden“, Erster Definitivartikel). Für die Bürger sind die Kosten immer höher als der Ertrag des Krieges, so dass Republiken danach streben werden, mit anderen Staaten einen Friedensbund zu schließen (= Rechtsverhältnis zwischen Staaten; ebd., Zweiter Definitivartikel). Im Rahmen der Verrechtlichung der internationalen Beziehungen wird es dann auch zur Vereinbarung eines Weltbürgerrechts kommen, das die gegenseitige Zusicherung der Gastfreundschaft enthält (= Rechtsverhältnis zwischen Bürgern und fremden Staaten; Dritter Definitivartikel).[542]

Der wirtschaftliche Schaden des Krieges und somit die Abneigung von Republiken, Krieg zu führen, wird um so größer, je mehr der freie Handel zwischen den Nationen sich entwickelt:

> Es ist der Handelsgeist, der mit dem Kriege nicht zusammen bestehen kann, und der früher oder später sich jedes Volks bemächtigt. Weil nämlich unter allen, der Staatsmacht untergeordneten, Mächten (Mitteln) die *Geldmacht* wohl die zuverlässigste sein möchte, so sehen sich Staaten (freilich wohl nicht eben durch Triebfedern der Moralität) gedrungen, den edlen Frieden zu befördern [...]. – Auf die Art garantiert die Natur, durch den Mechanism in den menschlichen Neigungen selbst, den ewigen Frieden [...]. („Frieden“, Erster Zusatz, B 65f., Hervorhebung im Original; ähnlich: „Idee“, A 405.)

Das menschliche Streben nach Selbstdurchsetzung im Wettstreit mit anderen um Macht und Besitz führt somit zwar in seiner rohen, gesetzlosen Form zum Krieg. Doch mit der Zeit entwickelt sich der „Handelsgeist“, d. h. der wirtschaftliche Wettbewerb, als die höhere, weil zivilisierte Form dieses Strebens: Der Wille zur Selbstdurchsetzung wird nicht ausgelöscht, sondern domestiziert sich selbst durch das Recht aufgrund der Einsicht in die Vorteilhaftigkeit des gesetzmäßigen Zustandes. Das Recht wird folglich aus einem im Grunde bösen, nicht mit Sittlichkeit zu vereinbarenden Antrieb geschaffen, nämlich der Nützlichkeitserwägung. Hierin liegt nach Kant gerade die List der Natur: dass sie sich des Bösen bedient (nämlich des Freiheits- und Rechtsverständnisses, auf dem der ökonomische Liberalismus aufbaut!), um dem Guten, der Sittlichkeit, zum Durchbruch zu verhelfen:

> Denn eben die Entgegenwirkung der Neigungen, aus welchen das Böse entspringt, unter einander, verschafft der Vernunft ein freies Spiel, sie insgesamt zu unterjochen; und, statt des Bösen, was sich selbst zerstört, das Gute, welches, wenn es einmal da ist, sich ferner hin von selbst erhält, herrschend zu machen. („Gemeinspruch“, A 282.)

Obgleich der Antrieb zur Selbstdurchsetzung und seine allein durch das Nutzenkalkül motivierte Beschränkung moralisch abzulehnen sind (das zu zeigen, ist ja das ganze Ziel der Kantischen Ethik), hat die Selbstdurchsetzung in geschichtlicher Hinsicht die entscheidende Funktion, die menschlichen Anlagen, und insbesondere die Anlage zur Sittlichkeit, überhaupt erst zu entfalten. Kant befürwortet also den wirtschaftlichen Liberalismus, den er von seiner Ethik her eigentlich ablehnen müsste, aus instrumentellen Gründen: Das wirtschaftsliberale Verständnis von Freiheit und Recht bildet eine Zwischenstufe auf dem Weg zur Zähmung des „Antagonism[us]“ zwischen den Menschen („Idee“, A 392) und führt über die fortschreitende Entwicklung der Freiheit zur Aufklärung und schließlich zur weltweiten Verwirklichung des Sittengesetzes.

542 Siehe zu den drei Definitivartikeln im „Frieden“ den ausführlichen Kommentar von Gerhardt (1995, 74-106).

Dieses optimistische Ergebnis lässt jedoch noch zwei Fragen offen: Was bewirkt den Schritt von dem auf Nützlichkeitserwägungen beruhenden (ökonomischen) Freiheits- und Rechtsverständnis zur Sittlichkeit? Und: Was ist eigentlich das Motiv des Menschen, dem Sittengesetz zu folgen und damit der Pflicht zu gehorchen? Die erste Frage wird in den politischen Schriften nicht behandelt; dort wird nur gezeigt, welches Interesse die Menschen an Frieden und Ordnung haben und welche Bedeutung dabei dem Handel zukommt; den weiteren Fortschritt hin zum Verständnis von Freiheit als Autonomie erklärt Kant lediglich mit dem Hinweis auf die Aufklärung („Gemeinspruch“, A 393 und 405). Dieser Hinweis ist entscheidend, denn damit deutet Kant an, dass der Antrieb für das Erreichen der letzten Stufe in der Entwicklung der menschlichen Anlagen nicht mehr die Ökonomie und die von ökonomischen Interessen geleitete Politik sind, sondern die Philosophie. Aufklärung, so heißt es in der Schrift „Was ist Aufklärung?“, erfolgt durch den öffentlichen Gebrauch der Vernunft („Aufklärung“, A 484); dies ist derjenige Gebrauch, „den jemand als *Gelehrter* von ihr vor dem ganzen Publikum der *Leserwelt* macht.“ (Ebd., A 485, Hervorhebung im Original) Der Gegenstand, auf den die Vernunft sich dabei richtet, wird dort verblüffenderweise nur angedeutet (Kant nennt das Beispiel des Gebrauchs der Vernunft in Bezug auf die Religion); er zeigt sich aber um so deutlicher in Kants Hauptwerken: Es ist die Lösung der drei Grundfragen „Was kann ich wissen? – Was soll ich tun? – Was darf ich hoffen?“ (KrV, B 833). Die bisherige Philosophie hat sich bei dem Versuch, Gott, Freiheit und Unsterblichkeit zu erklären,[543] in erbitterte Streitigkeiten verstrickt, weil sie die Bedingung der Möglichkeit von Erkenntnis nicht geklärt hat. In der Rückwendung zur Frage, was das Vernunftvermögen an Erkenntnis überhaupt zulässt, liegt der Schlüssel zur Überwindung dieser Streitigkeiten und damit auch der zum ewigen Frieden: dem akademischen Frieden zwischen den philosophischen Schulen, dem seelischen Frieden von den Fragen, durch die die menschliche Vernunft „belästigt wird, die sie nicht abweisen kann, denn sie sind ihr durch die Natur der Vernunft selbst aufgegeben, die sie aber auch nicht beantworten kann, denn sie übersteigen alles Vermögen der menschlichen Vernunft“ (KrV, A VII), und dem politischen Frieden zwischen den Menschen und Nationen.

Kant hebt in der „Kritik der reinen Vernunft“ hervor, dass der geistige Frieden durch die Prüfung der Berechtigung der Ansprüche der Vernunft den Weg für eine grundsätzliche Überwindung von Streit und Krieg durch die Einsicht in die Natur der gesetzlichen Ordnung bahnt:

> Man kann die Kritik der reinen Vernunft als den wahren Gerichtshof für alle Streitigkeiten derselben ansehen [...]. Ohne dieselbe ist die Vernunft gleichsam im Stande der Natur, und kann ihre Behauptungen und Ansprüche nicht anders geltend machen, oder sichern, als durch *Krieg*. Die Kritik dagegen, welche alle Entscheidungen aus den Grundregeln ihrer eigenen Einsetzung hernimmt, deren Ansehen keiner bezweifeln kann, verschafft uns die Ruhe eines gesetzlichen Zustandes, in welchem wir unsere Streitigkeit nicht anders führen sollen, als durch *Prozess*. Was die Händel in dem ersten Zustande endigt, ist ein *Sieg*, dessen sich beide Teile rühmen, auf den mehrenteils ein nur unsicherer Friede folgt, den die Obrigkeit stiftet, welche sich ins Mittel legt, im zweiten aber die *Sentenz*, die, weil sie hier die Quelle der Streitigkeiten selbst trifft, einen ewigen Frieden gewähren muss. (KrV, B 779f., Hervorhebung im Original.)

Es gibt also grundsätzlich zwei Wege der Konfliktlösung, im Geistigen wie in der Politik: Erstens den Versuch, den Gegner im Krieg zu überwinden mit dem Ziel, den Sieg davon-

543 Siehe zu diesen drei Gegenständen der Philosophie z. B. KrV (B XXIXf.).

zutragen (ein Verhalten, das Kant in der Philosophie sowohl den Dogmatikern als auch den Skeptikern zuschreibt) und zweitens die Prüfung der Ansprüche der streitenden Parteien. Die Grundlage für diese Prüfung ist im Bereich des Geistigen die Kritik der reinen Vernunft, deren Nutzen (neben der Einsicht, welche Erkenntnisansprüche der Vernunft gerechtfertigt sind) darin besteht, die Grundlage für die praktische Vernunft zu schaffen – und damit für die Sittlichkeit, die im ewigen Frieden durch die weltweite Durchsetzung des sittlichen Rechtsverständnisses verwirklicht wird. Damit zeigt sich nicht nur die Bedeutung der Philosophie für das Erreichen des ewigen Friedens innerhalb der Kantischen Philosophie, sondern auch, dass die Frage nach dem Frieden den eigentlichen Ausgangs- und Zielpunkt dieser Philosophie bildet.[544]

Die zweite der beiden oben aufgeworfenen Fragen wird von Kant selbst am Ende der KrV gestellt: Welches Motiv haben die Menschen eigentlich, das Sittengesetz zu befolgen, wenn sie doch um der Sittlichkeit willen nicht auf den Nutzen dieser Befolgung sehen dürfen? Die Kritik der reinen Vernunft beantwortet die Frage „Was kann ich wissen?"; die Kritik der praktischen Vernunft die Frage „Was soll ich tun?" – damit bleibt noch die Frage offen, was ich hoffen darf, wenn ich tue, was ich tun soll. Dieser Frage wendet Kant sich im „Kanon der reinen Vernunft" zu, der die Frage nach dem „Nutzen aller Philosophie der reinen Vernunft" aufwirft (KrV, B 823). Alles Hoffen geht nach Kant auf Glückseligkeit, doch sittliches Handeln zeichnet sich gerade durch die Absehung von den Folgen der Handlung aus (KrV, B 834). Wer sittlich handelt, tut dies nicht um der Glückseligkeit willen, sondern mit der Absicht, sich der Glückseligkeit *würdig* zu erweisen (ebd.). Dies wirft sogleich die nächste Frage auf: „wenn ich mich nun so verhalte, dass ich der Glückseligkeit nicht unwürdig sei, darf ich auch hoffen, ihrer dadurch teilhaftig werden zu können?" (KrV, B 837.) Kant bejaht die Frage, weist aber darauf hin, dass diese Hoffnung nicht darin bestehen darf, mit der Erwiderung des eigenen sittlichen Handelns durch die Mitmenschen zu rechnen: Auf den Nutzen durch das sittliche Handeln der anderen zu zielen, wäre ein Rückfall in den Utilitarismus, den Kant gerade (wegen seiner Unsittlichkeit) überwinden will. Die Hoffnung bezieht sich vielmehr auf eine Art höheren Nutzen, die Teilhabe am „Ideal des höchsten Guts"[545]:

> Es ist notwendig, dass unser ganzer Lebenswandel sittlichen Maximen untergeordnet werde; es ist aber zugleich unmöglich, dass dieses geschehe, wenn die Vernunft nicht mit dem moralischen Gesetze, welches eine bloße Idee ist, eine wirkende Ursache verknüpft, welche dem Verhalten nach demselben einen unseren höchsten Zwecken genau entsprechenden Ausgang, es sei in diesem, oder einem anderen Leben, bestimmt. Ohne also einen Gott, und eine für uns jetzt nicht sichtbare, aber gehoffte Welt, sind die herrlichen Ideen der Sittlichkeit zwar Gegenstände des Beifalls und der Bewunderung, aber nicht Triebfedern des Vorsatzes und der Ausübung, weil sie nicht den ganzen Zweck, der einem jeden vernünftigen Wesen natürlich und durch eben dieselbe reine Vernunft a priori bestimmt und notwendig ist, erfüllen. (KrV, B 840f.)

Der Mensch muss also, um ein überzeugendes Motiv zum sittlichen Handeln zu haben, davon ausgehen, dass das moralische Gesetz seinen Grund in Gott hat, und dass deshalb die Befolgung dieses Gesetzes ihn berechtigterweise auf „Belohnung", sei es im Diesseits oder im Jenseits, hoffen lassen kann. An dieser Stelle in der KrV liegt die Betonung mehr auf

544 Siehe dazu auch Kants Schrift „Verkündigung des nahen Abschlusses eines Tractats zum ewigen Frieden in der Philosophie" (1796).

545 KrV (B 838, im Original hervorgehoben).

der Aussicht auf ein künftiges Leben im Jenseits (z. B. B 839); in den politischen Schriften dagegen ist die Hoffnung ganz und gar auf das Diesseits gerichtet. Im „Gemeinspruch" heißt es, dass alles Bemühen des Menschen um Sittlichkeit, all sein Ringen „mit Widerwärtigkeiten und Versuchungen zum Bösen" (ebd., A 273) nur ein „Possenspiel" (A 274) – also: sinnlos! – wären, wenn es nicht eine berechtigte „Hoffnung auf bessere Zeiten" (A 276) gäbe. Diese Hoffnung ist außerordentlich immanent: Es ist die Hoffnung auf eine Zeit, in der der Streit zwischen den philosophischen Schulen durch die kritische Prüfung des Vernunftvermögens und der Krieg zwischen den Völkern durch die weltweite Befolgung des Sittengesetzes überwunden sind; eine Zeit also, in der die Gewerbetreibenden im friedlichen Wettbewerb den Wohlstand der Völker mehren, die Politiker die Gesetze der Republiken verbessern, und die Philosophen über die Schranken der Vernunfterkenntnis und die Grundsätze der Sittlichkeit aufklären. – Utopie ist nicht das Monopol von Sozialisten.

4.3.2 Rechtsstaatliche Liberale in der gegenwärtigen Diskussion

4.3.2.1 Überblick

Einen mit Kants politischer Philosophie vergleichbaren Optimismus hinsichtlich der globalen Durchsetzung des Rechtsprinzips durch den Freihandel gab es in der Globalisierungsdiskussion der neunziger Jahre, als mit dem Ende des Ost-West-Konflikts und der dadurch (zumindest zwischenzeitlich) gestiegenen Handlungsfähigkeit der Weltgemeinschaft einige Vertreter des politischen Liberalismus geradezu euphorische Einschätzungen der Zukunft der Weltpolitik formulierten.[546] In der Regel ist der Optimismus aber verhaltener als bei Kant; selbst das wohl bekannteste jüngere Beispiel einer sich auf Kant (und Hegel) beziehenden Geschichtssicht, Fukuyamas Buch „Das Ende der Geschichte" (1992), schließt nicht mit einer ungetrübten Aussicht auf den ewigen Frieden, sondern mit einer Warnung vor einem der Demokratie innewohnenden übermäßigen Gleichheitsstreben, das zur Erlahmung der menschlichen Antriebskräfte und zu einer Gesellschaft „letzter Menschen" im Sinne von Nietzsche führen kann.[547]

Heutige politische Liberale in der IPÖ müssen sich jedoch mit der geschichtlichen Erfahrung der Schattenseiten freier Märkte auseinandersetzen, die seit dem Beginn der Industrialisierung sichtbar wurden und der marxistischen Fundamentalkritik den Anschein der Berechtigung gaben.[548] Die Schattenseiten des freien, ungebundenen Wettbewerbs setzten eine wirtschaftstheoretische Reflexion auf die Funktionsbedingungen der Marktwirtschaft in Gang. Heute ist es unter den Vertretern des rechtsstaatlichen Liberalismus und des gemäßigten Wirtschaftsliberalismus[549] unstrittig, dass der globale Freihandel nicht allein auf einem Friedensbund der Nationen und dem weltbürgerlichen Recht auf Hospita-

546 Siehe dazu oben, Abschnitt 2.3.1. Ein prägnantes Beispiel ist Rosecrance (2001; Originalausgabe: 1999). – Zur Bedeutung von Kants Ideal des ewigen Friedens für die gegenwärtige politische Philosophie siehe die Beiträge in dem Sammelband von Bohmann/Lutz-Bachmann (Hg., 1997).

547 Dieser Bezug wird bereits im Originaltitel von Fukuyamas Buch deutlich, der in der deutschen Ausgabe unvollständig wiedergegeben wurde: „The End of History and the Last Man" (New York, 1992).

548 Zur Veränderung des politischen Kontextes und der daraus resultierenden Notwendigkeit einer Reformulierung von Kants Philosophie des ewigen Friedens siehe Habermas (1996, 208-217).

549 Im Unterschied zu den Vertretern des radikalen Wirtschaftsliberalismus.

lität beruhen kann,[550] sondern dass es einer umfassenden internationalen Rahmenordnung für Handel, Investitionen, Patentschutz, Finanzströme, Schuldenkrisen, Umweltschutz usw. bedarf. Angesichts der Schwierigkeit dieser Aufgaben gehen auch Optimisten nicht mehr wie Kant von einer „Garantie des ewigen Friedens" aus,[551] sondern nur von der Möglichkeit der Schaffung einer globalen Rechtsordnung. Kants Argumentation wird jedoch insoweit übernommen, als der globale Freihandel in diesem Prozess völkerverbindend und friedenstiftend wirken soll. Der Freihandel wird also von gegenwärtigen rechtsstaatlichen Liberalen ambivalent eingeschätzt: Er ist sowohl Triebkraft der Entstehung eines globalen Rechtssystems als auch Herausforderung für die internationale Politik.

Der Erfahrung der größeren Komplexität internationaler Politik stehen die im Vergleich zu Kants Zeit wesentlich erweiterten Handlungsspielräume durch den Fortschritt der Kommunikations- und Transporttechnik[552] und durch die höhere Steuerungsfähigkeit der Politik gegenüber.[553] Vor allem die neuen Kommunikationstechniken (Internet, E-Mail) haben die Möglichkeiten des Austauschs und der Koordination in der internationalen Politik erheblich erweitert.[554] Darüber hinaus fördern sie die grenzüberschreitende Vernetzung der Bürger, so dass sich aus Sicht rechtsstaatlicher Liberaler parallel zum Fortschritt in der internationalen Politik eine globale Zivilgesellschaft bzw. Weltgesellschaft[555] entwickelt. Die Herausbildung der Weltgesellschaft äußert sich demzufolge auf zwei Ebenen:

- Auf der individuellen Ebene in grenzüberschreitenden Beziehungen zwischen Menschen sowie in der durch die Medien vermittelten Anteilnahme an Ereignissen in fremden Ländern.[556] Letzteres wird als Entwicklung eines Bewusstseins globaler Gemeinsamkeit gedeutet.[557]
- Auf der kollektiven Ebene in der exponentiellen Zunahme der Zahl international agierender Nichtregierungsorganisationen,[558] die den Willen der Menschen zum Ausdruck bringen, an der Gestaltung der Weltpolitik zu partizipieren.

Die Bedeutung der Entstehung einer Weltgesellschaft liegt aus Sicht des rechtsstaatlichen Liberalismus darin, dass sie ein Gegengewicht sowohl zur ökonomischen Globalisierung als auch zur zwischenstaatlichen Kooperation auf Regierungsebene bildet. Wie auch auf der nationalen Ebene soll die Zivilgesellschaft eine Kontrollfunktion gegenüber der staatlichen Politik und gegenüber der Ökonomie wahrnehmen.[559] Hierin liegt, wie bereits in Teil 2

550 Vgl. Kant: „Frieden" (2. und 3. Definitivartikel).

551 So der Titel des „Ersten Zusatzes" im „Frieden".

552 Z. B. IWF (1997, 46), Meyer (2001, 152-154), mit Schwerpunkt auf regionalen Unterschieden in der Nutzung neuer Kommunikationstechniken: Enquete-Kommission (2002, 262-272).

553 Gemeint sind hier alle politischen Instrumente zur Einwirkung auf wirtschaftliche und gesellschaftliche Prozesse, einschließlich Steueranreize, Zinspolitik, Regulierung einzelner Sektoren wie Banken und Versicherungen etc.

554 Held et al. (1999, 52-58).

555 Zum Begriff der Weltgesellschaft: Jung (1998), Messner (2002).

556 Siehe z. B. Held (1995, 121-127), Held et al. (1999, 58-62), Jarren/Meier (2000).

557 Ein wichtiger Aspekt in diesem Zusammenhang ist die Wirkung des Internets auf autoritäre und totalitäre Regime; vgl. z. B. den Aufsatz von Woesler über „Das Internet und die Menschenrechte in China" (2000).

558 Z. B. Held et al. (1999, 54), Rosenau/Durfee (2000, 60-62), Enquete-Kommission (2002, 429), Klein/Walk/ Brunnengräber (2005).

559 Zur Möglichkeit und Bedeutung einer globalen Zivilgesellschaft aus Sicht des politischen Liberalismus: Hirst (1996), Commission on Global Governance (1995, 253-263), Brunkhorst (2000), Beck (2002, 347-363), Risse (2002).

erwähnt wurde, ein wichtiger Unterschied zum Realismus, der auf der internationalen Ebene die Staaten als einzig relevante Akteure ansieht.

Im Detail gibt es unter rechtsstaatlichen Liberalen in der gegenwärtigen Diskussion eine Reihe unterschiedlicher Deutungen der Wechselwirkungen zwischen der Weltwirtschaft einerseits und der Weltgesellschaft bzw. -politik andererseits. Im Folgenden soll drei Autoren beispielhaft vorgestellt werden. Der Soziologe Münch verweist zur Begründung seiner optimistischen Einschätzung der Globalisierung auf die Beobachtung von Ansätzen einer globalen Zivilgesellschaft (Abschnitt 4.3.2.2). Fukuyama und Höffe bemühen sich hingegen um eine theoretische Begründung ihrer Position (Abschnitte 4.3.2.3 und 4.3.2.4). Fukuyama greift auf Hegels Geschichtsphilosophie zurück und deutet die Globalisierung als letzte Stufe der Entwicklung einer globalen Bürgergesellschaft; Höffe entwirft auf der Grundlage einer von Kant inspirierten Vertragstheorie das Modell einer Weltrepublik. Schließlich soll noch auf den Neoinstitutionalismus eingegangen werden, der in der Paradigmendiskussion eine Zwischenstellung einnimmt: Einerseits fordert er ein Primat der Politik über den Wettbewerb und erscheint somit als Position des politischen Liberalismus, andererseits baut er auf den Verhaltensannahmen der Rational Choice-Theorie auf, die den Interessenausgleich allein aus Anreizen und Sanktionen erklärt (Abschnitt 4.3.2.5).

4.3.2.2 Politische Freiheit als Folge einer soziologischen Entwicklung: Münch

Die Ausgangsfragen von Münch (2001) sind die Grundfragen der Globalisierungsdiskussion: Wie ist angesichts der fortschreitenden internationalen Arbeitsteilung soziale Integration weiterhin noch möglich? Und: Welche neuen Formen von Solidarität können sich über die Grenzen des Wohlfahrtsstaates hinaus entwickeln? Münch stimmt der in der Globalisierungsdiskussion verbreiteten Wahrnehmung, dass der kontinentaleuropäische Wohlfahrtsstaat durch den globalen Wettbewerb bedroht ist, zu, sieht den Grund für diese Bedrohung aber nicht in einem dem Wohlfahrtsstaat widersprechenden Wirtschaftsliberalismus, sondern in der inneren Widersprüchlichkeit des Wohlfahrtsstaates selbst: Dieser bedarf einerseits des auf der Liberalisierung der Weltmärkte beruhenden Wirtschaftswachstums um des inneren Zusammenhalts willen (Münch 2001, 273), ist aber andererseits auf Abgrenzung nach außen angewiesen, um die nationale Kontrolle der sozialen Sicherungssysteme zu gewährleisten. Aus diesem Widerspruch zwischen Grenzüberschreitung und Abgrenzung folgt die Erosion des Wohlfahrtsstaates. Die Diskussion über diesen Erosionsprozess ist nach Münch von der „fruchtlose[n] Konfrontation zwischen neoliberaler Deregulierung und verbissener Sozialstaatsverteidigung" gekennzeichnet (ebd., 71).

In dieser Konfrontation übersehen beide Seiten, dass durch die Globalisierung der Märkte eine neue Form der sozialen Integration jenseits des Nationalstaats entsteht: die transnationale Solidarität, die sich aus der grenzüberschreitenden Vernetzung der Individuen ergibt. Kennzeichen dieser Solidarität ist ein am Modell der US-amerikanischen Gesellschaft orientiertes Gerechtigkeitsverständnis: Gerechtigkeit bedeutet nicht mehr (wie im Wohlfahrtsstaat) die Gleichheit der Lebensbedingungen, sondern besteht in der Berücksichtigung der Regeln der Fairness im täglichen Wettbewerb und entspricht somit dem Konzept der Leistungsgerechtigkeit und der Chancengleichheit:

> In dem Maße, in dem sich das Sozialsystem differenziert, verändert sich das Wertesystem weg vom Prinzip des sozialen Ausgleichs und hin zur Betonung von Leistungsprinzip, Fairness,

> Chancengleichheit und minimaler Hilfe im Notfall. Das soziale Gesellschaftsmodell der europäischen Wohlfahrtsstaaten wird zwangsläufig in die Richtung des liberalen Gesellschaftsmodells der Vereinigten Staaten gedrängt. (ebd., 120)

Dieses Gerechtigkeitsverständnis entwickelt sich im Zuge der wirtschaftlichen Globalisierung auf globaler Ebene und geht in der Sicht von Münch über die bloße Vertragsgerechtigkeit des ökonomischen Liberalismus hinaus. Das wird an zwei Punkten deutlich:

- Gerechtigkeit als Fairness und Chancengleichheit ist nicht einfach das Ergebnis anonymer Marktprozesse, sondern bewussten moralischen Handelns der Bürger. Ein wesentliches Argument für Münchs Optimismus, dass die Menschen im Sinne dieses Gerechtigkeitsverständnisses Solidarität entwickeln, lautet, dass diese Solidarität erheblich geringere Anforderungen an den einzelnen stellt als die im Wohlfahrtsstaat, weil sie weniger kostet.
- Die Bürger engagieren sich in einem „vielschichtige[n], grenzüberschreitende[n] und intern differenzierte[n] Netzwerk von Solidaritätsbeziehungen" (ebd., 137). Die daraus entstehenden zivilgesellschaftlichen Vereinigungen dienen einer Vielzahl lokaler, nationaler und internationaler Belange und fördern damit das Gemeinwohl.

Fairness und zivilgesellschaftliches Engagement bringen die republikanische Gesinnung der Bürger zum Ausdruck, die sich in einer liberalen Gesellschaft entwickelt. Münch begründet diese Erwartung nicht theoretisch, sondern verweist auf die Erfahrung: Erstens funktioniert das Modell in den Vereinigten Staaten,[560] und zweitens lassen sich auch auf der globalen Ebene bereits Ansätze zu einer Weltgesellschaft erkennen[561]:

- Durch internationale staatliche Zusammenarbeit (z. B. im Rahmen der Welthandelsorganisation) werden dem globalen Wettbewerb Regeln gesetzt, die dessen Fairness sicherstellen und ihn damit gerechter machen;
- eine immer größere Zahl von Bürgern schließt sich grenzüberschreitend in Nichtregierungsorganisationen zusammen, um für globale Anliegen einzutreten (ebd., 161);
- die Aktivitäten der Nichtregierungsorganisationen setzen transnationale Unternehmen unter Druck, um sie zur Beachtung der Menschenrechte, zur Einhaltung sozialer Mindeststandards und zur Beachtung der Grundsätze ökologischer Nachhaltigkeit zu bewegen (ebd., 164); die TNU werden dadurch aus wohlverstandenem Eigeninteresse „nicht nur Träger der ökonomischen Globalisierung, sondern auch Träger ihres moralischen Pendants" (cbd., 163);
- zumindest in der Europäischen Union lässt sich das Entstehen einer transnationalen Öffentlichkeit beobachten: Erstens entwickeln „die Eliten europäischer Politik" einen „eigenen europäischen Diskurs" und eine „gemeinsame europäische Weltsicht" (ebd., 278), und zweitens werden europäische Probleme in allen Mitgliedstaaten der EU in ähnlicher Form diskutiert, so dass es zu einer „Konvergenz der Perspektiven" kommt (ebd., 279). Eine solche Konvergenz erwartet der Münch auch auf der globalen Ebene.

---

560 Zur Auseinandersetzung mit Kritikern der sozialen Verhältnisse in den Vereinigten Staaten siehe ebd., 145-147.

561 Eine ähnlich optimistische Sicht vertritt Thomas L. Friedman (2006).

Aufgrund der Unterscheidung zwischen der Ebene der Regeln des ökonomischen Austauschs und der Ebene der transnationalen Solidarität lässt Münchs Analyse der Globalisierung sich dem rechtsstaatlichen Liberalismus zuordnen, weil er eine innere Begrenzung des Eigennutzstrebens voraussetzt und für den Interessenausgleich nicht allein auf äußere Anreize und Sanktionen vertraut. Diese innere Schranke besteht in der Anerkennung der formalen Gleichheit der Menschen, die Münch als Fairness bezeichnet, und die zugleich Voraussetzung für die Entwicklung einer transnationalen Solidarität der Weltbürger ist. Die Fairness wird jedoch nicht theoretisch begründet; es genügt es dem Autor offensichtlich, dass sie sich beobachten lässt.[562]

Mit der Prognose einer positiven Wirkung wirtschaftlicher Freiheit auf die Entwicklung der transnationalen Solidarität folgt Münch dem grundsätzlichen Optimismus des rechtsstaatlichen Liberalismus. Mangels einer theoretischen Begründung bleibt jedoch unklar, wie der Schritt von der wirtschaftlichen Freiheit zur aufgeklärten Freiheit vollzogen wird: Welcher „Mechanismus" schützt davor, dass erstere nicht in einen hemmungslosen Egoismus umschlägt, sondern dass es tatsächlich zur Entfaltung einer (noch dazu globalen) „aktive[n] Bürgergesellschaft" (ebd., 121) kommt? Der Verweis auf die Vereinigten Staaten hilft da wenig, weil sich das US-amerikanische Modell aufgrund seiner Bindung an spezifische kulturelle Voraussetzungen nicht ohne weiteres auf andere Gesellschaften übertragen lässt. In den Vereinigten Staaten beruhen die Anerkennung von Freiheit und Gleichheit und das republikanische Engagement auf einem besonderen Verfassungspatriotismus, der den Bürgern die Überzeugung vermittelt, dass sie an einem weltgeschichtlich einmaligen Projekt der Verwirklichung von Freiheit beteiligt sind.[563] Dieser Patriotismus, der in seiner Symbolik zahlreiche Elemente einer Zivilreligion verwendet,[564] bildet den „Kitt" der US-amerikanischen Gesellschaft. Schon eine Übertragung dieses Patriotismus auf Europa ist schwer denkbar, um so weniger die Übertragung auf die Welt – zumal auf der globalen Ebene das US-amerikanische Bewusstsein, etwas besonderes zu verkörpern, nicht reproduzierbar wäre. Das Problem von Münchs Analyse ist, dass er auf diese Schwierigkeiten erst gar nicht eingeht. Seine Position wird damit von zwei Seiten angreifbar: Einerseits können ökonomische Liberale argumentieren, dass die transnationale Solidarität letztlich doch nur auf dem Eigennutzkalkül der Menschen beruht; andererseits können Kritiker von Seiten des sozialstaatlichen Liberalismus und des Strukturalismus mit der Gegenempirie kontern und auf die vielfältigen Beispiele für soziale Verwerfungen und fehlende Solidarität sowohl in den Vereinigten Staaten als auch auf der globalen Ebene hinweisen.[565]

562 Das Problem der Bescheidenheit im theoretischen Anspruch ist, dass sich empirisch höchstens feststellen lässt, *dass* es Beispiele transnationaler Solidarität gibt – ob sich diese Solidarität *trotz* oder *dank* des Freihandels entwickelt, lässt sich so nicht klären.

563 Zu dieser Überzeugung vgl. bereits die „Federalist Papers" von Hamilton, Madison und Jay (z. B. Nr. 1).

564 Siehe als prägnantes Beispiel der US-amerikanischen Zivilreligion die Präsentation des Originals der Unabhängigkeitserklärung und der US-Verfassung in den „National Archives" (Washington D.C.), die in der Form und im Verhalten der Besucher an die Ausstellung von Reliquien in einer Kirche erinnert.

565 Gegen diesen Einwand hat Münch sich geschützt, indem er darauf hinweist, dass es auf dem Weg zur Herausbildung der Weltgesellschaft notwendig eine Reihe von Übeln zu ertragen gilt: „Das Geschehen in der Welt mag dem einzelnen Menschen hier und jetzt als schadenbringend, ungerecht und sinnlos erscheinen, auf lange Sicht verwirklicht es aber mit dem wachsenden ‚Weltwohlstand' [...] für alle Menschen Glück, Gerechtigkeit und Sinn. Das ist Theodizee auf sublimsten Niveau." (Münch 2001, 152; er referiert an dieser Stelle Durkheim, scheint sich ihm aber durchaus anzuschließen.) – Dieses Argument kommt einer Immunisierungsstrategie gleich. Sie wirft das Problem auf, dass sie nicht mehr Berechtigung hat als die

4.3.2.3 Politische Freiheit als Folge des Geschichtsprozesses: Fukuyama

Fukuyama fragt in seinem Buch „Das Ende der Geschichte" (1992) nach den Prinzipien der politischen Ordnung der Globalisierung und zielt damit auf eine theoretische Auseinandersetzung mit der Globalisierung, die bei Münch zu kurz kommt; zugleich räumt er der Empirie in Form von historischen Beispielen breiten Raum ein. Unter Rückgriff auf Hegels Geschichtsteleologie stellt er die These auf, dass die universalgeschichtliche Entwicklung politischer Prinzipien mit der Synthese von Kapitalismus und freiheitlicher Demokratie zu einem Abschluss kommt, weil diese Systeme die beiden Grundbedürfnisse des Menschen befriedigen können: das wirtschaftliche Streben nach Wohlstand und das soziale Streben nach Anerkennung.

Der Kapitalismus hat sich im Laufe der Geschichte als dasjenige Wirtschaftssystem erwiesen, das am besten in der Lage ist, Wohlstand zu generieren. Der Grund liegt in der Fähigkeit des Kapitalismus, den naturwissenschaftlichen und technischen Fortschritt zu nutzen und zu fördern: Die Entwicklung neuer Produktions-, Transport- und Kommunikationstechniken ermöglicht nicht nur wirtschaftliches Wachstum, sondern führt auch zu einer kontinuierlichen Verbesserung der Arbeits- und Verwaltungsorganisation (Fukuyama 1992, 120-124). Die Voraussetzung für die Entfaltung des Fortschritts ist jedoch ein freiheitliches Wirtschaftssystem, denn alle Systeme zentraler Planung haben sich als unfähig erwiesen, Innovationen zu nutzen:

> Das Scheitern der zentralen Planwirtschaft hat letztlich mit dem Problem der technischen Innovation zu tun. Die wissenschaftliche Forschung gedeiht am besten in einer Atmosphäre der Freiheit, wo die Menschen frei denken und kommunizieren dürfen und wo sie, wichtiger noch, für Neuerungen belohnt werden. (Ebd., 141)

Der durch Wissenschaft und Technik generierte Wohlstand kommt in einem freiheitlichen System letztlich allen zugute, weil der Kapitalismus wie kein anderes Wirtschaftssystem geeignet ist, Armut zu verringern (ebd., Kapitel 9) und durch die weltweite Homogenisierung der Wertvorstellungen den Frieden zu fördern (ebd., 15f.). Auch Fukuyama vertritt somit die optimistische These des rechtsstaatlichen Liberalismus, dass der freie Handel den Frieden fördert.

Doch aus seiner Sicht genügt die ökonomische Ebene nicht, um den historischen Erfolg der liberalen Demokratie zu erklären: Der Kapitalismus allein reicht hierzu nicht aus, weil ein erfolgreiches kapitalistisches Wirtschaftssystem auf der politischen Ebene durchaus auch mit einem autoritären Regime einhergehen kann.[566] Anders als Kant unterstellt Fukuyama damit nicht eine lineare Entwicklung von der wirtschaftlichen zur politisch-sittlichen Freiheit, sondern erklärt den Erfolg der Demokratie unter Rückgriff auf Hegels Analyse der Herr-Knecht-Beziehung[567] aus einem tieferen Antrieb des Menschen,

(z. B. marxistische) Gegenposition, die die globale Entwicklung als Zuspitzung von Ungleichheit ansieht und jede Beobachtung, die dem widerspricht, als bloß kurzfristige gegenläufige Entwicklung bezeichnet.

566 Fukuyama setzt sich in diesem Zusammenhang ausführlich mit den verschiedenen Argumenten auseinander, denen zufolge der Kapitalismus die freiheitliche Demokratie fördert, und zeigt an verschiedenen Gegenbeispielen, dass sie nicht überzeugend sind. Handel fördert aus seiner Sicht zwar den Frieden, nicht aber notwendig auch die Demokratie (siehe ebd., 165-171).

567 Hegel, „Phänomenologie" (141-150).

der auch seinem wirtschaftlichen Streben nach Wohlstand zugrundeliegt: dem Streben nach Anerkennung.

Die Geschichte des Menschen, so Hegel in der Interpretation von Fukuyama, ist eine Geschichte des Kampfes um Anerkennung. Jedem wirtschaftlichen Streben nach Wohlstand und jedem politischen Streben nach Macht liegt letztlich das Grundbedürfnis nach Anerkennung durch die anderen Menschen zugrunde; in diesem Bedürfnis liegt der fundamentale Unterschied zwischen Mensch und Tier.[568] Fukuyama fasst Hegels Anthropologie zusammen:

> Hegels „erster Mensch" unterscheidet sich jedoch dadurch radikal von den Tieren, dass seine Bedürfnisse sich nicht nur auf reale, im wahrsten Sinne des Wortes fassbare Objekte richten wie etwa ein Steak, eine warme Pelzjacke oder einen Unterschlupf zum Wohnen, sondern auch auf nicht materielle Objekte. Vor allem begehrt dieser Mensch das Begehren anderer Menschen, er will von anderen *anerkannt* werden. (Fukuyama 1992, 207.)

Das Bedürfnis nach Anerkennung entfaltet sich geschichtlich in dem Verhältnis von Herr und Knecht. Am Anfang der Geschichte steht ein Kampf auf Leben und Tod um Anerkennung. Dieser Kampf teilt die Menschen in Sieger (Herren) und Verlierer (Knechte): Herr ist derjenige, der im Ringen um Leben und Tod nicht nur den anderen bezwungen hat, sondern der im „Daransetzen des Lebens" sein „selbständige[s] Selbstbewusstsein" erfahren hat und fortan vom Unterlegenen, dem Knecht, als Herr anerkannt wird;[569] Knecht ist der im Kampf Bezwungene, dem gegen den Preis der Knechtschaft das Leben geschenkt wurde.[570] Auf den Kampf als erste Stufe der geschichtlichen Entwicklung folgt die zweite Stufe der Herr-Knecht-Beziehung. Sie ist für beide Seiten auf die Dauer unbefriedigend: Der Herr wollte Anerkennung und erhält sie von jemandem, den er selbst nicht anerkennt; zudem genießt er bloß die Früchte der Arbeit von anderen, statt selbst etwas zu schaffen. Der Knecht wiederum hatte schon im Kampf, in der Konfrontation mit dem Tod, Selbstbewusstsein entwickelt, das nun in der Arbeit, die er als Knecht verrichtet, stärker wird. In der Herr-Knecht-Beziehung liegt der innere Widerspruch, dass der Herr auf die Dauer abhängiger vom Knecht wird als dieser es vom Herrn ist – ein Widerspruch, der in die Emanzipation des Knechts und die Begründung der bürgerlichen Gesellschaft mündet, die auf der Gleichheit im Sinne von gegenseitiger Anerkennung der Bürger beruht (3. Stufe des Geschichtsprozesses).

Diese Vorstellung des Geschichtsprozesses ähnelt derjenigen von Kant, insofern beide – Kant und Hegel (bzw. der sich auf Hegel beziehende Fukuyama) – den Ausgangspunkt

568 Diese Interpretation von Hegel ist verkürzt. Das Spezifische des Menschen ist aus der Sicht von Hegel dessen Fähigkeit zum Denken und damit das Selbstbewusstsein und die Fähigkeit, sich auf das Allgemeine zu beziehen: „Der Mensch aber weiß um sich selbst und dies unterscheidet ihn vom Tier. Er ist *denkend*; denken aber ist Wissen des Allgemeinen." (Hegel, „Philosophie der Weltgeschichte", 56; Hervorhebung im Original). Dieser Bezug zum Allgemeinen drückt sich auf der Ebene der Bedürfnisse im Streben nach Anerkennung, als dem gesellschaftlichen Moment des Bedürfnisses, aus (Hegel, „Rechtsphilosophie", § 192).

569 Hegel, „Phänomenologie" (144), vgl. Fukuyama (1992, 203).

570 Diese Deutung der Entstehung von Knechtschaft ähnelt äußerlich derjenigen bei Locke („Zweite Abhandlung", § 23; s. o., Fußnote 513). Bei Locke und Hegel entsteht die Sklaverei aus einem Kampf, doch bei Hegel handelt es sich um einen Kampf um Anerkennung, bei Locke um die Vergeltung eines Verstoßes gegen die natürlichen Gesetze des Naturzustandes. – Auch aus Hegels Sicht muss die radikal-wirtschaftsliberale Erklärung der Knechtschaft als Vertragsbeziehung (siehe das Zitat von Buchanan, S. 206) als absurd zurückgewiesen werden: Ein Vertrag beruht auf gegenseitiger Anerkennung, Knechtschaft hingegen bedeutet das Versagen dieser Anerkennung (zum Begriff des Vertrags: Hegel, „Rechtsphilosophie", §§ 72ff.).

der Geschichte im Kampf und den Zielpunkt in der bürgerlichen Gesellschaft sehen. Doch die Stufen des Prozesses werden unterschiedlich interpretiert:

- Kant geht vom Naturzustand aus, den er in Anlehnung an Hobbes als einen Kriegszustand interpretiert (1. Stufe); die Not, sich zu verteidigen, und der Wunsch, den Krieg und das mit ihm verbundene Leid zu beenden, führen zur Vereinbarung des Gesellschaftsvertrags (Stufe 2.a) und zum Friedensbund zwischen den Nationen (2.b); die Entfaltung der wirtschaftlichen Freiheit, die durch die Sicherung des Eigentums auf der 2. Stufe ermöglicht wird, mündet auf der 3. Stufe dank der Aufklärung in die Verwirklichung der sittlichen Freiheit.
- Hegel lehnt die Erklärung der Gründung des Staates aus dem Naturzustand ab, geht aber ebenfalls vom Kampf aus: Der Kampf um Anerkennung (1. Stufe) führt im Ergebnis zum Herr-Knecht-Verhältnis (2. Stufe), das aufgrund seiner inneren Widersprüchlichkeit in der bürgerlichen Gesellschaft aufgehoben wird (3. Stufe).

Kant versteht die Geschichte somit als eine lineare Entfaltung der im Menschen angelegten Gleichheit: auf der ersten Stufe ist es nur die rein äußerliche Gleichheit des Leidens unter den Folgen des Krieges, die in den Menschen ein gleiches Interesse an der Überwindung des Kriegszustandes weckt; auf der zweiten Stufe die formale Gleichheit des Rechts, die durch die Androhung von Sanktionen durchgesetzt wird; auf der 3. Stufe schließlich die Gleichheit durch gegenseitige Anerkennung, die sich in der Befolgung des Sittengesetzes ausdrückt. Die formale Gleichheit setzt sich hier schrittweise gegen die Ungleichheit durch. Bei Hegel hingegen entsteht die Gleichheit dialektisch aus der Ungleichheit: Die Ungleichheit entfaltet ihre innere Widersprüchlichkeit und geht daran zugrunde; die Gleichheit muss sozusagen nur noch den freigewordenen Raum ausfüllen. In beiden Fällen aber ist die Gleichheit im Menschen angelegt, und die bürgerliche Gesellschaft besteht in der Verwirklichung dieses politischen Prinzips.

Fukuyama sieht nun unter Rückgriff auf Hegels Deutung der Geschichte[571] in der freiheitlichen Demokratie das politische System, welches das Streben des Menschen nach Überlegenheit im Kampf um Anerkennung domestiziert, indem es die gegenseitige Anerkennung sichert. In der Verbindung der Demokratie mit dem wirtschaftlichen Wettbewerb und dem Kapitalismus verbleibt ein Ventil, in dem sich das Streben nach Überlegenheit in kontrollierter Form entladen kann. Verglichen mit der Funktion, die Kant dem Handel zuweist, hat der Kapitalismus hier nicht nur die Funktion, weltweit den Frieden zu fördern, sondern zudem soll er den Verfall der friedlichen Weltgesellschaft durch übermäßige Gleichheit verhindern. Fukuyama beurteilt wirtschaftliche Ungleichheit in Hinblick auf politische Gleichheit somit nicht negativ oder neutral, sondern positiv und sieht sie als geradezu unerlässlich an: Wirtschaftliche Ungleichheit ist den Menschen ein Ansporn und dient damit dem Erhalt der bürgerlichen Gesellschaft.

Fukuyama zweifelt aber daran, dass dieser Ansporn genügt. Seiner Ansicht nach besteht die Gefahr, dass das demokratische Streben nach Gleichheit auch auf die Ökonomie

571 Fukuyamas Hegel-Interpretation bezieht sich vor allem auf dessen Herr-Knecht-Kapitel in der „Phänomenologie", und er folgt in seiner Interpretation im Wesentlichen der Analyse des Marxisten Kojève (so sein eigener Hinweis: 204). Linkshegelianer und Marxisten haben traditionell ein besonderes Gewicht auf dieses Kapitel gelegt und seine Analyse als Vorläufer der Marxschen Theorie des Klassenkampfes gedeutet (Ottmann 2001, 136); es ist bemerkenswert, dass Fukuyama als ein eher konservativer Liberaler diesem selektiven Blick auf Hegel folgt.

übergreift, so dass dem Streben nach Überlegenheit nicht mehr genügend Raum gegeben wird und eine übermäßige Gleichheit zur Antriebslosigkeit und damit schließlich zum Zerfall der Ordnung führt.[572] Inspiriert von Nietzsches Charakterisierung des letzten Menschen formuliert Fukuyama seine Warnung:

> In dem Maße, wie die liberale Demokratie die *Megalothymia* [das Streben nach Überlegenheit, H. H.] aus dem Leben verbannt und sie durch rationalen Konsum ersetzt, werden aus uns „letzte Menschen". Doch die Menschen werden sich dagegen wehren, sie werden aufbegehren, undifferenzierte Mitglieder eines universalen, homogenen Staates zu sein, die überall auf dem Globus gleich sind. Sie wollen lieber Staatsbürger sein als *bourgeois*, denn sie finden die herrenlose Knechtschaft, das Leben in rationalem Konsum letzten Endes *langweilig*. Sie wollen Ideale, für die sie leben und sterben können, und sie wollen ihr Leben riskieren, auch wenn durch die Ordnung des internationalen Staatensystems der Krieg nicht mehr möglich ist. *Diesen* Widerspruch hat die liberale Demokratie noch nicht gelöst. (Fukuyama 1992, 416; Hervorhebungen im Original.)

Diese Wendung ist verblüffend, weil Fukuyamas Ausgangspunkt die Kritik „unser[es] Pessimismus"[573] ist, und er am Anfang des Buches den Anschein erweckt, dass sein zentrales Anliegen die Überwindung des Pessimismus durch die optimistische Botschaft vom Ende der Geschichte ist. Am Ende steht dann aber nur der Hinweis auf einen inneren Widerspruch der Demokratie, ohne dass deutlich wird, wie dieser Widerspruch gelöst werden könne. Der fehlende Hinweis auf eine Lösung gibt dem Buch eine eher pessimistische Wendung, wenngleich nicht im Sinne der linken Kritik des Kapitalismus (die Fukuyama eingangs kritisiert) sondern im Sinne einer kulturpessimistischen Kritik des Egalitarismus.

Für die Analyse der Varianten des politischen Liberalismus ist es wichtig, dass Fukuyama auf eine Grundschwierigkeit hinweist, die sich durch alle diese Varianten zieht: nämlich wirtschaftliche Ungleichheit und politische Freiheit miteinander in Einklang zu bringen. Die politische Ideengeschichte des neunzehnten Jahrhunderts ist Fukuyamas Ansicht nach von zwei entgegengesetzten Reaktionen auf Hegels Konzept der bürgerlichen Gesellschaft geprägt: auf der einen Seite die Kritik von Marx an Hegel, dass es keine gegenseitige Anerkennung geben kann, solange die Klassengesellschaft bestehen bleibt (Fukuyama 1992, 399), auf der anderen Seite die noch fundamentalere Kritik von Nietzsche, dass die bürgerliche Gesellschaft nicht eine Synthese aus Herren- und Sklavenmoral, sondern reine Sklavenmoral sei (ebd., 400). Gleichheit und Ungleichheit, die Kant und Hegel in eine Balance zu bringen versuchten, werden in der Folge von Marx und Nietzsche in entgegengesetzte Richtungen radikalisiert, und in dieser Radikalisierung wird deutlich, dass die Balance zwischen beiden das Grundproblem des Liberalismus schlechthin ist. Fukuyamas Hinweis ist aber nicht allein für das Verständnis des Liberalismus bedeutend, sondern allgemein für den Umgang mit den Paradigmen: zeigt er doch, dass es nicht allein darum gehen kann, die Paradigmen nebeneinander zu stellen, sondern dass es um die Dynamik in der Beziehung der Paradigmen zueinander gehen muss: darum, wie sie aufeinander reagieren und die eigene Position aus der Schwäche der Gegenposition heraus begründen.

572 Dieser Teil seines Buches wird in der Rezeption regelmäßig übersehen (siehe Griffiths 1999, 68f.).
573 So der Titel von Kapitel 1 (Fukuyama 1992, 29).

4.3.2.4 Politische Freiheit als Folge von institutionellen Reformen und Bürgertugenden: Höffe

Höffe verbindet mit Fukuyama (im Unterschied zu Münch) der theoretische Anspruch, die Herausbildung einer globalen Rechts- und Friedensordnung begründen zu wollen, doch er entfaltet einen anderen Aspekt des rechtsstaatlichen Liberalismus. In der Darstellung der politischen Philosophie von Kant wurden zwei Elemente des rechtsstaatlichen Liberalismus deutlich: zum einen die Begründung von Sittlichkeit und Recht aus dem kategorischen Imperativ, mit dem geprüft wird, welchen Handlungsmaximen vernünftigerweise (nämlich nach dem Maßstab der Verallgemeinerbarkeit) zugestimmt werden kann, und zum anderen ein Geschichtsmodell, das erklärt, wie Recht und Moral sich im Laufe der Geschichte aus dem Eigennutz heraus entwickeln.[574] Fukuyama konzentriert sich auf die Anwendung der Geschichtsphilosophie (allerdings in der Variante von Hegel und nicht von Kant) auf die Globalisierung und sieht die Herausbildung einer globalen Ordnung als Folge einer Gesetzmäßigkeit. Höffe hingegen geht nicht von einer solchen Gesetzmäßigkeit aus, sondern sieht die Schaffung einer globalen Rechtsordnung als eine Aufgabe, die nur durch verantwortliches Handeln zu bewältigen ist. Im Zentrum seiner Argumentation steht die Begründung universeller Prinzipien, auf denen eine solche Ordnung aufbauen kann, und die Frage nach den Tugenden, die für ihre Verwirklichung erforderlich sind.[575]

Die Notwendigkeit einer globalen politischen Handlungsfähigkeit und damit eines Weltstaates ergibt sich laut Höffe aus den verschiedenen Dimensionen der Globalisierung: dem weltweiten wirtschaftlichen Wettbewerb, den globalen ökologischen Gefahren, der „weltweit operierenden Gewalt" und der international organisierten Kriminalität (Höffe 1999a, 16). Als Antwort auf diese Herausforderungen entwirft er das Modell einer „subsidiären und föderalen Weltrepublik" (433). Da eine Weltrepublik notwendig eine globale Zwangsbefugnis einschließt, bildet deren Legitimation das Fundament der Überlegungen (siehe Höffe 1999a, Kapitel 2).

Mit der Fokussierung auf die Legitimation der Zwangsbefugnis will Höffe zwei Gefahren vermeiden: Einerseits die Amoralität eines Rechtspositivismus, der jedes gesetzte Recht als legitim ansieht und die Frage nach der moralischen Legitimation des Rechts zurückweist, andererseits die Irrealität einer Ablehnung der Zwangsbefugnis des Staates aus einem vermeintlichen Ideal der Herrschaftsfreiheit heraus (Höffe 2002, z. B. 434f.). Höffe will wie Kant die Idee der Freiheit mit derjenigen der Selbstbindung der Bürger verknüpfen und die Zwangsbefugnis des Staates durch Recht und Moral begründen. Zu diesem Zweck nimmt er einen fiktiven Gesellschaftsvertrag an, den er als „transzendentalen Tausch" versteht (1999a, 53-57). Ein solcher Tausch schafft die Bedingung der Möglichkeit konkreter Tauschhandlungen zwischen den Individuen, indem er die Regeln für alle konkreten Tauschakte festlegt (53).

Den Individualismus, den er dabei zugrundelegt, grenzt er von demjenigen des Realismus und des radikalen Wirtschaftsliberalismus ab: Letztere setzen ein atomisiertes Individuum voraus, das allein die Maximierung des Eigennutzes im Blick hat („sozialtheoreti-

574 Die Entwicklung der politischen Freiheit als Ergebnis eines Geschichtsprozesses findet sich auch bei anderen rechtsstaatlichen Liberalen, siehe z. B. Locke: „Zweite Abhandlung", § 111.

575 Für die Grundlagen der politischen Philosophie von Höffe siehe sein Buch „Politische Gerechtigkeit. Grundlegung einer kritischen Philosophie von Recht und Staat" (3. Aufl.: 2002), die Anwendung auf die Globalisierung findet sich in „Demokratie im Zeitalter der Globalisierung" (1999). Sofern nicht anders angegeben, beziehen sich die Seitenangaben in diesem Unterabschnitt auf den Band von 1999.

sche[r] Individualismus“); diese Sicht läuft in der Konsequenz auf einen „radikalen Solipsismus“ hinaus (ebd., 46). Höffes Konzept des „legitimatorischen Individualismus“ betont hingegen (unter Rückgriff auf Aristoteles) die Sozialnatur des Menschen, die es ihm ermöglicht, nicht nur die Vorteilhaftigkeit des Gesellschaftsvertrags nach Maß des eigenen Nutzens zu erkennen, sondern auch dessen Vorteilhaftigkeit für die Allgemeinheit. Es ist also die Fähigkeit zur Verallgemeinerung, die den Unterschied zwischen Höffes Individualismus und dem des Realismus bzw. des radikalen Wirtschaftsliberalismus ausmacht.

Der kollektive Vorteil des Gesellschaftsvertrags soll jedoch nicht utilitaristisch verstanden werden, denn der Utilitarismus verrechnet den Vorteil des einen mit dem des anderen Individuums und ist bereit, die Interessen einzelner Individuen dem Gemeinwohl zu opfern (42-45). Der Gesellschaftsvertrag soll vielmehr den „transzendentalen Interessen“ aller Individuen dienen, d. h. den Interessen, die „notwendige[ ] Bedingungen menschlichen Handelns [sind, H. H.], die sowohl für das Entwickeln und Haben gewöhnlicher Interessen als auch für deren Verfolgen unverzichtbar sind.“ (55) Aufgrund ihrer Abstraktheit handelt es sich hierbei um Interessen, die alle Menschen unabhängig von ihrer Kultur haben, und die universell gültig sind (56).

Die transzendentalen Interessen richten sich nicht allein auf die Sicherung der Eigentumsrechte, sondern zudem auf die Freiheit und die Solidarität. Drei Prinzipien sind es, von denen Höffe annimmt, dass ihnen jeder zustimmen kann (ebd., Kapitel 3):

- Das Prinzip der gegenseitigen Anerkennung der Individuen als Gleiche. Die Gleichheit wird durch das Recht hergestellt, dem alle Individuen unterworfen sind. Das Recht tritt als „Inbegriff von streng allseits gültigen Regeln [...] der persönlichen Willkür und persönlichen Gewalt entgegen und soll genau deshalb überall unter den Menschen herrschen.“ (61)
- Das Prinzip der größten gleichen negativen Freiheit: Das Recht hat die Funktion, die Freiheit der Individuen zu begrenzen, um insgesamt die Handlungsfreiheit zu sichern (71-73).
- Das Prinzip der positiven Freiheit: Die negative Handlungsfreiheit dient den Menschen nur, wenn sie die materiellen Möglichkeiten haben, sie zu nutzen. Dies soll durch Sozialrechte und Solidarität der Bürger gesichert werden (74-79). Die positiven Freiheitsrechte dürfen jedoch nicht das Prinzip der größten gleichen negativen Freiheit verletzen; das zweite Prinzip hat somit Vorrang vor dem ersten (79).[576]

Im Grundsatz lehnt Höffes Argumentation sich an die von Kant an: Sein Modell einer Weltrepublik soll aus universellen Rechtsprinzipien abgeleitet werden, d. h. aus solchen, denen vernünftigerweise jeder zustimmen würde. Grundlegend für diese Rechtsprinzipien ist das Verallgemeinerungsprinzip, das bereits dem kategorischen Imperativ zugrundeliegt.

Höffe erkennt also im Unterschied zum radikalen Wirtschaftsliberalismus, dass das Eigennutzstreben für sich genommen nicht ausreicht, um den Interessenausgleich zu begründen. Da er zugleich nicht auf einen geschichtlichen Automatismus vertraut, bei dem sich das politische Freiheitsverständnis aus der wirtschaftlichen Freiheit heraus entwickelt, muss er die Sozialnatur des Menschen stärker betonen. Anders gesagt: die Möglichkeit

576 Aus diesen Prinzipien leitet Höffe im Folgenden Grundsätze für die Gestaltung von politischen Gemeinwesen ab: Rechtsstaatlichkeit (102), Gewaltenteilung (106), Demokratie (109), Recht auf Unterschiedlichkeit der Gemeinwesen (121), Subsidiarität (140). Für eine Auflistung der Prinzipien siehe: 140f.

eines globalen Interessenausgleichs ist nicht das Werk der Geschichte, sondern verantwortlicher Akteure. In diesem Punkt greift Höffe auf Elemente der politischen Philosophie von Aristoteles zurück, nämlich die Notwendigkeit von Bürgertugenden und von Gemeinsinn (Kapitel 7).[577] Im Rahmen „einer nur institutionellen Theorie" wie dem neuzeitlichen Liberalismus erscheint dieser Rückgriff „als eine Anomalie" (190), doch Höffe hebt hervor, dass im Prinzip auch neuzeitliche Liberale immer wieder die Tugendhaftigkeit von Politikern und Bürgern voraussetzen, auch wenn sie auf der anderen Seite den Interessenausgleich über eine entsprechende Gestaltung der Institutionen und nicht durch Tugenden erreichen wollen. Sein Anliegen ist es, aus dieser Erkenntnis nicht in die gegenteilige Position zu verfallen, die den „Entlastungswert der Institutionen" nicht anerkennt, sondern das Erfordernis einer Verbindung von Tugenden und guten Institutionen zu betonen (192).

Die Verbindung von Institutionen und Bürgertugenden ist aus Höffes Sicht die Grundlage für einen umfassenden Interessenausgleich zwischen den Individuen, der die Freiheit, das Recht und die Demokratie sichert. Dieses Konzept überträgt er auf die globale Ebene und entfaltet in den folgenden beiden Teilen des Buches die Idee einer subsidiären und föderalen Weltrepublik.[578] Sie wird notwendig, weil der globale Handlungsbedarf steigt und zugleich die Handlungsfähigkeit der Nationalstaaten zurückgeht: „Zum Zweck kollektiver Handlungsfähigkeit braucht es einen demokratischen Weltstaat: eine Weltrepublik." (227) Die beiden wichtigsten Einwände gegen eine Weltrepublik, den der Unregierbarkeit und den der Gefahr eines globalen Leviathan, weist er zurück. Der Gefahr der Unregierbarkeit einer Weltrepublik will er durch einen mehrstufigen Aufbau des Weltstaates vorbeugen (Kapitel 10); insbesondere soll zwischen die Ebene der Nationalstaaten und die des Weltstaates eine kontinentale Ebene eingefügt werden (306). Der Umschlag der Weltrepublik in einen globalen Leviathan soll durch institutionelle Vorkehrungen (insbesondere Rechte der Einzelstaaten und Stärkung der globalen Öffentlichkeit) begegnet werden (Kapitel 11).

Den Ausgangspunkt für die Entwicklung des Weltstaates sollen die Vereinten Nationen bilden. Sie weisen aber zur Zeit noch nicht einmal Ansätze einer demokratischen Weltrepublik auf, weil sie aufgrund der Privilegien der fünf ständigen Mitglieder im Weltsicherheitsrat eher oligarchisch als demokratisch strukturiert sind (328). Höffe formuliert hinsichtlich der konkreten Umsetzung der Weltrepublik zum einen eine Reihe von Vorschlägen zur Transformation der Vereinten Nationen (332-334); zum anderen betont er die Notwendigkeit, neben den institutionellen Reformen die Entwicklung von „Welt-Bürgertugenden" zu fördern (Kapitel 12).

Die Besonderheit von Höffes Konzeption einer Weltrepublik liegt darin, dass deren philosophische Grundlagen detailliert ausgearbeitet werden und der Autor einen weiten Bogen von den Grundfragen der politischen Theorie bis zur konkreten internationalen Politik schlägt. Dabei wird sehr deutlich, dass die Neuheit einiger aktueller Entwicklungen im Kontext der Globalisierung nicht dazu führen darf, die geistigen Erfahrungen der politischen Ideengeschichte auszublenden. Ob nun die demokratische und subsidiäre Weltrepublik eine angemessene und realistische Antwort auf die Globalisierung darstellt, ist nicht

577 Höffe bezieht sich in diesem Kapitel explizit auf die politische Philosophie der Antike; neben Aristoteles nennt er vor allem Platon und Cicero.

578 Für eine Diskussion dieses Konzepts siehe die Beiträge in Lutz-Bachmann (Hg., 2002) sowie Reder (2006, 169-209).

das Thema dieses Kapitels.[579] Vielmehr geht es hier darum, Höffes Verständnis der Voraussetzungen für einen Interessenausgleich auf der globalen Ebene zu untersuchen.

Das Bemerkenswerte an seinem Ansatz ist der Versuch, Elemente der politischen Philosophie von Kant und Aristoteles miteinander zu verbinden[580] und mit der Betonung der Notwendigkeit von Bürgertugenden zugleich die Grenzen einer politischen Philosophie zu benennen, die allein auf äußere Anreize und Sanktionen setzt (wie dies im Realismus und im radikalen Wirtschaftsliberalismus der Fall ist).[581] Allerdings wirft die Betonung der Tugenden eine entscheidende Frage auf, nämlich ob sie einen instrumentellen Charakter haben oder ob sie (maßgeblich) um ihrer selbst willen praktiziert werden. In Höffes Ausführungen steht das instrumentelle Verständnis der Tugenden im Vordergrund; es geht um die Frage, welche Tugenden die Bürger aufweisen müssen, damit eine rechtsstaatliche Demokratie funktionieren kann (vgl. 194). Reduziert man die Tugenden auf den instrumentellen Aspekt, so tritt die Situation des Gefangenendilemmas auf: Für alle insgesamt ist es besser, wenn jeder sich tugendhaft verhält, aber für jeden einzelnen ist die beste Situation diejenige, in der die anderen sich tugendhaft verhalten, er selbst es aber nicht tut. Die Tugend ist dann, wie Aristoteles es von der Gerechtigkeit formuliert, ein „fremdes Gut“: „sie tut, was anderen nützt“ (EN V, 1130 a 3). Legt man ein solches instrumentelles Tugendverständnis zugrunde, so stellt sich die gleiche Frage, die bereits hinsichtlich der im Gesellschaftsvertrag vereinbarten Regeln aufkam: Warum sollte der Einzelne tugendhaft handeln?

Auf diese Frage gibt es grundsätzlich zwei Antworten: Entweder es sind äußere Anreize, die die Individuen zum tugendhaften Handeln bewegen; dann aber treten die bereits im Zusammenhang mit dem Realismus und dem radikalen Wirtschaftsliberalismus diskutierten Probleme auf. Oder man rekurriert auf eine innere Motivation, was bedeutet, dass man dem tugendhaften Handeln einen Eigenwert beimisst und es als „gut an sich“ qualifiziert. Damit verabschiedet man sich von einem instrumentellen Tugendverständnis: Man handelt nicht tugendhaft um eines anderen Zweckes willen, sondern um seiner selbst willen. Die Differenz zwischen eigennutzorientiertem Handeln und altruistischem Handeln (das auf das Wohl der Allgemeinheit gerichtet ist) fällt dann weg, weil der Tugend ein Eigenwert beigemessen wird und sie unabhängig von ihrem äußeren Nutzen (z. B. für die Stabilität der politischen Gemeinschaft) für den Handelnden von Vorteil ist.

Ein solches eudämonistisches Tugendverständnis ist jedoch mit den Grundsätzen einer individualistischen Philosophie schwer vereinbar. Der Liberalismus geht davon aus, dass Freiheit darin besteht, dass jeder nach seiner Façon glücklich wird und die Zusammenstimmung der Individuen (also: der Interessenausgleich) durch das Recht bewirkt wird, das der Freiheit eine Grenze setzt. Im politischen Liberalismus wird zwar angenommen, dass es ein konstitutives Merkmal der politischen Freiheit ist, diese Grenze in einem Akt der Selbstbindung zu verinnerlichen, doch die Differenz zwischen dem individuellen Glücks-

579 Die hier folgende Problematisierung der Verknüpfung von Elementen der politischen Philosophie von Aristoteles und Kant stellt jedoch die universelle Gültigkeit von Höffes Konzept des Gesellschaftsvertrags in Frage.

580 Die Gemeinsamkeiten von Aristoteles und Kant betont Höffe auch in seiner Schlussfolgerung zur Auslegung der „Nikomachischen Ethik“ (Höffe 1995).

581 Die Bedeutung der Bürgertugenden auf einzelstaatlicher und internationaler Ebene (als Tugenden des Weltbürgers) wird in Höffes Band von 2004 besonders hervorgehoben. Dort geht er aber weniger auf die Frage ein, wie Tugend grundsätzlich zu verstehen ist, als vielmehr auf die Frage, welche besonderen Ausprägungen von Tugend für ein funktionierendes Gemeinwesen und für die Weltrepublik erforderlich sind.

streben und der Grenze, d. h. zwischen dem Inhalt des Wollens und der Form, bleibt immer bestehen.[582] Eine Tugend, die um ihrer selbst willen angestrebt wird, impliziert die Aufhebung dieser Grenze: Wenn das tugendhafte Handeln gut an sich ist, dann fördert es das eigene Glück. Es gäbe folglich zumindest für einen Teilbereich von Handlungen eine objektive Unterscheidung zwischen solchen, die gut und solchen, die schlecht sind in Hinblick auf die Moral *und* das individuelle Glück.

Das hätte für das Verständnis der politischen Gemeinschaft entscheidende Konsequenzen: Die Individuen würden in ihr dann nicht nur individuelle Interessen verfolgen (also solche, die sie allein nach ihren eigenen Maßstäben formulieren), sondern die Gemeinschaft würde ihnen dazu dienen, überhaupt erst zu verstehen, was vernünftigerweise ihre Interessen sein können, worin ihr Nutzen bestehen kann, und was Glück bedeutet. Die politische Gemeinschaft dient dann nicht bloß äußeren Interessen wie der Sicherung des Überlebens und der Eigentumsrechte; sie ist nicht bloß darauf gerichtet, die Bedingungen des Interessenausgleichs zu schaffen; sondern sie dient – wie in der politischen Philosophie von Aristoteles – der Gewinnung von Maßstäben und damit dem guten Leben im Sinne der politischen Philosophie von Aristoteles (siehe Pol. I 2, 1252 b 29f.).

Das Problem an Höffes Rückgriff auf die Tugendlehre von Aristoteles ist also, dass entweder die Tugenden rein instrumentell verstanden werden und die Ausgangsfrage nach dem Motiv der Respektierung des Rechts nur auf eine höhere Ebene gehoben wird, oder dass dem tugendhaften Handeln ein Eigenwert zugesprochen wird und man von einer individualistischen zu einer eudämonistischen politischen Philosophie wechselt. Letzteres ist an sich kein Problem, doch man muss sich der logischen Konsequenzen dieses Schritts bewusst sein, um nicht inkompatible Sichtweisen miteinander verknüpfen zu wollen.

4.3.2.5 Die Sonderstellung des Neoinstitutionalismus

Der Neoinstitutionalismus, der in der angelsächsischen IPÖ innerhalb des liberalen Paradigmas seit den achtziger Jahren eine dominierende Strömung darstellt,[583] nimmt bei näherem Hinsehen eine Sonderstellung ein. Er betont das Primat der Politik über den Markt und untersucht die internationalen politischen Institutionen, die die Rahmenordnung des freien Wettbewerbs bilden; in dieser Hinsicht ist er dem politischen Liberalismus zuzuordnen. In der Ausweitung des Freihandels sieht der Neoinstitutionalismus eine Chance für die Intensivierung der zwischenstaatlichen Kooperation und für den Ausbau der Aufgabenbereiche internationaler Institutionen; in diesem Punkt folgt er der optimistischen Sicht des Verhältnisses von Ökonomie und Politik, die von rechtsstaatlichen Liberalen vertreten wird. Im Unterschied zu letzteren geht der Neoinstitutionalismus aber nicht von einer qualitativen Differenz zwischen der ökonomischen Freiheit als Wahlfreiheit und der politischen Freiheit als Autonomie (im Sinne von Kant) aus. Vielmehr wendet er die Rational Choice-Theorie an und erklärt politische Institutionen allein aus den Kosten-Nutzen-Kalkülen der Akteure; das Recht, das den Interessenausgleich erst ermöglicht, wird also nicht aufgrund einer Selbstbindung der Akteure respektiert, sondern allein aufgrund von Anreizen. In seiner Argumentation steht der Neoinstitutionalismus damit, wie hier gezeigt werden soll, letztlich

582 Bei Kant äußert sich dies in der Unaufhebbarkeit der Differenz von Pflicht und Neigung.
583 Siehe Katzenstein/Keohane/Krasner (1998, 662f.), Dunne (2001).

dem Realismus und dem radikalen Wirtschaftsliberalismus näher als dem rechtsstaatlichen Liberalismus.

Die zentrale Frage des Neoinstitutionalismus lautet, wie unter der Bedingung der Anarchie zwischenstaatliche Kooperation möglich ist (siehe oben, Abschnitt 2.2.2). Anders als im Neorealismus wird dabei betont, dass es auch ohne den Einfluss einer Hegemonialmacht zu einer stabilen Kooperation zwischen Staaten kommen kann, die die Bedingungen für Freihandel und freie Investitionen von MNU schafft. Die Kooperation wird entweder implizit (wie bei Keohane/Nye 2001) oder explizit (siehe den Überblick von Martin 1993) mittels der Rational Choice-Theorie erklärt, für die Vereinbarungen zwischen Staaten, zumal wenn es sich um Verhaltensregeln (internationales Recht) handelt, den Charakter eines öffentlichen Gutes im ökonomischen Sinn haben. Bei solchen Gütern ist es nicht oder nur schwer möglich, einzelne Staaten von den Vorteilen auszuschließen,[584] so dass bei ihrer Bereitstellung das Gefangenendilemma[585] auftritt: Jeder Staat hat an der Bereitstellung ein Interesse, aber zugleich würde er sich besserstellen, wenn die anderen die Kosten der Produktion bzw. Bereitstellung übernehmen, er selbst aber allein am Nutzen, nicht aber an den Kosten des Gutes partizipieren würde. Die Kooperation scheitert in dieser Situation nicht allein am Anreiz zu nicht-kooperativem Verhalten, sondern vor allem an der Antizipation des nicht-kooperativen Verhaltens durch die anderen: Wie in Hobbes' Naturzustand ist es das gegenseitige Misstrauen, das dort den Frieden und hier die Kooperation unmöglich macht oder zumindest erschwert.

Ein anschauliches IPÖ-Beispiel für das Gefangenendilemma ist eine Ölpreiserhöhung durch das OPEC-Kartell: Alle OPEC-Mitglieder haben ein Interesse an einem hohen Ölpreis, müssen aber einen Beitrag dazu leisten, indem sie die Förderquoten einhalten, mit denen die Angebotsmenge auf dem Markt reduziert werden soll. Das Nichteinhalten der Förderquote durch ein einzelnes (kleineres) Mitglied führt noch nicht zum Scheitern der Vereinbarung; da aber in der Vergangenheit regelmäßig fast alle Mitglieder gegen die Vereinbarungen verstießen, waren von der OPEC durchgesetzte Ölpreiserhöhungen meistens nur von begrenzter Dauer.[586]

Bei der Vereinbarung internationaler Verhaltensregeln z. B. zur Sicherung des Freihandels tritt das gleiche Problem auf: Aus Sicht des Neoinstitutionalismus hat jedes Land ein Interesse am Freihandel, weil er das wirtschaftliche Wachstum fördert; doch das Misstrauen gegenüber der Zusage der anderen Staaten, sich an die Regeln des freien Handels zu halten und ihre Märkte zu öffnen, wird in der Situation des Gefangenendilemmas dazu führen, dass am Ende kein Staat die vereinbarten Regeln befolgt. Damit es zur Kooperation kommt, müssen somit Lösungen gefunden werden, um zwischen den Partnern das nötige Vertrauen herzustellen. In der ökonomischen Theorie bedeutet dies: Jeder Seite die Gewissheit zu geben, dass die andere Seite einen Anreiz zu kooperativem Verhalten hat.

Die Anreize verändern sich nur, wenn die „Auszahlungen" der verschiedenen Handlungsalternativen sich ändern, d. h. wenn entweder der positive Anreiz für kooperatives Handeln oder der negative Anreiz (d. h. die Sanktion) für nicht-kooperatives Handeln (oder

584 Für ein sogenanntes reines öffentliches Gut kommt als zweites Kriterium die Nicht-Rivalität im Konsum hinzu, d. h. die Nutzung des Gutes durch einen Akteur darf nicht die Nutzung dieses Gutes durch andere Akteure beeinträchtigen.

585 Zur Erläuterung des Gefangenendilemmas s. o., Fußnote 489.

586 Dass die Kooperation wenigstens temporär funktioniert, ist der dominanten Rolle Saudi-Arabiens zu verdanken, das innerhalb der OPEC die Funktion eines Hegemons übernimmt, der aufgrund seines herausragenden Interesses am Gelingen der Kooperation einen überproportionalen Beitrag leistet.

beides) steigen.[587] Die Vereinbarung von Sanktionen ist in der internationalen Politik oft schwierig, weil es keine zentrale Gewalt zur Durchsetzung der Maßnahmen gibt. Dies wurde im Beispiel der WTO dadurch gelöst, dass die WTO die durch eine Handelsbeschränkung betroffenen Staaten ermächtigen kann, in einem begrenzten Rahmen Gegenmaßnahmen zu ergreifen. Der Anreiz zu kooperativem Verhalten wird vor allem durch die sogenannte Wiederbegegnungswahrscheinlichkeit erhöht: Wenn Staaten in verschiedenen Bereichen regelmäßig kooperieren, mindert die Aussicht auf zukünftige Kooperationen die Anreize zu nicht-kooperativem Verhalten, so dass die Wahrscheinlichkeit kooperativen Verhaltens steigt (Axelrod, 1991, 18). Hier lässt sich als Beispiel die mit Auflagen verbundene Vergabe von Krediten von Seiten des IWF anführen: Erfüllt ein Staat die Auflagen nicht, so wird er es in Zukunft schwer haben, einen neuen Kredit zu bekommen.[588]

Ein Beispiel für eine neoinstitutionalistische Analyse in der IPÖ ist das Buch „Power and Interdependence" von Keohane und Nye (2001, erste Auflage 1977), in dem die Autoren Fallstudien zu einzelnen Formen der zwischenstaatlichen Kooperation wie die Weltfinanzordnung und das internationale Seerecht durchführen und auf der Grundlage von vier Modellen untersuchen. Diese Modelle erklären politische Kooperation:

1. aus der wachsenden ökonomischen Interdependenz, die eine politische Rahmenordnung erforderlich macht und somit die Politik zum Handeln zwingt („economic process explanation", 33-36),
2. aus der Existenz einer weltweiten Hegemonialmacht, die aus politischem und wirtschaftlichem Eigeninteresse auf die Schaffung internationaler Institutionen dringt („overall structure explanation", 36-42),
3. aus der Machtverteilung zwischen Staaten in einzelnen Bereichen internationaler Kooperation („issue structure", 43-47),[589] und
4. aus der Eigendynamik bereits existierender internationaler Organisationen, die die Erweiterung und Vertiefung der bestehenden Zusammenarbeit fördert („international organization model", 47-50).

587 Grundlegend zu den Möglichkeiten, im Rahmen der Rational Choice-Theorie die Situation des Gefangenendilemmas zu überwinden: Olson (1968).

588 Auch die Ausweitung kooperativen Handelns von einem Politikbereich auf einen anderen („Spillover") kann aus spieltheoretischer Sicht die Anreize zu kooperativem Handeln steigern: Wenn Staaten in mehreren Politikfeldern kooperieren, erhöht dies die Möglichkeiten, nicht-kooperatives Verhalten in dem einen Bereich in einem beliebigen anderen Bereich zu vergelten. – Auf der Ebene des Völkerrechts hingegen wirken Spillover häufig in die andere Richtung: Wenn Staaten ein Interesse an der Kooperation mit einem gegen das Völkerrecht verstoßenden Staat haben, tendieren sie dazu, diese Verstöße nicht zu sanktionieren, um die wirtschaftliche Kooperation nicht zu beschädigen; ein Beispiel ist das zögerliche Vorgehen der internationalen Gemeinschaft gegen den Genozid im Sudan, das offensichtlich auch mit Ölinteressen zusammenhängt. Hier zeigt sich ein grundsätzliches Problem in der Logik des Rational Choice-Ansatzes: Die Sanktionierung nicht-kooperativen Verhaltens ist häufig ihrerseits ein öffentliches Gut, wenn alle Beteiligten ein Interesse an der abschreckenden Wirkung der Sanktion haben, keiner aber die Kosten der Sanktionierung tragen will.

589 Keohane und Nye haben hier als Beispiel die Machtverteilung auf dem Erdölmarkt in den siebziger Jahren vor Augen: Die Vereinigten Staaten waren zwar die Hegemonialmacht, doch hatten sie nicht die Kontrolle über die wirtschaftliche Ressource Erdöl und waren deshalb durch das Ölembargo der arabischen Staaten verwundbar. Die Autoren folgern, dass für die Erklärung internationaler Kooperation wie im Fall der OPEC auch die regionale bzw. sektorale Machtverteilung relevant sein kann und nicht nur die Frage, welcher Staat in militärischer Hinsicht globaler Hegemon ist.

Von diesen vier Modellen beruht das zweite auf den Prämissen des Realismus: Ein globaler Hegemon hat einen überragenden Anreiz, internationale Kooperation zu fördern, und ist zudem in der Lage, nicht-kooperatives Verhalten anderer Staaten zu sanktionieren. Die Kooperation kommt hier durch den Druck zustande, den der Hegemon auf die schwächeren Staaten ausübt. Die übrigen drei Modelle beruhen hingegen auf den Prämissen des liberalen Paradigmas:

- Das erste Modell entspricht einer Umformulierung der These, dass Handel den Frieden fördert: die wirtschaftlichen Gewinne der Kooperation schaffen einen hohen Anreiz zu kooperativem Verhalten und bewegen die Staaten zur Zustimmung zu einem System wie der WTO, wenn innerhalb dieses Systems nicht-kooperatives Verhalten sanktioniert werden kann.
- Das dritte Modell wendet die Theorie hegemonialer Stabilität des realistischen Paradigmas auf einzelne Regionen oder Politikfelder an und hebt damit die Annahme des Realismus auf, dass es eine strikte Hierarchie zwischen Sicherheitspolitik („high politics") und Wirtschaftspolitik gebe („low politics"), und somit der militärische Hegemon in jeder Hinsicht Hegemon ist.[590] Dagegen wird in diesem Modell davon ausgegangen, dass die verschiedenen Politikfelder eher gleichrangig nebeneinander stehen, so dass es regionale und sektorale (und damit relative) Hegemonialmächte geben kann.
- Das vierte Modell schließlich wendet sich gegen die Annahme des Realismus, dass die einzig relevanten Akteure in der internationalen Politik die Staaten seien, und betont die Bedeutung internationaler Regierungsorganisationen als eigenständige transnationale Akteure. Für die Kooperationsbereitschaft von Staaten haben Regierungsorganisationen aus neoinstitutionalistischer Sicht zwei Vorteile: Erstens bedeutet die Institutionalisierung der Kooperation, dass die Kooperation spieltheoretisch formuliert unendlich oft wiederholt wird (sogenanntes Superspiel[591]), so dass nicht-kooperatives Verhalten eines Staates jeweils in der nächsten Runde von den anderen Staaten sanktioniert werden kann. Zweitens können Regierungsorganisationen mit der Zeit eine Eigendynamik entwickeln, wenn die Mitarbeiter der Organisation sich mit deren Zielen identifizieren und den Mitgliedstaaten eigene Vorschläge zur Vertiefung der Kooperation unterbreiten. Ein Beispiel ist die Europäische Kommission, die aus liberaler Sicht eine treibende Kraft in der Entwicklung der Europäischen Union ist.[592]

Die vier Modelle sind aus der Sicht von Keohane und Nye jedes für sich genommen unzureichend, um internationale Zusammenarbeit zu erklären; da sie sich aber nicht ausschließen, sondern vielmehr unterschiedliche Faktoren betonen, die internationale Kooperation fördern, wenden die Autoren sie in ihren Fallstudien in unterschiedlichen Kombinationen zur Erklärung internationaler Regime an. Im Ergebnis sind Keohane und Nye deutliche Befürworter einer multilateralen, auf internationale Zusammenarbeit setzenden Außenpoli-

590 Ein anschauliches Beispiel für die realistische Sicht der Koppelung von Sicherheits- und Wirtschaftspolitik ist Kissingers Reaktion auf das oben erwähnte Ölembargo der OPEC: Er drohte damals kaum verhohlen damit, dass die Vereinigten Staaten sich den Weg zu den Ölquellen notfalls freischießen werden (Keohane/ Nye 2001, 24).

591 Güth/Kliemt (1995, 54-58), Holler/Illing (1996, S. 131-134).

592 Zur Diskussion über die Deutung der EU und der Europäischen Kommission als intergouvernementale Zusammenarbeit (Realismus) oder supranationale Einrichtung (Liberalismus) siehe die Beiträge von Burgess, Jensen und Cini in: Cini (Hg., 2003).

tik der Vereinigten Staaten und optimistisch sowohl hinsichtlich der grundsätzlich positiven Wirkung des Freihandels (im Unterschied zu sozialstaatlichen Liberalen), als auch hinsichtlich der grundsätzlichen Möglichkeit multilateraler Zusammenarbeit (im Unterschied zu Realisten).

Doch eine Zuordnung von Keohane und Nye (und dem Neoinstitutionalismus im Allgemeinen) zum politischen Liberalismus ist nicht unproblematisch. Neoinstitutionalisten sehen das Spezifische der internationalen Politik im Vergleich zur internationalen Wirtschaft in der Bereitstellung öffentlicher Güter, bei der das Gefangenendilemma überwunden werden muss. Das Handeln der Akteure wird wie im Realismus und im radikalen Wirtschaftsliberalismus allein aus Anreizen und Sanktionen erklärt; Regeln werden nicht aus dem Gefühl der Pflicht, sondern allein aus der Furcht vor Strafe befolgt. Kooperiert wird von den Akteuren, solange sie einen Nutzen daraus ziehen.

Diese Sicht ist mit dem rechtsstaatlichen Liberalismus in der Tradition von Kant aus verschiedenen Gründen nicht vereinbar:

- Erstens übersieht die Erklärung kooperativen Handelns in der Rational-Choice-Theorie dessen entscheidende Bedingung: die gegenseitige Anerkennung der potentiellen Kooperationspartner als Gleiche. Die Annahme einer solchen Anerkennung ist (wie in Abschnitt 4.2.4.2 gezeigt wurde) theoretisch notwendig, um Kooperation zu erklären, wird aber im Neoinstitutionalismus ebensowenig berücksichtigt wie im Realismus und im radikalen Wirtschaftsliberalismus. Deshalb wird auch die ethische Konsequenz dieser Annahme nicht erkannt: die aus der gegenseitigen Anerkennung resultierende Pflicht. Die *Gleichheit* der Akteure muss in der Rational-Choice-Theorie schon insofern angenommen werden, als sie bei der Wahl ihrer Strategie dem anderen jeweils die gleiche Beurteilung der Alternativen und das (grundsätzlich) gleiche Nutzenkalkül unterstellen: Die Akteure prognostizieren das Verhalten potentieller Kooperationspartner durch die Projektion des eigenen Kalküls in den anderen. Kommt es zu einer Kooperation, so liegt der Vereinbarung die *Anerkennung* der formalen Gleichheit der Partner zugrunde, insofern jede Kooperation auf dem Prinzip der Gegenseitigkeit beruht. Der rechtsstaatliche Liberalismus expliziert die gegenseitige Anerkennung als Gleiche und zeigt, dass sie jedem Vertrag zugrundeliegen muss (wenn die Kooperation Bestand haben soll). Aus der gegenseitigen Anerkennung als Gleiche als Grundlage von Verträgen folgt dann das Kriterium für moralisches Handeln: nämlich die Prüfung, ob die Maxime des Handelns verallgemeinerbar ist. Das Sittengesetz von Kant ist nichts anderes als die Explikation eben dieser Annahme. Erst durch die Selbstbindung an dieses Gesetz bekommt das Handeln eine moralische Dimension, die aus dem nutzenmaximierenden Individuum des Wirtschaftsliberalismus eine moralische Person im Sinne des politischen Liberalismus macht.
- Zweitens wird in der Logik von Anreiz und Sanktion die Strafe zu einem Preis, der für einen (entdeckten) Regelverstoß zu zahlen ist.[593] Das Empfinden von Schuld als Reaktion auf den Verstoß gegen ein inneres Gesetz wird durch das Bedauern darüber ersetzt, beim Regelverstoß erwischt worden zu sein und dafür einen Preis zahlen zu müssen. In der Geschichte, auf der das Gefangenendilemma beruht (s. o., Fußnote 489), löst sich die Schuld soweit auf, dass sie am Ende gar keine Rolle mehr spielt: Bei der gegebenen Anreizstruktur werden die Inhaftierten nämlich unabhängig von

593 Siehe oben die Argumentation von Brennan/Buchanan (S. 225).

ihrer tatsächlichen Schuld den Mord gestehen. Holm (1995) weist zu Recht darauf hin, dass das Gefangenendilemma eigentlich ein Richterdilemma ist, denn der Richter bekommt zwei Geständnisse, weiß aber nicht, ob er ihnen glauben kann.[594]

- Drittens folgt aus der Vernachlässigung der moralischen Dimension in der Rational Choice-Theorie, dass die Bedingungen des Zustandekommens einer Kooperation unabhängig von deren Inhalt analysiert werden; so wird z. B. im Gefangenendilemma nicht berücksichtigt, dass im Fall einer gelingenden Kooperation ein Verbrechen ungesühnt bleibt. Aus der Sicht des rechtsstaatlichen Liberalismus ist die Beurteilung von Handlungen nach dem Nutzenkalkül (Maximierung der „Auszahlungen") ungenügend; vielmehr muss nach den Prinzipien des Handelns gefragt werden. Im Gefangenendilemma ist in dieser Hinsicht entscheidend, dass das Leugnen einer Straftat als sittlich verwerflich gelten muss, damit eine freie Gesellschaft dauerhaft bestehen kann.[595] Freiheit im Sinne von politischer Autonomie hat nur Bestand, wenn die Bürger die Bedingung der Freiheit (nämlich die Anerkennung des gleichen Rechts aller) einsehen und in ihrem Handeln berücksichtigen; hierzu gehört, dass sie über den Nutzen einer Kooperation hinaus die Frage nach der Sittlichkeit der Kooperation stellen. Das gilt insbesondere bei der Vereinbarung von Rechtsgrundsätzen: Während aus der Sicht der Rational-Choice-Theorie das Recht aus der bloßen Zustimmung abgeleitet wird, fordert der rechtsstaatliche Liberalismus eine qualifizierte Zustimmung: Das Recht muss bestimmten (allerdings rein formalen) Grundsätzen genügen, um überhaupt Recht zu sein.

Die Annahmen der Rational-Choice-Theorie, auf denen der Neoinstitutionalismus aufbaut, sind folglich mit denen des rechtsstaatlichen Liberalismus nicht vereinbar. Der Neoinstitutionalismus nimmt damit, wie einleitend zu diesem Abschnitt gesagt wurde, in der Paradigmendiskussion eine Sonderrolle ein.

4.3.3 Ergebnis

Die Darstellung von ideengeschichtlichen und gegenwärtigen Positionen des rechtsstaatlichen Liberalismus zeigt, wie im Rahmen dieses Paradigmas die Reduktion von Politik auf ein Macht- bzw. Nutzenkalkül, die im letzten Abschnitt im Zusammenhang mit dem Neoinstitutionalismus noch einmal deutlich wurde, überwunden werden soll. Das Ziel ist es, den Interessenausgleich zwischen Individuen auf eine qualifizierte Zustimmung zurückzuführen, d. h. auf eine Zustimmung, die die Selbstbindung der Individuen an bestimmte formale Grundsätze der Moral und des Rechts voraussetzt. Mit dieser Forderung nach Selbstbindung (bzw. nach Autonomie im Sinne von Kant) ist zugleich eine entscheidende Voraussetzung der Freiheit benannt: Freiheit ist nur dort möglich, wo es eine solche Selbstbindung – und damit Verantwortung – gibt. Die Bedeutung von Anreizen für das Einhalten von Regeln, die ihrerseits die Koordination von Handlungen und damit den Interessenausgleich zwischen Individuen ermöglichen, wird damit nicht geleugnet. Die Argumentation lautet vielmehr, dass Anreize erstens keine hinreichende Bedingung für das Einhalten von

594 Holm weist in dem angegebenen Artikel zwar auf dieses Problem hin, zieht daraus aber keine weiteren Schlüsse hinsichtlich der generellen Widersprüchlichkeit des Gefangenendilemmas.

595 Vgl. Kant: „Über ein vermeintes Recht aus Menschenliebe zu lügen".

Regeln sind, und dass zweitens der Versuch, Regel bzw. Recht allein mit Anreizen durchzusetzen, die Freiheit aufhebt. Der erste Kritikpunkt wurde bereits im Anschluss an die Darstellung des Realismus und des radikalen Wirtschaftsliberalismus ausgeführt. Der zweite kann erst hier, vor dem Hintergrund der Gegenposition des rechtsstaatlichen Liberalismus, hinreichend deutlich werden. Die Durchsetzung von Regeln (einschließlich des Rechts) allein mit Anreizen und Sanktionen führt zu einer Einschränkung der Freiheit auf drei Ebenen:

- Erstens wird eine ständige Kontrolle der Individuen erforderlich, um Regelverstöße zu erkennen und zu sanktionieren; es bedarf somit einer sehr weitreichenden Einbindung der Individuen in ein Netz von Verhaltensregeln und Kontrollen. Bei der Formulierung der Regeln müssen alle möglichen Anreize zu Regelverstößen antizipiert werden, wenn man sich nicht auf die Verantwortlichkeit der Handelnden verlassen kann.[596]
- Zweitens verursacht die Implementation von Anreiz- und Sanktionsmechanismen teilweise einen erheblichen Aufwand. Auf Märkten ist der Aufwand begrenzt, solange die Qualität der Produkte sichtbar ist und die Nachfrager flexibel auf Veränderungen des Angebots reagieren können.[597] Innerhalb von Organisationen hingegen kann die Implementation von Anreiz- und Sanktionsmechanismen zu einer steten Bürokratisierung führen, die durch die Kontrolle der Leistungen, die regelmäßige Überprüfung der Kriterien der Leistungskontrolle und durch die Aushandlung der Anreize und Sanktionen entsteht.[598]
- Drittens erfordert eine Koordination allein durch Anreize, dass innerhalb von Organisationen diejenigen, die Leistungen evaluieren, sich gegenseitig in ihrer Evaluationstätigkeit evaluieren, damit deren Qualität sichergestellt wird. In diesem Prozess kommt es regelmäßig zu einer weitgehenden Vereinheitlichung der Maßstäbe: Es setzt sich bei den Evaluationen eine Mehrheitsmeinung durch, der sich alle anpassen, um nicht schlecht evaluiert zu werden.[599] Eine Gesellschaft, die die Koordination und den Interessenausgleich auf allen Ebenen durch das Wettbewerbsprinzip sichern will, fördert somit nicht die individuelle Freiheit, sondern führt in der Konsequenz eher zu einer

596 Radikale Wirtschaftsliberale würden an dieser Stelle darauf hinweisen, dass rational handelnde Individuen nicht jede Regelungslücke ausnutzen werden, weil sie um ihre Reputation als verlässliche Kooperationspartner besorgt sind. Die Durchsetzung der Logik des radikalen Wirtschaftsliberalismus führt aber zu einer Veränderung der Maßstäbe: Reputation erwirbt man dann nicht mehr durch das Einhalten herkömmlicher Vorstellungen von Anstand (wie z. B. Ehrlichkeit), sondern durch die besonders „schlaue" Ausnützung von Regelungslücken. Der *homo oeconomicus* wird eine ähnliche Umwertung der Werte vornehmen wie sie Machiavelli im „Principe" vorschlägt (siehe dort, Kapitel XV-XIX, und oben, 4.1.1). Reputation durch tugendhaftes Handeln gibt es nur in einem Umfeld, in dem Tugenden Ansehen genießen. Der radikale Wirtschaftsliberalismus setzt also diese Tugenden voraus und zehrt sie gleichzeitig auf; er hat insofern einen parasitären Charakter.

597 Zum Marktversagen aufgrund von Informations- und Anpassungsmängeln siehe Fritsch/Wein/Ewers (2005).

598 Eine solche Bürokratisierung lässt sich als Folge der jüngsten Universitätsreformen in Deutschland beobachten, die in weiten Teilen auf der Anreizideologie beruhen. Ähnliche Beobachtungen lassen sich hierzulande im Gesundheitsbereich machen.

599 Ein anschauliches Beispiel sind die gegenseitigen Evaluationen von Professoren an US-amerikanischen Universitäten. Jeder, der eine Evaluation verfasst, ist sich des Urteils der Kollegen über die dabei angewandten Maßstäbe bewusst. Das hilft einerseits, um die Qualität der Evaluationen sicherzustellen, führt aber andererseits zu einer verbreiteten Furcht, vom Dogma der Mehrheitsmeinung abzuweichen. Ein weiteres Beispiel aus dem akademischen Bereich ist die Qualität von Aufsätzen in sogenannten referierten Zeitschriften: Dort setzt sich regelmäßig ein Einheitsstil durch, der die intellektuelle Freiheit erheblich einschränkt.

„Tyrannei der Mehrheit", wie sie von Tocqueville in der US-amerikanischen Gesellschaft gesehen wurde (1987, 369-391).

Im Vergleich mit dem rechtsstaatlichen Liberalismus wird somit die Gemeinsamkeit von Realismus und radikalem Wirtschaftsliberalismus noch deutlicher: Es ist nicht allein der Realismus, der – wie an Hobbes' „Leviathan" deutlich wird – durch die Reduktion von Politik auf das Machtkalkül zur Aufhebung der Freiheit führt. Vielmehr trifft dies in gleicher Weise auf den radikalen Wirtschaftsliberalismus zu: Die umfassende Kontrolle aller Handlungen durch den unumschränkt herrschenden Souverän im Leviathan wird durch eine mindestens ebenso umfassende Kontrolle durch die Anreiz- und Sanktionsmechanismen des Wettbewerbs ersetzt. Die Individuen sind damit zwar nicht mehr der Willkürherrschaft einzelner Personen ausgesetzt, wohl aber derjenigen der Mehrheit. Tocqueville weist in dem zitierten Kapitel darauf hin, dass die Tyrannei der Mehrheit zu einer wesentlich größeren Unfreiheit führen kann als die Herrschaft eines absoluten Souveräns, weil der Einzelne von jedem anderen kontrolliert wird und sich folglich der Kontrolle wesentlich schwerer entziehen kann.

Das Verdienst des rechtsstaatlichen Liberalismus besteht darin, mit der Betonung des Rechtsprinzips und der Selbstbindung (also: Eigenverantwortung) der Individuen genau diesen Mangel der Paradigmen, die den Respekt vor Regeln des Interessenausgleichs allein auf ein Kosten-Nutzen-Kalkül zurückführen, aufzuzeigen.[600] In besonderer Weise werden die Grundsätze des rechtsstaatlichen Liberalismus von Kant entfaltet. Freiheit besteht auch für ihn (wie für den radikalen Wirtschaftsliberalismus) zunächst in der Verfolgung des individuellen Glücks nach Maß der subjektiven Glücksvorstellungen. Die Zusammenstimmung der Individuen wird dadurch ermöglicht, dass das Glücksstreben durch das Recht formal begrenzt wird („Gemeinspruch", A 233f.). Anders als im radikalen Wirtschaftsliberalismus setzt das Recht aber nicht bloß eine äußere Grenze, sondern findet seine Grundlage im moralischen Gesetz, das in allen Menschen angelegt ist. Dieses Gesetz beruht im Grunde auf nichts anderem als der Einsicht in die Bedingung der Möglichkeit von Verträgen zwischen Individuen, die in der gegenseitigen Anerkennung als formal Gleiche besteht. Kant expliziert damit die Bedingung, auf die im Prinzip jede individualistische Theorie des Interessenausgleichs angewiesen ist, auch wenn die Anreiztheorien sich dies nicht bewusst machen.

Die Diskussion der Grundlagen des rechtsstaatlichen Liberalismus in diesem Kapitel hat jedoch auch gezeigt, dass das rein formale Verständnis von Moral (bzw. bei Kant: Sittlichkeit), aus dem das Rechtsverständnis abgeleitet wird, Probleme aufwirft, weil es eine strikte Trennung des Zwecks von Handlungen (und damit des individuellen Glücksverständnisses) von ihrer Form (der Moral bzw. Rechtmäßigkeit) voraussetzt. Es stellt sich *erstens* die Frage, ob diese Trennung überhaupt schlüssig vollzogen werden kann, und *zweitens*, welches Motiv der Handelnde hat, moralische Grundsätze zu befolgen bzw. das Recht zu respektieren, das sein Glücksstreben begrenzt und das somit eigentlich im Widerspruch zu seiner Neigung steht.

ad 1: Die Trennung von Form und Zweck des Handelns unterstellt, dass die Form (Moral) sich unabhängig vom Zweck bestimmen lässt. Dass dies zweifelhaft ist, wird bereits an dem Beispiel deutlich, an dem Kant selbst die praktischen Konsequenzen seiner

600 Allerdings wird die parallele Struktur von Realismus und radikalem Wirtschaftsliberalismus dabei in der Regel nicht wahrgenommen.

Moralphilosophie behandelt: Seiner Ansicht nach darf man dem moralischen Gesetz zufolge nicht lügen, wenn ein Mörder sich nach dem Aufenthaltsort eines Menschen erkundigt, den er ermorden will.[601] Das entscheidende Argument lautet, dass der Nutzen der Lüge (nämlich die Verhinderung des Mords) rein spekulativer Art ist: Die Folgen des Handelns lassen sich nie mit Sicherheit prognostizieren, während der Schaden der Lüge für die Wahrhaftigkeit, die eine wesentliche Quelle des Rechts darstellt, sicher ist. Sagt man dem Mörder die Wahrheit, so handelt man moralisch richtig.

Doch diese Überlegung widerspricht dem allgemeinen Rechtsempfinden, und dafür gibt es einen guten Grund. Das moralische Gesetz, nicht zu lügen, kollidiert in Kants Beispiel mit einem anderen Gesetz, nämlich keine Beihilfe zu Unrechtshandlungen (wie einem Mord) zu leisten. Die Kollision von Rechtsnormen oder formalen Moralprinzipien lässt sich nur dann rein formal lösen, wenn das eine Prinzip dem anderen eindeutig übergeordnet ist. Wenn eine Abwägung erforderlich wird, so ist sie nur über den Rekurs auf den Zweck der Normen bzw. Prinzipien und den Zweck der in Frage stehenden Handlung möglich. Daraus folgt, dass auf der bloß formalen Ebene die Moralität von Handlungen nicht gewährleistet werden kann.

Das wird noch deutlicher, wenn man sich vergegenwärtigt, dass auch die Maxime, dass der Stärkere das Recht nach seinem Maß setzen soll,[602] grundsätzlich verallgemeinerbar ist, wenn der Handelnde akzeptiert, dass sie sich im Falle seiner Niederlage gegen ihn selbst richtet.[603] Kant scheint davon auszugehen, dass dies niemand wollen kann. Die Tatsache, dass man durch Anwendung des Grundsatzes der Verallgemeinerbarkeit, der im kategorischen Imperativ ausgedrückt wird, zu Konsequenzen kommen kann, die konträr zu dem sind, was Kant will (nämlich im Bereich der Politik: dem ewigen Frieden), verdeutlicht, dass es in seinen Überlegungen eine unausgesprochene Voraussetzung gibt: nämlich dass alle Menschen prinzipiell Frieden wollen, den Ausgleich der Interessen anstreben und das Recht des Stärkeren ablehnen. Die Glücksvorstellungen von Machiavellis Fürsten oder von Nietzsches Übermenschen werden ausgeblendet. Aber so weit muss man gar nicht gehen: Schon der konservativ-liberale Fukuyama zweifelt daran, dass der globale Frieden den Menschen wirklich gut tun würde. Das unterstreicht, dass die formale Bestimmung der Moral und des Rechts eine inhaltliche Komponente hat: Der kategorische Imperativ enthält sehr wohl Annahmen über Zwecke.

Das zeigt sich auch an den Beispielen, mit denen Kant in der GMS den kategorischen Imperativ illustriert. Vier Pflichten werden dort abgeleitet (GMS B 53-57): die Pflicht, sein eigenes Leben zu achten und auch in der Situation der Hoffnungslosigkeit nicht Selbstmord zu begehen; die Pflicht, in jeder Situation (auch wenn wirtschaftliche Not einen zu anderem verführt) in Geldgeschäften ehrlich zu sein; die Pflicht, seine eigenen Talente zu fördern, statt „dem Vergnügen nachzuhängen" (B 55); und die Pflicht, Menschen in Not beizustehen, wenn es einem selbst gut geht. Diese Pflichten sind die klassischen Tugenden der bürgerlichen Gesellschaft. Sie werden von denjenigen aus dem kategorischen Imperativ abgeleitet, die die Wertvorstellungen der bürgerlichen Gesellschaft teilen: unbedingte

601 Kant: „Über ein vermeintes Recht aus Menschenliebe zu lügen".

602 Vertreter dieser Maxime sind, wie bereits erwähnt, in der Antike die Sophisten Thrasymachos und Kallikles, in der Neuzeit Machiavelli und Nietzsche.

603 Ein naheliegendes Beispiel ist Hitler, der auch in der Situation des verlorenen Kriegs am Prinzip des Kampfes festhielt und im Untergang Deutschlands (und seiner selbst) immer noch die Bestätigung der Richtigkeit der Maxime seines Handelns sah. Für eine Auseinandersetzung mit dem politischen Denken von Hitler siehe Zehnpfennig (2000).

Achtung vor dem Leben als Grundlage der Sicherheit; Absage an die Vergnügungssucht zur Förderung der Investitionen und des Wohlstandes[604]; Ehrlichkeit als Voraussetzung für das Funktionieren von Märkten; Mildtätigkeit zum Ausgleich sozialer Härtefälle. Dass das Ideal einer globalen bürgerlichen Gesellschaft in Kants politischem Denken eine zentrale Rolle spielt, wurde oben gezeigt: die Hoffnung auf die Verwirklichung der liberalen Utopie vom ewigen Frieden und vom Wohlstand der Nationen soll für die Menschen ein wesentliches Motiv sein, der Pflicht zu gehorchen (s. o., S. 235).

Die Tatsache, dass die formale Ethik, die Kants Rechtsphilosophie und damit seiner Konzeption des Interessenausgleichs zugrundeliegt, auf Voraussetzungen hinsichtlich der Glücksvorstellungen der Menschen angewiesen ist, spielt eine entscheidende Rolle, um das logische Verhältnis der individualistischen Paradigmen zueinander zu verstehen. Im Realismus und in der politischen Philosophie von Hobbes setzt der Souverän das Recht auf der Grundlage der Macht nach dem Maß der Sicherung des Überlebens. Kant kritisiert dieses Rechtsverständnis, weil ein konkreter Nutzen nicht Maß für die Bestimmung allgemeiner Prinzipien sein kann. Der Nutzen, wie überhaupt jeder konkrete Zweck von Handlungen, ist zu veränderlich und die Prognose über seine Verwirklichung zu unsicher, als dass er die Grundlage für die Bestimmung der Moral und des Rechts sein könnte. Hierfür kommt aus Kants Sicht deshalb nur die reine Form der Handlung in Frage. Doch die formale Ethik ist – wie hier gezeigt wurde – ihrerseits in zweifacher Hinsicht auf den Rekurs auf bestimmte Handlungszwecke angewiesen, nämlich erstens bei der Bestimmung konkreter Pflichten auf der Grundlage des kategorischen Imperativs, und zweitens bei der Erklärung des Motivs, der Pflicht Folge zu leisten. Für Kant wie für gegenwärtige rechtsstaatliche Liberale sind die wesentlichen Zwecke diejenigen der bürgerlichen Marktgesellschaft: Frieden, Wohlstand und Selbstbestimmung. Es geht hier nicht darum, diese Zwecke zu kritisieren; das Problem ist vielmehr, dass die Argumentation durch den Rekurs auf Zwecke auf die Position zurückfällt, die zuvor als utilitaristisch kritisiert wurde.

ad 2: Die Frage, welches Motiv die Individuen haben, das Recht zu respektieren, wird von Kant nicht überzeugend gelöst. Die Hoffnung auf zukünftige Glückseligkeit bedeutet eine Vertröstung der Individuen: Jeder soll jetzt Nachteile in Kauf nehmen und stoisch der Pflicht folgen, in der Hoffnung, dass dies in Zukunft eine florierende Bürgergesellschaft hervorbringt. Diese Hoffnung ist jedoch zu irdisch, um die Bereitschaft zu Opfern zu wecken: Sie unterstellt, dass die Menschen bereit sind, den sicheren materiellen Nachteil in der Gegenwart für einen unsicheren materiellen Vorteil in der Zukunft in Kauf zu nehmen.

Der Pflicht kann – logisch gesehen – aus zwei Gründen gefolgt werden: Entweder um einen konkreten Nutzen zu erreichen (und zwar real, nicht als Hoffnung), oder aus der Einsicht heraus, dass das Befolgen der Pflicht an sich gut ist. Die beiden Varianten wurden in der Auseinandersetzung mit Höffe bereits diskutiert. Im ersten Fall wird die Erfüllung der Pflicht als Kosten verbucht, die für die Erzielung eines bestimmten Nutzens in Kauf genommen werden müssen. Der Begriff der Pflicht wie der der Moral ist in diesem Fall unangemessen, weil das Handeln sich nicht mehr nach einem allgemeinen Grundsatz, sondern allein nach dem Ergebnis des individuellen Kalküls richtet. Im zweiten Fall wird die Erfüllung der Pflicht zu einer Tugend, der ein Eigenwert zukommt. Da die Kritik des rechtsstaatlichen Liberalismus am Macht- und Nutzenkalkül des Realismus und des radikalen Wirtschaftsliberalismus nicht von der Hand zu weisen ist, stellt dies den logischen Ausweg dar: Die Erfüllung der Pflicht muss als solche bereits einen Beitrag zur Verwirkli-

604 Vgl. in Adam Smith' WN das Kapitel über produktive und unproduktive Arbeit (WN II.iii).

chung von (und nicht bloß zur Hoffnung auf) Glückseligkeit leisten, wobei dann offensichtlich die Glückseligkeit einen anderen Inhalt haben muss als die Sicherung von Frieden und Wohlstand, damit man nicht in die Aporien einer Rechtsbegründung aus dem Kosten-Nutzen-Kalkül zurückfällt. Auf diesen Ausweg wird noch zurückzukommen sein; er führt zur eudämonistischen Ethik von Aristoteles.

Hier ist entscheidend, dass Kant und mit ihm die meisten rechtsstaatlichen Liberalen (wohl mit Ausnahme von Höffe) es ablehnen, den Interessenausgleich zwischen Menschen auf der Grundlage einer eudämonistischen Ethik verstehen zu wollen. Als alternative Lösung des Konflikts von Pflicht und Neigung wird der Geschichtsprozess angeboten: Was in der Gegenwart nicht erklärt werden kann, wird als Hoffnung in die Zukunft projiziert. Da es sich in der Gegenwart nicht beobachten lässt, dass Menschen bereitwillig der Pflicht gehorchen, wenn es ihrer Neigung widerspricht, wird gefolgert, dass dies in der Zukunft so kommen wird. Der Egoismus, so Kant, wird zur Aufklärung führen, wenn er die Menschen dazu bringt, über die Bedingung seiner optimalen Befriedigung zu reflektieren. Mit dieser Geschichtsphilosophie wird lediglich die Logik des Marktmechanismus in die Zeit gestreckt: Weil der Ausgleich für alle förderlich ist, werden die Menschen sich an die Regeln halten. Das hebt aber in keiner Weise das Ausgangsproblem auf, das doch darin bestand, dass die Menschen im individualistischen Paradigma nicht danach fragen, was für alle, sondern was für sie selbst gut ist. Die Geschichtsphilosophie löst das Problem der Differenz von Pflicht und Neigung nicht, sondern behauptet nur, dass die Zeit es lösen wird.

4.4 Sozialstaatlicher Liberalismus

Der sozialstaatliche Liberalismus setzt mit seiner Kritik an einem weiteren Problem des rechtsstaatlichen Liberalismus an. Letzterer wendet gegen den Realismus und den radikalen Wirtschaftsliberalismus ein, dass der Interessenausgleich zwischen Individuen nicht durch ihre bloße Zustimmung zu einer Vereinbarung erreicht wird, sondern dass es einer qualifizierten Zustimmung bedarf: Mit der Zustimmung muss die formale Gleichheit der Partner anerkannt werden. Es wird also nach den Bedingungen gefragt, die eine Vereinbarung möglich machen; er formuliert, um es mit Höffe zu sagen, eine transzendentale Theorie des Interessenausgleichs. Das Problem, dass sich aus der Anwendung dieses Grundsatzes ergibt, liegt im möglichen Konflikt zwischen der geforderten Gleichheit gegenüber dem Recht und der wirtschaftlichen Ungleichheit, die mit der Marktwirtschaft einhergeht. Bei Kant tritt ein solcher Konflikt zwischen Politik und Ökonomie nicht auf, weil er den Bürgerstatus von vornherein auf die wirtschaftlich Selbständigen begrenzt. Da eine solche Begrenzung mit dem modernen Demokratieverständnis nicht vereinbar ist, liegt die Alternative nahe, die materielle Unabhängigkeit der Individuen als Bedingung ihrer Zustimmungsfähigkeit zu sehen und die Politik für die Sicherung dieser Unabhängigkeit verantwortlich zu machen. Die gedankliche Bewegung besteht somit in einem Zurückfragen nach den Bedingungen des Interessenausgleichs.

In den Teilen 2 und 3 wurde gezeigt, dass es innerhalb des politischen Liberalismus grundsätzlich zwei Vorschläge gibt, die materielle Zustimmungsfähigkeit der Bürger zu sichern: Zum einen kann versucht werden, durch eine entsprechende Gestaltung der Rahmenordnung des Wettbewerbs möglichst vielen die Möglichkeit zu geben, am wirtschaftlichen Wohlstand teilzuhaben. So setzt zum Beispiel das Konzept der Sozialen Marktwirtschaft, wie es unter anderem von Eucken (1952/1990) entwickelt wurde, auf der Ebene der Gestaltung der Regeln (Wirtschaftsverfassung) an, was der Logik des rechtsstaatlichen Liberalismus entspricht. Dort kommt der Stärkung des Mittelstandes eine große Bedeutung zu, um die Spaltung der Gesellschaft in Besitzende und Besitzlose sowie die „Vermassung" der Gesellschaft (Röpke 1949, 239) zu verhindern. Ein breiter Mittelstand wird als Voraussetzung für eine funktionierende und stabile Demokratie gesehen, die in der Lage ist, eine entsprechende Wirtschaftsverfassung hervorzubringen. Der sozialstaatliche Liberalismus geht hingegen davon aus, dass eine Rahmenordnung nicht genügt, um den Wettbewerb mit dem Ziel der Freiheit in Einklang zu bringen; Vertreter dieses Paradigmas fordern weitergehende Eingriffe in die Wettbewerbsprozesse sowie sozialpolitische Umverteilungsmaßnahmen.

Wenn es um die Zuordnung einzelner Positionen und Autoren geht, erweist sich die Grenze zwischen rechtsstaatlichem und sozialstaatlichem Liberalismus gelegentlich als fließend; zudem gibt es vor allem innerhalb des sozialstaatlichen Liberalismus eine große Bandbreite an Positionen. Daraus ergibt es sich, dass der keynesianisch orientierte Stiglitz, der Eingriffe in den Wettbewerb im Falle des Marktversagens fordert (s. o., 3.2.2.2), hinsichtlich konkreter politischer Maßnahmen den Positionen von Höffe näher stehen mag als denen von Myrdal oder Beck.[605] In Bezug auf das grundsätzliche Verhältnis von Politik und Ökonomie, um das es in dieser Arbeit geht, wird die Grenze jedoch nach der Beurteilung des Wettbewerbs gezogen: Rechtsstaatliche Liberale gehen davon aus, dass die wirtschaftliche Freiheit des Handels die politische Freiheit im Sinne von Autonomie fördert, solange in einer Rahmenordnung klare Regeln vorgegeben werden; sozialstaatliche Liberale hingegen sehen in der wirtschaftlichen Freiheit eine tendenzielle Bedrohung der politischen Freiheit und befürworten deshalb (in sehr unterschiedlichem Maß) eine Einschränkung der wirtschaftlichen Freiheit. Als entscheidenden Ort der Verwirklichung der Freiheit sehen die meisten unter ihnen den demokratischen Prozess und nicht den Markt.

Sozialstaatliche Liberale, die das Spannungsverhältnis von wirtschaftlicher und politischer Freiheit betonen (und sich nicht, wie keynesianisch orientierte Ökonomen, auf die Analyse von Wettbewerbsprozessen konzentrieren), betonen auf der grundsätzlichen Ebene das Problem, dass ein ständiger Zwang zur flexiblen Anpassung im Wettbewerb dem Ziel der liberalen Gesellschaft, den Bürgern die Möglichkeit zur Entfaltung ihrer Fähigkeiten und Anlagen zu geben, zuwiderläuft. Die Zweckrationalität eines ständig auf Effizienzsteigerung zielenden Kapitalismus reduziert aus ihrer Sicht den Menschen auf ein bloßes Mittel; die Verselbständigung der Ökonomie, die als Folge der Globalisierung beklagt wird, ist nicht nur eine Verselbständigung gegenüber der Politik, sondern auch gegenüber dem einzelnen Menschen, der sich selbst nicht mehr als Zweck der Ökonomie betrachten kann.

Diese Kritik konnte erst aufgrund der Erfahrungen mit dem freien Wettbewerb im 19. und 20. Jahrhundert formuliert werden. Für die Analyse der theoretischen Grundlagen des sozialstaatlichen Liberalismus kann also nicht wie im rechtsstaatlichen Liberalismus auf Positionen aus der Zeit der Aufklärung zurückgegriffen werden. Hier sollen diese Grundlagen am Beispiel von Habermas und Beck behandelt werden, weil sie für zwei Aspekte der Kritik an der Verselbständigung der Ökonomie stehen: Habermas richtet sich gegen die

605 Politikwissenschaftliche Autoren, die dem sozialstaatlichen Liberalismus in der hier vorgenommenen Abgrenzung zuzurechnen sind, haben tendenziell eine größere Affinität zu keynesianisch orientierten Ökonomen als es umgekehrt der Fall ist.

Zweckrationalität des Kapitalismus, weil sie die öffentliche Autonomie und damit die Demokratie gefährdet, in der der Mensch sich als moralisches Subjekt verwirklicht; Beck kritisiert die neoliberale Globalisierung, weil die mit ihr verbundene Tendenz zur Uniformisierung im Widerspruch zum liberalen Ziel einer pluralistischen Gesellschaft steht.[606]

Da bei beiden Autoren der vom Wettbewerb ausgehende Zwang im Mittelpunkt ihrer Kritik steht, soll vorab daran erinnert werden, dass dieser Zwang von Seiten wirtschaftsliberaler Autoren gerade als Vorzug der Marktwirtschaft gesehen wird: Aus ihrer Sicht bedarf es des Zwangs, um die Handlungen der eigennutzorientierten Individuen so zu koordinieren, dass das für alle Marktteilnehmer vorteilhafteste Ergebnis herauskommt. Ohne (oder mit einem unzureichenden) Zwang fehlt der Anreiz zur Leistung; wird der nötige Zwang von einzelnen Personen oder Gruppen ausgeübt (wie in Hobbes' Leviathan oder auch in einer Zentralverwaltungswirtschaft), so werden diese Personen oder Gruppen ihn zu ihren eigenen Gunsten willkürlich ausüben. Der Wettbewerb hat demgegenüber aus wirtschaftsliberaler Sicht den Vorzug, dass er alle Marktteilnehmer in gleicher Weise dem Zwang zur kontinuierlichen Leistungsverbesserung unterwirft.

Sozialstaatliche Liberale halten dagegen, dass der Wettbewerbsdruck aufgrund der ungleichen Marktergebnisse sehr unterschiedlich auf die Marktteilnehmer wirkt: Der Druck ist vor allem für die unteren Einkommensschichten spürbar, von denen die Herrschaft des Marktes als Willkürherrschaft empfunden wird. Die Freiheit aller Bürger (und nicht bloß der wirtschaftlich erfolgreichen) kann nur durch die Sicherung einer Grundversorgung gewährleistet werden. Der negative Zwang, der von der wirtschaftlichen Ungleichheit ausgeht, muss politisch neutralisiert werden.

4.4.1 Freier Wettbewerb im Konflikt mit der Demokratie (Habermas)

Mit der Zuordnung von Habermas zu den sozialstaatlichen Liberalen ist die Beschränkung auf seine neueren Veröffentlichungen verbunden, die nicht mehr von der marxistisch beeinflussten Fundamentalkritik am politischen System der Bundesrepublik gekennzeichnet sind.[607] Hier interessiert vor allem Habermas' Auseinandersetzung mit der Globalisierung Ende der neunziger Jahre, in der zugleich die Grundzüge seiner politischen Theorie deutlich

606 Habermas und Beck werden im Folgenden als Beispiele für diese beiden Richtungen der Kritik des sozialstaatlichen am rechtsstaatlichen Liberalismus dargestellt. Drei weitere Autoren aus der angelsächsischen Diskussion seien hier erwähnt, denen in der Globalisierungskritik ebenfalls eine erhebliche Bedeutung zukommt: Giddens (1999; s. a. Hutton/Giddens 2001), der großen Einfluss auf Beck ausgeübt hat, plädiert aufbauend auf seiner Theorie der reflexiven Modernisierung für eine Erneuerung der Zivilgesellschaft, in der Individualismus mit Solidarität verbunden wird. Sennett (2000) untersucht in einer Reihe von Fallstudien die sozialen Auswirkungen der aus der Globalisierung des Wettbewerbs resultierenden Flexibilitätsanforderung an den Menschen und zeigt, in welcher Weise die zunehmende Flexibilisierung soziale Bindungen zerstört und die moderne Gesellschaft in ihrer Existenz bedroht. Rifkins (2000) Kritik am globalen Kapitalismus setzt am Wandel des Eigentumsverständnisses an: Da das Streben nach Besitz heute zunehmend durch das Streben nach Zugang zu Netzwerken abgelöst wird, geht das traditionell mit dem Eigentum verbundene Verantwortungsbewusstsein, das die Grundlage für den historischen Erfolg des Kapitalismus ist, schrittweise verloren. Allen drei Autoren geht es wie Habermas und Beck darum zu zeigen, dass die wirtschaftliche Freiheit im Ergebnis zur Ohnmacht des Einzelnen gegenüber den Gesetzen des Marktes führt, eine Reform der Marktwirtschaft jedoch möglich ist.

607 Vgl. zu der frühen Phase von Habermas als Mitarbeiter von Adorno und Habilitand von Abendroth: Wiggershaus (2004, 38-55).

werden; die diskurstheoretischen Grundlagen seiner politischen Philosophie können hier nur am Rande berücksichtigt werden.[608]

Habermas stellt seine Kritik an der wirtschaftlichen Globalisierung und sein Konzept einer „Weltinnenpolitik ohne Weltregierung" in dem Aufsatz „Die postnationale Konstellation und die Zukunft der Demokratie" dar (1998; hier: 156). Am Anfang steht sein Vorwurf gegen die neoliberale Wirtschaftspolitik, die bestehenden sozialen Ungleichheiten nicht mehr als Problem wahrzunehmen, sondern als „naturgegeben" zu akzeptieren. Das sei ein Fehler, weil sie „gesellschaftlich produziert – und deshalb grundsätzlich veränderbar sind" (ebd., 92). Soziale Ungleichheit kann überwunden werden, wenn „die vereinigten Bürger eines demokratischen Gemeinwesens ihre gesellschaftliche Umgebung *gestalten* und die zur Intervention erforderliche Handlungsfähigkeit entwickeln" (93, Hervorhebung im Original). Dies war bislang die Aufgabe des Nationalstaats, der aber nun durch die wirtschaftliche Globalisierung in seinen Grundlagen in Frage gestellt wird. Habermas analysiert die Wirkung der wirtschaftlichen Globalisierung auf die Politik anhand von vier Merkmalen des Nationalstaats:

1. Der Nationalstaat greift als Verwaltungs- und Steuerstaat regulierend in gesellschaftliche (einschließlich wirtschaftliche) Prozesse ein und schützt als Rechtsstaat die Handlungsspielräume der Bürger (97f.). Die Globalisierung reduziert die Handlungsfähigkeit des Nationalstaats, weil einerseits zunehmend Handlungsbedarf jenseits der Grenzen des Staatsgebietes entsteht und andererseits der Steuerstaat weniger Möglichkeiten hat, auf nationale Ressourcen zuzugreifen, weil sowohl die Bürger als auch die Unternehmen abwandern können.
2. Die Handlungsfähigkeit des Nationalstaats beruht auf der Prämisse der Souveränität des Staatsvolkes innerhalb der definierten Grenzen des Staatsgebiets (98f.). Dieser Grundsatz wird durch die Globalisierung in Frage gestellt, weil nationale Politik nicht mehr „in den Grenzen des Staatsgebiets mit dem tatsächlichen Schicksal der nationalen Gesellschaft zur Deckung gebracht werden kann." (108)
3. Das souveräne Handeln des Staates setzt die Selbstbestimmung der Nation voraus, die auf dem nationalen Bewusstsein als kollektiver Identität des Staatsvolkes beruht (99f.). Die kollektive Identität wiederum ist die Grundlage der „staatsbürgerliche[n] Solidarität" (100, im Original hervorgehoben), d. h. der Bereitschaft „zu ‚Opfern' [...] – etwa den Wehrdienst abzuleisten oder die Last umverteilungswirksamer Steuern zu tragen." (100) Die Globalisierung gefährdet die Grundlage souveränen Handelns, weil sie zu einer politischen Fragmentierung führt, die sich unter anderem in Ausländerhass, sinkender Bereitschaft zur sozialstaatlichen Solidarität (111) und zunehmender Pluralisierung der Lebensformen widerspiegelt (112).
4. Kollektive Identität beruht nicht auf der „vorpolitischen Vertrauensbasis einer ‚gewachsenen' Gemeinschaft [...], die Volksgenossen mit ihrem Sozialisationsschicksal gleichsam ererben" (152),[609] sondern auf einer „freiwilligen Assoziation von Rechtsgenossen" (ebd.), die um der Verwirklichung der politischen Autonomie willen geschaffen wird: „Der *demokratische Verfassungsstaat* ist seiner Idee nach eine vom Volk selbst gewollte und durch dessen freie Meinungs- und Willensbildung legitimierte Ordnung, die den Adressaten des Rechts erlaubt, sich zugleich als dessen Auto-

608 Siehe dazu Habermas (1981; 1992) sowie die Darstellungen bei Horster (1999) und Palazzo (2002).
609 Diese Position vertritt z. B. Böckenförde (1999).

> ren zu verstehen." (100, Hervorhebung im Original) Auf dieser Ebene kommt es nun zu einem zweifachen Konflikt mit der Globalisierung: Erstens muss der Nationalstaat mittels Umverteilung „dafür Sorge tragen, dass die sozialen Entstehungsbedingungen privater und öffentlicher Autonomie hinreichend erfüllt sind", weil anderenfalls eine „wesentliche Legitimitätsbedingung der Demokratie gefährdet" ist (101). Es ist laut Habermas „die Aufgabe des *Sozialstaats*, auf die Sicherung der sozialen, technologischen und ökologischen Lebensbedingungen hinzuwirken, die allen eine chancengleiche Nutzung gleichverteilter Bürgerrechte erst ermöglichen." (Ebd., Hervorhebung im Original.) Das zweite Problem besteht in der Zweckrationalität des Kapitalismus: Wer den Markt als entscheidenden Ort der Verwirklichung von Freiheit ansieht, hat allein die private Freiheit im Blick; Freiheit im Sinne von „politische[r] Autonomie" (143), also gleichberechtigter Beteiligung der Bürger „an der öffentlichen Praxis der Selbstgesetzgebung" (142), wird dabei vernachlässigt. Doch nur diese politische Freiheit kann gewährleisten, dass „der gleichmäßige Respekt vor der menschlichen Würde eines jeden zur Geltung kommt".

Die vier Merkmale des Nationalstaates ergeben sich aus dem Zurückfragen nach den Voraussetzungen, auf denen das politische Handeln im Nationalstaat beruht: Rein äußerlich handelt er als Verwaltungs- und Rechtsstaat (1); die Handlungsfähigkeit beruht auf der Souveränität des Staates innerhalb eines bestimmten Territoriums (2); die Selbstbestimmung setzt eine kollektive Identität voraus (3), die wiederum in der durch die demokratische Verfassung gesicherten politischen Autonomie der Bürger wurzelt (4). Ausgehend von dem Konzept des Verfassungspatriotismus, das Habermas im Anschluss an Dolf Sternberger entwickelt hat (z. B. Sternberger 1982), wird hier die kollektive Identität des Staatsvolkes aus der demokratischen Verfassung begründet.

Die Grundlage für dieses Argument bildet Habermas' Diskurstheorie. Unter Demokratie versteht er nicht (wie z. B. in der angelsächsischen Tradition üblich) einen Wettbewerb von Meinungen um Mehrheiten, bei dem sich eine Partei auf Kosten einer anderen durchsetzt, sondern den auf Konsens zielenden öffentlichen Diskurs, der sich an dem Grundsatz orientiert, „dass genau die Regelungen Legitimität beanspruchen dürfen, denen alle möglicherweise Betroffenen als Teilnehmer an rationalen Diskursen zustimmen könnten." (Habermas 1996, 299f.) Freiheit ist die Möglichkeit zur gleichberechtigten Teilnahme an diesem Diskurs und mit einer unregulierten Marktwirtschaft unvereinbar, weil eine zu große Ungleichheit in der Verteilung der Marktergebnisse diese gleichberechtigte Teilnahme am Diskurs verhindert:

> Schließlich scheitert die egalisierende Kraft des Marktes, der die Leistungen aller Teilnehmer einem unparteilichen Maßstab unterwerfen soll, an dem evidenten Umstand, dass Personen, wie wir sie kennen, keineswegs die gleichen Chancen haben, an Märkten teilzunehmen und Gewinne zu erzielen. Reale Märkte reproduzieren – und steigern – *ex ante bestehende* komparative Vorteile von Unternehmen, Haushalten und Personen. (Habermas 1998, 143f., Hervorhebung im Original.)

In dieser Feststellung – die empirisch so wenig haltbar ist wie die gegenteilige Behauptung, dass freier Wettbewerb stets allen Bürgern zugute kommt[610] – ist die (ökonomische) Kernthese des sozialstaatlichen Liberalismus ausgesprochen: Freier Wettbewerb und Demokratie verhalten sich nicht komplementär zueinander, sondern stehen in einem Konfliktverhältnis, weil Märkte nicht allgemeinen Wohlstand schaffen, sondern Ungleichheiten reproduzieren und verstärken. Dadurch fördert der freie Handel nicht den Frieden, sondern führt zu sozialen Spannungen bis hin zu Kriegen.[611]

Auf die Infragestellung der Voraussetzungen der äußeren Handlungsfähigkeit des Nationalstaats gibt es Habermas zufolge in der Globalisierungsdiskussion im Wesentlichen zwei Reaktionen: Der „Neoliberalismus"[612] befürwortet die Globalisierung und sieht in der Marktwirtschaft das der Demokratie überlegene System zur Koordination individueller Handlungen; der Neomerkantilismus hingegen beurteilt die Globalisierung negativ und gibt sich der Illusion hin, dass die äußere Handlungsfähigkeit durch Abschottung des Staates wiederhergestellt werden könne.

Habermas lehnt beide Positionen ab und plädiert für eine Wiederherstellung der politischen Handlungsfähigkeit auf der transnationalen Ebene, indem deren Voraussetzungen (Souveränität, kollektive Identität, demokratische Verfassung) auf einer höheren Ebene wie z. B. derjenigen der Europäischen Union neu konstituiert werden. Das politische Ziel besteht darin, „für den demokratischen Prozess geeignete Formen auch *jenseits* des Nationalstaates" zu entwickeln (95, Hervorhebung im Original). Die Grundlage für die Herausbildung einer kollektiven Identität auf der transnationalen Ebene soll der Verfassungspatriotismus sein: Die europäischen Bürger sollen „sich als die Autoren der Gesetze, denen sie als Adressaten zu Gehorsam verpflichtet sind", verstehen (152f.) und dadurch die kollektive Identität entwickeln, die die Grundlage für Solidarität und Umverteilungspolitik ist.

Auf der globalen Ebene ist eine solche Entwicklung jedoch nicht möglich, weil eine demokratische Gemeinschaft auf der Unterscheidung von Mitgliedern und Nicht-Mitgliedern beruht und somit eine Weltrepublik, die auf „vollständiger Inklusion" beruht und keine „sozialen Grenzen zwischen Innen und Außen erlaubt" (161), aus prinzipiellen Gründen nicht realisierbar ist.[613] Die Einhegung des Kapitalismus, die das Ziel des Aufbaus

610 Die Behauptung, dass Märkte ex ante bestehende Vorteile reproduzieren, ist in ihrer Unbedingtheit empirisch schlicht falsch. Solange der Wettbewerb halbwegs funktioniert, werden Vorteile nur solange „reproduziert", wie Unternehmen bzw. Personen weiterhin entsprechende Leistungen erbringen. Ist dies nicht der Fall, so können sie im Wettbewerb nicht bestehen; und so müssen immer wieder auch alte Traditionsunternehmen ihre Geschäftstätigkeit einstellen. Umgekehrt gibt es beeindruckende Beispiele von Unternehmern, die allein mit einer guten Geschäftsidee „aus dem Nichts" Erfolg haben.

611 Habermas nennt u. a. „die kulturellen Konflikte, die sich zwischen einem weithin säkularisierten Westen und der fundamentalistisch bewegten islamischen Welt [...] abzeichnen" (Habermas 1998, 93), die er somit auf ökonomische Ursachen zurückführt.

612 Der Begriff „Neoliberalismus" wird heute von sozialstaatlichen Liberalen und von Strukturalisten zur Kennzeichnung des Wirtschaftsliberalismus verwendet (z. B. Butterwegge/Lösch/Ptak 2007), ist aber sehr unpräzise, weil er nicht zwischen radikalen Wirtschaftsliberalen und gemäßigten Wirtschaftsliberalen bzw. rechtsstaatlichen Liberalen unterscheidet. „Neoliberalismus" wird als Kampfbegriff gegen jeden verwendet, der die freie Marktwirtschaft nicht grundlegend reformieren oder abschaffen will. Neoliberal zu sein ist unter Globalisierungskritikern gleichbedeutend mit „naiv", „schlecht" bzw. „böse". Ursprünglich jedoch wurde der Begriff in den dreißiger und vierziger Jahren im Rahmen der Entwicklung des Konzepts der Sozialen Marktwirtschaft verwendet und bezeichnete den Anspruch einer Reformulierung des Liberalismus vor dem Hintergrund des Scheiterns des Laisser-faire-Kapitalismus (siehe z. B. Schiller 1995, 302).

613 Habermas wendet sich an dieser Stelle explizit gegen die Konzeption einer kosmopolitischen Demokratie von David Held und Daniele Archibugi (siehe Archibugi/Held 1995).

politischer Strukturen jenseits des Nationalstaats ist, sieht somit auf der europäischen (bzw. allgemein der regionalen) und der globalen Ebene unterschiedlich aus:

- Die EU ist prinzipiell fähig, im Sinne des Verfassungspatriotismus eine kollektive Identität zu entwickeln, die es erlaubt, Umverteilungsmaßnahmen zur Reduktion der sozialen Ungleichheit zu beschließen. Als konkrete Maßnahmen nennt Habermas eine keynesianische Wirtschaftspolitik zum Ausgleich von konjunkturellen Schwankungen und Maßnahmen gegen Arbeitslosigkeit. Konkret schlägt er vor: „z. B. eine radikale Umverteilung des geschrumpften Volumens an Erwerbsarbeit oder die Beteiligung breiter Schichten am Kapitaleigentum oder die Entkoppelung eines staatlichen, oberhalb des Sozialhilfeniveaus liegenden Grundeinkommens vom Erwerbseinkommen." (139f.)
- Da auf der globalen Ebene die Grundlage für solche Solidarleistungen fehlt, muss man sich hier auf die Regulierung der Weltwirtschaft und insbesondere der Finanzmärkte durch internationale Organisationen nach dem Vorbild des ursprünglichen Bretton-Woods-Abkommens beschränken. Habermas spricht in bewusster Abgrenzung von Konzepten einer Weltrepublik von „Weltinnenpolitik ohne Weltregierung" (156).

Die sozialpolitischen Vorstellungen sind geeignet, auch bei wohlwollenden Wirtschaftsliberalen heftige Reaktionen auszulösen. Insbesondere ein Grundeinkommen über dem Niveau der Sozialhilfe hätte aus wirtschaftsliberaler Sicht eine verheerende Anreizwirkung für alle, die im unteren Lohnbereich arbeiten, und würde den Staatshaushalt wohl endgültig in den Ruin treiben. Doch eine rein ökonomische Kritik an diesen Vorschlägen greift zu kurz: Sie legt an Habermas den Maßstab der Effizienz an, obwohl es ihm gerade um die Kritik des Primats der Effizienz geht. Sein oberstes Ziel ist die Verwirklichung der Autonomie der Bürger, vor allem der öffentlichen Autonomie, die sich in der Teilnahme der Bürger am demokratischen Prozess äußert. Diese Sicht lässt sich auf Kant zurückführen, geht aber in einem entscheidenden Punkt über ihn hinaus:

- Auf Kant lässt sie sich insofern zurückführen, als schon dort das Primat des Rechts gegenüber der Ökonomie und damit der Gleichheit gegenüber dem Erwerbsstreben betont wird und die Gleichheit nicht allein formal verstanden wird. Die völlige Unabhängigkeit formaler Gleichheit von materieller Ungleichheit gilt bei Kant nur für die Untertanen als *Adressaten* des Rechts, nicht aber für die Bürger als *Autoren* des Rechts. Mitgesetzgeber kann nur der sein, so Kant, der „sein eigener Herr"[614] und somit wirtschaftlich unabhängig ist. Kants Konsequenz, das Recht auf Teilnahme am politischen Prozess entsprechend eng zu fassen, wird heute nicht mehr als zeitgemäß angesehen; da ist Habermas Folgerung, mit einem Grundeinkommen allen Bürgern die wirtschaftliche Unabhängigkeit zu sichern, nur konsequent. Kant würde diese Maßnahme jedoch verwerfen: Ihm ging es darum, dass die Autoren des Rechts auf eigenen Beinen im Leben stehen. Die Abhängigkeit von Sozialzuwendungen wäre mit seinem Verständnis von Selbständigkeit nicht vereinbar.
- Habermas' Kritik am Kapitalismus geht noch einen Schritt weiter: Aus seiner Sicht gibt es einen fundamentalen Konflikt zwischen der Zweckrationalität des Kapitalismus und der verständigungsorientierten Logik der Lebenswelt. Habermas unterscheidet

614 Kant („Gemeinspruch", A 245, im Original hervorgehoben).

zwei Formen des Handelns: strategisch-instrumentelles Handeln auf der einen und kommunikatives Handeln und Diskurs auf der anderen Seite. Strategisch-instrumentelles Handeln ist auf die Erreichung äußerer Zwecke gerichtet und von einer funktionalistischen Logik gekennzeichnet (also: zweckrational); kommunikatives Handeln und Diskurs zielen auf Verständigung zwischen Personen in der sozialen Interaktion.[615] Hier wird wiederum unterschieden zwischen kommunikativem Handeln, das die Geltung von Sinnzusammenhängen voraussetzt, und dem Diskurs, der eben diese Geltung problematisiert und nach der Begründung von Normen fragt. Die Unterscheidung zwischen strategisch-instrumentellem Handeln einerseits und kommunikativem Handeln bzw. Diskurs andererseits liegt dem Gegensatz von System und Lebenswelt zugrunde: strategisch-instrumentelles Handeln kennzeichnet Systeme, kommunikatives Handeln Lebenswelten;[616] System und Lebenswelt bilden zusammen die Gesellschaft.[617] Das kapitalistische System hat nun die Tendenz, aufgrund seiner inneren Dynamik auf die Lebenswelt auszugreifen und Bereiche des kommunikativen Handelns der funktionalistischen Logik des strategisch-instrumentellen Handelns zu unterwerfen.[618] Der Sozialstaat diente dazu, diese „Kolonialisierung" der Lebenswelt (vgl. z. B. Habermas 1981 II, 471) durch eine Einhegung des freien Wettbewerbs zu unterbinden; doch indem die wirtschaftliche Globalisierung den Wettbewerb entfesselt, kommt es zu einer Verstärkung der Bedrohung der Lebenswelt. Die Herausbildung neuer Formen politischen Handelns jenseits des Nationalstaats dient also dem Schutz der Lebenswelt, denn nur in ihr ist der Mensch wirklich „bei sich", in der Arbeitswelt hingegen ist er „außer sich".[619]

Hier kommt ein Element in die Analyse des Verhältnisses von Politik und Ökonomie, das zeigt, dass Habermas gewissermaßen an der Grenze zwischen dem politischen Liberalismus und dem Strukturalismus steht: Kant forderte in der zweiten Formulierung des kategorischen Imperativs, dass man den anderen niemals bloß als Mittel, sondern immer zugleich als Zweck ansehen soll (GMS, B 66f.); dieser Imperativ gilt aus seiner Sicht für das Handeln schlechthin. Die geforderte Einheit von Zweckrationalität und Anerkennung der Würde des anderen, die den politischen Liberalismus allgemein kennzeichnet, zerfällt bei Habermas in zwei Formen des Handelns, die er zwei Bereichen der Gesellschaft zuordnet. Das philosophische und politische Grundproblem liegt für ihn in dem Konflikt zwischen diesen Bereichen, der zugleich ein Konflikt zwischen Politik und Ökonomie ist: Der andere kann nur dann zugleich als Zweck angesehen werden, wenn die Lebenswelt mit dem System eine Einheit bildet und es dominiert. Die Moderne ist aber gerade von der umgekehrten Entwicklung gekennzeichnet: der Entkoppelung des Systems von und schließlich der Herrschaft über die Lebenswelt.[620] Die Schwelle vom sozialstaatlichen Liberalismus

615 Zur Unterscheidung von instrumentellem, strategischem und kommunikativem Handeln: Habermas (1981 II, 384).

616 Zum Begriff der Lebenswelt: ebd., 182-228. Zur Gegenüberstellung von System und Lebenswelt siehe auch Jäger/Baltes-Schmitt (2003, 145).

617 Habermas (ebd., 180).

618 Die Kritik dieser Logik steht im Zentrum von Habermas' Hauptwerk; vgl. den Untertitel des zweiten Bandes der „Theorie des kommunikativen Handelns": „Zur Kritik der funktionalistischen Vernunft".

619 Vgl. zu dieser Formulierung die Definition der Entfremdung bei Marx (Ms. 514). – Zu den Grundzügen der Philosophie von Habermas siehe Palazzo (2002), Jäger/Baltes-Schmitt (2003).

620 Habermas (1981 II, 229-293), siehe auch Jäger/Baltes-Schmitt (2003, 125f.).

zum Strukturalismus wird überschritten, wenn diese Analyse in eine Fundamentalkritik mündet, so dass nur revolutionäre Änderungen zur Überwindung des Konflikts führen können, während Reformen nicht mehr möglich sind. Habermas zielte in seinen frühen Schriften auf eine solche Fundamentalkritik;[621] in den späteren Schriften hingegen hat er sich zum „Reformer" und damit zum (sozialstaatlichen) politischen Liberalen gewandelt.

4.4.2 Freier Wettbewerb im Konflikt mit dem Pluralismus (Beck)

Beck zählt im deutschsprachigen Raum zu den bekanntesten soziologischen Autoren zum Thema Globalisierung. In seinen Büchern „Was ist Globalisierung?" (1997) und „Macht und Gegenmacht im globalen Zeitalter" (2002) sowie in zahlreichen weiteren Publikationen zielt er auf die Kritik einer rein wirtschaftlichen Globalisierung (die er als „Globalismus" bezeichnet, z. B. 1997, 21 und 195-213) und formuliert ein Plädoyer für die Einhegung des entfesselten Kapitalismus mit dem Ziel, einen globalen Pluralismus zu verwirklichen. Die Grundlagen seiner politischen und soziologischen Theorie werden in „Was ist Globalisierung?" erläutert; der neuere Band entfaltet diese Sicht in einer detaillierten Analyse verschiedener Aspekte der Globalisierung und geht darüber hinaus auf die Konsequenzen der Anschläge vom 11. September 2001 ein. Da es hier um die theoretischen Grundlagen seiner Sicht geht, stützt sich die folgende Darstellung vor allem auf „Was ist Globalisierung?" (auf diesen Band beziehen sich auch – sofern nicht anders angegeben – die Seitenangaben).

Beck diagnostiziert (ähnlich wie Habermas) das Ende des Nationalstaats und deutet es als das Ende der „Ersten Moderne", die durch die Bindung von Staat und Gesellschaft an die territorialen Grenzen der Nation charakterisiert ist. In der „Ersten Moderne" ist die Gesellschaft „im Machtraum der Nationalstaaten wie in einem Container aufgehoben" (50); politisches Handeln zielt wesentlich darauf, durch Kontrolle die innere Homogenität herzustellen, die als Voraussetzung für die Handlungsfähigkeit des Staates angesehen wird.

Die Globalisierung stellt die territoriale Begrenzung politischen Handelns jedoch radikal in Frage; zusätzlich zur Intensivierung der internationalen Arbeitsteilung (14f.) und zur Wirkung der Kommunikationstechnik (57) spielen dabei zwei Faktoren eine entscheidende Rolle:

- Die Ausdifferenzierung internationaler Politik führt dazu, dass die Zurechenbarkeit der Folgen nationalstaatlichen Handelns verloren geht und verantwortliches politisches Handeln auf der Ebene des Nationalstaats kaum mehr möglich ist (72f.);
- die dramatische Zunahme globaler Gefahren (insbesondere durch ökologische Katastrophen, die Verbreitung von Massenvernichtungswaffen und den international operierenden Terrorismus) führt zur Entstehung der „Weltrisikogesellschaft" (79)[622], in der Schäden „kaum mehr bestimmten Verantwortlichen zuzuschreiben" sind, so dass „das Verursacherprinzip [...] an Trennschärfe" verliert (ebd.).

621 So z. B. in seiner Habilitationsschrift „Strukturwandel der Öffentlichkeit" (1962/1990), die von Horkheimer als „zu links" eingeschätzt wurde (Waschkuhn 1997, 167f.; zum Verhältnis von Horkheimer und Habermas s. a. Wiggershaus 2004, 42f.).

622 Der Begriff „Risikogesellschaft" spielt in Becks soziologischer Theorie eine zentrale Rolle, vgl. Beck (1986).

Durch die Auflösung der Bedingungen nationalstaatlichen politischen Handelns kommt es zu einem Niedergang der Politik, der von „Neoliberalen“ begrüßt, von postmodernen Denkern dagegen mit Fatalismus hingenommen wird. Am „Neoliberalismus“[623], der den Weltmarkt als sich selbst regulierend ansieht, kritisiert Beck die Reduktion der Globalisierung auf die ökonomische Dimension (196).[624] Das Problem dieser Reduktion sind nicht allein die wirtschaftlichen Folgen eines entfesselten Kapitalismus (insbesondere die sozialen Spaltungen, 198), sondern die generelle Unterwerfung von Politik, Wissenschaft und Kultur unter das Primat der Ökonomie; Beck sieht hierin eine „Wiedergeburt des Marxismus als Manager-Ideologie“ (203) und weist damit auf eine interessante Parallele zwischen dem Ökonomismus der Wirtschaftsliberalen und der Marxisten hin. Der Kern seiner Kritik am Neoliberalismus besteht darin, dass dieser mit dem pluralistischen Versprechen der Moderne, also der Idee der Freiheit und der individuellen Selbstverwirklichung, nicht vereinbar ist. Die Postmoderne hingegen sieht im Niedergang des Nationalstaats nur ein weiteres Beispiel für die Auflösung aller Formen von Gemeinschaft durch die radikale Individualisierung; dahinter verbirgt sich das Scheitern des Rationalitätsanspruchs der Moderne. Als Folge der Individualisierung zerfällt die Gesellschaft unwiederbringlich in ein beliebiges Nebeneinander vereinzelter Handlungen (24). Beck kritisiert den „Fatalismus“ dieser Sicht (25): Mit ihr wird das Projekt der Moderne aufgegeben, ohne zu prüfen, ob nicht die Erste durch eine Zweite Moderne abgelöst werden kann.

Die Formulierung des Projekts einer „Zweite[n] Moderne“ (29) steht im Mittelpunkt von Becks Auseinandersetzung mit der Globalisierung.[625] Im Kern geht es dabei um die Herstellung der Bedingungen für globales politisches Handeln auf der Grundlage einer im Entstehen befindlichen transnationalen Zivilgesellschaft. Die Anzeichen, die Beck für die Herausbildung einer solchen Zivilgesellschaft erkennt, ähneln denen, die auch Münch nennt; allem voran die neue Vielfalt an internationalen Nichtregierungsorganisationen, die mit Macht auf die Bühne der internationalen Politik drängen („Weltbürgerinitiativen“, 121), und die Selbstwahrnehmung der Menschen als „Weltgesellschaft“ durch die Berichterstattung in den Medien über globale Bedrohungen (156f.). Im Unterschied zu Münch sieht Beck jedoch die wirtschaftliche Globalisierung nur im negativen Sinne als Motor dieser Entwicklung: Sie fördert die Herausbildung der Zivilgesellschaft, weil die durch sie bewirkten sozialen Spaltungen und ökologischen Katastrophen einen globalen Handlungsbedarf schaffen.

Ähnlich wie Habermas kritisiert Beck die wirtschaftliche Globalisierung nicht allein wegen der sozialen Ungleichheit, sondern weil das Diktat der ökonomischen Rationalität der Verwirklichung von Freiheit und Pluralismus entgegensteht. Freiheit bedeutet für Beck auch Unabhängigkeit von den Zwängen der Ökonomie; das wird am deutlichsten in einem Interview mit Willms ausgesprochen (Beck 2000). Dort erklärt Beck die Arbeitslosigkeit als Zeichen des Anbruchs der „Nach-Arbeitsgesellschaft“, in der die Menschen sich vom Zwang, arbeiten zu müssen, befreien können. Als „Pioniere der Nach-Arbeitsgesellschaft“ (ebd., 216) lobt er diejenigen Menschen, die freiwillig und aus innerer Überzeugung keiner Erwerbsarbeit nachgehen. Er fasst die Argumentation dieser „Pioniere“ in folgenden Worten zusammen:

---

623 Zum Begriff Neoliberalismus s. o., Fußnote 612.

624 Für eine detaillierte Kritik des „Neoliberalismus“ siehe auch den Band von Butterwegge/Lösch/Ptak (2007).

625 Für eine Gegenüberstellung der Merkmale der „Ersten“ und der „Zweiten Moderne“ siehe Beck (2002, 433).

> Allerdings brauchen wir die Arbeitslosenunterstützung, um das zu tun, was uns wichtig ist. Wir sind insofern zwar Nutznießer dieser Unterstützung, aber wir erobern uns neue Räume jenseits der Arbeitsgesellschaft, indem wir das tun, was uns wirklich wichtig erscheint (ebd., 216, ähnlich bereits: 110).

Beck hält diese Haltung, sich von den „Zwangszusammenhängen“ der Arbeit zu befreien, für positiv, geht aber weder hier noch an anderer Stelle auf die Frage ein, wie man einem Arbeiter, der selbst in einem solchen „Zwangszusammenhang“ steht, erklärt, warum er mit seiner Arbeit die Selbstverwirklichung anderer mitfinanzieren soll.[626]

Dieses Problem führt zu der Frage, was die pluralistische Weltgesellschaft, in der jeder offensichtlich in weitem Umfang seine „liebenswürdigen Bornierungen“ (ebd., 247) ausleben können soll, aus Becks Sicht zusammenhält. Zur Beantwortung dieser Frage versucht er, einen dritten Weg zu formulieren, der zwei Sackgassen vermeidet: zum einen den universalistischen Anspruch einer weltweiten Verbreitung westlicher Werte und zum anderen den Relativismus der Postmoderne, der aus dem Nebeneinander vieler Wertvorstellungen auf deren Beliebigkeit schließt. Dieser Weg besteht in der Anerkennung, das jeder Mensch einen jeweils eigenen Universalismus vertritt, der neben einer Vielzahl anderer „Universalismen“ existiert (1997, 146). Die Grundlage des globalen Pluralismus, den Beck als Kosmopolitismus bezeichnet (2002, 408-414), ist somit die „Anerkennung der Andersheit des Anderen“ (ebd., 412). Diese Anerkennung der Andersheit soll aber nicht in einem radikalen Relativismus enden, weil die Menschenrechte nicht zur Disposition gestellt werden dürfen. Plädierte Beck 1997 noch dafür, zwischen den Kulturen das „verhexte Gespräch“ über Menschenrechte zu führen, um den gemeinsamen Kernbestand aller Kulturen herauszuarbeiten (1997, 148),[627] so erklärt er 2002 (430-432) die Menschenrechte zur unanfechtbaren normativen Grundlage der Globalisierung. Die sich daraus ergebende – alles entscheidende – Frage, wie denn der Konflikt zwischen Formen der „Andersheit“ (z. B. bei der Behandlung von Frauen in der islamischen Welt) und den Menschenrechten gelöst werden soll, wird zwar benannt (Beck 2002, 431), aber nicht weiter behandelt. Das erstaunt, weil bei dem Anspruch, mit dem Beck als Verkünder der „Zweiten Moderne“ auftritt, diese Frage eigentlich im Zentrum seiner Bücher stehen müsste.

4.4.3 Kritik des sozialstaatlichen Liberalismus[628]

Beck ist von seinem Begründungswillen her nicht mit Habermas zu vergleichen – während Habermas systematisch und unter Rückgriff auf die gesamte neuzeitliche Philosophie-

626 Vielleicht geht Beck davon aus, dass die „Pioniere der Nacharbeitsgesellschaft“ eine gesellschaftlich relevante Leistung erbringen, indem sie sich darum bemühen, ein Leben ohne Arbeit zu führen – die heroische Pionierleistung, am Strand zu liegen, ohne an Arbeit zu denken, würde dann die Sozialhilfe rechtfertigen.

627 Beck schwebt dabei wohl eine Art Dialog der Kulturen vor. Ein solcher Dialog setzt eine gewisse Übereinstimmung der Gesprächspartner hinsichtlich der Gesprächskultur und des Gesprächsmodus voraus – also eine Einigkeit darüber, wie man zu Ergebnissen kommt, wenn man sich z. B. über die Rechtmäßigkeit der Frauenbeschneidung streitet. Die Frage, wie eine solche Übereinstimmung hergestellt werden kann, wird von Beck noch nicht einmal gestellt, geschweige denn beantwortet.

628 Im Folgenden wird nicht das Prinzip der Sozialstaatlichkeit als solches kritisiert, sondern die Position, die in diesem Prinzip die oberste Aufgabe der Politik sieht. Der rechtsstaatliche Liberalismus tritt in seinen modernen Formen (anders als Kant) auch für die Idee des Sozialstaats ein, bindet ihn aber an das Recht, während für Habermas und Beck der Sozialstaat die Grundlage des Rechtsstaates ist.

geschichte an der Begründung eines modernen politischen Liberalismus arbeitet, sucht Beck nach Begriffen für das zugegebenermaßen diffuse Phänomen der Globalisierung – „rauschend, unordentlich, wild“, wie ein Rezensent in der „Zeit“ schrieb.[629] Hier geht es aber weniger um Becks Beitrag zur Globalisierungsdiskussion als vielmehr um sein Plädoyer für einen radikalen Pluralismus, das zusammen mit Habermas' Forderung nach wirtschaftlicher Unabhängigkeit der Bürger eine charakteristische Kritik des sozialstaatlichen Liberalismus am freien Wettbewerb darstellt.

Beck kritisiert die mit der freien Marktwirtschaft verbundenen Zwänge, weil sie mit dem Ziel der Selbstverwirklichung des Menschen nicht vereinbar sind. Die wirtschaftsliberale Sicht, dass Menschen ihre Freiheit im Wettbewerb verwirklichen (als Freiheit der Wahl zwischen Alternativen), ist aus seiner Sicht nicht nur deshalb falsch, weil diese Freiheit nur den Gewinnern im Wettbewerb zukommt, sondern auch, weil die Menschen ihre vielfältigen Anlagen nur dort frei entfalten können, wo sie keinen äußeren Zwängen ausgesetzt sind. Der Markt legt an das Handeln der Menschen einen uniformen, nämlich monetären Maßstab an, der der pluralistischen Idee der „Anerkennung der Andersheit der Anderen“ widerspricht. Habermas hingegen rückt die wirtschaftliche Unabhängigkeit als Bedingung des pluralistischen Diskurses und des Pluralismus der Lebenswelten in den Mittelpunkt: Die ideale Sprechsituation, die die Grundlage für die Konsensfindung im Diskurs ist, setzt nicht allein formal gleiche Teilnahmebedingungen voraus, sondern auch gleiche Möglichkeiten, sich zu artikulieren; dazu bedarf es unter anderem einer ökonomischen Absicherung für alle Bürger.

Mit der Forderung nach wirtschaftlicher Unabhängigkeit und Pluralismus stehen Habermas und Beck für zwei Richtungen des sozialstaatlichen Liberalismus, die dann im Strukturalismus radikalisiert werden zur Forderung einerseits nach materieller Gleichheit durch Abschaffung des Privateigentums (Marxismus) und andererseits nach einem radikalen Partikularismus (Postmoderne).[630] Beide Autoren, Habermas und Beck, verstehen jedoch im Unterschied zum Strukturalismus Freiheit immer noch als Abwesenheit willkürlicher Herrschaft und nicht als Herrschaftsfreiheit schlechthin. Vom rechtsstaatlichen Liberalismus wiederum unterscheidet sie die Überzeugung, dass die Ökonomie eine Form der willkürlichen (illegitimen) Herrschaft ist: Ging es Locke und Kant im Sinne der Aufklärung darum, legitime von illegitimer *politischer* Herrschaft zu unterscheiden, so liegt das zentrale Problem aus der Sicht von Habermas und Beck in der Herrschaft ökonomischer Strukturen, die *per se* illegitim ist. Der Wettbewerb wird nicht mehr als ökonomisches Pendant zu den „checks and balances“ des demokratischen Prozesses angesehen, sondern als Quelle sozialer Ungleichheit, die die Menschen in ihrer Freiheit ungebührlich einschränkt und sie an ihrer Selbstverwirklichung hindert. Gerade das, was der freie Wettbewerb aus wirtschaftsliberaler Sicht bewirken soll, nämlich die Freiheit der Individuen, wird aus sozialstaatlich-liberaler Sicht durch ihn verhindert.

Darin liegt denn auch ein grundsätzliches Problem der Positionen von Beck und Habermas: Beide fordern die Verwirklichung der Freiheit in einer Weise, die Gefahr läuft,

629 Gunter Hofmann; ironischerweise benutzt der Suhrkamp Verlag dieses treffende Zitat, um für Beck (2002) und die von ihm herausgegebene „Edition Zweite Moderne“ zu werben.

630 Nicht umsonst grenzt Beck sich in seinen Büchern immer wieder von der Postmoderne ab: Der Leser braucht eine regelmäßige Erinnerung, dass er nicht einen postmodernen Autor liest. Mit seiner Forderung nach einer kosmopolitischen Gesellschaft, in der jeder seinen eigenen „Universalismus“ in einer pluralistischen Welt vieler „Universalismen“ (1997, 146) auslebt, steht er der radikal partikularistischen Gesellschaftstheorie z. B. eines Zygmunt Baumann sehr nahe.

in eine postmoderne bzw. strukturalistische Position umzuschlagen. Bei Beck stellt sich die Frage, wie der Pluralismus so begründet werden kann, dass er nicht in die völlige Beliebigkeit entgleitet (1). Bei Habermas soll dies durch die Normen verhindert werden, die auf der Ebene der Lebenswelt bestimmt werden; hier fragt es sich jedoch, wie die Autonomie, die in der Lebenswelt verwirklicht wird, vom freien Wettbewerb überhaupt gefährdet werden kann (2).

ad 1: Die grundlegende Schwierigkeit in Becks Konzept eines globalen Pluralismus besteht in der Bestimmung der Grenzen dessen, was die Individuen als „Andersheit“ anerkennen müssen, ohne dass dadurch der Ausgleich der individuellen Interessen (um den es auch Beck geht) gefährdet wird. In der klassischen Theorie des Pluralismus, wie sie insbesondere von Fraenkel formuliert wurde, wird ein Minimalkonsens über Werte als Voraussetzung für den Ausgleich der Interessen angesehen (z. B. Fraenkel 1991, 300f.). Die Selbstverständlichkeit, mit der Fraenkel diese Annahme für die Politik innerhalb von Nationalstaaten gemacht hat, ist heute bereits dort fragwürdig. Erst recht ist es ausgeschlossen, einen Minimalkonsens auf der globalen Ebene als gegeben anzunehmen; er muss vielmehr als Aufgabe verstanden werden: als etwas, das geschaffen werden muss. Becks Pluralismus geht nun offensichtlich wesentlich weiter als der von Fraenkel, weil er im Unterschied zu letzterem die Zwänge des wirtschaftlichen Wettbewerbs als Gefahr für den Pluralismus deutet. Doch der Fokus der Argumentation liegt einseitig auf der Benennung (angeblich) illegitimer Grenzen des individuellen Glücksstrebens und nicht auf der Begründung der legitimen Grenzen. Dieser negative Blick auf die Grenzen der Freiheit, die doch aus der Sicht des rechtsstaatlichen Liberalismus eine unbedingte Voraussetzung für eine freie Gesellschaft sind, liegt in der Logik der liberalen Argumentation: Wenn das eigentliche Ziel des Handelns die Verwirklichung des individuellen Glücks ist, dann wird das Recht nur solange als notwendige Voraussetzung für dieses Glücksstreben angesehen, wie es nicht umfassend verwirklicht ist und gegen Willkürherrschaft und Absolutismus durchgesetzt werden muss. Ist das Recht aber erst einmal (zumindest auf nationaler Ebene) weitestgehend verwirklicht und der ursprüngliche Gegner niedergerungen, so gerät es selbst ins Fadenkreuz der Kritik, weil es jetzt zunehmend als Zwang und nicht mehr als Ermöglichungsbedingung der Freiheit gedeutet wird. Der Zwangscharakter des Rechts wird damit erklärt, dass nicht alle Bürger die gleiche Möglichkeit der Partizipation an seiner Gestaltung haben, sondern vielmehr einzelne Personen und Gruppen über besondere Einflussmöglichkeiten verfügen, die sie zur Durchsetzung eigener Interessen ausnutzen.

Hinzu kommt, dass (wie in der Schlussfolgerung zum rechtsstaatlichen Liberalismus gezeigt wurde) die Festlegung des Rechts notwendig auf Wertvorstellungen rekurriert, weil eine rein formale Bestimmung des Rechts logisch nicht möglich ist. Hält man dann an der Überzeugung fest, dass die Handlungszwecke und (inhaltlichen) Wertvorstellungen rein subjektiv sind, so überträgt sich die Subjektivität der Zwecke auf die Form, d. h. das Recht. Damit aber droht die Bestimmung der Grenzen des Handelns, die bei Kant als objektive Bestimmung gedacht war, beliebig zu werden. Konsequent gedacht führen diese Überlegungen in einen radikalen Subjektivismus, wie er von postmodernen Autoren z. B. von Zygmunt Baumann vertreten wird. Beck zieht jedoch noch die Notbremse, indem er die Menschenrechte als nicht verhandelbare Grenze des Pluralismus benennt. Eine solche nicht verhandelbare Grenze lässt sich freilich innerhalb seiner Position logisch kaum begründen.

ad 2: Eine ähnliche Denkrichtung lässt sich bei Habermas feststellen, der ebenfalls die Grenzen der Freiheit, die im Wirtschaftsliberalismus und im rechtsstaatlichen Liberalismus mit dem Wettbewerb und dem Recht formuliert werden, als freiheitsbeschränkend zurückweist: Der freie Wettbewerb führt zu sozialer Ungleichheit, ein als Pflicht verstandenes Recht wird als politische Unterdrückung empfunden.[631] Die Normen, die dem individuellen Glücksstreben Grenzen setzen, werden auf der Ebene der Lebenswelt, auf der die Unabhängigkeit aller Bürger gewährleistet sein muss, freiwillig vereinbart. Habermas' Konzept der Lebenswelt wirft jedoch zwei Fragen auf.

Erstens bleibt das Verhältnis der Lebenswelt zum Kosten-Nutzen-Kalkül unklar. Die Lebenswelt bildet, wie oben erläutert (S. 265f.), das logische Gegenstück zum Netzwerk: Netzwerke werden vom Austausch beherrscht, der sich nach dem Maß der Nutzenmaximierung und der Effizienz richtet; Lebenswelten hingegen werden vom Ziel der Verständigung bestimmt und führen zur Herausbildung einer gemeinsamen Identität (Habermas 1998, 125). Angesichts dieser Charakterisierung irritiert es, dass sich für Habermas die Solidarität, die aus der Identität entsteht, nur dauerhaft entwickelt, wenn sie sich für den einzelnen auch auszahlt. Er hebt zum Beispiel hervor, dass der Staatsbürgerstatus nur eine „Quelle der Solidarität" bleiben kann, wenn er einen „Gebrauchswert" hat und sich „in der Münze sozialer, ökologischer und kultureller Rechte *auszahl[t]*" (ebd., 117f., Hervorhebung im Original). Die Begründung von Solidarität ist in einer individualistischen Philosophie, in der das Handeln vom individuellen Glücksstreben geleitet wird, tatsächlich ein Problem: Kant sieht Solidarität als eine Pflicht an (GMS B 56f.); lehnt man aber das Konzept der Pflicht ab, so bleibt als mögliches Motiv für solidarisches Handeln nur das Kosten-Nutzen-Kalkül – d. h. der eigene Vorteil. Dann aber wird die Lebenswelt von vornherein von der ökonomischen Logik beherrscht, die doch eigentlich auf die Ebene der Netzwerke begrenzt sein sollte. Die Differenz zwischen Netzwerk und Lebenswelt droht auf eine bloße Differenz des Gegenstandes (wirtschaftlicher Tausch vs. Bestimmung von Normen) reduziert zu werden und wäre nicht mehr eine Differenz der Denkweise (Zweckrationalität vs. Verständigung). Aus diesem Einwand folgt freilich nicht, dass Habermas' Unterscheidung von zwei Ebenen der Rationalität falsch ist, sondern nur, dass sie anders begründet werden müsste.

Zweitens stellt sich bei Habermas die Frage, warum der freie Wettbewerb überhaupt zu einer Bedrohung der Lebenswelt werden und die Menschen daran hindern kann, ihre Autonomie zu entfalten. Aus seiner Sicht liegt in dieser Bedrohung der grundlegende Konflikt zwischen Politik und Ökonomie. Doch wenn die Verwirklichung der politischen Autonomie im Menschen als höhere Existenzform angelegt ist, warum setzt sie sich nicht gegen die Kräfte des freien Wettbewerbs durch? Es kommt der Verdacht auf, dass es nicht der Wettbewerb ist, der die Autonomie behindert, sondern dass die fehlende Autonomie die fortschreitende Ökonomisierung aller Lebensbereiche überhaupt erst verursacht. Habermas unterstellt, dass die Autonomie ‚da' ist, wenn die „sozialen Entstehungsbedingungen" erfüllt sind (ebd., 101). Es bedarf also offensichtlich nicht so sehr einer individuellen Anstrengung, um die Autonomie zu verwirklichen, sondern vielmehr der äußeren Unabhängigkeit. Führt man diesen Gedanken weiter, so ist man vom Marxismus nicht mehr weit entfernt: Auch dort sind es die materiellen Umstände, die den Menschen daran hindern, gut zu sein. Allerdings wird die Bestimmung der Menschen durch die Umstände (nämlich die Produktionsbedingungen) so radikal gedacht, dass sie sich aus eigener Kraft nicht aus ihnen befreien können: Die dialektische Bewegung der Produktionsbedingungen führt letztlich

631 Die negative Haltung gegenüber der Pflicht und die Betonung der Freiwilligkeit zeigen sich z. B. in Habermas (1998, 152).

zur automatischen Abschaffung der Ursache der Unfreiheit – des Privateigentums. Habermas steht folglich mit seiner Deutung des Verhältnisses von Entstehungsbedingungen und Verwirklichung der Autonomie an einer Wegscheide: Entweder die Verwirklichung der Autonomie ist von den Entstehungsbedingungen im strengen Sinne bedingt, dann ist die Freiheit letztlich ein Produkt der gesellschaftlichen Umstände, und es fragt sich, wie (wenn nicht auf dem im Marxismus propagierten Weg der Revolution) die Umstände verändert werden sollen; oder es liegt in der Freiheit der Menschen, gegen die Ökonomisierung der nicht-wirtschaftlichen Lebensbereiche vorzugehen – dann aber scheint die Autonomie nicht einfach ‚da' zu sein, sondern muss entwickelt werden. In letzterem Fall ist dann davon auszugehen, dass sie sich nicht in jedem Menschen in der gleichen Weise entwickelt, so dass es unterschiedliche Fähigkeiten zur Autonomie – und damit auch zur (Mit-)Gesetzgebung – gibt.

Diese beiden Schwierigkeiten in der Theorie von Habermas resultiert aus einer Umdeutung der politischen Philosophie von Kant, die für eine Reihe von sozialstaatlichen Liberalen charakteristisch ist: Kant sieht in der Selbständigkeit des Bürgers die Voraussetzung für die Teilhabe an der Gesetzgebung („Gemeinspruch", A 244-249); die Selbständigkeit wird zwar vordergründig äußerlich (als ökonomische Selbständigkeit) verstanden, hat aber auch eine geistige Dimension, weil sie die Fähigkeit beinhaltet, „sein eigener Herr" zu sein (ebd., A 245, im Original hervorgehoben). Das „Für-sich-selbst-stehen" von Kant wird im sozialstaatlichen Liberalismus zu einer bloßen wirtschaftlichen Unabhängigkeit umgedeutet, die lediglich die Abwesenheit äußerer Zwänge meint. Beide, rechtsstaatliche und sozialstaatliche Liberale, wollen gegenüber dem Wirtschaftsliberalismus die Bedingungen benennen, unter denen die Zustimmung zu einem Vertrag einen tatsächlichen Ausgleich der Interessen herbeiführt. Während die Qualifizierung der Zustimmungsfähigkeit im rechtsstaatlichen Liberalismus auch eine innere (geistige) Komponente im Blick hat, ist sie im sozialstaatlichen Liberalismus rein äußerlich.

Durch die Forderung nach wirtschaftlicher Unabhängigkeit wird der sozialstaatliche Liberalismus (neben dem Strukturalismus) zum eigentlichen Gegner des Wirtschaftsliberalismus, insofern gerade das Prinzip, das im Wirtschaftsliberalismus die Freiheit garantieren soll, nämlich der Wettbewerb, als Ursache von Unfreiheit angesehen wird. Dieser Aspekt soll im folgenden Abschnitt behandelt werden, der allgemein die Zusammenhänge zwischen den vier individualistischen Paradigmen reflektiert und darauf aufbauend die Konzeption des personalen Realismus präzisiert.

4.5 Die Struktur der Debatte – personaler Realismus II

Nach der Analyse der philosophischen Grundlagen der individualistischen IPÖ-Paradigmen soll in diesem abschließenden Kapitel von Teil 4 die Struktur der Debatte zwischen ihnen genauer analysiert werden. Zu diesem Zweck werden zunächst die Unterschiede und Gemeinsamkeiten der Paradigmen herausgearbeitet und damit zugleich die Ergebnisse der vorherigen Kapitel zusammengefasst (Abschnitt 4.5.1). Anschließend werden diese Ergebnisse mit der Konzeption des personalen Realismus in Beziehung gesetzt, die am Ende von Teil 3 skizziert wurde (Abschnitt 4.5.2.1). Dadurch wird deutlich werden, dass die Gegnerschaft von radikalen Wirtschaftsliberalen und Realisten auf der einen Seite und sozialstaatlichen Liberalen auf der anderen Seite die moderne Variante des Streits darstellt, der in der politischen Philosophie der griechischen Antike als Ringen zwischen oligarchischen und demokratischen Kräften charakterisiert wurde. Im Kern dreht sich die Auseinandersetzung zwischen diesen Paradigmen um das Verhältnis von Gleichheit und Ungleichheit im Interessenausgleich (Abschnitt 4.5.2.2). Der rechtsstaatliche Liberalismus stellt die vermittelnde Position dar: Das richtige Verhältnis von Gleichheit und Ungleichheit soll nach seinem Verständnis durch die Rückbindung an das Recht erreicht werden; damit entspricht er der modernen Form der Aristotelischen Politie (Abschnitt 4.5.2.3).

4.5.1 Vergleich der individualistischen Paradigmen

4.5.1.1 Gemeinsamkeiten: Die Grundannahmen des Individualismus

Wie eingangs zu diesem Teil der Untersuchung bereits festgestellt wurde, gibt es zwischen den Paradigmen Realismus, radikaler Wirtschaftsliberalismus, rechtsstaatlicher und sozialstaatlicher Liberalismus auf der grundlegenden Ebene eine entscheidende Gemeinsamkeit: Es handelt sich um individualistische Paradigmen, die Politik und Ökonomie in der Kategorie des Ausgleichs individueller Interessen deuten.[632] Die Merkmale des Individualismus (so, wie er von den vier IPÖ-Paradigmen verstanden wird) werden in der Abgrenzung von teleologischen[633] und strukturalistischen Ansätzen in Teil 5 und in der Schlussbetrachtung noch deutlicher herausgearbeitet. An dieser Stelle lassen sich drei Annahmen benennen, die ihn kennzeichnen.

(1) Soziales Handeln wird auf individuelle Entscheidungen zurückgeführt. Die Individuen treffen ihre Entscheidungen nach Maß ihrer individuellen Vorstellungen vom Guten (Nutzen bzw. Bedürfnis).[634] Diese Vorstellungen, die sich in konkreten Handlungssituationen als Interessen artikulieren, werden als gegeben angenommen. Mit dieser Annahme werden zwei Positionen ausgeschlossen: Erstens wird das Handeln der Menschen nicht als Folge äußerer Strukturen gesehen, sondern betont, dass die Individuen frei sind, in unterschiedlicher Weise auf Strukturen zu reagieren; hierin liegt der Unterschied zu einer strukturalistischen Deutung von Politik und Ökonomie. Zweitens wird nicht davon ausgegangen, dass es einen (für das Verständnis politischen und ökonomischen Handelns relevanten) überindividuellen Maßstab gibt, an dem die Interessen der Individuen beurteilt werden können. Mit der Annahme der Unhintergehbarkeit der individuellen Glücksvorstellungen wird der teleologische Ansatz zurückgewiesen, demzufolge das, was der einzelne für gut hält, nicht notwendig auch gut für ihn ist.

(2) Ausgangspunkt sozialen Handelns ist (zumindest als gedankliches Konstrukt) der Konflikt der Interessen im Naturzustand. Anders als in einem teleologischen Politikver-

632 Der Begriff Individualismus wird im Rahmen dieser Arbeit als Bezeichnung für die gemeinsamen Grundannahmen des Realismus und des Liberalismus verwendet, die im Folgenden herausgearbeitet werden. Im Rahmen der politischen Theorie werden dem Begriff unterschiedliche Inhalte beigelegt, die vielfach auch von der jeweiligen theoretischen Position des Autors abhängen (vgl. z. B. Pribram 1938, Macpherson 1973, von Hayek 1976). Für einen Überblick siehe: Lindsay (1937), Rauscher (1976).

633 Klassische Beispiele für teleologische politische Theorien sind die Staatskonzeptionen von Platon und Aristoteles. Die politische Theorie von Aristoteles wird in Teil 5 näher behandelt. Für eine Darstellung moderner Varianten des aristotelischen Politikverständnisses siehe Gutschker (2002).

634 Als Vorläufer des neuzeitlichen Individualismus wird deshalb mit Recht der Sophist Protagoras gesehen, dem der Satz „Der Mensch ist das Maß aller Dinge" zugesprochen wird (siehe Platon, „Theaitetos", 152 a).

ständnis wird die Gerechtigkeit als Maß zur Beurteilung sozialer Handlungen erst durch eine Vereinbarung zwischen den Individuen (Gesellschaftsvertrag) geschaffen. Vor Abschluss des Vertrags leben die Individuen in einem Zustand der Rechtlosigkeit. In der Deutung des Naturzustandes unterscheiden die individualistischen Paradigmen sich jedoch. Hobbes schildert den Naturzustand als Anarchie, in der die relative Gleichheit der Individuen dazu führt, dass jeder jeden fürchten muss; der Naturzustand wird hier anschaulich als Kriegszustand geschildert. Die Anarchie wird in der IPÖ zum theoretischen Referenzpunkt des Realismus: Die Tatsache, dass es in den internationalen Beziehungen im Regelfall keine Herrschaftsstrukturen gibt, macht das Streben nach Sicherheit zum obersten Ziel der Außenpolitik.

Im Liberalismus wird das Verständnis des Naturzustandes erweitert: Radikale Wirtschaftsliberale und rechtsstaatliche Liberale nehmen ebenfalls die Anarchie als Referenzpunkt an,[635] sehen aber als zweite Gefahr die Willkürherrschaft von Stärkeren über Schwächere, wie sie den Bürgern in Hobbes' „Leviathan" droht. Ihre Fragestellung lautet nicht allein, wie ausgehend von der Anarchie eine politische Ordnung geschaffen werden kann, sondern auch, wie innerhalb einer solchen Ordnung der Missbrauch der politischen Herrschaft (also die Willkürherrschaft) verhindert werden kann. Den Schutz vor Willkür soll im radikalen Wirtschaftsliberalismus der Wettbewerb, im rechtsstaatlichen Liberalismus das Recht gewährleisten (siehe Abbildung 11: S. 285).

Im sozialstaatlichen Liberalismus spielt der Naturzustand als Anarchie nur eine untergeordnete Rolle: Hier wird die Ungleichheit im gegenwärtigen Zustand als eigentliche Bedrohung gesehen. Die Frage, wie, ausgehend von der Anarchie, eine politische Ordnung errichtet werden kann, tritt zurück hinter derjenigen, wie eine bestehende Ordnung so gestaltet werden kann, dass die Bedürfnisse aller Individuen gleichermaßen berücksichtigt werden. Der eigentliche Naturzustand ist hier der globale neoliberale Wettbewerb[636]; für die Legitimation von Normen wird ein Zustand der weitgehenden Gleichheit konstruiert, in dem die Individuen diese Normen vereinbaren (bei Habermas ist dies die ideale Sprechsituation im Diskurs, bei Rawls der ideale Urzustand hinter dem „Schleier des Nichtwissens": Rawls 1975, Kapitel 3).[637]

Der Naturzustand als Anarchie, der zumindest für Realisten, radikale Wirtschaftsliberale und rechtsstaatliche Liberale den theoretischen Referenzpunkt bildet, weist zwei entscheidende Merkmale auf:

a. Die Feindschaft in der Anarchie beruht nicht auf Hass, sondern auf Misstrauen. Individuen werden nicht zu Gegnern, weil sie andere Vorstellungen vom Glück haben, sondern weil sie konkurrierende Interessen verfolgen. Kooperation beruht deshalb nicht darauf, dass die Vorstellungen vom Glück in Einklang gebracht werden, sondern darauf, dass es durch Verhandlungen zu einem Interessenausgleich kommt.
b. In Ermangelung rechtlicher und moralischer Verpflichtungen ist im Naturzustand die Anwendung von Machtmitteln grundsätzlich legitim. Nicht nur im Realismus, sondern

635 Bei Locke kommt es jedoch erst zum Kriegszustand, nachdem der ursprüngliche Friedenszustand aufgrund der Selbstjustiz bei der Durchsetzung der natürlichen Gesetze eskaliert (s. o., S. 225). Zum Naturzustand bei Kant: s. o., Fußnote 539.

636 So z. B. Habermas (1999) in einem Interview der NZZ: „Die entsolidarisierten Einzelnen, die im Naturzustand globalisierter Märkte dazu verurteilt sind, zu alerten Schmieden ihres eigenen Glücks und Unglücks zu werden, fühlen sich gleichzeitig ans opake Ganze eines anonymen Geschehens ohnmächtig ausgeliefert."

637 Für einen Vergleich von Habermas und Rawls siehe Baynes (1992), Shih (2004).

auch im Liberalismus besteht dieser Zustand auf zwei Ebenen fort: Auf der internationalen Ebene zwischen Akteuren, die keinen Frieden vereinbart haben (bzw. vereinbaren wollen), und auf der innerstaatlichen Ebene in Bezug auf Personen, die durch ihr Handeln den Gesellschaftsvertrag aufkündigen (d. h. bei schweren Verstößen gegen das Recht auf Leben, Eigentum und Freiheit). Individualistische Paradigmen implizieren somit eine Freund-Feind-Unterscheidung[638]: Freund ist der, mit dem man in einem Gesellschaftsvertrag verbunden ist und der sich an den Vertrag hält; Feind der, der den Vertrag verweigert oder bricht. Realismus und (politischer) Liberalismus halten sich beide für den Fall der Konfrontation mit Feinden die Anwendung von Macht und Gewalt offen, unterscheiden sich aber in der Entscheidung über deren Einsatz (insbesondere in der Frage, ob die Anwendung von Macht im internationalen Bereich an das Völkerrecht zu binden ist).

Der letzte Punkt ist in internationalen Beziehungen entscheidend: Kooperatives Handeln wirft stets die Frage auf, wie zu reagieren ist, wenn die Kooperation nicht eingehalten wird. Alle Vertreter individualistischer Paradigmen würden letztlich zustimmen, dass für einen solchen Fall Zwangsmaßnahmen vorgesehen werden müssen; uneinig sind sie sich jedoch in der Frage, wie die Legitimität solcher Zwangsmaßnahmen zu begründen ist.

(3) Aufgrund der Nachteile des Naturzustandes streben die Individuen danach, ihn durch Abschluss eines Gesellschaftsvertrags zu überwinden.[639] Das impliziert ein gleichgerichtetes Interesse aller Individuen am Schutz des Lebens, des Eigentums und der Freiheit (mit Betonung des Überlebens im Realismus, des Eigentums und der Freiheit im Liberalismus), so dass mindestens hinsichtlich der Sorge um Leben, Eigentum und Freiheit ihre Gleichheit vorausgesetzt wird. Die individualistische Annahme der relativen Gleichheit der Individuen wird einerseits von der teleologischen politischen Philosophie in Frage gestellt (siehe Teil 5), andererseits von der strukturalistischen und der „tyrannischen" Position, die die Forderung nach Gleichheit bzw. Ungleichheit radikalisieren. Strukturalisten deuten die vertragstheoretisch legitimierte politische Ordnung als eigentlichen Kriegszustand: Angesichts der Ungleichheit zwischen der herrschenden Klasse der Besitzenden und den Besitzlosen nutzt der Schutz des Eigentums allein den Herrschenden; das Recht ist ein Instrument der Ausbeutung. Vertreter der tyrannischen Position, nach der das Recht von den Stärkeren zu ihrem Nutzen und zum Schaden der Schwächeren gesetzt wird (s. o., Abschnitt 4.2.4.2), halten die Annahme der (relativen) Gleichheit der Individuen für widernatürlich. In der Formulierung des Sophisten Kallikles dient der Gesellschaftsvertrag „den Schwachen": Sie bestimmen die Gesetze, „um kräftigere Menschen, welche mehr haben könnten, in Furcht zu halten, damit diese nicht mehr haben mögen als sie selbst". Der Stärkere hingegen wird alle Gesetze, die nur der Sicherung der Gleichheit der Schwachen dienen, „zertreten" (Kallikles, im Dialog „Gorgias" von Platon, 483 b – 484 a).[640]

638 Siehe hierzu den Aufsatz des Verfassers (2002b).

639 Das gilt auf der grundsätzlichen Ebene auch für evolutorische Gesellschaftstheorien wie diejenige von F. A. von Hayek: Von Hayek lehnt die Vertragstheorie ab, geht aber davon aus, dass Normen in einem Prozess entstehen, in dem die jeweils besten sich durchsetzen; die Durchsetzung erfolgt, indem Normen von einer Mehrheit der Menschen anerkannt und befolgt werden. Damit ist auch bei ihm die Zustimmung der Individuen das letztlich entscheidende Kriterium.

640 Ähnlich Nietzsches Kritik des Vertrags in der „Genealogie der Moral" (II, 8-12); s. a. Machiavellis Einschätzung des Versprechens („Principe", XVIII). Zu der engen Beziehung zwischen Kallikles und Nietzsche siehe Menzel (1922, 80-84), Nestle (1946, 284f.), Graeser (1983, 74), Dodds (1990, 387-391).

Beide Seiten kritisieren das Konzept des Gesellschaftsvertrags aus entgegengesetzten Perspektiven: Die eine fordert radikale Gleichheit und sieht im Gesellschaftsvertrag ein Instrument zur Absicherung der Ungleichheit; die andere fordert die Verwirklichung der radikalen (angeblich natürlichen) Ungleichheit und kritisiert den Gesellschaftsvertrag für die Durchsetzung der Gleichheit des Rechts. Unabhängig davon, ob die Argumente dieser Kritiker gerechtfertigt sind, wird an ihnen das Grundproblem deutlich, das die Diskussion zwischen dem Realismus sowie den Varianten des Liberalismus durchzieht: die Bestimmung des Verhältnisses von Gleichheit und Ungleichheit. Diese Frage wird sich im Folgenden als die grundlegende Streitfrage der vier individualistischen Paradigmen erweisen; von ihrer Beantwortung her lassen sich die Unterschiede in der Einschätzung des Verhältnisses von Politik und Ökonomie sowie in der Beurteilung der Legitimität von Zwangsmitteln in internationalen Beziehungen erklären.

4.5.1.2 Unterschiede

Um die Unterschiede zwischen den Paradigmen klarer herauszuarbeiten, soll vom primären Zweck des Gesellschaftsvertrags ausgegangen werden, der – wie in den vorherigen Kapiteln (4.1 bis 4.4) deutlich wurde – im Realismus und in den drei Varianten des Liberalismus jeweils ein anderer ist. Im Realismus ist das oberste Ziel des Gesellschaftsvertrags die Sicherung des Überlebens, im radikalen Wirtschaftsliberalismus die Ermöglichung der individuellen Nutzenmaximierung, im rechtsstaatlichen Liberalismus der Frieden und im sozialstaatlichen Liberalismus die Solidarität bzw. die Gleichberechtigung der individuellen Interessen und Bedürfnisse. Diesen obersten Zielen entsprechen die vier Mechanismen des Interessenausgleichs, die in den vorherigen Kapiteln untersucht wurden: Macht, Wettbewerb, Recht und Partizipation.

Vergleich von Realismus und Liberalismus

Im Realismus kann ein Staat das Ziel der Sicherheit im Inneren wie im Äußeren nur durchsetzen, wenn er über entsprechende Machtmittel verfügt, die in einer individualistischen politischen Philosophie durch die Zustimmung der Individuen legitimiert werden muss. In der politischen Philosophie von Hobbes ist die Zustimmung jedoch rein hypothetischer Natur: Aus der Annahme, dass alle Menschen den Tod als *summum malum* fürchten, folgert er, dass jeder Herrschaft zugestimmt wird, bei der es eine Hoffnung auf größere Sicherheit gibt. Wie theoretisch die Zustimmung ist, wird daran deutlich, dass Hobbes hinsichtlich der Legitimität der Herrschaft keinen Unterschied zwischen ihrer Einsetzung durch einen Vertrag und ihrer Eroberung mit Gewalt sieht.

Trotz dieser weitreichenden Legitimation von Macht geht Hobbes nicht davon aus, dass der Souverän seine absolute Stellung in der Weise missbrauchen wird, dass es die Sicherheit der Untertanen gefährden würde. Die Ungleichheit zwischen Souverän und Untertanen in Bezug auf die Machtstellung des ersteren wird durch die Gleichheit der Menschen in Bezug auf die Todesfurcht relativiert: Der Souverän muss die Reaktionen fürchten, die seine Willkür hervorrufen würde. Das Gemeinwohl der Sicherheit ist aufgrund der Gleichheit der Todesfurcht in höchstem Maße auch sein eigenes Wohl, so dass die Untertanen hoffen können, dass er das Ziel der Sicherheit tatsächlich im Blick behält. Dass damit nur sehr weitreichender Machtmissbrauch ausgeschlossen werden kann, ist Hobbes wohl bewusst; er weist jedoch den Leser darauf hin, dass der Maßstab zur Beurteilung von Herrschaft nicht die Wunschvorstellung, sondern der Naturzustand sein muss – ein Argument, mit dem, wie oben bereits gesagt wurde, jede Diktatur gerechtfertigt werden kann.

Was jedoch weder von Hobbes noch im Realismus hinreichend bedacht wird, ist, dass Sicherheit und Willkürherrschaft sich nicht notwendig gegenseitig ausschließen. Sicherheit ist ein Ziel ohne Grenze, weil sie nie vollständig erreicht werden kann. Mit dem Argument der Förderung der Sicherheit lässt sich in vielen Bedrohungslagen ein Präventivschlag rechtfertigen. Gerade die Antizipation eines Angriffs kann zu einer Eskalation der Gewalt führen, die am Ende die Sicherheit verringert. Je nach psychologischer Struktur des Gegners kann das Sicherheitsstreben eines Staates auf Seiten des Gegners als eine Zunahme der Bedrohung wahrgenommen werden, die ihrerseits zu einem Bedürfnis nach mehr Sicherheit (durch Aufrüstung, Präventivschläge etc.) führen kann. Ein übermäßiges Streben nach Sicherheit kann somit gerade das Gegenteil dessen bewirken, was gewollt wird: einen Anstieg der Unsicherheit. Die Fokussierung auf die Sicherheit ist dann nicht Ausdruck von Realismus, sondern fehlender Klugheit. Der rechtsstaatliche Liberalismus fordert deshalb, dass das Sicherheitsstreben unter das Maß des Rechts gestellt wird – nur so ist aus seiner Sicht Sicherheit faktisch zu erreichen.

Hinsichtlich des Verhältnisses von Politik und Ökonomie in den internationalen Beziehungen folgt aus dem Ziel der Sicherheit, dass auch die internationalen Wirtschaftsbeziehungen ihm untergeordnet werden müssen. In Teil 3 wurde bereits gezeigt, dass dies im Ergebnis zu einer Politisierung der Ökonomie führt: Internationale ökonomische Transaktionen werden stets auf ihre Auswirkung auf die Machtverteilung und die nationale Sicherheit und Unabhängigkeit hin überprüft. Da das Ziel der Sicherheit keine innere Grenze hat, kann dies im Extremfall dazu führen, dass alle wirtschaftlichen Transaktionen nur nach sicherheitspolitischen Erwägungen beurteilt werden, wie es zum Beispiel im Merkantilismus tendenziell der Fall war.

Im Vergleich mit dem Realismus werden die gemeinsamen Merkmale der liberalen Paradigmen besonders deutlich (siehe Abbildung 9: S. 279). Dem Liberalismus genügt das Ziel der Sicherheit nicht: Die Individuen streben in ihren individuellen Entscheidungen zwar auch, aber nicht allein danach, ihr Überleben zu sichern, sondern wollen aus ihrem Leben etwas machen. In der Situation des Bürgerkriegs – wie Hobbes ihn erlebt hatte – ist die Konzentration auf das Ziel der Sicherheit verständlich; sobald aber der Bürgerkrieg überwunden ist, werden die Individuen mehr verlangen – zumal in einem System, das politische Herrschaft aus ihrer Zustimmung heraus legitimiert. Gegen die Beschränkung auf das Ziel des Überlebens setzt der Liberalismus dessen Erweiterung um das Ziel des guten Lebens, das jedoch anders als in teleologischen Staatsvorstellungen als das gute Leben nach eigenem Maß verstanden wird. Das Gute besteht im Liberalismus darin, das Glück nach eigenen Vorstellungen verwirklichen zu können; Freiheit ist deshalb nicht bloß ein Mittel zum Guten, sondern selbst schon das Gute.

Der Wechsel zwischen der Vorherrschaft des Realismus und der des Liberalismus, der in Abschnitt 2.4.2 für die IPÖ-Debatten der letzten Jahrzehnte festgestellt wurde, lässt sich somit bereits in den Diskussionen des 17. und 18. Jahrhunderts beobachten: Die Vertreter der Einheit des Staates – neben Hobbes ist unter anderem Bodin zu nennen – reagierten auf die Situation des Zerfalls staatlicher Autorität; für liberale Autoren wie Locke und Kant lag die zentrale politische Herausforderung weniger in der Errichtung einer Staatsgewalt, die Frieden erzwingt, als vielmehr in der Kontrolle der Herrschaft in Reaktion auf den Absolutismus. In der Pendelbewegung zwischen Realismus und Liberalismus als Varianten eines politischen Individualismus wird ein grundsätzliches Problem deutlich, nämlich das Verhältnis von Freiheit und Sicherheit. Genaugenommen wird auch bei Hobbes die Freiheit als Ziel mitgedacht: Auf das „Recht auf alles“ wird nur verzichtet, weil die Individuen ihr Überleben sichern wollen; der Idealfall wäre auch für Hobbes die Verwirklichung von Sicherheit *und* Freiheit. Die Verbindung von Sicherheit und Freiheit wird vom Realismus so verstanden, dass Sicherheit die Bedingung der Möglichkeit von Freiheit ist; dabei geht aber, wie gezeigt wurde, die Freiheit verloren – zumindest wenn sie mehr sein soll als Freiheit von Todesfurcht. Der Liberalismus versteht die Sicherheit als Folge der Freiheit (vgl. die These „Handel schafft Frieden“), weil die Freiheit den Interessenausgleich ermöglicht und dadurch den Frieden fördert. Die Kritik an den drei liberalen Konzeptionen des Interessenausgleichs zeigte jedoch die Widersprüche in ihren Voraussetzungen, so dass die Begründung der Verbindung von Freiheit und Interessenausgleich sich als zweifelhaft erweist. Wenn auch im Liberalismus der Interessenausgleich sich nicht hinreichend begründen lassen sollte, wird wiederum die Sicherheit, die sich aus der Freiheit ergeben soll, fragwürdig. So wie das Streben nach Sicherheit im Realismus die Freiheit aufheben würde, so käme es im Liberalismus zu einem Verlust der Sicherheit durch das Streben nach individueller Freiheit.

	Realismus	**Liberalismus**
Ziel	Sicherheit (= Überleben)	Freiheit (= Leben gemäß der eigenen Vorstellung vom Guten)
Zweck der Politik	Erzwingung von Ordnung	Schutz der individuellen Freiheit
Voraussetzung für das Erreichen des Zwecks der Politik	Gleichheit der Todesfurcht (Relativierung der Ungleichheit von Souverän und Untertanen)	Kontrolle der politischen Macht durch den Wettbewerb der Systeme, das Recht bzw. die Partizipation
Primäre Bedeutung der Ökonomie	Erwirtschaftung der materiellen Grundlagen des Überlebens und der Sicherheit	Verwirklichung von Freiheit (Nutzenmaximierung bzw. Bedürfnisbefriedigung)
Immanentes Problem	Streben nach Sicherheit gefährdet die individuelle Freiheit.	Individuelle Freiheit führt (für sich genommen) nicht zu Sicherheit.

Abbildung 9: Vergleich von Realismus und Liberalismus

Vergleich der Varianten des Liberalismus

Die Auseinandersetzung mit den drei liberalen Paradigmen hat gezeigt, dass das *Ziel der Freiheit* jeweils anders verstanden wird (siehe Abbildung 10: S. 281):

- Radikale Wirtschaftsliberale verstehen Freiheit als Möglichkeit der Wahl zwischen Alternativen; bei der Wahl streben sie nach der Maximierung ihres Nutzens. Die Zusammenstimmung der Freiheit eines einzelnen Individuums mit der Freiheit aller wird über äußere Anreize erreicht. Die Regeln des Tausches (insbesondere das Eigentumsrecht) werden aus Furcht vor der Einbuße an Nutzen, die die Sanktionierung des Regelverstoßes bewirken würde, befolgt. Entscheidend für die Förderung des Wohlstandes (also die Ausweitung der Möglichkeiten individueller Nutzenmaximierung) ist der Wettbewerb, der durch die Gewinnmöglichkeiten einen Anreiz für innovative Leistungen schafft und schlechte Leistungen sanktioniert.
- Rechtsstaatliche Liberale gehen davon aus, dass die alleinige Durchsetzung des Rechts durch äußere Anreize nur eine Zwischenstufe in der gesellschaftlichen Entwicklung sein kann. Wirkliche Freiheit äußert sich nicht in der Nutzenmaximierung, sondern in der Selbstgesetzgebung (Autonomie). Eine freie Gesellschaft setzt voraus, dass die Individuen den Respekt des Rechts als moralische Pflicht begreifen und somit die Schranke der eigenen Freiheit, die deren Zusammenstimmung mit der Freiheit aller ermöglicht, verinnerlichen.[641] Das Recht gründet in der Anerkennung des anderen als eines Gleichen; diese Anerkennung wird in der Philosophie von Kant vom Sittengesetz gefordert, demzufolge das Handeln danach beurteilt wird, ob die Maxime des Handelns verallgemeinerbar ist.[642]
- Sozialstaatliche Liberale sehen in dem Sanktionsmechanismus des Wettbewerbs und im Zwangscharakter des Rechts eine potentielle Gefährdung der Freiheit. Freiheit besteht hier in der möglichst weitgehenden Selbstverwirklichung, an der die Individuen durch äußere Zwänge gehindert werden. Für die Zusammenstimmung der Freiheit des einzelnen mit der Freiheit aller soll das Recht um die gegenseitige Solidarität mit den Bedürfnissen anderer erweitert werden. Die Solidarität, verstanden als eine Anerkennung nicht nur der formalen Gleichheit der anderen Individuen, sondern als Anerkennung der Gleichwertigkeit ihrer Bedürfnisse, ist die eigentliche Grundlage des Interessenausgleichs.

Die entscheidende Aufgabe der Politik besteht aus der Sicht der drei liberalen Paradigmen darin, die Bedingung der Möglichkeit individueller Freiheit zu schaffen. Dafür muss sichergestellt werden, dass die Freiheit des einzelnen mit der Freiheit aller zusammenstimmen kann, d. h. dass die Gleichheit der Freiheit gesichert wird. Das *Verständnis der Gleichheit* variiert in den liberalen Paradigmen mit dem Verständnis der Freiheit:

---

641 Nach Kant soll zwar „das Problem der Staatserrichtung [...] auch für ein Volk von Teufeln (wenn sie nur Verstand haben) auflösbar" sein („Frieden", B 61), doch bezieht sich diese Stelle auf die Zwischenstufe im Geschichtsprozess, auf der die Menschen aus der Not heraus den Staat und das Recht begründen; Ziel des Geschichtsprozesses ist die Entfaltung der menschlichen Anlage zur Moral.

642 Es wurde oben (S. 257) bereits darauf hingewiesen, dass das Sittengesetz in der Formulierung von Kant nicht automatisch den Grundsatz der formalen Gleichheit der Menschen enthält; sie muss vielmehr als zusätzliche Annahme in die Argumentation eingeführt werden.

	Radikaler Wirtschafts-liberalismus	**Rechtsstaatlicher Liberalismus**	**Sozialstaatlicher Liberalismus**
Ziel des individuellen Handelns	Nutzenmaximierung	Frieden	Selbstverwirklichung
Freiheitsverständnis	Wahlfreiheit	Autonomie	Gleichberechtigung
Zusammenstimmung der Freiheit des einzelnen mit der Freiheit aller durch:	äußere Anreize	Pflicht	Solidarität
Gleichheitsverständnis	Gleicher Schutz des Eigentums (wirtschaftsliberale Chancengleichheit)	Formale Gleichheit der Bürger als Autoren und Adressaten des Rechts (rechtsstaatlich-liberale Chancengleichheit	Gleiche Unabhängigkeit von Zwang (sozialstaatlich-liberale Chancengleichheit)
Verhältnis Freiheit – Gleichheit	Freiheit setzt ungleiche Behandlung ungleicher Leistung voraus	Freiheit setzt formale Gleichheit voraus, ist aber mit wirtschaftlicher Ungleichheit vereinbar	Freiheit setzt Gleichheit i. S. der Gleichberechtigung der individuellen Bedürfnisse voraus
Interessenausgleich wird verwirklicht:	im freien Wettbewerb	durch Rechtsstaatlichkeit	im demokratischen Prozess durch die gleichberechtigte Partizipation
Oberste Aufgabe der Politik	Sicherung der Eigentumsrechte	Verwirklichung des Rechtsprinzips als Voraussetzung des Friedens	Sicherung der Gleich-berechtigung und der materiellen Unabhängigkeit
Verhältnis Politik – Ökonomie	Systemwettbewerb soll demokratischen Prozess kontrollieren	Trennung der Aufgaben: Politik → Recht/Frieden Ökonomie → Wohlstand	Demokratie soll den Wettbewerb regulieren

Abbildung 10: Vergleich der drei Varianten des Liberalismus

- Radikale Wirtschaftsliberale sehen als zentrale Bedingung der Freiheit die Sicherung der Eigentumsrechte. Dadurch wird aus ihrer Sicht Chancengleichheit verwirklicht: Jeder kann mittels seiner Arbeit Leistungen erbringen, Gewinne erwirtschaften und diese reinvestieren. Die wirtschaftliche und soziale Ungleichheit, zu der der Wettbewerb führt, spiegelt die Ungleichheit der individuellen Leistungen wider und entspricht damit dem Grundsatz der Leistungsgerechtigkeit. Da die Staatstätigkeit durch die Erhebung von Steuern finanziert werden muss, die wiederum mit Eingriffen in die Eigentumsrechte verbunden sind, bedarf der politische Prozess einer Kontrolle. Aus radikal-wirtschaftsliberaler Sicht ist die Kontrolle durch demokratische Wahlen unzureichend, weil im politischen Wettbewerb der Parteien Informationsmängel auf Seiten der Wähler ausgenutzt werden können und die Tendenz besteht, Interventionen in den freien Wettbewerb mit Gleichheitsidealen zu rechtfertigen und gegen den Grundsatz der Leistungsgerechtigkeit zu verstoßen.[643] Deshalb plädieren radikale Wirtschaftsliberale für einen Wettbewerb der politischen Systeme, in dem die Leistungsträger die Möglichkeit bekommen, in die Staaten abzuwandern, die die Leistungsgerechtigkeit am weitestgehenden umsetzen.[644] Da in diesen Staaten die Anreizfunktion des freien Wettbewerbs am besten funktioniert, werden sie im internationalen Vergleich am erfolgreichsten sein.
- Rechtsstaatliche Liberale sehen mit der Durchsetzung der Eigentumsrechte die Chancengleichheit der Individuen als nicht hinreichend gesichert an. Buchanans Beispiel, dass ein Sklavereivertrag solange als freiwillig gelten kann, wie der Sklave einen Nutzen aus dem Vertrag zieht (nämlich: zu überleben), würde von rechtsstaatlichen Liberalen deutlich zurückgewiesen werden: In einem solchen Vertrag wird die Vertragsfreiheit genutzt, um sich selbst aufzuheben. Jeder Vertrag und auch die Vereinbarung von Rechtsgrundsätzen setzt voraus, dass die Vertragspartner sich als formal gleichrangig anerkennen. Deshalb kann Politik auch nicht wie im radikalen Wirtschaftsliberalismus auf die Erbringung von Dienstleistungen reduziert werden: Die politische Aufgabe der Verwirklichung des Rechts ist nicht bloß Mittel zum Zweck privater Gewinnmaximierung, sondern ein Zweck in sich selbst, insofern sie dazu beiträgt, die im Menschen angelegte Sittlichkeit zu verwirklichen. Wenngleich Recht und Sittlichkeit auch dem Handel und der Förderung des Wohlstands dienen, werden sie von der Politik als eigenständige Ziele verfolgt, die einen höheren Wert haben, als der individuellen Nutzenmaximierung zu dienen: Sie ermöglichen einen universellen Ausgleich der Interessen und dienen dem Frieden.[645] Sowohl die vom Realismus angestrebte Sicherheit als auch der vom Wirtschaftsliberalismus angestrebte Wohlstand werden im rechtsstaatlichen Liberalismus erreicht, aber eben gerade dadurch, dass sie nicht als Selbstzweck verstanden, sondern dem Recht unterstellt werden. Die soziale

643 Kriele (1994, 186) erwähnt in diesem Zusammenhang, dass Vertreter des radikalen Wirtschaftsliberalismus (er nennt sie in Anlehnung an Macpherson „Besitzindividualisten") 1973 den Sturz von Präsident Allende in Chile und die anschließende Errichtung der Militärdiktatur begrüßt hatten, weil Allende mit seinem Verstaatlichungsprogramm das angerührt hatte, was aus radikal-wirtschaftsliberaler Sicht den Kern der Verfassung ausmacht: die Eigentumsrechte.

644 Interessanterweise sind radikale Wirtschaftsliberale bei der Analyse des politischen Wettbewerbs in der Demokratie wesentlich skeptischer in der Einschätzung von dessen Funktionsfähigkeit als bei der Analyse des Systemwettbewerbs. Das stärkt die Vermutung, dass es weniger um den Wettbewerb als um die Sicherung der Eigentumsrechte der Erfolgreichen geht.

645 Bei Kant lässt sich in diesem Zusammenhang der Einfluss des Hellenismus (Epikur und Stoa) erkennen, für den die Seelenruhe das oberste Ziel der Philosophie war.

Ungleichheit, die sich aus dem freien Wettbewerb ergibt, verstößt solange nicht gegen die Vorstellung dieses Ziels, wie sie die formale Gleichheit der Individuen nicht in Frage stellt. Zu weitgehende Ungleichheit, die negativ auf die rechtliche Gleichheit zurückwirken könnte, soll durch eine entsprechende Gestaltung der Wirtschaftsordnung vermieden werden.[646]

- Sozialstaatliche Liberale sehen die formale Gleichheit als nicht hinreichend für die Ermöglichung von Freiheit an. Politik dient ihrem Wesen nach der Verwirklichung von Solidarität, die die Quelle der Freiheit ist. Normen, die im politischen Prozess geschaffen werden, setzen nicht bloß formal eine Grenze zwischen den Individuen, sondern sind Ausdruck der gegenseitigen Anerkennung der Gleichberechtigung aller individuellen Bedürfnisse. Während die Freiheit im radikalen Wirtschaftsliberalismus auf dem Markt erreicht wird, auf dem die Individuen im Tausch ihren Nutzen maximieren, und während sie im rechtsstaatlichen Liberalismus in der Selbstgesetzgebung und der Einsicht in die Bedeutung des Rechts besteht, ist aus der Sicht sozialstaatlicher Liberaler der entscheidende Ort der Verwirklichung der Freiheit der demokratische Prozess: Dort kann über die Gestaltung der Partizipationsrechte die gleichberechtigte Berücksichtigung aller individuellen Bedürfnisse sichergestellt werden. Die Leistungsgerechtigkeit des freien Wettbewerbs ist aus dieser Sicht ein Hindernis für die Freiheit: Die asymmetrischen Abhängigkeitsstrukturen, die aus der ungleichen Verteilung der Marktergebnisse resultieren, gefährden die Gleichberechtigung. Als potentielle Quelle von Unfreiheit muss die mit dem Wettbewerb verbundene Ungleichheit deshalb zumindest soweit reduziert werden, dass die einzelnen Individuen wirtschaftlich und sozial unabhängig sind.[647]

Alle drei Varianten des Liberalismus sehen also die zentrale Aufgabe der Politik in der Durchsetzung derjenigen Gleichheit, die als Bedingung der Freiheit erforderlich ist; der Unterschied zwischen ihnen liegt in der Bestimmung der Hinsicht, in der die Individuen gleich sein müssen, um frei sein zu können.

An dieser Stelle sei daran erinnert, dass die Paradigmen hier als Idealtypen untersucht werden. Zahlreiche Autoren – sei es in den IPÖ-Diskussionen, in der Globalisierungsdiskussion oder in den Debatten im Bereich der politischen Theorie – nehmen Zwischenpositionen ein, bei denen sie Elemente der Paradigmen miteinander verbinden. In diesem und im folgenden Teil der Untersuchung werden diese Differenzierungen jedoch vernachlässigt, um die Logik der Auseinandersetzung in der Paradigmendiskussion herauszuarbeiten und zu zeigen, inwiefern bestimmte Grundmöglichkeiten, den Interessenausgleich zwischen Individuen zu verstehen, durchgespielt werden. In der IPÖ werden diese unterschiedlichen

646 Das Konzept einer Sozialpolitik, die im Sinne des rechtsstaatlichen Liberalismus an der Gestaltung der Wirtschaftsordnung ansetzt, wurde besonders deutlich von Eucken (1952/1990) ausgearbeitet.

647 In der politischen Theorie wird diese Position von Rawls prägnant formuliert. Eines der beiden von ihm vorgeschlagenen Gerechtigkeitsprinzipien ist das Maximin-Prinzip, demzufolge in einer gerechten Gesellschaft eine ungleiche Einkommensverteilung dadurch gerechtfertigt wird, dass sie nicht nur den Wohlhabenden dient, sondern zugleich den Lebensstandard der unteren Einkommensschichten hebt (Rawls 1975, 81). Für die Durchsetzung des Maximin-Prinzips fordert Rawls nicht nur die Einrichtung einer Behörde, die mit der Sicherung des Existenzminimums beauftragt ist, sondern auch eine Verteilungsbehörde zur „Herstellung einer gewissen Verteilungsgerechtigkeit" und eine Allokationsbehörde, die Marktprozesse und -ergebnisse kontrollieren soll (ebd., 308-314, Zitat: 311). Wirtschaftsliberale gehen hingegen davon aus, dass der freie Wettbewerb automatisch für alle in der Gesellschaft von Vorteil ist (vgl. Adam Smith, Einleitung zum WN).

Konzeptionen des Interessenausgleichs auf das Verhältnis von Politik und Ökonomie in den internationalen Beziehungen angewandt; um die dort stattfindende Diskussion zu verstehen, ist es erforderlich, die Konzeptionen gewissermaßen in ihrer Reinform zu analysieren.

Der logische Zusammenhang zwischen den individualistischen Paradigmen

Die Diskussion zwischen dem Realismus und den drei Varianten des Liberalismus lässt sich als eine Explikation der Bedingungen des Interessenausgleichs in fünf Stufen darstellen. In diesen fünf Stufen werden zugleich die Möglichkeiten entfaltet, die Grundannahmen des Individualismus zu verstehen (siehe Abbildung 11: S. 285). Den (zumindest hypothetischen) Ausgangspunkt (*1. Stufe*) bildet die Konkurrenz um Güter und Macht ohne rechtliche und moralische Bindungen zwischen den Individuen. Dies ist der Kriegszustand, in dem die Individuen unter der Annahme ihrer relativen Gleichheit alle Anstrengungen auf die Selbstverteidigung konzentrieren müssen. Auf dieser Stufe wird die Sicherheit des eigenen Lebens zur entscheidenden Aufgabe der Politik (Realismus, *2. Stufe*).

Erst wenn die Sicherheit weitgehend verwirklicht ist, wird die zweite Form des Naturzustands, die Willkürherrschaft, relevant.[648] Jetzt wird deutlich, dass das Überleben sich nicht selbst genügt, sondern das eigentliche Ziel der Individuen das gute Leben ist, das (aus individualistischer Sicht) in der freien Verwirklichung der eigenen Glücksvorstellungen besteht. Die logisch nächste Stufe ist die Schaffung der äußeren Bedingung der Freiheit: die Definition und Sicherung der Eigentumsrechte, die dem einzelnen das Revier seines Glücksstrebens absteckt. Die Gleichheit wird durch den Wettbewerb hergestellt, der alle Individuen gleichermaßen dem Leistungsdruck unterwirft (*3. Stufe*).[649] Diese Stufe wird aus liberaler Sicht notwendig, damit das Streben nach Sicherheit nicht in die Tyrannis mündet: Die unkontrollierte Herrschaft des absoluten Souveräns über die Untertanen würde in die Willkürherrschaft münden.

Das Recht definiert die Grenzen zwischen den Individuen und unterwirft den Wettbewerb Regeln, so dass der Rückfall in die rechtlose Konkurrenz des Naturzustandes verhindert wird. Das gelingt aber nur, wenn bei der Bestimmung des Rechts alle Individuen als formal gleich angesehen werden. Nicht jede Zustimmung zu einem Rechtsprinzip kann dieses legitimieren, sondern nur die freie Zustimmung. Aus Sicht des rechtsstaatlichen Liberalismus benennt der radikale Wirtschaftsliberalismus nicht die entscheidende Bedingung der wirtschaftlichen Freiheit: die politische Freiheit und Gleichheit als Voraussetzung der Selbstgesetzgebung der Bürger (*4. Stufe*). Erst hier werden aus den Wirtschaftssubjekten des radikalen ökonomischen Liberalismus politische Bürger eines durch das Recht zusammengehaltenen Gemeinwesens. Wiederum ist das Argument, das der Dynamik zugrundeliegt, die Sorge vor der Willkürherrschaft: Wenn die Politik nur die Eigentumsrechte sichert, nicht aber durch eine Wirtschaftsverfassung der Entstehung von Machtpositionen im freien Wettbewerb vorbeugt oder zumindest verhindert, dass wirtschaftliche

648 Zu den zwei Formen des Naturzustands (Anarchie und Willkürherrschaft) s. o., S. 274f..

649 Hier wird die logische Verbindung zwischen den Paradigmen nachgezeichnet, nicht die historische Abfolge. Ideengeschichtlich wurde die Position des radikalen Wirtschaftsliberalismus gewissermaßen übersprungen: In Lockes Reaktion auf den Absolutismus wird nicht nur die wirtschaftliche, sondern auch die politische Freiheit und mit ihr die formale Gleichheit der Bürger vor dem Recht gefordert. Die Position des radikalen Wirtschaftsliberalismus ist in Lockes Eigentumstheorie enthalten und wird zugleich in seiner politischen Theorie überwunden.

Machtpositionen auf den Prozess der Selbstgesetzgebung zurückwirken, wird das Recht von den wirtschaftlich Erfolgreichen definiert, die die übrigen Individuen unterwerfen werden.

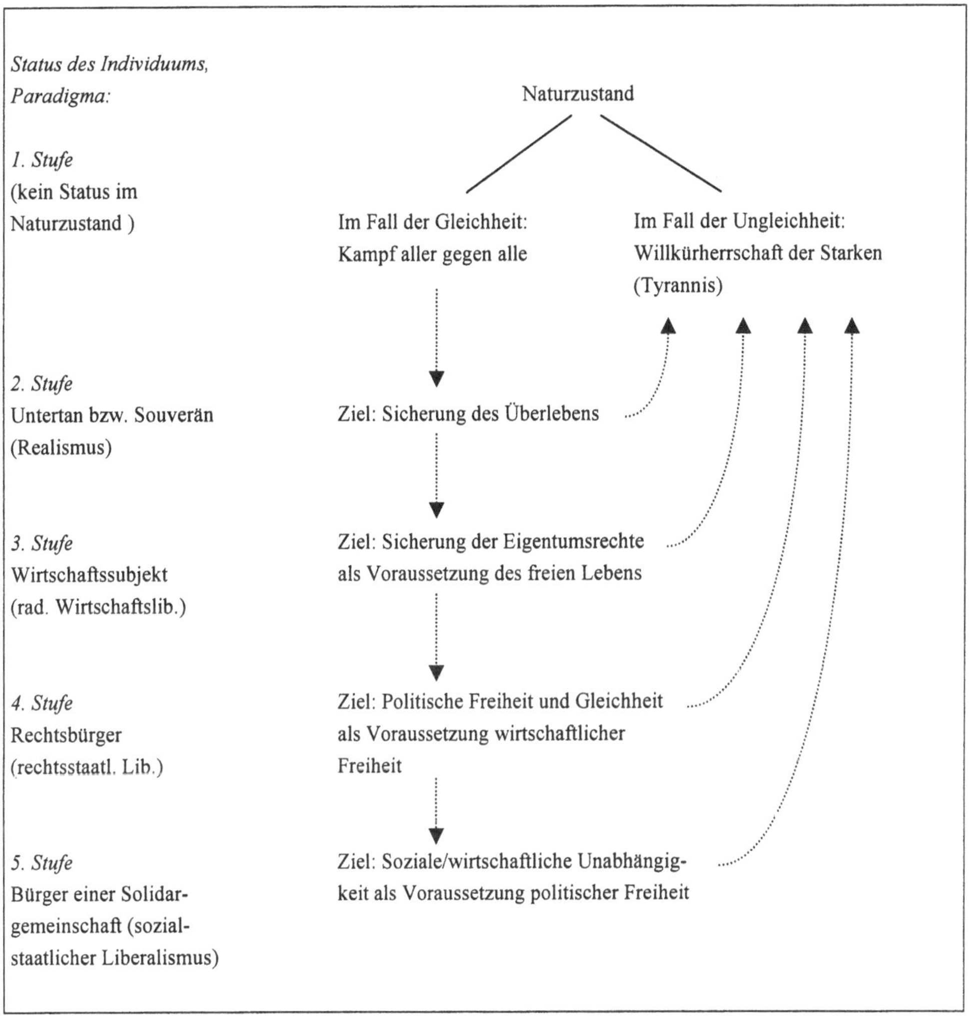

Abbildung 11: Logische Verbindung der individualistischen Paradigmen

Zur Interpretation, am Beispiel des Übergangs von der zweiten zur dritten Stufe: Aus Sicht des radikalen Wirtschaftsliberalismus ist ein Interessenausgleich nur möglich, wenn die Politik zusätzlich zur Sicherung des Überlebens das Ziel verfolgt, die Eigentumsrechte (und damit verbunden: die wirtschaftlichen Freiheiten) zu schützen; der Realismus führt aus der Sicht des radikalen Wirtschaftsliberalismus von der Anarchie in die Willkürherrschaft.

Eben diese Logik wendet der sozialstaatliche Liberalismus auf der *5. Stufe* gegen den rechtsstaatlichen Liberalismus: Die Beteiligung an der Selbstgesetzgebung setzt die wirtschaftliche und soziale Unabhängigkeit der Bürger voraus, weil sich wirtschaftliche Abhängigkeiten ansonsten in den Möglichkeiten der Partizipation am demokratischen Prozess widerspiegeln. Das Recht wäre dann nicht Ausdruck der Selbstgesetzgebung der Bürger, sondern der Willkürherrschaft der Erfolgreichen. Auf dieser Stufe wird, wie oben festgestellt wurde, die Gleichheit (verstanden als Gleichberechtigung der Bedürfnisse und Interessen) zur entscheidenden Voraussetzung der Freiheit.

Auf das Rechtsverständnis des sozialstaatlichen Liberalismus reagieren wiederum radikale Wirtschaftsliberale und rechtsstaatliche Liberale mit der Kritik, dass die weitgehende Gleichheit zu einer Gefährdung von Grundrechten, insbesondere von Eigentumsrechten, führt, und somit die Freiheit beschneidet. Hier wird die Gefahr nicht in der Willkürherrschaft einzelner (nämlich eines absoluten Herrschers oder einer Gruppe von Oligarchen) gesehen, die die Grundrechte der Vielen bedrohen, sondern in der Willkürherrschaft der Mehrheit, die die Grundrechte der Leistungsträger gefährden und die Vertragsfreiheit der Individuen zugunsten von Gleichberechtigungsidealen einschränken.

Jedes Paradigma erklärt also das eigene Verständnis von Freiheit und Gleichheit mit dem Hinweis auf die Gefahr der Willkürherrschaft, die aus dem konkurrierenden Freiheits- und Gleichheitsverständnis der anderen Paradigmen resultiert. Der Naturzustand als Kampf aller gegen alle ist der logische Ausgangspunkt der individualistischen Paradigmen; der Naturzustand als Willkürherrschaft stellt den zusätzlichen negativen Referenzpunkt in den liberalen Paradigmen dar. Zwei Formen von Willkürherrschaft werden als Bedrohung gesehen: die von einzelnen (d. h. einzelnen Politikern, politischen Parteien oder marktmächtigen Unternehmen) und die der Mehrheit. Erstere beruht auf einer Ungleichheit, die nicht unter der Kontrolle des Rechts steht; letztere beruht auf einer zu weitgehenden Gleichheit. Hier wird erneut deutlich, dass die Balance von Gleichheit und Ungleichheit das zentrale Thema der Grundlagendiskussion zwischen den individualistischen IPÖ-Paradigmen ist: Sowohl ein Zuviel an Gleichheit als auch ein Zuviel an Ungleichheit heben die Freiheit auf.

Die Debatte zwischen den individualistischen Paradigmen ist folglich von zwei Vereinseitigungen gekennzeichnet, denen eine vermittelnde Position gegenübersteht. Realismus und radikaler Wirtschaftsliberalismus legitimieren die Ungleichheit in einer Weise, die die Freiheit auf nationaler und internationaler Ebene gefährdet; sozialstaatliche Liberale fordern ein Maß an Gleichheit, das ebenfalls die wirtschaftliche, politische und geistige Freiheit aufzuheben droht. Um eine Balance von Gleichheit und Ungleichheit bzw. von Freiheit und Gleichheit bemüht sich der rechtsstaatliche Liberalismus. Diese Zusammenhänge werden im nächsten Abschnitt unter Rückgriff auf die Konzeption des personalen Realismus genauer analysiert.

4.5.2 Das Verhältnis von Politik und Ökonomie

4.5.2.1 Der Zusammenhang der IPÖ-Paradigmendiskussion mit der Aristotelischen Analyse der Verfassungen

Die Konzeption des personalen Realismus lässt sich, soweit sie am Ende von Teil 3 skizziert wurde, in zwei Thesen zusammenfassen:

1. Die Paradigmendiskussion in der IPÖ ist nicht nur ein akademischer Streit über die Deutung von Konflikten in der Weltpolitik und in der Weltwirtschaft, sondern die mit den Paradigmen verbundenen Weltdeutungen liegen auch – mehr oder weniger bewusst – den Ansprüchen zugrunde, die die Akteure in realen politischen Konflikten durchsetzen wollen. Hinter den Konflikten um Macht, Einfluss und Nutzen in der konkreten Politik stehen Konflikte um die Berechtigung von Ansprüchen, genauer: Konflikte über das Verständnis eines gerechten Interessenausgleichs. Die Analyse der akademischen Paradigmendiskussion ist somit von unmittelbarer Relevanz für das Verständnis der konkreten internationalen Politik und Ökonomie.
2. Den Konzeptionen des Interessenausgleichs, um die es sowohl in der akademischen Diskussion als auch in der politischen Praxis geht, liegt jeweils ein anderes Rechtsverständnis zugrunde. Der entscheidende Unterschied zwischen diesen Konzeptionen liegt in der Einschätzung, inwiefern wirtschaftliche und soziale Ungleichheit die Freiheit der Individuen beeinträchtigt und in welcher Hinsicht sie gleich sein müssen, um frei zu sein. Politischer Streit lässt sich folglich als ein Streit über die Frage der Gleichheit und Ungleichheit der Bürger deuten.

Realistisch ist diese Konzeption, weil sie die internationalen Beziehungen als Interessenkonflikte deutet, ohne von einer mehr oder weniger automatischen Tendenz zum harmonischen Ausgleich der Interessen auszugehen. Wie weiter unten noch gezeigt werden soll, lassen sich Konflikte auf der Ebene der internationalen Beziehungen solange nicht überwinden, wie diese Beziehungen ausschließlich in den Kategorien eines Ausgleichs gegebener Interessen verstanden werden. Als *personal* lässt sich diese Konzeption des Realismus bezeichnen, weil sie die Konflikte um materielle Interessen auf Konflikte um die Berechtigung von Ansprüchen zurückführt: Politische Konflikte sind primär Konflikte darüber, wer recht hat und nicht allein darüber, wer was bekommt. Das Streben nach Durchsetzung der eigenen Interessen ist im Kern ein Streben nach Durchsetzung der eigenen Weltdeutung, d. h. nach Durchsetzung der eigenen Vorstellung von Gerechtigkeit. Die Akteure beanspruchen, dass ihre Gerechtigkeitsvorstellungen auch von anderen anerkannt werden müssen; dieser (oft nicht explizite) Wahrheitsanspruch ermöglicht eine Prüfung des Anspruchs im Dialog und erlaubt es, über das bloße Aushandeln von Kompromissen im Individualismus hinauszugehen.

Das Spannungsverhältnis von Gleichheit und Ungleichheit, das in diesem Teil der Untersuchung durch die philosophische Reflexion der Grundlagen der IPÖ-Paradigmen herausgearbeitet wurde, zeigt sich in der konkreten internationalen Politik und Wirtschaft als Spannungsverhältnis zwischen der wirtschaftsliberalen Forderung nach mehr Freiheit, verbunden mit der Legitimation von Ungleichheit auf der einen Seite, und der sozialstaatlich-liberalen Forderung nach mehr Gleichheit als Voraussetzung von Freiheit auf der anderen Seite. Die Struktur ähnelt derjenigen, die sowohl Platon als auch Aristoteles in den politischen Auseinandersetzungen innerhalb der griechischen Poleis gesehen haben.[650] Dort standen sich vorwiegend die Oligarchen als Partei der Reichen und die Demokraten als Partei der Armen gegenüber. Erstere waren bestrebt, ihren Reichtum gegen die Begehrlichkeiten der Armen zu sichern und die Möglichkeiten der Mehrung des Reichtums durch Handel und Produktion auszuweiten, während letztere die Umverteilung des Reichtums forderten, weil sie ihn als unrechtmäßig beurteilten und die extreme wirtschaftliche

650 Siehe die Quellenhinweise in Fußnote 19.

Ungleichheit unter den Bürgern als unvereinbar mit der Idee ihrer politischen Gleichheit sahen.[651]

Oberflächlich betrachtet scheint es zunächst einen Unterschied zwischen diesen Auseinandersetzungen in den griechischen Poleis und der Paradigmendiskussion in der IPÖ zu geben, insofern die Parteien in den Poleis nicht immer den Anspruch hatten, dem Gemeinwohl zu dienen, sondern teilweise offen das Ziel der Schädigung der gegnerischen Partei verfolgten,[652] während radikale Wirtschaftsliberale und sozialstaatliche Liberale davon ausgehen, dass ihre politischen und wirtschaftlichen Vorstellungen dem Wohl aller dienen. Dabei darf aber nicht übersehen werden, dass in dieser Arbeit hinsichtlich der IPÖ theoretische Positionen behandelt werden, während Aristoteles von konkreten politischen Parteien spricht. In der Ausformulierung von Theorien und Paradigmen liegt der Akzent auf dem Anspruch der Allgemeingültigkeit (und damit auf der Betonung des Vorteils für alle); in der Praxis liegt er auf dem Kampf gegen den Gegner. Die entscheidende Gemeinsamkeit zwischen der Aristotelischen Analyse und der IPÖ ist jedoch, dass damals wie heute die politische Auseinandersetzung mit dem Anspruch der Berechtigung der eigenen Vorstellung von Gleichheit und Ungleichheit geführt wurde: Auf der einen Seite steht eine Partei bzw. Position, die die Ungleichheit der individuellen Leistungen betont und damit die Ungleichheit der Verteilung des Wohlstands rechtfertigt, auf der anderen Seite stehen die Gegner, die die Gleichheit der Bürger betonen und daraus die Notwendigkeit der Umverteilung zum Zweck der Förderung der wirtschaftlichen und sozialen Gleichheit ableiten. Im politischen Konflikt geht es also primär um die Anerkennung des eigenen Anspruchs (also die Anerkennung der Gleichheit bzw. Ungleichheit), und nur sekundär um den materiellen Nutzen, der mit dieser Anerkennung verbunden ist.[653]

Der Rückbezug auf die Analyse des Ringens zwischen oligarchischen und demokratischen Parteien in der politischen Philosophie der Antike weist den Vorzug auf, die wechselseitige Abhängigkeit der beiden Parteien in bezug auf ihre Begründung zu verdeutlichen: Das stärkste Argument der Oligarchen und der Demokraten für ihre politische Sicht ist der Verweis auf die negativen Folgen der Position des Gegners. Diese Abhängigkeit zeigt zugleich, dass hier Vereinseitigungen von zwei Prinzipien – nämlich der politischen Gleichheit und der ökonomischen Ungleichheit – vorliegen, die in der Politie (der Mischverfassung, die oligarchische und demokratische Elemente vereint) zusammengebunden werden. Die Struktur entspricht dem Verhältnis von radikalem Wirtschaftsliberalismus und Realismus auf der einen, und sozialstaatlichem Liberalismus auf der anderen Seite (Abschnitt 4.5.2.2). Die Verbindung von Gleichheit und Ungleichheit in der Politie lässt sich mit dem rechtsstaatlichen Liberalismus parallelisieren; dies wird in Abschnitt 4.5.2.3 gezeigt.

651 Zum historischen Hintergrund von oligarchischen und demokratischen Herrschaftsformen im Athen des 5. und 4. Jahrhunderts siehe Bleicken (1994) und Lehmann (1997). Haßkamp (2005) zeigt, wie die Athener auf die verschiedenen Erfahrungen mit oligarchischer Willkürherrschaft mit der Entwicklung rechtsstaatlicher Elemente in der demokratischen Verfassung reagierten.

652 Aristoteles erwähnt den Fall einer Oligarchie, in der die Herrschenden geschworen haben, dem Volk (*δῆμος*, gemeint sind die Armen) stets schaden zu wollen. Die entsprechende Stelle der Eidesformel lautet: „und gegen das Volk werde ich übelgesinnt sein und zu seinem Schaden raten was ich kann" (Pol. V 9, 1310 a 9).

653 Dieses Streben nach der Anerkennung des eigenen Anspruchs entspricht wohl dem, was Aristoteles in der EN im Zusammenhang mit dem Vergleich der Vorstellungen vom guten Leben als das Streben nach Ehre bezeichnet, welches das politische Leben charakterisiert (*βίος πολιτικός*, EN I 3, 1095 b 23; s. u., S. 352).

4.5.2.2 „Oligarchische“ und „demokratische“ Vereinseitigung des Interessenausgleichs

Radikaler Wirtschaftsliberalismus und sozialstaatlicher Liberalismus

Die gegenseitige Abhängigkeit radikaler Wirtschaftsliberaler und sozialstaatlicher Liberaler in ihrer Argumentation wird deutlich, wenn man die (scheinbare) Begründung der jeweils eigenen Position durch die Schwächen des gegnerischen Konzepts genauer analysiert. Sozialstaatliche Liberale kritisieren am freien Wettbewerb, dass er nicht zur Nutzenmaximierung aller, sondern zu einer gravierenden Ungleichheit führt, weil der Zwang, der vom Wettbewerbsdruck ausgeht, sich vor allem auf die sozial Schwachen auswirkt. Frei sind im Wettbewerb nur diejenigen Individuen, die über genügend Mittel verfügen, um als Konsumenten die vom Wettbewerb gebotenen Wahlfreiheiten tatsächlich zu nutzen; die sozial Schwachen hingegen sind als wirtschaftlich Abhängige den Zwängen, die vom Wettbewerb ausgehen, ausgeliefert und müssen insbesondere schlechte Arbeitsbedingungen, niedrige Löhne und die Angst vor Arbeitslosigkeit hinnehmen. Angesichts des Ausmaßes an Armut in vielen Ländern, die in den internationalen Freihandel eingebunden sind, weisen sozialstaatliche Liberale damit auf ein in der Tat zentrales Problem der IPÖ hin: Der freie internationale Wettbewerb geht in vielen Ländern mit Armut einher und mit Arbeitsbedingungen, die so schlecht sind, dass sie sich nur durch die einseitige Abhängigkeit der Arbeitnehmer von den betreffenden Unternehmen erklären lassen.

Doch die Begründung der sozialstaatlich-liberalen Kritik des freien Wettbewerbs ist nicht plausibel: Erstens ist es einseitig, die Erweiterung der Wahlmöglichkeiten durch den wirtschaftlichen Wettbewerb nur als einen Vorteil der Wohlhabenden zu sehen. Die Massenproduktion, deren Produktivitätsvorteile im globalen Wettbewerb noch verstärkt genutzt werden können, kommt gerade auch unteren Einkommensschichten zugute, die dadurch Güter erwerben können, die sie ohne die Ausnutzung der Produktivitätsvorteile nicht bezahlen könnten. Zudem ist die Kritik am freien Wettbewerb, dass er bestehende Strukturen der Ungleichheit reproduziert (also – wie es zugespitzt formuliert wird – „die Armen immer ärmer, die Reichen immer reicher“ werden) empirisch nicht haltbar: Der freie Wettbewerb gibt immer wieder Unternehmen oder Ländern Erfolgschancen, die bislang nicht erfolgreich waren. Wie oben bereits erwähnt wurde,[654] profitieren durchaus auch Entwicklungsländer von der Globalisierung, während in einem etablierten Industrieland wie Deutschland eine Reihe von Traditionsunternehmen Arbeitsplätze ins Ausland verlagern oder geschlossen werden. Unternehmen oder Länder, die in der Vergangenheit erfolgreich waren, sind es also nicht automatisch auch in der Zukunft.

Aus der Tatsache, dass der Wettbewerbsprozess offener ist, als sozialstaatliche Liberale es wahrnehmen wollen, darf nicht im Umkehrschluss gefolgert werden, dass die Auswirkungen der Ungleichheit der Einkommensverteilung durch Chancengleichheit im Wettbewerb neutralisiert werden, wie es radikale Wirtschaftsliberale behaupten würden. Aus ihrer Sicht spiegelt die ungleiche Verteilung nur die Ungleichheit der Leistung wider; Gerechtigkeit wird damit auf Leistungsgerechtigkeit reduziert. Radikale Wirtschaftsliberale gehen davon aus, dass allein die Nachfrager ein legitimes Urteil über eine Leistung formulieren können (alles andere gilt als „Anmaßung von Wissen“, siehe z. B. von Hayek 1975, 15), und unterstellen zudem, dass allein die Leistung eines Individuums darüber entscheiden soll, in welchem Maße es Bedürfnisse artikulieren kann. Das zeigt sich insbesondere

654 Abschnitt 3.2.1.1 (insbesondere Fußnoten 263 und 264).

im Verständnis des Arbeitsmarkts: Radikale Wirtschaftsliberale sehen die Lohnbildung ausschließlich als eine Funktion von Angebot und Nachfrage nach Arbeit. Die Sicherung der wirtschaftlichen und sozialen Existenz der Arbeitnehmer und die Gewährleistung menschenwürdiger Arbeitsbedingungen hängt damit allein von der Konstellation auf dem Arbeitsmarkt ab. Das impliziert, dass es Kategorien wie menschenwürdiger Arbeitsbedingungen oder angemessene Löhne gar nicht gibt: Sie setzen einen Maßstab jenseits der Marktergebnisse und jenseits der Leistungsgerechtigkeit voraus, mit dem diese auf ihre Angemessenheit hin beurteilt werden können. Unter der Voraussetzung, dass erstens der Markt die Individuen entsprechend ihrer Leistung entlohnt, und zweitens die Leistung das alleinige Maß für Gerechtigkeit ist, fällt jede Beurteilung von Marktergebnissen auf ihre Angemessenheit hin unter das Verdikt der „Anmaßung von Wissen“.

Die radikal-wirtschaftsliberale Sicht übersieht also, dass es Bedürfnisse gibt, denen man ihre Berechtigung wohl kaum absprechen kann, die aber nicht immer auf dem Markt artikuliert werden können. Dazu zählt in vielen Ländern das Bedürfnis der untersten Schichten nach angemessener Entlohnung und menschenwürdigen Arbeitsbedingungen;[655] als weiteres Beispiel lässt sich in zahlreichen Regionen das Bedürfnis nach sauberem Trinkwasser nennen. Darüber hinaus vernachlässigt die Reduktion der Gerechtigkeit auf Leistungsgerechtigkeit, dass der Erfolg eines Individuums nicht ausschließlich sein individuelles Werk ist: Leistungen eines Individuums hängen stets auch von den Chancen ab, die das wirtschaftliche, soziale, kulturelle und politische Umfeld ihm bieten. Die dadurch notwendige Relativierung des Kausalzusammenhangs zwischen Leistung und Erfolg muss sich in einer Relativierung des Verständnisses von Gerechtigkeit als Leistungsgerechtigkeit niederschlagen: Leistungsgerechtigkeit mag ein Teil der Gerechtigkeit sein, aber sie *ist* nicht Gerechtigkeit. Hier trifft der zentrale Einwand zu, den Aristoteles gegen die Oligarchen formuliert, wenn man die „Ungleichheit aufgrund des Vermögens“ durch „Ungleichheit aufgrund von Leistung“ ersetzt:

> So meinen die, die den anderen in einem Punkte, nämlich durch ihr bedeutendes Vermögen, ungleich sind, ganz ungleich zu sein (Aristoteles: Pol. III 9, 1280 a 23).

In dieser Kritik von Aristoteles an der Oligarchie wird deutlich, dass deren Problem nicht die wirtschaftliche und soziale Ungleichheit als solche ist, sondern die Tatsache, dass sie den einzigen Maßstab für die soziale und politische Ordnung darstellt. Dieses Argument lässt sich unmittelbar gegen den radikalen Wirtschaftsliberalismus wenden: Mit seiner Reduktion der Gerechtigkeit auf Leistungsgerechtigkeit sieht er die Ungleichheit der Menschen in Bezug auf ihre Leistungen als eine Ungleichheit schlechthin an, die nicht durch ein ergänzendes Prinzip relativiert wird. Dem Vorwurf des sozialstaatlichen Liberalismus, dass der radikale Wirtschaftsliberalismus einseitig den Interessen der Erfolgreichen dient, ist folglich zuzustimmen.[656]

655 Das Phänomen der „working poor“ in Industrieländern zeigt, dass dies nicht nur in Entwicklungsländern ein Problem darstellt; siehe für die Vereinigten Staaten: Levitan/Shapiro (1987), Shipler (2005).

656 Ein prägnantes Beispiel für den oligarchischen Charakter des radikalen Wirtschaftsliberalismus liefert der Aufsatz von Acemoglu (2003). Der Autor vergleicht idealtypische oligarchische und demokratische politische Systeme hinsichtlich der ökonomischen Effizienz, wobei er unter Oligarchie eine Verfassung versteht, die die Eigentumsrechte der Produzenten sichert, aber zugleich dazu tendiert, Marktzutrittsschranken zu errichten, während in der Demokratie eine weitgehende Umverteilung des Wohlstandes stattfindet, aber die Marktzutrittsschranken niedrig gehalten werden. Das Ergebnis der modelltheoretischen Untersuchung lautet,

Doch auch die wirtschaftsliberale Kritik am sozialstaatlichen Liberalismus ist berechtigt. Während der radikale Wirtschaftsliberalismus als Maß der Gerechtigkeit allein die Leistung gelten lässt und die Ebene der Bedürfnisse vernachlässigt, fokussieren sozialstaatliche Liberale bei der Formulierung der Gerechtigkeitskriterien ausschließlich auf die Bedürfnisse der Individuen und vernachlässigen die Leistung. Deshalb fordern sie das Primat des demokratischen Prozesses über den Wettbewerb: Der Wettbewerb schafft seiner Natur nach die Differenz zwischen Leistung und Misserfolg; der demokratische Prozess hingegen ermöglicht aus sozialstaatlich-liberaler Sicht über eine entsprechende Gestaltung der Partizipationsrechte die gleichberechtigte Berücksichtigung aller Bedürfnisse. Der wirtschaftsliberale Einwand gegen diese Sicht lautet, dass sie die Bedingungen der Entstehung des Wohlstandes vernachlässigt: Die Durchsetzung der Unabhängigkeit der Individuen von den Zwängen des Wettbewerbs (z. B. mittels eines gesicherten Grundeinkommens) reduziert die Leistungsanreize, die als Antrieb im Wettbewerb erforderlich sind. Autoren wie Habermas und Beck wünschen sich offensichtlich eine Einhegung des Wettbewerbs, bei der die Produktion des Wohlstandes unverändert bleibt und im politischen Prozess über die Verteilung des Wohlstandes entschieden wird. Beide Autoren vernachlässigen nicht nur die Bedeutung von Leistungsanreizen, sondern scheinen zudem im demokratischen Prozess das Bedürfnis nach Umverteilung seitens eines Menschen, der nichts leistet, als gleichrangig anzusehen mit dem Bedürfnis eines Leistungsträgers, über die Verwendung der Früchte seiner Leistung selbst zu entscheiden.

Der sozialstaatliche Liberalismus weist somit deutliche Parallelen zu den demokratischen Parteien in der politischen Theorie von Aristoteles auf, die maßgeblich auf die Umverteilung des Wohlstandes der Reichen zielten. Bei der berechtigten Kritik der Wirtschaftsliberalen an der Vernachlässigung der Entstehungsbedingungen des Wohlstands im sozialstaatlichen Liberalismus darf aber nicht übersehen werden, dass die einseitige Forderung nach Umverteilung sich in der Regel erst als Reaktion auf eine weithin als ungerecht empfundene Ungleichheit und eine einseitige Betonung der Leistungsgerechtigkeit ergibt. Aristoteles deutet an verschiedenen Stellen an, dass die Zwietracht zwischen Oligarchen und Demokraten von ersteren ausgeht: Erst wenn die privilegierten Stände in der Polis ihre Stellung zum Schaden der Nicht-Privilegierten ausnutzen, entsteht auf der Seite der Letzteren das Bestreben, die sozialen Verhältnisse in einer Weise zu korrigieren, die ihrerseits maßlos ist.[657]

Die zwei Seiten der Ökonomie: Erwerb und Bedürfnis

In der Konsequenz droht der sozialstaatliche Liberalismus zu einer Umverteilung des Wohlstands zu führen, die dessen Grundlagen in Frage stellt, während umgekehrt der radikale Wirtschaftsliberalismus allein die Bedingungen der Produktion des Wohlstands im Blick hat und die Frage der Verteilung vernachlässigt. Beide versuchen, die eigene Position dadurch zu legitimieren, dass sie auf die Schwächen der gegnerischen Position verweisen –

dass bei hoher Umverteilungsquote in der Demokratie die Oligarchie signifikante Effizienzvorteile aufweist. Langfristig wirkt in der Oligarchie jedoch die fehlende Offenheit des Wettbewerbsprozesses nachteilig. Angesichts der Annahmen des Modells ist dieses Ergebnis nicht erstaunlich. Erstaunlich ist vielmehr, dass der Autor an keiner Stelle die Frage aufwirft, ob sein Vergleich von Oligarchie und Demokratie nach dem Kriterium der ökonomischen Effizienz nicht etwas begrenzt ist.

657 Aristoteles: Pol. IV 12 (1297 a 8-11) und V 4 (1304 a 33-38).

eine Argumentation, die recht undialektisch ist, weil sie nicht berücksichtigt, dass es sich bei beiden Positionen um Vereinseitigungen handeln könnte, die in sich widersprüchlich sind. Die Analyse dieser Vereinseitigungen erlaubt es, die Struktur ökonomischen Handelns besser zu verstehen, denn das, was von den beiden Paradigmen vereinseitigt wird, sind offensichtlich die zwei Seiten der Ökonomie, die zusammengebunden werden müssen, um einen Interessenausgleich zu ermöglichen: das Streben nach Gütern, die Nutzen stiften (Erwerb), und die Befriedigung von Bedürfnissen.

Der radikale Wirtschaftsliberalismus geht davon aus, dass das Streben nach Gütern keine Grenze kennt.[658] Der sozialstaatliche Liberalismus weist zu Recht darauf hin, dass das schrankenlose Erwerbsstreben in der Konsequenz einen Wettbewerbsdruck erzeugt, bei dem die individuellen Bedürfnisse, denen der Erwerb doch dienen soll, immer weniger befriedigt werden können. So zeigt z. B. Sennett (2000), wie die Flexibilität, die der Wettbewerb zunehmend von vielen Arbeitnehmern fordert, eventuell die Produktivität steigert, nicht aber den individuellen Bedürfnissen gerecht wird. Im Wettbewerb ergibt sich tatsächlich ein Konflikt zwischen dem Leistungsdruck, der auf den Individuen lastet, und ihrem Wunsch, den Wohlstand in Ruhe zu konsumieren. Dieser Konflikt wird im radikalen Wirtschaftsliberalismus zugunsten des Leistungsstrebens gelöst: Das Bedürfnis, das hier im Mittelpunkt steht, ist dasjenige nach Erfolg und Anerkennung im Wettbewerb, wodurch der Wettbewerb einen Eigenwert bekommt. Die wirtschaftliche und soziale Ungleichheit, die der Wirtschaftsliberalismus legitimieren will, erhält so einen tieferen Sinn: Sie ist nicht allein notwendig, um die Anreizfunktion des Wettbewerbs zu sichern, sondern auch, um den Individuen die Möglichkeit zu geben, sich von anderen zu unterscheiden. Das entscheidende Ziel der Leistung liegt also darin, besser zu sein als andere (wie Amerikaner sagen: „the goal is to make a difference“); alle anderen Bedürfnisse können diesem Ziel untergeordnet werden.

Dieser Eigenwert des Wettbewerbs wird von Wirtschaftsliberalen nicht berücksichtigt, weil aufgrund der Annahme der Unabhängigkeit der Nutzenfunktionen die soziale Dimension des Wettbewerbs vernachlässigt wird. Eher schon sind es soziologische Autoren, die das Streben nach Differenzierung als wesentliche Eigenschaft der Wettbewerbsgesellschaft (Bourdieu 1979) oder der menschlichen Gesellschaft im Allgemeinen (Veblen 1965) thematisieren. Zum Verständnis der Dynamik des Wettbewerbs im radikalen Wirtschaftsliberalismus ist die Berücksichtigung dieses Eigenwerts jedoch entscheidend, um zu verstehen, warum der Wunsch nach Konsum (und damit verbunden: nach Bereichen, in denen die Individuen frei von Wettbewerbsdruck sind) dem Wettbewerb keine Schranke setzt.[659]

Der Eigenwert des Wettbewerbs resultiert aus dem Wert der Möglichkeit, sich von anderen unterscheiden zu können, d. h. aus dem Wert der wirtschaftlichen und sozialen Ungleichheit. In dieser Wertschätzung für die Ungleichheit liegt der oligarchische Charak-

658 Vgl. oben die Annahmen des ökonomischen Verhaltensmodells: Abschnitt 4.2.1.1 (S. 192ff.).

659 Der US-amerikanische Kolumnist H. L. Mencken hat das Streben nach Anerkennung im Wettbewerb als ein besonderes Merkmal von Amerikanern bezeichnet und es in seinem Text „Der Amerikaner“ treffend charakterisiert: „Die den Amerikaner wesentlich kennzeichnende Eigenschaft ist nicht Geldgier, sondern es sind – auch auf die Gefahr hin, dass ich missverstanden werde – gesellschaftliche Ambitionen. Ich will damit sagen, dass er stets versucht, seine Position zu verbessern, irgendwelche Kastenschranken niederzureißen und sich der Anerkennung der über ihm Stehenden zu vergewissern. Da Geld ihm bei diesem Streben naturgemäß nützlich ist, weiß er es zu schätzen – aber nicht als solches, nicht um seiner selbst willen. Im Gegenteil: er ist jederzeit bereit, es mit vollen Händen auszugeben. Nichts ist ihm zu teuer, wenn es ihm hilft, sein Erscheinungsbild zu verbessern und sich über sein früheres Dasein zu erheben.“ (Mencken 2002, 8.) Siehe auch den Aufsatz des Verfassers von 2005.

ter des radikalen Wirtschaftsliberalismus. Ihm steht der sozialstaatliche Liberalismus gegenüber, der umgekehrt der Gleichheit einen Eigenwert beimisst. Während also auf der einen Seite der Mensch als frei angesehen wird, wenn er sich unterscheiden kann, gilt er auf der anderen Seite als frei, wenn er nicht wirtschaftlichen und sozialen Zwängen ausgesetzt und nicht von Stärkeren abhängig ist. Auf der einen Seite wird die Ungleichheit durch die unterschiedliche Leistung gerechtfertigt, deren äußeres Zeichen der Erwerb ist, auf der anderen Seite liegt die Rechtfertigung der Gleichheit in der Gleichberechtigung der Bedürfnisse, deren äußeres Zeichen die wirtschaftliche und soziale Unabhängigkeit der Individuen ist.

Daraus folgt auf der konkreten Ebene der internationalen Politik und Ökonomie, dass radikale Wirtschaftsliberale einseitig die Interessen der Gewinner der Globalisierung des Wettbewerbs im Blick haben, während umgekehrt sozialstaatliche Liberale einseitig für die Interessen der Verlierer eintreten. Die beiden Vereinseitigungen sind also nicht allein von theoretischem Interesse, sondern haben dort, wo sie politisch wirksam werden, unmittelbare Auswirkungen. Der radikale Wirtschaftsliberalismus übersieht, dass es legitime Bedürfnisse gibt, die nicht auf dem Markt artikuliert werden können, während der sozialstaatliche Liberalismus vernachlässigt, dass es legitime ökonomische Zwänge und Abhängigkeitsverhältnisse gibt, denen gegenüber die individuellen Bedürfnisse in bestimmten Situationen zurücktreten müssen. Für die Zusammenstimmung der individuellen Freiheit aller (und damit für den Interessenausgleich) ist es erforderlich, dass sowohl die Legitimität einer Begrenzung des freien Wettbewerbs als auch die Legitimität bestimmter ökonomischer Zwänge anerkannt werden. Wird jede Begrenzung des Wettbewerbs zum Schutz bestimmter Bedürfnisse oder jeder ökonomische Zwang als nicht zu rechtfertigende Beschränkung der Freiheit gesehen, so kommt es zu Vereinseitigungen, die entweder den Leistungsträgern oder den sozial Schwachen schaden.[660]

In der Konsequenz dienen die beiden Paradigmen noch nicht einmal derjenigen Gruppe von Individuen, deren Interessen sie vordergründig zu vertreten scheinen. Im radikalen Wirtschaftsliberalismus wird nicht nur das Problem der Armut vernachlässigt (einschließlich ihrer destabilisierenden Wirkung auf die Politik), sondern auch die Herausforderung der Gestaltung der Rahmenordnung des Wettbewerbs. Erst diese Rahmenordnung ist es, die es den Leistungsträgern im Wettbewerb ermöglicht, ihre Leistung zu erbringen. Insofern müssten eigentlich (auch aus wirtschaftsliberaler Sicht) diejenigen als die eigentlichen Leistungsträger gelten, die für die Rahmenordnung verantwortlich sind und sich damit um das Gemeinwohl verdient machen. Solche Leistungsträger sind freilich mit dem Verhaltensmodell des *homo oeconomicus* nicht zu begründen.[661] Darüber hinaus fehlt bei einer bloßen Anreizorientierung der Respekt vor dem Recht, so dass eine ständige Kontrolle und Evaluation der Individuen notwendig ist, bei der sich wiederum die Frage stellt,

660 Buchanans Argument, dass auch der Sklavereivertrag ein legitimer Vertrag ist, wenn nur der Sklave einen erkennbaren Nutzen aus ihm zieht, wirkt in diesem Zusammenhang wie ein Eigentor: Die Schwachen, die dem freien Wettbewerb ausgeliefert sind, würden den politischen und ökonomischen Grundsätzen des radikalen Wirtschaftsliberalismus nur unter Zwang zustimmen (vgl. Buchanan 1984, 86). Umgekehrt entspricht die Annahme von Rawls, dass hinter dem Schleier des Nichtwissens alle Menschen für das Maximin-Prinzip als Gerechtigkeitskriterium optieren würden (vgl. Rawls 1975, 178), der Psychologie von Menschen, die eine hohe Wertschätzung für Sicherheit haben. Risikofreudige Naturen würden ihm sicher nicht zustimmen.

661 Hier zeigt sich ein wesentlicher Unterschied zwischen radikalen und gemäßigten Wirtschaftsliberalen wie Walter Eucken. Für letzteren besteht ein klarer Unterschied zwischen der Gewinnorientierung des wirtschaftlichen Handelns und der Gemeinwohlorientierung politischen Handelns (Eucken 1952/1990, Kapitel XIX und XX).

welche Anreize seitens der Kontrolleure wirken. Das Modell kann nur funktionieren, wenn alle Menschen sich ständig gegenseitig kontrollieren und evaluieren, was jedoch am Ende zu einer Aufhebung der Freiheit durch die Tyrannei der Mehrheit führen würde (siehe oben, S. 256). Somit würden beide Ziele, Freiheit und Wohlstand, im radikalen Wirtschaftsliberalismus verfehlt.

Nicht anders sieht es im sozialstaatlichen Liberalismus aus. Erstens werden die Voraussetzungen für die Produktion des Wohlstandes untergraben, weil die Umverteilung die Anreize für Investitionen, Forschung und Entwicklung etc. mindert; mit dem Wohlstand sinken zugleich die Möglichkeiten für die wirksame Bekämpfung von Armut. Zweitens wird die Freiheit dadurch eingeschränkt, dass sich jede Ungleichheit vor dem Ziel der Gleichberechtigung der individuellen Bedürfnisse rechtfertigen muss. Während im radikalen Wirtschaftsliberalismus die Freiheit unter der ständigen Evaluation nach Maß der Durchschnittsmeinung leidet, wird sie hier durch den Argwohn beschränkt, der jeder Leistung entgegen gebracht wird.

Der Gegensatz zwischen diesen beiden Vereinseitigungen ist auch von zentraler Bedeutung, um den Konflikt zwischen Vertretern einer angebots- und einer nachfrageorientierten Wirtschaftspolitik in der Ökonomie und in der IPÖ zu verstehen. Wirtschaftsliberale sehen den Grund für fehlendes Wirtschaftswachstum auf der Ebene der Anreize für Investitionen. Eine Verbesserung dieser Anreize führt zu einem Anstieg der Investitionen; dadurch steigen die Produktion, die Einkommen und schließlich der Konsum. Der Engpass liegt auf der Seite des Angebots: Sobald die Anreize für die Produktion gegeben sind, schafft das Angebot sich gemäß dem Sayschen Theorem seine Nachfrage selbst.[662] Umgekehrt sehen nachfrageorientierte Ökonomen (Keynesianer) den Engpass auf der Seite des Konsums: Wirtschaftliches Wachstum setzt eine steigende Nachfrage voraus, damit es zu einer steigenden Produktion und zu steigenden Investitionen kommt. Wiederum bekräftigen beide Seiten ihre Position maßgeblich unter Verweis auf die Schwächen der anderen Seite. Die Vereinseitigung von Angebot (Produktion) bzw. Nachfrage (Konsum) entspricht der Vereinseitigung von Erwerb bzw. Bedürfnis: Hinter der Förderung der Investitionsanreize in der angebotsorientierten Wirtschaftspolitik steht das Ziel der Förderung des Wettbewerbs und die wirtschaftsliberale Fokussierung auf den Erwerb; umgekehrt steht hinter der Förderung des Konsums in der nachfrageorientierten Wirtschaftspolitik die Überzeugung, dass nicht der Wettbewerb, sondern die Befriedigung der Bedürfnisse der Individuen der eigentliche Antrieb der Ökonomie ist. Die Kontroverse zwischen neoklassischen und keynesianischen Wachstumsmodellen hilft folglich wenig zur Klärung der Frage, wovon wirtschaftliches Wachstum abhängt, solange nicht der Unterschied zwischen den Paradigmen auf der Ebene der Annahmen offengelegt und gezeigt wird, dass sie beide in ihren Vereinseitigungen widersprüchlich sind. So wie Erwerb und Bedürfnis zusammengebracht werden müssen, müssen auch die Angebots- und die Nachfrageseite in der Wirtschaftspolitik beide im rechten Maß berücksichtigt werden.

Im Ergebnis bewirken die Vereinseitigungen, dass einerseits das Erwerbsstreben auf Kosten des Konsums und andererseits das Streben nach Konsum auf Kosten des Erwerbs geht. Oder abstrakter formuliert: das Streben nach Nutzenmaximierung und Erwerb geht auf Kosten der Bedürfnisse und umgekehrt. Beide Paradigmen (radikaler Wirtschaftsliberalismus und sozialstaatlicher Liberalismus) setzen (wie alle individualistischen Paradig-

662 Zur Unterscheidung von angebots- und nachfrageorientierter Wirtschaftspolitik siehe Kromphardt (2004); zum Sayschen Theorem: Kruse (1997, 89f.).

men) voraus, dass die Individuen den rechten Maßstab zur Bestimmung ihres Nutzens bzw. ihres Bedürfnisses kennen. Unabhängig davon, ob dies faktisch der Fall ist, wird hier deutlich, dass zumindest diesen zwei Paradigmen der Maßstab fehlt, um die Erwerbs- und die Bedürfnisseite der Ökonomie zusammenzubinden. Ökonomisches Handeln ist darauf angewiesen, beides in Einklang zu bringen; das ist aber offensichtlich nur möglich, wenn man über ein Maß verfügt, um beide Seiten um des Ganzen willen (der Verbindung von Erwerb/Produktion und Konsum/Bedürfnis) zu begrenzen.

Im rechtsstaatlichen Liberalismus ist das Maß die Vernunft, aus der die Sittlichkeit und das Recht hervorgehen. Wenn man unter Vernunft das Vermögen versteht, Maßstäbe für das Handeln zu formulieren, hängt das ökonomische Handeln von ihr ab: Sie ist es, die die beiden Seiten dieses Handelns, gewissermaßen die objektive und die subjektive Seite der Ökonomie, verbindet (siehe Abbildung 12: S. 296). Entscheidend ist dann die Frage, wie die Vernunft verstanden wird. Auch ein sozialstaatlich-liberaler Autor wie Rawls verwendet regelmäßig den Begriff des „vernünftigen Bedürfnisses“[663], doch dieser Begriff ergibt in Verbindung mit seiner Definition der Vernunft, nämlich „dass zu gegebenen Zielen die wirksamsten Mittel eingesetzt werden“ (Rawls 1975, 31), keinen Sinn: Diese Definition beschränkt Vernunft auf Zweckrationalität und lässt die Wertrationalität, die der Begriff des „vernünftigen Bedürfnisses“ zu implizieren scheint, außer acht. So, wie der radikale Wirtschaftsliberalismus unterstellt, dass die Individuen immer schon wissen, was ihr Nutzen ist, unterstellt Rawls, dass sie ihre vernünftigen Bedürfnisse kennen. Wenn das so wäre, dürfte es nicht zu den Vereinseitigungen des radikalen Wirtschaftsliberalismus und des sozialstaatlichen Liberalismus kommen.

Die Einordnung des Realismus

Die Gemeinsamkeiten von Realismus und radikalem Wirtschaftsliberalismus wurden am Ende von Kapitel 4.3 bereits behandelt. Beide Paradigmen sind im Aristotelischen Sinne oligarchisch, weil sie sich durch die Legitimation der Ungleichheit auszeichnen. Dabei geht es im Realismus um politische Ungleichheit (d. h. um Ungleichheit in Bezug auf Macht bzw. Sicherheit) und im radikalen Wirtschaftsliberalismus um wirtschaftliche bzw. soziale Ungleichheit (in Bezug auf Einkommen bzw. Leistung). Die Ungleichheit wird legitimiert, indem auf der einen Seite der Mensch auf das Streben nach Macht bzw. Sicherheit und auf der anderen Seite auf das Streben nach Nutzenmaximierung reduziert wird. Der Unterschied zwischen diesen Annahmen wurde oben auf die Formel „Mehr-haben-als-andere“ und „Mehr-haben-als-vorher“ gebracht (Abschnitt 4.2.4.2) – ein Unterschied, der jedoch dadurch relativiert wird, dass auch das Erwerbsstreben eine soziale Komponente (Streben nach „Mehr-haben-als-andere“) aufweist, wenngleich dies von radikalen Wirtschaftsliberalen ausgeblendet wird.

Da der Realismus ebenso wie der radikale Wirtschaftsliberalismus auf die Legitimation von Ungleichheit zielt, ist sein natürlicher Gegner der sozialstaatliche Liberalismus mit der Forderung nach weitgehender Gleichberechtigung der Bedürfnisse. Die Struktur, die sich im Verhältnis von Realismus und sozialstaatlichem Liberalismus auf der Ebene der Politik ergibt, entspricht derjenigen im Verhältnis von radikalem Wirtschaftsliberalismus und sozialstaatlichem Liberalismus auf der Ebene der Ökonomie: Der Realismus postuliert

663 Vgl. Rawls (1975, 113): „Um es kurz zu sagen, das Gute ist die Befriedigung vernünftiger Bedürfnisse.“

als objektives Ziel politischen Handelns in den internationalen Beziehungen die Macht bzw. die Sicherheit; der sozialstaatliche Liberalismus betont dagegen, dass politisches Handeln auch in internationalen Beziehungen nach der Durchsetzung der Gleichberechtigung individueller Interessen streben soll. Wiederum fallen zwei Seiten politischen Handelns auseinander, die zusammengehören: Die Errichtung einer staatlichen Ordnung, die im Inneren wie im Äußeren Sicherheit durchsetzt und dafür auf Macht angewiesen ist, zählt zu den elementaren Aufgaben der Politik, denen individuelle Bedürfnisse in bestimmten Situationen untergeordnet werden müssen.[664] Doch durch die Verabsolutierung der Sicherheit als Ziel werden die individuellen Bedürfnisse, denen die Politik unter den Annahmen des Individualismus dienen soll, am Ende gänzlich aus dem Blick verloren.

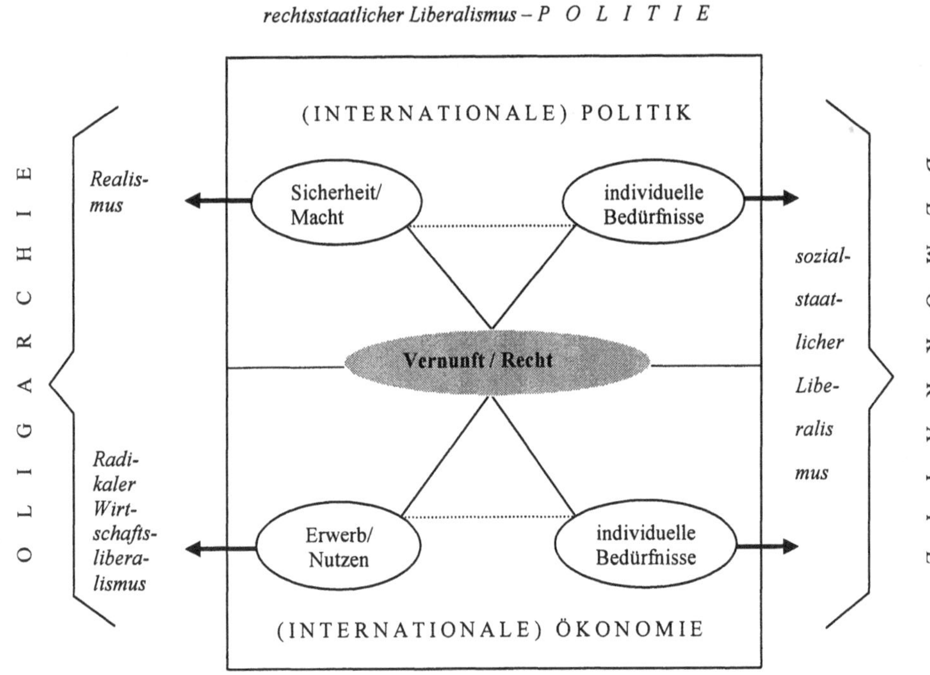

Abbildung 12: Der Zusammenhang von Politik und Ökonomie und die Vereinseitigungen der „oligarchischen" und „demokratischen" Paradigmen

Umgekehrt vernachlässigt der sozialstaatliche Liberalismus das Problem der Durchsetzung von Sicherheit: Er geht davon aus, dass die Verwirklichung von Gleichberechtigung automatisch zur Lösung von Konflikten führt, und sieht nicht, dass schon der Streit darüber,

664 Am Beispiel der Wehrpflicht zur Sicherung der Landesverteidigung wird das Spannungsverhältnis zwischen legitimen Sicherheitserfordernissen des Staates und individuellen Bedürfnissen der Wehrpflichtigen besonders deutlich.

welche Interessen tatsächlich als gleichberechtigt angesehen werden können, zu neuen Konflikten führen wird, die teilweise nur mit Zwangsmitteln zu lösen sein werden. Die Errichtung einer politischen Ordnung setzt voraus, dass die Gleichberechtigung auf die „vernünftigen" Bedürfnisse beschränkt wird (vgl. das Zitat von Rawls in Fußnote 663), doch die Annahme, dass – insbesondere in den internationalen Beziehungen – ein Konsens hinsichtlich der Unterscheidung von vernünftigen und unvernünftigen Bedürfnissen ohne Konflikte erzielt werden kann, mutet eher naiv an.

Folglich muss wie auf der Ebene der Ökonomie auch in der Politik die Frage nach der Vernunft gestellt werden, die die objektive und die subjektive Seite des politischen Handelns verbindet, indem sie beiden ein Maß gibt: Es bedarf eines vernünftigen (anstelle eines absoluten) Strebens nach Sicherheit und eine vernünftige (und nicht grenzenlose) Orientierung der Politik an den Bedürfnissen der Bürger. Das Ziel, die Vernunft zu bestimmen, ist das Anliegen des rechtsstaatlichen Liberalismus: Mit Kant gesprochen wird aus der Vernunft das Gesetz gewonnen, dem zum einen das Streben nach Sicherheit unterworfen wird und nach dem sich zum anderen die Artikulation der individuellen Bedürfnisse zu richten hat. Bevor im Folgenden untersucht wird, auf welche Weise der rechtsstaatliche Liberalismus die Überwindung der Vereinseitigungen anstrebt, soll noch ein weiteres Problem der „oligarchischen" und des „demokratischen" Paradigmas aufgezeigt werden: die Aufhebung der Differenz von Politik und Ökonomie durch die Politisierung der Ökonomie im Realismus und die Ökonomisierung der Politik im radikalen Wirtschaftsliberalismus und im sozialstaatliche Liberalismus.

Der Verlust der Differenz von Politik und Ökonomie

Die Konsequenz der Verabsolutierung eines Aspekts der Politik oder der Ökonomie – Sicherheit, Erwerb und individuelle Bedürfnisse – ist, dass sowohl die Politik als auch die Ökonomie nach Maß dieses Aspekts beurteilt werden und die Unterscheidung von Politik und Ökonomie verloren geht. Für den Realismus wurde hierauf bereits an verschiedenen Stellen hingewiesen: Zumindest die internationalen Wirtschaftsbeziehungen werden grundsätzlich danach beurteilt, wie sie sich auf die Sicherheitslage der betreffenden Staaten auswirken, so dass sie ausschließlich politisch gesehen werden (unter Anwendung eines reduktionistischen Politikbegriffs).

Auch im radikalen Wirtschaftsliberalismus ist die Auflösung der Differenz von Politik und Ökonomie offensichtlich. Hier wird umgekehrt Politik gänzlich ökonomisch verstanden, weil erstens in Hinblick auf das Motiv des Handelns Politik allein als Nutzenmaximierung gesehen wird und zweitens in Hinblick auf den Zweck Politik darauf reduziert wird, Dienstleistungen für das ökonomische Handeln (Produktion und Konsum) zu erbringen.

Weniger offensichtlich ist die Reduktion der Politik auf die Ökonomie im sozialstaatlichen Liberalismus, denn dort fordern die Autoren regelmäßig die Wiederherstellung des Primats der Politik über die Ökonomie und plädieren damit gerade für die Unterscheidung beider Ebenen. Doch unter dem Primat der Politik wird dort das der Demokratie über den Markt verstanden und damit das Primat der gleichberechtigten individuellen Bedürfnisse über das Erwerbsstreben. Politik hat folglich die Aufgabe, die Gleichheit der Individuen und die „subjektive Seite" ökonomischen Handelns gegenüber ihrer „objektiven Seite" und der Ungleichheit zur Geltung zu bringen. Sie dient damit der Emanzipation einer Seite der

Ökonomie gegenüber der anderen, wird aber letztlich auch ökonomisch verstanden: Politik bedeutet Umverteilung und Regulierung des Wettbewerbs zugunsten der Gleichberechtigung der individuellen Bedürfnisse.

Die Folge der Reduktion der Politik auf ökonomische Ziele und Motive ist der Verlust des gemeinschaftlichen Interesses, der charakteristisch für die „oligarchischen" und „demokratischen" Paradigmen ist. Das Gemeinschaftliche wird im radikalen Wirtschaftsliberalismus zu einem Zulieferprodukt für das individuelle Erwerbsstreben; entsprechend wird der Begriff der Infrastruktur dort auch auf das Recht und auf Bildungseinrichtungen ausgedehnt. Recht und Bildung haben aus dieser Sicht allein einen Dienstleistungscharakter. Das Konzept des Systemwettbewerbs, das auf eine weitgehende Privatisierung der „Infrastruktur" hinausläuft, ist lediglich die konsequente Ausformulierung dieser Sichtweise. Die Folge dieses Ansatzes ist (wie in Kapitel 4.2 gezeigt wurde), dass versucht wird, das Gemeinschaftliche allein aus individuellen Kosten-Nutzen-Kalkülen zu erklären, so dass Verantwortlichkeit für das Ganze nur dort gegeben ist, wo das private und das allgemeine Wohl zufällig übereinstimmen. Aus dem damit verbundenen Verlust des Allgemeinen folgt der Verlust des Rechts als der Grundlage des Interessenausgleichs. Das wiederum bewirkt im Ergebnis die Auflösung des geordneten Wettbewerbs um die bessere Leistung in einen Kampf um Selbstdurchsetzung der Erfolgreichen auf Kosten der Schwächeren.

Als anschauliches Beispiel für den Verlust des Gemeinschaftlichen nennt Rifkin (2000, 213-215) die Ausbreitung von großen Einkaufszentren („malls") in den Vereinigten Staaten. In diesen Einkaufszentren sind nicht nur die einzelnen Geschäfte privat, sondern das gesamte Gelände. Im Interesse der Inhaber der Geschäfte (Mieter) kann der Betreiber eines Einkaufszentrums auf diesem Gelände jede politische Betätigung (z. B. Informationsstände, Sammlung von Unterschriften, Demonstrationen) unterbinden. Die Konsequenz ist ein Verlust an öffentlichem Raum. Bei der klassischen Stadtstruktur sind gewerbliche Tätigkeit und öffentlicher Raum verbunden; die Artikulation öffentlicher Anliegen kann dort stattfinden, wo die Bürger zugleich ihren Geschäften nachgehen. Sinnbild der Verbindung von gewerblichen und öffentlichen Anliegen ist die griechische Agora. Die Ausbreitung von „Malls" bedeutet in der Konsequenz eine schleichende Privatisierung der Agora und ein Verlust an öffentlichem Raum.

Ein ähnlicher Verlust des öffentlichen Raums ergibt sich im sozialstaatlichen Liberalismus, wie sich am Beispiel von Habermas zeigen lässt. Er beansprucht zwar, dass die Lebenswelt der Bereich ist, in dem die Individuen ihre öffentlichen Anliegen artikulieren können und in dem die Solidarität entsteht, die die Gemeinschaft trägt. Doch die Solidarität, so Habermas, wird nur dort wirksam, wo sie sich auszahlt, d. h. wo sie erwidert wird und dem Prinzip der Reziprozität folgt.[665] Der öffentliche Raum wird damit zu einem Marktplatz der individuellen Bedürfnisse, auf dem der einzelne die Solidarität der anderen mit der Münze der eigenen Solidarität bezahlt. Habermas' Argument, dass Solidarität sich „rechnen" muss, zeigt, dass auch die Lebenswelt ökonomisch verstanden wird und letztlich privatwohl- und nicht gemeinwohlorientiert ist.[666]

665 Siehe oben das Zitat von Habermas: S. 272.

666 Im Realismus lässt sich ein vergleichbarer Verlust des Öffentlichen als Folge der Politisierung der Ökonomie nicht feststellen. Hier liegt das Problem vielmehr in der Reduktion des Öffentlichen auf das Problem der kollektiven Sicherheit, der alle anderen gemeinschaftlichen Anliegen – und gerade auch das Recht – unterworfen werden.

Was bleibt? – Die positive Bedeutung von Macht, Wettbewerb und Bedürfnis

Zum Abschluss der Analyse der oligarchischen und demokratischen Paradigmen sei betont, dass die Kritik sich allein auf deren Vereinseitigungen bezieht und nicht auf die Elemente, die vereinseitigt werden. Das Ziel besteht gerade darin, die eigentliche Bedeutung dieser Elemente zur Geltung zu bringen, indem ihre Verabsolutierung zurückgewiesen wird:

- Aus der Kritik am Realismus folgt nicht, dass das Streben nach Sicherheit kein elementarer Bestandteil der Politik wäre. Jede politische Gemeinschaft ist darauf angewiesen, gegen Gegner im Inneren wie im Äußeren notfalls mit Zwangsmaßnahmen vorgehen zu können. Außenpolitik kann nicht allein auf der Hoffnung beruhen, dass die gleichberechtigte Einbeziehung unterschiedlicher Interessen im internationalen Spiel der Kräfte zu einem Ausgleich führt, ohne dass es gelegentlich der *ultima ratio* der Androhung und Anwendung von Gewalt bedürfe. Gegen die sozialstaatlich-liberale Kritik am Realismus muss also betont werden, dass politisches Handeln auf Macht angewiesen ist; gegen den Realismus ist jedoch einzuwenden, dass er das Streben nach Macht und Sicherheit verabsolutiert. Politik kann nicht auf dieses Streben reduziert werden, sondern die Macht muss durch die Form der politischen Herrschaft überhaupt erst legitimiert werden.
- Aus der Kritik am radikalen Wirtschaftsliberalismus darf nicht die Ablehnung des wirtschaftlichen Wettbewerbs abgeleitet werden. Das Ziel ist es nicht, die Vorteile einer Wettbewerbswirtschaft sondern die Verabsolutierung des Wettbewerbs in Frage zu stellen. Funktionierender Wettbewerb ist auf eine politische Ordnung angewiesen, die nicht ihrerseits aus dem Eigennutzkalkül der Akteure begründet werden kann. Es muss folglich in der IPÖ klar unterschieden werden zwischen dem radikalen Wirtschaftsliberalismus, der den Wettbewerb verabsolutiert, und dem gemäßigten Wirtschaftsliberalismus, der im Bereich der Ökonomie auf den Wettbewerb setzt, ohne zugleich alles menschliche Handeln auf Kosten-Nutzen-Kalküle zu reduzieren. Gleiches gilt für die Analyse von Anreizen: In der Ökonomie und in der Politik spielen Anreize für die Erklärung des Handelns der Akteure eine wichtige Rolle; problematisch wird es jedoch, wenn das Handeln von Akteuren allein aus Anreizen erklärt werden soll (wie dies bei einer uneingeschränkten Anwendung des Verhaltensmodells des *homo oeconomicus* der Fall ist).
- Aus der Kritik am sozialstaatlichen Liberalismus darf nicht gefolgert werden, dass die Bedürfnisse der Bürger für die Politik keine Rolle spielen: Problematisch ist nur die ausschließliche Orientierung der Politik am Ziel der Gleichberechtigung der Bedürfnisse, d. h. wiederum die Verabsolutierung. Von der sozialstaatlich-liberalen Kritik am radikalen Wirtschaftsliberalismus bleibt als Ergebnis bestehen, dass die Artikulation von Bedürfnissen nicht ausschließlich von der wirtschaftlichen Leistungsfähigkeit abhängen darf: Wenn Menschen sich in einer wirtschaftlichen Notlage befinden, so ist politisches Handeln gefordert.

Erst durch die Überwindung ihrer Verabsolutierung kann die eigentliche Bedeutung von Macht, Wettbewerb und Bedürfnissen sowie ihr Verhältnis zur Politik deutlich werden. Hinsichtlich des Wettbewerbs, dessen Verhältnis zur Politik im Mittelpunkt dieser Untersuchung steht, gilt, dass er durch die hier vorgenommene Einordnung nicht begrenzt, sondern eigentlich erst ermöglicht wird. Die alles entscheidende Frage ist nun diejenige nach dem Einheitspunkt, der die verschiedenen Elemente von Politik und Ökonomie im rechtsstaatlichen Liberalismus zusammenhalten soll.

4.5.2.3 Die vermittelnde Position des rechtsstaatlichen Liberalismus

Die Verbindung von Gleichheit und Ungleichheit

Der rechtsstaatliche Liberalismus lässt sich als Versuch verstehen, den Gegensatz zwischen der oligarchischen Vereinseitigung der (wirtschaftlichen bzw. politischen) Ungleichheit und der demokratischen Vereinseitigung der Gleichheit zu überwinden und ein ausgewogenes Verhältnis von Gleichheit und Ungleichheit in Politik und Ökonomie zu verwirklichen. Die Vermittlung zwischen den beiden Polen soll durch das Recht und die Sittlichkeit geleistet werden: Die Maxime jeder Handlung soll mit der Freiheit aller vereinbar sein. Auf diese Weise werden das Streben nach Macht bzw. Sicherheit, nach Erwerb bzw. Nutzen und nach Befriedigung der individuellen Bedürfnisse in eine Form gebracht, die einen umfassenden – im Idealfall globalen – Interessenausgleich ermöglicht.

Die Balance von Gleichheit und Ungleichheit soll im rechtsstaatlichen Liberalismus dadurch erreicht werden, dass die Bürger gegenüber dem Recht in einem zweifachen Sinne gleich sind, nämlich als Autoren und als Adressaten des Rechts, während sie in wirtschaftlicher und sozialer Hinsicht ungleich sein können. Die Herausforderung für die Sozial- und Wirtschaftsverfassung besteht darin zu vermeiden, dass die wirtschaftliche und soziale Ungleichheit so groß wird, dass sie auf die rechtlich-politische Gleichheit zurückwirkt. Die Ungleichheit darf (mit Kant gesprochen) nicht die Selbständigkeit des Bürgers im Sinne der Unabhängigkeit vom Willen anderer aufheben (vgl. „Rechtslehre" B 197). Die Bestimmung, wann dies der Fall ist, fällt freilich nicht leicht; hier kann der rechtsstaatliche Liberalismus sowohl in den radikalen Wirtschaftsliberalismus umschlagen (wenn die Selbständigkeit allein vom Schutz der Eigentumsrechte abhängt und die negativen Wirkungen von Armut vernachlässigt werden) als auch in den sozialstaatlichen Liberalismus (wenn Selbständigkeit als weitgehende Unabhängigkeit von wirtschaftlichen und sozialen Zwängen verstanden wird).

Mit der Balance von Gleichheit und Ungleichheit werden im rechtsstaatlichen Liberalismus zugleich Politik und Ökonomie deutlich voneinander unterschieden (vgl. Abbildung 13: S. 301). Das Ziel der Ökonomie besteht in der Erwirtschaftung von Wohlstand, das der Politik in der Verwirklichung des Rechts, mit dem die Voraussetzung für einen umfassenden Ausgleich der individuellen Interessen und damit für die Freiheit geschaffen wird. Politik und Ökonomie werden dadurch verbunden, dass zum einen im politischen Prozess die Rahmenordnung des Wettbewerbs gestaltet wird und zum anderen die Verantwortung des Bürgers für das Recht auch in wirtschaftlichen Handlungen relevant ist. Zwar verfolgen die Akteure im Wettbewerb ihren Nutzen, aber die Respektierung von Regeln und Institutionen kann, wie gezeigt wurde, nicht allein von Anreizen abhängen, sondern erfordert die Verantwortlichkeit der Akteure.

Die Vermittlung zwischen den Extremen der oligarchischen Legitimation von Ungleichheit und der demokratischen Forderung nach Gleichheit, wie sie der rechtsstaatliche Liberalismus anstrebt, wird im Aristotelischen Verfassungsschema von der Politie geleistet. Aristoteles kennzeichnet die Politie als „Mischung aus Oligarchie und Demokratie“ (Pol. IV 8, 1293 b 34) und als „mittlere Verfassung“ (ebd., IV 11, 1296 a 36).[667] Die Parallele von Aristotelischer Politie und rechtsstaatlichem Liberalismus beschränkt sich jedoch auf das Ziel, die Mitte von Demokratie und Oligarchie zu erreichen. In der Begründung unterscheiden sich die beide Positionen dadurch, dass nach Aristoteles die Mitte durch die Tugendhaftigkeit der Bürger (insbesondere das Maßhalten des Mittelstandes, Pol. IV 11) erreicht wird, während sie im rechtsstaatlichen Liberalismus durch das Recht herbeigeführt werden soll. Auf diesen Unterschied zwischen der Aristotelischen politischen Theorie und dem rechtsstaatlichen Liberalismus wird im Folgenden noch zurückzukommen sein.

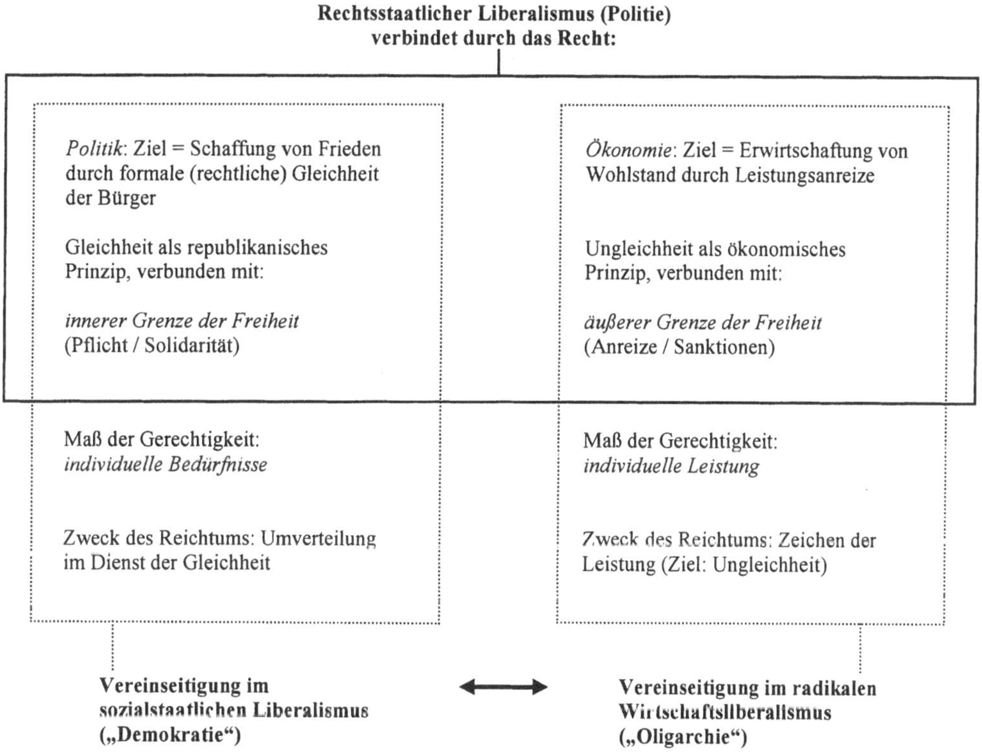

Abbildung 13: Das Verständnis von Politik und Ökonomie im rechtsstaatlichen Liberalismus

667 Zur Einteilung der Verfassungen in der „Politik“ von Aristoteles (Bücher III – VI) siehe unten, Kapitel 5.4.

Ungelöste Probleme im rechtsstaatlichen Liberalismus

Insofern der rechtsstaatliche Liberalismus auf die Balance von Gleichheit und Ungleichheit zielt, erweist er sich gegenüber den Vereinseitigungen der drei anderen individualistischen Paradigmen als überlegene Position: Die Orientierung am Recht erlaubt auf nationaler wie internationaler Ebene, die Elemente in Einklang zu bringen, die in den letzteren verabsolutiert werden. Doch zugleich hat die Analyse in Kapitel 4.3 gezeigt, dass sich auf der Ebene der Begründung des rechtsstaatlichen Liberalismus Schwierigkeiten ergeben, die hier unter Bezugnahme auf die politische Philosophie von Kant (als dem konsequentesten Vertreter dieses Paradigmas) in drei Punkten zusammengefasst werden sollen (vgl. oben, S. 254):

- Erstens bleibt der Konflikt von Pflicht und Neigung ungelöst. In der Auseinandersetzung mit der Kantischen Pflichtethik wurde deutlich, dass einerseits eine innere Begrenzung des Eigennutzstrebens erforderlich ist, um eine freie Gesellschaft zu ermöglichen, andererseits aber das Verständnis dieser Grenze als Pflicht die Frage nach dem Motiv für ihre Befolgung aufwirft. Wenn die Hoffnung, der Glückseligkeit würdig zu werden (auf die Kant in diesem Zusammenhang verweist) einem Individuum zu vage erscheint, droht als einziges Motiv seines Handelns die Neigung übrigzubleiben, und zwar als Neigung zum Macht- bzw. Sicherheitsstreben, als Neigung zum Erwerbsstreben oder als Neigung zum Geltendmachen individueller Bedürfnisse. Der rechtsstaatliche Liberalismus schlägt dann in eine der drei Vereinseitigungen um.
- Zweitens wird das mechanistische Verständnis des Interessenausgleichs, das die „oligarchischen" bzw. „demokratischen" Paradigmen kennzeichnet, nur unvollkommen überwunden. Realismus und radikaler Wirtschaftsliberalismus gehen in ihrer Analyse von Machtverhältnissen bzw. Wettbewerbsprozessen insofern mechanistisch vor, als sie das Verhalten der Individuen gänzlich aus äußeren Anreizen erklären (Behaviorismus). Der sozialstaatliche Liberalismus betont zwar die Bedeutung des Diskurses für den Interessenausgleich zwischen den Individuen, doch dessen Gelingen ist ebenfalls wesentlich von äußeren Faktoren abhängig (z. B. bei Habermas von der Herrschaftsfreiheit des Diskurses). In diesen drei Paradigmen nehmen folglich die äußeren Bedingungen den Individuen die Verantwortung für das Erreichen des Interessenausgleichs ab. Im rechtsstaatlichen Liberalismus wird demgegenüber die sittliche Verantwortung des Bürgers für den Interessenausgleich betont: ohne Sittlichkeit, d. h. ohne Pflichtbewusstsein, gibt es keinen Ausgleich und keinen Frieden. Doch auch hier kommt das mechanistische Denken durch die Hintertür wieder herein, wenn z. B. die Entwicklung der eigennützigen Individuen zu verantwortlichen Bürgern als Ergebnis des Geschichtsprozesses versteht. Die Entfaltung der Anlage des Sittengesetzes, die der Mensch in sich trägt, wird nicht als eine Leistung des einzelnen verstanden, sondern – ähnlich wie im sozialstaatlichen Liberalismus – als Ergebnis äußerer Faktoren. Der Strukturalismus kann in diesem Punkt am politischen Liberalismus anknüpfen, wenn er den Menschen gänzlich als Produkt der Umstände bzw. des Geschichtsprozesses begreift.
- Drittens stellt sich die Frage, wie konsequent das Primat der Ethik und der Politik gegenüber der Ökonomie durchgehalten wird. Für Kant ist die Sittlichkeit zunächst von höherer Bedeutung als der Wohlstand, weil der Mensch mit ihr zugleich seine höchste Anlage – die der Vernunft – verwirklicht. Jedes utilitaristische Verständnis der

> Sittlichkeit, das sie auf eine Funktion des Erwerbsstrebens oder der Nutzenmaximierung reduziert, würde von ihm zurückgewiesen werden. Doch wenn die Sittlichkeit rein formal verstanden wird, gibt sie den Individuen immer nur die Form des Handelns vor, die dessen subjektiven Zweck begrenzt. Das formale Verständnis der Ethik kippt bei Kant nur deshalb nicht in ein funktionales Verständnis um, weil die Form ihrerseits einem höheren Zweck dient: dem Frieden. Der Frieden zeigt sich als das oberste Gut in Kants Philosophie, dem sowohl seine theoretische als auch seine praktische Philosophie dient. In der theoretischen Philosophie wird der Frieden durch die Prüfung der Erkenntnisansprüche vor dem Gerichtshof der reinen Vernunft erreicht; es ist der Frieden von den „belästig[enden]“ Fragen, die die Vernunft nicht abweisen und zugleich nicht beantworten kann, und die Ursache sowohl des akademischen Streits um Wahrheit als auch (in der Praxis) des Krieges um die Durchsetzung von Ansprüchen ist.[668] Im Bereich der praktischen Vernunft besteht der Frieden im Ausgleich der Interessen von Individuen sowie von Nationen durch das Recht. Doch das Ziel des Friedens ist wohl kaum ein oberstes Ziel: Hat man ihn, so will man mehr. Da könnte das Streben nach Wohlstand letztlich wieder zum entscheidenden Motiv der Individuen werden, und das Primat der Ethik, des Rechts und der Politik über die Ökonomie würde sich in sein Gegenteil verkehren. Der Strukturalismus hätte dann nicht ganz Unrecht mit dem Vorwurf, dass das Recht im rechtsstaatlichen Liberalismus maßgeblich ökonomischen Interessen dient.[669]

Alle drei Begründungsprobleme resultieren aus dem formalen Verständnis der Sittlichkeit als Grenze der freien Verfolgung der individuellen Vorstellung vom Glück. Die Einbeziehung dieser Grenze in das Freiheitsverständnis bei Locke und Kant (vgl. ihre Definition von Freiheit als Autonomie, oben: S. 225 und 228f.) ändert nichts an dem Dualismus von individuellem Glücksstreben und dessen notwendiger Begrenzung. Dieser Dualismus wirft zwei Fragen auf: die nach der Bestimmung der Grenze und die nach dem Motiv, die Grenze zu respektieren.

Die Bestimmung der Grenze soll im rechtsstaatlichen Liberalismus formal erfolgen: Sittlichkeit und Recht dienen der Zusammenstimmung der Freiheit des einzelnen mit der Freiheit aller. Wie oben gezeigt wurde, ist die Anwendung dieses Grundsatzes nicht ohne Rückgriff auf inhaltliche Vorstellungen von Zielen (d. h. von Glück bzw. Werten) möglich (s. S. 257). Wenn es keine solchen gemeinsamen Vorstellungen gibt, droht die politische Gemeinschaft in zwei Klassen mit antagonistischen Interessen zu zerfallen: Die Erfolgreichen werden danach streben, die Grenzen auf die Sicherung der Eigentumsrechte zu beschränken, um auf diese Weise ihre Erwerbsmöglichkeiten zu sichern; die Erfolglosen bzw. weniger Erfolgreichen werden in der aus dem Erfolg der anderen Klasse resultierenden Ungleichheit und der damit verbundenen Ausbeutung der Schwächeren eine Gefahr für ihre Freiheit sehen und mehr Gleichheit (in rechtlicher und wirtschaftlicher Hinsicht) fordern. Wenn das Recht und überhaupt das Gemeinschaftliche allein als eine Grenze des individuellen Glücksstrebens gesehen wird, so droht die politische Gemeinschaft durch den Kampf zwischen oligarchischen und demokratischen Interessen gespalten zu werden. Ein solcher Klassenkampf lässt sich nur vermeiden, indem man die formale Begründung des

668 Vgl. Vorrede A zur KrV (A VII) und oben das Zitat auf S. 234.
669 Vgl. Marx' Kritik des Konzepts der Menschenrechte in seiner Schrift „Zur Judenfrage“ (363-365).

Rechts im rechtsstaatlichen Liberalismus um inhaltliche Vorstellungen (also: Wertvorstellungen) anreichert.

Die zweite oben aufgeworfene Frage ist diejenige nach dem Motiv, die Grenze des Rechts zu respektieren. In allen vier individualistischen Paradigmen soll die Koordinierung der Individuen in Politik und Ökonomie über die Begrenzung ihres individuellen Strebens nach Macht, Wohlstand und Bedürfnisbefriedigung erfolgen. Im Realismus und im radikalen Wirtschaftsliberalismus wird den Individuen eine äußere Grenze durch die jeweilige Machtkonstellation, den Wettbewerb oder die Androhung von Sanktionen im Fall von Rechtsverstößen gesetzt. Im politischen Liberalismus wird diese äußere Grenze um eine innere ergänzt, indem zum Recht die Sittlichkeit (Pflicht) bzw. die Solidarität hinzutritt. Bei einem rein äußeren Verständnis der Grenze (Anreiztheorie des Rechts) ergibt sich unter anderem die Schwierigkeit zu erklären, woher die Bereitschaft zur Einrichtung einer Rechtsordnung sowie zu ihrer Durchsetzung kommen soll, wenn jeder nur seinen Vorteil im Auge hat und niemand für die Institutionen verantwortlich ist, die den Ausgleich zwischen den Individuen gewährleisten. Fügt man als Reaktion auf die Widersprüchlichkeit der reinen Anreiztheorien zu den Anreizen das Motiv der Pflicht hinzu, so steht man wiederum vor der Frage nach dem Motiv der Pflichtbefolgung.

Beide Fragen – die nach der Bestimmung der Grenze und die nach dem Motiv zur Respektierung der Grenze – verweisen auf eine grundlegende Schwierigkeit aller individualistischen Paradigmen: Die politische Gemeinschaft wird von ihnen im Grunde negativ verstanden. Ihre Funktion ist die Abwehr von Angriffen und Ansprüchen anderer durch die Herbeiführung eines Kompromisses zwischen den individuellen Bestrebungen. Auch wenn am Ende alle von der Vereinbarung profitieren, wird das Recht zunächst aus dem Motiv der Abwehr geschaffen: Der Beschränkung der eigenen Freiheit wird zugestimmt, um die Beschränkung der Freiheit der anderen zu erreichen. Mit dem rechtsstaatlichen Liberalismus kann zwar das Spannungsverhältnis von Politik und Ökonomie auf das Problem der Balance von Gleichheit und Ungleichheit zurückgeführt und diese Balance durch das Recht hergestellt werden, aber die im Rechtsverständnis bestehende Spannung zwischen Pflicht und Neigung kann er nicht auflösen.

Zwei Reaktionen auf die Probleme des rechtsstaatlichen Liberalismus – drei Paradigmen des Verhältnisses von Politik und Ökonomie

Die Spannung von Pflicht und Neigung ist der entscheidende Schwachpunkt, an dem der Strukturalismus seine Fundamentalkritik des Liberalismus ansetzt. Der Ausgangspunkt von Marx' Kapitalismuskritik ist nicht zufällig die Hegelsche Rechtsphilosophie und damit das „bürgerliche" Rechtsverständnis:[670] Die Funktion des Rechts besteht in Marx' Augen nicht darin, Gemeinschaft zu ermöglichen, sondern die Besitzlosen zu unterdrücken. Das Recht schützt das Privateigentum und damit nur den, der tatsächlich über Eigentum verfügt. Die Grenzen, die das Recht zieht, sind Begrenzungen der Besitzlosen zum Nutzen der Besitzenden. Recht und Rechtsphilosophie bilden folglich aus strukturalistischer Sicht den

670 Siehe wiederum Marx' Text „Zur Judenfrage" (363-365) sowie seine Auseinandersetzung mit Hegel (z. B. „Aus der Kritik der Hegelschen Rechtsphilosophie" von 1843, „Zur Kritik der Hegelschen Rechtsphilosophie" von 1844). Zur Entwicklung von Marx' Kapitalismuskritik aus der Auseinandersetzung mit Hegel siehe Zehnpfennig (2005, XIII-XVIII).

„Überbau“ einer durch Ausbeutung gekennzeichneten Gesellschaft. Die Ursache des Rechts liegt in den Besitzverhältnissen, die in der Marxschen Geschichtsphilosophie wiederum Ausdruck der Produktionsbedingungen sind: Die Ökonomie wird somit zur Ursache des Rechts und der Politik.

Das innere Spannungsverhältnis von Pflicht und Neigung wird von Marx in einen äußeren Konflikt zwischen dem von den Herrschenden gesetzten Recht und den Bedürfnissen der Beherrschten umgedeutet. Das Recht beschränkt den Menschen als Bedürfniswesen; es ermöglicht nicht Gemeinschaft, sondern trennt die Menschen und ist insofern Ausdruck des Klassengegensatzes. Wirkliche Gemeinschaft kann nur hergestellt werden durch die Überwindung der Entfremdung, mit der auch das Recht aufgehoben wird. Die Entfaltung des Menschen als nicht-entfremdetes Bedürfniswesen soll im vollendeten Kommunismus das Trennende zwischen den Menschen aufheben. Sie werden dort nicht um des „Haben-Wollens“ produzieren, sondern um der Selbstverwirklichung im Akt der Produktion willen. Der Weg zu diesem Idealzustand besteht darin, den Klassenkampf auszufechten und die Revolution herbeizuführen: Solange es Privateigentum gibt und die Entfremdung anhält, müssen die Besitzlosen (Proletarier) den gegen sie geführten Klassenkampf erwidern. Das Prinzip der Politik ist in dieser Sicht der Kampf, der die Konzeptionen des Interessenausgleichs als Ideologie der Herrschenden und den Gesellschaftsvertrag als Instrument der Herrschaftssicherung entlarvt.

Die alternative Reaktion auf die Begründungsprobleme der individualistischen Paradigmen von Politik und Ökonomie besteht darin, den Grundsatz des rechtsstaatlichen Liberalismus in Frage zu stellen, demzufolge Freiheit nur durch die Begrenzung des individuellen Glücksstrebens gesichert werden kann, nicht aber durch das Infragestellen von Glücksvorstellungen. Dieser Grundsatz folgt aus einem Missverständnis der Bestimmung von Freiheit, dass „[n]iemand mich zwingen [kann], auf seine Art [...] glücklich zu sein, sondern ein jeder [...] seine Glückseligkeit auf dem Wege suchen [darf], welcher ihm selbst gut dünkt“ (Kant, „Gemeinspruch“, A 235). Wenn diese Bestimmung so verstanden wird, dass die Meinungen der Individuen über das, was sie für gut halten (also ihre Vorstellung von Glückseligkeit) um der Freiheit willen nicht in Frage gestellt werden dürfen, dann kann eine politische Gemeinschaft nur als formale Verbindung der Bürger verstanden werden, und es treten alle geschilderten Schwierigkeiten auf. Doch das Infragestellen der subjektiven Glücksvorstellungen eines Menschen bedeutet nicht automatisch, dass er den subjektiven Glücksvorstellungen eines anderen Menschen unterworfen wird, sondern zunächst nur, die Möglichkeit von Irrtum bei der Bestimmung dessen, was Glück ist, einzuräumen.

Die Aporien des Individualismus werfen die Frage auf, ob Freiheit lediglich darin besteht, im Handeln den eigenen Vorstellungen zu folgen, oder ob die entscheidende Freiheit nicht darin liegt, die menschliche Fähigkeit zur Frage nach der Begründung dieser Vorstellungen zu verwirklichen. Wenn letzteres gilt, dann betrifft das in besonderer Weise die Vorstellungen von Glück bzw. vom Guten: Die eigentliche Freiheit zeigt sich in der Prüfung, ob das, was man für Glück oder für das Gute hält, auch tatsächlich ein solches ist. Diese Sicht weist einen Ausweg aus dem Konflikt der Ansprüche, der in dem Ringen von oligarchischen und demokratischen Kräften zutage tritt: Die Lösung besteht nicht allein in der formalen Begrenzung dieser Ansprüche, sondern in der Befragung der (inhaltlichen) Wertvorstellungen, die diesen Ansprüchen zugrundeliegen. Wie im Liberalismus setzt Politik an dem an, was Menschen für gut halten – aber es wird nicht ungefragt angenommen, dass das, was sie für gut halten, stets auch gut ist.

Das Prinzip der Politik ist dann nicht der Vertrag, der den Kompromiss zwischen den konkurrierenden Ansprüchen der Individuen anstrebt, sondern der Dialog. Anknüpfend an die politische Philosophie der Antike wird im folgenden Teil 5 ein teleologisches Verständnis von Politik entwickelt, das dieses Prinzip verdeutlicht. Die politische Gemeinschaft beruht auf gemeinsamen Zielen bzw. Werten, die nicht dogmatisch vorgegeben werden, sondern Gegenstand eines Dialogs sind, in dem die Auseinandersetzung über das richtige Verständnis von Werten und Zielen geführt wird. Nach Aristoteles liegt die spezifische Eigenschaft des Menschen darin, dass er über Sprache bzw. Vernunft (*λόγος*) verfügt, während Tiere nur Stimme (*φωνή*) haben. Mit der Stimme können Lust und Schmerz mitgeteilt werden; der Logos hingegen ermöglicht es, „das Nützliche und das Schädliche und so denn auch das Gerechte und das Ungerechte anzuzeigen" (Aristoteles, Pol. I 2, 1253 a 14-16). Die Gemeinschaft der Vorstellungen vom Guten und Bösen – und angesichts der Betonung der Sprache muss man hinzufügen: das Gespräch darüber – begründet die menschliche Gemeinschaft im Allgemeinen und die politische Gemeinschaft im Besonderen (ebd., 1253 a 16-19). Das grundlegende Merkmal der Politik besteht, so lässt sich dieser Gedanke zusammenfassen, im ethischen Gespräch über das Gute – im Dialog. Anders formuliert: Die oberste Aufgabe der Politik ist es nicht, Interessen durchzusetzen oder zum Ausgleich zu bringen, sondern zunächst zu fragen, ob das, was einzelne Bürger oder die politische Gemeinschaft für ihr Interesse halten, auch tatsächlich ihr Interesse ist.[671]

Dieses Verständnis von Politik fügt der Konzeption des personalen Realismus den logisch nächsten Schritt hinzu: Wenn man erstens Politik als Konflikt zwischen konkurrierenden Vorstellungen von einem gerechten Interessenausgleich versteht und wenn zweitens deutlich wird, dass der bloß vertragliche Ausgleich der Interessen, wie er von den individualistischen Paradigmen gefordert wird, nicht zu einer tragfähigen Lösung führt, so dass der Konflikt in einen Kampf um die Durchsetzung der eigenen Ansprüche umzukippen droht, dann besteht der sinnvolle Ausweg darin, eine Prüfung der Ansprüche vorzunehmen. Diese Prüfung muss – wie es in diesem Teil der Untersuchung vorgeführt wurde – immanent erfolgen, d. h. in Absehung von eigenen Interessen bzw. Positionen und allein nach dem Maßstab der Widerspruchsfreiheit der Ansprüche und ihrer zugrundeliegenden Konzeptionen des gerechten Interessenausgleichs. Die dialogische Auseinandersetzung mit Gerechtigkeitskonzeptionen wird dann zur entscheidenden Aufgabe der Politik. Diese Position soll hier als Personalismus bezeichnet werden, wobei der entscheidende Anknüpfungspunkt (wie bereits erwähnt) die politische Philosophie von Platon und Aristoteles ist, und nicht die moderne Dialogphilosophie wie sie z. B. von Buber vertreten wird.[672]

---

671 Die Begründung von Politik durch den Dialog wird auch bei Platon sehr deutlich, weil dort im sokratischen Gespräch über die Tugenden gezeigt wird, was unter Dialog verstanden werden kann. Zum Zusammenhang zwischen dem sokratischen Frühdialog und der im mittleren Werk von Platon entwickelten politischen Philosophie siehe Zehnpfennig (2001, 95f. und 127f.).

672 Der hier vertretene Personalismus teilt mit demjenigen der Dialogphilosophie von Buber, die in der deutschsprachigen Philosophie zumeist mit diesem Begriff bezeichnet wird (Leiner 2003), die Kritik an der Kantischen Auffassung, nach der das Subjekt seine Prinzipien und sein Selbst ganz aus sich heraus begründet. Das Subjekt bedarf vielmehr des äußeren Bezugs, um zum Selbst und zur Begründung der Maßstäbe seines Handelns zu kommen. Bei Buber ist dies der Bezug zum Gegenüber: Personale Identität folgt nicht aus dem „Ich" (wie bei Kant), sondern aus dem Bezug des „Ich" zu einem „Du" (Buber 1984; Kather 2007, 67-78). Bei Platon hingegen ist der dialogische Bezug zur Sache konstitutiv für das Verhältnis des Subjekts zu sich selbst und zum Anderen. Der Dialog zielt auf die Einsicht in die Sache – im letzten: das Gute. Durch diesen Sachbezug wird der (geistige) Bezug zum Anderen möglich und der Andere in seinem Anspruch, die Sache zu erkennen, ernstgenommen. Die Konstitution des Menschen als Person durch den Sachbezug im Dialog

Als Zwischenergebnis lässt sich festhalten, dass die Auseinandersetzung mit den fünf Paradigmen der Internationalen Politischen Ökonomie am Ende zu einem Schema von drei grundlegenden Paradigmen des Verhältnisses von Politik und Ökonomie führt (siehe Abbildung 14). Die individualistischen Paradigmen zeichnen sich alle dadurch aus, dass sie Politik vom Begriff des Interessenausgleichs her verstehen: Gemeinschaft wird durch vertragliche Vereinbarungen zwischen Individuen geschaffen, die einen Kompromiss zwischen ihren Ansprüchen herbeiführen. Das Paradigma des Individualismus (das sich in der IPÖ in den individualistischen Realismus und die drei Varianten des Liberalismus unterteilt) steht auf der grundsätzlichen Ebene zwei weiteren Paradigmen gegenüber: dem Strukturalismus, der Politik als einen Ausdruck des Klassenkampfes sieht, und dem Personalismus, der ihre oberste Aufgabe in der dialogischen Begründung der Interessen – und damit: im Dialog über Grundwerte – sieht.

	Personalismus	**Individualismus** (Liberalismus, individualistischer Realismus[673])	**Strukturalismus**
Verständnis von Politik	Dialog: Frage nach dem vernünftigen Interesse	Vertrag: Ausgleich der (gegebenen) individuellen Interessen	Kampf: Durchsetzung der (kollektiven) Interessen im Klassenkampf; Ziel: Aufhebung der Politik
Verhältnis der Ökonomie zur Politik	Mittel	(tendenziell) Zweck	Ursache
Verständnis des Menschen	Person	Individuum	Teil eines Kollektivs

Abbildung 14: Die grundlegenden Paradigmen von Politik und Ökonomie

Aus dem unterschiedlichen Verständnis von Politik folgt jeweils ein anderes Verhältnis von Politk und Ökonomie. In den individualistischen Paradigmen wird die Sicherung des Überlebens (individualistischer Realismus) bzw. die Ermöglichung des individuellen Strebens nach Erwerb und Bedürfnisbefriedigung (Liberalismus) zu einem wesentlichen Zweck der Politik; im Liberalismus schafft die Politik den rechtlichen Rahmen, innerhalb dessen die Individuen ihre eigenen (vorwiegend ökonomischen) Zwecke verfolgen. Im Struktura-

erscheint dem Anspruch nach auch bei Aristoteles, doch die Kritik an der politischen Philosophie von Aristoteles wird verdeutlichen, dass er ihn nur unzureichend einlöst (siehe unten, S. 353ff.).

673 Die Einordnung des individualistischen Realismus in dieses Schema ist nur eingeschränkt möglich: Er beruht zwar auf einem vertragstheoretischen Ansatz, stellt aber gerade in den internationalen Beziehungen die Tendenz zum Machtkampf zwischen den Staaten in den Vordergrund.

lismus wird die Ökonomie vom Selbstzweck zur Ursache: Das entfremdete Verhältnis des Menschen zur Produktion bringt das Privateigentum hervor (Marx, „Manuskripte“, 66), das die Gesellschaft in die Klassen der Besitzenden und Besitzlosen spaltet und die Dynamik des Geschichtsprozesses in Gang setzt. Versteht man hingegen Politik nicht als Vertrag zum Ausgleich der Interessen oder als Kampf zwischen gegensätzlichen Interessen, sondern als Dialog darüber, was vernünftigerweise das Interesse eines einzelnen oder einer Gemeinschaft sein kann, so hat die Ökonomie vor allem die Funktion, die materiellen Grundlagen für diesen Dialog bereitzustellen; sie wird folglich als Mittel verstanden.

Diese drei Paradigmen des Verständnisses von Politik und Ökonomie lassen sich auf drei Vorstellungen vom Menschen zurückführen:

- Der individualistische Realismus und die Varianten des Liberalismus verstehen den Menschen als Individuum, d. h. sie gehen von der Annahme aus, dass der einzelne die Gemeinschaft nur für seinen Schutz braucht und um seine gegebenen Ziele besser verfolgen zu können. Die Ziele formuliert jeder für sich nach eigenem Maß. Die Gemeinschaft hat folglich den Charakter eines Mittels für die Verfolgung der individuellen Ziele.
- Im Strukturalismus wird der Mensch als Teil eines Kollektivs verstanden, das im Zustand der Entfremdung die Klasse, im vollendeten Kommunismus hingegen die gesamte Menschheit ist. Da das kommunistische Ideal in der radikalen Gleichheit besteht, wird jede Unterscheidung zwischen Menschen (und damit überhaupt die Wahrnehmung eines Menschen als Individuum oder als Person) als Ausdruck von Ungleichheit und Entfremdung gesehen.
- Im Personalismus, der die oberste Aufgabe der Politik im Dialog über Werte sieht, formuliert der Mensch seine Ziele nicht gänzlich aus sich selbst heraus, sondern in der geistigen Auseinandersetzung mit anderen. Er ist somit nicht allein hinsichtlich der Überlebenssicherung oder der Erwirtschaftung von Mitteln für das individuelle Glücksstreben auf andere angewiesen, sondern er bedarf ihrer für die Bestimmung dessen, was auf der grundlegenden Ebene überhaupt ein vernünftiges Ziel ist. Der Mensch wird hier als Person verstanden, wenn man darunter die Bezogenheit des einzelnen auf andere und auf die Gemeinschaft in diesem grundlegenden, geistigen Sinn versteht.

Dieses dritte Paradigma, das aus einem personalen Menschenverständnis heraus Politik als Dialog begreift, knüpft – wie gesagt – an der antiken politischen Philosophie an. Es handelt sich somit nicht um ein neues Konzept, sondern um die Anwendung einer alten Überlegung auf ein Gebiet (die IPÖ), auf dem es bislang vernachlässigt wurde. Die Merkmale dieses dritten Paradigmas, sein Bezug zu den beiden anderen Paradigmen und seine Anwendung auf die IPÖ sollen in den abschließenden beiden Teilen behandelt werden.

5 Grundlagen des personalen Realismus – Politik und Ökonomie bei Aristoteles

Zur Darstellung der Grundlagen des personalen Realismus soll in diesem letzten Hauptteil die politische Philosophie von Aristoteles behandelt werden. Aristoteles hat in der „Politik" die politischen Konflikte in den griechischen Poleis seiner Zeit als Klassenkämpfe analysiert, in denen das maßlose Erwerbsstreben der Oligarchen eine nicht minder maßlose Forderung nach Umverteilung und Regulierung des Erwerbs auf Seiten des Volkes und seiner Demagogen hervorrief.[674] Im Folgenden soll gezeigt werden, wie dieser theoretische Ansatz auf die Paradigmendiskussion der IPÖ übertragen werden und einen Beitrag zu ihrer Strukturierung leisten kann. Die Frage *cui bono?*, die nach Strange bei der Analyse von IPÖ-Fragestellungen leitend sein soll,[675] ist nach der hier entwickelten Konzeption des personalen Realismus immer nur der Ausgangspunkt der Analyse: Die eigentliche Frage ist nicht, welchen Nutzen oder Schaden für andere das Handeln eines Akteurs in einer bestimmten Situation herbeiführt, sondern welche Vorstellungen die Akteure von einer angemessenen – mithin: gerechten – Lösung des Konflikts haben. Politische Konflikte, so wurde oben bereits gezeigt (S. 160ff.), sind im Kern Konflikte zwischen konkurrierenden Vorstellungen eines gerechten Interessenausgleichs.

In diesem letzten Teil der Untersuchung soll nun die Verbindung von ökonomischer Theorie und politischer Philosophie bei Aristoteles dargestellt werden, aus der sein spezifischer Ansatz zur Analyse des Konflikts von Oligarchie und Demokratie folgt. Im Mittelpunkt des politischen Denkens von Aristoteles steht die Frage nach der Überwindung dieses Konflikts durch die Bindung der Bürger an das Recht und die Begründung des Rechts aus der Tugend. Das eudämonistische Tugendverständnis, das Aristoteles entwickelt, will eine Antwort auf die Frage nach dem Motiv der Respektierung des Rechts formulieren, die eine Grundfrage der politischen Philosophie ist und sich in Teil 4 als ein Kernproblem der individualistischen Paradigmen erwiesen hat. Im Rahmen der Darstellung der Philosophie von Aristoteles soll im Folgenden regelmäßig der Bezug zur neuzeitlichen Paradigmendiskussion hergestellt werden, indem auf die Reaktion von Smith (als Vertreter des individualistischen Verständnisses von Politik und Ökonomie: Politik und Ökonomie als Vertrag) und Marx (als Vertreter des Strukturalismus: Kritik der Politik und der Wettbewerbsökonomie als Kampf) auf Aristoteles hingewiesen wird; ein systematischer Vergleich von Aristoteles, Smith und Marx muss einer späteren Untersuchung vorbehalten bleiben.[676]

---

674 Dieser Gedanke findet sich – wie oben erwähnt – bereits bei Platon, wird dort aber weniger ausführlich behandelt.

675 Strange (1988, 24 und 232), siehe oben: Abschnitt 2.4.2.

676 Aristoteles, Smith und Marx können als herausragende Vertreter der teleologischen, individualistischen und strukturalistischen Deutung des Verhältnisses von Politik und Ökonomie angesehen werden. Dennoch fehlt bislang ein systematischer Vergleich, der sowohl die politische Philosophie als auch die ökonomische Theorie einbezieht: Waibl (1992) vergleicht die ökonomische Theorie und die ethische Beurteilung der Ökonomie bei Aristoteles, Smith und Marx; Immler (1985) untersucht die ökonomische Theorie der drei Denker

Die Analyse des Verhältnisses von Politik und Ökonomie bei Aristoteles wird zugleich die Ambivalenz seiner Position verdeutlichen. Als zentrales Problem wird sich erweisen, dass der Anspruch, Politik im personalen Sinn als ethisches Gespräch zu verstehen, nicht hinreichend eingelöst wird. Die an diese Kritik anschließende Frage nach der Begründung des Verständnisses des Menschen als Person und damit nach der Ausfüllung des Dialogs als dem leitenden Prinzip der Politik führt zur politischen Philosophie von Platon und zur Frage nach der Abgrenzung der Platonischen von der Aristotelischen Philosophie. Diese Frage muss wie der Vergleich von Aristoteles, Smith und Marx einer künftigen Untersuchung vorbehalten bleiben. Hier steht das Konzept des personalen Realismus im Mittelpunkt, mit dem der Weg aufgezeigt werden soll, der die Überwindung der Aporien der individualistischen Paradigmen der IPÖ ermöglicht.

5.1 Zur Relevanz der antiken Philosophie für das Verständnis von Politik und Ökonomie in der Gegenwart

Wenn hier die These vertreten wird, dass es für die Auseinandersetzung mit der Globalisierung des freien Wettbewerbs sinnvoll ist, auf das Verständnis von Politik und Ökonomie in der antiken Philosophie zurückzugehen, dann lädt das zu Widerspruch ein. Aristoteles hat sich, so kann der *erste Einwand* lauten, in seiner Auseinandersetzung mit der Ökonomie auf eine Wirtschaftsform bezogen, die soweit von der heutigen entfernt ist, dass seine Ausführungen schon aus diesem Grund für die Gegenwart nicht relevant sein können. *Zweitens*: Selbst wenn es im antiken Griechenland Ansätze einer kapitalistischen Wirtschaftsform gegeben haben sollte, ist Aristoteles' Idealvorstellung einer autarken Hauswirtschaft unter den Bedingungen der modernen weltumspannenden Wettbewerbswirtschaft so unrealistisch, dass es nicht sinnvoll ist, sich mit seiner ökonomischen Theorie auseinanderzusetzen. *Drittens* lässt sich einwenden, dass sowohl die ökonomische als auch die politische Theorie von Aristoteles Ausdruck eines vormodernen Denkens sind: „Unter den Bedingungen der Neuzeit ist das gute Leben nicht mehr abtrennbar von dem, was Menschen mit einem freien Willen für das gute Leben halten" (Schnädelbach 1986, 49). Die moralische Kritik eines maßlosen Gewinnstrebens wäre damit obsolet.

Der erste dieser drei Einwände ist empirischer Natur. In der wirtschaftshistorischen Forschung war die Charakterisierung der griechischen Wirtschaftsform im 5. und 4. Jahrhundert lange umstritten:[677] Auf der einen Seite haben „Modernisten" die These vertreten, dass die Wirtschaft vor allem in Athen damals hoch entwickelt war und sich durch weitreichende Handelsbeziehungen und eine komplexe Kreditwirtschaft auszeichnete.[678] Dem stehen die sogenannten „Primitivisten" gegenüber, die einen grundlegenden Unterschied zwischen der antiken und der neuzeitlichen Wirtschaftsform sehen: In der Antike seien

und das mit ihr verbundene Naturverständnis, geht aber nur am Rande auf das Verhältnis von Ökonomie und Politik ein. Weitere vergleichende Untersuchungen beziehen sich allein auf Spezialfragen: Lantz (1977) untersucht die Begründung des Eigentumsrechts, Baruzzi (1983, 63–109) das Verständnis der Arbeit bei Locke und Marx (unter Rückgriff auf Aristoteles); Reich (1991) die Bewertung des Eigennutzstrebens bei Smith und Marx (mit Erwähnung von Aristoteles).

677 Zu dieser Auseinandersetzung siehe Koslowski (1979, 74-78), Austin/Vidal-Naquet (1984), Schefold (1999, 344-349). Eine neuere Studie über die Wirtschaft Athens im 4. Jhd. v. Chr. mit besonderem Augenmerk auf der Geld- und Kreditwirtschaft stammt von Shipton (2000).

678 Z. B. Rostovtzeff (1955, Bd. II, 912), ähnlich (aber zurückhaltender): Salin (1967, 9).

wirtschaftliche Prozesse in die sozialen Strukturen eingebettet gewesen, während sich die Ökonomie in der Neuzeit verselbständigt hat und schrittweise soziale Prozesse dominiert.[679] Der Streit kann mittlerweile als überholt gelten: Beide Thesen stellen Vereinseitigungen dar; die tatsächliche griechische Wirtschaftsform stand der modernen wesentlich näher, als die Primitivisten es darstellen, doch zugleich wäre es übertrieben, die Handels- und Kreditbeziehungen im damaligen Mittelmeerraum mit der heutigen weltumspannenden Wettbewerbswirtschaft zu vergleichen (vgl. Koslowski 1979, 75f.).

Für die Interpretation der ökonomischen Theorie von Aristoteles und die Beurteilung ihrer Relevanz für die gegenwärtigen Debatten in der IPÖ ist diese Auseinandersetzung jedoch nur von sekundärer Bedeutung. Im Kontext dieser Untersuchung genügen die Hinweise, die er selbst zur Wirtschaftsform seiner Zeit gibt. Im Zentrum seiner ökonomischen Theorie steht die Kritik der Chrematistik, also des maßlosen Gewinnstrebens (Pol. I 9), der er vorwirft, sich vom ursprünglichen Zweck der Ökonomie zu lösen. Er diagnostiziert damit eine Verselbständigung des Erwerbsstrebens, die offensichtlich das hervorstechende Kennzeichen des wirtschaftlichen Handelns seiner Zeit war:

> So sollte man denn in diesem Betracht [d. h. als Ergebnis der Kritik der Chrematistik, der Verf.] meinen, dass aller Reichtum Schranken haben müsste. Nach Ausweis der Erfahrung geht es indessen tatsächlich umgekehrt, indem alle, die sich mit Erwerb befassen, ihr Geld schrankenlos zu vermehren trachten. (Pol. I 9, 1257 b 32-34)

Diese Feststellung widerspricht der Auffassung, dass das Maßhalten in Bezug auf den Erwerb das allgemeine Kennzeichen der athenischen Wirtschaft war: Die Forderung nach einem Maß ist Kennzeichen der Platonischen und Aristotelischen Kritik der damaligen Praxis, nicht aber dieser Praxis selbst. Aristoteles sah in der Verselbständigung der Ökonomie das zentrale Problem seiner Zeit, weil die in ihr zum Ausdruck kommende Pleonexia (das „Mehr-haben-wollen“) die Ursache für die wirtschaftlichen und sozialen Spaltungen der griechischen Poleis und den daraus resultierenden politischen Konflikt zwischen oligarchischen und demokratischen Parteien waren. Auch wenn die Erscheinungsweise der Verselbständigung der Ökonomie im klassischen Athen eine andere war als heute,[680] so besteht doch auf der grundsätzlichen Ebene, nämlich hinsichtlich der Verselbständigung als solcher sowie ihrer Folgen, den sozialen Spaltungen und den politischen Konflikten, eine Parallele zwischen der damaligen Zeit und den gegenwärtigen (nationalen wie internationalen) Problemen. In beiden Fällen geht es im Verhältnis von Politik und Ökonomie um die Frage,

679 Ein früher Vertreter dieser These war Bücher (1920), der für die griechische Wirtschaft im Anschluss an Rodbertus-Jagetzow den Begriff „Oikenwirtschaft“ verwendet, weil das Haus (*οἶκος* = Haus, Hauswirtschaft, Familie) „die Einheit der wirtschaftlichen Verfassung bedeutet“ (ebd., 98f.). Neuere Veröffentlichungen, die die Einbettung der griechischen Wirtschaft in soziale Strukturen betonen, wie z. B. Finley (1971) und Austin/Vidal-Naquet (1984), greifen auf das Konzept der Einbettung („embeddedness“) der Ökonomie in die Gesellschaft zurück, das auf K. Polanyi (1979) zurückgeht. Polanyi selbst beurteilt die ökonomische Theorie von Aristoteles jedoch differenziert: Er habe in einer Zeit des Umbruchs „zwischen dem eingebetteten und dem herausgelösten Zustand der Wirtschaft in ihrem Verhältnis zur Gesellschaft“ gelebt (ebd., 152) und stand damit an der Schwelle zwischen zwei Formen der Ökonomie. Folglich konnte er beide Wirtschaftsformen besonders gut überblicken (ebd., 166).

680 Unterschiede in der Erscheinungsweise betreffen nicht nur die technische Entwicklung, sondern auch den Wirtschaftsstil. Trotz des offensichtlich verbreiteten Erwerbsstrebens wurde die wirtschaftliche Betätigung in Handel und Arbeit im klassischen Athen wohl nicht sehr geschätzt und die wirtschaftliche Leistung genoss ein deutlich geringeres Ansehen als der Erfolg im Krieg (vgl. z. B. Brocker 1992, 405-407; Bleicken 1995; von Reden 1996).

der für Aristoteles eine entscheidende Bedeutung zukam: ob bzw. unter welchen Bedingungen eine Nutzen- und Gewinnmaximierung der Bürger mit der Stabilität des Staates im Inneren und mit dem Frieden im Äußeren vereinbar ist.

Der *zweite Einwand* stellt nicht in Frage, dass Aristoteles eine grundsätzliche, auch heute wichtige Frage benennt, sondern dass seine Antwort für die Gegenwart relevant sein könne. Es wird kritisiert, dass Aristoteles lediglich eine moralische Kritik der Ökonomie formuliert, nicht aber eine eigenständige ökonomische Theorie, die dazu geeignet wäre, ökonomische Prozesse zu analysieren. Diese Position findet sich in den meisten Standardwerken zur ökonomischen Ideengeschichte wieder und wird mit besonderer Schärfe von Schumpeter vertreten: Die philosophischen Motive, die Aristoteles in seiner Zuwendung zur Ökonomie leiteten, haben ihn in seiner analytischen Kraft gehemmt und ihn dazu verleitet, „die meisten Dinge, die dem Wirtschaftswissenschaftler späterer Zeiten zu ernsten Problemen werden sollten", unbesehen hinzunehmen, „ganz im Geiste vorwissenschaftlichen gesunden Menschenverstandes; er fällt seine Werturteile über eine Wirklichkeit, deren weite Regionen er unergründet ließ" (Schumpeter 1965, 105). Die Wirklichkeit zu analysieren, bedeutet aus dieser Sicht: zu untersuchen, wie der Wettbewerb die Koordinierung gewinn- und nutzenmaximierender Individuen leistet. Gegenstand der Volkswirtschaftslehre sind die Mechanismen der Chrematistik und nicht deren Begrenzung.[681] Diese Kritik an Aristoteles unterstellt für die Ideengeschichte ein lineares Fortschrittsmodell: Bei Aristoteles, so formuliert es z. B. Wilson (1975, 74), war die ökonomische Theorie „disconnected, confused, inconsistent, and normative" – kurzum: rückständig.

Die Auseinandersetzung mit dem radikalen Wirtschaftsliberalismus in Teil 4 hat jedoch die Grenzen dieser ökonomischen Analyse aufgezeigt: Wenn Gewinn- und Nutzenmaximierung die einzigen Motive der Akteure sind, wird es keine stabile rechtliche und politische Ordnung geben, auf die der Wettbewerb jedoch angewiesen ist. Wenn Aristoteles die Begrenzung des Erwerbsstrebens durch das Verständnis der Ökonomie als Mittel für das gute Leben fordert, so vertritt er eine mögliche Position zu der auch heute entscheidenden Frage, was die Bedingungen für eine dauerhaft funktionierende rechtliche Ordnung des Wettbewerbs sind. An einer eigenständigen ökonomischen Theorie war er tatsächlich nicht interessiert, weil für ihn die Frage nach dem Zusammenhang von Politik und Ökonomie entscheidend war.

Das Fortschrittsmodell der ökonomischen Ideengeschichte wird durchaus von einigen Ökonomen in Frage gestellt. Nach Bürgin (1993) beruht es auf dem „Aberglaube(n)", dass die Entwicklung der Wissenschaft sich „von Fortschritt zu Fortschritt bewegt" (112). Dem hält er entgegen, dass Aristoteles sehr wohl eine ökonomische Theorie (und Analyse) entwickelt habe, die sich aber durch einen ganz anderen Charakter als die moderne Ökonomie auszeichne: Ihr spezifisches Merkmal sei es gerade, dass der Erwerb auf die Güter begrenzt

681 Die Beurteilung der ökonomischen Theorie von Aristoteles in Werken zur ökonomischen Ideengeschichte wird in dem Aufsatz des Verfassers von 1993 behandelt. Eine der seltenen positiven Einschätzungen der Kritik der Chrematistik von Seiten eines Ökonomen findet sich bei Salin (1967). – Einige Autoren deuten die Aristotelische Werttheorie als Vorläufer der subjektiven Grenznutzentheorie und gehen folglich davon aus, dass Aristoteles der modernen Volkswirtschaftslehre in vielen Punkten wesentlich näher steht als es gemeinhin angenommen wird: Gelesnoff (1923), Kauder (1953), Lowry (1992, 148-150). Lowry (1987, 181; 1992) meint, dass die Analyse des rechten Gebrauchs der Vernunft bei Aristoteles in ihren Grundzügen der Analyse der Rationalität menschlicher Wahlhandlungen in der Rational Choice-Theorie entspricht (ähnlich: Priddat/Seiffert 1987).

werden soll, die für ein gutes Leben (im philosophischen Sinn) erforderlich sind.[682] Diese Begrenzung zeigt sich äußerlich darin, dass die Ökonomie ihren Ort im Haus zugewiesen bekommt und damit von der Ebene der Polis abgetrennt wird: „Das Ökonomische kann [...] nicht auf die Polis, die bürgerliche Gemeinschaft, übertragen werden. Sonst wäre die Oikosdespotie in sie hineingetragen, was sie sprengen müsste. Deshalb kommt der Begriff Politische Ökonomie [...] bei Aristoteles auch nicht vor“ (126f.); die Politische Ökonomie entwickelt sich erst in der Neuzeit mit der „Ausbildung der bürgerlich-kapitalistischen Marktwirtschaft“ (127).[683]

Diese Interpretation öffnet zwar den Blick, insofern sie ein intellektuelles Interesse an Aristoteles ermöglicht, doch dieses Interesse bleibt rein historisch. Für die gegenwärtige Diskussion über Politik und Ökonomie ist Aristoteles aus dieser Sicht – angesichts der Unterschiedlichkeit des damaligen und es heutigen Wirtschaftsstils – ebensowenig relevant wie aus der Perspektive des ideengeschichtlichen Fortschrittsmodells. Das eigentliche Problem dieser Interpretation liegt aber darin, dass sie die Stoßrichtung der Reflexion der Ökonomie bei Aristoteles verkehrt. Ihm geht es nicht um die Verbannung ökonomischer Aktivitäten (Produktion und Erwerb) in das Haus im Sinne einer Hauswirtschaftslehre, sondern um die Begrenzung der Ökonomie durch den Zweck; Haus und Staat werden auf der Ebene der Zwecke und nicht als Ort des Vollzugs bestimmter Aktivitäten gegenübergestellt. Das Haus dient dem Zweck der Sicherung des Überlebens, während im Staat das gute Leben verwirklicht werden kann (Pol. I 2). Erst im Staat ist es den Bürgern überhaupt möglich, soweit von den Zwängen der Ökonomie unabhängig zu sein, dass sie die Muße für die Verwirklichung des guten Lebens haben.

Aus der Gegenüberstellung von Haus und Staat auf der Ebene der Zwecke folgt nicht die Begrenzung der Produktions- und Erwerbsaktivitäten auf das Haus. Denn so, wie Aristoteles den besten Staat charakterisiert, bedarf er erheblicher ökonomischer Ressourcen, und zwar allein schon für die Finanzierung der materiellen Grundlagen des geistigen und kulturellen Lebens. In Verbindung mit dem Ziel, den Bürgern eine weitgehende Muße zu ermöglichen, setzt dies die Erwirtschaftung von Überschüssen in einem Umfang voraus, der sich in einer (landwirtschaftlich geprägten) Oikenwirtschaft kaum erreichen ließ.[684] Die Ökonomie soll also nicht aus der Polis verbannt und auf das Haus begrenzt, sondern in der Polis gezügelt werden.[685]

---

682 Aufbauend auf Bürgin untersucht Landmesser (2002) „warum die differenzierte Wirtschaftsweise des klassischen Athen nicht zu einer marktwirtschaftlich-expansiven Wirtschaftsform geführt hat.“ (Ebd., 14.)

683 So auch Bien (1974, Sp. 1015): Der Begriff „Politische Ökonomie“, der die Ökonomie außerhalb des Hauses bezeichnet, sei für Aristoteles eine *contradictio in adiecto*, weil die Polis der Raum des freien Lebens ist, während die Ökonomie, die es mit der „Daseinsfristung und täglichen Lebensführung“ zu tun habe, ihren Ort im Haus hat.

684 Die Sklaven nützen in dem Aristotelischen System wenig für die Erwirtschaftung von Überschüssen, weil sie nicht die Güterproduktion unterstützen, sondern Diener der Bürger im Vollzug des Alltags sein sollen (siehe unten, Abschnitt 5.3.1.2).

685 Diese Deutung lässt sich unter Rückgriff auf Platons „Politeia“ verdeutlichen. Dort wird zur Bestimmung der Gerechtigkeit in Buch II eine Stadt gegründet. Die Gründung vollzieht sich in drei Stufen: Zunächst schildert Sokrates eine Stadt, die in größter Bescheidenheit lebt und in der nur die nötigsten Bedürfnisse gedeckt werden. Glaukon weist sie als eine „Stadt für Schweine“ zurück (372 d). Daraufhin entwirft Sokrates das Bild einer „üppigen Stadt“ (372 e), in der die Menschen über großen Luxus verfügen. Der Luxus erfordert neben dem Handel die Ausdehnung der Stadt durch kriegerische Eroberungen (ein Hinweis auf den Zusammenhang zwischen der Maßlosigkeit im Bereich der Ökonomie und der im Bereich der Politik, die mit dem neuzeitlichen Begriff des Imperialismus bezeichnet werden kann). Die Schaffung einer Armee erfordert im dritten Schritt die Sorge um die Erziehung der Soldaten zur Tugend: Sie müssen Freund und

Die Fremdheit der ökonomischen Theorie von Aristoteles für den modernen Leser liegt also darin begründet, dass er an die Ökonomie mit einer konsequent politischen Fragestellung herantritt.[686] Die Förderung von Produktion und Erwerb – also die Fragen, die im Mittelpunkt der modernen Volkswirtschaftslehre stehen – sind aus seiner Sicht technische, nicht wissenschaftliche Probleme (vgl. Pol. I 11). Politik als Wissenschaft muss sich mit den Grundsatzfragen des gemeinschaftlichen Lebens befassen, und in Bezug auf die Ökonomie lautet die entscheidende Frage, wie man das Gewinnstreben so lenken kann, dass es den Wohlstand der politischen Gemeinschaft fördert, aber ihre Stabilität (bzw. auf der internationalen Ebene: den Frieden) nicht gefährdet. Durch die Betonung dieses Bezugs zur Politik ist die ökonomische Theorie von Aristoteles „Politische Ökonomie" im strengen Sinne des Wortes: Analyse der Einbindung der Ökonomie in die politische Gemeinschaft.

Während die ersten beiden Einwände die Relevanz der ökonomischen Theorie von Aristoteles für die Gegenwart in Frage stellen, betrifft der dritte Einwand die Relevanz seiner politischen Philosophie. Die Qualifizierung von Aristoteles als „vormodern" unterstellt wiederum ein Fortschrittsmodell, und zwar diesmal für den Bereich der politischen Ideengeschichte. Die Position wurde eingangs zu diesem Abschnitt bereits mit dem Zitat von Schnädelbach (1986) verdeutlicht: Aus seiner Sicht ist die neuzeitliche Philosophie seit Hobbes dadurch gekennzeichnet, dass man zu den Wertorientierungen der Menschen „nur eine deskriptive Beobachterrolle einnehmen" kann (ebd., 49). Aus dieser Sicht besteht das wesentliche Kennzeichen der politischen Philosophie der Antike darin, dass die politische Gemeinschaft ihren Grund in der Tugendhaftigkeit der Bürger hat, während die neuzeitliche politische Theorie nicht auf die Tugend, sondern auf die ausgleichende Wirkung von Institutionen vertraut. Dieser Gegensatz wird auch als der zwischen einer Individual- und einer Institutionenethik bezeichnet (so z. B. Priddat/Seiffert 1987, 73).

Dieser Dualismus übersieht zunächst, dass auch Aristoteles der Gestaltung von Institutionen eine große Bedeutung beimisst (vgl. Gehrke 2001, Schütrumpf 2001). Diese Bedeutung soll mit dem Rückgriff auf seine politische Philosophie auch gar nicht in Frage gestellt werden. Doch die Auseinandersetzung mit den individualistischen Paradigmen in Teil 4 hat gezeigt, dass Institutionen die Gemeinwohlorientierung zumindest einiger verantwortlicher Bürger nicht vollständig ersetzen können, denn sie müssen geschaffen und erhalten werden. Offensichtlich kann die „Institutionenethik" nicht gänzlich auf „Individualethik" verzichten, so wie letztere nicht Institutionen überflüssig macht. Dann stellt sich die Frage, worin Gemeinwohlorientierung besteht und wie man Akteure dazu bewegt, es zu fördern – also die Frage, die im Mittelpunkt der praktischen Philosophie von Aristoteles steht.

Zudem ist der Begriff „vormodern", der mit dem Dualismus von Individual- und Institutionenethik verbunden wird, problematisch. Der Begriff suggeriert, dass Autoren, die in der politischen oder ökonomischen Theorie auf die Kategorie der moralischen Verantwortung von Akteuren zurückgreifen, eine nicht mehr zeitgemäße Position vertreten und

Feind unterscheiden können und sich gegenüber den eigenen Bürgern besonnen verhalten. Diese Erziehung führt schrittweise zur „Reinigung" der üppigen Stadt (399 e; zur Deutung der Gründung der Stadt in der „Politeia": Zehnpfennig 2001, 97-101). Was Aristoteles mit seiner Kritik an der Chrematistik vorschwebt, ist eine solche Reinigung: Er will – um es anhand dieses Schemas von Platon zu formulieren – nicht zurück zu einem konservativen Ideal bäuerlicher Tugendhaftigkeit, sondern ihm schwebt eine entwickelte Polis vor, in der es für die Erwirtschaftung ihrer materiellen Grundlagen eine hohe Arbeitsteilung gibt, in der jedoch das Gewinnstreben dem Zweck der politischen Gemeinschaft untergeordnet wird.

686 Ähnlich: Koslowski (1993, 87-91).

deshalb nicht ernst genommen werden können. Das ist erstens aus methodischen Gründen problematisch. Da der Begriff „modern" alles andere als eindeutig ist, wird im Zweifel das als modern angesehen, was gerade in einer akademischen oder öffentlichen Debatte von der Mehrheit vertreten wird. Der Begriff „vormodern" dient dann der Abwehr von Positionen, die den Fortschritt, den die aktuelle Mehrheitsmeinung für sich in Anspruch nimmt, in Frage stellen. Grundlage des Begriffs ist nicht ein Sachargument, sondern der Vorwurf, dass eine bestimmte Position sich nicht der Mehrheitsmeinung fügt.

Bezogen auf die politische Philosophie von Platon und Aristoteles ist die Verwendung des Begriffs noch dazu ideengeschichtlich unpassend. Beide stellen nicht den Ausgangspunkt der politischen Philosophie dar, sondern reagieren auf eine intensive philosophische Debatte über das Verständnis von Politik, die im 5. Jahrhundert v. Chr. maßgeblich von den Sophisten bestimmt wurde. Deren politische Philosophie weist eine Reihe von Bezügen zu derjenigen der Neuzeit auf. So vertritt z. B. Protagoras in seinem Mythos von der Entstehung des Staates[687] die These, dass dessen Zweck die Sicherung des Überlebens der Individuen ist. Vor der Einführung des Rechts verfügten die Menschen zwar über technischen Verstand (321 c/d; vgl. bei Hobbes die spezifische Fähigkeit des Menschen, Werkzeuge herzustellen), waren aber nicht in der Lage, in Gemeinschaft zu leben, so dass sie sich entweder gegenseitig umbrachten oder von den wilden Tieren getötet wurden (322 a/b; Naturzustand). Erst nachdem Zeus Hermes beauftragte, den Menschen Scham und Recht zu bringen, wurden sie in die Lage versetzt, staatliche Gemeinschaften zu bilden (322 c/d). Versteht man die Scham als Anerkennung des Rechts, so lässt sie sich in die Kantische Kategorie der Sittlichkeit übersetzen. Der Mythos von Protagoras ist also in seinem philosophischen Kern sehr modern. Wenn Platon und Aristoteles in ihrer Auseinandersetzung mit der Sophistik deren Schwächen darlegen, so geschieht das nicht aus der archaischen Position heraus, die die sophistische Begründung des Rechts aus einem subjektiven Nutzenkalkül mit der Argument zurückwies, dass das Recht von der Natur bzw. den Göttern objektiv vorgegeben sei,[688] sondern mit dem Ziel, das subjektive Nutzenkalkül an die Logik und damit an sachliche Notwendigkeiten zurückzubinden. Die Natur, aus der Aristoteles das Recht begründen will, ist die Natur des Menschen, die dieser durch die philosophische Reflexion erfassen will. Es geht also darum, den archaischen „Objektivismus" und den sophistischen „Subjektivismus" gleichermaßen zu überwinden. Wenn in dieser Entwicklung eine Position als „vormodern" bezeichnet werden kann, dann die archaische Position und nicht die kritische Reflexion der Sophistik bei Platon und Aristoteles.[689]

Im Folgenden soll nun Aristoteles' Verständnis von Politik und Ökonomie skizziert werden.[690] Dabei wird zunächst das teleologische Staatsverständnis behandelt (Kapitel 5.2), bevor die verschiedenen Elemente der ökonomischen Theorie erläutert (5.3) und der Zusammenhang von Politik und Ökonomie in der Verfassungslehre untersucht werden

687 Platon: „Protagoras", 320 c – 322 d.

688 Der Konflikt zwischen der archaischen Position, die die Gesetze als von einer höheren Kraft objektiv vorgegeben ansah, und der „modernen" Position, dass sie von den Menschen selbst nach eigenem Maß geschaffen werden, zeigt sich besonders deutlich in Sophokles „Antigone" in der Auseinandersetzung zwischen Antigone und Kreon (ebd., 24).

689 Zur Aktualität der politischen Philosophie von Aristoteles siehe auch Höffe (2003).

690 Die Ausführungen werden sich überwiegend auf die „Politik" (Pol.) und die „Nikomachische Ethik" (Ethica Nicomachea, EN) stützen. Vor allem in Bezug auf die „Politik" lassen sich einige Schwierigkeiten der Interpretation darauf zurückführen, dass der überlieferte Text aus einzelnen Abhandlungen besteht, die wohl erst nach dem Tod von Aristoteles zusammengestellt worden sind. Die intensive Diskussion über das Verhältnis der acht Bücher der „Politik" zueinander wird von Schütrumpf (1991a, 39-67) zusammengefasst.

(5.4). In Kapitel 5.4 wird in Zusammenhang mit dem besten Staat auch das Ziel der Aristotelischen Teleologie behandelt: das tugendhafte Leben. Abschließend wird auf die Grenzen des Aristotelischen Verständnisses von Politik und Ökonomie eingegangen (5.5).

5.2 Das teleologische Staatsverständnis

Aristoteles ringt in seiner politischen Philosophie mit zwei Gegnern: der Sophistik, die die politische Gemeinschaft allein aus einem subjektiven Nutzenkalkül begründen will, und Platon, dessen Staatskonzeption er für kollektivistisch hält.[691] Während die Kritik kollektivistischer Positionen vor allem in Pol. II erfolgt, dient die knappe Skizze der teleologischen politischen Philosophie in Pol. I 1-2 maßgeblich der Zurückweisung individualistischer Positionen. Der Staat[692], so Aristoteles, dient nicht allein dem Überleben und dem individuellen Nutzen der Bürger, sondern in erster Linie dem höchsten und „allervornehmsten" aller Güter (Pol. I 1, 1252 a 1-7): dem guten Leben. Jede menschliche Gemeinschaft verfolgt einen spezifischen Zweck (*τέλος*);[693] aus der Hierarchie der Zwecke ergibt sich die Hierarchie der menschlichen Gemeinschaften (Teleologie):

- Die beiden ursprünglichen Gemeinschaften sind diejenige von Mann und Frau, die sich um der Fortpflanzung willen zusammenschließen, und die von Herr und Knecht, die um der Selbsterhaltung willen die Fähigkeit des vorausschauenden Denkens mit der Fähigkeit zur körperlichen Arbeit verbinden (Pol. I 2, 1252 a 27-34).
- Durch die Verbindung der beiden Urgemeinschaften entsteht das Haus, das „für das tägliche Zusammenleben" besteht und allein das Überleben sichern kann (Pol. I 2, 1252 b 9-15).
- Mehrere Häuser bilden zusammen ein Dorf, das „die erste Gemeinschaft [ist], die um eines über den Tag hinausreichenden Bedürfnisses willen entsteht (Pol. I 2, 1252 b 16f.). Das Ziel ist recht unbestimmt; offensichtlich stellt das Dorf lediglich eine Zwischenstufe zwischen Haus und Staat dar. Dafür spricht, dass das Dorf in der folgenden Argumentation keine Rolle mehr spielt und ihm auch keine spezifische Form der Herrschaft entspricht.
- Mehrere Dörfer bilden zusammen den Staat:

> eine Gemeinschaft, die gleichsam das Ziel vollendeter Selbstgenügsamkeit [*αὐτάρκεια*] erreicht hat, die um des Lebens [*ζῆν*] willen entstanden ist und um des vollkommenen Lebens [*εὖ ζῆν*] willen besteht. (Pol. I 2, 1253 a 27-30.)

Die Unterscheidung zwischen dem Zweck, um dessentwillen der Staat entstanden ist, und dem, um dessentwillen er besteht, impliziert eine Einordnung der sophistischen Staatstheo-

691 Zu dieser Fehleinschätzung siehe unten, S. 319.

692 Der Begriff *πόλις* soll hier wie üblich mit „Staat" übersetzt werden. Die beiden Begriffe sind aber nicht deckungsgleich: *πόλις* betont die politische Gemeinschaft der Bürger, „Staat" den Aspekt der Souveränität dieser Gemeinschaft und die Unterscheidung des Staates als Herrschaftsapparat von der Gesellschaft (vgl. zum antiken Staatsbegriff: Quaritsch 1998, zur Unterscheidung von Staat und Gesellschaft: J. Messner 1984, 727-733).

693 Zum Zusammenhang zwischen der teleologischen Staatslehre und der Metaphysik siehe Riedel (1975, 63-84); allgemein zur Teleologie bei Aristoteles: Kullmann (1998, Kapitel IV).

rie, wie sie von Protagoras vertreten wird: Diese Theorie liefert eine zutreffende Beschreibung des Staates auf der Ebene der Phänomene, erfasst aber nicht sein Wesen. Aristoteles will nicht einfach die idealistische Gegenthese zur Sophistik vertreten, die die Notwendigkeit des Staates für die kollektive Sicherheit leugnet, sondern die Begrenztheit der sophistischen Antwort hervorheben.

Das gute Leben, dem der Staat dient, wird zunächst rein formal als das Ziel charakterisiert, das in der Entwicklung der Gemeinschaften (Haus, Dorf) bereits wirksam ist, aber erst im Staat zum Abschluss kommt. Qualifiziert wird das Ziel mit dem Begriff der *αὐτάρκεια* (Selbstgenügsamkeit), der in diesem Kontext ganz offensichtlich mehr meint als nur eine ökonomische Unabhängigkeit im Sinne des modernen Verständnisses von Autarkie. Die nachfolgenden inhaltlichen Erläuterungen zum Staatszweck verdeutlichen, dass es auch um die geistige Selbständigkeit der politischen Gemeinschaft geht: die Fähigkeit, sich im tugendhaften Sinne selbst zu regieren.[694]

Für die inhaltliche Bestimmung des Staatszwecks greift Aristoteles auf seine Anthropologie zurück, die am Ende von Teil 4 bereits skizziert wurde. Ziel des Lebens ist es, die spezifisch menschliche Fähigkeit des *λόγος* (= Sprache, Vernunft) zu entwickeln, die den Menschen vom Tier unterscheidet; letzteres kann mit der Stimme lediglich Lust und Schmerz mitteilen (Pol. 1253 a 9-11). Sprache und Vernunft ermöglichen dem Menschen die Reflexion über die Maßstäbe seines Handelns:

> Das Wort aber oder die Sprache ist dafür da, das Nützliche und das Schädliche und so denn auch das Gerechte und das Ungerechte anzuzeigen. Denn das ist den Menschen vor den anderen Lebewesen eigen, dass sie Sinn haben für Gut und Böse, für Gerecht und Ungerecht und was dem ähnlich ist. Die Gemeinschaftlichkeit dieser Ideen aber begründet die Familie und den Staat. (Pol. I 2, 1253 a 14-18.)

Die politische Gemeinschaft dient also nicht dazu, das, was die Menschen für nützlich halten (ihre Interessen), einfach durchzusetzen, sondern das Gespräch zu führen über die Maßstäbe, die bei der Formulierung der Interessen zugrundegelegt werden. Zugespitzt kann man diese Ausführungen so deuten, dass die politische Gemeinschaft der Begründung des guten Lebens dient. Diese Begründung kann selbst schon als entscheidendes Kennzeichen des guten Lebens angesehen werden, denn in ihr drückt sich in vollkommener Weise die geistige Selbständigkeit eines Menschen und einer Gemeinschaft aus. Die Bedeutung der Ethik für das gute Leben wird jedoch an anderer Stelle in seinem Werk durch die Betonung des Primats der theoretischen Philosophie relativiert (s. u., Abschnitt 5.4.2.2 und Kapitel 5.5).

694 Aristoteles verwendet den Begriff der Autarkie sowohl in einem ökonomischen als auch in einem philosophischen Sinn. In der EN betont er, dass zum vollkommenen Leben die hinreichende Ausstattung mit äußeren (wirtschaftlichen) Gütern gehört („Daher bedarf der Glückselige auch noch der leiblichen und der äußerlichen und Glücksgüter, damit die Tätigkeit und die Glückseligkeit nicht gehindert werde." EN VII 14, 1253 b 17-19; s. a. EN X 9, 1178 b 33-36). Im philosophischen Sinn bedeutet Autarkie, aus sich selbst heraus zu bestehen. Streng genommen kommt sie allein dem „unbewegten Beweger" zu (Met. XIV 4, 1091 b 16-19; vgl. auch Platon: Timaios, 68 e). Der Mensch erreicht die ihm mögliche Autarkie im Leben der Theorie („Auch was man Genügsamkeit [*αὐτάρκεια*] nennt, findet sich am meisten bei der Betrachtung [d. h. der theoretischen Tätigkeit, der Verf.]." (EN X 7, 1177 a 27f.; vgl. dazu Riedel 1970, 12-14, und Flashar 1983, 351; siehe auch unten, S. 350.) – Schütrumpf (1991a, 204f.) deutet den Begriff der Autarkie in Pol. I 2 hingegen als „das vollständige Angebot an den zum Leben und ‚zum richtigen Leben' […] notwendigen Gütern und Leistungen" und geht davon aus, dass Aristoteles hier von einer äußerlichen Autarkie spricht, während er den Begriff in der EN und der Met. in einem anderen, philosophischen Sinn verwendet. Dann aber wäre die Autarkie der Polis nur Voraussetzung für das gute Leben, nicht Ausdruck des guten Lebens.

Die Bestimmung des Guten und des Gerechten kann der Mensch nur in der Gemeinschaft mit anderen – also: im ethischen Gespräch – leisten, deshalb ist „der Mensch von Natur ein staatliches Wesen" (*φύσει πολιτικὸν ζῷον*, 1253 a 2f.), und der Staat besteht von Natur und nicht durch Übereinkunft (Vertrag). Individualistische Positionen, die (wie Protagoras oder die vier individualistischen Paradigmen der IPÖ) davon ausgehen, dass der einzelne aus sich selbst heraus bestimmt, was er als Inbegriff des glücklichen Lebens ansieht, werden damit zurückgewiesen. Zugleich wird (zumindest implizit) die kollektivistische Gegenreaktion ausgeschlossen: Die Gemeinschaft ist für den einzelnen notwendig, weil er für die Reflexion auf das Gespräch mit anderen angewiesen ist; doch die eigentliche Reflexionsleistung wird immer von den einzelnen Personen erbracht. Auf die philosophisch entscheidende Frage, wie der Mensch seine Anlage zur Vernunft und damit das gute Leben verwirklicht, wird am Ende des Kapitels noch zurückzukommen sein. Für die folgende Auseinandersetzung mit der ökonomischen Theorie und der Verfassungslehre von Aristoteles genügt vorerst diese knappe Bestimmung des Zielpunktes der Teleologie.

5.3 Die ökonomische Theorie

Die ökonomische Theorie von Aristoteles[695] lässt sich in drei Bereiche gliedern: die Lehre vom Besitz, vom Erwerb und vom Tausch. In der Lehre vom Besitz geht es zum einen um die Rechtfertigung des Privateigentums (in Auseinandersetzung mit Positionen, die die Abschaffung des Privateigentums oder die Gleichheit der Vermögen fordern), und zum anderen um die Rechtfertigung des „beseelten Besitzes", d. h. der Sklaverei. Die Lehre vom Erwerb behandelt, wie schon angedeutet, nicht die technische Frage der Mehrung des Besitzes, sondern die politische und philosophische Frage der Mäßigung des Erwerbsstrebens. Der Erwerb von Gütern kann durch Produktion und Tausch erfolgen; beim Tausch stellt sich – als dritter Bereich der ökonomischen Theorie von Aristoteles – die Frage nach der Bestimmung des Tauschwertes und nach dem Wesen und der Funktion des Geldes. Aufgrund des inneren Zusammenhangs zwischen Politik und Ökonomie werden wesentliche Züge der politischen Philosophie von Aristoteles bereits in der Behandlung seiner ökonomischen Theorie deutlich; so zeigt sich z. B. im Zusammenhang mit der Rechtfertigung des Privateigentums sein pluralistisches Staatsverständnis und in der Auseinandersetzung mit der Sklaverei sein Verständnis von politischer Herrschaft in Abgrenzung zur despotischen Herrschaft.

5.3.1 Die Lehre vom Besitz

5.3.1.1 Das Privateigentum und die Kommunismuskritik

Die Stelle, an der Aristoteles das Privateigentum behandelt, verdeutlicht bereits die enge Verzahnung von Politik und Ökonomie: Die Frage der Eigentumsordnung gehört nicht zur

695 Allgemein zur ökonomischen Theorie von Aristoteles siehe: Gelesnoff (1923), Flashar (1992), Lowry (1992), Schefold (1992; 1994), Baloglou/Constantinides (1993, 120-162), Koslowski (1993), Meikle (1995), Baloglou/Peukert (1996^2, 40-49 mit umfassender Bibliographie: 106-125) sowie den Kommentar von Schütrumpf (1991a) zum ersten Buch der Politik.

Lehre vom Haus (*οἰκονομία*, Pol. I 3-13), sondern zur Lehre von der Staatsverfassung. Die Kritik bisheriger Staatskonzeptionen in Pol. II besteht zu einem großen Teil aus der Zurückweisung von Positionen, die (aus der Sicht von Aristoteles) den Zusammenhalt der politischen Gemeinschaft mit Eingriffen in die Eigentumsordnung sichern wollen, indem sie entweder eine weitgehende Umverteilung der Vermögen vornehmen oder das Privateigentum abschaffen. Die Lehre vom Privateigentum hat aber nicht nur dessen Rechtfertigung zum Inhalt, sondern zielt zugleich auf dessen Relativierung: Der oligarchischen Reduktion des Staatszwecks auf die Sicherung des Privateigentums entgegnet Aristoteles, dass die eigentliche Aufgabe des Gesetzgebers mit dem Schutz des Eigentums nicht aufhört, sondern erst beginnt, weil sie in der Erziehung der Bürger zur tugendhaften Verwendung des Besitzes besteht.[696] Beide Staatsverständnisse – der oligarchische Fokus auf die Sicherung des Eigentums und der demokratische Fokus auf dessen Umverteilung – werden an einer späteren Stelle (Pol. III 9) dafür kritisiert, dass sie die politische Gemeinschaft auf einen ökonomischen Zweckverband reduzieren wollen; im Sinne der in Teil 4 herausgearbeiteten Unterschiede zwischen den Paradigmen könnte man von einer ökonomistischen Instrumentalisierung der Politik für den Erwerb bzw. für die Bedürfnisbefriedigung sprechen.

Ein großer Teil des zweiten Buches der „Politik" (Kapitel 2-6) ist den Staatsverfassungen gewidmet, die Platon in der „Politeia" (zitiert als Rep.) und in den „Nomoi" entwirft. Als Kritik an Platon sind die Ausführungen von Aristoteles problematisch, weil das, was er kritisiert, von Platon so nicht gesagt wird: Die Frauen- und Kindergemeinschaft ist in der „Politeia" nicht eine Einrichtung für die Bürger, sondern allein für die Wächter;[697] für diese fordert Platon nicht die Aufhebung des Privateigentums (also: Gemeineigentum), sondern Besitzlosigkeit;[698] beide Einrichtungen (Frauen- und Kindergemeinschaft und Besitzlosigkeit) dienen nicht dazu, die Bürger tugendhaft zu machen, sondern sind vielmehr Ausdruck der Tugendhaftigkeit der Wächter;[699] deshalb entziehen sie den Wächtern auch nicht das Lebensglück, sondern sind äußeres Zeichen dafür, dass sie ihr Lebensglück im Bereich des Geistigen verwirklichen.[700] Wenn Aristoteles unterstellt, dass Platon die Menschen durch die Abschaffung des Privateigentums zum guten Leben führen will, dann deutet er ihn als Vertreter einer Form von Kommunismus. In dieser Hinsicht – d. h. als Kom-

---

696 Die Begriffe Oligarchie und Demokratie fallen in Pol. II nicht, doch die beiden Vereinseitigungen des politischen Umgangs mit dem Eigentum (Reduktion des Staatszwecks auf den Schutz des Eigentums bzw. auf dessen Umverteilung) entsprechen der Charakterisierung der demokratischen und oligarchischen Parteien in Pol. III-VI.

697 Platon: Rep. V, 457 b und 458 c; Aristoteles: Pol. II 1, 1261 a 5.

698 Platon: Rep. III, 416 d; Aristoteles: Pol. II 5.

699 Vgl. Aristoteles: Pol. II 5, 1263 b 29-40. Dass die von Aristoteles in der „Politeia" unterstellte Kausalität („Gemeineigentum bewirkt Tugend") dem Platonischen Text diametral entgegengesetzt ist, wird schon daran deutlich, dass nach Platon die Verwirklichung der Tugend erstens eine entsprechende Anlage der Menschen und zweitens eine philosophische Bildung voraussetzt (vgl. den Mythos von der Herkunft der Stände, Rep. 414 b-d und die Ausführungen zu Weg und Ziel der Bildung in Rep. II, III, VI und VII). Auswahl und Bildung der Wächter sind die entscheidenden Mittel, um sie zur Leitung des Staates zu befähigen.

700 Der Vorwurf von Aristoteles (Pol. II 5, 1264 b 15) bezieht sich auf Rep. IV, 419 a. An dieser Stelle reagiert Adeimantos auf Sokrates' Ausführungen über die Besitzlosigkeit der Wächter mit dem Einwurf, dass „diese Männer eben nicht sehr glücklich seien" (419 a). Sokrates antwortet darauf: „es würde zwar gar nichts wunderbares sein, wenn auch so diese die allerglücklichsten wären", dass es aber bei der Einrichtung der Stadt nicht um das Glück einer einzelnen Schicht, sondern um das Glück aller gehe (420 b). Im Folgenden wird deutlich, dass die Wächter mit der Erkenntnis des Guten die höchste dem Menschen mögliche Glückseligkeit erreichen.

munismuskritik[701] – ist Aristoteles' Auseinandersetzung mit Platon hier relevant; die (zweifellos interessante!) Frage nach dem Grund seiner Missdeutung der „Politeia" kann an dieser Stelle nicht vertieft werden.

Die Ausführungen von Aristoteles zum Privateigentum lassen sich in vier Argumenten zusammenfassen:[702]

- Erstens hebt das Gemeineigentum den Pluralismus auf, der ein notwendiges Kennzeichen des Staates ist: „Nein, die Bestandteile, woraus eine Einheit werden soll, müssen der Art nach verschieden sein. Daher erhält jene Gleichheit, die in der Wiedervergeltung besteht, die Staaten, wie früher in der *Ethik* erklärt worden ist." (Pol. II 2, 1261 a 30-32) Die Verschiedenheit der Bürger ermöglicht es, dass ihre Begabungen und Tätigkeiten sich gegenseitig ergänzen und eine arbeitsteilige Gesellschaft entstehen kann. Dies setzt voraus, dass jeder Bürger einen Bereich hat, für den er verantwortlich ist; der Abgrenzung der Verantwortungsbereiche dient das Privateigentum. Die Gemeinschaft der Bürger wird folglich nicht durch ihre Gleichheit oder Homogenität hergestellt, sondern durch den gerechten Interessenausgleich („Wiedervergeltung").[703] Bei diesem Argument liegt die Betonung auf dem Nutzen des Pluralismus für die Autarkie des Staates; deshalb kann es als das *politische Argument* für das Privateigentum bezeichnet werden.
- Zweitens hebt das Gemeineigentum die Anreize zum effizienten Wirtschaften und zum eigenverantwortlichen Umgang mit den Gütern auf, weil die Menschen vor allem für „das Eigene und das Geliebte" Sorge tragen (Pol. II 4, 1263 b 23). Zudem wird es zu Konflikten kommen, wenn alle gleichermaßen an den Früchten der Arbeit partizipieren, die Bürger aber unterschiedlichen Anteil an deren Erwirtschaftung haben (Pol. II 5, 1263 a 8-14). Das Privateigentum ist also notwendig, um Zuständigkeiten abzugrenzen und um Anreize zu setzen. Aristoteles fasst das *ökonomische Argument* zusammen: „Wenn jeder für das Seine sorgt, werden die gegenseitigen Beschwerden wegfallen, und man wird auch mehr vor sich bringen, da jeder für seinen eigenen Vorteil arbeitet." (Pol. II 5, 1263 a 27f.)
- Drittens – und damit geht Aristoteles nun über die (wirtschafts-)liberale Kritik des Gemeineigentums hinaus[704] – ist das Privateigentum für die Förderung der Tugendhaftigkeit der Bürger notwendig. Am deutlichsten lässt sich dies an der Tugend der Freigebigkeit erkennen, die voraussetzt, dass die Bürger etwas besitzen, das sie teilen können (Pol. II 5, 1263 b 10-15). Allgemein formuliert lautet das *ethische Argument* für das Privateigentum, dass die Bürger an ihm die Gemeinwohlorientierung erlernen, indem sie durch Gesetze und Gewöhnung dazu gebracht werden, ihren Besitz so zu

701 Dobbs (1985, 29) spricht treffend vom „Antikommunismus" des Aristoteles. In seiner Interpretation von Pol. II bekräftigt er allerdings die Aristotelische Fehldeutung der „Politeia".

702 Im Folgenden wird auf die Argumente gegen die Platonische Frauen- und Kindergemeinschaft soweit eingegangen, wie sie auch gegen das Gemeineigentum vorgebracht werden können.

703 In EN V wird die Gerechtigkeit als Wiedervergeltung definiert, wobei Aristoteles zwischen der zuteilenden Gerechtigkeit nach dem Maß der Würdigkeit („geometrische Gleichheit") und der ausgleichenden Gerechtigkeit nach dem Maß der Gleichheit („arithmetische Gleichheit") unterscheidet (EN V 5-7, zur Definition der Gerechtigkeit als Wiedervergeltung: EN V 8). Zu EN V siehe Bien (1995), Wolf (2002, 93-115).

704 Die beiden ersten Argumente stimmen mit der (wirtschafts-)liberalen Kritik des Kommunismus sowjetischer Prägung überein. So hat z. B. von Hayek (2003) den Kommunismus dafür kritisiert, dass die Aufhebung des Pluralismus die Freiheit vernichtet und dass die Einführung des Gemeineigentums den wirtschaftlichen Ruin der betroffenen Länder herbeiführt.

verwenden, dass es dem Wohl aller dient (Pol. II 5, 1263 b 39f.). Aristoteles fasst diesen Gedanken zusammen: „Man sieht also, es ist besser, dass der Besitz Privateigentum bleibt, aber durch die Benutzung gemeinsam wird." (Pol. II 5, 1263 a 38f.) Der Gesetzgeber soll nicht darauf zielen, „die jetzt in den Staaten bestehenden Übel" (Pol. II 5, 1263 b 18) mit Eingriffen in die Eigentumsrechte zu bekämpfen, sondern er soll den Gemeinsinn der Bürger fördern.[705] Mit diesem Argument richtet Aristoteles sich gegen die oligarchischen Staatslehren, die die Aufgabe der Politik auf die Sicherung der Eigentumsrechte reduzieren wollen. In modernen Begriffen formuliert, weist er also sowohl die kollektivistische These zurück, derzufolge das Privateigentum Ursache aller gesellschaftlichen Konflikte sei, als auch die individualistische These, nach der mit der Sicherung der Eigentumsrechte alle gesellschaftlichen Konflikte überwunden werden können.[706]

- Viertens spricht gegen die Einführung von Gemeineigentum ein *psychologisches Argument*, das Aristoteles eher nebenbei erwähnt, das aber seine Haltung zum Eigentum deutlich zum Ausdruck bringt: „Es ist auch mit Worten nicht zu sagen, welche eigenartige Befriedigung es gewährt, wenn man etwas sein eigen nennen kann." (Pol. II 5, 1263 a 40f.) Diese Freude am Besitz[707] ist Ausdruck einer gerechtfertigten „Liebe zu sich selbst", die von der Eigenliebe als der übertriebenen Liebe zu sich selbst unterschieden werden muss (ebd., 1263 b 1-5). Das Argument erstaunt, wenn man es vor dem Hintergrund der Kritik der Chrematistik und der Bezeichnung des Besitzes als Werkzeug zum guten Leben (Pol. I 8, 1256 b 30-37) liest: Die Verwendung eines Werkzeugs kann dem Handelnden Freude bereiten, wenn es ihm hilft, sein Ziel zu erreichen; insofern wird auch die Verfügbarkeit eines Werkzeugs geschätzt. Wenn aber der bloße Besitz Freude bereitet, dann scheint er nicht allein Werkzeug zu sein, sondern eine darüber hinausgehende Funktion zu haben. Aristoteles führt diese Überlegung nicht weiter aus. Erst bei Smith wird die Freude am Besitz umfassend behandelt; er führt sie auf das Streben der Menschen nach Anerkennung zurück (vgl. TMS I.iii.2/70-86 und IV.1/307-320). Zu überlegen wäre, inwieweit die Neigung zur Chrematistik bei Aristoteles vielleicht schon angelegt ist.

705 Die Katholische Soziallehre hat diese Argumentation übernommen und unterscheidet zwischen der Individual- und der Sozialnatur des Eigentums. Siehe dazu die Sozialenzykliken „Quadragesimo anno" von Pius XI. (1931, Tz. 45f.) und „Centesimus annus" von Johannes Paul II. (1991, Tz. 30); ferner: J. Messner (1984, 1067-1072), Walter Kerber (1998, 120-129). Für die Entwicklung der Katholischen Soziallehre war die Rezeption der Aristotelischen Ethik und Politik durch Thomas von Aquin entscheidend (zur Eigentumslehre: Summa theologica II-II, Quaestio 66). – Auch bei Vertretern der Sozialen Marktwirtschaft wird eine solche Doppelfunktion des Eigentums hervorgehoben; so betont z. B. W. Röpke (1949, 279) die Bedeutung des Eigentums für die Wertorientierung der Bürger. Im deutschen Grundgesetz findet die Doppelfunktion des Eigentums ihren Niederschlag in der Sozialverpflichtung des Eigentums: „Eigentum verpflichtet. Sein Gebrauch soll zugleich dem Wohle der Allgemeinheit dienen." (Art. 14 II GG)

706 Besonders prägnant wird die Position von Buchanan (1984, 27) vertreten: „Nicht eine bestimmte Aufteilung individueller Rechte ist somit die Ursache für die Entstehung von Konflikten, sondern Uneinigkeit oder Ungewissheit darüber, welche Rechte mit gesetzlichen Mitteln durchgesetzt werden können." (Siehe oben, S. 203ff.).

707 Die Freude am Besitz bekräftigt Aristoteles indirekt in seinem Vorwurf gegen Platon, dass er den Wächtern das Lebensglück entziehen wolle (Pol. II 5, 1264 b 15; siehe oben, Fußnote 700).

5.3.1.2 Die Sklaverei und die Unterscheidung von politischer und despotischer Herrschaft

Der zweite Teil der Aristotelischen Lehre vom Besitz bezieht sich auf den „beseelten Besitz" (Pol. I 4, 1253 b 32), die Sklaven.[708] Dieser Teil der *οἰκονομία* ruft bei modernen Interpreten immer wieder Unbehagen hervor. Bodéüs (1996, 38) sieht in ihm eine Provokation, Höffe (1999b, 262-264) bezeichnet ihn als „schlichtes Ärgernis" (263): Die Argumentation habe mindestens zum Teil „ideologischen Charakter" (262). Jedoch müsse man Aristoteles konzedieren, dass das Herr-Sklave-Verhältnis „dem wechselseitigen Wohlergehen" diene (263). Nussbaum (1999, 109) möchte für ihre Adaption der Aristotelischen Philosophie „das philosophische Prinzip des Aristoteles hier von seiner unerfreulichen und ungerechten Anwendung [...] trennen". Das führt im Ergebnis dazu, dass sie Aristoteles' Verständnis der Gleichheit der Bürger auf alle Menschen ausweitet und die Herr-Knecht-Beziehung aus der seiner Philosophie ausblendet.

Eine solche selektive Rezeption der Position von Aristoteles ist problematisch, wenn nicht zuvor untersucht wird, wie die Sklaverei mit der übrigen Argumentation zusammenhängt. In diesem Abschnitt soll eine Einordnung der Theorie der Sklaverei in den Zusammenhang der politischen Philosophie von Aristoteles vorgenommen werden. Sie ist nicht nur für das immanente Verständnis seiner Philosophie relevant, sondern auch für die Auseinandersetzung mit der Ideengeschichte: Smith und Marx weisen die These der natürlichen Ungleichheit der Menschen zurück und betonen dagegen die Gleichheit. Zugespitzt formuliert geht es ihnen um eine schrittweise Befreiung der Sklaven und der unteren Stände, die im ersten Schritt (bei Smith) mit der Befreiung des Erwerbsstrebens von der Herrschaft der (Aristotelischen) Moral einhergeht, und im zweiten Schritt (bei Marx) zur Befreiung der Bedürfnisse vom Zwang des Erwerbsstrebens führen soll.

Aristoteles formuliert in Pol. I 4 zwei Bestimmungen des Sklaven.[709] Die erste Bestimmung erfolgt in einer Diärese: Der Sklave zählt zu den Werkzeugen, die im Haus verwendet werden, und ist dort zu den beseelten Werkzeugen zu rechnen (1253 a 24-31). Weiterhin lassen die Werkzeuge sich in „hervorbringende Werkzeuge" (*ποιητικὰ ὄργανά*) und Besitz, der der Lebenspraxis dient (*κτῆμα πρακτικόν*), unterscheiden (1254 a 2-4). Hier greift Aristoteles auf die Unterscheidung von Praxis (*πρᾶξις*) und Poiesis (*ποίησις*) zurück (1254 a 5): Die hervorbringende Tätigkeit dient einem Zweck, der außerhalb ihrer selbst liegt, so dass die Tätigkeit eine reine Mittelfunktion ohne Eigenwert hat; mit Praxis hingegen bezeichnet Aristoteles Tätigkeiten, deren Zweck in ihrem Vollzug erreicht wird.[710] Der Sklave soll nun laut Aristoteles Diener bei den Tätigkeiten sein, die der Praxis zuzurechnen sind (Pol. I 4, 1254 a 8). Schütrumpf (1991a, 241) betont, dass Aristoteles damit nicht ausschließen will, dass der Sklave auch hervorbringende Tätigkeiten ausübt, sondern dass es

---

708 Aristoteles benutzt den Begriff *δοῦλος*, der im Zusammenhang mit Pol. I 4-7 am treffendsten mit Sklave übersetzt wird, weil es dort um die Rechtfertigung des Besitzverhältnisses geht. *δοῦλος* hat aber auch eine weitere Bedeutung im Sinne von Knecht. Der Begriff „Knecht" soll im Folgenden (neben dem Begriff „Sklave") verwendet werden, um das Bedeutungsfeld zu erweitern und den Fokus auf das Unterordnungs- und einseitige Abhängigkeitsverhältnis zu legen. In einem weiteren Sinne lassen sich zu den Knechten auch die freien Nicht-Bürger (Handwerker, Händler, Bauern) zählen; um die „Befreiung" dieser Gruppe aus der Herr-Knecht-Beziehung geht es in der politischen Theorie von Smith und Marx. Zum Begriff *δοῦλος* siehe Geiger (2005).

709 Zur Aristoteles' Theorie der Sklaverei siehe: Gigon (1965), Baruzzi (1970), Schütrumpf (1991a, 234-297), N. Smith (1991), Koslowski (1993, 51-56), Kullmann (1998, 366-370), Pellegrin (2001).

710 EN VI 5 (1140 b 7f.). Zum Unterschied von Poiesis und Praxis: Wieland (2003, 228-232), Elm (2005).

darum geht, den Zweck der Tätigkeiten anzugeben. Mit dieser ersten Bestimmung wird deutlich, dass die Sklaven offensichtlich nicht in der Landwirtschaft, im Bergbau oder in der handwerklichen Produktion dienen sollen, sondern in der direkten Umgebung der Herren zur Erleichterung ihres Lebensalltags.

Die zweite Bestimmung des Sklaven fügt zu der ersten das Besitzverhältnis hinzu:

> Wer von Natur nicht sein, sondern eines anderen, aber ein Mensch ist, der ist ein Sklave von Natur. Eines anderen aber ist ein Mensch, der, wenn auch Mensch, ein Besitzstück ist. Ein Besitzstück aber ist ein tätiges und für sich bestehendes Werkzeug [κτῆμα δὲ ὄργανον πρακτικὸν καὶ χωριστόν]. (Pol. I 4, 1254 a 13-17.)

Die entscheidende Frage lautet folglich, welchem Menschen es denn zukommt, „eines anderen" zu sein; sie ist Gegenstand von Pol. I 5. Allgemein, so stellt Aristoteles fest, finden sich in der Natur überall hierarchische Beziehungen:

> [D]er Gegensatz von Herrschendem und Dienendem tritt überall auf, wo etwas aus mehreren Teilen besteht und eine Einheit bildet (Pol. I 5, 1254 a 28-31).

Im Menschen besteht ein solches Herrschaftsverhältnis zum einen zwischen der Seele und dem Leib und zum anderen innerhalb der Seele zwischen dem Verstand und dem Strebevermögen (Pol. I 5, 1254 b 5). Als Beispiel für ein natürliches Herrschaftsverhältnis zwischen Menschen führt er dasjenige zwischen Mann und Frau an.[711] Aus der Herrschaftsbeziehung folgt das Besitzverhältnis in den Fällen, in denen die Menschen

> so weit voneinander abstehen, wie die Seele vom Leibe und der Mensch vom Tiere – und das ist bei allen denen der Fall, deren Aufgabe im Gebrauch ihrer Leibeskräfte besteht und bei denen das die höchste Leistung ist (Pol. I 5, 1254 b 16-18).

Vom Tier unterscheidet sich der Sklave dadurch, dass er in der Lage ist, die Fähigkeit zum vorausschauenden Denken[712] in einem anderen Menschen zu vernehmen und dessen Anleitungen nachzuvollziehen. Im Unterschied zum Herrn ist dieses Vernunftvermögen aber nur passiv vorhanden. Das entscheidende Merkmal des Sklaven ist seine eingeschränkte Vernunftfähigkeit und nicht seine physische Stärke; Aristoteles bemerkt selbst, dass es durchaus auch kräftige Freie und schwache Sklaven gibt (1254 b 27-34). Aufgrund des natürlichen Unterschiedes zwischen dem Herrn und dem Sklaven ist es für letzteren „besser, sich in dieser Art von Dienstbarkeit zu befinden" (ebd., 18f.), so dass das Herr-Knecht-Verhältnis beiden Seiten dient. Es ist nicht als ein Ausbeutungsverhältnis gedacht[713] und wird

711 Pol. I 5, 1254 b 10-14. Immerhin betont Aristoteles den Unterschied zwischen den Herrschaftsverhältnissen „Mann – Frau" und „Herr – Sklave": „Der Sklave hat das Vermögen zu überlegen überhaupt nicht, das Weibliche hat es zwar, aber ohne die erforderliche Entschiedenheit." (Pol. I 13, 1260 a 12f.). Der Überzeugung Platons, dass auch Frauen einen Staat leiten können (Rep. V, 451 c – 457 b), wollte Aristoteles offensichtlich nicht folgen.

712 Diese Formulierung zur Beschreibung der spezifischen Leistung des Herrn verwendet Aristoteles in Pol. I 2, 1252 a 32.

713 Der Sklave sieht seinen Nutzen aber nicht immer ein; gelegentlich muss ihm mit Gewalt zu seinem Glück verholfen werden. Aristoteles sagt in Pol. I 8 (1256 b 24-27), dass es gerecht sei, einen Krieg gegen Menschen zu führen, die von Natur zu dienen bestimmt sind, aber nicht freiwillig dienen wollen. – Schütrumpf (1991a, 122, Fußnote 1) weist jedoch mit Recht auf die Schranken hin, die Aristoteles mit seinen Ausführungen der Verwendung von Sklaven setzt: Es wäre z. B. ein Missbrauch des Sklaven, wenn man ihn „für

sogar als eine Beziehung der „gegenseitige[n] Freundschaft" bezeichnet (Pol. I 7, 1255 b 13).[714]

Die Grundlage für die Rechtfertigung der Sklaverei stellt also der Analogieschluss von dem Herrschaftsverhältnis zwischen Leib und Seele auf das Verhältnis zwischen körperlich und geistig begabten Menschen dar:[715] Wenn ein Mensch so wenig Vernunft hat, dass er sich nicht selbst regieren kann, bedarf er der Führung durch einen anderen. Die naheliegende nächste Frage lautet dann, auf welche Menschen das zutrifft bzw. wovon die Fähigkeit, sich selbst zu regieren, abhängt. Höffe (1999b, 263) bemerkt dazu kritisch, dass man diese Fähigkeit eigentlich nur geistig behinderten Menschen absprechen kann; das aber hat Aristoteles offensichtlich nicht gemeint. In Pol. III 4 (1277 a 33-35) heißt es, dass die „Herrenherrschaft" sich „auf die notwendigen Verrichtungen bezieht, deren Ausübung der Herr nicht zu verstehen, sondern die er nur zu benutzen braucht". Der Sklave verfügt somit durchaus über einen technischen Verstand, der es ihm ermöglicht, die Ausübung dieser „Verrichtungen" zu erlernen. Was ihm fehlt, ist das vorausschauende Vermögen: die praktische Vernunft. Sie ist es, die dem Herrn die Fähigkeit gibt, sich selbst zu regieren, d. h. sein Strebevermögen zu beherrschen und sein Handeln von sinnvollen Zielen leiten zu lassen. Der wesentliche Unterschied zwischen Herr und Knecht liegt somit in der Fähigkeit zum tugendhaften Leben.

Die Ungleichheit zwischen Herr und Knecht bezieht sich, wenn man sie mit der Analyse der individualistischen Paradigmen in Teil 4 in Zusammenhang bringt, auf die Fähigkeit des Menschen, das für ihn selbst Gute (also: sein Interesse) zu bestimmen. Hierin liegt der grundlegende Unterschied zwischen Aristoteles auf den einen und Smith oder Kant auf der anderen Seite: Aristoteles geht davon aus, dass nur einige Menschen ihre Interessen vernünftig bestimmen können („Freie") und dass die übrigen Menschen der Führung durch die Freien bedürfen; der Liberalismus (im Sinne der drei liberalen Paradigmen) hingegen nimmt an, dass die Menschen alle gleichermaßen die Fähigkeit zur Bestimmung ihrer Interessen haben und als Freie leben können. Die Aristotelische These von der natürlichen Ungleichheit der Menschen wird zurückgewiesen, weil sie im Ergebnis ein Herrschaftssystem rechtfertigt, das zur Ausbeutung der Beherrschten durch die Herrschenden führt.

Die liberalen Positionen der Neuzeit wurden wesentlich aus der Kritik des Missbrauchs von Herrschaft heraus entwickelt. Das zeigt sich deutlich in Lockes kurzer Skizze der geschichtlichen Entwicklung der politischen Herrschaft („Zweite Abhandlung", § 111): Seine Konzeption eines auf Gewaltenteilung beruhenden Rechtsstaats soll die Missstände einer (feudalen bzw. absoluten) Herrschaft überwinden, die allein dem „Ehrgeiz und [der] Verschwendungssucht" der Regenten dient. Der geschichtlichen Phase des Missbrauchs der Herrschaft geht aus Lockes Sicht ein „goldene[s] Zeitalter" voraus, in dem weder die Regenten die Absicht verfolgten, das Volk zu unterdrücken, noch das Volk einen Grund

die gewinnsüchtige Bereicherung" einsetzen würde (ebd.). Ähnlich äußert sich Pellegrin (2001, 42): „[Z]weifellos hat kein einziger Plantagenbesitzer in den amerikanischen Südstaaten jemals einen seiner schwarzen Sklaven als einen, wenn auch davon getrennten, Teil des eigenen Körpers betrachtet". Aus Aristoteles' Theorie des Herr-Knecht-Verhältnisses folgt somit durchaus auch eine Kritik der Praxis der Sklaverei.

714 In der EN wird dies jedoch relativiert: Dort heißt es, dass zwischen dem Herrn und seinem Sklaven (in seiner Funktion als Sklave) keine Freundschaftsbeziehung möglich ist, weil dies der Tatsache widerspricht, dass der Sklave ein bloßes Werkzeug ist. Wohl aber können beide in ihrer Eigenschaft als Menschen miteinander befreundet sein (EN VIII 13, 1161 a 31 – 1161 b 11).

715 Zum „Biologische[n] in der Aristotelischen Politik" vgl. Bien (1973, 199-207).

sah, die Privilegien der Herrschenden in Frage zu stellen (ebd.). Die Ungleichheit zwischen Herrschenden und Beherrschten war offensichtlich solange unproblematisch, wie die daraus resultierende Herrschaft zum Vorteil der Regierten ausgeübt wurde. Auch bei Smith spielt die Kritik der mit dem Feudalismus verbundenen Ausbeutung von Abhängigen eine zentrale Rolle (WN III.iv): Der Feudalismus zeichnet sich durch persönliche Abhängigkeitsverhältnisse aus, die zu Lasten der Beherrschten gehen; im System des freien Wettbewerbs hingegen steht niemand in einem persönlichen (und einseitigen) Abhängigkeitsverhältnis, vielmehr sind alle gleichermaßen vom Wettbewerb abhängig (vgl. WN III.iv.11/338f.). Smith' Plädoyer für den Wettbewerb geht also – ähnlich wie Lockes Plädoyer für Gewaltenteilung – von der Kritik des Missbrauchs unkontrollierter Herrschaft aus. Unkontrollierte Herrschaft, so die These des Liberalismus, führt automatisch zu deren Missbrauch.

Vor dem Hintergrund dieser Kritik stellt sich um so drängender die Frage, wie es denn bei Aristoteles um den Nutzen des Knechts in der Herr-Knecht-Beziehung bestellt ist. Wenn man annimmt, dass der Herr ein tugendhaftes Leben führt (was angesichts der Neigung der Athener zum maßlosen Erwerbsstreben aus der Sicht von Aristoteles unrealistisch sein musste, siehe oben das Zitat aus Pol. I 9: S. 311), ist eine gezielte Ausbeutung des Knechts zwar auszuschließen. Dennoch scheint auch dann der Nutzen einseitig auf der Seite des Herrn zu liegen. Der Verdacht, dass die Herr-Knecht-Beziehung nicht – wie es an einigen Stellen wirkt – Ausdruck der Fürsorge der Bürger ist, sondern vor allem ihren Interessen dient, kommt einem bereits im Zusammenhang mit der Definition des Sklaven (Pol. I 4). Dort bemerkt Aristoteles, dass die Sklaverei im Grunde nur benötigt wird, weil es keine Maschinen gibt, die ihre Arbeit erledigen:

> Denn freilich, wenn jedes Werkzeug auf erhaltene Weisung, oder gar die Befehle im voraus erratend, seine Verrichtung wahrnehmen könnte, wie das die Statuen des Dädalus oder die Dreifüße des Hephästus getan haben sollen, von denen der Dichter sagt, dass sie „von selbst zur Versammlung der Götter erschienen"; wenn so auch das Weberschiff von selber webte und der Zitherschlägel von selber spielte, dann brauchten allerdings die Meister keine Gesellen und die Herren keine Knechte. (Pol. I 4, 1253 b 33 – 1254 a 1)

Hier erscheint die natürliche Ungleichheit – im Widerspruch zur übrigen Argumentation – lediglich als eine soziale Einrichtung aus Mangel an technischen Möglichkeiten. Marx hat vor dem Hintergrund der Fortschritte in der Automatisierung der Produktionstechniken mit Begeisterung[716] auf diese Stelle Bezug genommen. Freilich, so konzediert er, habe Aristoteles hier nur „[ge]träumt" („Kapital I", 430), weil er den späteren technischen Fortschritt nicht ahnen konnte. Doch entscheidend ist, dass in diesem Zitat die Sklaverei als durch die Produktionsverhältnisse bedingt erscheint. Was Aristoteles aus der Sicht von Marx nicht wissen konnte, war, dass die Automation als solche nicht zur Abschaffung der Sklaverei führt, sondern nur deren Charakter verändert und „alle sittlichen und natürlichen Schranken des Arbeitstags über den Haufen wirft" (ebd.). Der eigentliche Unterschied zwischen Aristoteles und Marx liegt jedoch in der Perspektive: Aristoteles geht es darum, die Herren von der Arbeit zu befreien, damit sie die nötige Muße für die Praxis haben; Marx hingegen geht es um die Befreiung der Knechte. Das ist von entscheidender Bedeutung für ihr jeweiliges Verständnis von Politik und Ökonomie: Die Selbstverwirklichung der Herren erfolgt in der

716 In dem Satz, mit dem Marx das Zitat dieser Textstelle ankündigt, bezeichnet er Aristoteles als den „größten Denker des Altertums" („Kapital I", 430).

Freiheit von der Ökonomie und setzt (um dieser Freiheit willen) die Sklaverei voraus; die Selbstverwirklichung der Knechte erfolgt in der Arbeit und setzt die Aufhebung der Knechtschaft voraus.

In der kurzen Bemerkung in Pol. I 4 deutet sich das an, was in Buch III der „Politik" offensichtlich wird: Die Herrschaft über den Sklaven besteht vor allem zum Nutzen des Herrn. Aristoteles unterscheidet in Pol. III 4 die „politische Herrschaft" (*τὴν πολιτικὴν ἀρχήν*, 1277 b 9) und die „despotische Herrschaft" (*ἀρχὴ δεσποτική*, 1277 a 33): Letztere, die „Herrenherrschaft", ist die Herrschaft über Sklaven und Handwerker; ihr natürlicher Ort ist das Haus.[717] Die politische Herrschaft ist diejenige über Freie, deren Ort die Polis ist. Dass beide Formen von Herrschaft sich fundamental unterscheiden, betont Aristoteles gleich im zweiten Absatz des einleitenden Kapitels zur „Politik" (I 1, 1252 a 8-16): Nachdem er im ersten Absatz gegen die sophistische Reduktion des Staates auf den Zweck der Überlebenssicherung seine teleologische Staatskonzeption formuliert hat, wendet er sich im zweiten Absatz gegen die Auffassung Platons, dass man den Begriff der Herrschaft in Absehung von konkreten Herrschaftsverhältnissen bestimmen könne.[718] Es werden also in der Einleitung zur „Politik" (Pol. I 1) implizit zwei Thesen vertreten:

- Die politische Gemeinschaft dient nicht dem Zweck der Überlebenssicherung, sondern darüber hinaus dem Zweck des guten Lebens;
- die Herrschaft in der politischen Gemeinschaft ist fundamental verschieden von der Herrschaft im Haus.

Worin die eigentliche Qualität der Unterscheidung von politischer Herrschaft und Herrenherrschaft besteht, wird jedoch erst in Pol. III 6 deutlich. Die politische Herrschaft dient – wenn sie gerecht ausgeübt wird – dem Wohl der Regierten; die despotische Herrschaft[719] dient primär dem Nutzen des Herrn und nur beiläufig dem Vorteil des Sklaven:

> Die Despotie, die Gewalt des Herrn über den Sklaven, besteht, wenn auch in Wahrheit der Nutzen des Knechtes von Natur und des Herrn von Natur derselbe ist, nichtsdestoweniger zum Vorteil des Herrn, und zum Vorteil des Sklaven besteht sie nur mit folgender Weise, insofern nämlich, als wenn der Sklave umkäme, auch die Herrschaft ein Ende haben müsste. (Pol. III 6, 1278 b 32-37)

Der letzte Halbsatz ist dunkel: Deutlich wird, dass der Vorteil des Sklaven „akzidentell"[720] ist (und das ist für die Deutung entscheidend); worin er besteht, wird hier nicht ganz klar.

717 Sklaven und Handwerker scheinen sich in ihren Anlagen nicht zu unterscheiden: Beiden fehlt die Fähigkeit zur (aktiven) praktischen Vernunft. In Pol. III 5 (1278 a 12f.) benennt Aristoteles als wesentliche Gemeinsamkeit von Sklaven und Handwerkern, dass sie der Erwirtschaftung des notwendigen Lebensunterhalts dienen; der Unterschied besteht darin, dass die Sklaven jeweils nur für einen Freien arbeiten, die Handwerker aber für die Gesamtheit. Der Sklave scheint gegenüber dem Handwerker eine privilegierte Stellung zu haben: Er wird nicht mit Befehlen, sondern durch „vernünftigen Zuspruch[ ]" und Belehrung angeleitet (Pol. I 13, 1260 b 5-8), während der Handwerker mit Zucht niedergehalten werden muss, weil er keinen persönlichen Herrn hat (vgl. die Anwendung des Prinzips *divide et impera* auf den Bauernstand in Pol. II 4, 1262 a 40 – b 3).

718 So Platon im „Politikos" (259 b).

719 Der Begriff „despotische Herrschaft" bedeutet bei Aristoteles zunächst nur „Herrschaft des Herrn über Knechte bzw. Sklaven" (von *δεσπότης* = Herr) und impliziert nicht (wie in der modernen Verwendung des Begriffs) den Missbrauch der Herrschaft für das Eigennutzstreben des Herrschenden.

720 So Schütrumpf in seiner Übersetzung (1991b, 60).

Aus dem Kontext der übrigen Ausführungen über den Unterschied von Herr und Knecht lässt sich die Stelle so deuten, dass der eigentliche Vorteil des Sklaven die Sicherung seines Überlebens ist. Zwar ist die Selbsterhaltung ursprünglich der Vorteil, den beide Seiten aus der Herr-Knecht-Beziehung ziehen (Pol. I 2, 1252 a 30f.), doch im Zuge der Entwicklung der Gemeinschaften gibt die Sklaverei dem Herrn zusätzlich zum Vorteil der Selbsterhaltung die Freiheit, das gute Leben zu verwirklichen, während der Sklave über den ursprünglichen Nutzen dieser Beziehung nicht hinauskommt.

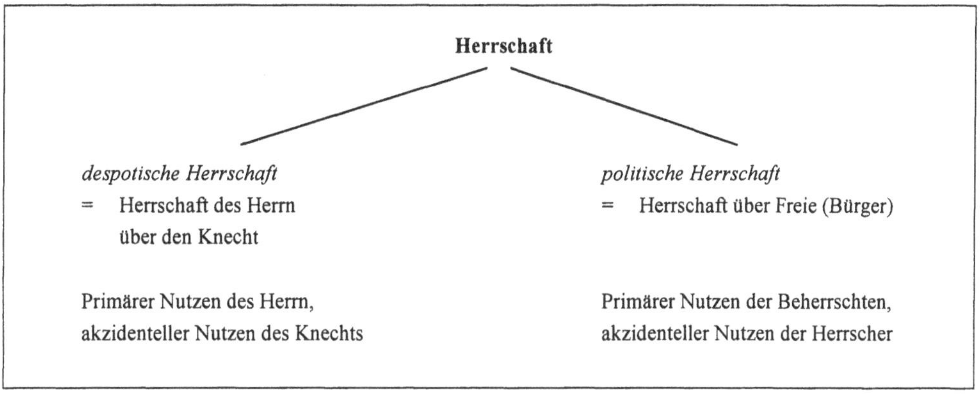

Abbildung 15: Grundformen der Herrschaft bei Aristoteles

Die Unterscheidung von despotischer und politischer Herrschaft in Pol. III 6 wird im nächsten Schritt auf die Unterscheidung der Verfassungen angewandt. Schlecht sind diejenigen Verfassungen, die das, was in der Herr-Knecht-Beziehung angemessen und gerecht ist, auf die Polis übertragen:

> So sieht man denn, dass alle diejenigen Verfassungen, die auf den gemeinen Nutzen abzielen, richtige sind nach dem Maßstabe des Rechtes schlechthin, und dass dagegen diejenigen, die nur auf den eigenen Vorteil der Regierenden abzielen, sämtlich fehlerhafte Verfassungen und Entartungen der richtigen sind; sie sind despotischer Art, der Staat ist aber eine Gemeinschaft freier Leute. (Pol. III 6, 1279 a 17-21)

Tyrannen, Oligarchen und Demokraten[721] behandeln die Bürger wie Knechte und zielen in der Herrschaft auf ihren eigenen Nutzen, statt auf den der politischen Gemeinschaft. Liest man diese Stelle in Verbindung mit dem ersten Buch von Platons „Politeia", so wird die Bedeutung der Gegenthese zu Platon, die Aristoteles gleich am Anfang der „Politik" aufstellt, klar. Die Frage, wessen Nutzen die Herrschaft dienen soll, steht im Mittelpunkt der Auseinandersetzung zwischen Sokrates und dem Sophisten Thrasymachos. Letzterer vertritt die These, dass „jegliche Regierung die Gesetze nach dem [gibt], was ihr zuträglich ist" (338 e). Sokrates zeigt in der Widerlegung, dass ein Regierender in der Ausübung der Regierungskunst niemals auf seinen eigenen Nutzen, sondern immer nur auf den der

721 So die Bezeichnungen der drei Parekbasen („Ausartungen") politischer Herrschaft: Pol. III 7, 1279 b 4-6.

Regierten zielen kann, weil allgemein die Ausübung einer Kunst (τέχνη) nicht auf das ihr selbst Zuträgliche zielt, sondern auf das Wohl ihres Gegenstandes.[722]

Aristoteles erhebt offensichtlich den Anspruch, eine vermittelnde Position zu formulieren.[723] Aus seiner Sicht haben weder Sokrates noch Thrasymachos das Wesen der Herrschaft richtig erkannt: Sokrates hat den Fall der politischen Herrschaft beschrieben, Thrasymachos den der despotischen Herrschaft. Anders formuliert: Wenn Thrasymachos die Gerechtigkeit als das dem Stärkeren Zuträgliche definiert (Rep. I, 338 c), dann hat er aus der Sicht von Aristoteles die gerechte Herrschaft des Herrn über den Sklaven beschrieben; sein Fehler bestand darin, dass er diese Form von Herrschaft als Ideal für die Herrschaft über Bürger pries – und dass er, so muss ergänzt werden, den Nutzen des Herrn in der Pleonexia sah, statt in der Muße für das gute Leben.[724]

Obwohl nun der Herr den wesentlichen Nutzen aus der Sklaverei zieht, kommt es aus der Sicht von Aristoteles solange nicht zu einem Ausbeutungsverhältnis, wie dieser sich – standesgemäß – um ein tugendhaftes Leben bemüht. Da der Sklave, wie bereits erwähnt, von seiner Anlage her nicht dazu in der Lage ist, an der Tugend Anteil zu haben, kann er auch keine Glückseligkeit erreichen. Sein Leben geht über die bloße Sicherung des Überlebens nicht hinaus. Diesem Dualismus hinsichtlich der Anlagen des Herrn und des Knechts liegt die Gegenüberstellung von zwei Formen von Tätigkeiten zugrunde, die oben als Differenz von Poiesis und Praxis bereits erwähnt wurden (S. 322):[725]

- Arbeit (ἀσχολία): Darunter fallen alle Tätigkeiten, die (wie das Produzieren von Gütern und Dienstleistungen) ihren Zweck außerhalb ihrer selbst haben; d. h. die Glückseligkeit wird nicht durch die Tätigkeit selbst erreicht, sondern das Ergebnis der Tätigkeit ist ein Mittel für das Erreichen der Glückseligkeit. Diese Tätigkeiten nennt Aristoteles „notwendig[ ] und nützlich[ ]" (ἀναγκαῖα καὶ χρήσιμα, Pol. VII 14, 1333 a 32f.); ihr Zweck ist das Erreichen der Muße (EN X 7, 1177 b 5; Pol. VII 14, 1333 a 35f.).
- Muße (σχολή): Der Begriff bezeichnet nicht die Entspannung vom Tätigsein, sondern den Vollzug der Tätigkeiten, die in sich selbst sinnvoll sind, d. h. bei denen die Glückseligkeit im Vollzug erreicht wird.[726] Diese Tätigkeiten werden (in Abgrenzung von den notwendigen) die sittlich schönen genannt (καλά, Pol. VII 14, 1333 a 33).

Der Gegensatz von Arbeit und Muße, Freiheit und Notwendigkeit spiegelt sich in der gesellschaftlichen Unterscheidung von Bürgern (als den Freien und Herren) und Nicht-Bürgern (Knechten im weiten Sinne: Handwerker, Bauern, Sklaven[727]). Aristoteles begründet die Freiheit philosophisch: als Freiheit von der Notwendigkeit (ἀνάγκη) und Muße zur Verwirklichung der Vernunft. Marx wird später die Revolution der Knechte damit begrün-

722 Rep. I, 341 c – 342 e; siehe dazu Zehnpfennig (2001, 43-54).

723 Siehe zu dieser Überlegung: Schütrumpf (1991b, 453).

724 Bei Platon hingegen ist die Überlegung, dass gerechte Herrschaft zum Nutzen der Beherrschten ausgeübt werden muss, der Leitgedanke in der Konzeption des besten Staates (Rep. II-VII): Der dritte Stand zählt zu den Bürgern und alle im Staat sollen Anteil an der Glückseligkeit haben (Rep. V, 462 a-e; vgl. zur hier zugrundegelegten Interpretation: Zehnpfennig 2001, 95-142).

725 Pol. VII 14, 1333 a 30f.: „Nun ist aber das ganze Leben geteilt in Arbeit und Muße." (Ähnlich: Pol. VII 15, 1334 a 14-16, VIII 3, 1338 a 1-9).

726 Zum Zusammenhang von Muße und Glückseligkeit: EN X 7, 1177 b 4-27; Pol. VIII 3, 1338 a 2f.

727 Zu den Begriffen Knecht und Sklave siehe oben, Fußnote 708. Händler, Handwerker und Bauern sollen im besten Staat keine Bürgerrechte haben, weil ihrem Leben die nötige Muße zur Verwirklichung der Tugend fehlt (Pol. VII 9, 1328 b 33 – 1329 a 2; s. a. Pol. III 5, 1278 a 20-22).

den, dass er dieses Freiheitsverständnis auf die Arbeit überträgt: Die nicht-entfremdete Arbeit ist die Produktionstätigkeit, in der der Mensch wahrhaft zu sich selbst kommt; die dafür erforderliche Freiheit ist äußerlich die Freiheit von der Herrschaft der Kapitalisten, ihrem Wesen nach ist es die Freiheit von der Notwendigkeit.[728]

Der Unterscheidung der Tätigkeiten und Stände entspricht der Gegensatz von Politik und Ökonomie (im modernen Sinne von Produktion und Erwerb, siehe Abbildung 16: S. 330). In der Politik geht es um den gerechten Ausgleich zwischen den Bürgern und um ihre Erziehung zur Tugend mittels einer guten Gesetzgebung; alle Tätigkeiten, die der Sicherung des Lebensunterhalts dienen, sollen hingegen den Unfreien überlassen werden. Anders jedoch als in Platons „Politeia", in der dem dritten Stand zusammen mit den ökonomischen Aufgaben auch (als einzigem Stand) das Privateigentum zugesprochen wird (einschließlich des Eigentums an Grund und Boden),[729] hält Aristoteles es für „selbstverständlich", dass nur die Bürger (Herren) Eigentum an Grund und Boden haben dürfen:

> Auch der Grundbesitz muss selbstverständlich in ihren Händen sein [denen der Bürger, der Verf.]. Denn die Bürger müssen wohlhabend sein [...]. Die gewöhnlichen Handwerker zählen nicht zur eigentlichen Bürgerschaft, so wenig wie sonst eine Klasse [γένος], die nicht den Werken der Tugend obliegt. Das folgt aus unseren Voraussetzungen. Das Glück des Lebens stellt sich im Geleite der Tugend ein. (Pol. VII 9, 1329 a 18-22)

Diese Feststellung muss in Zusammenhang mit den Argumenten für Privateigentum in Pol. II gelesen werden. Für die Nicht-Bürger, die weder an der Tugend, noch am Glück Anteil haben können, ist unter diesen Argumenten nur die ökonomische Anreizfunktion relevant. Die übrigen drei Argumente (Funktion für den politischen Pluralismus, für die Tugend und für das Lebensglück) gelten allein für die Bürger. Also, so die implizite Folgerung von Aristoteles', brauchen sie auch mehr Besitz.

Die Übersetzung von γένος mit „Klasse", die Rolfes hier gewählt hat, ist somit treffend.[730] Aristoteles folgt der Idee von Platon, dass die Einheit des Staates nur gewährleistet ist, wenn alle am Glück partizipieren;[731] da aber aus seiner Sicht – im Unterschied zu Platon[732] – nicht alle Menschen Anteil an der Tugend haben, beschränkt er die Zugehörigkeit zum Staat kurzerhand auf die Gruppe, der er die Tugendfähigkeit zuspricht. Das Glück ist im Aristotelischen Staat so ungleich verteilt wie in einer Oligarchie, nur die Begründung

728 In den „Manuskripten" bezeichnet Marx es als die wesentliche Eigenschaft des Menschen (in Abgrenzung vom Tier), dass er „frei vom physischen Bedürfnis" (also: von Notwendigkeit) produziert, „und erst wahrhaft produziert, in der Freiheit von demselben" („Manuskripte", 63). Genau genommen produziert der Mensch nach Marx nicht um seiner selbst willen, sondern um sich in seinem Werk zu betrachten: er will sich „werktätig, wirklich verdoppel[n], und sich selbst [...] in einer von ihm geschaffenen Welt anschau[en]." (Ebd.). Hier wird die Aristotelische Theorie – das Betrachten des unbewegten Bewegers, der seinerseits sich selbst betrachtet (Met. XII) – materialistisch umgedeutet; der Arbeiter – Aristoteles' Knecht! – tritt an die Stelle von Gott.

729 Platon geht davon aus, dass es bei einer guten Erziehung der Bürger nur weniger Gesetze zur Regelung der privatwirtschaftlichen Betätigung des dritten Standes bedarf; offensichtlich denkt er an eine Marktwirtschaft, in der der Wettbewerb durch die Tugend der Besonnenheit gemäßigt wird (Rep. IV, 425 c/d).

730 Zur Verwendung des Begriffs γένος bei Platon und Aristoteles: Schütrumpf (2005, 263f.).

731 Zur Bezugnahme von Aristoteles auf Platon an dieser Stelle: Schütrumpf (2005, 384).

732 In der „Politeia" ist die spezifische Tugend des dritten Standes die Besonnenheit (431 e); der zweite Stand verwirklicht zudem die Tapferkeit, beim ersten Stand kommt die Weisheit hinzu. Alle drei Stände haben Anteil an der Gerechtigkeit.

für diese Ungleichverteilung ist eine andere: Für die Besitzbürger im Aristotelischen Staat sind Vernunft- und Tugendfähigkeit die primären Kennzeichen und der Besitz ist sekundär, während in der Oligarchie der Besitz zum Zeichen der Tugendhaftigkeit wird, weil Tugend am wirtschaftlichen Erfolg gemessen wird.[733] Die Frage ist nun, wie Aristoteles die Tugend, die die Herrenherrschaft der Bürger rechtfertigen soll, versteht. Erste Hinweise für eine Antwort auf diese Frage lassen sich aus der Lehre vom Erwerb gewinnen.

	Ökonomie (i. S. v. Produktion und Erwerb)	**Politik / Wissenschaft (Theorie)**
Art der Tätigkeit	Arbeit = notwendige bzw. nützliche Tätigkeiten, deren Vollzug keine Glückseligkeit bewirkt	Muße = schöne Tätigkeiten, deren Vollzug Glückseligkeit bewirkt
Ziel der Tätigkeit	Sicherung des Lebensunterhalts	Verwirklichung des guten Lebens
Erforderliche Vernunftfähigkeit	Technischer Verstand und Fähigkeit, die Vernunft des Herrn zu vernehmen (passive Vernunft)	Praktische und theoretische Vernunft
Soziale Stellung der Handelnden	Keine Bürger (unfrei: Sklaven; frei: Handwerker, Händler, Bauern)	Bürger (Herren)

Abbildung 16: Die Unterscheidung von Politik und Ökonomie bei Aristoteles

5.3.2 Die Lehre vom Erwerb

Im Mittelpunkt der Aristotelischen Lehre vom Erwerb steht die Frage nach dem rechten Maß und der Grenze des Reichtums (Pol. I 8-11). Die Untersuchung beginnt mit der Frage, ob die Erwerbskunst[734] Teil der Lehre vom Haus (*οἰκονομία*) ist, oder ob sie ihr als eine Art Hilfswissenschaft dient (Pol. I 8, 1256 a 3-10). Bevor Aristoteles auf diese Frage näher eingeht, zählt er die verschiedenen Formen des natürlichen Erwerbs auf, und zwar im Sinne eines Erwerbs aus der physischen Natur durch Landwirtschaft und Jagd (Pol. I 8). Dieser

733 Das Verhältnis der Bürger zum Besitz in Aristoteles' politischer Philosophie erinnert an die Timokratie bei Platon (Rep. VIII, 545 c – 550 c), in der die Bürger den Anspruch der Tugendhaftigkeit hochhalten, aber „im Dunkeln Gold und Silber heftig verehren“ (548 a).

734 Aristoteles spricht wahlweise von der Lehre vom Besitz (*κτητική*, z. B. 1256 b 27) und der Lehre vom Erwerb (*χρεματιστική*, z. B. 1256 a 8 und 1256 b 41).

Abschnitt hat wohl vor allem die Funktion, die Angewiesenheit des Menschen auf die Natur vor Augen zu führen. Wenngleich im Folgenden gezeigt wird, dass nicht jede Form von Tausch und Handel gegen die Natur (im teleologischen Sinne) ist, beruht doch jede Form von Erwerb darauf, dass zu Beginn der Produktionskette Stoffe aus der (konkreten) Natur entnommen werden. Die Tätigkeiten, die darauf zielen, die Mittel für den Lebensunterhalt aus der Natur zu gewinnen (vor allem Landwirtschaft, aber auch Bergbau und Fischerei), bilden deshalb die Grundlage des Wirtschaftens. Die handwerkliche (oder heute: industrielle) Produktion als Transformation der aus der Natur gewonnenen Rohstoffe folgt auf diesen ursprünglichen Erwerb; an dritter Stelle steht schließlich der Handel, der der Distribution der Güter dient. Die Betonung der ersten Stufe der wirtschaftlichen Tätigkeiten – also, modern formuliert, des primären Sektors – impliziert eine Hierarchie, der das relativ hohe Ansehen entspricht, das Aristoteles dem Bauernstand entgegenbringt,[735] und das niedrige Ansehen der Handwerker und Händler (z. B. Pol. III 5, 1278 a 8-13).

Bei Smith und Marx werden diese Prioritäten verändert: Smith bestimmt den Menschen nicht als das politische, sondern als das tauschende Wesen (WN I.ii.1f./16), und entsprechend steht der tertiäre Sektor an erster Stelle. Sein politisches Idealbild ist das einer Nation von Kaufleuten (WN I.iv.1/23). Marx hingegen geht davon aus, dass der Mensch sich im Akt der Produktion und damit in der Transformation der Natur verwirklicht („Manuskripte“, 56-64); hieraus erklärt sich seine Wertschätzung für das Proletariat (als den modernen *βάναυσοι*).

Nach der Betonung der Rolle der Landwirtschaft und allgemein des Verhältnisses des Menschen zur Natur kommt Aristoteles auf die eingangs gestellte Frage, ob die Lehre vom Erwerb Teil der Lehre vom Haus ist, zurück. Die Lehre vom Erwerb wird zweigeteilt: In ihrer natürlichen Form dient sie der Erwirtschaftung des Lebensunterhalts und soll „alle jene Dinge […] beschaffen und […] bewahren, die für die Gemeinschaft in Haus und Staat zum Leben nützlich und notwendig sind.“ (Pol. I 8, 1256 b 28-30). Dem Reichtum ist somit durch das Ziel des guten Lebens ein Maß gesetzt:

> In diesen Dingen besteht ja auch wohl einzig der wahre Reichtum. Denn was an derartigem Besitz erfordert wird, um für ein vollkommenes Leben zu genügen, ist nicht ohne jede Grenze“ (Pol. I 8, 1256 b 31 f.).

Die Grenze des Erwerbs ergibt sich aus der Eigenschaft des Reichtums, ein Werkzeug für das gute Leben zu sein:

> Denn kein Werkzeug irgendeiner Kunst ist nach Menge oder Größe unbegrenzt. Der Reichtum aber ist nichts anderes als eine Menge von Werkzeugen für die Haus- oder Staatsverwaltung. (Pol. I 8, 1256 b 35-37)

Der Erwerb dieses Reichtums entspricht der Natur; und die ihm entsprechende Lehre vom Erwerb ist Teil der Lehre vom Haus. Die widernatürliche Erwerbskunst, die hier im Folgenden als Chrematistik bezeichnet werden soll[736], wird hingegen von der Lehre vom Haus

735 „Die beste Bevölkerung ist nämlich die bäuerliche“ (Pol. VI 4, 1318 b 10). Die Wertschätzung wird jedoch an anderer Stelle wieder relativiert: In Pol. II 4 heißt es, dass es unter den Bauern nicht zuviel Freundschaft geben darf, weil sie sonst „auf […] Neuerungen sinnen“ 1262 b 3).

736 Im Text heißt es: „Es gibt aber noch eine andere Gattung von Erwerbskunst [*κτητική*], die man vorzugsweise und mit Recht als die Kunst des Gelderwerbs oder der Bereicherung [*χρεματιστική*] bezeichnet.“ (Pol. I 9,

ausgeschlossen, weil sie maßlos ist und von der Annahme ausgeht, dass es „für Reichtum und Besitz keinerlei Grenze" gebe (Pol. I 9, 1256 b 41f.).

Die Chrematistik ist nicht nur auf der Ebene des Hauses relevant, auf der sie Ausdruck einer grundsätzlich falschen Lebenshaltung (nämlich der alleinigen Sorge um Sicherheit bzw. sinnliche Lust, Pol. I 9, 1258 a 1-5) ist, sondern sie spielt auch auf der politischen Ebene eine entscheidende Rolle, weil sie sich dort als maßgeblicher Grund für die Gefährdung des inneren Zusammenhalts der Polis erweist.[737] Deshalb ist es notwendig, die Grenze zwischen der natürlichen und der widernatürlichen Erwerbslehre präzise zu benennen.

Die Abgrenzung der beiden Formen des Erwerbs, die Gegenstand von Pol. I 9 ist, leitet Aristoteles mit der Unterscheidung von zwei Arten der Verwendung von Gütern ein: als Gebrauchs- und als Tauschobjekt. Die erste Verwendung sei dem Ding „eigentümlich", die zweite hingegen nicht: Wenn jemand z. B. einen Schuh gegen Geld tauscht, so gebraucht er „den Schuh als Schuh, nur nicht nach dem ihm eigentümlichen Gebrauch, da er ja nicht des Tausches wegen gemacht worden ist." Die Unterscheidung impliziert an dieser Stelle keine Wertung, sondern verdeutlicht lediglich eine Abhängigkeit: Ein Gut kann nur getauscht werden und einen Tauschwert haben, wenn ihm ein Gebrauchswert zukommt.[738]

Die Entwicklung des Tausches wird als ein Prozess in fünf Stufen dargestellt, bei dem die entscheidende Frage lautet, an welcher Stelle der Umschlag von der natürlichen Erwerbskunst zur Chrematistik erfolgt. Zur Kennzeichnung der Stufen lässt sich auf die von Marx verwendete Notation zurückgreifen, bei der W für „Ware" und G für „Geld" steht:[739]

1. Kein Tausch: Am Anfang der Entwicklung der menschlichen Gemeinschaften „bedurfte es natürlich eines Tauschhandels nicht" (1257 a 19f.), hier wurden die benötigten Güter allein durch „natürliche Arbeit" (Pol. I 8, 1256 a 40f.) aus der Natur gewonnen und innerhalb des Haushalts zugeteilt.
2. W–W': Erst in größeren Gemeinschaften wurde der Tausch „zur Notwendigkeit" (1257 a 21-25), weil die einzelnen Menschen bzw. Haushalte von den einen Gütern mehr, von den anderen weniger hatten, als sie brauchten (ebd., 14-17).

1256 b 40f.) Der Begriff χρεματιστική (Gelderwerb) ist im Griechischen nicht von vornherein negativ belegt; seine Verwendung zur Bezeichnung der widernatürlichen Erwerbskunst dient lediglich der Vereinfachung. Ausführlich zu dem Begriff: Schütrumpf (1991a, 300f.).

737 So auch Koslowski (1993, 63). Schütrumpf (1991a, 322) lehnt diese Deutung der Kritik der Chrematistik ab: Es fehle bei Aristoteles die „Rückführung der Besitzunterschiede [in Pol. IV – VI] auf die Bedingungen der Erwerbstätigkeit". Richtig ist an diesem Einwand, dass Aristoteles in der Analyse der Instabilität der Polis die Chrematistik nicht explizit erwähnt; er macht jedoch die Pleonexia für die Instabilität verantwortlich, und zwar insbesondere die Pleonexia der Reichen (IV 12, 1297 a 10-12) – und die ist nichts anderes als Chrematistik.

738 Smith und Marx beziehen sich beide auf diese Stelle. Smith unterscheidet „value in use" und „value in exchange" (WN I.iv.13/27); Gegenstand der Politischen Ökonomie ist die Analyse des Tauschwerts, während die Analyse des Gebrauchswerts (insbesondere der Neigung von Menschen, scheinbar nützliche, doch in Wahrheit unnütze Dinge besitzen zu wollen), Gegenstand der Ethik ist (vgl. TMS IV.i). Marx bezieht sich in seiner Wertlehre immer wieder auf diese Stelle (explizit in „Kapital I", 100, Fußnote 39) und auf die Lehre von der Chrematistik im Allgemeinen.

739 Marx, „Kapital I", 120. Die Anwendung dieser Notation auf Aristoteles' Analyse der Chrematistik findet sich bei Marx im „Kapital I" (179) und in: „Zur Kritik der politischen Ökonomie" (MEW Bd. 13, 114). Anders als bei Meikle (1979; 1991; 1995, Kapitel 3) soll hier mit der Marxschen Notation nicht auch dessen Interpretation der fünf Entwicklungsstufen des Tauschs übernommen werden.

3. W–G–W': Zur Erleichterung des Tausches entwickelte sich in der Folge das Geld und damit auch der Gelderwerb. Das Geld diente zunächst vor allem der Erleichterung des Fernhandels (1257 a 32f.), weil der Naturaltausch einen zu hohen Transportaufwand verursacht hätte (ebd., 34). Es entstand durch Übereinkunft: „Man kam daher überein, behufs Tausches gegenseitig eine Sache zu geben und anzunehmen, die selbst zu den nützlichen Dingen zählte und bei ihrer Verwendung im Verkehr am leichtesten zu handhaben war" (35-38).
4. G–W–G': Nach Einführung des Geldes kommt es zur Entstehung des Handels: „Nachdem nun einmal die Notwendigkeit des Tauschhandels das Geld geschaffen hatte, kam die andere Erwerbsart auf, das Händler- oder Krämergewerbe (*τὸ καπηλικόν*)" (1257 b 1f.). Das Handelsgewerbe gehört nicht von Natur zur Kunst des Gelderwerbs (1257 a 17f.); folglich stellt diese Stufe eine neue Qualität dar. Hier wird der Gelderwerb zum Selbstzweck, weil der Handel auf den bloßen Gewinn zielt.
5. G–G': Die letzte Stufe der Entwicklung, die Entstehung des Kreditgewerbes, behandelt Aristoteles erst in Pol. I 10 (1258 a 39-b8), doch systematisch gehört sie an diese Stelle.[740] Im Verleih von Geld gegen Zins sieht er die logische Weiterentwicklung des unbegrenzten Strebens nach Gelderwerb; das Händlergewerbe kulminiert gewissermaßen in die Entwicklung des Kreditgewerbes. Deshalb wird der „Wucher" von Aristoteles besonders scharf verurteilt: Dieses Gewerbe ist „mit vollstem Rechte eigentlich verhasst, weil es aus dem Gelde selbst Gewinn zieht" (1258 b 2f.).

Für die Deutung dieser Stufen ist nun die Frage entscheidend, an welcher Stelle die natürliche in die unnatürliche Erwerbskunst umschlägt. Die erste Stufe, also die Wirtschaftsform des autarken Haushalts, lässt sich eindeutig als natürlich bezeichnen: Hier werden die benötigten Güter direkt aus der Natur gewonnen. Fraglos ist auch, dass die letzten beiden Stufen, die Entstehung des Handels und des Kreditgewerbes, der Chrematistik zuzurechnen sind. Die Zuordnung der übrigen drei Stufen ist in der Literatur umstritten:

- Nach der restriktivsten Interpretation ist der natürliche Erwerb derjenige, bei dem die Güter aus der Natur gewonnen werden. Dieser Interpretation zufolge, die Schütrumpf (1991a, 326) vertritt, sieht Aristoteles bereits den Naturaltausch als naturwidrig an. Jede Form von Tauschhandel ist naturwidrig, weil es für ihn „kein Vorbild in der Natur gibt; noch viel weniger ist seine Weiterentwicklung zur Benutzung des Zahlungsmittels Geld naturgemäß." (Ebd.) Schütrumpf stützt seine Deutung wesentlich auf eine Aussage in Pol. I 8, in der Aristoteles einen Gegensatz zwischen natürlichen Erwerbsformen und dem Handel formuliert (er spricht dort von verschiedenen Lebensweisen spricht, „bei denen natürliche Arbeit geleistet und der Unterhalt nicht durch Tausch und Handel gewonnen wird", 1256 a 40 f.). Allgemein zeige Aristoteles „eine gewisse Neigung zur Verwerfung der Zivilisation und Rückkehr zum Primitiven" (ebd.).
- Die zweite Position, zu der z. B. Flashar (1992, 81) neigt, sieht den Umschlag von der natürlichen zur widernatürlichen Erwerbskunst mit der Einführung des Geldes gegeben, weil sich mit ihm automatisch das unbegrenzte Streben nach Reichtum entwickelt.

740 So auch Meikle (1979, 63).

- Die dritte Position sieht den Umschlag erst nach der Einführung des Geldes: Aristoteles verurteilt nicht die Einführung des Geldes als solche,[741] sondern nur den falschen Umgang mit Geld. Dieser Prozess wird wiederum in unterschiedlicher Weise gedeutet. Meikle (1979, 61-64) erklärt ihn im Anschluss an Marx mit dem Übergang vom Primat des Gebrauchswerts zu dem des Tauschwerts: Im naturgemäßen Tausch verfolgen die Tauschpartner das Ziel, Waren mit einem bestimmten Gebrauchswert zu bekommen und verwenden das Geld als bloßes Mittel (W–G–W'). Widernatürlich wird der Tausch, wenn das Streben nach Gelderwerb sich verselbständigt und die Ware nur noch Mittel für die Akkumulation des Geldes ist (G–W–G').[742] – Koslowski (1993, 56-63) lehnt die mit dieser Deutung verbundene Fixierung auf die Werttheorie ab: „Aristoteles entwirft keine Gebrauchswerttheorie von Gütern, sondern eine Theorie von Menschen, die Gebrauchswerte und Güter benützen." (60) Das entscheidende Merkmal der natürlichen Erwerbskunst ist ihre Ausrichtung auf „die natürlichen Zwecke der Menschen" (ebd.); die Chrematistik beginnt dort, wo der Erwerb nicht mehr diesen Zwecken dient und maßlos wird (58).[743]

Die Vielfalt der Positionen spiegelt eine entscheidende Schwierigkeit in der Interpretation der Chrematistik wider. Aristoteles verwendet in den Kapiteln über den Erwerb (Pol. I 8-11) zwei Begriffe von Natur (*φύσις*): einen konkreten und einen teleologischen. Dem konkreten Begriff zufolge ist alles natürlich, was direkt aus der Natur entnommen wird oder die Natur zum Vorbild nimmt; der teleologische Begriff bezeichnet als Natur einer Sache deren Form- bzw. Finalursache (Telos).[744] In der Staatslehre und der Theorie der Sklaverei (Pol. I 1-7) verwendet Aristoteles den teleologischen Naturbegriff: Den Staat bezeichnet er als das Ziel der menschlichen Gemeinschaften, das zugleich deren Natur ist (Pol. I 2, 1252 b 33); der Sklave von Natur (Pol. I 5-7) ist derjenige, der seinem Wesen und seiner Bestimmung nach nicht in der Lage ist, sich selbst zu regieren. In Pol. I 8 kommt jedoch mit der Beschreibung der natürlichen Formen des Erwerbs der konkrete Naturbegriff ins Spiel; hieraus leitet Schütrumpf seine restriktive Deutung des natürlichen Erwerbs ab. Sie widerspricht zwar Aristoteles' eigenen Aussagen – hinsichtlich des Naturaltauschs heißt es in Pol. I 9, dass er „weder gegen die Natur, noch [...] eine Form des Gelderwerbs" ist (1257 a 28f.) –, doch Aristoteles lädt zu einer solchen Deutung ein, wenn er in Pol. I 8 ausführlich die Formen des natürlichen Erwerbs (unter Verwendung des konkreten Naturbegriffs) behandelt, und ihnen in I 9 die künstliche und widernatürliche Chrematistik entgegensetzt. Obwohl Aristoteles auch einen konkreten Naturbegriff zu verwenden scheint, kann seine Argumentation schon deshalb nicht darauf reduziert werden, weil die ideale Polis aus seiner Sicht eben kein „Schweinestaat" im Sinne von Glaukon sein soll (vgl. oben, Fußnote 685).

741 So auch Pellegrin (2001, 46): Die Einführung des Geldes ist nicht als solche widernatürlich.

742 Ähnlich Bien (1973, 279): Der Grund für die Unterscheidung der natürlichen und widernatürlichen Erwerbskunst liegt darin, „dass Aristoteles im Zusammenhang seiner auf das ethische Leben im Hause konzentrierten praktischen Philosophie am Gebrauchswert als letztem Maßstab festgehalten hat."

743 So auch Bürgin (1993, 117-127), der das Wesen der Chrematistik in ihrer Unbegrenztheit sieht (121). Dahinter steht die „metaphysisch begründete Distinktion zwischen dem natürlichen Sein, das sein ihm innewohnendes Telos erfüllt, und einem unnatürlichen Sein des Erwerbs um eines Erwerbens willen, das keine Grenze weiß." Das Grenzenlose ist deshalb nicht nur mit dem inneren Zusammenhalt der Polis, sondern auch mit der Natur unvereinbar (ebd., 123)

744 Zum Begriff der Natur bei Aristoteles siehe Bien (1973, 199-207), Kullmann (1998, 356-363), Althoff (2005).

Den Gegenpol zu einer Bestimmung der Chrematistik unter Verwendung des konkreten Naturbegriffs bildet die streng teleologische Interpretation, derzufolge diejenigen Handlungen wider die Natur sind, die dem Zweck des guten Lebens widersprechen (so die Deutung von Koslowski). Problematisch ist dann nicht der Tausch oder der Gelderwerb als solcher, sondern die Verselbständigung des Ziels der Gewinnmaximierung. Für diese Interpretation sprechen drei Textstellen:

- In der Definition des „wahren Reichtums" (Pol. I 8, 1256 b 31) betont Aristoteles als Wesensmerkmal dessen Begrenzung durch das gute Leben; die Erwirtschaftung des Besitzes durch Handel und (maßvolle) Gewinnerzielung würde dieser Definition nicht widersprechen.
- In der Darstellung der Entwicklungsstufen des Handels in Pol. I gibt es keinen Hinweis, dass Aristoteles die Einführung des Geldes als widernatürlich ansieht; vielmehr wird dieser Prozess als notwendige Folge der Entwicklung des Tauschhandels angesehen. Auch die Ausführungen zur Geldlehre in EN V 8 würden einer allgemeinen Verurteilung des Geldes und des Gelderwerbs widersprechen.
- Schließlich stützt die Analyse der Ursache der Chrematistik am Ende von Pol. I 9 die teleologische Deutung. Aristoteles führt dort das maßlose Streben nach Reichtum auf ein falsches Verständnis des Lebens zurück. Wer die widernatürliche Erwerbslehre praktiziert, will entweder bloß leben, statt nach dem guten Leben zu streben (1257 b 41f.), oder er verwechselt das gute Leben mit dem Leben der Lust (1258 a 3f.). Im ersten Fall wird der Lebenszweck in der Absicherung des (physischen und sozialen) Daseins und der Lebensbedingungen gesehen; im zweiten Fall wird die Befriedigung der sinnlichen Bedürfnisse zum Lebenszweck. Beide Ziele sind maßlos: sowohl das Streben nach Sicherheit als auch das Streben nach Lust kennen keine innere Grenze, sondern müssen von außen – durch ein höheres Ziel – begrenzt werden. In beiden Fällen liegt eine grundlegende Verkehrung vor, weil das, was das gute Leben auszeichnet[745] – die Tugendhaftigkeit – zum Mittel für die Daseinsvorsorge oder die sinnliche Lust degradiert wird. Damit wird die Kritik der Chrematistik noch einmal verschärft: Sie ist nicht Ausdruck einer Verkehrung in einem einzelnen Lebensbereich (dem Erwerb), sondern einer grundsätzlich falschen Lebensorientierung.

Aus diesen drei Stellen lässt sich folgern, dass die Intention der Handelnden der entscheidende Maßstab bei der Beurteilung der Erwerbstätigkeit ist: Solange der Erwerb nicht maßlos ist, sondern dem Ziel dient, die Mittel für das gute Leben zu erwirtschaften, ist er naturgemäß; die Chrematistik beginnt dort, wo das richtige Ziel aus dem Auge verloren wird. Doch diese Deutung ist unzureichend, weil die Verurteilung des Handels und des Kreditgewerbes sich mit ihr nicht vereinbaren lassen:

- Der Handel ist aus der Sicht von Aristoteles schon als solcher verwerflich und nicht erst, wenn das Ziel der Gewinnerzielung sich verselbständigt. Diese negative Einschätzung hatte in Athen offensichtlich eine gewisse Verbreitung: In Platons „Nomoi" heißt es, dass der Handel aufgrund der Maßlosigkeit derer, die in praktizieren, „in Verruf gekommen und mit Schimpf und Schande behaftet" ist („Nomoi", 918 d), insbeson-

745 Hinsichtlich der Bestimmung und Begründung des guten Lebens kann Aristoteles an dieser Stelle in der „Politik" die EN voraussetzen, insbesondere die Behandlung der Lebensformen in EN I 3.

dere weil viele Händler und Gewerbetreibende die Gewinnmaximierung mit List und Betrug betreiben (919 a/b). Platon wendet sich gegen die Verurteilung des Handels und betont, dass nicht der Handel, sondern die Art seiner Ausübung verwerflich ist: Schließlich sei der „Kleinhandel im Staat [...] ja im Allgemeinen nicht entstanden, um zu schaden – jedenfalls seinem eigentlichen Wesen nach –, sondern ganz im Gegenteil", um einen großen Nutzen durch die Distribution der Güter zu bewirken (918 b). Wenn Aristoteles – der die „Nomoi" kannte (siehe Pol. II 6) – diese grundsätzlich positive Einschätzung ablehnt, so lässt sich das nicht allein damit erklären, dass er eine verbreitete Abneigung gegen den Handel unreflektiert übernimmt. Vielmehr ist zu fragen, warum er sich der ausgewogenen Analyse von Platon nicht angeschlossen hat.

- Ebenso wirft das Zinsverbot Fragen auf. Das Argument von Aristoteles lautet, dass das Geld in einem Kreditgeschäft nicht gemäß seiner ursprünglichen Funktion, den Tausch zu erleichtern, verwendet wird, sondern um aus ihm selbst Gewinn zu ziehen: „Das Geld ist für den Umtausch aufgekommen, der Zins aber weist ihm die Bestimmung an, sich durch sich selbst zu vermehren" (Pol. I 10, 1258 b 3-5). Aristoteles war offensichtlich die Verwendung von Geld als Kapital fremd: Wenn jemand Geld leiht, um es zu investieren und mittels der Investition Gewinne zu erzielen, dann gibt es gute Gründe, dem Kreditgeber, der in der Zwischenzeit auf eine eigene Verwendung des Geldes für Konsum- oder Investitionszwecke verzichtet, einen Preis für die Überlassung zu zahlen. Doch in der Verurteilung des Zinses kommt mehr zum Ausdruck als nur Unverständnis gegenüber der Kapitaleigenschaft des Geldes: Das Zinsverbot geht einher mit einem Ausbruch tiefster Verachtung gegenüber der finanziellen Sphäre des Erwerbs, wenn Aristoteles „das Gewerbe [...] des Wucherers [*ὀβολοστατική*]" als „mit vollstem Recht eigentlich verhasst" bezeichnet (Pol. I 10, 1258 b 2f.).[746]

Die Verurteilung des Handels und des Zinses verdeutlicht, dass es Aristoteles in seiner Kritik der Chrematistik nicht allein darum geht, die ökonomische Rationalität durch deren Ausrichtung auf das Ziel des guten Lebens zu mäßigen, sondern dass er eine Abneigung gegen diese Rationalität als solche zu haben scheint. Das könnte damit zusammenhängen, dass mit der Einführung des Geldes erst die Möglichkeit zur unbegrenzten Akkumulation entsteht und in der Geldwirtschaft somit die Gefahr (oder nach Locke: die Chance) zur Maßlosigkeit angelegt ist.[747] Der eigentliche Grund für diese Abneigung liegt aber in Aristoteles' Verständnis der Natur.

Die Natur ist allgemein der zentrale Maßstab in seiner Philosophie. Alle Erkenntnis zielt auf das Verständnis der Natur, und das gute Leben ist das Leben gemäß der Natur. Entscheidend ist dabei die Unterscheidung zwischen der veränderlichen und der unverän-

746 Thomas von Aquin schließt sich zwar der Argumentation von Aristoteles an, wenn er das Zinsverbot in der „Summa theologica" bekräftigt (II-II, Quaestio 78), ist aber im Ton wesentlich verbindlicher. Er unterscheidet zwischen einem „Preis für den Gebrauch" von Gütern (Miete; ebd. 78,1: Respondeo dicendum), der gerechtfertigt ist, und dem Zins, bei dem das Gut (Geld) in der Nutzung verbraucht wird (nämlich indem es ausgeben wird). Hier ist die Tür für die Rechtfertigung des Zinses weit aufgestoßen: Es fehlt nur die Zuordnung des Geldes zu den Gütern, die man auch als Kapital gebrauchen kann.

747 Locke beschreibt die Entwicklung des Tauschs in den gleichen Stufen, beurteilt sie aber gänzlich anders als Aristoteles. Auf der Stufe W–W' sind die Menschen durch das natürliche Gesetz verpflichtet, nicht mehr Besitz zu akkumulieren, als sie gebrauchen können („Zweite Abhandlung", § 31). Die Einführung des Geldes ermöglicht die Aufhebung dieser Grenze (ebd., §§ 36 und 48-50), so dass jeder seinen Reichtum in Abhängigkeit von seinem Fleiß vergrößern kann (§ 48). Damit ist auch gesagt, welche Funktion der Reichtum hat: Er soll die individuelle Leistung widerspiegeln.

derlichen Natur, der die beiden Formen des Wissens, Kunst (τέχνη) und Wissenschaft (ἐπιστήμη), zugeordnet werden:[748]

- Die Wissenschaft bzw. Philosophie zielt auf die Betrachtung und Nachahmung der unveränderlichen Prinzipien der (geistigen) Natur. Sie erreicht ihre Vollendung in der Metaphysik, die nach den ersten Prinzipien fragt. Nachahmend ist die philosophische Tätigkeit insofern, als sie die Vernunfttätigkeit des unbewegten Bewegers – die sich selbst erkennende Erkenntnis – zum Vorbild hat.[749] In der praktischen Vernunft, die auf die Ethik und die Politik gerichtet ist, wird die Vorbildfunktion des „höchsten Wesens" im Ideal der Autarkie sichtbar (s. o., Fußnote 694).
- Die Kunst[750] hingegen beruht auf der Betrachtung und Nachahmung der veränderlichen Natur. Ihre Aufgabe ist es, die Natur zu unterstützen und zu ergänzen.[751] Anders als die Wissenschaft, die mit der Muße verbunden und nicht auf einen Nutzen gerichtet ist (Met. I 1 981 b 17-23), dient die Kunst einem äußeren Ziel. Sie gehört somit zur Poiesis (dem Hervorbringen; siehe EN VI 5),[752] so wie die Wissenschaft in den Bereich der Praxis (im Sinne von zweckfreier Tätigkeit)[753] gehört.

In der Abgrenzung der Chrematistik werden also tatsächlich zwei Naturbegriffe verwendet, die sich aber (zumindest aus der Sicht von Aristoteles) nicht widersprechen. Jede Kunst muss nämlich in einer zweifachen Hinsicht an der Natur ausgerichtet sein: Erstens dient sie dem Ziel der Muße, die ihrerseits in der Nachahmung der unveränderlichen Natur besteht; zweitens orientiert sie sich in ihrer Ausübung an der veränderlichen Natur, denn sie „bringt teils zur Vollendung, was die Natur nicht zu Ende bringen kann, teils eifert sie ihr (der Natur) nach" („Physik" II 8, 199 a 15f.). In Pol. I 8-9 wird somit der teleologische Naturbegriff für das Ziel der Erwerbskunst verwendet und der konkrete Naturbegriff als Vorbild für die Ausübung der Erwerbskunst.

Die Orientierung der Kunst an der veränderlichen Natur bezeichnet Wieland (2003, 232-235) treffend als „Vorrang der natürlichen Dinge vor den Artefakten". Dieser Vorrang wird von Aristoteles damit begründet, dass die natürlichen Dinge „das bewegende Prinzip in sich selber" haben (EN VI 4, 1140 a 14-16; Wieland 2003, 233).[754] In Pol. I 8 wird der Vorrang der natürlichen Dinge in der Hervorhebung der Landwirtschaft als Erwerbsform deutlich, und in Pol. I 9 zeigt er sich in Aristoteles' Abneigung gegen die ökonomische Rationalität. Wenn Aristoteles dort die Einführung des Geldes auf eine Übereinkunft

748 Met. I 1; EN VI 3-5; vgl. Horn (2005).

749 Met. XII 7, 1072 b 18-30 und XII 9, 1074 b 34f.

750 Der griechische Begriff τέχνη bezeichnet allgemein jedes auf Erfahrung oder Wissen beruhende Können.

751 Aristoteles: „Physik" II 8, 199 a 15-17; „Meteorologie" IV 3, 381 b 6; „Protreptikos" (117; Pistelli: 50). Vgl. Althoff (2005), Horn (2005, 569).

752 Aus der Verbindung der Kunst mit der Poiesis folgt, dass sie nicht als Modell für das Verständnis der Tugenden taugt. Aristoteles widerspricht damit (indirekt) der sokratischen Anwendung des Techne-Modells auf die Analyse der Tugenden (EN VI 5).

753 Der Begriff „Praxis" wird von Aristoteles in zweierlei Bedeutung verwendet: Erstens bezeichnet er die Handlungen, die ihr Gut im Vollzug der Handlung erreichen (als Gegensatz zur Poiesis, EN VI 4), zweitens die sittlichen Handlungen (als Gegensatz zur Theorie, EN X 6-10; Elm 2005).

754 Im Bereich der politischen Wissenschaft grenzt Aristoteles sich damit vom sophistischen Nomos-Physis-Gegensatz ab, indem er die Übereinkunft über Gesetze und Verfassungen an die Natur zurückbindet (vgl. Deitz 1989).

zurückführt,[755] dann vertritt er damit nicht eine „erstaunlich moderne" Geldtheorie (so Söllner 1999, 4), sondern drückt (implizit) das eigentliche Problem der Einführung des Geldes aus: Es beruht allein auf dem Nomos und hat keinerlei Vorbild in der Natur. *Das* ist es, was das Geld suspekt erscheinen lassen muss. Smith nimmt in WN I.ii die Tatsache, dass der Mensch als einziges Lebewesen tauscht, zum Beweis dafür, dass der Tausch eine besondere Erscheinung der Vernunftfähigkeit des Menschen ist; was dort im Kontext der individualistischen Philosophie von Smith positiv beurteilt wird, muss im Rahmen der Naturrechtsphilosophie von Aristoteles Argwohn wecken.

Wenngleich der Tausch und mehr noch das Geld etwas Künstliches – und damit: Unnatürliches – an sich haben, werden beide von Aristoteles nicht verurteilt. Sein Verhältnis zum Gelderwerb ist zwiespältig, und dieser Zwiespalt zeigt sich am deutlichsten in der Beurteilung des Handels. Von ihm heißt es in Pol. I 9, dass er verwerflich ist, weil in ihm eine grundsätzlich falsche Lebensorientierung zum Ausdruck kommt. Doch der beste Staat soll nach Aristoteles nicht auf einer Subsistenzwirtschaft beruhen, sondern auf einer arbeitsteiligen Wirtschaft, die auch Handel einschließt. In der Erörterung der äußeren Kennzeichen des besten Staates in Pol. VII wird der Fernhandel (d. h. der Handel mit anderen Staaten) als „staatliche[ ] Notwendigkeit" bezeichnet (Pol. VII 6, 1327 a 27). Begrenzt wird er nur insofern, als der Staat allein Handel „für sich, nicht für andere treiben" soll (ebd., 29); der Handel soll also dem Bedarf dienen, nicht der Gewinnmaximierung. Auch Händler soll es im besten Staat geben (Pol. VII 9, 1328 b 40). Die negative Beurteilung des Handels schlägt sich somit nicht in einem Plädoyer für eine Agrarwirtschaft nieder, sondern in der Zulassung des Handels bei gleichzeitiger Ächtung derer, die sich mit ihm befassen. Die soziale Hierarchie unter den Nicht-Bürgern lässt sich auf die Hierarchie der Künste zurückführen: Zwar ist schon die Ausübung einer naturgemäßen Kunst (wie der Landwirtschaft) eine sklavische Tätigkeit, weil sie den Menschen von der Muße abhält und damit an der Verwirklichung der wahren menschlichen Natur hindert;[756] noch niedriger ist aber die Ausübung einer Kunst zu bewerten, die kein Vorbild in der Natur hat und damit rein künstlich ist.

Es hat somit einen guten Grund, dass die Verurteilung der Chrematistik bei modernen Lesern Befremden hervorruft: In ihr wird nicht allein die Forderung nach Mäßigung des Erwerbsstrebens durch die Betonung des Mittelcharakters der wirtschaftlichen Güter deutlich, sondern darüber hinaus eine grundsätzliche Abneigung gegenüber der Zweckrationalität des ökonomischen Denkens. Die individualistischen Paradigmen stellen dem in expliziter (z. B. Hobbes[757]) oder impliziter (z. B. Smith[758]) Abgrenzung von Aristoteles eine positive Beurteilung der Zweckrationalität gegenüber. So lässt sich z. B. Smith' WN als

755 Noch deutlicher wird dies in der EN ausgesprochen: Das Geld ist „kraft Übereinkunft [...] Stellvertreter des Bedürfnisses geworden, und darum trägt es den Namen Nomisma (Geld), weil es seinen Wert nicht von Natur hat, sondern durch den Nomos, das Gesetz" (EN V 8, 1133 a 28-31).

756 In Met. I 2 (982 b 24-28) heißt es: „Daraus erhellt also, dass wir sie [die Wissenschaft] nicht um irgendeines anderen Nutzens willen suchen; sondern, wie wir den Menschen frei nennen, der um seiner selbst willen, nicht um eines anderen willen ist, so auch diese Wissenschaft als allein unter allen freie; denn sie allein ist um ihrer selbst willen." Diesem Gegensatzpaar „Wissenschaft – Kunst" entspricht dasjenige von Herr und Knecht.

757 Vgl. Wolfers (1991).

758 Smith bezieht sich zumeist implizit auf Aristoteles. Vor allem in WN I 1-7 finden sich zahlreiche Hinweise auf die „Politik" von Aristoteles, ohne dass sein Name genannt wird. Auch in der TMS spielt die Abgrenzung von Aristoteles eine entscheidende Rolle. Vgl. dazu: Bien (1990), Lowry (1992, 128f.), Koslowski (1993, 67–79), Fitzgibbons (1995, 15f. und 156).

Lob der Chrematistik (gegen ihre Verurteilung durch Aristoteles) deuten. Smith' Botschaft lautet, dass die Stabilität der politischen Gemeinschaft nicht durch eine Begrenzung des Erwerbsstrebens gesichert wird, sondern durch dessen Befreiung: Die Ursache gesellschaftlicher Konflikte liegt in der Begrenzung des natürlichen Systems des Wettbewerbs durch die Partikularinteressen einzelner Gruppen (wie z. B. Zünften). Der freie Wettbewerb (und damit: das freie Erwerbsstreben) führt hingegen zu einem wachsenden Wohlstand, der allen in der Gesellschaft zugute kommt.[759] Marx greift in seiner Kritik des Kapitalismus auf das Aristotelische Ideal der Zweckfreiheit zurück; da er es aber mit der Revolution der „Knechte" verbindet, sieht er dessen Verwirklichung nicht im Bereich des Geistigen gegeben (denn dort ist das Ideal nur wenigen vorbehalten), sondern im Bereich des Materiellen: in der Arbeit. Die entfremdete Arbeit ist diejenige, die auf einen äußeren Zweck gerichtet ist; das Privateigentum ist Ausdruck des Haben-Wollens des Produkts und verkörpert damit die Zweckorientierung. Nach der Abschaffung des Privateigentums in der Revolution muss das Haben-Wollen im Menschen gewissermaßen absterben; erst im vollendeten Kommunismus wird der Zustand der Freiheit erreicht, der – wie bei Aristoteles – durch die Muße gekennzeichnet ist, d. h. durch die Freiheit von der Beherrschung des Handelns durch äußere Zwecke.[760]

5.3.3 Die Lehre vom Tauschwert

Die teleologische Beurteilung des Erwerbs prägt auch den dritten Teilbereich der ökonomischen Theorie von Aristoteles: die Wertlehre. Den zwei Formen der Verwendung eines Gutes (Gebrauch und Tausch) entspricht die Unterscheidung von Gebrauchs- und Tauschwert (s. o., S. 332). Diese Unterscheidung wird von heutigen Ökonomen oft als eine der wenigen analytischen Leistungen von Aristoteles hervorgehoben (z. B. Schumpeter 1965, 100). Doch bei Aristoteles kommt dieser Unterscheidung eine andere Bedeutung zu als in der heutigen Volkswirtschaftslehre: Ihm geht es darum, auf der Grundlage der Unterscheidung die Rückbindung des Tauschwerts an den Gebrauchswert zu betonen und letzteren in den Mittelpunkt zu stellen, indem er den Zweck thematisiert, dem die Güter dienen sollen (nämlich: Lebensunterhalt und Muße); die Volkswirtschaftslehre ist hingegen aufbauend auf Smith an der Analyse des Preismechanismus interessiert, der den Tauschwert bestimmt, und sieht den Gebrauchswert als eine rein subjektive Kategorie an, die von den persönlichen Präferenzen der Konsumenten bestimmt wird.

Den Tauschwert behandelt Aristoteles nicht in der „Politik", sondern in Zusammenhang mit der Lehre von der Gerechtigkeit in der „Nikomachischen Ethik". In EN V werden

---

759 In der TMS wird das Lob der Chrematistik jedoch eingeschränkt. Das maßlose Erwerbsstreben wird dort auf eine „Täuschung [deception]" der Natur zurückgeführt (TMS IV.1.10/315): Die Güter, die die Menschen besitzen wollen, sind zu einem großen Teil „bloßer Tand" (TMS IV.1.8/312), für den sie ihre „wirkliche Seelenruhe opfer[n]" (TMS IV.1.8/311); doch dieses Besitzstreben hat die Funktion, dass es „den Fleiß [industry] der Menschen erweckt und in beständiger Bewegung erhält" (TMS IV.1.10/315), so dass der Volkswohlstand steigt und die Harmonie der Gesellschaft gesichert wird. Smith stimmt Aristoteles somit zu, dass die Chrematistik den einzelnen vom guten Leben abhält, sieht darin aber eine List der Natur, die dem Frieden in der Gesellschaft dient. Diese Deutung ähnelt derjenigen von Kant, der im Handelsgeist einen Mechanismus sieht, der wesentlich den Frieden im Staat und zwischen den Staaten fördert (s. o., S. 231ff.).

760 Vgl. „Manuskripte" (54-70). Zur Deutung von Marx' Konzept der entfremdeten Arbeit siehe Zehnpfennig (2005, XLIII-XLIX) und den Aufsatz des Verfassers (2002a).

die zuteilende und die ausgleichende Gerechtigkeit unterschieden (EN V 5, 1130 b 30 – 1131 a 9 und EN V 6-7):[761]

- Die zuteilende Gerechtigkeit (EN V 6) bezieht sich auf die Verteilung von Ämtern, Ehrungen und öffentlichen Mitteln und richtet sich nach dem Maß der Würdigkeit (*ἀξία*, 1131 a 24) der Person. Der Grundsatz der Zuteilung lautet, dass Gleiche Gleiches und Ungleiche Ungleiches erhalten sollen. Diese Form von Gerechtigkeit ist der eigentliche Gegenstand politischer Auseinandersetzungen, in denen es wesentlich um die Bestimmung der Würdigkeit geht, d. h. um die Frage, welche Personen in welcher Hinsicht gleich bzw. ungleich sind (vgl. Bien 1995, 154-158).
- Die austeilende Gerechtigkeit (EN V 7f.) bezieht sich erstens auf den „freiwilligen Verkehr" (EN V 5, 1131 a 2), also alle Formen von Austauschbeziehungen, die auf Verträgen beruhen. Im Unterschied zur zuteilenden Gerechtigkeit werden die Handelnden hier als gleichwertig angesehen: Der gerechte Tauschwert bemisst sich allein nach dem Wert der Tauschgegenstände ohne Ansehen der Würdigkeit der beteiligten Personen. Zweitens bezieht sich die austeilende Gerechtigkeit auf den „unfreiwilligen Verkehr" (EN V 5, 1131 a 6), der die absichtlich herbeigeführten Schädigungen (also Straftaten) bezeichnet.

Die Analyse des Tauschwerts ist somit ein Anwendungsbereich der ausgleichenden Gerechtigkeit. Seine Aufgabe liegt darin, die Gleichheit im Verhältnis von Leistungen herzustellen, wie Aristoteles an einem Beispiel erläutert:

> Der Baumeister muss [...] vom Schuster dessen Arbeit bekommen und selbst ihm die seinige dafür zukommen lassen. (EN V 8, 1133 a 9f.)

Zwischen den Leistungen muss „die Gleichheit im Sinne der Proportionalität" herbeigeführt werden (ebd., 1133 a 11). Dabei hilft das Geld als Wertmaßstab bei der Herstellung der Kommensurabilität (*συμμετρία*).[762] Der Maßstab bei der Bemessung des Geldwertes eines Gutes oder einer Leistung ist das Bedürfnis:

> So muss denn für alles ein Eines als Maß bestehen [...]. Dieses Eine ist in Wahrheit das Bedürfnis [*χρεία*], das alles zusammenhält. Denn wenn die Menschen nichts bedürften oder nicht die gleichen Bedürfnisse hätten, so würde entweder kein Austausch sein oder kein gegenseitiger." (EN V 8, 1133 a 27-29)

Die Interpretation dieser Aussagen über den Tauschwert in EN V 8 wird in der Literatur kontrovers diskutiert. Wirtschaftsliberale Autoren deuten sie oft als Vorläufer der modernen Nutzenwertlehre, derzufolge der Wert eines Gutes auf die subjektiven Präferenzen der Tauschpartner zurückzuführen ist. Das Bedürfnis wird in dieser Interpretation im Sinne der modernen Volkswirtschaftslehre als Nutzen verstanden (z. B. Lowry 1987, 182-212). Marx hingegen sieht in Aristoteles einen Vorläufer der Arbeitswertlehre. Er habe die Bedeutung der Wertfrage erkannt und sie auf das entscheidende Problem zurückgeführt: dasjenige der

761 Zum fünften Buch der „Nikomachischen Ethik" siehe z. B. Bien (1995), Bodéüs (1996), Ricken (1998), Dirlmeier (1999, 397-439).

762 EN V 8 (1133 b 18); dem Geld kommt bei Aristoteles insofern durchaus eine positive Funktion zu. – Zu den verschiedenen Funktionen des Geldes bei Aristoteles siehe Issing (1992, 113-116).

Erklärung der Kommensurabilität. In Aristoteles' Analyse fehlt aus der Sicht von Marx nur noch ein letzter Schritt, nämlich die menschliche Arbeit als Grundlage der Kommensurabilität zu erkennen. Dazu war Aristoteles aufgrund der Abhängigkeit des Bewusstseins von den ökonomischen Umständen jedoch nicht in der Lage:

> Das Genie des Aristoteles glänzt grade darin, dass er im Wertausdruck der Waren ein Gleichheitsverhältnis entdeckt. Nur die historische Schranke der Gesellschaft, worin er lebte, verhindert ihn herauszufinden, worin denn „in Wahrheit" dies Gleichheitsverhältnis besteht. (Marx: „Kapital I", 74)

Liest man Aristoteles nicht als Vorläufer des eigenen Paradigmas, sondern mit dem Ziel, das teleologische Paradigma immanent (aus dem inneren Zusammenhang der politischen Philosophie von Aristoteles heraus) zu verstehen, so ergibt sich ein anderes Bild. Im teleologischen Verständnis von Politik und Ökonomie wird der Wert einer Sache von ihrem Zweck her bestimmt. Aristoteles' Unterscheidung der Tätigkeiten in Arbeit und Muße (s. o., S. 328) zeigte, dass eine Tätigkeit entweder Mittel zu einem außerhalb von ihr liegenden Zweck ist, oder im Vollzug der Tätigkeit erreicht wird. Im ersten Fall dient nur das Produkt der Tätigkeit als Mittel zur Erlangung von Glückseligkeit, im zweiten Fall wird sie in der Tätigkeit selbst erreicht. Alle Güter und Leistungen lassen sich nun danach unterscheiden, ob sie für die Arbeit, den Lebensunterhalt[763] oder die Muße gebraucht werden. Der entscheidende Maßstab für den Gebrauchswert von Gütern und Leistungen ist immer der Nutzen, den sie für die Muße haben, weil die Arbeit und der Lebensunterhalt letztlich auf deren Ermöglichung zielen.[764] Das Bedürfnis (*χρεία*, EN V 8, 1133 a 27) als einheitlicher Wertmaßstab ist also vom Gebrauch (*χρῆσις*, Pol. I 9, 1257 a 6f.) her zu verstehen, der seinerseits teleologisch zu deuten ist.

Aristoteles' Lehre vom Tauschwert ruft unter modernen Interpreten häufig Ablehnung hervor, weil sie auf die Frage nach dem „gerechten Preis"[765] reduziert wird. Diese Ablehnung beruht auf zwei unterschiedlichen Argumenten. Gemäßigte Wirtschaftsliberale verbinden mit dem Begriff des „gerechten Preises" die Forderung nach staatlichen Interventionen in die Preisbildung, mit der die Marktpreise auf ein gerechtes Niveau gebracht werden sollen; solche Interventionen lehnen sie ab, weil sie die Funktion des Preises als Knappheitsindikator aufheben und den Wettbewerb außer Kraft setzen. Versteht man das Konzept des gerechten Preises als Forderung nach einer solchen „teleologischen Preiskontrolle", so ist die Kritik berechtigt: Am Beispiel der Schwierigkeiten in der Anwendung der Preismissbrauchskontrolle (einem Verfahren, das vom Bundeskartellamt gegen überhöhte Preisforde-

763 Die Tätigkeiten, die unmittelbar dem Erhalt des Lebens (*σωτηρία*) dienen (wie das Essen und das Trinken), sind Mittel zur Ermöglichung der Muße und fallen damit in der Zweiteilung „Arbeit–Muße" unter die Arbeit. Da dies von der üblichen Verwendung des Begriffs zu sehr abweicht, wird hier der Lebensunterhalt als dritte Form von Tätigkeit genannt.

764 Die Autarkie und das gute Leben, die in Pol. I 8 als Grenze des wahren Reichtums bezeichnet werden, sind auch das Maß zur Bestimmung, ob ein Gut einen Wert hat oder nicht (vgl. ebd., 1256 b 32: *αὐτάρκεια πρὸς ἀγαθὴν ζωὴν*).

765 Die Formulierung *justum pretium* stammt aus der scholastischen Philosophie, vgl. Thomas von Aquin: Summa theologica II-II, Quaestio 77,1 und dazu den Kommentar von Utz (im selben Band: 539-545) sowie Hollander (1965). Die Lehre vom gerechten Preis findet heute vor allem in der Erörterung der Lohngerechtigkeit im Rahmen der Katholischen Soziallehre ihren Niederschlag; siehe die Enzykliken „Quadragesimo anno" von Pius XI. (Tz. 63-75) und „Centesimus annus" von Johannes Paul II. (Tz. 34f.); s. a. J. Messner (1984, 1029-1056).

rungen von marktbeherrschenden Unternehmen eingesetzt werden kann)[766] zeigt sich, dass es kaum einen gerichtlich überprüfbaren Maßstab zur Festsetzung eines angemessenen Preises gibt; Preiskontrollen bergen also immer ein Element der Willkür. Doch aus der Schwierigkeit, einen gerechten Preis behördlich festzusetzen, folgt nicht im Umkehrschluss, dass man Preise generell nicht als ungerecht bezeichnen kann. Zudem ist in Bezug auf Aristoteles' Analyse des Tauschwerts anzumerken, dass dort von einer ethisch begründeten Steuerung der Preisbildung keine Rede ist.

Das zweite, grundlegendere Argument gegen das Konzept des gerechten Preises wird von radikalen Wirtschaftsliberalen vorgebracht. Ihnen zufolge ist die Rede von einem gerechten Preis widersinnig, weil Preise sich im Tausch ergeben und der Tausch aufgrund der Zustimmung der Tauschpartner *per definitionem* gerecht ist. Ungerecht ist aus dieser Sicht bestenfalls ein Preis, der durch politische Interventionen festgesetzt wird, nicht aber ein Marktpreis, der sich aus der Zustimmung der Individuen ergibt. Sozialstaatliche Liberale und Strukturalisten kritisieren an dieser Sicht zu Recht (wie in Teil 4 gezeigt wurde), dass sie den Fall asymmetrischer Tauschbeziehungen vernachlässigt, in denen eine der Vertragsseiten einem Preis bzw. einem Lohn aus existentieller Not zustimmt. Das Problem dieser Kritik des radikalen Wirtschaftsliberalismus liegt darin, dass dem Grundsatz einer strikten Leistungsgerechtigkeit (der Marktwert der Leistungen eines Individuums bestimmt dessen Möglichkeiten, seine Bedürfnisse auf dem Markt zu artikulieren) derjenige der Gleichberechtigung aller Bedürfnisse entgegengestellt wird; die konsequente Anwendung dieses Grundsatzes würde zur Aufhebung der Wettbewerbsordnung führen.

Eine teleologische Wertlehre stimmt der Diagnose, dass es im freien Wettbewerb zu Situationen der Ausbeutung kommen kann, zu, geht aber nicht von der Gleichberechtigung der Bedürfnisse aus. Marktprozesse werden danach beurteilt, ob sie ihre Funktion im gesamtwirtschaftlichen Rahmen erfüllen. Hohe Preise oder niedrige Löhne sind vor allem dann problematisch, wenn der Zweck der entsprechenden wirtschaftlichen Tätigkeit dadurch verfehlt wird: Eine wesentliche Funktion von Löhnen ist es, die wirtschaftliche Existenz der Arbeitnehmer zu sichern; dies ist z. B. bei den „working poor" nicht der Fall, also liegt auf den betreffenden Arbeitsmärkten ein Gerechtigkeitsproblem vor.[767] Ähnliches gilt, wenn in einem Land oder einer Region die Preise von Grundnahrungsmitteln so stark ansteigen, dass die unteren sozialen Schichten sie nicht mehr bezahlen können: Aus teleologischer Sicht besteht die Funktion der Märkte für Grundnahrungsmittel darin, die Ernährung der Bürger des Landes zu sichern; ist dies nicht gewährleistet, so liegt wiederum ein Gerechtigkeitsproblem vor. Daran wird deutlich, dass „Gerechtigkeit" in einem teleologischen Sinne auch als Sachorientierung bezeichnet werden kann: Die Frage bei der Beurteilung von Marktergebnissen lautet, welche Funktion die entsprechenden Märkte im Wirtschaftsprozess haben und ob die Marktergebnisse diese Funktion erfüllen.

Eine solche Betrachtung von Marktergebnissen ist aus politikwissenschaftlicher Sicht schon deshalb notwendig, weil Marktergebnisse, die von einem großen Teil der Bevölkerung als ungerecht empfunden werden, Rückwirkungen auf den politischen Prozess haben. Hohe Preise für Grundnahrungsmittel oder niedrige Löhne in einzelnen Sektoren können zu Forderungen nach staatlicher Intervention in den entsprechenden Bereichen führen. Treten sektorübergreifend erhebliche soziale Spannungen auf, so kann es zu einer generellen Ablehnung der Wettbewerbsordnung kommen, die ihrerseits den politischen

766 Zu den Schwierigkeiten der Preismissbrauchsaufsicht siehe z. B. Hoppmann (1974).
767 Zum Problem der „working poor" vgl. wiederum Shipler (2005).

Kräften Auftrieb gibt, die diese Ordnung abschaffen wollen.[768] Deshalb ist die ethische Beurteilung von Marktergebnissen nicht eine Frage der „vormodernen" Vermischung von wissenschaftlicher Analyse und subjektivem Werturteil, sondern für die Analyse der Bedingungen politischer Stabilität unbedingt erforderlich.

5.4 Die Bedeutung der Chrematistik in der Polis

5.4.1 Der Konflikt von Oligarchie und Demokratie

Auf der Grundlage der Darstellung der ökonomischen Theorie von Aristoteles im vorherigen Kapitel lässt sich nun der Zusammenhang von Politik und Ökonomie innerhalb seiner politischen Philosophie untersuchen. Aus der Sicht von Aristoteles geht von der Chrematistik die eigentliche Gefahr für die Stabilität der griechischen Poleis aus, weil sie die Ursache des Konflikts zwischen Oligarchie und Demokratie ist, den Aristoteles durch die Orientierung der Bürger am Ideal des tugendhaften Lebens überwinden will. Die Ausführungen zu Ökonomie und Chrematistik in Pol. I sind folglich grundlegend für das Verständnis der Analyse der Staatsverfassungen in den Büchern III bis VI.

Ausgangspunkt der Verfassungslehre von Aristoteles sind zwei Einteilungen der Staatsverfassungen, die beide auf der Unterscheidung von guter und schlechter Herrschaft beruhen (s. o. den Abschnitt zur Sklaverei und Abbildung 15: S. 327). In der Polis ist die gute Herrschaft die politische, die von Bürgern über andere Bürger ausgeübt wird und die primär auf das Wohl der Beherrschten – also das Gemeinwohl – zielt; Aristoteles unterscheidet hier nach der Zahl der Regierenden die Königsherrschaft[769], die Aristokratie und die Politie (Pol. III 7, 1279 a 32-39). Die despotische Herrschaft hingegen ist diejenige, die der Herr über den Knecht ausübt; sie zielt primär auf den Nutzen des Herrn. Wird sie auf die Polis übertragen, so liegt die „Ausartung" einer richtigen Verfassung vor (*παρεκβάσεις τῶν ὀρθῶν πολιτειῶν*, Pol. III 6, 1279 a 20). Bei den despotischen Verfassungen werden ebenfalls drei Formen genannt: Tyrannis, Oligarchie und Demokratie (Pol. III 7, 1279 b 4-6; siehe Abbildung 17: S. 345).

Das sich daraus ergebende Schema von sechs Verfassungen, das in der politischen Ideengeschichte einen erheblichen Einfluss gewonnen hat,[770] spielt in der folgenden Verfas-

768 Diese Gefahr besteht z. B., wenn eine Finanzkrise in einem Land zur Verarmung des Mittelstandes führt (vgl. z. B. Becker/Rüland/Werz 1999 und Stiglitz 2002, 51; s. o., Abschnitt 3.2.2.2).

769 Aristoteles verwendet in Pol. III 7 (1279 a 34) *βασιλεία*. Der Begriff *μοναρχία* wird im strengen Sinne von „Herrschaft eines Einzelnen" (Alleinherrschaft) verwendet und umfasst als Oberbegriff die Königsherrschaft und die Tyrannis (ein Vergleich der beiden Formen von Alleinherrschaft findet sich in Pol. V 10).

770 In der Entwicklung der Verfassungslehre wurde dieses Schema immer wieder abgewandelt. Um nur drei Beispiele zu nennen: Hobbes übernimmt die Einteilung der Verfassungen nach der Zahl der Regierenden, lehnt aber die Unterscheidung von guter und schlechter Herrschaft ab, weil für ihn Herrschaft als solche gut ist (Lev. XIX, 95/145). Rousseau verwendet das Schema, definiert jedoch als richtige Verfassungen diejenigen, in denen der Gemeinwille („volonté générale") herrscht (Monarchie, Aristokratie, Demokratie), und nennt umgekehrt die vom Partikularwillen beherrschten Verfassungen die schlechten (Tyrannis, Oligarchie, Ochlokratie; „Contrat social" III 6-10). Auch Kant verwendet die Einteilung, bezeichnet jedoch die republikanischen Verfassungen als gut, die sich durch ein repräsentatives Regierungssystem auszeichnen. Die nicht-repräsentativen Verfassungen, in denen „der Gesetzgeber in einer und derselben Person zugleich Vollstrecker seines Willens" ist, stellen eigentlich gar keine Verfassungen, sondern eine „Unform" dar und werden als despotisch bezeichnet („Frieden" B 26f.). – Am Wandel der Abgrenzung von politischer und

sungsanalyse (Pol. III 8 bis Ende VI) eine untergeordnete Rolle, weil es in Pol. III 8 korrigiert wird. Der eigentliche Unterschied zwischen Oligarchie und Demokratie liegt nämlich nicht in dem quantitativen Merkmal der Zahl der Regierenden, sondern in einem qualitativen Merkmal: Die Oligarchie wird als Herrschaft der Reichen definiert, die Demokratie als Herrschaft der Armen. In Pol. IV 8 wird auch die Politie neu definiert als „Mischung aus Oligarchie und Demokratie" (1293 b 33f.; s. u., S. 348); auf diese zweite Einteilung der Verfassungen in Oligarchie, Demokratie und Politie bezogen sich die Ausführungen zum personalen Realismus in den vorherigen Teilen dieser Untersuchung.

Oligarchie und Demokratie werden von Aristoteles besonders ausführlich behandelt, weil sie in den griechischen Poleis seiner Zeit am häufigsten anzutreffen sind.[771] Sie bringen auf der politischen Ebene die wirtschaftliche und soziale Spaltung der Gesellschaft in Arme und Reiche zum Ausdruck.[772] Doch Aristoteles vertritt nicht eine frühe Form von Strukturalismus: Er führt die Verfassungen nicht auf Eigentumsstrukturen zurück, sondern die politischen und ökonomischen Strukturen auf die Gerechtigkeitskonzeptionen der Bürger und der politischen Parteien. Die Oligarchen schließen aus der Ungleichheit des Besitzes, dass Reiche und Arme an und für sich ungleich sind und ihnen somit auf der politischen Ebene ungleiche Partizipationsrechte gebühren; Demokraten folgern aus der Gleichheit der freien Geburt, dass die Bürger schlechthin gleich sind (Pol. III 9, 1280 a 16-25).

Als Herrschaft der Reichen zu ihrem eigenen Vorteil besteht das Ziel der Oligarchie in der Sicherung und Mehrung des Besitzes. Die Demokratie verfolgt hingegen als oberstes Ziel die Freiheit,[773] die allen Bürgern gleichermaßen zukommen soll. Freiheit besteht darin, dass „jeder in der Republik lebt, wie er will";[774] erreicht wird sie durch die Gleichheit, denn jede Ungleichheit versetzt den Stärkeren und Herrschenden in die Lage, den Schwächeren auszubeuten und ihm vorzuschreiben, wie er leben soll. Auf der Ebene der politischen Institutionen wird die Gleichheit durch eine konsequente Anwendung des Mehrheitsprinzips umgesetzt:

> Denn das demokratische Recht besteht darin, dass alle das Gleiche der Zahl nach haben, nicht dem Verdienste nach, und wenn das Recht darin besteht, so ist notwendig die Menge der entscheidende Faktor, und es ist notwendig das, was die Mehrheit beschließt, das Endgültige und dieses das Recht [...] (Pol. VI 2, 1317 b 3-7).

In institutioneller Hinsicht versteht Aristoteles unter Demokratie (zumindest in ihrer radikalen Form)[775] eine Herrschaft der Mehrheit, die nicht an übergeordnete Rechtsprinzipien

despotischer Herrschaft (um die Begriffe von Aristoteles zu verwenden) werden die Unterschiede zwischen den Verfassungslehren dieser Denker besonders deutlich.

771 Vgl. Pol. IV 11 (1296 a 22f.): „die meisten Staaten [sind] entweder Demokratien oder Oligarchien". Ähnlich: Pol. IV 3 (1290 a 14-17).

772 Vgl. z. B. Pol. V 11 (1315 a 32f.) und Winterling (1993). Ein Überblick über die Diskussion unter Althistorikern, ob Aristoteles die soziale und politische Realität der griechischen Poleis zutreffend beschreibt, findet sich bei Schütrumpf (1996, 155-163).

773 Pol. IV 8 (1294 a 11f.), VI 2 (1317 a 40f.).

774 Pol. VI 2 (1317 b 12f.), Pol. V 9, (1310 a 33); s. a. EN VIII 12 (1161 a 8f.).

775 In Pol. IV 4 werden verschiedene Formen der Oligarchie und der Demokratie behandelt, wobei es Aristoteles vor allem um die Unterscheidung der gemäßigten und der radikalen Formen geht (auf die Unterscheidung kommt er in Pol. VI 4 zurück). In dieser Untersuchung wird in der Analyse des Konflikts von Demokratie und Oligarchie auf die radikalen („zügellosesten", Pol. IV 11, 1296 a 3) Formen Bezug genommen. In der Systematik der Verfassungen tendiert die gemäßigte Demokratie zur Politie, die gemäßigte Oligarchie zur Aristokratie; sie stellen in gewisser Weise Mischverfassungen dar.

gebunden ist. Solange die Mehrheit arm ist, werden die Beschlüsse zu Lasten der Reichen gehen und auf die Umverteilung ihres Besitzes zielen.

Unterscheidung von sechs Verfassungen (Pol. III 7)

	Politische Herrschaft (Ziel = Gemeinwohl)	**Despotische Herrschaft** (Ziel = Vorteil der Regierenden)
einer herrscht	Königsherrschaft	Tyrannis
wenige herrschen	Aristokratie	Oligarchie
viele herrschen	Politie	Demokratie

Unterscheidung von drei Verfassungen (Pol. III 8 und IV 8)

	Oligarchie	**Politie**	**Demokratie**
Ausübung der Herrschaft:	Reiche	Mittelstand	Arme
Ziel der Herrschaft:	Sicherung des Reichtums	Stärkung der Tugend des Mittelstandes	Freiheit durch größtmögliche Gleichheit
Grundlage der Herrschaft:	Ungleichheit zwischen Reichen und Armen	Mitte zwischen Reichtum und Armut	Durchsetzung von Gleichheit zwischen Reichen und Armen

Abbildung 17: Die zwei Einteilungen der Staatsverfassungen bei Aristoteles

In ihren radikalen Formen stellen Oligarchie und Demokratie die Herrschaft einer sozialen Klasse über eine andere mit dem Ziel der Ausbeutung der jeweils anderen (beherrschten) Klasse dar.[776] Daraus folgen die Instabilität der Verfassung (*μεταβολὴ πολιτείων*, vgl. Pol. V 1, 1301 b 6f.) und politischer Aufruhr (*στάσις*, 1301 b 5)[777]: Das oligarchische Übermaß an Ungleichheit läuft Gefahr, eine ebenso übermäßige Forderung nach Gleichheit auf Seiten der Demokraten hervorzurufen, und umgekehrt.[778] Der Mechanismus des Umschlags von der einen Vereinseitigung in die andere, den Aristoteles beschreibt, wurde in Kapitel 4.5 bereits in seiner Anwendung auf die philosophischen Grundlagen der Paradigmen der IPÖ dargestellt. Aristoteles gibt nun über die Beschreibung der Mechanismen hinaus den Grund für den Konflikt an: Beide Verfassungen verfehlen die richtige Bestimmung der Gerechtigkeit, weil sie nicht auf das gute Leben zielen.

Indem die Oligarchie den Reichtum zum Ziel und Maß aller politischen Entscheidungen macht, wird sie vom Mehr-haben-wollen, der Pleonexia, beherrscht. Die Pleonexia ist der wesentliche Grund für politischen Aufruhr:

> Welchen Einfluss von diesen Faktoren die Gewalttätigkeit und die Habsucht [*ὕβρις καὶ κέρδος*] ausüben, und wie sie Veranlassung zu Umwälzungen geben, darüber bedarf es wohl nicht vieler Worte. Sind die Machthaber gewalttätig und habsüchtig, so empört sich das Volk sowohl gegen ihre Person als auch gegen die Verfassung, die ihnen solches ermöglicht. Diese Habsucht [*πλεονεξία*] lassen sie bald an Privat-, bald an Staatsgut aus. (Pol. V 3, 1302 b 5-10.)

Der Begriff der Pleonexia umfasst ein größeres Bedeutungsfeld als derjenige der Chrematistik: Er bezeichnet nicht nur das maßlose Streben nach Besitz, sondern auch das Streben nach Macht und Ehre (vgl. ebd., 1302 b 10-14). In der Oligarchie dient die Macht dem Erwerb, und die Ehre wird als Anerkennung der Vorherrschaft des Besitzenden verstanden; insofern ist die entscheidende Form von Pleonexia in der Oligarchie die Chrematistik. Der Grund für die falsche Gerechtigkeitskonzeption der Oligarchie entspricht somit dem, der in Pol. I 9 zur Erklärung des Phänomens der Chrematistik genannt wird: Die Oligarchen wollen „leben" oder streben nach einem Leben der „sinnliche[n] Genüsse" und sorgen sich nicht um das gute Leben (Pol. I 9, 1258 a 1-4). Die Habsucht ist, so lässt sich in Verbindung mit der „Ethik" formulieren, Ausdruck der Verweigerung der eigentlichen Aufgabe des Menschen, nämlich der Verwirklichung seiner Vernunft- und Tugendfähigkeit (vgl. z. B. EN I 3 und I 6, 1098 a 14-18).

Die Habsucht der Oligarchie und die aus ihr resultierende Spaltung der Gesellschaft rufen als Gegenreaktion die demokratische Forderung nach Gleichheit hervor. Aristoteles deutet an, dass die politischen Konflikte ursprünglich von der Habsucht der Reichen ausgehen:

> Viele, auch von denen, die die aristokratischen Verfassungen herstellen wollen, versehen es aber nicht bloß darin, dass sie den Reichen zu viel einräumen, sondern auch darin, dass sie das Volk

776 In der Analyse der Verfassungen Oligarchie und Demokratie als Klassenkonflikt konnte Aristoteles auf Überlegungen zurückgreifen, die Platon in der Analyse des Verfassungsverfalls (Rep. VIII-IX) entwickelt; dort wird die Oligarchie bereits als eine Klassengesellschaft charakterisiert (Rep. VIII, 551 d; s. o., S. 165).

777 Die Umwandlung der Verfassungen ist das Generalthema des fünften Buches der „Politik".

778 Vgl. Pol. V 4 (1303 b 3-7): „In den Oligarchien gehen [...] die Aufstände von den Vielen aus, die Unrecht zu erleiden meinen, weil sie, obwohl den anderen gleich, nicht die gleichen Rechte mit ihnen genießen; dagegen stehen in den Demokratien die Vornehmen auf, weil sie, obwohl nicht gleich, die gleichen Rechte genießen."

> auf die Seite schieben. Mit der Zeit muss einmal aus den falschen Gütern ein wahres Übel hervorgehen, und die Selbstsucht der Reichen ist der Verfassung verderblicher als die des Volkes. (Pol. IV 12, 1297 a 7-12.)

Die Forderung nach übermäßiger Gleichheit entsteht also erst aus dem Übermaß an Ungleichheit. Anders formuliert: Erst der Missbrauch der Herrschaft führt zu der Forderung, die Herrschaft nicht nur zu kontrollieren, sondern sie weitgehend zu beseitigen. In der radikalen Variante der Demokratie soll die Herrschaftsfreiheit durch weitgehende Gleichheit erreicht werden (vgl. Pol. IV 4, 1291 b 30-36). Das Verständnis von Freiheit als „tun, was man will" (s. o., Fußnote 774) entspricht aus der Sicht von Aristoteles der Ungebundenheit und Zügellosigkeit (*ἀκολασία*, EN III 13, 1117 b 27) und widerspricht damit der wahren Freiheit:

> Nun soll [in der Demokratie, der Verf.] die Gerechtigkeit so viel als Gleichheit sein und die Gleichheit darin liegen, dass der Wille der Menge entscheidet; die Freiheit aber soll darin liegen, dass jeder tut was er will. [...] Aber das ist ganz und gar verkehrt. Man soll es für keine Knechtschaft halten, sondern für Befreiung aus der Knechtschaft, wenn man nach der Verfassung lebt. (Pol. V 9, 1310 a 31-37.)

Der Freiheitsbegriff, den Aristoteles hier verwendet, wird verständlich, wenn man die Verfassung mit der Mäßigung im Leben des Einzelnen vergleicht: Wirkliche Freiheit besteht in der Tätigkeit der Muße und nicht darin, jedem einzelnen Begehren zu folgen; deshalb setzt Freiheit auf der individuellen Ebene die Mäßigung der Begierden voraus. In gleicher Weise ist auf der Ebene des Staates eine gewisse „Selbstzucht" erforderlich (Pol. V 9, 1309 b 12): Damit das Ziel der Selbstverwirklichung der Bürger in der Muße erreicht wird, bedarf es der Ordnung und der Mäßigung.

Die Freiheit der Demokratie führt in der Darstellung von Aristoteles noch aus einem anderen, politischen Grund in die Knechtschaft. Im Klassenkonflikt zwischen Armen (Demokraten) und Reichen (Oligarchen) stellen sich die Demagogen auf die Seite der ersteren und geben vor, die Interessen der Armen gegen die Reichen zu vertreten. Aus den Demagogen gehen wiederum Tyrannen hervor.[779] Die Tyrannis vereinigt „die Übel der Demokratie und der Oligarchie in sich" (Pol. V 10, 1311 a 8f.): Von der Oligarchie übernimmt sie die Habsucht,[780] von der Demokratie „die Feindschaft und den Kampf gegen den Adel".[781] Da die Vornehmen eine Gefahr für die Herrschaft des Tyrannen darstellen, wird er bestrebt sein, die Gleichheit aller seiner Untertanen durchzusetzen, um die radikale

779 „[D]ie meisten Tyrannen [...] waren vorher Demagogen, denen das Volk Vertrauen schenkte, weil sie gegen die Vornehmen intrigierten." (Pol. V 10, 1310 b 15f.) Der Angriffspunkt der Demagogen ist die zügellose Oligarchie (Pol. III 15, 1286 b 16f.; IV 11, 1296 a 3). Die Deutung der Rolle der Demagogen bei der Entstehung der Tyrannis übernimmt Aristoteles von Platon (vgl. z. B. die „Umwandlung aus einem Volksvorsteher in einen Tyrannen", Rep. VIII, 565 d).

780 Aus der Sicht von Aristoteles teilt die Tyrannis mit der Oligarchie die Vorstellung, „dass der Reichtum Endzweck" sei (Pol. V 10, 1311 a 10). In dieser Einschätzung weicht er von Platons Analyse der Tyrannis ab: Dort zielt der tyrannische Eros (Rep. IX, 573 b) nicht auf Güter, sondern darauf, die anderen Menschen „in einem Zustand der Knechtschaft" zu halten (ebd., 575 d; siehe auch das Lob der Tyrannis von Thrasymachos: Rep. I, 344 a-c).

781 Pol. V 10 (1311 a 16). Rolfes übersetzt *οἱ γνώριμοι* mit „Adel", gemeint sind aber die Vornehmen (also die, die durch Tugend *oder* Reichtum aus der Menge hervorragen). Der Begriff bildet bei Aristoteles das Pendant zu *οἱ πολλοί* (die Menge). Der „Kampf" der (radikalen) Demokratie richtet sich gegen die Ungleichheit schlechthin, unabhängig davon, ob sie von Aristokraten oder Oligarchen ausgeht.

Ungleichheit zwischen sich selbst und dem Volk zu erzielen. Aristoteles erwähnt an dieser Stelle einen bemerkenswerten Rat,

> den Periander dem Thrasybul erteilte, er solle die überragenden Ähren abschlagen, als wäre es eine Forderung der Notwendigkeit, immer die hervorragenden Bürger auf die Seite zu schaffen.[782]

Aristoteles verdeutlicht hier die Gefahr, dass das Streben nach Freiheit ohne Rückbindung an das Recht in ihr Gegenteil, die Knechtschaft, umschlagen kann. Die (radikale) Demokratie nennt zwar die Freiheit als ihr Ziel, tritt aber denen gegenüber tyrannisch auf, die sich hinsichtlich ihrer Herkunft, ihres Reichtums oder auch ihrer Bildung und Tugend von der Mehrheit unterscheiden.

Das entscheidende Ergebnis der Analyse von Oligarchie und Demokratie ist nun zum einen, dass die schlechten Verfassungen sich nicht allein durch schlechte Institutionen auszeichnen, sondern dass die institutionellen Unzulänglichkeiten die Folge widersprüchlicher Gerechtigkeitskonzeptionen sind. Zum anderen zeigt sich, dass die Gründe für die Vereinseitigungen von Oligarchie und Demokratie die Maßlosigkeit im Streben nach Erwerb (Chrematistik) und die Reduktion von Freiheit auf die Freiheit der Bedürfnisse sind. Dies entspricht den in Kapitel 4.5 aufgezeigten Vereinseitigungen der neuzeitlichen individualistischen Paradigmen. Die Überwindung dieser Vereinseitigungen soll nach Aristoteles durch die Förderung des Mittelstandes und die Erziehung der Bürger zur Tugend erfolgen.

5.4.2 Die Begrenzung der Chrematistik im relativ und im absolut besten Staat

Wenn die entscheidende Gefahr für die politische Stabilität der Polis von der Pleonexia bzw. der Chrematistik ausgeht, dann besteht die Aufgabe der Politik wesentlich in deren Begrenzung. Dieses Ziel lässt sich nach Aristoteles auf zwei Wegen erreichen: In der Politie als dem relativ besten Staat können die Spannungen zwischen Armen und Reichen durch eine Stärkung des Mittelstandes aufgehoben werden (Abschnitt 5.4.2.1); in der Aristokratie als dem absolut besten Staat wird die Pleonexia durch die Erziehung der Bürger zur Tugend überwunden (Abschnitt 5.4.2.2).

5.4.2.1 Stärkung des Mittelstandes in der Politie (Pol. IV 11)

Die Politie als Mischung von Oligarchie und Demokratie (Pol. IV 8, 1293 b 33f.) stellt die beste Verfassung „für die meisten Staaten und die meisten Menschen" dar (Pol. IV 11, 1295 a 26), weil sie ein Leben zum Maßstab nimmt, „das den meisten erreichbar, und eine Verfassung, die für die meisten Staaten anwendbar ist" (ebd., 29-31).[783] Zusammen mit der

782 Pol. V 10 (1311 a 20-22); ähnlich: Platon, Rep. VIII (567 b-c) in der Charakterisierung der Tyrannis. Für weitere Verweise siehe die Anmerkung von Schütrumpf (1996, 555) zu dieser Stelle. – Periandros war Tyrann in Korinth (um 600 v. Chr.), Thrasybulos Tyrann in Milet (um die Wende vom 7. zum 6. Jh. v. Chr.; vgl. die Einträge in „Der Neue Pauly – Enzyklopädie der Antike", Stuttgart/Weimar 1996ff.).

783 Aristoteles setzt die Politie damit deutlich vom aristokratischen Idealstaat ab, der nur für wenige erreichbar ist. Bien (1973, 315-323) und Sternberger (1978, 156) interpretieren hingegen die Politie als absolut beste Verfassung. – Zum Begriff der Politie siehe Schütrumpf (1991b, 466f.).

geläufigen Aristokratie (die von der idealen Aristokratie in Pol. VII–VIII zu unterscheiden ist) stellt sie eine Mischverfassung dar:[784] Die Politie verbindet die Verfassungsprinzipien Reichtum und Freiheit, während die geläufige Aristokratie zusätzlich auf der Tugend als drittem Prinzip beruht.[785] Die Mischung von Reichtum und Freiheit erfolgt in der Politie durch die Verwendung beider Kriterien bei der Vergabe der öffentlichen Ämter, so dass also einige Ämter allen Bürgern offen stehen, andere hingegen wenigen (reichen) Bürgern vorbehalten bleiben (Pol. IV 9).

Die Mischung von oligarchischen und demokratischen Verfassungselementen setzt voraus, dass die Polis nicht in Reiche und Arme gespalten ist, sondern sich durch eine breite Schicht von Bürgern mit mittlerem Einkommen (*οἱ μέσοι*, Mittelstand) auszeichnet. Der Mittelstand ist Thema von Pol. IV 11. Dort vertritt Aristoteles die These, dass der mittlere Wohlstand die Bürger dazu bewegt, allgemein ein Leben gemäß der Tugend zu führen, weil nach dem „in der ‚Ethik' aufgestellte[n] Grundsatz [...] die Tugend eine Mitte ist" (1295 a 37f. unter Verweis auf die EN). Aristoteles begründet die These im Folgenden, indem er die Auswirkungen der Klassenspaltung auf die Tugendhaftigkeit der Bürger (1295 b 6-24) mit den Folgen des mittleren Wohlstandes vergleicht (1295 b 24 – 1296 a 17):

- Armut und Reichtum haben beide einen negativen Einfluss auf die Tugendhaftigkeit der Bürger. Die Armut fördert tückisches Verhalten (1295 b 11) und knechtische Unterwürfigkeit (ebd., 17); der Reichtum führt zu Übermut und zur Unfähigkeit, die Herrschaft anderer zu ertragen (16). „Und so können die einen nicht herrschen und nur in sklavischer Weise gehorchen, und die anderen können keiner Art von Herrschaft gehorchen und selbst nur in despotischer Weise herrschen." (18-20). Ein solcher Staat, so folgert Aristoteles, ist ein Staat von Knechten und Herren, in dem das fehlt, was einen freien Staat erst ermöglicht: die Freundschaft der Bürger.
- In einem Staat mit einem breiten Mittelstand schafft hingegen die wirtschaftliche und soziale Homogenität die Voraussetzungen für die Freundschaft der Bürger (1295 b 25-27): Da die Bürger des Mittelstandes nicht arm sind, gibt es für sie eine geringe Versuchung, den Besitz anderer zu begehren; weil sie andererseits aber auch nicht reich sind, fördert ihr Besitz auch nicht das unrechtmäßige Begehren anderer (ebd., 30).[786] So sichert der Mittelstand allgemein den Frieden in der Gesellschaft und bewirkt insbesondere die Vermeidung von politischem Aufruhr (1295 b 37, 1296 a 8) – also, modern gesprochen, von Revolten und Revolutionen.[787]

784 Die Mischverfassung wird bereits von Platon als zweitbeste Verfassung bezeichnet: „Nomoi", 693 d-e.

785 Pol. IV 8 (1294 a 19-24). Aristoteles unterscheidet dort die „wahre[ ] und erste[ ] Aristokratie" (ebd., 24; vgl. Pol. VII-VIII) und die Aristokratie im Sinne einer Mischverfassung. Welche dieser beiden Formen von Aristokratie im Schema der sechs Verfassungen gemeint ist (s. o., Abbildung 17: S. 345), bleibt offen.

786 Dieses Argument führt – für sich genommen – Kriminalität und politischen Aufruhr auf Anreize zurück. In der Kommunismuskritik widerspricht Aristoteles jedoch der Auffassung, dass ein Mangel an Tugend sich durch falsche Anreize erklären ließe: „Nein! Der Anfang aller Maßnahmen zum Schutze von Frieden und Ruhe liegt nicht in der Ausgleichung der Vermögen, sondern darin, dass man die guten Naturen dahin bringe, dass sie nichts voraus haben wollen, die schlechten aber so stelle, dass sie es nicht können, und dies geschieht, wenn sie die schwächeren sind und kein Unrecht zu erleiden haben." (Pol. II 7, 1267 b 5-8)

787 Die stabilisierende Funktion des Mittelstandes wurde nach dem Zweiten Weltkrieg von Vertretern der Sozialen Marktwirtschaft und der Katholischen Soziallehre betont, die in einer Stärkung des Mittelstandes eine Antwort auf das Problem der „Proletarisierung" weiter Teile der Gesellschaft sahen (vgl. z. B. Utz, Hg., 1959).

Trotz dieser Vorzüge wird die vom Mittelstand getragene Politie nach Aristoteles nur selten verwirklicht, weil sie bei den Bürgern einen inneren Willen zur Einheit voraussetzt, der in den meisten Fällen nicht vorhanden ist. Zumindest auf Seiten derer, die eine vom Mittelstand getragene Verfassung einrichten, muss die Einsicht in die Vorteilhaftigkeit des Maßhaltens gegeben sein. Diese Einsicht hängt mit der Bildung der Bürger (und insbesondere der Staatsmänner) zusammen; die Bildung und ihr Ziel – die Tugend – werden von Aristoteles im Zusammenhang mit dem besten Staat und in der Ethik behandelt.

5.4.2.2 Erziehung zur Tugend in der Aristokratie (Pol. VII-VIII)

Das Verhältnis der Darstellung des absolut besten Staates in Pol. VII-VIII zur Verfassungslehre der vorausgehenden Bücher, insbesondere zur Einteilung der Verfassungen in Pol. III, ist umstritten (Flashar 1983, 350). Es wird vermutet, dass die letzten zwei Bücher der „Politik" als eigenständiger Text verfasst und erst später mit den übrigen Büchern zusammengefügt wurden.[788] Im Vergleich zur Politie als dem besten Staat für die meisten Menschen (Pol. IV 11, 1295 a 30) wird hier das Bild eines Idealstaates gezeichnet: Es geht nicht mehr um die Korrektur bestehender Verfassungen, sondern um die Frage nach dem Leitbild bei dieser Korrektur, das aus den Ergebnissen der Ethik abgeleitet wird.[789]

Das Ziel des besten Staates ist die Glückseligkeit der Bürger (*εὐδαιμονία*, Pol. VII 1-3). Sie wird durch die Tugend erreicht, so dass die Menschen – wie im Abschnitt über die Sklaverei schon ausgeführt wurde – an der Glückseligkeit nur so weit Anteil haben können, wie ihnen „Tugend und Verstand und entsprechende Tätigkeit beschieden" sind (Pol. VII 1, 1323 b 22f.). Der beste Staat ist folglich ein aristokratischer Ständestaat,[790] in dem nur diejenigen, die die Fähigkeit zur Verwirklichung der Tugend haben, Bürgerrechte genießen (Pol. VII 9). Für diese Verwirklichung müssen zwei Voraussetzungen erfüllt sein: Erstens müssen „die äußeren Mittel [...], um sich in tugendgemäßen Handlungen betätigen zu können", vorhanden sein (Pol. VII 1, 1324 a 2f.); zweitens müssen die Bürger durch Bildung und Muße dahin gebracht werden, diese Mittel für das richtige Ziel, die Tugend, einzusetzen. Die Glückseligkeit entspricht somit der Verwirklichung der Autarkie in dem umfassenden Sinn, in dem sie in Pol. I 2 als Ziel des Staates benannt worden war.[791] Die Darstellung des besten Staates in Pol. VII–VIII lässt sich in Verbindung mit der EN als ein Streben nach Autarkie auf vier Ebenen deuten:

1. *Ökonomische Autarkie*: Aristoteles nennt eine Reihe von Voraussetzungen, die erfüllt sein müssen, damit die wirtschaftliche Unabhängigkeit der Polis gesichert ist. Dazu gehören die Frage der idealen Größe einer Polis (VII 4), die Anforderungen an die Lage und die Beschaffenheit des Landes (VII 5) sowie die Vor- und Nachteile des Zugangs zum Meer (VII 6). Wie im Abschnitt über die Abgrenzung der Chrematistik bereits erwähnt, folgt aus dem Ziel der Autarkie nicht der Verzicht auf Fernhandel; dieser ist vielmehr für die Ergänzung der Güterversorgung des Staates erforderlich.

788 Zur Frage der Chronologie siehe Flashar (1983, 248f.), Schütrumpf (2005, 155-170).
789 Schütrumpf (2005, 65) spricht deshalb von einem „Wunschstaat", in Abgrenzung von der Politie, die sich an der politischen Realität orientiert.
790 Den aristokratischen Charakter des besten Staates betont Schütrumpf (2005, 110), s. a. Depew (1991, 346), Bodéüs (1996, 110).
791 S. o., S. 316, sowie: Flashar (1983, 351).

2. *Politisch-institutionelle Autarkie*: Auf der politischen Ebene bedeutet Autarkie, die Voraussetzungen dafür zu schaffen, dass die Bürger sich selbst regieren und ihre öffentlichen Angelegenheiten eigenständig regeln. Drei solche Voraussetzungen werden von Aristoteles hervorgehoben. (a) Die Bürger müssen über eine entsprechende natürliche Anlage verfügen (insbesondere Intelligenz und Tapferkeit, Pol. VII 7, 1327 b 31) und der Bürgerstatus darf nur den Menschen gewährt werden, die diese Anlage haben (Pol. VII 8-10). (b) Im Verhältnis zu anderen Staaten müssen die Bürger in der Lage sein, sich gegen Feinde zu verteidigen (Pol. VII 11). Der Krieg soll jedoch nicht als Mittel zur Unterwerfung anderer Staaten gesehen werden; eine Hegemonie darf dem Naturrecht zufolge höchsten zum Vorteil der Beherrschten errichtet werden.[792] (c) Im Inneren der Polis bedarf es einer entsprechenden Gestaltung des öffentlichen Raumes, um die äußeren Bedingungen für das öffentliche Leben zu schaffen; hierzu zählen die „Speisehäuser", eine „von Waren rein gehalten[e]" Agora (Pol. VII 12, 1331 a 31) und die Kultstätten (ebd., 24-30).
3. *Sittliche Autarkie*: Auf der individuellen Ebene wird die Fähigkeit, sich selbst zu regieren, durch die Beherrschung des Strebevermögens und des Begehrens erreicht, d. h. durch die ethischen Tugenden (Pol. VII 13, 1332 a 4-27). Für die politische Gemeinschaft sind auf dieser Ebene die Gerechtigkeit und die Freundschaft der Bürger besonders hervorzuheben (EN V und VIII).
4. *Geistige Autarkie*: Das höchste Ziel wird erst mit der Verwirklichung der Verstandestugenden im Leben der Theorie erreicht, insbesondere mit der Weisheit, die sich durch die Frage nach den ersten Prinzipien auszeichnet (EN VI 7). Sittliche und geistige Autarkie setzen eine entsprechende Erziehung der Bürger voraus; deshalb ist der größte Teil der Abhandlung über den besten Staat der Frage der richtigen Erziehung gewidmet (Pol. VII 13 bis Ende).

In der Betonung der Erziehung zur Tugend wird der Unterschied zur Verfassungslehre der Bücher III–VI deutlich: Während dort die institutionellen Regelungen im Mittelpunkt standen, wird in der Behandlung des besten Staates der Schwerpunkt auf die aus der Sicht von Aristoteles entscheidende Voraussetzung funktionierender Institutionen gelegt: die Tugend. Die Frage nach der Gestaltung der politischen Institutionen tritt demgegenüber in den Hintergrund, denn das Fundament des besten Staates ist die Förderung der Tugendhaftigkeit der Bürger, also: deren Bildung (*παιδεία*, Pol. VII 13, 1332 b 10).

Damit stellt sich die Frage nach dem Verständnis von Bildung, die zugleich die Frage nach dem „Schlussstein" der Aristotelischen Teleologie ist. Die Antwort auf diese Frage wird in der „Politik" nur angedeutet; ausgeführt wird sie in der „Nikomachischen Ethik". Dort zeigt Aristoteles ausgehend von seiner Anthropologie, worin das gute Leben besteht. Das spezifische Vermögen des Menschen ist die Vernunft (s. o.: S. 316f.) und das gute Leben besteht darin, diese Anlage zu verwirklichen:

> [D]as menschliche Gut ist der Tugend gemäße Tätigkeit der Seele, und gibt es mehrere Tugenden: der besten und vollkommensten Tugend gemäße Tätigkeit. (EN I 6, 1098 a 17f.)

792 Pol. VII 14 (1333 b 38 – 1334 a 2f.). – Der innenpolitische Grundsatz, dass politische Herrschaft zum Nutzen der Beherrschten ausgeübt werden soll, gilt also auch im Außenverhältnis. Eine Ausnahme bilden wiederum (aufbauend auf der Theorie der Sklaverei in Pol. I 4-7) die Menschen, die „es verdienen, Sklaven zu sein" (Pol. VII 14, 1334 a 2f.).

Die Tugenden werden in zwei Gruppen unterschieden (EN I 13): die ethischen Tugenden, die – unterstützt von der praktischen Vernunft – auf die Beherrschung des Begehrens gerichtet sind (Ziel: sittliche Autarkie), und die dianoëtischen Tugenden (Verstandestugenden), die ihre höchste Verwirklichung im Streben der theoretischen Vernunft nach reiner Erkenntnis erfährt (Ziel: geistige Autarkie). Die Aufgabe der ethischen Tugenden ist es, bei den verschiedenen Formen des Begehrens jeweils die „rechte Mitte" (EN II 2, 1104 b26) zwischen „Übermaß und Mangel" (ebd., 1104 b13; EN II 5, 1106 b 6) zu erreichen. Die extremen Formen des Begehrens widersprechen nicht nur den Grundsätzen guten Handelns, sondern schaden dem Handelnden (vgl. EN II 2, 1104 a 20-27). Durch das tugendhafte Handeln wird hingegen eine gewisse „Ruhe" erreicht (ebd., 1104 b 25); anders als in der späteren hellenistischen Philosophie[793] wird von Aristoteles die Seelenruhe nicht als Selbstzweck angestrebt.[794] Die Beherrschung des Begehrens dient vielmehr dazu, die Freiheit für die Verwirklichung der theoretischen Vernunft zu erlangen – für die Muße.

Dieses hierarchische Verhältnis von ethischen Tugenden und theoretischer Tätigkeit wird auch in der Auseinandersetzung mit den drei Vorstellungen vom guten Leben in EN I 3 deutlich:

- Das Leben der Lust wird von der „Menge" und den „rohen Naturen" als gut angesehen und entspricht dem „Leben des Viehs" (1095 b 13-22): Diese Lebensweise entwickelt nur die animalische Seite im Menschen (das Begehren); die Vernunft hingegen wird dem Ziel der Lust unterworfen.[795]
- Das politische Leben (*βίος πολιτικός*, EN I 3, 1095 b 23) wird von den „edlen und tatenfrohen Naturen" gewählt und erscheint in zwei Varianten. Erstens werden die Ehre und die Anerkennung, die durch öffentliches Wirken erreicht werden können, als höchstes Gut angestrebt; dieses Ziel genügt sich nicht selbst, weil die Menschen für etwas Bestimmtes, nämlich ihre Tugendhaftigkeit, geehrt werden wollen – so dass also nicht die Ehre selbst gut ist, sondern (wenn überhaupt) ihr Grund: die Tugend (1095 b 23-29). Zweitens kann somit das Leben der sittlichen Tugend als das gute und glückselige Leben angesehen werden. Das scheidet nach Aristoteles aber auch aus, weil es jemandem, der ein sittliches Leben führt, dennoch passieren kann, dass er „die größten Übel und Missgeschicke erdulden" muss, und „wem ein solches Lebenslos beschieden ist, den wird niemand glücklich nennen" (1096 a 1-3). Die sittlichen Tugenden für sich genommen bewirken also nicht die Glückseligkeit.
- Das theoretische Leben (*βίος θεωρητικός*, EN I 3, 1096 a 4) besteht in der Verwirklichung der theoretischen Vernunft, die im Unterschied zur praktischen Vernunft nicht auf das Handeln, sondern auf Wahrheit und – in ihrer höchsten Form – die Erkenntnis der letzten Ursache gerichtet ist.[796] Aristoteles sieht die reine (also zweckfreie) Denktätigkeit als Quelle der vollkommenen Glückseligkeit an.[797] Sie ist in zweifacher Hinsicht „göttlich"[798]: Erstens ist sie auf Gott als letzte Ursache gerichtet, zweitens nimmt

793 So z. B. bei Epikur (Erler 1994, 126) und Pyrrhon (Görler 1994, 735); s. a. Probst (1995).

794 So ausdrücklich in: EN II 2 (1104 b 25).

795 Aus der Ablehnung der sinnlichen Lust als höchstem Gut folgt bei Aristoteles nicht die Lustfeindschaft; siehe dazu: EN VII 12-15 und X 1-5.

796 In EN I 3 (1096 a 4-6) wird das theoretische Leben nur erwähnt; seine Darstellung erfolgt erst in EN X 6-9.

797 EN X 8 (1178 b 8f.) und Met. XII 7 (1072 b 24).

798 EN X 8 (1178 a 22); vgl. EN X 7 (1177 b 28).

> sie seine Denktätigkeit[799] zum Vorbild: „Und so muss denn die Tätigkeit Gottes, die an Seligkeit alles übertrifft, die denkende Tätigkeit sein. Eben darum wird aber auch von menschlichen Tätigkeiten diejenige die seligste sein, die ihr am nächsten verwandt ist." (EN X 8, 1178 b 22-24.)

Wenn nun die Erziehung der Bürger im besten Staat ihre Fähigkeit zum sittlichen Handeln und zur theoretischen Tätigkeit bilden soll, so stellt sich die Frage, wie Aristoteles das Verhältnis von Theorie und Praxis bestimmt; diesem Problem widmet sich die abschließende Reflexion der Aristotelischen Teleologie.

5.5 Kritik der Aristotelischen Teleologie

Die Frage nach dem Verhältnis von Theorie und Praxis[800] führt zu einer entscheidenden Schwierigkeit in der Interpretation von Aristoteles: der Bestimmung des Zielpunktes seiner Teleologie. Die „Politik" betont die Verbindung von Theorie und Praxis und beschreibt das politische Leben im besten Staat als eine Lebensweise, die Anteil an der Glückseligkeit hat: In Pol. I 2 wird das „vollkommene Leben" (1252 b 30) in Verbindung gebracht mit der Verwirklichung des in der menschlichen Vernunft angelegten Sinns „für Gut und Böse, für Gerecht und Ungerecht";[801] laut Pol. VII 9 (1329 a 1f.) dient die Muße ausdrücklich auch der „staatsmännischen Tätigkeit" (und nicht allein der Theorie, wie es in EN X 7, 1177 b 4-8, heißt).

Die Betonung der Einheit von Theorie und Praxis in der „Politik" widerspricht jedoch ihrer Charakterisierung in der EN. Aristoteles bemerkt in der oben zitierten Darstellung der drei Lebensweisen, dass das sittliche Leben als solches keine Glückseligkeit bewirkt. Das heißt genau genommen, dass die ethischen Tugenden keinen Eigenwert haben und allein die theoretische Tätigkeit ihren Zweck in sich selbst verwirklicht. Dieser Eindruck wird auch in der Behandlung der Gerechtigkeit in EN V bestätigt. Aristoteles definiert die Gerechtigkeit dort als einen Ausgleich zwischen den beteiligten Personen: als „Mitte [...] zwischen Unrechttun und Unrechtleiden".[802] So bekommt z. B. bei einem ungerechten Tausch eine Seite zuviel von einem Gut und tut damit Unrecht, während die andere Seite zuwenig erhält und Unrecht erleidet. Die Tugend der Gerechtigkeit besteht darin, zwischen diesen beiden Extremen die Mitte zu finden. Wie in der Vertragstheorie beruht die Gerechtigkeit somit auf einem Tausch: Man verzichtet auf etwas, um einen bestimmten Nutzen (der größer ist als der Verzicht) zu bekommen. Die Tatsache, dass das gerechte Handeln

799 Vgl. die Charakterisierung der letzten Ursache (des „unbewegten Bewegers", Met. XII 8, 1073 a 27) als sich selbst denkendes Denken: *καὶ ἔστιν ἡ νόησις νοήσεως νόησις* (Met. XII 9, 1074 b 33-35).

800 Das Problem des Verhältnisses von Theorie und Praxis bei Aristoteles wird in der Sekundärliteratur ausführlich diskutiert; einen Überblick über die Diskussion gibt Schütrumpf (1991a, 102-116); s. a. Bien (1968), Schütrumpf (1981), Kullmann (1995; 1998, 401-420), Wolf (2002, 239-256).

801 Pol. I 2 (1253 a 16f.). Laut EN fällt der Sinn für das Gute und Gerechte auf der Ebene der geistigen Vermögen (Verstandestugenden) in den Bereich der praktischen Vernunft.

802 EN V 9 (1133 b 32). Glaukon charakterisiert in diesen Worten in Platons „Politeia" (Rep. II, 358 e – 359 a) das Gerechtigkeitsverständnis der Menge, die auf das Unrechttun nur verzichtet, weil sie Angst hat, im Gegenzug Unrecht zu leiden; Glaukon will mit dieser Charakterisierung Sokrates dazu auffordern nachzuweisen, dass die Gerechtigkeit an und für sich gut ist (358 d). Eine ähnliche Formulierung verwendet Thrasymachos in seinem Lob der Tyrannis: Rep. I, 344 c.

zunächst mit einem Verzicht verbunden ist, unterstreicht Aristoteles mit einer Formulierung, die er von dem Sophisten Thrasymachos (Platon, Rep. I. 343 c) übernimmt:[803]

> Eben darum scheint auch die Gerechtigkeit allein unter den Tugenden ein fremdes Gut zu sein, weil sie sich auf andere bezieht. (EN V 3, 1130 a 2-4.)

Aristoteles' Ziel ist es natürlich nicht, mit der Charakterisierung der Gerechtigkeit als fremdem Gut die Pleonexia zu rechtfertigen, sondern zu zeigen, dass die Gerechtigkeit trotz dieser Eigenschaft vorteilhaft ist. Der Vorteil des gerechten Ausgleichs zwischen den Menschen liegt offensichtlich darin, dass er der Muße dient, weil Streit vermieden wird. Das wird zwar nicht explizit ausgesprochen, folgt aber aus dem Kontext: Denn einerseits hat die gerechte Handlung keinen Eigenwert („fremdes Gut"), andererseits aber sollen die Bürger durch die Erziehung dazu gebracht werden, das Unrechtleiden dem Unrechttun vorziehen.[804] Sie sollen also die gerechte Handlung auch dann als vorteilhaft ansehen, wenn diese in einem Einzelfall auf der Ebene des konkreten Gebens und Nehmens mit Nachteilen verbunden ist. Die Gültigkeit dieses Arguments hängt davon ab, dass es ein übergeordnetes Telos gibt, dem der Ausgleich *per se* dient und dem die ungerechte Handlung (die Pleonexia) *per se* widerspricht. Dieses Telos ist innerhalb des Aristotelischen Systems die Muße, die laut EN X 7 (1177 b 4-8) allein in der Theorie erreicht wird: Man nimmt in Einzelfällen die Nachteile des gerechten Handelns in Kauf, weil die Gerechtigkeit den allgemeinen Vorteil mit sich bringt, einem die Ruhe für das Leben der Theorie zu verschaffen. Die Aufgabe der Bildung liegt darin, bei den Bürgern eben diese Einsicht in die allgemeine Vorteilhaftigkeit der Gerechtigkeit zu fördern.

Der Eudämonismus, demzufolge das tugendhafte Handeln auf Glückseligkeit zielt, kann in zweierlei Weise verstanden werden:[805] Entweder ist die Glückseligkeit die äußere, abgetrennte Folge der tugendhaften Handlung, oder sie wird im Vollzug der tugendhaften Handlung erreicht. Aristoteles changiert zwischen beiden Möglichkeiten: Einerseits soll die sittliche Praxis mehr sein als ein Instrument für eine von der Handlung getrennte Glückseligkeit (das ist u. a. der Grund dafür, dass Aristoteles Sokrates' Anwendung der Struktur der Techne auf die Tugend ablehnt, vgl. EN VI 5). Andererseits geht er u. a. in der Charakterisierung der Gerechtigkeit als fremdem Gut davon aus, dass ihr eigentlicher Vorteil in der Folge der gerechten Handlung liegt (nämlich im Empfang der Gegenleistung und in der Vermeidung von Streit). Aristoteles ist dadurch noch kein Utilitarist,[806] denn die Gerechtig-

---

803 So auch Dirlmeier (1999, 402) in seiner Anmerkung zu dieser Stelle. Der Bezug auf Platons Rep. I wird an der zweiten Stelle in EN V, an der Aristoteles die Formulierung „Gerechtigkeit als fremdes Gut" zitiert, noch deutlicher (EN V 10, 1134 b 1-8): Erneut folgt er dieser Bestimmung und kennzeichnet den gerechten Herrscher als denjenigen, der für das Wohl der Allgemeinheit und nicht für das eigene Wohl regiert (= politische Herrschaft); der Tyrann sei hingegen derjenige, der (man kann hinzufügen: wie Thrasymachos) für sein eigenes Wohl regieren will. Wie bei der Unterscheidung von politischer und despotischer Herrschaft fällt auf, dass Aristoteles sowohl Thrasymachos als auch Sokrates korrigieren und gewissermaßen eine Synthese beider Sichtweisen erreichen will, denn nach Sokrates dient zwar die gerechte Herrschaft dem Gemeinwohl, zugleich ist aber die Gerechtigkeit auch für den Gerechten selbst förderlich; die Ansicht, dass die Gerechtigkeit ein fremdes Gut sei, wird von Sokrates in der Auseinandersetzung mit Thrasymachos zurückgewiesen (Rep. I, 345 a) und widerlegt (ebd., 347 e – 354 a).

804 Vgl. EN V 15 (1138 a 28-35). Aristoteles nimmt hier wiederum (implizit) Bezug auf Platons Rep. I (z. B. 344 c; 345 a/b) sowie auf die Diskussion im Dialog „Gorgias" (468 e – 479 e).

805 Zum Begriff des Eudämonismus siehe Reiner (1972).

806 Die Gleichsetzung von Eudämonismus und Utilitarismus durch Kant ist somit nicht zutreffend (vgl. „Tugendlehre", A VIIf.; dazu Reiner 1972).

keit dient nicht einem subjektiven Nutzen, sondern einem objektiven Telos (der Ausrichtung auf Wahrheit). Sobald aber dieses Telos durch die Metaphysik-Kritik in Frage gestellt wird, bleibt von seiner Theorie der Gerechtigkeit nur ein individuelles Nutzenkalkül übrig.

Die Trennung von Theorie und Praxis wirft neben der Tendenz zu einem instrumentellen Verständnis von Gerechtigkeit (das Aristoteles ja andererseits ablehnt) noch ein zweites Problem auf: Die Erkenntnisse, die in der theoretischen Tätigkeit gewonnen werden, haben keine Rückwirkung auf die Praxis.[807] In der praktischen Philosophie wird zwar auf einzelne in der theoretischen Philosophie gewonnene Kategorien zurückgegriffen (vgl. Riedel 1970; 1975, 63-84), doch die Frage nach der letzten Ursache ist eindeutig getrennt von der Frage nach dem sittlich Guten: Die Frage nach der Ursache ist auf die Prinzipien der Natur gerichtet, die nach dem Guten auf die Prinzipien des menschlichen Handelns.[808] Die theoretische Tätigkeit ist also in einem strengen Sinne selbstzweckhaft: Sie ist ohne Nutzen für die Praxis und wirkt nur als Ziel auf sie zurück, insofern die Bürger – überspitzt formuliert – das Streben nach Besitz und Macht mäßigen, um die Ruhe für das geistige Streben nach Wissen zu bekommen.

Gerade diese Eigenschaft der Theorie, dass sie ihren Zweck ganz in sich selbst erfüllt, macht sie für Aristoteles, wie er es im Protreptikos ausführt, zur idealen Tätigkeit:

> Dass wir vollkommen richtig sprechen, mag man erkennen, wenn wir uns etwa im Geiste auf die Insel der Seligen versetzen lassen. Denn dort hätten wir keine Bedürfnisse, und keines der anderen Dinge würde uns irgendeinen Nutzen gewähren, sondern als einziges bliebe das Denken und Betrachten, also das, was wir auch jetzt das vornehme Leben nennen. (Protreptikos, 121/53.)

Der Zielpunkt der Aristotelischen Teleologie ist somit das Tätigsein ohne Zweck, allein um seiner selbst willen. Es scheint also in der Erkenntnistätigkeit nicht primär darum zu gehen, einen Mangel an Erkenntnis zu überwinden (wie bei Sokrates[809]), sondern darum, sich mittels des Gegenstandes an seinem eigenen Erkenntnisvermögens zu erfreuen. Aristoteles würde diese Formulierung vielleicht zurückweisen, doch der Bezug des Vermögens auf sich selbst ist die logische Folge aus der Ablehnung des Gegenstandsbezugs, wie er im Verständnis der Erkenntnis als Techne zum Ausdruck kommt.

In der Darstellung der politischen und ökonomischen Theorie in Kapitel 5.3 wurde deutlich, dass das Ideal der Zweckfreiheit die gesamte praktische Philosophie von Aristoteles bestimmt: Die Unterscheidung von Zweckfreiheit und Zweckorientierung begründet die Herr-Knecht-Beziehung (Pol. I 4-7) und die Verachtung der ökonomischen Rationalität, die im Rahmen der Kritik der Chrematistik (Pol. I 8-10) deutlich wird; der Irrtum der falschen Verfassungen beruht darauf, dass sie die Politik zum Instrument des Strebens nach Erwerb oder nach Freiheit im Sinne von Zügellosigkeit machen, statt sich auf das vollkommene

807 Die Trennung der Glückseligkeit der Theorie von der Praxis betont Aristoteles auch in EN X 8, wo es heißt, dass die Glückseligkeit, „die das Leben nach der Vernunft gewährt, abgetrennt [κεχωρισμένη] und göttlich" ist (1178 a 22).

808 Diese Unterscheidung wird besonders in Aristoteles' Kritik an Platon in EN I 4 deutlich.

809 Die Anwendung des Techne-Modells auf die Tugenden und die Erkenntnis im sokratischen Dialog impliziert, dass in dem Dialog etwas hervorgebracht wird und er um dieses Hervorbringens willen geführt wird. Dem entspricht auch die Charakterisierung des Strebens nach Erkenntnis als Eros im „Symposion" (199 b – 212 c; siehe auch die Einleitung der Herausgeberin). – Hier wird von einer Interpretation des sokratischen Frühdialogs ausgegangen, die in ihm nicht eine Untersuchung mit rein negativem Ausgang sieht, sondern ihn als positiven Erkenntnisprozess deutet (siehe Schrastetter 1966; 1989; Zehnpfennig 1987; 2001).

Leben (die Zweckfreiheit) auszurichten (vgl. Pol. III 9, 1280 b 30 – 1281 a 10); die Politie versucht, mittels eines starken Mittelstandes die Mäßigung des Erwerbsstrebens durchzusetzen, ist aber als Kompromiss (der im Verzicht auf die Ausrichtung auf das Leben der Muße besteht) entsprechend instabil (Pol. IV 11, 1296 a 36f.); allein in der Aristokratie wird die Orientierung an diesem Ideal durch eine entsprechende Erziehung der Bürger verwirklicht.

Da die Herrschaft der Bürger über die Knechte im vollkommenen Staat mit der Fähigkeit zur Muße begründet wird (als einer Fähigkeit, die die Knechte nicht haben), ist sie notwendig despotisch (im Sinne von: primär auf den eigenen Nutzen gerichtet): Die Freude an der zweckfreien Betätigung des Vernunftvermögens ist erstens nicht mitteilbar und zweitens ohne Wert für die Praxis – somit bleibt es die exklusive Freude der Herren. Es wäre den Knechten nicht zu verübeln, wenn sie diese Herrschaft als egoistisch ansehen – und zwar nicht deshalb, weil die Herren sie ausbeuten und unterdrücken (wenn letztere tatsächlich maßvoll sind, wird ihre Herrschaft eher wohlwollend sein), sondern weil es aufgrund der Betonung der Zweckfreiheit keinen Grund gibt, die Freude an der Betätigung der menschlichen Vermögen auf die Vernunft zu beschränken. Aristoteles selbst weitet in der „Metaphysik" die Freude an der zweckfreien Betätigung der Vermögen auf die Sinneswahrnehmungen aus (Met. I 1, 980 a 21-24) – da ist es nur ein kleiner Schritt, die Gleichberechtigung der zweckfreien Betätigung aller menschlichen Vermögen zu fordern. Denn die Hierarchie von Vernunft und Sinnlichkeit lässt sich nur rechtfertigen, solange die Vernunft etwas leistet, wozu die Sinnlichkeit nicht in der Lage ist – z. B. das Nachdenken über die Maßstäbe des eigenen Handelns, das aber aus der Sicht von Aristoteles den Mangel hat, zweckgerichtet zu sein.

Marx zieht daraus die Konsequenz, dass die Hierarchie von Vernunft und Sinnlichkeit ein Konstrukt der Herren zur Rechtfertigung ihrer Vorrangstellung ist. Ausgehend von seinem materialistischen Verständnis des Menschen als Bedürfniswesen deutet er das Ideal der Zweckfreiheit in seinen Frühschriften um (s. o., Fußnote 728):[810] Bei ihm verwirklicht der Mensch sich nicht in der Vernunft-, sondern in der Produktionstätigkeit, sofern die Arbeit nicht entfremdet ist. Unter nicht-entfremdeter Arbeit versteht Marx diejenige, bei der der Mensch nicht um eines äußeren Nutzens (Besitz, Lohnerwerb) willen produziert, sondern um sich selbst im Produkt seiner Arbeit anzuschauen und sich dabei seiner Vermögen zu erfreuen („Manuskripte", 63). In dieser Art von Tätigkeit soll im vollendeten Kommunismus die „wirkliche *Aneignung* des *menschlichen* Wesens durch und für den Menschen" (ebd., 86) erfolgen. Auf der Ebene der Vernunft gebiert der Mensch nur abstrakte, von der menschlichen Wirklichkeit abgetrennte Begriffe;[811] auf der Ebene der sinnlichen Vermögen kommt der Mensch hingegen zu sich selbst:

> Jedes seiner *menschlichen* Verhältnisse zur Welt, Sehen, Hören, Riechen, Schmecken, Fühlen, Denken, Anschauen, Empfinden, Wollen, Tätigsein, Lieben, kurz alle Organe [...] sind in ihrem

810 Das Konzept der entfremdeten Arbeit ist Thema der Frühschriften von Marx, die das Ziel seiner Kapitalismuskritik behandeln: das Ideal der kommunistischen Gesellschaft und die Stufen des Geschichtsprozesses, die zur Verwirklichung dieses Ideals führen. Im Spätwerk (vor allem im „Kapital") arbeitet Marx die ökonomischen Mechanismen heraus, die diesen Prozess aus seiner Sicht antreiben. Das Frühwerk enthält also die philosophische Grundlegung der ökonomischen Theorien des Spätwerks (siehe dazu den Aufsatz des Verfassers von 2002a, 154-158).

811 Die Abstraktion, verstanden als Trennung des Begriffs von der sinnlichen Wirklichkeit, wird von Marx als Grundproblem der theoretischen Philosophie gesehen: „Manuskripte", 89.

> *gegenständlichen* Verhalten oder in ihrem *Verhalten zum Gegenstand* die Aneignung desselben, die Aneignung der *menschlichen* Wirklichkeit; ihr Verhalten zum Gegenstand ist die *Betätigung der menschlichen Wirklichkeit*; [...] menschliche *Wirksamkeit* und menschliches *Leiden*, denn das Leiden, menschlich gefasst, ist ein Selbstgenuss des Menschen. („Manuskripte" 90f.; „Leiden" hier im Sinne von Empfinden verstanden.)

Der Unterschied zwischen der Insel der Seligen[812] bei Marx und Aristoteles besteht darin, dass der Selbstgenuss sich bei Marx vor allem auf die sinnlichen Vermögen bezieht, während er sich bei Aristoteles auf die Vernunft konzentriert. Auch bei Marx lassen sich die politischen Folgerungen auf das Ideal der zweckfreien Tätigkeit zurückführen; sie sind indes ungleich radikaler: Es bedarf bekanntermaßen der Herstellung der radikalen Gleichheit der Menschen durch die Abschaffung des Privateigentums in der Revolution; damit soll zugleich die Ursache der Knechtschaft aufgehoben werden: die ökonomische Rationalität, die auf das Haben-Wollen des produzierten Gegenstandes gerichtet ist, statt auf die Betrachtung der eigenen Vermögen im produzierten Gegenstand. Bei Aristoteles und Marx führt das Ideal der Zweckfreiheit zur Verachtung der ökonomischen Rationalität,[813] wenngleich ihre Folgerungen sich natürlich unterscheiden: Aristoteles verbannt sie aus dem Bürgerstand und überlässt sie den Knechten (im weiten Sinne, d. h. einschließlich Handwerkern und Bauern), während Marx sie schlechthin überwinden will, indem das „Reich der Freiheit" auf alle Menschen ausgeweitet werden soll.[814] Aristoteles sieht die ökonomische Rationalität somit zwar als notwendig, aber zugleich dem Bürger unwürdig an; nach Marx soll sie durch die Revolution (und die darauf folgende Zwischenstufe des rohen Kommunismus[815]) ganz aus der Welt geschafft werden.

Aristoteles und Marx sind zwar Gegenpole in der politischen Philosophie, wenn man das Verhältnis von Ungleichheit und Gleichheit betrachtet, aber in ihrer Kritik der Chrematistik gibt es zwischen beiden eine nicht nur äußerliche Gemeinsamkeit. In der Betonung des Ideals der Zweckfreiheit vertreten sie die entscheidende Gegenposition zum Lob der Zweckrationalität im Wirtschaftsliberalismus und im Realismus. Zweckrationalität und Zweckfreiheit auf der Ebene der Theorie der Handlung entsprechen dem Gegensatz von Ökonomieverehrung und Ökonomieverachtung auf der Ebene der politischen Philosophie, wobei die Ökonomieverachtung in zwei Varianten erscheint: als konservative Kritik des Wettbewerbs, die (wie Aristoteles) die ökonomische Tätigkeit als Gefahr für die Wertorientierung des Menschen ansieht,[816] und als „linke" Kritik des Wettbewerbs, die die Zweckfreiheit auf alle Tätigkeiten und Bedürfnisse des Menschen ausdehnt und mit der

812 Siehe oben, das Zitat aus dem Protreptikos: S. 355.

813 Diese Ähnlichkeit von Aristoteles und Marx wird auch von Margolis (1992) angedeutet.

814 Die Vorstellung, dass das „Reich der Notwendigkeit" tatsächlich überwunden werden könnte, stellt Marx im Alter in Frage: „Das Kapital", Bd. 3 (MEW Bd. 25, S. 828).

815 Diese Zwischenstufe wird in den Deutungen des Marxschen Geschichtsprozesses zumeist übersehen, siehe dazu Zehnpfennig (2005, LVII-LIX) und den Aufsatz des Verfassers (2002a, 165-167).

816 Als Beispiel für eine konservative Kritik der Globalisierung des Wettbewerbs lässt sich Böckenförde (1999) nennen. Die konservative Globalisierungskritik wurde in der Darstellung der Globalisierungsdiskussion nicht berücksichtigt, weil dort nur Positionen einbezogen wurden, die in der IPÖ-Paradigmendiskussion eine Rolle spielen. – Die Kritik des globalen Wettbewerbs in der Katholischen Soziallehre lässt zwar zahlreiche Einflüsse der Aristotelischen Philosophie erkennen (vermittelt durch Thomas von Aquin), aber dessen Ökonomieverachtung wurde dort aufgrund der christlichen Wertschätzung für die menschliche Arbeit nicht übernommen (vgl. dazu die Enzyklika „Laborem Exercens" von Johannes Paul II., 1981).

Gleichheit der Bedürfnisse auch die Gleichheit der Menschen betont.[817] Die Ökonomieverehrung schlägt sich in der Diskussion über die wirtschaftliche Globalisierung in der Forderung des Primats des Wettbewerbs nieder; die Ökonomieverachtung liegt (in ihrer linken Variante) vielen Vertretern der Globalisierungskritik zugrunde. Diese Vereinseitigungen verhindern den nüchternen Blick auf das Phänomen des wirtschaftlichen Wettbewerbs.

817 Das Ideal der Zweckfreiheit liegt dem Strukturalismus zugrunde und spielt ist auch im sozialstaatlichen Liberalismus eine bedeutende Rolle. Sowohl die Kategorie der Lebenswelt bei Habermas als auch die Vorstellung eines von ökonomischen Zwängen befreiten Pluralismus bei Beck (s. o., Kapitel 4.4) lassen sich auf dieses Ideal zurückführen.

6 Schlussbetrachtung: vom personalen Realismus zum Dialog

6.1 Zusammenfassung des Gedankengangs der Untersuchung

Am Anfang der Untersuchung stand die Frage, welche Bedingungen auf der Ebene der Politik erfüllt sein müssen, damit der globale wirtschaftliche Wettbewerb zu einem allseitigen Interessenausgleich führt. Als Ausgangspunkt zur Beantwortung dieser Frage diente die Paradigmendiskussion der IPÖ, die sich mit dem Verhältnis von Politik und Ökonomie in den internationalen Beziehungen befasst (Teil 2). Ausgehend von einer Präzisierung der gängigen Einteilung der IPÖ-Paradigmen (individualistischer Realismus, Liberalismus, Strukturalismus) durch die Unterscheidung der drei Varianten des Liberalismus (radikaler Wirtschaftsliberalismus, rechtsstaatlicher Liberalismus, sozialstaatlicher Liberalismus) wurde in Teil 3 die Diskussion über die Rolle der Politik in der Globalisierung des Wettbewerbs dargestellt und systematisiert. Dabei zeigte sich, dass die Beurteilung des Verhältnisses von Politik und Wettbewerb von der Konzeption des Interessenausgleichs auf der grundsätzlichen Ebene der politischen Philosophie abhängt: Jedem IPÖ-Paradigma liegt eine spezifische Sicht zugrunde, wie es überhaupt zwischen Individuen zu einem Interessenausgleich kommt.

Fasst man die am Ende von Teil 3 vorgenommene Diärese der Paradigmen zusammen (Abbildung 7: S. 159), so ist die erste Unterscheidung diejenige zwischen dem Strukturalismus und den individualistischen Paradigmen. Der *Strukturalismus* geht davon aus, dass es im Wettbewerb generell keinen Interessenausgleich zwischen Individuen geben kann, weil der Wettbewerb darauf beruht, Unterschiede zwischen denen zu schaffen, die erfolgreich sind, und denen, die es nicht sind; diese Unterschiede werden von den Erfolgreichen ausgenutzt, um die Schwachen auszubeuten. Die individualistischen Paradigmen nehmen demgegenüber grundsätzlich die Möglichkeit eines Interessenausgleichs im Wettbewerb an und unterscheiden sich in der Spezifizierung der Bedingungen, unter denen er zustande kommt.

Unter den individualistischen Paradigmen ist zunächst der Realismus von den Varianten des Liberalismus zu trennen. Aus der Sicht des *Realismus* (bzw. Neorealismus) setzt der Interessenausgleich eine souveräne staatliche Gewalt voraus, die über die Macht verfügt, das Recht durchzusetzen. Da in den internationalen Beziehungen eine solche Macht fehlt, können nur temporär (v. a. wenn es ein Machtgleichgewicht oder einen benevolenten Hegemon gibt) die Voraussetzungen für einen gleichberechtigten wirtschaftlichen Wettbewerb geschaffen werden; in den meisten Fällen werden die internationalen Wirtschaftsbeziehungen vom politischen Wettbewerb um Macht und Sicherheit beherrscht (um derentwillen auf der wirtschaftlichen Ebene der Zugang zu Ressourcen und Technologien kontrolliert werden muss). Der Realismus geht somit davon aus, dass wirtschaftliche Kooperation (Handel, ADI etc.) staatlich garantierte Sicherheit voraussetzt, während umgekehrt die Varianten des Liberalismus annehmen, dass die Aussicht auf die Vorteile kooperativen Verhaltens Anreize zu friedlichem Handeln setzt und die internationale Sicherheit fördert („Handel schafft Frieden"). Aus der Sicht der *radikalen Wirtschaftsliberalen* führt der Tausch bereits als solcher zum Ausgleich der Interessen der beteiligten Individuen, weil er *per definitionem* auf ihrer Zustimmung beruht. Der Wettbewerb dient dazu, Machtpositionen und einseitige Abhängigkeitsverhältnisse zu verhindern bzw. zu kontrollieren und ist deshalb stets vorteilhaft. *Rechtsstaatliche Liberale* sehen demgegenüber die Notwendigkeit, den Tausch an das Recht zu binden, um den Interessenausgleich sicherzustellen. Das Recht, dem nicht nur der wirtschaftliche Tausch, sondern auch die politische Macht unterworfen sein muss, beruht auf der gegenseitigen Anerkennung der Individuen als formal Gleiche. Mit der Betonung des Rechts explizieren rechtsstaatliche Liberale eine entscheidende Voraussetzung des Interessenausgleichs. *Sozialstaatliche Liberale* gehen davon aus, dass mit der Schaffung des rechtlichen Rahmens noch nicht die wirtschaftliche und soziale Unabhängigkeit hergestellt ist, ohne die die Freiwilligkeit der Zustimmung zum Tausch und damit ein tatsächlicher Ausgleich der individuellen Interessen nicht gewährleistet ist. Die Sicherung dieser Unabhängigkeit als Voraussetzung des Interessenausgleichs erfolgt durch die politische Regulierung des Wettbewerbs, über die im demokratischen Prozess entschieden wird. Voraussetzung für die Fairness des demokratischen Entscheidungsprozesses ist, dass die wirtschaftliche und soziale Ungleichheit der Individuen als Wirtschaftssubjekte nicht ihre Partizipationsrechte als Bürger beschränkt; der Interessenausgleich im Wettbewerb setzt deshalb die Gleichheit der politischen Partizipationsrechte voraus. Die Unterschiede zwischen den drei liberalen Paradigmen lassen sich auf die Formel bringen, dass der Interessenausgleich (1) auf der bloßen Zustimmung der Akteure zum Tausch, (2) auf der Bindung des Tauschs an das Recht und (3) auf der gleichberechtigten Partizipation am demokratischen Prozess der Rechtsetzung beruht.

In der Analyse der Konzeptionen des Interessenausgleichs wurde gezeigt, dass sie nicht nur der akademischen Diskussion über das Verhältnis von Politik und Ökonomie in der Globalisierung zugrundeliegen, sondern auch in konkreten politischen Auseinandersetzungen eine zentrale Rolle spielen. Politische Auseinandersetzungen über die Rolle des Wettbewerbs (z. B. im Streit über die Weiterentwicklung des WTO-Regelwerks im Rahmen der Welthandelsrunde oder über die Konditionen der Kreditvergabe beim IWF) zeichnen sich dadurch aus, dass erstens die Akteure in politischen Konflikten danach streben, sich im Vergleich zu anderen besser zu stellen („Mehr-haben-als-andere"), während ihr Ziel im ökonomischen Wettbewerb darin liegt, ihr wirtschaftliches Ergebnis im Vergleich zur Ausgangslage zu verbessern („Mehr-haben-als-vorher"). Zweitens beruhen die Forderungen in politischen Auseinandersetzungen (bewusst oder unbewusst) auf der Überzeugung, dass das ihnen zugrundeliegende Verständnis des Interessenausgleichs gerechtfertigt ist. Dem Realismus ist zuzustimmen, wenn er politische Konflikte als Konflikte um Macht interpretiert, allerdings hört mit dieser Feststellung die Analyse nicht auf, sondern sie beginnt hier erst. Die entscheidende Frage lautet: Zu welchem Zweck streben die Akteure nach Macht? Oder präziser: Welche Konzeption des Interessenausgleichs wollen sie mittels ihrer Macht durchsetzen? Nur in diesem Punkt folgt die vorliegende Arbeit dem Konstruktivismus; sie unterscheidet sich von ihm in der Art der Analyse der Weltdeutungen, weil sie diese als Denkmöglichkeiten des Verhältnisses von Politik und Ökonomie versteht, sie in ihrer Beziehung zueinander untersucht und auf ihre logische Konsistenz prüft.

Die Analyse dieser Weltdeutungen – also der Konzeptionen eines gerechten Interessenausgleichs – zeigt, dass der Konflikt zwischen ihnen sich maßgeblich um die Frage der Gleichheit bzw. Ungleichheit der Akteure dreht. Eine solche Deutung politischer Konflikte wurde bereits in der antiken politischen Philosophie von Platon und Aristoteles prägnant formuliert; der an ihnen anknüpfende hier entwickelte Ansatz wird als „personaler Realismus“ bezeichnet. Platon und Aristoteles zeigen in ihrer Untersuchung der Verfassungskonflikte der griechischen Poleis, dass diese im Wesentlichen aus der Konfrontation zwischen der einseitigen Legitimation von Ungleichheit durch die oligarchischen Parteien und der (ebenso einseitigen) Forderung nach mehr Gleichheit durch die demokratischen Parteien resultieren. Aus der Sicht der Oligarchen rechtfertigt die Ungleichheit der Bürger hinsichtlich ihres Vermögens eine weitgehende politische und rechtliche Ungleichheit, während aus der Sicht der Demokraten eine weitgehende Gleichheit der Bürger durch Umverteilung des Wohlstands der Reichen angestrebt werden soll (s. o., Abschnitt 5.4.1). Die Vereinseitigungen der Legitimation von Ungleichheit und der Forderung nach Gleichheit finden sich in abgewandelter Form in der IPÖ-Paradigmendiskussion wieder:

- Der radikale Wirtschaftsliberalismus legt als Gerechtigkeitskriterium allein die Leistungsgerechtigkeit zugrunde: Die Möglichkeiten eines Individuums, seine Bedürfnisse auf dem Markt zu artikulieren, hängen hier gänzlich von seiner Leistung ab. Die Ungleichheit der Leistung legitimiert die soziale Ungleichheit und führt in der Folge auch zu politischer Ungleichheit hinsichtlich der Chancen der Partizipation an politischen Entscheidungsprozessen. Auch der Realismus, so wurde in den Kapiteln 4.1 und 4.2 gezeigt, lässt sich als oligarchische Position bezeichnen, insofern er die ungleiche Verteilung der Macht als gegeben annimmt und (zumindest auf der internationalen Ebene) kein Recht anerkennt, dass den schwächeren Akteur vor dem Sicherheits- und Machtstreben des stärkeren schützt.
- Umgekehrt entspricht der sozialstaatliche Liberalismus der „Demokratie“ (in der Verwendung des Begriffs bei Platon und Aristoteles): Dem Maßstab der Ungleichheit der Leistung (und dem daraus resultierenden Primat des Wettbewerbs) setzt er den Maßstab der Gleichberechtigung der individuellen Bedürfnisse entgegen, die allein durch eine demokratisch legitimierte Regulierung des Wettbewerbs und Umverteilung der Vermögen erreicht werden kann.

Beide Positionen spielen in ihren Vereinseitigungen die Koordinationsmechanismen „Markt“ und „Demokratie“ gegeneinander aus und bekräftigen ihre eigene Sicht maßgeblich durch die Offenlegung der Schwächen des Gegners: Der sozialstaatliche Liberalismus kann dem radikalen Wirtschaftsliberalismus u. a. die Rückwirkung der wirtschaftlichen Ungleichheit auf den politischen Prozess vorhalten; umgekehrt kann der Wirtschaftsliberalismus oft mit Recht darauf hinweisen, dass sozialstaatliche Liberale die Entstehungsbedingungen des wirtschaftlichen Wohlstandes, den sie umverteilen wollen, vernachlässigen.[818]

Der rechtsstaatliche Liberalismus stellt die vermittelnde Position zwischen der „oligarchischen“ und der „demokratischen“ Vereinseitigung des Verhältnisses von Politik und Ökonomie dar. Seine Stärke liegt darin, dass er den Interessenausgleich nicht als automatisches Ergebnis des Wettbewerbs oder eines herrschaftsfreien Diskurses deutet, sondern darauf zurückführt, dass das Individuum sich aufgrund der Sittlichkeit (Pflicht) an das

818 Dieser Einwand ist insbesondere bei Habermas und Beck (Kapitel 4.4) zutreffend, aber nur teilweise bei den ökonomischen Vertretern dieses Paradigmas. Von den hier ausführlicher behandelten Autoren ist v. a. Stiglitz von diesem Vorwurf auszunehmen: Er plädiert für eine maßvolle Regulierung des Wettbewerbs, die lediglich dessen Funktionsfähigkeit verbessern soll (vgl. Abschnitt 3.2.2.2).

Recht bindet.[819] Während das Recht die äußere Grenze des Eigennutzstrebens darstellt, setzt die Sittlichkeit diesem Streben eine innere Grenze: Von jeder Handlung fordert sie, dass deren Maxime dem Grundsatz der Verallgemeinerbarkeit genügt. Diese innere, formale Begrenzung des Eigennutzstrebens dient der Lösung der Schwierigkeiten, die in einer rein anreiztheoretischen Begründung des Rechts auftreten: Erstens ist das Nutzenkalkül, insofern es ständigen Änderungen unterworfen ist, logisch betrachtet nicht geeignet, allgemeine Rechtsgrundsätze zu begründen; zweitens kann die Respektierung des Rechts nicht allein mit Anreizen und Sanktionen durchgesetzt werden; und drittens führt der Versuch, die Respektierung des Rechts durch Anreize und Sanktionen durchzusetzen, zu einem Ausmaß an Kontrollen und Evaluationen des individuellen Handelns, das Gefahr läuft, die individuelle Freiheit erheblich zu beschränken (vgl. Abschnitt 4.3.3).

Die Befolgung der Pflicht, die nach Kant die Individuen zum sittlichen Handeln motivieren soll, wirft nun ihrerseits das Problem auf, dass sie dem Eigennutzstreben eigentlich widerspricht. Da die Sittlichkeit nur eine formale Begrenzung des individuellen Glücksstrebens darstellen soll, nicht aber auf die Formulierung der Glücksvorstellungen zurückwirkt, erscheint sie stets als Schranke des individuellen Glücks. Das ist der „wunde Punkt" aller individualistischen Paradigmen, an dem der Strukturalismus seine Fundamentalkritik ansetzt. Wenn nämlich das Recht, das den geordneten Wettbewerb ermöglichen soll, tatsächlich nur eine mit dem Eigeninteresse konfligierende Schranke ist, dann kann in einer von Ungleichheit geprägten Gesellschaft leicht unterstellt werden, dass die Stärkeren bzw. die Erfolgreichen ihren Einfluss darauf verwenden, diese Schranke zu ihren eigenen Gunsten (und zu Ungunsten der Schwächeren) zu definieren. Marx' These, dass das Recht ein Instrument der Ausbeutung im Klassenkampf ist, stellt eine logische Reaktion auf das Verständnis des Rechts als Begrenzung des individuellen Glücksstrebens dar. Die feindliche Haltung zum Staat bei Marx und im Strukturalismus ist in gewisser Hinsicht die Fortentwicklung der negativen Haltung zum Staat, die den Liberalismus kennzeichnet.[820]

Als möglicher Ausweg aus dem Widerstreit von Individualismus und Strukturalismus in den modernen Deutungen des Verhältnisses von Politik und Ökonomie wurde im vierten Teil der Untersuchung als Beispiel einer teleologischen Position die politische Philosophie von Aristoteles behandelt. Er entwickelt eine Rechtsphilosophie, derzufolge das Recht nicht in Konflikt mit dem (wohlverstandenen) Nutzen des einzelnen steht, sondern diesem Nutzen entspricht – so dass es im Idealfall weder eines Anreizes, noch der Pflicht bedarf, um seine Befolgung sicherzustellen, sondern allein der Einsicht. Die Befolgung des Rechts ist bei Aristoteles nicht deshalb Bedingung der Freiheit, weil es die Freiheit des einen vor Übergriffen von Seiten der anderen schützt, sondern weil der einzelne sich durch die Befolgung des Rechts vor dem Übermaß seines eigenen Begehrens schützt und der damit erzielte Einklang der inneren Bestrebungen die Muße für die Vernunfttätigkeit verschafft.

In der Auseinandersetzung mit der Teleologie von Aristoteles wurden zugleich die Probleme seiner Bestimmung des Telos deutlich: Aristoteles' Annahme, dass der höchste Zweck des Lebens die zweckfreie Tätigkeit ist, führt zu einer Geringschätzung der zweck-

819 In der politischen Philosophie von Kant, der hier als herausragender Vertreter des rechtsstaatlichen Liberalismus behandelt wurde (Abschnitt 4.3.1.2), wird die Sittlichkeit, die im Handeln gemäß der Pflicht zum Ausdruck kommt, erst im Laufe des Geschichtsprozesses entwickelt. Diese Entwicklung wird von Kant als ein Automatismus gedeutet; letztlich greift auch er (wie der Wirtschaftsliberalismus und der sozialstaatliche Liberalismus) damit auf einen Mechanismus zurück, um zu erklären, warum (ursprünglich) eigennutzorientierte Individuen auf den Gedanken kommen, der Pflicht zu gehorchen.

820 Siehe dazu auch Hansen/Kainz (2007).

orientierten Tätigkeiten und insbesondere zur Verachtung der Ökonomie. Die Schwächen des Ideals der Zweckfreiheit werden besonders deutlich, wenn man sich vergegenwärtigt, wie Marx an dieses Ideal anknüpft. Aristoteles beschränkt die zweckfreie Tätigkeit auf die Verwirklichung bestimmter menschlicher Vermögen (die Vernunft) und fordert damit die Frage heraus, welcher Maßstab für die Bevorzugung dieser Vermögen zugrundegelegt wird. Die in einer teleologischen Philosophie naheliegende Antwort wäre, dass dieser Maßstab der Zweck der Tätigkeit ist, aber von dem will Aristoteles sich gerade „befreien". Also ist es nur konsequent, mit Marx das Ideal der Zweckfreiheit auf alle menschlichen Vermögen auszuweiten und vor allem die Aristotelische Herabstufung der sinnlichen Vermögen zu kritisieren. Dann wiederum stellt sich die Frage, ob der von Marx angestrebte „Selbstgenuss" (s. o. das Zitat auf S. 357) nicht im Verlust jedes Gegenstandsbezugs und damit im völligen Selbstbezug des Menschen endet. Marx' Ausweg aus dieser Schwierigkeit besteht darin, dass er den Bezug des Vermögens auf den Gegenstand retten will: Beim Hören von Musik (so sein Beispiel in den „Manuskripten", 92f.) geht es nicht ums Hören als solches, sondern um die Bildung des Vermögens mit dem Ziel, dass schöne Musik ihm zugänglich wird. Das Vermögen hängt also doch vom Gegenstand ab und soll sich am Gegenstand entwickeln – Maßstab für die Bildung des Vermögens sind die „Gesetze der Schönheit" (ebd., 63). Die nicht-entfremdete Produktionstätigkeit ist am Ende doch wieder auf einen Zweck bezogen, nämlich nach diesen Gesetzen der Schönheit zu produzieren. Das Selbst des Menschen ist nicht das Schöne, sondern es wird (im vollendeten Kommunismus) in der Ausrichtung auf das Schöne verwirklicht.[821]

Die Widersprüchlichkeit der Radikalisierung des Ideals der Zweckfreiheit bei Marx zeigt, dass die Betätigung eines menschlichen Vermögens gar nicht anders gedacht werden kann als in der Ausrichtung auf einen Zweck: Der Wert der Tätigkeit eines Vermögens folgt aus dem Wert des Zwecks, auf den diese sich richtet. Die Kritik der ökonomischen Zweckrationalität kann sich folglich nicht gegen die Zweckorientierung als solche richten (und die Zweckfreiheit zum Ideal erheben), sondern allein darauf, dass sie den Zweck unzureichend definiert.

Das Unzureichende bei der Bestimmung des Zwecks in der ökonomischen Rationalität der individualistischen Paradigmen besteht darin, dass die Ebene der Reflexion der Zwecke nicht als notwendiger Bestandteil des gemeinschaftlichen Handelns gesehen wird. Es wird angenommen, dass jeder weiß, was für ihn gut ist, und dass es im gemeinschaftlichen Handeln nur darum geht, die individuellen Vorstellungen vom Guten formal zum Ausgleich zu bringen bzw. das für die Gemeinschaft Gute durchzusetzen. Die Aporien, in die die individualistischen Paradigmen geraten, deuten darauf hin, dass der Blick auf den Ausgleich der Interessen und auf ihre Durchsetzung um eine weitere Ebene ergänzt werden muss: die Reflexion, was überhaupt sinnvollerweise als das eigene (individuelle oder kollektive) Interesse angesehen werden kann. Ein Verständnis von Politik als gemeinschaftlichem Handeln, das nicht nur auf den Ausgleich und die Durchsetzung, sondern auch auf die Reflexion und Begründung von Interessen zielt, ist bei Aristoteles angelegt, wenngleich

821 Damit wird im Übrigen – das kann hier nur angedeutet werden – das ganze Ziel des Marxschen Geschichtsprozesses, nämlich dass der Mensch zu sich selbst kommt, indem er sich als durch sich selbst geschaffen begreift („Manuskripte", 97) und das „menschliche Selbstbewusstsein [...] als die oberste Gottheit" anerkennt („Doktordissertation", 262), hinfällig: Wenn Gott vollkommen ist, dann *ist* er schön, und muss sich nicht – wie der Mensch – auf das Schöne richten. Marx' Traum von der Gottwerdung des Menschen durch die Geschichte entpuppt sich in diesem entscheidenden Punkt, der Einsicht in die notwendige Bezogenheit der menschlichen Vermögen auf einen Zweck und ein Maß, als Selbstbetrug (vgl. auch Voegelin 1999a, 73).

nicht hinreichend ausgeführt. Versteht man den obersten Zweck seiner teleologischen Philosophie nicht als Muße, sondern als Begründung der Maßstäbe des Handelns, so lässt sich auf ihrer Grundlage ein personales Verständnis von Politik und Ökonomie skizzieren, das geeignet ist, den Dualismus zwischen „Ökonomieverehrung“ (reiner Zweckrationalität) und „Ökonomieverachtung“ (Ideal der Zweckfreiheit) zu überwinden.

6.2 Individuum und Person

Mit der Annahme, dass Interessen nicht gegeben sind, sondern in der (politischen) Gemeinschaft reflektiert und begründet werden müssen, vollzieht sich der Übergang vom Verständnis des Menschen als Individuum zu seinem Verständnis als Person. Der Mensch als Individuum ist auf den anderen allein für die Verfolgung und Durchsetzung gegebener Interessen angewiesen, der Mensch als Person ist auf den anderen für die Reflexion und Begründung seiner Interessen bezogen. Die Angewiesenheit der Menschen aufeinander als Individuen äußert sich im Vertrag, die als Personen im Dialog. Der personale Bezug auf andere ist nicht zweckfrei, aber sein Zweck ist gewissermaßen ein Zweck höherer Ordnung: Er besteht in der Prüfung, was überhaupt vernünftigerweise als Zweck angestrebt werden kann, und in dieser Prüfung ist der andere nicht bloß Mittel, um einen bestimmten Nutzen zu erreichen, sondern Mittler im Herstellen des Sachbezugs.

Der Ansatz für ein personales Verständnis des Menschen findet sich in Aristoteles’ Charakterisierung des Menschen als politischem Lebewesen (*φύσει πολιτικὸν ζῷον*, Pol. I 2, 1253 a 2f.): Der Mensch wird in dem, was er für gut hält, von der Gemeinschaft geprägt, in der er lebt und aufwächst; zudem verfügt er über Vernunft und Sprache, um in der Gemeinschaft das Gespräch zu führen über das, was er für gut und gerecht hält (ebd., 14-18). Wie jedoch das Gespräch geführt werden könnte, lässt sich aus Aristoteles nicht herleiten, weil bei ihm der oberste Zielpunkt die theoretische Philosophie ist und nicht die Begründung der Maßstäbe des Handelns. Liest man die Ausführungen zur Gerechtigkeit in NE V in Verbindung mit der zitierten Stelle in Pol. I 2, so erscheint das Gespräch über das Nützliche und Gerechte im Wesentlichen als ein Aushandeln von Gleichheits- und Ungleichheitsbeziehungen nach Maß der ausgleichenden und der zuteilenden Gerechtigkeit, und nicht als eine Reflexion der Maßstäbe selbst. Doch die Stärke seiner Philosophie liegt darin, dass er überhaupt die Frage der Stabilität der politischen Gemeinschaft mit derjenigen nach dem guten Leben verbindet, und durch die Betonung des gemeinsamen Bezugspunktes der Bürger eine politische Philosophie entwickelt, die den Gegensatz von Individualismus und Strukturalismus aufbricht.[822]

Die Schwächen der Teleologie von Aristoteles lassen sich überwinden, wenn man ihren Zielpunkt umdeutet und ihn nicht in der zweckfreien Betrachtung der Natur, sondern in der Prüfung und Begründung der Maßstäbe des eigenen Handelns (und damit in der Frage nach der Erkenntnis des Selbst) sieht; diese Begründung erfolgt im Dialog. Die vorliegende Untersuchung hat nicht nur das Ziel, die Bedeutung des Dialogs für die Überwindung der oligarchischen und demokratischen Vereinseitigungen des Politikverständ-

822 Diese Feststellung beruht nicht auf einem Anachronismus: Es wurde in der Auseinandersetzung mit Aristoteles gezeigt, dass er seine politische Philosophie in Abgrenzung einerseits von individualistischen Positionen der Sophistik (z. B. Protagoras) und andererseits von kollektivistischen Positionen (vgl. Pol. II und oben: S. 319) entwickelte.

nisses aufzuzeigen, sondern sie versteht sich auch als der Versuch, die Vorgehensweise in einem solchen Dialog aufzuzeigen: Die konkrete Diskussion über die Frage, wie die Globalisierung des Wettbewerbs zu beurteilen ist, wurde schrittweise auf die philosophischen Annahmen der Paradigmen zurückgeführt, die ihrerseits immanent auf ihre logische Konsistenz hin untersucht wurden. Die Kritik zeigte dabei neben der negativen, widerlegenden immer auch eine positive, weiterführende Seite: In der Analyse der Vereinseitigungen deutet sich zugleich die Möglichkeit ihrer Überwindung an.[823]

In dieser Deutung des obersten Zielpunktes menschlicher Gemeinschaft als Reflexion und Prüfung der Maßstäbe des eigenen Handelns liegt ein Bezug auf Werte begründet. Insofern besteht eine Gemeinsamkeit mit dem Kommunitarismus, der den Liberalismus für das reduktionistische Verständnis des Menschen als Individuum kritisiert. Doch der Kommunitarismus zielt auf die Bestimmung konkreter Werte, die die Gemeinschaft tragen können – und da die Autoren zu einem großen Teil US-Amerikaner sind, leiten sie als Fundament der politischen Gemeinschaft zumeist das Werteverständnis der US-amerikanischen Verfassung ab (vgl. z. B. Sandel 1996). Die hier vertretene Konzeption setzt demgegenüber eine Stufe höher an: Die konkreten Werte, die im Dialog gewonnen werden, tragen die Gemeinschaft erst in zweiter Hinsicht; in erster Hinsicht ist es dieser Dialog selbst. Durch die immer wieder neu vollzogene Reflexion der Werte wird sichergestellt, dass sie das Handeln nicht als Dogmen leiten, sondern ihr Verständnis immer wieder aktualisiert und vertieft wird.

Auf der anderen Seite unterscheidet sich der Dialog vom bloß formalen Diskurs, wie er von Habermas zur Begründung von Normen vorgeschlagen wird.[824] Der diskursethische Ansatz hat den Vorzug, das Gespräch als elementaren Bestandteil des politischen Handelns aufzuzeigen, spart aber einen entscheidenden Bereich aus der gemeinsamen Reflexion aus: Die Normen, die aus diesem Diskurs hervorgehen sollen, schaffen einen Ausgleich der Bedürfnisse der Menschen unter der Annahme ihrer Gleichberechtigung; aber es ist nicht vorgesehen, im Rahmen des Diskurses die Bedürfnisse bzw. die damit verbundenen Interessen der Individuen zu prüfen. Der Dialog setzt im Unterschied zum Diskurs auf der Stufe vor der Normbegründung an, bei der Frage danach, was überhaupt als gut angesehen werden kann.

Der Bezugspunkt des hier gemeinten Dialogs ist nicht die gleichberechtigte Artikulation von Bedürfnissen, sondern die Untersuchung der Weltdeutungen, auf deren Grundlage die Akteure ihre Interessen artikulieren. Die zentrale These des personalen Realismus lautet, dass die Akteure bei der Formulierung ihrer konkreten Interessen bewusst oder unbewusst auf Weltdeutungen zurückgreifen, die in der politischen Theorie bzw. Philosophie systematisch ausgearbeitet werden; deshalb lässt sich die Auseinandersetzung mit politischen Systemen und internationalen Beziehungen nicht von derjenigen mit der politischen Philosophie trennen. Der Dialog zielt darauf, die Weltdeutungen in ihrem inneren Zusammenhang zu analysieren und dadurch die zu überwindenden Vereinseitigungen aufzudecken. So zeigte die Analyse der oligarchischen und der demokratischen Vereinseiti-

823 Diese Konzeption des Dialogs hat ein ideengeschichtliches Vorbild: den sokratischen Dialog. Die Stärke von Sokrates liegt darin, dass die Tugend und die Erkenntnis durch die Anwendung der Techne-Analogie als „hervorbringende" (poietische) Tätigkeiten verstanden werden (vgl. Kuhn 1959, 69-79). Für die hier zugrundegelegte Interpretation des sokratischen Dialogs siehe Schrastetter (1966; 1989), Zehnpfennig (1987; 2001), Fröhlich (2007).

824 Siehe oben, Abschnitt 4.4.1. Für eine Anwendung der Diskursethik auf den Bereich der Wirtschaftsethik siehe Ulrich (1997; 2000).

gung des Verhältnisses von Politik und Ökonomie, dass auf beiden Seiten eine Ökonomisierung der Politik vorliegt, weil der Erwerb bzw. die individuellen Bedürfnisse zum Maß des politischen Handelns gemacht werden; der rechtsstaatliche Liberalismus erwies sich als die überlegenere Position, weil er mit der Begründung des Rechts aus der Sittlichkeit diese Ökonomisierung vermeidet und Politik auf etwas Allgemeines bezieht. In ähnlicher Weise wurde in der Auseinandersetzung mit Aristoteles' Ideal der Zweckfreiheit deutlich, dass sich in der Debatte über Politik und Ökonomie allgemein eine Position der „Ökonomieverehrung" und eine der „Ökonomieverachtung" gegenüberstehen. In der Analyse der beiden Vereinseitigungen wurde deutlich, dass das Problem in der Verabsolutierung der Zweckrationalität auf der einen Seite und in der Formulierung des Ideals der Zweckfreiheit auf der anderen Seite liegt; die Prüfung dessen, was ein guter Zweck sein kann, fügt der Zweckrationalität eine weitere Stufe der Rationalität hinzu[825] und vermeidet zugleich die Aporie des Strebens nach Zweckfreiheit.

Die Analyse der Weltdeutungen in ihrem Zusammenhang, d. h. als Möglichkeiten, einen Sachverhalt zu denken, führt somit zu einem besseren Verständnis dieses Sachverhaltes selbst.[826] Der Zusammenhang lässt sich erfassen, wenn idealtypische Vertreter der Positionen ausgewählt werden und untersucht wird, wie sie aufeinander reagieren (d. h. in welchen Punkten sie zustimmend und ablehnend aufeinander Bezug nehmen). In der vorliegenden Untersuchung wurde dies am Beispiel der individualistischen Paradigmen vorgeführt. Dabei wurde an verschiedenen Stellen darauf hingewiesen, dass die individualistischen Paradigmen in einem größeren Zusammenhang stehen: Sie richten sich mit ihrem Verständnis des Interessenausgleichs gegen die Bindung von Politik an einen eudämonistischen Tugendbegriff (wie er in der Ethik von Aristoteles entwickelt wird), und sie rufen ihrerseits die Fundamentalkritik des Strukturalismus auf den Plan. Die nächste Stufe in der Reflexion des Verhältnisses von Politik und Ökonomie – die hier nur angedeutet werden kann – müsste darin bestehen, den Zusammenhang zwischen diesen drei übergeordneten Paradigmen zu untersuchen, die am Ende von Kapitel 4.5 auf die Formulierung „Politik als Dialog – Politik als Vertrag – Politik als Kampf" gebracht wurde. Als herausragende Vertreter dieser Paradigmen lassen sich Aristoteles, Smith und Marx nennen:

- *Aristoteles* steht ideengeschichtlich für ein teleologisches Verständnis von Politik und Ökonomie: die politische Gemeinschaft dient dem guten Leben im Sinne einer eudämonistischen Ethik, d. h. der Verwirklichung der menschlichen Anlage zur Vernunft und zur Tugendhaftigkeit. Die Funktion der Ökonomie ist es, die Mittel für das gute Leben des einzelnen sowie für die Gemeinschaft in Haus und Staat bereitzustellen; sie ist damit der Politik und der Ethik untergeordnet.

825 Man könnte diese Stufe mit Weber als Wertrationalität bezeichnen (Weber 1956, 12), was aber insofern irreführend ist, als Weber die Auffassung vertritt, dass die Beurteilung „der *Geltung* solcher Werte eine Sache des *Glaubens*" ist (Weber 1904/1973, 191, Hervorhebung im Original). Aufgrund der Subjektivität der Wertvorstellungen wäre der Dialog über sie seiner Auffassung nach nicht sinnvoll. Hier sollte jedoch gezeigt werden, dass es in diesem Dialog nicht um die Deduktion von Werten geht (die notwendig die Frage nach der Begründung der Prämissen aufwirft, aus denen sie abgeleitet werden), sondern darum, durch eine Analyse der Denkmöglichkeiten und ihrer Vereinseitigungen schrittweise zu einem tieferen Verständnis des in Frage stehenden Sachverhalts zu kommen.

826 Für die daraus folgende Sachorientierung der Ökonomie lässt sich auf den wirtschaftsethischen Ansatz von Koslowski (1984; 1988) verweisen.

- *Adam Smith* setzt gegen die Aristotelische Teleologie sein Konzept der Autonomie gesellschaftlicher Prozesse. Die vielzitierte „unsichtbare Hand" kennzeichnet nicht nur den Automatismus des Interessenausgleichs im Wettbewerb, sondern auch den im Bereich der Ethik, des Rechts und der Politik. In allen diesen Bereichen wird der Ausgleich zwischen den Individuen durch deren natürliche Anlagen herbeigeführt, zu denen neben dem ökonomischen Eigennutzstreben das Bedürfnis nach gesellschaftlicher Anerkennung und das moralische Gefühl der Sympathie zählen.[827] Die verbreitete Zuordnung von Smith zum wirtschaftsliberalen Paradigma ist darauf zurückzuführen, dass seine Rezeption sich vielfach auf den „Wealth of Nations" (WN) beschränkt und der Zusammenhang des WN mit der „Theory of Moral Sentiments" (TMS) vernachlässigt wird.[828] Stellt man diesen Zusammenhang in den Mittelpunkt der Interpretation, so zeigt sich, dass Smith aus zwei Gründen dem rechtsstaatlichen Liberalismus zuzuordnen ist.[829] Erstens liegt bei ihm die für politische Liberale typische Ambivalenz des Menschenbildes vor: Der Eigennutz ist nicht das einzige Motiv des menschlichen Handelns, sondern er wird durch das moralische Gefühl der Sympathie ergänzt. Zweitens liegt das höchste Ziel des menschlichen Lebens weder im Erwerb noch im bloßen Leben gemäß den Bedürfnissen, sondern im Frieden im Sinne von Seelenruhe;[830] in diesem Punkt (wie auch in zahlreichen anderen) steht Smith Kant nahe.[831] Politik und Ökonomie sind in diesem System Bereiche, die jeweils nach ihren eigenen Gesetzmäßigkeiten funktionieren; anders als bei Aristoteles stehen sie nicht in einem hierarchischen Verhältnis zueinander, sondern sind einander nebengeordnet. Smith lehnt die Begrenzung des Gewinnstrebens durch die Tugend, die von Aristoteles gefordert wird, ab und will vielmehr zeigen, dass Ethik, Recht und freier Wettbewerb das Gewinnstreben in einer Weise lenken können, dass es zu einem harmonischen Ausgleich der Interessen kommt.
- *Marx* weist Smith' These vom harmonischen Ausgleich der Interessen im Wettbewerb zurück:[832] Aus seiner Sicht dient der Wettbewerb allein den Interessen der Kapitali-

827 Die Formulierung von der „unsichtbaren Hand" verwendet Smith sowohl im WN (IV.ii.9/371) als auch in der TMS (IV.i.10/316). Für einen Vergleich von Smith' Konzept der unsichtbaren Hand mit Marx' Geschichtsphilosophie siehe Kittsteiner (1980).

828 Für eine Interpretation von Smith, die Ethik und Ökonomie gleichermaßen berücksichtigt, siehe z. B. Mathiot (1990), Fitzgibbons (1995), Ballestrem (2001) und die Beiträge in Meyer-Faje/Ulrich (Hg., 1991).

829 Diese Zuordnung von Smith zum rechtsstaatlichen Liberalismus ist jedoch weniger eindeutig als diejenige von Kant. Bei Smith stehen mehrere Argumentationsmuster unverbunden nebeneinander, und es obliegt dem Leser, den Zusammenhang herzustellen. So wird im WN an keiner Stelle auf die TMS Bezug genommen, obwohl die optimistische Einschätzung des Wettbewerbs von dem Menschenbild abhängt, das in der TMS entwickelt wird (insbesondere von dem Respekt gegenüber Regeln und Gesetzen). Auch innerhalb des WN ist die Argumentation nicht immer eindeutig: Einerseits plädiert Smith für den freien Wettbewerb und folgt dem liberalen Grundsatz, dass Handel Frieden schafft, andererseits argumentiert er, dass im Falle einer Bedrohung der nationalen Sicherheit der Freihandel beschränkt werden müsse und wendet damit ein realistisches bzw. merkantilistisches Argumentationsmuster an (siehe die Rechtfertigung von Cromwells Navigationsakte von 1651, die den Handel mit Holland beschränkte: WN IV.ii.29f./378f.). Für eine Darstellung von Smith' Argumentation im WN siehe den Beitrag des Verfassers (2006b).

830 So z. B. TMS III.3 (222; Ideal der völligen Seelenruhe) und IV.1 (315-317; „der Bettler, der sich neben der Landstraße sonnt, besitzt jene Sicherheit und Sorglosigkeit, für welche Könige kämpfen").

831 Zur Nähe von Smith und Kant siehe Oncken (1877), Krause (1997), Fleischacker (1999).

832 Marx bezieht sich immer wieder auf die ökonomische Theorie von Adam Smith, den er – Engels zitierend – als „nationalökonomischen Luther" bezeichnet („Manuskripte", 79, im Original hervorgehoben; siehe auch die Anmerkung der Herausgeberin zu dieser Stelle); in den „Manuskripten" nennt er ihn oft nur „den Nationalökonomen" (z. B. 10). Den Einfluss von Smith auf Marx untersucht u. a. Fay (1986).

sten, denen er die Ausbeutung der Proletarier ermöglicht. Wie Aristoteles so sieht auch Marx das Gewinnstreben als Ursache aller gesellschaftlichen Konflikte,[833] doch die Überwindung dieses Strebens erfolgt nicht durch die Orientierung des einzelnen am Ideal des tugendhaften Lebens, sondern – ähnlich wie bei Smith – durch einen Mechanismus. Dieser Mechanismus wird von Marx geschichtsphilosophisch verstanden: Die im Gewinnstreben zutage tretende Habsucht führt durch ihre Zuspitzung am „Kulminationspunkt" der Geschichte zur Zerstörung ihrer eigenen Grundlage, des Privateigentums („Manuskripte", 67).[834] Hier ist nicht ein Mangel an Tugend Ursache der gesellschaftlichen Übel, sondern es sind die ökonomischen Umstände; das Verhältnis von Politik und Ökonomie bei Aristoteles wird von Marx somit genau umgekehrt gedeutet. In der „Verkehrung" dieses Verhältnisses durch Aristoteles und seiner Forderung nach Herrschaft der Tugend sieht Marx in verdeckter Form die Habsucht am Werk, die im Kapitalismus offen sichtbar wird: Die Tugendlehre hat aus seiner Sicht keinen anderen Zweck, als die Herrschaft der Bürger über die Sklaven zu legitimieren; im Kapitalismus zeigt sich dann, dass hinter den geistigen Ansprüchen der Bürger „in Wahrheit" deren Interesse als Privateigentümer steht. Das Verhältnis Kapitalist – Proletarier bedeutet insofern die Zuspitzung des Verhältnisses Bürger – Sklave.

Die von Smith vertretene Vorstellung eines mechanischen Interessenausgleichs durch das Eigennutzstreben in Verbindung mit der natürlichen Anlage zur Sittlichkeit steht gewissermaßen zwischen zwei Polen: Der Aristotelischen These, dass die politische Ordnung eine Mäßigung der Habsucht (*pleonexia*) erfordert, und der Marxschen Position, dass sowohl das Aristotelische Tugendverständnis als auch der Smith'sche Wettbewerbsmechanismus dem Ziel der Ausbeutung dienen, nämlich der Ausbeutung der Sklaven durch Tugendherrschaft der Herren und die der Proletarier durch die ökonomische Herrschaft der Kapitalisten. Die tiefere Gemeinsamkeit zwischen den drei Positionen liegt darin, dass die Konzeption des Interessenausgleichs bei Smith und die Theorie des Klassenkampfes bei Marx beide an Aristoteles' Verständnis der Gerechtigkeit als „fremdem Gut" anknüpfen können: Aristoteles hat zwar, wie oben (S. 354) gezeigt wurde, einerseits die Gerechtigkeit als einen Wert an sich gesehen (im Sinne eines eudämonistischen Tugendverständnisses), aber zugleich in NE V betont, dass sie auf einem Geben und Nehmen beruht, so dass sie zunächst eine Handlung zum Vorteil der Gegenseite ist und erst mittelbar (durch die Reziprozität) dem eigenen Vorteil dient. Fällt im Zuge der Metaphysik-Kritik der besondere Vorzug des gerechten Handelns, einen Beitrag für die Muße zur theoretischen Betrachtung zu leisten, weg, so bleibt das Verständnis von Gerechtigkeit als ein auf Ausgleich zielendes Geben und Nehmen zurück – genau dieses Verständnis wird von Smith entfaltet. Marx fügt

833 Marx geht mehrfach auf Aristoteles' Kritik der Chrematistik in Pol. I 9 ein: „Zur Kritik der Politischen Ökonomie" (MEW Bd. 13, 115), „Kapital I" (MEW Bd. 23, 167 und 179); siehe dazu auch oben: Fußnote 739. Allgemein spielt Aristoteles für Marx eine große Rolle; vor allem in seiner Schrift „Zur Kritik der Politischen Ökonomie" bezieht er sich an verschiedenen Stellen auf Pol. I und NE V (MEW Bd. 13, z. B. 15, 28, 96). Zur Bedeutung der Aristotelischen Philosophie für Marx siehe den von McCarthy (1992) herausgegebenen Sammelband.

834 Marx selbst verwendet, wenn er von Kapitalisten und Grundeigentümern spricht, immer wieder moralische Kategorien wie die der Habsucht (z. B. „Manuskripte", 7, 55, 84) oder der „Gier" der Kapitalisten (z. B. „Kapital III", MEW Bd. 25, 54). Er weist jedoch zugleich darauf hin, dass die Kapitalisten durch die ökonomischen Verhältnisse zur Habsucht gezwungen werden, und man ihnen somit keinen moralischen Vorwurf machen könne (vgl. das Vorwort zur 1. Auflage des „Kapital I", MEW Bd. 23, 16). Dann fragt es sich jedoch, warum er selbst dies immer wieder tut.

im nächsten Schritt zwei Überlegungen zusammen: nämlich einerseits die Tatsache, dass der Wettbewerb, für den Smith plädiert, auf der Differenz von Leistung und Misserfolg beruht, und andererseits, dass die Gerechtigkeit als ein „fremdes Gut" verstanden wird. Da ist die Folgerung naheliegend, sie als das Gut der Kapitalisten zu sehen, das diese sich durch Ausbeutung der Proletarier aneignen.

Dieser Zusammenhang führt zu der Frage, ob die Bestimmung der Gerechtigkeit bei Aristoteles, von der die ideengeschichtliche Entwicklung der drei Paradigmen ihren Ausgang nimmt, genügt. Geht man von dem personalen Verständnis von Politik aus, so muss dem Ausgleich der Interessen im Geben und Nehmen deren Reflexion und Begründung vorausgehen – was gerade nicht auf Reziprozität beruht, sondern gewissermaßen ein gemeinsames Hervorbringen von Einsicht darstellt. Das Verständnis des Menschen als Person impliziert eine Dimension der Gerechtigkeit jenseits des Reziprozitätsdenkens: dass nämlich Gerechtigkeit nicht allein eine Tugend auf der Ebene des Sozialbezugs (Verhältnis zu anderen), sondern auch auf der Ebene des Selbstbezugs (Verhältnis zu sich selbst) ist. Wenn Interessen nicht nur durchgesetzt, sondern auch reflektiert und geprüft werden müssen, dann ist es nicht gerecht, sie nur zum Ausgleich zu bringen, sondern vor allem, nach der Begründung der Weltdeutungen zu fragen, die man bei der Formulierung von Interessen zugrundelegt. Die von Habermas betonte wirtschaftliche und soziale Unabhängigkeit der Diskursteilnehmer und die von Kant hervorgehobene Selbständigkeit der Bürger zielen einseitig auf die Herstellung äußerer Bedingungen der Urteilsfähigkeit und vernachlässigen die Ebene, die man als Selbsterkenntnis bezeichnen kann: Grundlegender als die Freiheit von äußerer Herrschaft ist die Beherrschung seiner selbst im Sinne der Fähigkeit zur Begründung des eigenen Handelns. Diese Überlegungen können hier nur angedeutet werden, und sie müssen für den Zweck dieser Untersuchung auch nicht weiter ausgeführt werden, denn auf der Grundlage des Erreichten lassen sich bereits entscheidende Schlussfolgerungen für das Verständnis von Politik und Ökonomie im Allgemeinen und in den internationalen Beziehungen im Besonderen ziehen.

6.3 Politik und Ökonomie – der Rückbezug auf die IPÖ

Wendet man die Konzeption des personalen Realismus auf die IPÖ an, so zeigt sich, dass mit der Globalisierung des Wettbewerbs zwei Spaltungen verbunden sind, die sich wechselseitig verstärken:

- Auf der konkreten wirtschaftlichen und politischen Ebene gibt es eine Spaltung zwischen den Gewinnern und den Verlierern der Globalisierung.[835] Diese Spaltung wird durch die Betrachtung von makroökonomischen Kennzahlen, die sich auf ganze Länder beziehen, nicht hinreichend deutlich, weil sie nicht allein zwischen Entwicklungs- und Industrieländern auftreten, sondern auch innerhalb der einzelnen Länder. Die wirtschaftlichen und sozialen Spaltungen haben unmittelbare politische Auswirkungen, weil sie z. B. zu politischer Instabilität und zu Migration führen können.
- Auf der Ebene der Diskussion über die Globalisierung liegt ein Konflikt zwischen der „oligarchischen" Form der Befürwortung des freien globalen Wettbewerbs und einer „demokratischen" Ablehnung des Wettbewerbs durch Globalisierungskritiker vor. Die

835 Vgl. den in der Einleitung bereits zitierten Bericht des UNDP (2003, 41-78).

eine Seite geht davon aus, dass wirtschaftliche Armut und soziale Spannungen nicht die Folge von zuviel, sondern von zuwenig Wettbewerb ist: Freier Wettbewerb führt zwar zu sozialer Ungleichheit, verbessert aber dennoch die wirtschaftliche Situation gerade auch der unteren Einkommensschichten. Die Globalisierungskritiker machen hingegen den freien Wettbewerb für Armut und Arbeitslosigkeit verantwortlich: Sie fordern in der sozialstaatlich-liberalen Variante eine Regulierung des internationalen Wettbewerbs, in der neo-merkantilistischen Variante Schutzmaßnahmen für die Märkte in den Industrieländern gegen die Konkurrenz aus sogenannten Billiglohnländern.

Die Spaltungen auf der konkreten Ebene rufen die Diskussion über die Globalisierung des Wettbewerbs hervor; zugleich wirken die „oligarchische" und die „demokratische" Vereinseitigung der Beurteilung des Wettbewerbs auf die konkrete Ebene zurück:

- Der Wirtschaftsliberalismus vertritt in der Globalisierungsdiskussion die Auffassung, dass das Eigennutzstreben der Akteure aufgrund des Wettbewerbsmechanismus zu einem für alle Seiten positiven Ergebnis führt. Die „unsichtbaren Hand" des Wettbewerbs führt zur Koordination der individuellen Handlungen und zum Ausgleich der individuellen Interessen, ohne dass die Koordination und der Ausgleich von den Handelnden intendiert werden. Radikale Wirtschaftsliberale deuten auch den rechtlichen Rahmen des Wettbewerbs als Ergebnis eines übergeordneten Systemwettbewerbs und sehen die Respektierung des Rechts allein als eine Folge von Anreizen und Sanktionen. In ihrer Einseitigkeit fördert diese Position auf der Ebene der Wirtschaftspolitik einen wirtschaftsliberalen Dogmatismus, der die Analyse der Voraussetzungen für einen funktionierenden Wettbewerb vernachlässigt und insbesondere die Notwendigkeit eines Rechts- und Verantwortungsbewusstseins der Handelnden übersieht. Auf der Ebene des individuellen Handelns fördert das Lob der Chrematistik die Pleonexia, weil die Verinnerlichung der wirtschaftsliberalen Weltdeutung den Handelnden jeden Grund nimmt, Verantwortung für das Ganze zu zeigen, solange es dafür keine Anreize gibt. Stiglitz beschreibt für jede der beiden Ebenen ein Beispiel: In seiner Kritik des IWF (Stiglitz 2002) stellt er die Auswirkungen von dessen wirtschaftsliberalem Dogmatismus dar (s. o., Abschnitt 3.2.2.2); in seiner Untersuchung der spekulativen Blase an den Aktienmärkten in den neunziger Jahren zeigt er, dass sie auch die Folge von Gier und Habsucht war (Stiglitz 2004). In diesen Beispielen wird deutlich, in welcher Form eine bestimmte Weltdeutung (wirtschaftsliberales Weltbild des IWF) bzw. eine bestimmte Haltung (Habsucht der Akteure auf den Finanzmärkten) erhebliche negative Konsequenzen haben kann.
- Die sozialstaatlich-liberale und die neomerkantilistische Gegenposition gleichen die wirtschaftsliberalen Vereinseitigungen nicht aus, sondern tragen ihrerseits zur Verschärfung der globalen Spaltungen bei: Die Abschottung von Märkten (vor allem in den Industrieländern) geht oft zu Lasten von Entwicklungsländern, indem sie ihnen die Möglichkeit zur Teilhabe am internationalen Wettbewerb nimmt; die sozialstaatlich-liberale Regulierung des Wettbewerbs setzt auf institutionelle Lösungen, durch die tendenziell Leistungsanreize gemindert werden und zugleich das eigentliche Problem einer fehlenden Verantwortlichkeit der Handelnden nicht in den Blick genommen wird.

Beide Seiten zeichnen sich, wie gezeigt wurde, durch einen mechanistischen Blick auf das Problem des Interessenausgleichs aus, wobei sie die Mechanismen „Markt" und „Demokratie" gegeneinander ausspielen. Die Stärke des rechtsstaatlichen Liberalismus liegt im Vergleich zu den anderen individualistischen Paradigmen darin, dass er erstens auf die Notwendigkeit eines gemeinsamen Bezugspunktes der Bürger hinweist, nämlich das Recht. Dies gilt auch auf der internationalen Ebene, auf der die Handelnden sich durch die Bindung an das internationale Recht als Weltbürger verstehen (vgl. Höffe 2004). Zweitens betont der rechtsstaatliche Liberalismus den Zusammenhang von Recht und Sittlichkeit und zeigt, dass die rechtsstaatliche Ordnung langfristig auf eine bestimmte Haltung der Bürger zu dieser Ordnung angewiesen ist, die nicht allein aus einem Kosten-Nutzen-Kalkül motiviert sein darf. Das mit der Sittlichkeit verbundene Verantwortungsbewusstsein der Handelnden spielt im internationalen Wettbewerb eine noch größere Rolle als auf der nationalen Ebene in entwickelten Industrieländern, weil in vielen Entwicklungsländern der Rechtsschutz gerade für Angehörige unterer Einkommensschichten ungenügend ist; die unzureichende Sanktionierung von Fehlverhalten (wie z. B. Ausbeutung von Arbeitnehmern durch Verstoß gegen international vereinbarte soziale Mindeststandards) erfordert um so mehr das Verantwortungsbewusstsein der Akteure.

Das Problem des rechtsstaatlichen Liberalismus liegt darin, dass er die Frage nach dem Motiv, warum ein Akteur verantwortlich handeln soll, nicht hinreichend klärt: Die Pflicht löst nicht den Konflikt zwischen dem individuellen Glücksstreben und dem Recht als äußerer Schranke dieses Strebens, sondern verinnerlicht ihn. Deshalb wurde als weiteres Paradigma das teleologische Politikverständnis von Aristoteles hinzugezogen. Erst durch das Tugendverständnis von Aristoteles – nämlich: die Einbeziehung der Vorstellungen vom Glück in die Analyse des Handelns – wird es möglich, in der Chrematistik den Grund für verantwortungsloses Handeln zu erkennen: Nicht falsche Anreize bzw. fehlende Sanktionen sind das primäre Problem für die Ordnung des Wettbewerbs, sondern die Pleonexia (Habsucht bzw. „Mehr-haben-wollen"), die aus der Verkennung dessen resultiert, was das gute Leben kennzeichnet.

Die personale Konzeption von Politik als Dialog sieht die spezifisch menschliche Fähigkeit in der Reflexion und Begründung der Maßstäbe des eigenen Handelns. Für die Verwirklichung dieser Fähigkeit ist der Mensch auf andere bezogen: Reflexion und Begründung erfolgen im Dialog. Wenn es also in der politischen Gemeinschaft nicht nur darum geht, Interessen zum Ausgleich zu bringen und durchzusetzen, sondern auch darum, sie zu reflektieren und zu begründen, dann lässt sich die Aufgabe des Staates weder im Inneren noch im Äußeren auf das Streben nach Sicherheit (Realismus) und Wohlstand (Wirtschaftsliberalismus, sozialstaatlicher Liberalismus) reduzieren. Vielmehr ist es auch[836] seine Aufgabe, die Voraussetzungen für die genannte Begründungsleistung zu schaffen: Sie ist weder *per se* gegeben noch Resultat einer automatischen Entwicklung, sondern bedarf der Bildung der Bürger. Da die politische Gemeinschaft für die Reflexion und Begründung ihrer Interessen auf eine solche Bildung angewiesen ist, kann in ihrer Förderung die grundlegendste Aufgabe der Politik gesehen werden.

Die Diskussion über Bildungspolitik ist nun von einem ähnlichen Dualismus geprägt wie diejenige über die Ökonomie: auf der einen Seite wird Bildung rein zweckrational ver-

836 „Auch" muss betont werden: Im Folgenden wird nicht die Auffassung vertreten, dass die sicherheits- und wirtschaftspolitischen Funktionen des Staates gering zu schätzen sind, sondern dass sie für sich genommen die Staatstätigkeit und die Funktion der politischen Gemeinschaft nicht hinreichend kennzeichnen.

standen als Voraussetzung für technischen Fortschritt und wirtschaftlichen Erfolg, auf der anderen Seite wird das utilitaristische Bildungsverständnis zurückgewiesen und ihm das Ideal der zweckfreien Bildung gegenübergestellt. Die Vereinseitigungen lassen sich wiederum überwinden, indem Bildung als Förderung der Fähigkeit zur Begründung der Maßstäbe des eigenen Handelns verstanden wird: als zweckgerichtete Handlung auf der Meta-Ebene der Frage nach den Maßstäben und Zielen des Handelns.[837]

Mit der Bildung der Bürger ist eine wesentliche Voraussetzung für eine funktionierende politische und wirtschaftliche Ordnung benannt. Aus dem Verständnis des Menschen als Person folgt, dass in der Politik (in Bezug auf den demokratischen Prozess) und in der Ökonomie (in Bezug auf den Wettbewerb) die Bedeutung von Mechanismen relativiert wird; Markt und Demokratie setzen bei den Handelnden eine ethische Grundhaltung voraus und ersetzen sie nicht; deshalb besteht die oberste Aufgabe der Politik darin, durch die Bildung der Bürger die Entwicklung dieser Grundhaltung zu fördern. Der freie Wettbewerb führt nicht automatisch zu einem Interessenausgleich, sondern nur, wenn die Handelnden in ihm tatsächlich nach einem Ausgleich streben und asymmetrische Abhängigkeitsbeziehungen nicht für ihren eigenen (scheinbaren) Vorteil ausnutzen. Ebenso falsch ist es, von der Regulierung des Wettbewerbs und der Umverteilung der Vermögen einen automatischen Interessenausgleich zu erwarten. Der Wettbewerb *per se* ist weder Heilmittel noch Übel, sondern ein Instrument zur Koordination wirtschaftlicher Handlungen, das der Förderung des wirtschaftlichen Wohlstandes dienen kann, wenn die Handelnden ihr Eigennutzstreben mäßigen. Dies wird dauerhaft nur geschehen, wenn die Mäßigung um eines höheren Zweckes willen erfolgt – also indem der Erwerb auf einen höheren Zweck ausgerichtet wird.

Im globalen Kontext folgt daraus, dass der internationale wirtschaftliche Austausch positive Wirkungen entfalten kann, wenn mit ihm auf der politischen Ebene die Durchsetzung einer rechtlichen Rahmenordnung und eines ethischen Grundverständnisses verbunden wird, nämlich die Respektierung von Regeln und der Respekt gegenüber den Partnern. Wenn die Handelspartner im internationalen Wettbewerb als Personen angesehen werden, mit denen man nicht nur ökonomische Bedürfnisse teilt, sondern die Bezogenheit auf gemeinsame Grundfragen,[838] dann kann der internationale Handel tatsächlich eine friedensfördernde Funktion haben.

Dies würde erstens eine Veränderung der Haltung zur Ökonomie in den Industrieländern voraussetzen. Aristoteles hat in der „Politik" treffend bemerkt, dass die übermäßige Forderung nach Gleichheit zumeist eine Reaktion auf ein Übermaß an Ungleichheit ist, die wiederum aus der Pleonexia der Herrschenden resultiert (Pol. IV 12, 1297 a 7-12). Im Kontext der Globalisierung liegt der Vergleich der im Wettbewerb erfolgreichen Länder mit den von Aristoteles beschriebenen oligarchischen Parteien nahe, wenn erstere die Regeln des globalen Wettbewerbs nach Maß des eigenen Vorteils zu gestalten versuchen. Der Ausgleich im globalen wirtschaftlichen Wettbewerb kann nur gefördert werden, wenn sowohl die politischen als auch die wirtschaftlichen Repräsentanten der erfolgreichen Länder in ihrem Handeln Verantwortung für das Ganze – also die Förderung einer internationalen ethischen und rechtlichen Ordnung – zeigen. Für diesen ersten Schritt, der gewissermaßen

837 Die Ideengeschichte der politischen Philosophie und der Ethik ist dann nicht ein äußerliches Bildungsgut, sondern der Bereich, in dem die Auseinandersetzung mit der Tradition dieses Strebens nach Begründung erfolgt.

838 Kulturelle Unterschiede widersprechen dieser Aussage nicht, sondern bestätigen sie in gewisser Hinsicht, denn sie sind Ausdruck unterschiedlicher Antworten auf die allen Menschen gemeinsamen Grundfragen.

„zu Hause“ beginnt, ist die Europäische Union in einer guten Position: Um mittels eines personalen Menschenbildes das Verantwortungsbewusstsein der Handelnden zu stärken und das Erwerbsstreben zugunsten gemeinsamer höherer Ziele zu mäßigen, muss sie sich im Prinzip nur auf ihre eigene Geistesgeschichte besinnen.

Zweitens bedarf es einer neuen Betonung der Rolle des Mittelstandes (siehe oben, S. 349). Durch das mechanistische Verständnis der Ökonomie ist der Blick für die soziale und politische Bedeutung einer breiten Schicht von Bürgern mittleren Einkommens in den letzten Jahrzehnten zunehmend abhanden gekommen.[839] Die Bedeutung eines breiten Mittelstandes wurde von Aristoteles mit guten Gründen hervorgehoben (Pol. IV 11): Er verkörpert in einer Gesellschaft die Möglichkeit zu (maßvollem) wirtschaftlichem Erfolg und vermeidet die nachteilige Wirkung übermäßiger Armut (Aristoteles: „Tücke“) oder übermäßigen Reichtums („Übermut“) auf die Haltung der Menschen. Die Funktion des Mittelstandes ist nicht im Sinne eines Automatismus zu verstehen: Er führt nicht von sich aus zur Tugendhaftigkeit der Bürger, aber schafft günstige Voraussetzungen für sie. Angewandt auf die internationale Ebene bedeutet dies, dass sowohl eine große Zahl an Ländern mäßigen Wohlstandes als auch in den einzelnen Ländern eine breite Schicht von Bürgern mit mittlerem Vermögen die beste Voraussetzung für eine funktionierende globale Ordnung schaffen würde.

Drittens gilt es, das Primat von Wirtschafts- und Sicherheitsfragen in der Außenpolitik durch das Primat einer internationalen Bildungspolitik zu ersetzen. Sicherheit und maßvoller Wohlstand sind beide nur erreichbar, wenn die Außenpolitik aktiv für die weltweite Anerkennung bestimmter Grundwerte eintritt und sich darum bemüht, der Vorstellung von Politik als einem Dialog über Grundwerte internationale Anerkennung zu verschaffen.[840] Das personale Menschenbild, das die Fähigkeit des Menschen zur Reflexion und Begründung der Maßstäbe seines Handelns betont, ist geeignet, das Verbindende der Menschen unterschiedlicher Kulturen zu betonen und das Verantwortungsbewusstsein zu fördern, das für das Funktionieren einer globalen politischen und ökonomischen Ordnung erforderlich ist. Hier liegt wiederum eine besondere Chance der Europäischen Union: Ihr Beitrag zur Schaffung einer globalen Ordnung kann darin bestehen, das in ihrer Geistesgeschichte entwickelte Verständnis des Menschen als Person zu erneuern und in den internationalen Beziehungen für dieses Menschenbild einzustehen.

---

839 Hier hat sich in der deutschen Diskussion in den sechziger und siebziger Jahren ein Wandel vollzogen, der sehr deutlich in der Veränderung der offiziellen Sprachregelung zum Ausdruck kommt: Die Mittelstandspolitik wurde zunehmend abgelöst durch die Förderung kleiner und mittlerer Unternehmen. Letztere werden aufgrund ihrer ökonomischen Funktion (z. B. für die Schaffung von Arbeitsplätzen) gefördert; die Mittelstandsförderung hingegen beruht auf der Annahme, dass ihm eine besondere soziale Funktion zukommt (vgl. Utz, Hg., 1959).

840 Das mag zunächst utopisch klingen; doch an einzelnen Beispielen lässt sich zeigen, dass gezielte Anstrengungen zur Förderung von Bildung im internationalen Rahmen einen erheblichen Einfluss haben können. Als positives Beispiel lässt sich der Beitrag christlicher Bildungseinrichtungen zur Förderung der Bildung in vielen Ländern (gerade auch in der Dritten Welt) nennen, als negatives Beispiel die Förderung des wahhabitischen Islam-Verständnisses durch Saudi-Arabien in südostasiatischen Koranschulen.

Literaturverzeichnis

Quellentexte der politischen und ökonomischen Ideengeschichte bis 1900

Zitierhinweis: Zur besseren Orientierung werden Quellentexte der politischen und ökonomischen Ideengeschichte (vor 1900) unter Angabe des Kurztitels des jeweiligen Werkes zitiert, während die neuere Literatur unter Angabe des Autors und des Erscheinungsjahres zitiert wird.

Aristoteles: Ethica Nichomachea. Hg. von I. Bywater. Oxford: Oxford University Press, 1894. Dt.: Nikomachische Ethik. Übersetzt von Eugen Rolfes, hg. von Günther Bien. Hamburg: Meiner, 1985. – Zitiert als EN.

– Metaphysik. Übersetzt von Hermann Bonitz, hg. von Horst Seidl. Griechisch-Deutsch. Hamburg: Meiner, 1978 (1. Halbband) und 1980 (2. Halbband). – Zitiert als Met.

– Meteorologie. Über die Welt. Übersetzt von Hans Strohm. Werke in deutscher Übersetzung, Bd. 12. Darmstadt: Wissenschaftliche Buchgesellschaft, 1984.

– Physik. Vorlesung über Natur. Übersetzt, mit einer Einleitung und mit Anmerkungen herausgegeben von Hans Günter Zekl. Griechisch-Deutsch. Hamburg: Meiner, 1987 (1. Halbband) und 1988 (2. Halbband).

– Politica. Hg. von W. D. Ross. Oxford: Oxford University Press, 1957. Dt.: Politik. Übersetzt von Eugen Rolfes, Einleitung von Günther Bien. Hamburg: Meiner, 1981. – Zitiert als Pol.[841]

– Protreptikos. Aus dem Propreptikos des Iamblichos. In: Aristoteles: Einführungsschriften. Bd. 1 der Werke des Aristoteles, eingeleitet und übersetzt von Olof Gigon. Zürich/Stuttgart: Artemis (Bbibliothek der Alten Welt), 96-129. – Zitiert mit zusätzlicher Angabe der Seitenzahl der Ausgabe von Pistelli (1888).

Cicero: De officiis libros III. Vom rechten Handeln. Lat.-dt., eingeleitet und übersetzt von Karl Büchner. Zürich/Stuttgart: Artemis.

Colbert, Jean-Baptiste: Mémoire au Roi sur les Finances (von 1670). In: ders., Lettres, instructions et mémoires. Bd. VII: Lettres privées, supplément, appendice. Nendeln (Liechtenstein): Kraus Repint (Reprint der Ausgabe Paris: Imprimerie Nationale, 1873), 1979, 233-256.

Fichte, Johann Gottlieb: Die Bestimmung des Menschen. Hamburg: Meiner, 2000.

Grotius, Hugo: The Rights of War and Peace. (De iure belli ac pacis.) New York/London: Walter Dunne, 1901.

Hamilton, Alexander: Report on the Subject of Manufactures (1791). In: Harold C. Syrett und Jacob E. Cooke (Hg.): The Papers of Alexander Hamilton. Bd. X: December 1791 – January 1792. New York/London: Columbia University Press, 1966, 230-340. (In Auszügen abgedruckt in: Goddard/Passé-Smith/Conklin, Hg., 1996, 75-88.) – Zitiert als „Report".

– *, James Madison und John Jay*: Die Federalist Papers. Übersetzt, eingeleitet und mit Anmerkungen versehen von Barbara Zehnpfennig. Darmstadt: Wissenschaftliche Buchgesellschaft, 1993.

Hegel, Georg Wilhelm Friedrich: Phänomenologie des Geistes. Hamburg: Meiner, 1952. – Zitiert als „Phänomenologie".

---

841 Der vierbändige Kommentar zu Aristoteles' „Politik" von Schütrumpf (mit Übersetzung) ist unter der Sekundärliteratur angegeben (s. u., S. 402).

– Die Verfassung Deutschlands. In: Werke, Bd. 1: Frühe Schriften. Frankfurt am Main: Suhrkamp, 1971.
– Grundlinien der Philosophie des Rechts. Werke Bd. 7. Frankfurt am Main: Suhrkamp, 2000. – Zitiert als „Rechtsphilosophie".
– Vorlesungen über die Philosophie der Geschichte. Werke, Bd. 12. Frankfurt am Main: Suhrkamp, 1970.
– Vorlesungen über die Philosophie der Weltgeschichte. I. Teilband: Die Vernunft in der Geschichte. Hamburg: Meiner, 1955 (5., verbesserte Aufl.).
– Vorlesungen über die Geschichte der Philosophie, Teil 4: Philosophie des Mittelalters und der neueren Zeit. Vorlesungen: Ausgewählte Nachschriften und Manuskripte, Bd. 9 (hg. von Pierre Garniron und Walter Jaeschke), Hamburg: Meiner.

Hobbes, Thomas: Leviathan. Oxford: Oxford University Press (Oxford World's Classics), 1996. Dt. Übersetzung von Walter Euchner, Frankfurt am Main: Suhrkamp, 1966. – Zitiert als: Lev. mit der Kapitelzahl, der Seitenzahl der englischen Ausgabe von 1651 (angeführt in mehreren englischsprachigen Studienausgaben) und der Seitenzahl der Suhrkamp-Ausgabe. Beispiel: Lev. XIII, 60/94.
– Philosophical Rudiments Concerning Government and Society („De cive"). The English Works of Thomas Hobbes, hg. von William Molesworth, Bd. II, Aalen: Scientia 1962 (Reprint der Ausgabe von 1841). Dt. Übersetzung von Günther Gawlik, in: Vom Menschen. Vom Bürger, Hamburg: Meiner, 1959. – Zitiert als „De cive".
– Elements of Philosophy. The English Works of Thomas Hobbes, hg. von William Molesworth, Bd. I, Aalen: Scientia 1962 (Reprint der Ausgabe von 1841). – Zitiert als „Elements".
– De Corpore Politico. Or: The Elements of Law, Moral and Politic. In: Hobbes' Tripos in Three Discourses. The English Works of Thomas Hobbes, hg. von William Molesworth, Bd. IV, Aalen: Scientia 1962 (Reprint der Ausgabe von 1840). – Zitiert als „De Corpore Politico".

Jevons, W. Stanley: Die Theorie der Politischen Ökonomie. Übersetzt und eingeleitet von Otto Weinberger, hg. von Heinrich Waentig. Jena: G. Fischer, 1924.

Kant, Immanuel: Kritik der reinen Vernunft. Werke Bd. II, Darmstadt: Wissenschaftliche Buchgesellschaft, 1983. – Zitiert als KrV.
– Kritik der praktischen Vernunft. In: ders., Schriften zur Ethik und Religionsphilosophie. Werke Bd. IV, Darmstadt: Wissenschaftliche Buchgesellschaft, 1983, 103-302. – Zitiert als KpV.
– Grundlegung zur Metaphysik der Sitten. Ebd., 7-102. – Zitiert als GMS.
– Metaphysik der Sitten. Erster Teil: Metaphysische Anfangsgründe der Rechtslehre. Ebd., 303-499. – Zitiert als „Rechtslehre".
– Metaphysik der Sitten. Zweiter Teil: Metaphysische Anfangsgründe der Tugendlehre. Ebd., 501-634. – Zitiert als „Tugendlehre".
– Über ein vermeintes Recht aus Menschenliebe zu lügen. Ebd., 635-643.
– Idee zu einer allgemeinen Geschichte in weltbürgerlicher Absicht. In: ders.: Schriften zur Anthropologie, Geschichtsphilosophie, Politik und Pädagogik. Werke Bd. VI, Darmstadt: Wissenschaftliche Buchgesellschaft, 1983, 31-50. – Zitiert als „Idee".
– Beantwortung der Frage: Was ist Aufklärung? Ebd., 51-61. – Zitiert als „Aufklärung".
– Über den Gemeinspruch: Das mag in der Theorie richtig sein, taugt aber nicht für die Praxis. Ebd., 125-172. – Zitiert als „Gemeinspruch".
– Zum ewigen Frieden. Ebd., 193-251. – Zitiert als „Frieden".
– Verkündigung des nahen Abschlusses eines Tractats zum ewigen Frieden in der Philosophie. In: Kant's gesammelte Schriften. Erste Abtheilung: Werke, Bd. VIII. Berlin/Leipzig: Walter de Gruyter, 1923, 411-422 (Akademieausgabe).

List, Friedrich: Das nationale System der politischen Ökonomie. Tübingen: Mohr (Siebeck) und Basel: Kyklos, 1959. – Zitiert als „Nationales System".

Locke, John: The Second Treatise of Government. In: ders.: Political Writings. London: Penguin Books, 1993, 261-387. (Dt.: Zwei Abhandlungen über die Regierung. Frankfurt am Main: Suhrkamp, 1977.) – Zitiert als „Zweite Abhandlung".

Machiavelli, Niccolò: Discorsi. Gedanken über Politik und Staatsführung. Stuttgart: Kröner, 1977.
– Il Principe – Der Fürst. Italienisch/Deutsch. Stuttgart: Reclam, 1986. – Zitiert als „Principe".
Marx, Karl: Doktordissertation: Differenz der demokritischen und epikureischen Naturphilosophie nebst einem Anhange. In: MEW, Bd. 40, 257-373. – Zitiert als „Doktordissertation".
– Aus der Kritik der Hegelschen Rechtsphilosophie. In: MEW, Bd. 1, 201-333.
– Zur Kritik der Hegelschen Rechtsphilosophie. In: MEW, Bd. 1, 378-391.
– Zur Judenfrage. In: MEW, Bd. 1, 347-377.
– Manifest der Kommunistischen Partei. In: MEW, Bd. 4, 459-493.
– Ökonomisch-philosophische Manuskripte. Mit einer Einleitung, Anmerkungen, Bibliographie und Register hg. von Barbara Zehnpfennig. Hamburg: Meiner, 2005. – Zitiert als „Manuskripte".
– Zur Kritik der Politischen Ökonomie. In: MEW, Bd. 13, 3-160.
– Das Kapital. Kritik der politischen Ökonomie. Erster Band. MEW, Bd. 23. – Zitiert als „Kapital I".
– Das Kapital. Kritik der politischen Ökonomie. Dritter Band. MEW, Bd. 25. – Zitiert als „Kapital III".
Nietzsche, Friedrich: Die Fröhliche Wissenschaft. In: Werke in drei Bänden, hg. von Karl Schlechta, Bd. 2, 2-274.
– Zur Genealogie der Moral. In: Werke in drei Bänden, hg. von Karl Schlechta, Bd. 2, 761-900.
Platon: Protagoras. In: Werke in acht Bänden (gr.-dt.), übersetzt von Friedrich D. Schleiermacher, hg. von Gunther Eigler. Bd. 1. Darmstadt: Wissenschaftliche Buchgesellschaft, 1990, 83-217.
– Gorgias. In: Ebd., Bd. 2, 269-503.
– Politeia. In: Ebd., Bd. 4. – Zitiert als Rep. (De re publica).
– Phaidros. In: Ebd., Bd. 5, 1-193.
– Theaitetos. In: Ebd., Bd. 6, 1-217.
– Sophistes. In: Ebd., Bd. 6, 219-401.
– Politikos. In: Ebd., Bd. 6, 403-579.
– Timaios. In: Ebd., Bd. 7, 1-210.
– Gesetze (Nomoi). In: Ebd., Bd. 8 (2 Teilbände), übersetzt von Klaus Schöpsdau.
– Symposion. Griechisch-deutsch. Übersetzt und herausgegeben von Barbara Zehnpfennig. Hamburg: Meiner, 2000.
Ricardo, David: The Principles of Political Economy and Taxation. London usw.: Dent und New York: Dutton, 1973.
Rousseau, Jean-Jacques: Du Contrat Social; ou, Principes Du Droit Politique. In: Œeuvres complètes Bd. III: Du Contrat Social – Écrits Politiques. Paris: Gallimard, 1964, 347-470.
Smith, Adam: The Theory of Moral Sentiments. Hg. von D. D. Raphael und A. L. Macfie. The Glasgow Edition of the Works and Correspondance of Adam Smith, Bd. I, Oxford: Clarendon Press, 1976 (dt.: Die Theorie der ethischen Gefühle. Übersetzt von Walther Eckstein, Hamburg: Meiner, 1994). – Zitiert als TMS mit der Angabe des Teils, Kapitels, Abschnitts und Absatzes nach der Glasgow-Ausgabe und der Seitenangabe der deutschen Ausgabe.
– An Inquiry into the Nature and Causes of the Wealth of Nations. Hg. von R. H. Campbell und A. S. Skinner. The Glasgow Edition of the Works and Correspondance of Adam Smith, Bd. II, Oxford: Clarendon Press, 1976 (dt.: Der Wohlstand der Nationen. Übersetzt von Horst Claus Recktenwald, München: dtv, 1978). – Zitiert als WN mit der Angabe des Teils, Kapitels, Abschnitts und Absatzes nach der Glasgow-Ausgabe und der Seitenangabe der deutschen Ausgabe.
– Lectures on Jurisprudence. Hg. von R. L. Meek, D. D. Raphael und P. G. Stein. The Glasgow Edition of the Works and Correspondance of Adam Smith, Bd. II, Oxford: Clarendon Press, 1978.
Sophokles: Antigone. Übersetzt von Wilhelm Kuchenmüller. Stuttgart: Reclam, 1986.

Thomas von Aquin: Summa theologica II-II, Quaestiones 57-79. Die Deutsche Thomas-Ausgabe, Bd. 18: Recht und Gerechtigkeit (hg. von Arthur F. Utz). Heidelberg/München: F. H. Kerle und Graz usw.: A. Pustet, 1953.

Thukydides: Geschichte des Peloponnesischen Krieges. Eingeleitet und übersetzt von G. P. Landmann. Hamburg: Rowohlt, 1962.

Tocqueville, Alexis de: Über die Demokratie in Amerika. Bd. 1: Erster Teil von 1835, Bd. 2: Zweiter Teil von 1840. Zürich: Manesse, 1987.

Sonstige Literatur

Acemoglu, Daron (2003): The form of property rights: oligarchic vs. democratic societies. Cambridge (Mass.): National Bureau of Economic Research (NBER), Working Paper 10037.

Ackeren, Marcel van (2005): Zum Verhältnis von Ökonomie und Ethik: Sind Nutzen und Interesse rein ökonomische Handlungsmotive? In: Internationale Zeitschrift für Philosophie Bd. 14 (1), 39-64.

Airaksinen, Timo und Martin A. Bertmann (Hg., 1989): Hobbes: War among Nations. Aldershot usw.: Avebury.

Aizenman, Joshua und Reuven Glick (2007): Sovereign Wealth Funds: Stumbling Blocks or Stepping Stones to Financial Globalization? In: Federal Reserve Bank of San Francisco (FRBSF) Economic Letter 2007-38 vom 14. Dezember 2007, 1-3.

Almond, Gabriel A. (1996): Political Science: The History of the Discipline. In: Robert E. Goodin und Hans-Dieter Klingemann (Hg.): A New Handbook of Political Science. Oxford: Oxford University Press, 50-96.

Alt, James E. und Alberto Alesina (1996): Political Economy: An Overview. In: Robert E. Goodin und Hans-Dieter Klingemann (Hg.): A New Handbook of Political Science. Oxford: Oxford University Press.

Althoff, Jochen (2005): Artikel „physis / Natur". In: Höffe (Hg.), 455-462.

Altvater, Elmar und Brigitte Mahnkopf (2002): Grenzen der Globalisierung. Ökonomie, Ökologie und Politik in der Weltgesellschaft. Münster: Westfälisches Dampfboot (5. Aufl., Nachdruck der völlig überarb. und erw. 4. Aufl. von 1999).

Archibugi, Daniele und David Held (1995): Cosmopolitan Democracy. An Agenda for a New World Order. Cambridge: Polity Press.

Artadi, Elsa V. und Xavier Sala-i-Martin (2003): The Economic Tragedy of the XXth Century: Growth in Africa. NBER Working Paper Nr. w9865, Juli 2003. (http://papers.nber.org/papers/W9865, 20.2.2008.)

Austin, Michel und Pierre Vidal-Naquet (1984): Gesellschaft und Wirtschaft im alten Griechenland. München: Beck.

Axelrod, Robert (1991): Die Evolution der Kooperation. München: Oldenbourg (2., unveränd. Aufl.).

Axtmann, Roland (1996): Liberal democracy into the twenty-first century. Globalization, integration and the nation-state. Manchester/New York: Manchester University Press.

– (1997): Collective Identity and the Democratic Nation-State in the Age of Globalization. In: Ann Cvetkovich und Douglas Kellner (Hg.): Articulating the Global and the Local. Globalization and Cultural Studies. Colorado/Oxford: Westview Press.

Bairoch, Paul und Richard Kozul-Wright (1998): Globalization Myths: Some Historical Reflections on Integration, Industrialization and Growth in the World Economy. In: Richard Kozul-Wright und Robert Rowthorn (Hg.): Transnational Corporations and the Global Economy. New York: St. Martin's Press und Houndsmill (Basingstoke, Hampshire, UK): Macmillan Press, 37-68. (Unter dem gleichen Titel 1996 als Diskussionspapier der UNCTAD erschienen: www.unctad.org.)

Balaam, David N. und Michael Veseth (2008): Introduction to International Political Economy. New Jersey: Pearson/Prentice Hall (4., überarb. Aufl.).
Baldwin, David A. (1993): Neoliberalism, Neorealism, and World Politics. In: ders. (Hg.): Neorealism and Neoliberalism: The Contemporary Debate. New York: Columbia University Press, 3-25.
Ballestrem, Karl Graf (2001): Adam Smith. München: Beck.
Baloglou, Christos P. und Anestis Constantinides (1993): Die Wirtschaft in der Gedankenwelt der alten Griechen. Frankfurt a. M.: Lang.
Baloglou, Christos P. und Helge Peukert (1996): Zum antiken ökonomischen Denken der Griechen (800 – 31 v. u. Z.). Eine kommentierte Bibliographie. Marburg: Metropolis (2. Aufl.).
Bank für Internationalen Zahlungsausgleich (2000): 70. Jahresbericht (1. April 1999 – 31. März 2000). Basel: Bank für Internationalen Zahlungsausgleich. (www.bis.org)
– (2002): 72. Jahresbericht (1. April 2001 – 31. März 2002). Basel: Bank für Internationalen Zahlungsausgleich. (www.bis.org)
Barber, Benjamin (1995): Jihad vs. McWorld. New York: Ballantine Books.
Baruzzi, Arno (1970): Der Freie und der Sklave in Ethik und Politik des Aristoteles. In: Philosophisches Jahrbuch Bd. 77, 14-28.
– (1983): Einführung in die politische Philosophie der Neuzeit. Darmstadt: Wissenschaftliche Buchgesellschaft.
Basedow, Jürgen (1998): Weltkartellrecht: Ausgangslage und Ziele, Methoden und Grenzen der internationalen Vereinheitlichung des Rechts der Wettbewerbsbeschränkungen. Tübingen: Mohr (Siebeck).
Baumann, Zygmunt (1992): Moderne und Ambivalenz. Das Ende der Eindeutigkeit. Hamburg: Junius.
– (1993): Postmodern Ethics. Oxford: Blackwell.
– (1997): Schwache Staaten. Globalisierung und die Spaltung der Weltgesellschaft. In: Ulrich Beck (Hg.): Kinder der Freiheit. Frankfurt am Main: Suhrkamp, 315-332.
– (1998): Globalization. The Human Consequences. Cambridge: Polity Press.
– (2000): Liquid Modernity. Cambridge: Polity Press.
Baumol, William J. (1982): Contestable Markets: An Uprising in the Theory of Industry Structure. In: American Economic Review Bd. 72, 1-15.
– *John C. Panzar und Robert D. Willig* (1982): Contestable Markets and the Theory of Industry Structure. San Diego: Harcourt Brace Jovanovich.
Baylis, John und Steve Smith (Hg., 2001): The Globalization of World Politics. An Introduction to International Relations. Oxford: Oxford University Press (2., überarb. Aufl.).
Baynes, Kenneth (1992): The normative grounds of social criticism. Kant, Rawls, and Habermas. Albany: State University of New York Press.
Bea, Franz-Xaver (1997): Shareholder Value. In: Wirtschaftswissenschaftliches Studium (WiSt) Bd. 26, 541-543.
Beck, Ulrich (1986): Risikogesellschaft. Auf dem Weg in eine andere Moderne. Frankfurt am Main: Suhrkamp.
– (1997): Was ist Globalisierung? Frankfurt am Main: Suhrkamp (unveränderter Nachdruck: 2007).
– (Hg., 1998): Politik der Globalisierung. Frankfurt am Main: Suhrkamp.
– (1998): Wie wird Demokratie im Zeitalter der Globalisierung möglich? – Eine Einleitung. In: ders. (Hg.), 7-66.
– (2000): Freiheit oder Kapitalismus. Ulrich Beck im Gespräch mit Johannes Willms. Frankfurt am Main: Suhrkamp.
– (2002): Macht und Gegenmacht im globalen Zeitalter. Neue weltpolitische Ökonomie. Frankfurt am Main: Suhrkamp.
– *, Natan Sznaider und Rainer Winter* (Hg., 2003): Globales Amerika? Die kulturellen Folgen der Globalisierung. Bielefeld: transcript-Verlag.
Becker, Bert, Jürgen Rüland und Nikolaus Werz (Hg., 1999): Mythos Mittelschichten. Zur Wiederkehr eines Paradigmas der Demokratieforschung. Bonn: Bouvier.

Becker, Gary S. (1993): Der ökonomische Ansatz zur Erklärung menschlichen Verhaltens. Tübingen: Mohr (Siebeck) (2. Aufl.).

Beisheim, Marianne et al. (1999): Im Zeitalter der Globalisierung? Thesen und Daten zur gesellschaftlichen und politische Denationalisierung. Baden-Baden: Nomos.

Bemerburg, Ivonne und Arne Niederbacher (Hg., 2007): Die Globalisierung und ihre Kritik(er). Zum Stand der aktuellen Globalisierungsdebatte. Wiesbaden: VS-Verlag.

Bender, Peter (2003): Weltmacht Amerika. Das Neue Rom. Stuttgart: Klett-Cotta.

Berg, Harmut (2002): Die WTO – Garant einer liberalen Welthandelsordnung? In: Schüller/Thieme (Hg.), 399-417.

Bergstraesser, Arnold (1957/1966): Die Stellung der Politik unter den Wissenschaften. In: ders.: Politik in Wissenschaft und Bildung. Schriften und Reden. Freiburg i. Br.: Rombach (2., erw. Aufl.), 17-31.

Berman, Paul (2003): Terror and Liberalism. New York/London: Norton & Company.

Bernauer, Thomas (2000): Staaten im Weltmarkt. Zur Handlungsfähigkeit von Staaten trotz wirtschaftlicher Globalisierung. Opladen: Leske + Budrich.

Bernholz, Peter (2001): Globalisierung: ein neues Phänomen? In: Theurl/Smekal (Hg.), 1-26.

Bielefeldt, Heiner (1997): Autonomy and Republicanism. Immanuel Kant's Philosophy of Freedom. In: Political Theory Bd. 25 (4), 524-558.

Bieling, Hans-Jürgen (2003): Internationale Politische Ökonomie. In: Schieder/Spindler (Hg.), 363-389.

– (2007): Internationale Politische Ökonomie. Eine Einführung. Wiesbaden: VS-Verlag.

Bierling, Stephan (2003): Geschichte der amerikanischen Außenpolitik. Von 1917 bis zur Gegenwart. München: Beck.

Biersteker, Thomas J. (1993): Evolving Perspectives on International Political Economy: Twentieth-Century Contexts and Discontinuities. In: International Political Science Review Bd. 14 (1), 7-33.

Bien, Günther (1968): Das Theorie-Praxis-Problem und die politische Philosophie bei Platon und Aristoteles. In: Philosophisches Jahrbuch Bd. 76, 264-314.

– (1973): Die Grundlegung der politischen Philosophie bei Aristoteles. Freiburg i. Br./München: Alber.

– (1974): Artikel „Haus I". In: Historisches Wörterbuch der Philosophie Bd. 3. Basel/Stuttgart: Schwabe, 1007-1017.

– (1990): Die aktuelle Bedeutung der ökonomischen Theorie des Aristoteles. In: Bernd Biervert, Martin Held und Joseph Wieland (Hg.): Sozialphilosophische Grundlagen ökonomischen Handelns. Frankfurt am Main: Suhrkamp, 33-63.

– (1995): Gerechtigkeit bei Aristoteles (EN V). In: Höffe (Hg.), 135-164.

Bikhchandani, Sushil und Sunil Sharma (2001): Herd Behavior in Financial Markets. IMF Staff Papers Bd. 47, Nr. 3, 279-308. (www.imf.org)

Birnbacher, Dieter (1990): Der Utilitarismus und die Ökonomie. In: Bievert, B./Held, K./Wieland, J. (Hrsg.): Sozialphilosophische Grundlagen ökonomischen Handelns. Suhrkamp, Frankfurt a. M., S. 65-85.

Blancke, Walter (1994): Evolution und Strategische Allianzen. Bayreuth: Verlag P.C.O.

Blankart, Charles B. (2003): Öffentliche Finanzen in der Demokratie. Eine Einführung in die Finanzwissenschaft. München: Vahlen (5., völlig überarb. Aufl.).

Bleek, Wilhelm (2001): Geschichte der Politikwissenschaft in Deutschland. München: Beck.

Bleicken, Jochen (1995): Die athenische Demokratie. Paderborn usw.: Schöningh (UTB; 4., überarb. und erw. Aufl.).

Bloed, Peter (2007): Staatsfonds – Gefahr für unsere Wirtschaft? In: FOCUS Online vom 13. Oktober 2007. (www.focus.de/finanzen/news/tid-7641/staatsfonds_aid_135567.html; 18.1.2008)

Böckenförde, Ernst-Wolfgang (1999): Die Zukunft politischer Autonomie. Demokratie und Staatlichkeit im Zeichen von Globalisierung, Europäisierung und Individualisierung. In: ders.: Staat,

Nation, Europa. Studien zur Staatslehre, Verfassungstheorie und Rechtsphilosophie. Frankfurt am Main: Suhrkamp, 103-126.

Bodéüs, Richard (1982): Le philosophe et la cité. Recherches sur les rapports entre morale et politique dans la pensée d'Aristote. Paris: Société d'Édition „Les Belles Lettres".

– (1996): Aristote. La justice et la Cité. Paris: Presses universitaires de France (PUF).

Bohmann, James und Matthias Lutz-Bachmann (Hg., 1997): Perpetual Peace. Essays on Kant's Cosmopolitan Ideal. Cambridge (Mass.): MIT-Press.

Boris, Dieter et al. (Hg., 2000): Finanzkrisen im Übergang zum 21. Jahrhundert – Probleme der Peripherie oder globale Gefahr? Marburg: Metropolis-Verlag.

Bork, Robert H. (1978): The Antitrust Paradox: A Policy at War with Itself. New York: Basic Books.

Born, Karl Erich (1989): Jean Baptiste Colbert (1619-1683). In: Starbatty (Hg.), Bd. I, 96-113.

Borrmann, Axel, Rolf Jungnickel und Georg Koopmann (2002): Stand und Perspektiven der Globalisierung – Aussenhandel und Direktinvestitionen. Kurzgutachten auf der Basis der HWWA-Materialsammlung „Globalisierung", im Auftrag der Enquete-Kommission des Deutschen Bundestages „Globalisierung der Weltwirtschaft". Hamburg: HWWA (Diskussionspapier).

Bourdieu, Pierre (1979): La distinction. Critique sociale du jugement. Paris: Les éditions de minuit.

– (1998): Gegenfeuer. Wortmeldungen im Dienste des Widerstands gegen die neoliberale Invasion. Konstanz: UVK Universitätsverlag Konstanz.

Braasch, Bernd (1997): Zur Professionalisierung des Anlageverhaltens und ihren Auswirkungen auf den internationalen Zinszusammenhang und die Geldpolitik. In: Bernhard Gahlen, Helmut Hesse und Hans Jürgen Ramser (Hg.): Finanzmärkte. Tübingen: Mohr (Siebeck), 331-352.

Braudel, Fernand (1986): Sozialgeschichte des 15.-18. Jahrhunderts. Band III: Aufbruch zur Weltwirtschaft. München: Kindler.

Brennan, Geoffrey und James M. Buchanan (1993): Die Begründung von Regeln. Konstitutionelle politische Ökonomie. Tübingen: Mohr (Siebeck).

Brieskorn, Norbert und Johannes Wallacher (2001): Beschleunigen, Verlangsamen. Herausforderungen an zukunftsfähige Gesellschaften. Stuttgart usw.: Kohlhammer.

Brock, Lothar (1998): Staatenwelt, Weltgesellschaft und Demokratie. In: Messner (Hg.), 44-73.

Brocker, Manfred (1992): Arbeit und Eigentum. Der Paradigmenwechsel in der neuzeitlichen Eigentumstheorie. Darmstadt: Wissenschaftliche Buchgesellschaft.

Brühl, Tanja et al. (2001): Die Privatisierung der Weltpolitik. Entstaatlichung und Kommerzialisierung im Globalisierungsprozess. Bonn: J. H. W. Dietz.

Brunkhorst, Hauke (2000): Ist die Solidarität der Bürgergesellschaft globalisierbar? In: Brunkhorst/Kettner (Hg.), 274-286.

– *und Matthias Kettner* (Hg., 2000): Globalisierung und Demokratie. Wirtschaft, Recht, Medien. Frankfurt am Main: Suhrkamp.

Brunnengräber, Achim, Ansgar Klein und Heike Walk (Hg., 2005): NGOs im Prozeß der Globalisierung. Mächtige Zwerge – umstrittene Riesen. Wiesbaden: VS Verlag.

Brzezinski; Zbigniew (2004): The Choice. Global Domination or Global Leadership. New York: Basic Books.

Buber, Martin (1984): Das dialogische Prinzip. Heidelberg: Lambert Schneider.

Buchanan, James M. (1965): An Economic Theory of Clubs. In: Economica 32, 1-14.

– (1984): Grenzen der Freiheit. Zwischen Anarchie und Leviathan. Tübingen: Mohr (Siebeck).

– *und Gordon Tullock* (1962): The calculus of consent. Ann Arbor: University of Michigan.

Bücher, Karl (1920): Die Entstehung der Volkswirtschaft. Vorträge und Aufsätze. Erste Sammlung. Tübingen: Verlag der H. Laupp'schen Buchhandlung (15. Aufl.).

Buchheim, Thomas, Hellmut Flashar und Richard A. H. King (Hg., 2003): Kann man heute noch etwas anfangen mit Aristoteles? Hamburg: Meiner

Burgess, Michael (2003): Federalism and federation. In: Cini (Hg.), 65-79.

Bürgin, Alfred (1993): Zur Soziogenese der Politischen Ökonomie. Wirtschaftsgeschichtliche und dogmenhistorische Betrachtungen. Marburg: Metropolis.

Busch, Andreas (1999): Die Globalisierungsdebatte: Ein einführender Überblick über Ansätze und Daten. In: ders. und Thomas Plümper (Hg.): Nationaler Staat und internationale Wirtschaft. Anmerkungen zum Thema Globalisierung. Baden-Baden: Nomos, 13-40.

– (2006): Die Entwicklung der Debatte: Intellektuelle Vorläufer und ausgewählte Themen. In: Schirm (Hg.), 35-53.

Butterwegge, Christoph, Bettina Lösch und Ralf Ptak (2007): Kritik des Neoliberalismus. Wiesbaden: VS-Verlag.

Buzan, Barry (1993): From international system to international society. In: International Organization 47 (3), 325-352.

– (1994): The Interdependence of Security and Economic Issues in the „New World Order". In: Stubbs/Underhill (Hg.), 89-102.

Cairncross, Alexander (1976): The Market and the State. In: Thomas Wilson und Andrew S. Skinner (Hg.): The Market and the State. Essays in Honour of Adam Smith. Oxford: Clarendon Press, 113-134.

Camilleri, Joseph A. und Jim Falk (1992): The End of Sovereignty? The Politics of a Shrinking and Fragmenting World. Aldershot: Edward Elgar.

Campbell, David (1993): Politics Without Principle. Sovereignty, Ethics, and the Narratives of the Gulf War. Boulder (Col.)/London: Lynne Rienner.

Cardoso, Fernando Henrique und Enzo Faletto (1976): Abhängigkeit und Entwicklung in Lateinamerika. Frankfurt am Main: Suhrkamp.

Castells, Manuel (2001-2003): Das Informationszeitalter. Wirtschaft – Gesellschaft – Kultur. Bd. 1: Der Aufstieg der Netzwerkgesellschaft (2001), Bd. 2: Die Macht der Identität (2002), Bd. 3: Jahrtausendwende (2003). Opladen: Leske + Budrich.

Chang, Ha-Joon (2002): Kicking Away the Ladder. Development Strategy in Historical Perspective. London: Anthem Press.

– (2003): Du protectionnisme au libre-échangisme, une conversion opportuniste. Comment les puissants sont réellement devenus puissants. In: Le Monde diplomatique, Juni 2003, 26f. (http://www.monde-diplomatique.fr/2003/06/CHANG/10189; 23.12.2007.)

Chomsky, Noam (1999): Profit over People. Neoliberalismus und globale Weltordnung. Hamburg/Wien: Europa-Verlag.

Chwaszcza, Christine (1996): Anthropologie und Moralphilosophie im ersten Teil des *Leviathan*. In: Kersting (Hg.), 83-107.

Cini, Michelle (Hg., 2003): European Union Politics. Oxford/New York: Oxford University Press.

– (2003): Intergovernmentalism. In: dies. (Hg.), 93-108.

Clark, Ian (1998): Beyond the Great Divide: globalization and the theory of international relations. In: Review of International Studies Bd. 24, 479-498.

– (1999): Globalization and International Relations Theory. Oxford: Oxford University Press.

Coenenberg, Adolf Gerhard und Edeltraud Günther (1993): Artikel „Cash Flow". In: Klaus Chmielewicz und Marcell Schweitzer (Hg.): Handwörterbuch des Rechnungswesens. Stuttgart: Schäffer-Poeschel (3., völlig neu gestaltete und ergänzte Aufl.), 301-311.

Cohen, Benjamin C. (Hg., 2005): International Political Economy. The Library of Essays in International Relations. Aldershot (GB)/Burlington (USA): Ashgate.

Commission on Global Governance (1995): Our Global Neighborhood. The Report of the Commission on Global Governance. Oxford/New York: Oxford University Press.

Conzelmann, Thomas (2003): Neofunktionalismus. In: Schieder/Spindler (Hg.), 141-168.

Cooper, Richard N. (1968): The Economics of Interdependence: Economic Policy in the Atlantic Community. New York usw.: McGraw Hill Book Company.

Cox, Robert (1987): Production, Power, and World Order: Social Forces in the Making of History. New York: Columbia University Press.

Czempiel, Ernst-Otto (2003): Weltpolitik im Umbruch. Die Pax Americana, der Terrorismus und die Zukunft der internationalen Beziehungen. München: Beck.

Dahrendorf, Ralf (1987): Fragmente eines neuen Liberalismus. Stuttgart: Deutsche Verlagsanstalt.

DeGolyer, Michael (1992): The Greek Accent of the Marxian Matrix. In: McCarthy (Hg.), 107-153.
Deitz, Luc (1989): Atikel „Physis / Nomos". In: Historisches Wörterbuch der Philosophie Bd. 7. Basel/Stuttgart: Schwabe, 967-971.
Demandt, Alexander (1995): Antike Staatsformen. Eine vergleichende Verfassungsgeschichte der Alten Welt. Berlin: Akademie-Verlag.
Demsetz, Harold (1976): Economics as a Guide to Antitrust Regulation. In: Journal of Law and Economics Bd. 19, 371-388.
Depew David J. (1991): Politics, Music, and Contemplation in Aristotle's Ideal State. In: Keyt/Miller (Hg.), 346-380.
Dettmann, Ulf (1999): Der Radikale Konstruktivismus. Anspruch und Wirklichkeit einer Theorie. Tübingen: Mohr (Siebeck).
Deutsche Bundesbank (2001a): Rolle und Verhalten deutscher Fondsmanager auf dem Aktienmarkt. Monatsbericht April 2001 (Bd. 53, 4), 45-60.
– (2001b): Grenzüberschreitender Kapitalverkehr und die Rolle des Internationalen Währungsfonds. In: Monatsbericht Juli 2001 (Bd. 53, 7), 15-32.
– (2003): Weltweite Organisationen und Gremien im Bereich von Währung und Wirtschaft. Frankfurt am Main: Deutsche Bundesbank.
Devenow, Andrea und Ivo Welch (1996): Rational herding in financial economics. In: European Economic Review Bd. 40, 603-615.
Dibb, Paul (2002): The Future of International Coalitions: How useful? How manageable? In: The Washington Quarterly Bd. 25 (2), 131-144.
Dieckheuer, Gustav (1995): Internationale Wirtschaftsbeziehungen. München/Wien: R. Oldenbourg (3., völlig überarb. und erw. Aufl.).
Dirlmeier, Franz (1999): Aristoteles, Nikomachische Ethik. Übersetzung und Kommentar. Werke in deutscher Übersetzung Bd. 6, Berlin: Akademie Verlag (10., gegenüber der 6., durchgesehenen, unveränderte Aufl.).
Diez, Thomas (2003): Postmoderne Ansätze. In: Schieder/Spindler (Hg.), 449-476.
Dobbs, Darrell (1985): Aristotle's Anticommunism. In: American Journal of Political Science, Bd. 29 (1), 29-46.
Dodds, E. R. (1990): Plato: Gorgias. A Revised Text with Introduction and Commentary. Oxford: Clarendon Press (Nachdruck der Ausgabe von 1959).
Dombrowski, Peter (2005): The Political Economy of International Security. In: ders. (Hg.), 1-14.
– (Hg., 2005): Guns and Butter. The Political Economy of International Security. Boulder (Colorado)/London: Lynne Rienner.
Donges, Juergen B., Kai Menzel und Philipp Paulus (2003): Globalisierungskritik auf dem Prüfstand. Ein Almanach aus ökonomischer Sicht. Stuttgart: Lucius & Lucius.
Downs, Anthony (1967): Inside Bureaucracy. Boston: Little, Brown & Co.
– (1968): Ökonomische Theorie der Demokratie. Tübingen: Mohr (Siebeck).
Doyle, Michael (1997): Ways of War and Peace. Realism, Liberalism, and Socialism. New York/ London: W. W. Norton.
Dörrenbächer, Christoph und Dieter Plehwe (Hg., 2000): Grenzenlose Kontrolle? Organisatorischer Wandel und politische Macht multinationaler Unternehmen. Berlin: sigma.
Dörrenbächer, Christoph und Christian Riedel (2000): Strategie, Kultur und Macht. Ein kleiner Streifzug durch die Literatur zur Internationalisierung von Unternehmen. In: Dörrenbächer/ Plehwe (Hg.), 15-41.
Dunne, Tim (2001): Liberalism. In: Baylis/Smith (Hg.), 162-181.
Dunne, Tim und Brian C. Schmidt (2001): Realism. In: Baylis/Smith (Hg.), 141-161.
Dunning, John (1993): Governments and Multinational Enterprises: From Confrontation to Cooperation? In: Eden/Potter (Hg.), 59-83.
Duwendag, Dieter (2006): Globalisierung im Kreuzfeuer der Kritik. Gewinner und Verlierer – Globale Finanzmärkte – Supranationale Organisationen – Job-Exporte. Baden-Baden: Nomos.

Eberwein, Wolf Dieter und Sven Chojnacki (2001): Umweltkonflikte und Umweltsicherheit. In: Hauchler/Messner/Nuscheler (Hg.), 357-375.

Eden, Lorraine und Evan H. Potter (Hg., 1993): Multinationals in the Global Political Economy. New York: St. Martin's Press.

Egger, Peter und Michael Pfaffermayr (1999): Theoretische Grundlagen der Globalisierungsdiskussion. In: Wirtschaft und Gesellschaft Bd. 25, 41-69 (Teil I) und 183-199 (Teil II).

Eisenstadt, Shmuel Noah (1999): Paradoxes of Democracy. Fragility, Continuity, and Change. Washington D.C.: The Woodrow Wilson Center Press und Baltimore/London: The Johns Hopkins University Press.

Elkins, David J. (1995): Beyond sovereignty: territory and political economy in the twenty-first century. Toronto usw.: University of Toronto Press.

Elm, Ralf (2005): Artikel „praxis / Praxis, Handlung". In: Höffe (Hg.), 487-491.

Enquete-Kommission des Deutschen Bundestages (2001): Zwischenbericht der Enquete-Kommission „Globalisierung der Weltwirtschaft – Herausforderungen und Antworten". Berlin: Deutscher Bundestag, BT-Drs. 14/6910 (http://webarchiv.bundestag.de/cgi/show.php?fileToLoad=111&id =1040, 23.12.2007).

– (2002): Schlussbericht der Enquete-Kommission „Globalisierung der Weltwirtschaft – Herausforderungen und Antworten". Berlin: Deutscher Bundestag, BT-Drs. 14/9200 (http://webarchiv. bundestag.de/cgi/show.php?fileToLoad=111&id=1040, 23.12.2007).

Epstein, Gerald (2003): The role and control of multinational corporations in the world economy. In: Michie (Hg.), 150-164.

Erler, Michael (1994): Epikur. In: Flashar (Hg.), 29-202.

Ethier, Wilfried J. (1991): Moderne Außenwirtschaftstheorie. München/Wien: R. Oldenbourg (2. Aufl.).

Etzioni, Amitai (1993): The Spirit of Community. Rights, Responsibilities, and the Communitarian Agenda. New York: Crown Publ.

Eucken, Walter (1952/1990): Grundsätze der Wirtschaftspolitik. Tübingen: Mohr (Siebeck; UTB).

Europäische Kommission (1970): Die Industriepolitik der Gemeinschaft. Memorandum der Kommission an den Rat. Sonderbeilage zum Bulletin der Europäischen Gemeinschaften 4/1970.

Faul, Erwin (1961): Der moderne Machiavellismus. Köln/Berlin: Kiepenheuer & Witsch.

Fay, Margaret A. (1986): Der Einfluss von Adam Smith auf Karl Marx' Theorie der Entfremdung: eine Rekonstruktion der ökonomisch-philosophischen Manuskripte aus dem Jahr 1844. Hg. von Johannes D. Hengstenberg. Frankfurt am Main: Campus.

Febrero, Ramón und Pedro S. Schwartz (1995): The essence of Becker. Stanford: Hoover Institution Press.

Ferdowsi, Mir A. (Hg., 2002): Internationale Politik im 21. Jahrhundert. München: Fink (UTB).

Ferguson, Niall (2004): Colossus: The Price of America's Empire. New York: Penguin Press.

Fikentscher, Wolfgang und Ulrich Immenga (1994): Draft International Antitrust Code: Kommentierter Entwurf eines internationalen Wettbewerbsrechts mit ergänzenden Beiträgen. Baden-Baden: Nomos.

Finley, Moses I. (1971): Aristoteles und die ökonomische Analyse. In: Jahrbuch für Wirtschaftsgeschichte. Berlin: Akademie-Verlag, Teil II, 87-105 [dt. Übersetzung von: Aristotle and economic analysis. In: ders. (Hg., 1974): Studies in Ancient Society. London/Boston, 26-52].

Fitzgibbons, Athol (1995): Adam Smith's System of Liberty, Wealth, and Value. The Moral and Political Foundations of the „Wealth of Nations". Oxford: Clarendon Press.

Flashar, Hellmut (Hg., 1983): Ältere Akademie – Aristoteles – Peripatos. Grundriss der Geschichte der Philosophie: Die Philosophie der Antike, Bd. 3. Basel/Stuttgart: Schwabe.

– (1992): Die Ökonomik als Teil der praktischen Philosophie des Aristoteles. In: Bertram Schefold et al. (Hrsg.): Vademecum zu einem Klassiker des antiken Wirtschaftsdenkens. Düsseldorf: Verlag Wirtschaft und Finanzen, 71-92.

– (Hg., 1994): Die Hellenistische Philosophie. Grundriss der Geschichte der Philosophie: Die Philosophie der Antike, Bd. 4 (2 Teilbände). Basel/Stuttgart: Schwabe.

Fleischacker, Samuel (1999): A third Concept of Liberty. Judgement and Freedom in Kant and Adam Smith. Princeton: Princeton University Press.
Forschner, Maximilian (2001): Der Begriff der Person in der Stoa. In: Sturma (Hg.), 37-57.
Fraenkel, Ernst (1991): Deutschland und die westlichen Demokratien. Frankfurt am Main: Suhrkamp (erweiterte Ausgabe).
Frank, André Gunder (1975): Kapitalismus und Unterentwicklung in Lateinamerika. Frankfurt am Main: Europäische Verlagsanstalt (2. Aufl.).
Freeman, Christopher (1982): The Economics of Industrial Innovation. London: Pinters.
Frey, Bruno S. (1990): Ökonomie ist Sozialwissenschaft. Die Anwendung der Ökonomie auf neue Gebiete. München: Vahlen.
– (1997): Ein neuer Föderalismus für Europa: Die Idee der FOCJ. Tübingen: Mohr (Siebeck).
– (2004): Dealing with Terrorism – Stick or Carrot? Cheltenham (UK)/Northampton (Mass.): Edward Elgar.
Frieden, Jeffry und Lisa L. Martin (2002): International Political Economy: Global and Domestic Interactions. In: Ira Katznelson und Helen V. Milner (Hg.): Political Science. State of the Discipline. Washington D.C.: American Political Science Association und New York/London: W. W. Norton, 118-146.
Friedman, Thomas L. (2006): Die Welt ist flach. Eine kurze Geschichte des 21. Jahrhunderts. Frankfurt am Main: Suhrkamp.
Fritsch, Michael (1983): Ökonomische Ansätze zur Legitimation kollektiven Handelns. Berlin: Duncker & Humblot.
Fritsch, Michael, Thomas Wein und Hans-Jürgen Ewers (2005): Marktversagen und Wirtschaftspolitik. Mikroökonomische Grundlagen staatlichen Handelns. München: Vahlen (6., überarb. und erg. Aufl.).
Fröhlich, Bettina (2007): Die sokratische Frage. Platons „Laches". Münster: Lit.
Fröhlich, Stefan (2002): Zwischen Multilateralismus und Unilateralismus. Eine Konstante amerikanischer Außenpolitik. In: ApuZ B 25 vom 21.6.2002, 23-30.
Fuchs, Doris (2005): Understanding Business Power in Global Governance. Baden-Baden: Nomos.
– (2006): Privatwirtschaft und Governance: Transnationale Unternehmen und die Effektivität privaten Regierens. In: Schirm (Hg.), 147-168.
Fuhrmann, Manfred et al. (1989): Artikel „Person". In: Historisches Wörterbuch der Philosophie, Bd. 7. Basel/Stuttgart: Schwabe, 269-338.
Fukuyama, Francis (1992): Das Ende der Geschichte – Wo stehen wir? München: Kindler.
Galtung, Johan (1972): Eine strukturelle Theorie des Imperialismus. In: Senghaas (Hg.), 29-104.
Gehrke, Hans-Joachim (2001): Verfassungswandel (Aristoteles, Politik V 1-12). In: Höffe (Hg.), 137-150.
Geiger, Rolf (2005): Artikel „doulos / Sklave". In: Höffe (Hg.), 136-138.
Gelesnoff, W. (1923): Die ökonomische Gedankenwelt des Aristoteles. In: Archiv für die Sozialwissenschaft und Sozialpolitik Bd. 50, 1-33.
Gerhardt, Volker (1995): Immanuel Kants Entwurf „Zum ewigen Frieden". Eine Theorie der Politik. Darmstadt: Wissenschaftliche Buchgesellschaft.
Gethmann, Carl F. (1995): Art. „Paradigma". In: Jürgen Mittelstraß (Hg.): Enzyklopädie Philosophie und Wissenschaftstheorie, Bd. 3. Stuttgart/Weimar: Metzler, 33-37.
Giddens, Anthony (1999): Der dritte Weg: Die Erneuerung der sozialen Demokratie. Frankfurt am Main: Suhrkamp.
Gigon, Olof (1965): Die Sklaverei bei Aristoteles. In: Rudolf Stark et al. (Hg.): La „Politique" d'Aristote. Sept exposés et discussions. Entretiens sur l'antiquité classique, tome XI. Genf: Fondation Hardt, 247-276.
Gilpin, Robert (1975): U.S. Power and the Multinational Corporation. The Political Economy of Foreign Direct Investment. New York: Basic Books.
– (1981): War and Change in World Politics. New York: Cambridge University Press.
– (1987): The Political Economy of International Relations. Princeton: Princeton University Press.

– (2000): The Challenge of Global Capitalism. The World Economy in the 21st Century. Princeton: Princeton University Press.
– (2001): Global Political Economy. Understanding the International Economic Order. Princeton: Princeton University Press.
Goddard, C. Roe, John T. Passé-Smith und John G. Conklin (Hg., 1996): International Political Economy. State-Market Relations in the Changing Global Order. Boulder (Col.)/London: Lynne Rienner.
Görler, Woldemar (1994): Älterer Pyrrhonismus – Jüngere Akademie – Antiochos aus Askalon. In: Flashar (Hg.), 717-990.
Gotesky, Rubin (1940): Social Sources and the Significance of Hobbes's Conception of the Law of Nature. In: Ethics Bd. 50(4), 402-423.
Grabher, Gernot (Hg., 1993): The embedded firm. On the socioeconomics of industrial networks. London: Routledge.
Graeser, Andreas (1983): Die Philosophie der Antike 2: Sophistik und Sokratik, Plato und Aristoteles. Geschichte der Philosophie Bd. II (hg. von Wolfgang Röd). München: Beck.
Granovetter, Mark S. (1985): Economic action and social structure: the problem of embeddedness. In: American Journal of Sociology, Bd. 91, 481-510.
Green, Donald P. und Ian Shapiro (1999): Rational Choice. Eine Kritik am Beispiel von Anwendungen in der Politischen Wissenschaft. München: Oldenbourg.
Grieco, Joseph M. (1988): Anarchy and the limits of cooperation: a realist critique oft the newest liberal institutionalism. In: International Organization Bd. 42 (3), 485-507.
– *und G. John Ikenberry* (2003): State Power and World Markets. The International Political Economy. New York/London: W. W. Norton.
Griffiths, Martin (1999): Fifty Key Thinkers in International Relations. London/New York: Routledge.
Grimm, Dieter (1989): Artikel „Verfassung". In: Staatslexikon. Recht, Wirtschaft, Gesellschaft. Freiburg: Herder, Bd. V, 633-643 (7., völlig neu bearb. Aufl.).
Grunberg, Leon (2001): The IPE of Multinational Corporations. In: Balaam/Veseth (Hg.): Introduction to International Political Economy. New Jersey: Prentice Hall, 2. Aufl., 346-368.
Gruppe von Lissabon (2001): Grenzen des Wettbewerbs. Die Globalisierung der Wirtschaft und die Zukunft der Menschheit. München: Luchterhand.
Guéhenno, Jean-Marie (1995): La fin de la démocratie. Paris: Flammarion.
Guerrieri, Paolo und Hans-Eckart Scharrer (Hg., 2000): Global Governance, Regionalism and the International Economy. Baden-Baden: Nomos.
Gunaratna, Rohan (2003): Inside Al Quaeda. New York: Berkley Books.
Gusy, Christoph (2000): Demokratiedefizite postnationaler Gemeinschaften unter Berücksichtigung der Europäischen Union. In: Brunkhorst/Kettner (Hg.), 131-150.
Güth, Werner und Hartmut Kliemt (1995): Elementare spieltheoretische Modelle sozialer Kooperation. In: Ökonomie und Gesellschaft, Jahrbuch 12: Soziale Kooperation. Frankfurt am Main: Campus, 12-62.
Gutschker, Thomas (2002): Aristotelische Diskurse. Aristoteles in der politischen Philosophie des 20. Jahrhunderts. Stuttgart/Weimar: Metzlar.
Guzzini, Stefano (1998): Realism in International Relations and International Political Economy. The continuing story of a death foretold. London und New York: Routledge.
Haas, Ernst B. (1964): Beyond the Nation-State. Functionalism and International Organization. Stanford: Stanford University Press.
– (1968): The Uniting of Europe. Stanford: Stanford University Press.
Habermas, Jürgen (1962/1990): Strukturwandel der Öffentlichkeit. Untersuchungen zu einer Kategorie der bürgerlichen Gesellschaft. Frankfurt am Main: Suhrkamp.
– (1981): Theorie des kommunikativen Handelns. 2 Bde. Frankfurt am Main: Suhrkamp.

– (1992): Faktizität und Geltung. Beiträge zur Diskurstheorie des Rechts und des demokratischen Rechtsstaates. Frankfurt am Main: Suhrkamp.
– (1996): Die Einbeziehung des Anderen. Studien zur politischen Theorie. Frankfurt am Main: Suhrkamp.
– (1998): Die postnationale Konstellation und die Zukunft der Demokratie. In: ders.: Die postnationale Konstellation. Politische Essays. Frankfurt am Main: Suhrkamp, 91-169.
– (1999): Wider den Fundamentalismus der Endlichkeit. Ein Gespräch mit Jürgen Habermas von Angelika Brauer. In: Neue Zürcher Zeitung vom 12.6.1999. (Online-Archiv der NZZ: http://nzz.gbi.de/NZZ.ein. Auszüge auf der Internetseite: www.handl.net/zit/zithabermas.htm, 23.12.2007).
Hammes, Michael (1993): Wettbewerbspolitische Aspekte strategischer Allianzen. In: Wirtschaftsdienst Bd. 73, 493-500.
Hansen, Hendrik (1993): Die ökonomische Lehre des Aristoteles: Vorläuferin oder Vorbild moderner Nationalökonomie? Diskussionspapier 93/4 der Fakultät für Wirtschaftswissenschaften. Freiberg/Sachs.: TU Bergakademie Freiberg.
– (1999): Die wettbewerbspolitische Beurteilung horizontaler Forschungs- und Entwicklungskooperationen. Berlin: Duncker & Humblot.
– (2002a): Karl Marx: Humanist oder Vordenker des GULag? In: Karl Graf Ballestrem, Volker Gerhardt, Henning Ottmann und Martyn P. Thompson (Hg.): Politisches Denken – Jahrbuch 2002. Stuttgart/Weimar: Metzler, 152-174.
– (2002b): Globaler Dschihad? Die Freund-Feind-Unterscheidung im Islam und in der Theorie des Gesellschaftsvertrags. In: Aus Politik und Zeitgeschichte (Beilage zur Wochenzeitung „Das Parlament“) Heft B 18/2002 vom 3. Mai 2002, 17-25.
– (2005): Menschenwürde und Individualismus. Westliche Werte in Europa und Amerika. In: Merkur – Deutsche Zeitschrift für europäisches Denken, Heft 679 (Nov. 2005), 1100-1104.
– (2006a): Verbände als Speerspitze des Klassenkampfes: Karl Marx (1818 – 1883). In: Martin Sebaldt und Alexander Straßner (Hg.): Klassiker der Verbändeforschung. Theorie und Empirie einer Forschungstradition. Wiesbaden: Verlag für Sozialwissenschaften, 145-165.
– (2006b): Adam Smith: Der Wohlstand der Nationen. In: Manfred Brocker (Hg.): Geschichte des Politischen Denkens – Ausgewählte Werkanalysen. Frankfurt am Main: Suhrkamp, 318-333.
– *und Peter Kainz* (2007): Radical Islamism and Totalitarian Ideology: a Comparison of Sayyid Qutb's Islamism with Marxism and National Socialism. In: Totalitarian Movements and Political Religions, Bd. 8 (1), 55–76. (Im Internet zugänglich unter: http://www.informaworld.com/smpp/content?content=10.1080/14690760601121648; 15.1.2008.)
Hansen, Knud (Hg., 2000): Megafusionen – eine neue Herausforderung für das Kartellrecht? Dokumentation der IX. Internationalen Kartellkonferenz Berlin, 1999. Bonn: Bundeskartellamt.
Hardt, Michael und Antonio Negri (2002): Empire. Frankfurt am Main/New York: Campus.
Haßkamp, Dorothee (2005): Oligarchische Willkür – demokratische Ordnung. Zur athenischen Verfassung im 4. Jahrhundert v. Chr. Darmstadt: Wissenschaftliche Buchgesellschaft.
Hauchler, Ingomar, Dirk Messner und Franz Nuscheler (Hg., 2001): Globale Trends 2002. Fakten, Analysen, Prognosen. (Stiftung Entwicklung und Frieden) Frankfurt am Main: Fischer.
– (2001): *Global Governance*: Notwendigkeit – Bedingungen – Barrieren. In: Hauchler/Messner/Nuscheler (Hg.), 11-37.
Häuser, Karl (1989): Friedrich List (1789–1846). In: Starbatty (Hg.), Bd. I, 225-244.
Hayek, Friedrich August von (1963): Arten der Ordnung. In: Ordo Bd. 14, 3-20.
– (1969): Der Wettbewerb als Entdeckungsverfahren. In: ders.: Freiburger Studien. Gesammelte Aufsätze. Tübingen: Mohr (Siebeck), 249-265.
– (1972): Die Theorie komplexer Phänomene. Walter Eucken Institut, Vorträge und Aufsätze Bd. 36. Tübingen: Mohr (Siebeck).

– (1975): Die Irrtümer des Konstruktivismus und die Grundlagen legitimer Kritik gesellschaftlicher Gebilde. Walter Eucken Institut, Vorträge und Aufsätze Bd. 51. Tübingen: Mohr (Siebeck).
– (1976): Wahrer und falscher Individualismus. (Wiederabdruck eines Vortrags von 1945.) In: ders.: Individualismus und wirtschaftliche Ordnung. Salzburg: Neugebauer (2., erw. Aufl.), 9-48.
– (1980/1981): Recht, Gesetzgebung und Freiheit. Eine neue Darstellung der liberalen Prinzipien der Gerechtigkeit und der politischen Ökonomie. München (Bd. I, 1980)/Landsberg a. L. (Bd. II und III, 1981): Verlag Moderne Industrie.
– (1983): Die Verfassung der Freiheit. Tübingen: Mohr (Siebeck) (2., durchgesehene Aufl.).
– (1984): Dr. Bernhard Mandeville. In: Chiaki Nishiyama und Kurt R. Leube (Hg.): The essence of Hayek. Stanford: Hoover Institution Press, 176-194.
– (2003): Der Weg zur Knechtschaft. München: Olzog.
Heckscher, Eli F. (1932): Der Merkantilismus. Zwei Bände. Jena: Gustav Fischer.
Heger, Rainer (1981): Die Politik des Thomas Hobbes. Eine Studie zur Geschichte der klassischen bürgerlichen Staatstheorie. Frankfurt am Main/New York: Campus.
Heinrich, Michael (2003): Imperialismustheorie. In Schieder/Spindler (Hg.), 279-307.
Heinrich, Ralph P. (2000): Wohlstandsmehrung durch Freiheit des internationalen Kapitalverkehrs. Gutachten, erstellt für die Enquete-Kommission des Deutschen Bundestages „Globalisierung der Weltwirtschaft". Kiel: Institut für Weltwirtschaft.
Held, David (1984): Beyond liberalism and Marxism? In: Gregor McLennan, David Held und Stuart Hall (Hg.): The Idea of the Modern State. Milton Keynes (UK)/Philadelphia: Open University Press.
– (1995): Democracy and the Global Order. From the Modern State to Cosmopolitan Governance. Cambridge: Polity Press.
– (1998): Rethinking Democracy: Globalization and Democratic Theory. In: Streeck (Hg.), 59-78.
– (2007): Soziale Demokratie im globalen Zeitalter. Frankfurt am Main: Suhrkamp.
– *Anthony Mc Grew, David Goldblatt und Jonathan Perraton* (1999): Global Transformations. Politics, Economics and Culture. Cambridge (UK): Polity Press.
Hellmann, Rainer (1994): Europäische Industriepolitik. Zwischen Marktwirtschaft und Dirigismus. Baden-Baden: Nomos.
Hellwig, Martin (1997): Unternehmensfinanzierung, Unternehmenskontrolle und Ressourcenallokation: Was leistet das Finanzsystem? In: Bernhard Gahlen, Helmut Hesse und Hans Jürgen Ramser (Hg.): Finanzmärkte. Tübingen: Mohr (Siebeck), 211-243.
Herr, Hansjörg (2001): Finanzströme und Verschuldung. In: Hauchler/Messner/Nuscheler (Hg.), 266-287.
Hieber, Saskia (2006a): China – regionale Großmacht oder Supermacht? In: Piazolo (Hg.), 107-139.
– (2006b): Indien – die älteste Demokratie Asiens. In: Piazolo (Hg.), 185-207.
Hilferding, Rudolf (1910/1968): Das Finanzkapital. Zwei Bände. Frankfurt am Main: Europäische Verlagsanstalt.
Hirst, Paul (1996): Democracy and Civil Society. In: ders. und Sunil Khilnani (Hg.): Reinventing Democracy. Oxford/Cambridge (MA): Blackwell, 97-116.
Hirst, Paul und Grahame Thompson (1995): Globalization and the future of the nation state. In: Economy and Society Bd. 24, 408-442.
– (1998): Globalisierung? Internationale Wirtschaftsbeziehungen, Nationalökonomien und die Formierung von Handelsblöcken. In: Beck (Hg.), 85-133.
– (1999): Globalization in Question. The International Economy and the Possibilities of Governance. Cambridge (GB): Polity Press (2., vollst. überarb., akt. und erw. Aufl.).
Hobden, Stephen und Richard Wyn Jones (2001): Marxist Theories of International Relations. In: Baylis/Smith (Hg.), 200-223.
Hobson, John (1902/1988): Imperialism. A Study. London u. a.: Unwin Hyman.

Hochgesand, Helmut (1977): Art. „Spekulation". In: Handwörterbuch der Wirtschaftswissenschaften (HdWW) Bd. 7, Stuttgart/New York: Fischer, Tübingen: Mohr (Siebeck), Göttingen/Zürich: Vandenhoeck & Ruprecht, 170-177.

Höffe, Otfried (Hg., 1992): Einführung in die utilitaristische Ethik: klassische und zeitgenössische Texte. Tübingen: UTB (Francke) (2., überarb. und aktualisierte Aufl.).

– (Hg., 1995): Aristoteles, Nikomachische Ethik. „Klassiker Auslegen" Bd. 2. Berlin: Akademie-Verlag.

– (1995): Ausblick: Aristoteles oder Kant – wider eine plane Alternative. In: ders. (Hg.), 277-304.

– (1996): Immanuel Kant. München: Beck (4., durchgesehene Aufl.).

– (1999a): Demokratie im Zeitalter der Globalisierung. München: Beck.

– (1999b): Aristoteles. München: Beck (2., überarb. Aufl.).

– (Hg., 2001): Aristoteles, Politik. „Klassiker Auslegen" Bd. 23. Berlin: Akademie-Verlag.

– (2002): Politische Gerechtigkeit. Grundlegung einer kritischen Philosophie von Recht und Staat. Frankfurt am Main: Suhrkamp (3., erw. Aufl.).

– (2003): Aristoteles: Ethik und Politik. In: Buchheim/Flashar/King (Hg.), 125-141.

– (2004): Wirtschaftsbürger – Staatsbürger – Weltbürger. Politische Ethik im Zeitalter der Globalisierung. München: Beck.

– (Hg., 2005): Aristoteles-Lexikon. Stuttgart: Kröner.

Höhn, Hans-Joachim (1999): Konzeptionelle wirtschaftsethische Implikationen in den Soziallehren der Kirchen: Katholische Kirche. In: Korff (Hg.), Bd. 1, 740-758.

Hollander, Samuel (1965): On the Interpretation of the Just Price. In: Kyklos Bd. 17, 615-633.

Holler, Manfred J. und Gerhard Illing (1996): Einführung in die Spieltheorie. Berlin: Springer (3., verbesserte und erweiterte Aufl.).

Holm, Hakan J. (1995): The prisoners' dilemma or the jury's dilemma? A popular story with a dubious name. In: Journal of Institutional and Theoretical Economics (JITE) Bd. 151 (4), 699-702.

Holmes, Peter (2000): The Regulation of Competition and Competition Policy at the Regional and Global Level. In: Guerrieri/Scharrer (Hg.), 127-152.

Holm-Müller, Karin, Hendrik Hansen, Michael Klockmann und Peter Luther (1991): Die Nachfrage nach Umweltqualität in der Bundesrepublik Deutschland. Berlin: Erich Schmidt Verlag.

Homann, Karl (1988): Die Rolle ökonomischer Überlegungen in der Grundlegung der Ethik. In: Helmut Hesse (Hrsg.): Wirtschaftswissenschaft und Ethik. Schriften des Vereins für Socialpolitik, Bd. 171, Berlin: Duncker & Humblot, 214-240.

– (1993): Wirtschaftsethik. Die Funktion der Moral in der modernen Wirtschaft. In: Josef Wieland (Hg.): Wirtschaftsethik und Theorie der Gesellschaft. Frankfurt am Main: Suhrkamp, 32-53.

– (1999) Die Relevanz der Ökonomik für die Implementation ethischer Zielsetzungen. In: Korff (Hg.), Bd. 1, 322-343.

– (2001): Ökonomik: Fortsetzung der Ethik mit anderen Mitteln. In: Georg Siebeck (Hg.): Artibus ingenuis. Tübingen: Mohr, 85-110. Hier zitiert nach der Veröffentlichung im Internet: http://www.philoek.uni-muenchen.de/homann/Oekonomik-FortsetzungderEthik.pdf (20.2.2008).

– *und Ingo Pies* (1991): Der neue Institutionalismus und das Problem der Gerechtigkeit. In: Jahrbuch für Neue Politische Ökonomie Bd. 10, 79-100.

– *und Franz Blome-Drees* (1992): Wirtschafts- und Unternehmensethik. Göttingen: Vandenhoeck & Ruprecht (UTB).

Honneth, Axel (Hg., 1993): Kommunitarismus. Eine Debatte über die moralischen Grundlagen moderner Gesellschaften. Frankfurt am Main/New York: Campus.

Hoppmann, Erich (1974): Preiskontrolle und Als-Ob-Konzept. Eine Bemerkung zur Missbrauchsaufsicht über marktbeherrschende Unternehmen. Tübingen: Mohr.

– (1987): Ökonomische Theorie der Verfassung. In: Ordo 38, 31-45.

Horn, Christoph (2005): Artikel „technê / Kunstfertigkeit, Handwerk". In: Höffe (Hg.), 569-573.

Horster, Detlef (1999): Jürgen Habermas zur Einführung. Hamburg: Junius.

Huffschmidt, Jörg (2005): Die dritte Fusionswelle. In: Blätter für deutsche und internationale Politik 12/2005, 1514-1516.

Human Rights Watch (2007): World Report 2007. Events of 2006. New York usw.: Human Rights Watch (www.hrw.org).
Huntington, Samuel (1996): The Clash of Civilizations and the Remaking of the World Order. New York: Simon and Schuster.
Hutton, Will und Anthony Giddens (Hg., 2001): Die Zukunft des globalen Kapitalismus. Frankfurt am Main: Campus.
Hymer, Stephen (1976): The International Operation of National Firms: A Study of Direct Foreign Investment. Cambridge/New York: Cambridge University Press.
Ikenberry, G. John (2004): Illusions of Empire. Defining the New American Order. In: Foreign Affairs Bd. 83 (2: März/April), 144-154.
Ilting, Karl-Heinz (1964/65): Hobbes und die praktische Philosophie der Neuzeit. In: Philosophisches Jahrbuch Bd. 72, 84-102.
Immler, Hans (1985): Natur in der ökonomischen Theorie. Teil 1: Vorklassik – Klassik – Marx, Teil 2: Naturherrschaft als ökonomische Theorie – Die Physiokraten. Opladen: Westdeutscher Verlag.
Institut für Weltwirtschaft Kiel (in Zusammenarbeit mit dem Deutschen Institut für Wirtschaftsforschung Berlin und dem Institut für Wirtschaftsforschung Halle) (1999): Die wirtschaftliche Lage Russlands. Wachstumsperspektive fehlt weiterhin, Schuldenerlaß keine Lösung. Fünfzehnter Bericht, Dezember 1999. Kiel: Institut für Weltwirtschaft (Kieler Diskussionsbeiträge Nr. 355).
Irwin, Douglas A. (1996): Against the Tide. An Intellectual History of Free Trade. Princeton (N.J.): Princeton University Press.
Isard, Peter (2005): Globalization and the International Financial System. Cambridge: Cambridge University Press.
Issing, Otmar (1992): Aristoteles – (auch) ein Nationalökonom? In: Bertram Schefold et al.: Aristoteles und seine „Politik". Vademecum zu einem Klassiker des antiken Wirtschaftsdenkens. Düsseldorf: Verlag Wirtschaft und Finanzen, 95-125.
IWF (Internationaler Währungsfonds) (1997): World Economic Outlook, May 1997. Washington D. C.: International Monetary Fund.
– (2000): World Economic Outlook, May 2000. Washington D.C.: International Monetary Fund.
– (2004a): Global Financial Stability Report. Market Developments and Issues. Washington D. C.: IWF. (www.imf.org)
– (2004b): World Economic Outlook. Advancing Structural Reforms. Washington D. C.: IWF. (www.imf.org)
– (2007a): Annual Report 2007. Making the global economy work for all. Washington D. C.: IWF. (www.imf.org)
– (2007b): World Economic Outlook 2007. Globalization and Inequality. Washington D. C.: IWF. (www.imf.org)
– (2007c): Global Financial Stability Report: Financial Market Turbulence. Causes, Consequences, and Policies. October 2007. Washington D.C.: IWF (www.img.org).
Jakobeit, Cord (2001): Produktion und Handel. In: Hauchler/Messner/Nuscheler (Hg.), 244-265.
Jacobs, Andreas (2003): Realismus. In: Schieder/Spindler (Hg.), 35-59.
Jäger, Wieland und Marion Baltes-Schmitt (2003): Jürgen Habermas. Einführung in die Theorie der Gesellschaft. Wiesbaden: Westdeutscher Verlag.
Jänicke, Martin (1986): Staatsversagen. Die Ohnmacht der Politik in der Industriegesellschaft. München: Piper.
Jarren, Otfried und Werner A. Meier (2000): Globalisierung der Medienlandschaft und ihre medienpolitische Bewältigung: Ende der Medienpolitik oder neue Gestaltungsformen auf regionaler und nationaler Ebene? In: Brunkhorst/Kettner (Hg.), 347-368.
Jenkins, Rhys (1987): Transnational Corporations and Uneven Development. New York: Routledge.
Jensen, Carsten Strøby (2003): Neo-functionalism. In: Cini (Hg.), 80-92.
Jervis, Robert (1998): Realism in the Study of World Politics. In: International Organization Bd. 52 (4), 971-991.

Johannes Paul II. (1981): Enzyklika „Laborem Exercens" über die menschliche Arbeit zum neunzigsten Jahrestag der Enzyklika „Rerum Novarum". Verlautbarungen des Apostolischen Stuhls Nr. 32. Bonn: Sekretariat der Deutschen Bischofskonferenz.

– (1991): Enzyklika „Centesimus Annus" zum hundertsten Jahrestag der Enzyklika „Rerum Novarum"). Verlautbarungen des Apostolischen Stuhls Nr. 101. Bonn: Sekretariat der Deutschen Bischofskonferenz.

Johnson, Laurie M. (1993): Thucydides, Hobbes, and the Interpretation of Realism. DeKalb (Ill.): Northern Illinois University Press.

Jung, Dietrich (1998): Weltgesellschaft als theoretisches Konzept der Internationalen Beziehungen. In: Zeitschrift für Internationale Beziehungen Bd. 5 (2), 241-271.

Jürgens, Ulrich, Katrin Naumann und Joachim Rupp (2000): Shareholder value in an adverse environment: the German case. In: Economy and Society Bd. 29, 54-79.

Kagan, Robert (2003): Of Paradise and Power. America and Europe in the New World Order. New York: Alfred A. Knopf.

– (2004): America's Crisis of Legitimacy. In: Foreign Affairs Bd. 83 (2: März/April), 65-87.

Kaiser, Karl und Hans-Peter Schwarz (Hg., 2000): Weltpolitik im neuen Jahrhundert. Bonn: Bundeszentrale für Politische Bildung und Baden-Baden: Nomos.

Kamppeter, Werner (2000): Korea: Wie falsche Propheten recht behalten können. In: Boris et al. (Hg.), 65-111.

Kantzenbach, Erhard (1967): Die Funktionsfähigkeit des Wettbewerbs. Göttingen: Vandenhoeck & Ruprecht (2., durchgesehene Aufl.).

– (2001): Wettbewerbspolitik in der globalisierten Weltwirtschaft. In: Theurl/Smekal (Hg.): 231-257.

– *und Hermann H. Kallfass* (1981): Das Konzept des funktionsfähigen Wettbewerbs – workable competition. In: Helmut Cox, Uwe Jens und Kurt Markert (Hg.): Handbuch des Wettbewerbs. München: Vahlen, 103-127.

Kaplan, Robert D. (2000): The Coming Anarchy. Shattering the Dreams of the Post Cold War. New York: Vintage Books.

Kather, Regine (2007):Person. Die Begründung menschlicher Identität. Darmstadt: Wissenschaftliche Buchgesellschaft.

Katzenstein, Peter J. (2003): Same War – Different Views: Germany, Japan, and Counterterrorism. In: International Organization Bd. 57, 731-760.

– *, Robert O. Keohane und Stephen D. Krasner* (1998): „International Organization" and the Study of World Politics. In: International Organization Bd. 52 (4) (= Sonderband „International Organization at Fifty: Exploration and Contestation in the Study of World Politics"), 645-685.

Kauder, Emil (1953): Genesis of the marginal utility theory. In: Economic Journal Bd. 63, 638-650.

Kaufmann, Franz-Xaver (1997): Herausforderungen des Sozialstaats. Frankfurt am Main: Suhrkamp.

– (1998): Globalisierung und Gesellschaft. In: Aus Politik und Zeitgeschichte Heft 18 (1998), 3-10.

Kautsky, Karl (1918/1981): Die Diktatur des Proletariats. In: Peter Lübbe (Hg.): Kautsky gegen Lenin. Berlin/Bonn: J. H. W. Dietz, 28-77.

Keane, John (2003): Global Civil Society? Cambridge: Cambridge University Press.

Kellner, Douglas (2007): Globalization, Terrorism, and Democracy: 9/11 and Its Aftermath. In: Rossi (Hg), 243-268.

Kennedy, Paul, Dirk Messner und Franz Nuscheler (Hg.): Global Trends and Global Governance. London/Sterling (Va.): Pluto Press.

Keohane, Robert O. (1982): The demand for international regimes. In: International Organization 36 (2), 325-355. (Auch abgedruckt in Krasner 1983, 141-171.)

– (1984): After Hegemony. Cooperation and Discord in the World Political Economy. Princeton (N. J.): Princeton University Press.

– (2001): The United Nations: An Essential Instrument against Terror. In: Forum: Faculty Viewpoints (Duke University). www.duke.edu/web/forums/keohane.html (16.1.2008).

Keohane, Robert O. und Joseph S. Nye (Hg., 1971): Transnational Relations and World Politics. International Organization Bd. 25 (3) [unveränderter Nachdruck: Cambridge (Mass.)/London (UK): Harvard University Press, 1981].
– (1977/2001): Power and Interdependence. New York u. a.: Longman (3. Aufl.).
– (2000): Globalization: What's New? What's Not? (And So What?) In: Foreign Policy Bd. 118 (Spring), 104-119.
Kerber, Walter (1998): Sozialethik. Stuttgart usw.: Kohlhammer.
Kerber, Wolfgang (1998a): Zum Problem einer Wettbewerbsordnung für den Systemwettbewerb. In: Jahrbuch für Neue Politische Ökonomie Bd. 17, 199-230.
– (1998b): Erfordern Globalisierung und Standortwettbewerb einen Paradigmenwechsel in der Theorie der Wirtschaftspolitik? In: ORDO Bd. 49, 253-268.
Kersting, Wolfgang (1988): Niccolò Machiavelli. München: Beck.
– (Hg., 1996): Thomas Hobbes: Leviathan oder Stoff, Form und Gewalt eines bürgerlichen und kirchlichen Staates. Klassiker Auslegen Bd. 5. Berlin: Akademie Verlag.
– (1999): Demokratie und Globalisierung. In: Emil Angehrn und Bernard Baertschi (Hg.): Demokratie und Globalisierung – Démocratie et mondialisation. Studia Philosophica Bd. 58, Bern/Stuttgart/Wien: Paul Haupt, 9-36.
– (2000): Der künstliche Mensch. Vertrag und Souveränität in der Hobbesschen Staatsphilosophie. In: Rüdiger Voigt (Hg.): Der Leviathan. Baden-Baden: Nomos, 67-95.
Keynes, John Maynard (1936/1973): The General Theory of Employment, Interest and Money. The Collected Writings of J. M. Keynes, Bd. VII. London/Basingstoke: Macmillan.
Keyt, David und Fred D. Miller, Jr. (Hg., 1991): A Companion to Aristotle's „Politics". Oxford (UK)/Cambridge (USA): Blackwell.
Kimminich, Otto (1974): Artikel Globalisierung. In: Historisches Wörterbuch der Philosophie Bd. 3. Basel/Stuttgart: Schwabe, 675-677.
Kindleberger, Charles (1973): Die Weltwirtschaftskrise 1929 – 1939. München: dtv.
– (2001): Manien, Paniken, Crashs. Die Geschichte der Finanzkrisen dieser Welt. Kulmbach: Börsenmedien (Übersetzung der 3. Aufl. von 1996).
Kirchgässner, Gebhard (1991): Homo economicus. Das ökonomische Modell individuellen Verhaltens und seine Anwendung in den Wirtschafts- und Sozialwissenschaften. Tübingen: Mohr (Siebeck).
– (1993): Hält sich der Homo oeconomicus an Regeln? Einige Bemerkungen zur Rolle von Normen und Regeln im Rahmen der Konzeption des ökonomischen Verhaltensmodells. In: Jahrbuch für Neue Politische Ökonomie Bd. 12, 181-197.
Kirsch, Guy (1997): Neue Politische Ökonomie. Düsseldorf: Werner (4., überarb. und erw. Aufl.).
Kirzner, Israel M. (1978): Wettbewerb und Unternehmertum. Tübingen: Mohr (Siebeck).
Kittsteiner, Heinz-Dieter (1980): Naturabsicht und unsichtbare Hand. Zur Kritik des geschichtsphilosophischen Denkens. Frankfurt am Main usw.: Ullstein.
– (1984): Ethik und Teleologie: Das Problem der Unsichtbaren Hand bei A. Smith. In: Franz-Xaver Kaufmann und Hans-Günter Krüsselberg (Hg.): Markt, Staat und Solidarität bei Adam Smith. Frankfurt a. M.: Campus, 41-73.
Kiwit, Daniel und Stefan Voigt (1998): Grenzen des institutionellen Wettbewerbs. In: Jahrbuch für Neue Politische Ökonomie Bd. 17, 313-337.
Klein, Ansgar, Heike Walk und Achim Brunnengräber (2005): Mobile Herausforderer und alternative Eliten – NGOs als Hoffnungsträger einer demokratischen Globalisierung? In: Brunnengräber/Klein/Walk (Hg.), 10-77.
Kleinert, Jörn (2000): Megafusionen: Welle oder Trend? In: Die Weltwirtschaft, Heft 2, 171-186.
Kleinert, Jörn und Henning Klodt (2000): Megafusionen: Trends, Ursachen und Implikationen. Tübingen: Mohr (Siebeck).
– (2002): Die fünfte Fusionswelle: Ausmaße und Hintergründe. In: Peter Oberender (Hg.): Megafusionen. Motive, Erfahrungen und wettbewerbspolitische Probleme. Berlin: Duncker & Humblot (Schriften des Vereins für Socialpolitik N. F. Bd. 288), 9-19.

Kleinschmidt, Harald (1998): Geschichte der internationalen Beziehungen, Stuttgart: Reclam.
Kline, John M. (2003): Political activities by transnational corporations: bright lines versus grey boundaries. In: Transnational Corporations Bd. 12 (1), 1-25. (www.unctad.org)
Klodt, Henning (1998): Globalisierung: Phänomen und empirische Relevanz. In: Jahrbuch für Neue Politische Ökonomie Bd. 17, 7-34.
Kloft, Hans (1992): Die Wirtschaft der griechisch-römischen Welt. Eine Einführung. Darmstadt: Wissenschaftliche Buchgesellschaft.
Knorr, Klaus (1973): Power and Wealth. The Political Economy of International Power. New York: Basic Books und London/Basingstoke: Macmillan.
– (1975): The Power of Nations. The Political Economy of International Relations. New York: Basic Books.
Koch, Eckart (2000): Globalisierung der Wirtschaft. Über Weltkonzerne und Weltpolitik. München: Vahlen.
Kodalle, Klaus-Michael (1972): Thomas Hobbes – Logik der Herrschaft und Vernunft des Friedens. München: Beck.
Koechlin, Florianne (2001): Patente auf Lebewesen. „Biopiraterie“ und die private Kontrolle genetischer Ressourcen. In: Brühl (Hg.), 299-313.
Köhler, Horst (2007): Das Streben der Menschheit nach Glück verändert die Welt. „Berliner Rede“ am 1. Oktober 2007. Von Bundespräsident Horst Köhler. (http://www.bundespraesident.de/Reden-und-Interviews/Berliner-Reden-,12183/Berliner-Rede-2007.htm; 18.1.2008)
Kohler-Koch, Beate (1989): Zur Empirie und Theorie internationaler Regime. In: dies. (Hg.): Regime in den internationalen Beziehungen. Baden-Baden: Nomos, 17-85.
Kolko, Gabriel (2002): Another century of war? New York: The New Press.
Koller, Peter (1990): Die neuen Vertragstheorien. In: Karl Graf Ballestrem und Henning Ottmann (Hg.): Politische Philosophie des 20. Jahrhunderts. München: Oldenbourg, 281-306.
Korff, Wilhelm (Hg., 1999): Handbuch der Wirtschaftsethik. 4 Bde. Gütersloh: Gütersloher Verlagshaus.
Koslowski, Peter (1979): Haus und Geld. Zur aristotelischen Unterscheidung von Politik, Ökonomie und Chrematistik. In: Philosophisches Jahrbuch Bd. 86, 60-83.
– (1988): Prinzipien der Ethischen Ökonomie. Grundlegung der Wirtschaftsethik und der auf die Ökonomie bezogenen Ethik. Tübingen: Mohr (Siebeck).
– (1993): Politik und Ökonomie bei Aristoteles. Tübingen: Mohr (Siebeck) (3., durchges. u. erg. Aufl.).
Krasner, Stephen D. (1976): State Power and the Structure of International Trade. In: World Politics 28 (3), 317-347.
– (Hg., 1983): International Regimes. Ithaca/London: Cornell University Press.
– (1985): Structural Conflict: The Third World Against Global Liberalism. Berkeley/Los Angeles/London: University of California Press.
– (1994): International Political Economy. Abiding Discord. In: Review of International Political Economy Bd. 1, 13-20.
– (1995): Compromising Westphalia. In: International Security 20 (3) (Winter 1995/96), 115-151.
Kratochwil, Friedrich V. (1989): Rules, norms, and decisions. On the conditions of practical and legal reasoning in international relations and domestic affairs. Cambridge usw.: Cambridge University Press.
Krause, Jens Patrick (1997): Immanuel Kant und Adam Smith. Präsenz, Wirkung und Geltung der „Theory of Moral Sentiments“ in Kants Werk. Köln (Dissertation, Philosophische Fakultät der Universität zu Köln).
Krauthammer, Charles (1990/91): The Unipolar Moment. In: Foreign Affairs Bd. 70 (Heft 1: Winter 1990/91), 23-33.
Krell, Gert (2003): Weltbilder und Weltordnung. Einführung in die Theorie der Internationalen Beziehungen. Baden-Baden: Nomos (2. Aufl.).

Kriele, Martin (1994): Einführung in die Staatslehre. Die geschichtlichen Legitimitätsgrundlagen des demokratischen Verfassungsstaates. Wiesbaden: Westdeutscher Verlag (5., überarb. Aufl.).

Kromphardt, Jürgen (1982): Artikel „Wirtschaftswissenschaft II: Methoden und Theorienbildung in der Volkswirtschaftslehre". In: HdWW Bd. 9, 904-936.

– (2004): Konzeptionen und Analysen des Kapitalismus von seiner Entstehung bis zur Gegenwart. Göttingen: Vandenhoeck & Ruprecht (4., durchges. und aktualisierte Aufl.).

Krugman, Paul (1991): Financial Crises in the International Economy. In: Martin Feldstein (Hg.): The Risk of Economic Crisis. Chicago/London: University of Chicago Press, 85-109.

– (1999): The Return of Depression Economics. In: Foreign Affairs Bd. 78 (Heft 1, Januar/Februar), 56-74.

Kruse, Alfred (1997): Geschichte der volkswirtschaftlichen Theorien. Berlin: Duncker & Humblot (6., unveränderte Aufl.).

Kudrle, Robert T. (1993): No Entry: Sectoral Controls on Incoming Direct Investment in the Developed Countries. In: Eden/Potter (Hg.), 142-167.

Kuhn, Helmut (1959): Sokrates. Versuch über den Ursprung der Metaphysik. München: Kösel.

Kuhn, Thomas (1978): Die Struktur wissenschaftlicher Revolutionen. Frankfurt am Main: Suhrkamp (3., unveränderte Aufl.).

Kullmann, Wolfgang (1995): Theoretische und politische Lebensform (Aristoteles, EN X 6-9). In: Höffe (Hg.), 253-276.

– (1998): Aristoteles und die moderne Wissenschaft. Stuttgart, Franz Steiner Verlag.

Kuttner, Robert (2001): Die Rolle der Regierungen in der globalen Wirtschaft. In: Hutton/Giddens (Hg.), 177-196.

Lamy, Steven L. (2001): Contemporary mainstream approaches: neo-realism and neo-liberalism. In: Baylis/Smith (Hg.), 182-199.

Landmesser, Detlev (2002): Wirtschaftsstil und wirtschaftliche Entwicklung im klassischen Athen. Frankfurt am Main: Peter Lang.

Lange, Ernst Michael (1995): Karl Marx. In: Otfried Höffe (Hg.): Klassiker der Philosophie. Band II: Von Kant bis Sartre. München: C. H. Beck (3., überarb. Auflage), 168-186.

Langhammer, Rolf J. (2002): Die Welthandelsorganisation gegen Ende ihres ersten Jahrzehnts. Begonnenes, Erreichtes, Unterbliebenes und Fehlgeleitetes: Eine kritische Zwischenbilanz. In: Wirtschaftswissenschaftliches Studium Bd. 22 (Heft 6), 315-320.

Lantz, Göran (1977): Eigentumsrecht, ein Recht oder ein Unrecht? Eine kritische Beurteilung der ethischen Argumente für das Privateigentum bei Aristoteles, Thomas von Aquino, Grotius, Locke, Hegel, Marx und in den modernen katholischen Sozialenzykliken. Uppsala/Stockholm: Acta Universitatis Upsaliensis (Uppsala studies in social ethics Bd. 4).

Lasswell, Harold D. (1950): Politics: Who Gets What, When, How? New York: Peter Smith.

Lazonick, William und Mary O'Sullivan (2000): Maximizing shareholder value: a new ideology for corporate governance. In: Economy and Society Bd. 29, 13-35.

Lehmann, Gustav Adolf (1997): Oligarchische Herrschaft im klassischen Athen. Zu den Krisen und Katastrophen der attischen Demokratie im 5. und 4. Jahrhundert v. Chr. Opladen: Westdeutscher Verlag.

Leiner, Martin (2003): Artikel „Personalismus". In: Religion in Geschichte und Gegenwart (RGG) Bd. 6, 1130-1133.

Lenin, Wladimir I. (1902/1978): Was tun? Brennende Fragen unserer Bewegung. In: Werke Bd. 5. Berlin: Dietz, 355-551.

– (1917/1977): Der Imperialismus als höchstes Stadium des Kapitalismus. In: Werke Bd. 22, Berlin: Dietz Verlag, 189-309.

Levitan, Sar A. und Isaac Shapiro (1987): Working but Poor. America's Contradiction. Baltimore/London: Johns Hopkins University Press.

Lewis, Bernard (2003): The Crisis of Islam. Holy War and Unholy Terror. New York: The Modern Library.

Lindsay, Alexander Dunlop (1937): Artikel „Individualism". In: Encyclopedia of the Social Sciences. New York: Macmillan, Bd. VII-VIII, 674-680.
Link, Werner (2001a): Die Neuordnung der Weltpolitik. Grundprobleme globaler Politik an der Schwelle zum 21. Jahrhundert. München: Beck.
– (2001b): Globalisierung als Regionalisierung – die Regionen und die großen Mächte. In: Oberreuter/Piazolo (Hg.), 169-179.
– (2002): Hegemonie und Gleichgewicht der Macht. In: Ferdowsi (Hg.), 33-51.
Linzbach, Christoph, Uwe Lübking, Stephanie Scholz, Bernd Schulte (Hg., 2007): Globalisierung und Europäisches Sozialmodell. Baden-Baden: Nomos.
Little, Richard (2001): International Regimes. In: Baylis/Smith (Hg.), 299-316.
Locher, Klaus (1991a): Struktur und Erscheinungsformen des Gefangenen-Dilemmas. In: Wirtschaftswissenschaftliches Studium (WiST) Bd. 20, 19-24.
– (1991b): Auswege aus Gefangenen-Dilemma-Situationen. In: Wirtschaftswissenschaftliches Studium (WiST) Bd. 20, 60-64.
Lösch, Bettina (2007): Die neoliberale Hegemonie als Gefahr für die Demokratie. In: Butterwegge/Lösch/Ptak (2007), 221-283.
Lott, Tommy L. (1989): Hobbes on International Relations. In: Airaksinen/Bertmann (Hg.), 91-98.
Lottes, Günther (1996): „The State of the Art". Stand und Perspektiven der „intellectual history". In: Frank-Lothar Kroll (Hg.): Neue Wege der Ideengeschichte. Festschrift für Kurt Kluxen zum 85. Geburtstag. Paderborn usw.: Schöningh, 27-45.
Lowry, S. Todd (1987): The Archeology of Economic Ideas. The Classical Greek Tradition. Durham: Duke University Press.
– (1992): Ökonomische Ideen in Aristoteles' „Politik". In: Bertram Schefold et al.: Vademecum zu einem Klassiker des antiken Wirtschaftsdenkens. Düsseldorf: Verlag Wirtschaft und Finanzen, 1992, 127-152.
Luttwak, Edward (1999): Turbo-Kapitalismus. Gewinner und Verlierer der Globalisierung. Hamburg/Wien: Europa-Verlag.
Lutz-Bachmann, Matthias (Hg., 2002): Weltstaat oder Staatenwelt? Für und wider die Idee einer Weltrepublik. Frankfurt am Main: Suhrkamp.
Luxemburg, Rosa (1918/1979): Zur russischen Revolution. In: Gesammelte Werke Bd. 4. Berlin: Dietz, 332-365.
– (1913/1975): Die Akkumulation des Kapitals. Ein Beitrag zur ökonomischen Erklärung des Imperialismus. In: Gesammelte Werke Bd. 5. Berlin: Dietz, 1-411.
Maak, Thomas und York Lunau (Hg., 1998): Weltwirtschaftsethik. Globalisierung auf dem Prüfstand der Lebensdienlichkeit. Bern usw.: Paul Haupt.
Macneil, Ian R. (1974): The many futures of contracts. In: Southern California Law Review, Bd. 47, 691-816.
– (1978): Contracts: Adjustments of long-term economic relations under classical, neoclassical and relational contract law. In: Northwestern University Law Review, Bd. 72, 854-905.
Macpherson, Crawford B. (1973): Die politische Theorie des Besitzindividualismus. Frankfurt am Main: Suhrkamp.
Malcolm, Noel (2002): Hobbes's Theory of International Relations. In: ders. (Hg.): Aspects of Hobbes. Oxford: Clarendon Press, 432-456.
Malik, Fredmund (2002): „Meisterwerk der Desinformation". Spiegel-Gespräch. In: Der Spiegel Nr. 36 vom 2.9.2002.
Mandel, Ernest (1972): Der Spätkapitalismus. Versuch einer marxistischen Erklärung. Frankfurt am Main: Suhrkamp.
Mander, Jerry und Edward Goldsmith (Hg., 2002): Schwarzbuch Globalisierung. Eine fatale Entwicklung mit vielen Verlierern und wenigen Gewinnern. München: Riemann.
Mantzavinos, Chrysostomos (1994): Wettbewerbstheorie. Eine kritische Auseinandersetzung. Berlin: Duncker & Humblot.

Margolis, Joseph (1992): Praxis and Meaning: Marx's Species Being and Aristotle's Political Animal. In: McCarthy (Hg.), 329-355.
Marrewijk, Charles van (2002): International Trade and the World Economy. Oxford: Oxford University Press.
Martin, Lisa L. (1993): The Rational State Choice of Multilateralism. In: John Gerard Ruggie (Hg.): Multilateralism Matters. The Theory and Praxis of an Institutional Form. New York: Columbia University Press, 91-121.
Mathiot, Jean (1990): Adam Smith – Philosophie et économie. De la sympathie à l'échange. Paris: Presses Universitaires de France.
Mayer, Peter, Volker Rittberger und Fariborz Zelli (2003): Risse im Westen? Betrachtungen zum transatlantischen Verhältnis heute. Tübinger Arbeitspapiere zur Internationalen Politik und Friedensforschung Nr. 40. Tübingen: Universität Tübingen (Institut für Politikwissenschaft). (Im Internet unter: www.uni-tuebingen.de/uni/spi/taps/tap40.htm, 16.1.2008.)
McCarthy, George E. (Hg., 1992): Marx and Aristotle. Nineteenth-century German Social Theory and Classical Antiquity. Savage (Maryland): Rowman & Littlefield.
McGrew, Anthony (Hg., 1997): The Transformation of Democracy? Globalization and Territorial Democracy. Cambridge: Polity Press.
– (1997): Globalization and territorial democracy: an introduction. In: ders. (Hg.), 1-24.
McKenzie, Richard B. und Gordon Tullock (1984): Homo Oeconomicus. Ökonomische Dimensionen des Alltags. Frankfurt am Main: Campus.
McLean, Bethany und Peter Elkind (2003): The smartest guys in the room. The amazing rise and scandalous fall of Enron. New York: Portfolio.
Mearsheimer, John J. (1990): Back to the Future. Instability in Europe After the Cold War. In: International Security Bd. 15 (1), 5-56.
– (1994/95): The False Promise of International Institutions. In: International Security Bd. 19 (3), 5-49.
Meessen, Karl M. (2000): Das Für und Wider eines Weltkartellrechts. In: Jahrbuch für Neue Politische Ökonomie Bd. 19, 336-355.
Meier-Walser, Reinhard C. und Peter Stein (Hg., 2004): Globalisierung und Perspektiven internationaler Verantwortung. Problemstellungen, Analysen, Lösungsstrategien: Eine systematische Bestandsaufnahme. München: Hanns-Seidel-Stiftung/K. G. Saur.
Meikle, Scott (1979): Aristotle and the Political Economy of the Polis. In: Journal of Hellenic Studies, Bd. 99, 57-73.
– (1991): Aristotle and Exchange Value. In: Keyt/Miller (Hg.), 156-181.
– (1995): Aristotle's Economic Thought. Oxford: Clarendon Press.
Mencken, Henry L. (2002): Kommentare und Kolumnen 1909 – 1935. Hg. von Helmut Winter. Waltrop/Leipzig: Manuscriptum.
Meng, Werner (1998): WTO-Recht als Steuerungsmechanismus der Neuen Welthandelsordnung. In: Martin Klein, Werner Meng und Richard Rode (Hg.): Die Neue Welthandelsordnung der WTO. Amsterdam: GfB-Verlag Fakultas, 19-66.
Menkhoff, Lukas und Norbert Tolksdorf (1999): Finanzmärkte in der Krise? Zur Abkopplung des Finanzsektors von der Realwirtschaft. Stuttgart: Deutscher Sparkassen Verlag.
Mense-Petermann, Ursula und Gabriele Wagner (Hg., 2006): Transnationale Konzerne. Ein neuer Organisationstyp? Wiesbaden: VS-Verlag.
Menzel, Adolf (1922): Kallikles. Eine Studie zur Geschichte der Lehre vom Rechte des Stärkeren. Wien/Leipzig: F. Deuticke.
Menzel, Ulrich (1998): Globalisierung versus Fragmentierung. Frankfurt am Main: Suhrkamp.
– (2000): Die postwestfälische Konstellation, das Elend der Nationen und das Kreuz von Globalisierung und Fragmentierung. In: ders. (Hg.), 158-187.
– (Hg., 2000): Vom Ewigen Frieden und vom Wohlstand der Nationen. Dieter Senghaas zum 60. Geburtstag. Frankfurt am Main: Suhrkamp.

– (2001): Zwischen Idealismus und Realismus. Die Lehre von den Internationalen Beziehungen. Frankfurt am Main: Suhrkamp.

Messner, Dirk (Hg., 1998): Die Zukunft des Staates und der Politik. Möglichkeiten und Grenzen politischer Steuerung in der Weltgesellschaft. Bonn: J. H. W. Dietz.

– (1998): Die Transformation von Staat und Politik im Globalisierungsprozess. In: ders. (Hg.), 14-43.

– (2000): Gesellschaftliche Determinanten wirtschaftlicher Entwicklung in der Weltmarktwirtschaft. Markt, Netzwerksteuerung und soziale Gerechtigkeit als Elemente einer Entwicklungsstrategie jenseits des Neoliberalismus. In: Brunkhorst/Kettner (Hg.), 90-127.

– (2002): World Society – Structures and Trends. In: Kennedy/Messner/Nuscheler (Hg.), 22-64.

– *und Franz Nuscheler* (2002): World Politics – Structures and Trends. In: Kennedy/Messner/Nuscheler (Hg.), 125-155.

Messner, Johannes (1984): Das Naturrecht. Handbuch der Gesellschaftsethik, Staatsethik und Wirtschaftsethik. Berlin: Duncker & Humblot (7., unveränderte Aufl.).

Meyer, Eric Christian (2001): Globalisierung der Ordnungspolitik – Globale Ziele und lokale Anforderungen. In: Theurl/Smekal (Hg.), 145-183.

Meyer-Faje, Arnold und Peter Ulrich (Hg., 1991): Der andere Adam Smith. Beiträge zur Neubestimmung von Ökonomie als Politischer Ökonomie. Bern: Haupt.

Meyers, Reinhardt (1998): Theorien der internationalen Beziehungen. In: Woyke (Hg.), 388-419.

Michie, Jonathan (Hg., 2003): The Handbook of Globalisation. Cheltenham (UK)/Northampton (Mass.): Edward Elgar.

Milgrom, Paul und John Roberts (1992): Economics, Organization and Management. Englewood Cliffs (NJ): Prentice Hall.

Misol, Lisa (2006): Private Companies and the Public Interest: Why Corporations Should Welcome Global Human Rights Rules. In: Human Rights Watch (Hg.): World Report 2006. Events of 2005. New York usw.: Human Rights Watch, 41-51. (www.hrw.org)

Monopolkommission (2004): Wettbewerbspolitik im Schatten „nationaler Champions". Fünfzehntes Hauptgutachten der Monopolkommission 2002/2003. Baden-Baden: Nomos.

Morgenthau, Hans Joachim (1952): American Foreign Policy. A Critical Examination. London: Methuen & Co.

– *und Kenneth W. Thompson* (1948/85): Politics among Nations. The Struggle for Power and Peace. New York: Alfred E. Knopf (6., überarbeitete Aufl.).

Müller, Stefan und Martin Kornmeier (2001): Streitfall Globalisierung. München/Wien: Oldenburg.

Müller-Stewens, Günter (2006): Die Fusionswelle hält an. In: io new management 11/2006, 14-18.

Münch, Richard (2001): Offene Räume. Soziale Integration diesseits und jenseits des Nationalstaats. Frankfurt am Main: Suhrkamp.

Münkler, Herfried (1982): Machiavelli. Die Begründung des politischen Denkens der Neuzeit aus der Krise der Republik Florenz. Frankfurt am Main: Europäische Verlagsanstalt.

– (2002): Die neuen Kriege. Hamburg: Rowohlt (Lizenzausgabe für die Bundeszentrale für politische Bildung).

– (2003): Republik, Demokratie und Diktatur. Die Rezeption von drei antiken Begriffen im politischen Denken der Neuzeit. In: Walter Jens und Bernd Seidensticker (Hg.): Ferne und Nähe der Antike. Beiträge zu den Künsten und Wissenschaften der Moderne. Berlin/New York: Walter de Gruyter, 69-84.

Murphy, Craig N. und Douglas R. Nelson (2001): International political economy: a tale of two heterodoxies. In: British Journal of Politics and International Relations Bd. 3 (3), 393-412.

Musgrave, Richard Abel, Peggy B. Musgrave und Lore Kullmer (1994): Die öffentlichen Finanzen in Theorie und Praxis. Tübingen: Mohr (UTB; 6., aktualisierte Aufl.).

Myrdal, Gunnar (1958): Internationale Wirtschaft. Probleme und Aussichten. Berlin: Duncker & Humblot.

– (1970): Politische Manifest über die Armut in der Welt. Frankfurt am Main: Suhrkamp.

– (1974): Ökonomische Theorie und unterentwickelte Regionen. Weltproblem Armut. Frankfurt am Main: Fischer.

Narr, Wolf-Dieter und Alexander Schubert (1994): Weltökonomie. Die Misere der Politik. Frankfurt am Main: Suhrkamp.

Nell-Breuning, Oswald von (1950): Zur Kritik des wirtschaftlichen Liberalismus. In: Die neue Ordnung. Zeitschrift für Religion, Kultur, Gesellschaft. Bd. 4, 289-307.

Nestle, Wilhelm (1946): Friedrich Nietzsche und die griechische Philosophie. In: ders.: Griechische Weltanschauung in ihrer Bedeutung für die Gegenwart. Vorträge und Abhandlungen. Stuttgart: H. F. C. Hannsmann, 255-295.

Neumann, Manfred (1980): Artikel „Nutzen". In: HdWW Bd. 5, 349-361.

Neuschwander, Thomas (1998a): Artikel „Internationale Handelspolitik". In: Woyke (Hg.), 137-144.

– (1998b): Artikel „WTO/GATT (Welthandelsorganisation)". In: Woyke (Hg.), 521-528.

Nida-Rümelin, Julian (1996): Bellum omnium contra omnes. Konflikttheorie und Naturzustandskonzeption im 13. Kapitel des *Leviathan*. In: Kersting (Hg.), 109-130.

Nippel, Wilfried (2003): Antike und moderne Freiheit. In: Walter Jens und Bernd Seidensticker (Hg.): Ferne und Nähe der Antike. Beiträge zu den Künsten und Wissenschaften der Moderne. Berlin/ New York: Walter de Gruyter, 49-68.

Niskanen, William A. (1994): Bureaucracy and public economics. Aldershot usw.: Elgar.

Nohlen, Dieter und Rainer-Olaf Schultze (Hg., 1995): Politische Theorien. Lexikon der Politik, Bd. 1. München: Beck.

North, Douglass C. (1992): Institutionen, institutioneller Wandel und Wirtschaftsleistung. Tübingen: Mohr (Siebeck).

Nozick, Robert (1974): Anarchy, State, and Utopia. Oxford: Blackwell.

Nussbaum, Martha C. (1992): Nature, Function, and Capability: Aristotle on Political Distribution. In: McCarthy (Hg.), 175-211 [dt. Übersetzung in: dies. (1999), 86-130].

– (1999): Gerechtigkeit oder Das gute Leben. Frankfurt a. M.: Suhrkamp.

Nye, Joseph S. (2002): The paradox of American power. Why the world's only superpower can't go it alone. Oxford usw.: Oxford University Press.

Oberreuter, Heinrich und Michael Piazolo (Hg., 2001): Global denken. Die Rolle des Staates in der internationalen Politik zwischen Kontinuität und Wandel. München: Olzog.

OECD (1992): Technology and the Economy: The Key Relationships. OECD, Paris.

– (1997): The World in 2020. Towards a New Global Age. Paris: OECD Publications.

Offe, Claus (1998): Demokratie und Wohlfahrtsstaat: Eine europäische Regimeform unter dem Streß der europäischen Integration. In: Streeck (Hg.), 99-136.

Olson, Mancur (1968): Die Logik kollektiven Handelns. Tübingen: Mohr (Siebeck).

– (1991): Aufstieg und Niedergang von Nationen. Ökonomisches Wachstum, Stagflation und soziale Starrheit.. Tübingen: Mohr (Siebeck). (2., durchgesehene Aufl.)

Oncken, August (1877): Adam Smith und Immanuel Kant. Der Einklang und das Wechselverhältnis ihrer Lehren über Sitte, Staat und Wirthschaft. Leipzig: Duncker & Humblot.

Onuf, Nicholas G. (1989): World of Our Making: Rules and Rule in Social Theory and International Relations. Columbia (SC): University of South Carolina Press.

– (1997): A Constructivist Manifesto. In: Kurt Burch und Robert A. Denemark (Hg.): Constituting International Political Economy. Boulder (Colorado)/London: Lynne Rienner Publishers.

Opitz, Peter J. (2002): Die Vereinten Nationen. München : Fink (UTB).

Ottmann, Henning (2001): Georg Friedrich Wilhelm Hegel (1770-1831). In: Hans Maier und Horst Denzer (Hg.): Klassiker des politischen Denkens. Zweiter Band: Von John Locke bis Max Weber. München: Beck, 131-144.

Ouchi, William (1979): A Conceptual Framework for the Design of Organizational Control Mechanisms. In: Management Science, Bd. 25, 833-848.

– (1980): Markets, Bureaucracies and Clans. In: Administrative Science Quarterly, Bd. 25, 129-141.

Oxfam (2002): Rigged Rules and Double Standards: trade, globalisation and the fight against poverty. Oxfam/Make Trade Fair (http://www.oxfam.org.uk/resources/papers/downloads/trade_report .pdf; 23.12.2007).
Palazzo, Guido (2002): Die Mitte der Demokratie. Über die Theorie deliberativer Demokratie von Jürgen Habermas. Baden-Baden: Nomos.
Patzen, Martin (1991): Zur Diskussion des Adam-Smith-Problems – ein Überblick. In: Meyer-Faje/Ulrich (Hg.), 21-54.
Pellegrin, Pierre (2001): Hausverwaltung und Sklaverei (Aristoteles, „Politik" I 3-13). In: Höffe (Hg.), 37-57.
Pennock, J. Roland (1979): Democratic Political Theory. Princeton (N.J.): Princeton University Press.
Perraton, Jonathan, David Goldblatt, David Held und Anthony McGrew (1998): Die Globalisierung der Wirtschaft. In: Beck (Hg.), 134-168.
Piazolo, Michael (Hg., 2006): Macht und Mächte in einer multipolaren Welt. Wiesbaden: VS Verlag.
Picot, Arnold, Ralf Reichwald und Rolf T. Wigand (2001): Die grenzenlose Unternehmung. Information, Organisation und Management. Lehrbuch zur Unternehmensführung im Informationszeitalter. Wiesbaden: Gabler (4., vollständig überarb. und erw. Aufl.).
Pies, Ingo (2000): Globalisierung und Demokratie: Chancen und Risiken aus ökonomischer Sicht. In: Brunkhorst/Kettner (Hg.), 53-89.
– *und Martin Leschke* (1998): Gary Beckers ökonomischer Imperialismus. Tübingen: Mohr (Siebeck).
Piper, Nikolaus (2002). Kronzeuge wider Willen. Der Yale-Ökonom blieb zeitlebens ein kritischer, linker Liberaler. Zum Tod von James Tobin. In: Süddeutsche Zeitung Nr. 62 (14.3.2002), 26.
Pius XI. (1931/1976): Enzyklika Quadragesimo anno. In: Arthur F. Utz und Brigitta Gräfin von Galen (Hg.): Die katholische Sozialdoktrin in ihrer geschichtlichen Entfaltung. Eine Sammlung päpstlicher Dokumente vom 15. Jahrhundert bis in die Gegenwart. Aachen: Scientia Humana Institut, 1976.
Polanyi, Karl (1979): Aristoteles entdeckt die Volkswirtschaftslehre. In: ders.: Ökonomie und Gesellschaft. Frankfurt am Main: Suhrkamp, 149-185.
Posner, Richard A. (1976): Antitrust Law. An Economic Perspective. Chicago: The University of Chicago Press.
Powell, Colin L. (2004): A Strategy of Partnerships. In: Foreign Affairs Bd. 83 (1: Januar/Februar), 22-34.
Powell, Robert (1991): Absolute and relative gains in international relations theory. In: American Political Science Review Bd. 85 (4), 1303-1320.
Pribram, Karl (1938): Die Entstehung der individualistischen Sozialphilosophie. Leipzig: Hirschfeld.
– (1983): A history of economic reasoning. Baltimore/London: John Hopkins University Press.
Priddat, Birger P. (1997): Alternative Interpretationen einer ökonomischen Metapher: die ‚invisible hand' bei Adam Smith. In: Ethik und Sozialwissenschaften Bd. 8, 195-204 (Diskussion: 204-240, Replik: 240-246).
– *und Eberhard K. Seifert* (1987): Gerechtigkeit und Klugheit – Spuren aristotelischen Denkens in der modernen Ökonomie. In: Bernd Biervert und Martin Held (Hg.): Ökonomische Theorie und Ethik. Frankfurt a. M.: Campus, 51-77.
Probst, Peter (1994): Artikel „Seelenruhe – I. Antike". In: Historisches Wörterbuch der Philosophie Bd. 9. Basel/Stuttgart: Schwabe, 94f.
Quaritsch, Helmut (1998): Der Staatsbegriff und die antiken Politik-Theorien. In: Wolfgang Schuller (Hg.): Politische Theorie und Praxis im Altertum. Darmstadt: Wissenschaftliche Buchgesellschaft, 278-290.
Rappaport, Alfred (1986): Creating shareholder-value. The new standard for business performance. New York: Free Press. (Dt.: Shareholder-Value. Ein Handbuch für Manager und Investoren. Stuttgart: Schäffer-Poeschel, 2., vollst. überarb. Aufl., 1999.)
Rauscher, Anton (1976): Artikel „Individualismus". In: Historisches Wörterbuch der Philosophie Bd. 4. Basel/Stuttgart: Schwabe, 289-291.

Rawls, John (1975): Eine Theorie der Gerechtigkeit. Frankfurt am Main: Suhrkamp.

Recktenwald, Horst Claus (Hg., 1985): Ethik, Wirtschaft und Staat. Adam Smiths politische Ökonomie heute. Darmstadt: Wissenschaftliche Buchgesellschaft.

Reden, Sitta von (1996): Artikel „Arbeit". In: Der Neue Pauly – Enzyklopädie der Antike, Bd. 1. Stuttgart/Weimar: Metzler.

Reder, Michael (2006): Global Governance. Philosophische Modelle der Weltpolitik. Darmstadt: Wissenschaftliche Buchgesellschaft.

Reich, Hermann (1991): Eigennutz und Kapitalismus. Die Bedeutung des Gewinnstrebens im klassischen ökonomischen Denken. Berlin: Duncker & Humblot.

Reiner, H. (1972): Artikel „Eudämonismus". In: Historisches Wörterbuch der Philosophie Bd. 2. Basel/Stuttgart: Schwabe, 819-823.

Reinicke, Wolfgang H. (1998): Global public policy: governing without government? Washington, D.C.: Brookings Institution Press.

– *und Francis Deng* (2000): Critical Choices. The United Nations, Networks, and the Future of Global Governance. Ottawa usw.: International Development Research Centre.

Rentsch, Thomas (1989): Artikel „Paradigma". In: Historisches Wörterbuch der Philosophie Bd. 7. Basel/Stuttgart: Schwabe, 74-81.

Ricken, Friedo (1998): Aristoteles über Gerechtigkeit und Gleichheit. In: Theologie und Philosophie Bd. 73, 161-172.

Riedel, Manfred (1970): Metaphysik und Politik bei Aristoteles. In: Philosophisches Jahrbuch, Bd. 77, 1-14.

– (1975): Metaphysik und Metapolitik. Studien zu Aristoteles und zur politischen Sprache der neuzeitlichen Philosophie. Frankfurt am Main: Suhrkamp.

Rieger, Elmar und Stephan Leibfried (2001): Grundlagen der Globalisierung. Perspektiven des Wohlfahrtsstaates. Frankfurt am Main: Suhrkamp.

Rifkin, Jeremy (2000): Access. Das Verschwinden des Eigentums. Frankfurt am Main/New York: Campus.

Ripsman, Norrin M. (2005): False Dichotomies: Why Economics is High Politics. In: Peter Dombrowski (Hg.): Guns and Butter. The Political Economy of International Security. Boulder (Colorado)/London: Lynne Rienner, 15-31.

Risse, Thomas (2002): Transnational Actors and World Politics. In: Walter Carlsnaes, Thomas Risse und Beth A. Simmons (Hg.): Handbook of International Relations. London usw.: Sage Publications, 255-274.

Rittberger, Volker (1993): Research on International Regimes in Germany: The Adaptive Internalization of an American Social Science Concept. In: ders. (Hg.): Regime Theory and International Relations. Oxford: Clarendon Press, 3-22.

Ritter, Gerhard (1948): Die Dämone der Macht. Betrachtungen über Geschichte und Wesen des Machtproblems im politischen Denken der Neuzeit. München: Leibniz Verlag (vormals Oldenbourg; 6. Aufl.).

Ritzer, George (1995): Die McDonaldisierung der Gesellschaft. Frankfurt am Main: Fischer.

– *und Todd Stillmann* (2003): McDonaldisierung, Amerikanisierung und Globalisierung: Eine vergleichende Analyse. In: Beck/Sznaider/Winter (Hg.), 44-68.

Rohde, Christoph (2004): Hans J. Morgenthau und der weltpolitische Realismus. Wiesbaden: Verlag für Sozialwissenschaften.

Roloff, Ralf (1999): Europa, Amerika und Asien zwischen Globalisierung und Regionalisierung. Das interregionale Konzert und die ökonomische Dimension internationaler Politik. Paderborn usw.: Schöningh.

Röpke, Jochen (2000): Die Finanzkrise in Indonesien. Eine Schumpetersche Rekonstruktion. In: Boris et al. (Hg.), 131-160.

Röpke, Wilhelm (1949): Civitas humana. Grundfragen der Gesellschafts- und Wirtschaftsreform. Erlenbach-Zürich: Eugen Rentsch Verlag (3., unveränderte Aufl.).

Rosecrance, Richard (2001): Das globale Dorf. New Economy und das Ende des Nationalstaats. Darmstadt: Wissenschaftliche Buchgesellschaft.
Rosenau, James N. (1990): Turbulence in World Politics. A Theory of Change and Continuity. Princeton: Princeton University Press.
– (2002): Ominous Tensions in a Globalizing World. Eröffnungsvortrag, vorbereitet für die M.E.T.U. Conference in International Relations, Ankara (Türkei), 3.-5. Juli 2002.
– *und Ernst-Otto Czempiel* (Hg., 1992): Governance Without Government: Order and Change in World Politics. Cambridge usw.: Cambridge University Press.
– *und Mary Durfee* (2000): Thinking Theory Thoroughly. Cohent approaches to an Incoherent World. Boulder (Col.): Westview Press (2. Aufl.).
Ross, Michael L. (2004): How Do Natural Resources Influence Civil War? Evidence from Thirteen Cases. In: International Organization Bd. 58, 35-67.
Rossi, Ino (Hg., 2007): Frontiers of Globalization Research: Theoretical and Methodological Approaches. New York: Springer.
Rostovtzeff, Michael (1955): Die hellenistische Welt. Wirtschaft und Gesellschaft. 2 Bände. Stuttgart: Kohlhammer.
Rudolf, Peter (2002): Die USA und die transatlantischen Beziehungen nach dem 11. September 2001. In: APuZ B 25 vom 21.6.2002, 7-13.
Ruggie, John Gerard (1993): Multilateralism: The Anatomy of an Institution. In: International Organization Bd. 46 (3), 561-598. [Auch abgedruckt in: ders. (Hg.): Multilateralism Matters. The Theory and Praxis of an Institutional Form. New York: Columbia University Press, 1993, 3-47.]
– (1998): What Makes the World Hang Together? Neo-utilitarianism and the Social Constructivist Challenge. In: International Organization Bd. 52 (4), 855-885.
Rupert, Mark und M. Scott Solomon (2006): Globalization and International Political Economy. The Politics of Alternative Futures. Lanham usw.: Rowman & Littlefield.
Salin, Edgar (1967): Politische Ökonomie. Geschichte der wirtschaftspolitischen Ideen von Platon bis zur Gegenwart. Tübingen: Mohr (Siebeck); Zürich: Polygraphischer Verlag (5., erw. Aufl. der „Geschichte der Volkswirtschaftslehre").
Sally, Razeen (1994): Multinational enterprises, political economy and institutional theory: domestic embeddedness in the context of internationalization. In: Review of International Political Economy Bd. 1, 161-192.
– (2002): Globalisation, Governance and Trade Policy: The WTO in Perspective. In: Schüller/Thieme (Hg.), 73-103.
Sandel, Michael (1996): Democracy's Discontent. America in Search of a Public Philosophy. Cambridge (Mass.)/London: Belknap Press.
Sandholtz, Wayne and Mark M. Gray (2003): International Integration and National Corruption. In: International Organization Bd. 57, 761-800.
Sartori, Giovanni (1987): The Theory of Democracy Revisited. Chatham (N.J.): Chatham House Publishers.
Sassen, Saskia (2000): Digitale Netzwerke und Macht. In: Brunkhorst/Kettner (Hg.), 330-346.
Sautter, Hermann (2000): Menschenrechte und Menschenrechtsstandards im Globalisierungsprozess. In: Jahrbuch für Neue Politische Ökonomie Bd. 19, 234-265.
Scharpf, Fritz W. (1998a): Globalisierung als Beschränkung der Handlungsmöglichkeiten nationalstaatlicher Politik. In: Jahrbuch für Neue Politische Ökonomie Bd. 17, 41-66.
– (1998b): Demokratie in der transnationalen Politik. In: Beck (Hg.), 228-253 [ebenfalls abgedruckt in: Streeck (1998, Hg.), 151-174].
Schefold, Bertram (1992): Aristoteles: Der Klassiker des antiken Wirtschaftsdenkens. In: ders. et al.: Vademecum zu einem Klassiker des antiken Wirtschaftsdenkens. Düsseldorf: Verlag Wirtschaft und Finanzen, 1992, 19-69.
– (1994): Wirtschaftsstile. Band 1: Studien zum Verhältnis von Ökonomie und Kultur. Frankfurt am Main: Fischer.

– (1999): Geschichte der ökonomischen Theorien in ihren ethischen Dimensionen: Antike Theoriebildungen. In: Korff (Hg.), Bd. 1, 344-358.
Schenk, Karl-Ernst et al. (Hg., 1998): Globalisierung, Systemwettbewerb und nationalstaatliche Politik. Jahrbuch für Neue Politische Ökonomie Bd. 17, Tübingen: Mohr (Siebeck).
– (Hg., 1999): Globalisierung und Rechtsordnung: Zur Neuen Institutionenökonomik internationaler Transaktionen. Jahrbuch für Neue Politische Ökonomie Bd. 18, Tübingen: Mohr (Siebeck).
– (Hg., 2000): Globalisierung und Weltwirtschaft. Jahrbuch für Neue Politische Ökonomie Bd. 19, Tübingen: Mohr (Siebeck).
Scherrer, Christoph (1999): Globalisierung wider Willen? Die Durchsetzung liberaler Außenwirtschaftspolitik in den USA. Berlin: edition sigma.
– *und Thomas Greven* (2001): Global Rules for Trade. Codes of Conduct, Social Labeling, Worker's Rights Clauses. Münster: Westfälisches Dampfboot.
Schieder, Siegfried und Manuela Spindler (Hg., 2003): Theorien der Internationalen Beziehungen. Opladen: Leske + Budrich (UTB).
Schiller, Theo (1995): Artikel „Liberalismus". In: Nohlen/Schultze (Hg.), 298-305.
Schirm, Stefan A. (2004): Internationale Politische Ökonomie. Eine Einführung. Baden-Baden: Nomos.
– (2006): Analytischer Überblick: Stand und Perspektiven der Globalisierungsforschung. In: ders. (Hg.), 11-34.
– (Hg., 2006): Globalisierung. Forschungsstand und Perspektiven. Bonn: Bundeszentrale für politische Bildung und Baden-Baden: Nomos.
Schlesinger, Helmut (1987): Artikel „Internationale Finanzmärkte". In: Staatslexikon Bd. 3, Freiburg: Herder (7., völlig neu bearb. Aufl.).
Schnädelbach, Herbert (1986): Was ist Neoaristotelismus? In: Wolfgang Kuhlmann (Hg.): Moralität und Sittlichkeit. Das Problem Hegels und die Diskursethik. Frankfurt a. M.: Suhrkamp, 38-63 (Wiederabdruck aus: Information Philosophie, 1986/Heft 2, 6-25).
Scholte, Jan Aart (1997): Global Capitalism and the state. In: International Affairs Bd. 73, 427-452.
Schörnig, Niklas (2003): Neorealismus. In: Schieder/Spindler (Hg.), 61-87.
Schrastetter, Rudolf (1966): Der Weg des Menschen bei Plato. München: Phil. Diss.
– (1989): Die Erkenntnis des Guten. Platons Sonnen-, Linien- und Höhlengleichnis. In: Rupert Hofmann, Jörg Jantzen und Henning Ottmann (Hg.): Anodos. Festschrift für Helmut Kuhn. Weinheim: VCH Acta Humaniora, 237–258.
Schüller, Alfred und H. Jörg Thieme (Hg., 2002): Ordnungsprobleme der Weltwirtschaft. Stuttgart: Lucius & Lucius.
Schulze, Günther G. und Heinrich W. Ursprung (1999): Globalisierung contra Nationalstaat? Ein Überblick über die empirische Evidenz. In: Andreas Busch und Thomas Plümper (Hg.): Nationaler Staat und internationale Wirtschaft. Anmerkungen zum Thema Globalisierung. Baden-Baden: Nomos, 41-89.
Schumpeter, Joseph Alois (1908/1970): Das Wesen und der Hauptinhalt der theoretischen Nationalökonomie. Berlin: Duncker & Humblot (2. Aufl.).
– (1942/1993): Kapitalismus, Sozialismus und Demokratie. Tübingen/Basel: Francke (UTB, 7., erw. Aufl.).
– (1965): Geschichte der ökonomischen Analyse. Göttingen: Vandenhoeck & Ruprecht.
Schütrumpf, Eckart (1981): Kritische Überlegungen zur Ontologie und Terminologie der aristotelischen „Politik". In: Allgemeine Zeitschrift für Philosophie Bd. 6(2), 26-47.
– (1991a): Aristoteles, Politik, Buch I. Über die Hausverwaltung und die Herrschaft des Herrn über Sklaven. Übersetzt und erläutert von Eckart Schütrumpf. Werke in deutscher Übersetzung Bd. 9, Teil I. Berlin: Akademie-Verlag.
– (1991b): Aristoteles, Politik, Bücher II und III. Übersetzt und erläutert von Eckart Schütrumpf. Werke in deutscher Übersetzung Bd. 9, Teil II. Berlin: Akademie-Verlag.

– (1996): Aristoteles, Politik, Buch IV–VI. Übersetzt und eingeleitet von Eckart Schütrumpf. Erläutert von Eckart Schütrumpf und Hans-Joachim Gehrke. Werke in deutscher Übersetzung Bd. 9, Teil III. Berlin: Akademie-Verlag.
– (2001): Verfassungen und politische Institutionen (Aristoteles, Politik IV 1-16). In: Höffe (Hg.), 121-136.
– (2005): Aristoteles, Politik, Bücher VII und VIII. Übersetzt und erläutert von Eckart Schütrumpf. Werke in deutscher Übersetzung Bd. 9, Teil IV. Berlin: Akademie-Verlag.
Seitz, Konrad (1994): Die japanisch-amerikanische Herausforderung. Deutschlands Hochtechnologie-Industrien kämpfen ums Überleben. München: mvg-Verlag (6., überarb. Aufl).
– (1999): Wettlauf ins 21. Jahrhundert: die Zukunft Europas zwischen Amerika und Asien. München: Goldmann (vollst. überarb. Taschenbuchausg.).
– (2000): Die neue Welt der Geo-Ökonomie: Das globale Ringen um die technologische Vorherrschaft. In: Kaiser/Schwarz (Hg.), 307-326.
Senghaas, Dieter (Hg., 1972): Imperialismus und strukturelle Gewalt. Analysen über abhängige Reproduktion. Frankfurt am Main: Suhrkamp.
– (Hg., 1974): Peripherer Kapitalismus. Analysen über Abhängigkeit und Unterentwicklung. Frankfurt am Main: Suhrkamp.
– (1999): Friedrich List (1789-1846). Binnenmarktorientierung als Basis wirtschaftlicher Entwicklung. In: E+Z - Entwicklung und Zusammenarbeit Bd. 40 (6), 164-168.
Sennett, Richard (2000): Der flexible Mensch. Die Kultur des neuen Kapitalismus. Berlin: Siedler.
Shih, Chung-shan (2004): Gerechtigkeit bei Rawls und Habermas. Eine vergleichende Darstellung. Berlin: wvb-Verlag.
Shipler, David K. (2005): The working poor. Invisible in America. New York: Vintage Books.
Shipton, Kirsty (2000): Leasing and Lending: The Cash-economy in Fourth-century BC Athens. London: Institute of Classical Studies (University of London).
Shiva, Vandana (2001): Die Welt am Abgrund. In: Hutton/Giddens (Hg.), 137-156.
Sideras, Jörn (2000): Systems Competition and Public Goods Provision. In: Jahrbuch für Neue Politische Ökonomie Bd. 19, 157-178.
Siebert, Horst und Michael J. Koop (1990): Institutional Competition. A Concept for Europe? In: Aussenwirtschaft Bd. 45 (IV), 439-462.
Simonis, Udo Ernst (1998): Artikel „Weltumweltpolitik". In: Woyke (Hg.), 501-514.
– (2000): Globale Umweltprobleme und die neue Weltpolitik. In: Kaiser/Schwarz (Hg.), 137-149.
Singleton, Ross (2008): Knowledge and Technology: The Basis of Wealth and Power. In: Balaam/Veseth (2008), 196-214.
Sinn, Hans-Werner (2003a): The New Systems Competition. Yrjö Jahnsson Lectures. Oxford usw.: Blackwell.
– (2003b): Ist Deutschland noch zu retten? München: Econ.
Skinner, Quentin (1988): Machiavelli zur Einführung. Hamburg: Junius.
Smekal, Christian (2001): Standortpolitik vor globalen Rahmenbedingungen. In: Theurl/Smekal (Hg.), 259-273.
Smith, Nicholas D. (1991): Aristotle's Theory of Natural Slavery. In: Keyt/Miller (Hg.), 142-155.
Söllner, Fritz (1999): Die Geschichte des ökonomischen Denkens. Berlin/Heidelberg/New York: Springer.
Soros, George (2001): Die offene Gesellschaft. Für eine Reform des globalen Kapitalismus. Berlin: Alexander Fest Verlag.
Speckbacher, Gerhard (1997): Shareholder Value und Stakeholder Ansatz. In: Die Betriebswirtschaft Bd. 57, 630-639.
Spindler, Manuela (2003): Interdependenz. In: Schieder/Spindler (Hg.), 89-116.
Starbatty, Joachim (Hg., 1989): Klassiker des ökonomischen Denkens. Band I: Von Platon bis John Stuart Mill; Band II: Von Karl Marx bis John Maynard Keynes. München: Beck.

Stark, Jürgen und Dietrich Hartenstein (2002): Die Stärkung des internationalen Finanzsystems. Tübingen: Mohr (Siebeck), Beiträge zur Ordnungstheorie und Ordnungspolitik des Walter Eucken Instituts, Nr. 168.

Stein, Arthur (1984): The hegemon's dilemma: Great Britain, the United States, and the international economic order. In: International Organization Bd. 38 (2), 355-386.

Steingart, Gabor (2006): Weltkrieg um Wohlstand. Wie Macht und Reichtum neu verteilt werden. München: Piper.

Steinmann, Horst und Albert Löhr (1992): Die Diskussion um eine Unternehmensethik in der Bundesrepublik Deutschland. In: Lenk/Maring (Hg.): 235-252.

– (1994): Unternehmensethik – Ein republikanisches Programm in der Kritik. In: Forum für Philosophie Bad Homburg (Hg.): Markt und Moral. Die Diskussion um die Unternehmensethik. Bern usw.: Paul Haupt, 145-180.

Sternberger, Dolf (1975): Machiavellis "Principe" und der Begriff des Politischen. Wiesbaden: Franz Steiner Verlag.

– (1978): Drei Wurzeln der Politik. 2 Bde. Frankfurt am Main: Insel.

– (1980): Der Staat des Aristoteles und der unsere. In: Schriften Bd. 4: Staatsfreundschaft. Frankfurt am Main: Insel, 35-52.

– (1982): Verfassungspatriotismus. Hannover: Niedersächsische Landeszentrale für Politische Bildung.

Stigler, George J. (1970): The organization of industry. Homewood (Illinois): Irwin (3. Aufl.).

– (1985): Der Ökonom und der Staat. In: Recktenwald (Hg.), 222-235.

– *und Gary S. Becker* (1977): De Gustibus Non Est Disputandum. In: American Economic Review Bd. 67, Nr. 2, 76-90.

Stiglitz, Joseph (2002): Die Schatten der Globalisierung. Berlin: Siedler.

– (2004): The Roaring Nineties. Why we're paying the price for the greediest decade in history. London: Penguin.

– (2006): Die Chancen der Globalisierung. München: Siedler.

Stoll, Peter Tobias und Frank Schorkopf (2002): WTO – Welthandelsordnung und Welthandelsrecht. Köln usw.: Carl Heymanns Verlag.

Stoneman, Paul (Hg., 1995): Handbook of the Economics of Innovation and Technologi-cal Change. Oxford (UK), Cambridge (USA): Blackwell.

Strange, Susan (1986): Casino Capitalism. Oxford/New York : Basil Blackwell.

– (1988): States and Markets. London: Pinter Publishers.

– (1991): An Eclectic Approach. In: Craig N. Murphy and Roger Tooze (Hg.): The New International Political Economy. Boulder (Col.): Lynne Rienner Publishers, 33-49.

– (1992): States, Firms, and Diplomacy. In: International Affairs Bd. 68 (1), 1-15.

Straubhaar, Thomas (2001): International mobile Arbeitskräfte. In: Theurl/Smekal (Hg.), 93-114.

Strauss, Leo (1958): Thoughts on Machiavelli. Seattle/London: University of Washington Press.

Streeck, Wolfgang (Hg., 1998): Internationale Wirtschaft, nationale Demokratie. Herausforderungen für die Demokratietheorie. Frankfurt am Main/New York: Campus.

Stubbs, Richard and Geoffrey R. D. Underhill (Hg., 1994): Political Economy and the Changing Global Order. Toronto (Ontario): McClelland & Stewart.

Sturma, Dieter (Hg., 2001): Person. Philosophiegeschichte – Theoretische Philosophie – Praktische Philosophie. Paderborn: mentis Verlag.

Sullivan, Vickie B. (2004): Machiavelli, Hobbes, and the Formation of a Liberal Republicanism in England. Cambridge: Cambridge University Press.

Sunkel, Osvaldo (1972): Transnationale kapitalistische Integration und nationale Desintegration: Der Fall Lateinamerika. In: Senghaas (Hg.), 258-315.

Take, Ingo (2003): Weltgesellschaft und Globalisierung. In: Schieder/Spindler (Hg.), 253-277.

Talmon, Yaaqov Leb (1961): Die Geschichte der totalitären Demokratie, Bd. 1: Die Ursprünge der totalitären Demokratie. Köln: Westdeutscher Verlag.

Tetzlaff, Reiner (1997): Artikel „Multinationale Konzerne/Transnationale Konzerne“. In: Dieter Nohlen, Peter Waldmann und Klaus Ziemer (Hg.): Lexikon der Politik, Bd. 4: Die östlichen und südlichen Länder. München: Beck, 385-390.
Theurl, Theresia (2001): International mobiles Kapital. In: Theurl/Smekal (Hg.), 59-92.
– *und Christian Smekal* (Hg., 2001): „Globalisierung“. Globalisiertes Wirtschaften und nationale Wirtschaftspolitik. Tübingen: Mohr (Siebeck).
Thomson, Janice E. und Stephen D. Krasner (1989): Global Transactions and the Consolidation of Sovereignty. In: Ernst-Otto Czempiel und James N. Rosenau (Hg.): Global Changes and Theoretical Challenges. Approaches to World Politics for the 1990s. Lexington (Mass.): Lexington Books, 195-219.
Thornton, Emily, Stanley Reed und Nandini Lakshman (2008): Who is afraid of mideast money? In: Business Week vom 21.1.2008, 42-49.
Tietmeyer, Hans (1995): Globale Finanzmärkte und Währungspolitik. In: Deutsche Bundesbank (Hg.): Auszüge aus Presseartikeln, Nr. 65 (25.9.1995), 1-5.
– (1997): Finanzmärkte – Entwicklungsperspektiven und Konsequenzen. In: Deutsche Bundesbank (Hg.): Auszüge aus Presseartikeln, Nr. 34 (16.6.1997), 1-4.
– (1998): Geld und Währung im Zeitalter der Globalisierung. In: Deutsche Bundesbank (Hg.): Auszüge aus Presseartikeln, Nr. 8 (5.2.1998), 1-4.
Tobin, James (1984): On the Efficiency of the Financial System. In: Lloyds Bank Review Nr. 153 (Juli), 1-15.
Tricaud, François (1988): Thomas Hobbes – Doxographie. In: Jean-Pierre Schobinger (Hg.): Grundriss der Geschichte der Philosophie: Die Philosophie des 17. Jahrhunderts, Bd. 3: England (Erster Halbband). Basel: Schwabe & Co, 134-160.
Tudyka, Kurt P. (1994): Artikel „Transnationale Konzerne“. In: Andreas Boekh (Hg.): Lexikon der Politik, Bd. 6: Internationale Beziehungen. München: Beck, 539-543.
Tullock, Gordon (1965): The Politics of Bureaucracy. Washington: Public Affairs Press.
Uchatius, Wolfgang (2003): Im Takt von tausend Nähmaschinen. Eine Reportage aus Dhaka (Bangladesch). In: Die Zeit Nr. 2 vom 2. Januar 2003, 15f.
Ulbert, Cornelia (2003): Sozialkonstruktivismus. In: Schieder/Spindler (Hg.), 391-420.
Ulrich, Peter (1987): Transformation der ökonomischen Vernunft. Fortschrittsperspektiven der modernen Industriegesellschaft. Bern/Stuttgart: Paul Haupt.
– (1997): Integrative Wirtschaftsethik. Grundlagen einer lebensdienlichen Ökonomie. Bern usw.: Paul Haupt.
– (2000): Republikanischer Liberalismus und Corporate Citizenship. Von der ökonomistischen Gemeinwohlfiktion zur republikanisch-ethischen Selbstbindung wirtschaftlicher Akteure. Sankt Gallen: Berichte des Instituts für Wirtschaftsethik Nr. 88.
UNCTAD (1997): World Investment Report 1997: Transnational Corporations, Market Structure and Competition Policy – Overview. New York/Genf: Vereinte Nationen. (www.unctad.org)
– (2000): World Investment Report 2000: Cross-border Mergers and Acquisitions and Development – Overview. New York/Genf: Vereinte Nationen. (www.unctad.org)
– (2001a): World Investment Report 2001: Promoting Linkages (Overview, Internet edition). New York/Genf: Vereinte Nationen. (www.unctad.org)
– (2001b): Social Responsibility. New York/Genf: Vereinte Nationen (Dokument UNCTAD/ITE/IIT/22; www.unctad.org).
– (2002): Trade and development report, 2002 – Overview. New York/Genf: Vereinte Nationen. (www.unctad.org)
– (2003a): Trade and Development Report 2003. New York/Genf: Vereinte Nationen. (www.unctad.org)
– (2003b): World Investment Report 2003: FDI Policies for Development: National and International Perspectives (Overview). New York/Genf: Vereinte Nationen. (www.unctad.org)
– (2004a): Development and Globalization: Facts and Figures. New York/Genf: Vereinte Nationen. (www.unctad.org)

– (2004b): World Investment Report 2004. New York/Genf: Vereinte Nationen. (www.unctad.org)
– (2005): Trade and development report 2005. New York/Genf: Vereinte Nationen. (www.unctad.org)
– (2007a): Trade and development report 2007. New York/Genf: Vereinte Nationen. (www.unctad.org)
– (2007b): World Investment Report 2007. New York/Genf: Vereinte Nationen. (www.unctad.org)
Underhill, Geoffrey R. D. (1994): Introduction: Conceptualizing the Changing Global Order. In: Stubbs/Underhill (Hg.), 17-44.
UNDP (United Nations Development Programme, 1999): Human Development Report 1999. New York/Oxford: Oxford University Press. (www.undp.org)
– (2002): Arab Human Development Report 2002. New York: UNDP (Regional Bureau for Arab States). (www.undp.org)
– (2003): Bericht über die menschliche Entwicklung 2003. Milleniums-Entwicklungsziele: Ein Pakt zwischen Nationen zur Beseitigung menschlicher Armut. Berlin: Deutsche Gesellschaft für die Vereinten Nationen e. V. (www.undp.org)
– (2005): International cooperation at a crossroads. Aid, trade and security in an unequal world. Human Development Report 2005. New York: UNDP. (www.undp.org)
– (2007): Making Globalization Work for All. Annual Report 2007. New York: UNDP. (www.undp.org)
Utz, Arthur F. (Hg., 1959): Der Mittelstand in der Wirtschaftsordnung heute. Die Akten des internationalen Mittelstandskongresses von Madrid (7.-11. Mai 1958). Heidelberg: Kerle.
– (1961): Die philosophischen Grundlagen der Wirtschafts- und Sozialpolitik. Freiburg (Schweiz): Internationales Institut für Sozialwissenschaft und Politik.
– (1987): Kommentar. In: Thomas von Aquin: Recht und Gerechtigkeit. Theologische Summe II-II, Fragen 57-79 (Nachfolgefassung von Band 18 der Deutschen Thomasausgabe). Bonn: IfG Verlagsgesellschaft, 263-498.
Vanberg, Victor (1975): Die zwei Soziologien. Individualismus und Kollektivismus in der Sozialtheorie. Tübingen: Mohr (Siebeck).
– (1981): Liberaler Evolutionismus oder vertragstheoretischer Konstitutionalismus? Zum Problem institutioneller Reformen bei F. A. von Hayek und J. M. Buchanan. Mit einem ergänzenden Beitrag von J. M. Buchanan. Tübingen: Mohr (Siebeck).
Veblen, Thorstein (1965): The Theory of the Leisure Class. New York: Augustus M. Kelley/ Viking Press (Reprint der Ausgabe von 1899, New York/London: Macmillan).
Vernon, Raymond (1971): Sovereignty at Bay. The Multinational Spread of U.S. Enterprises. New York/London: Basic Books.
Virchow, Fabian (2007): Die extreme Rechte als globalisierungskritische Bewegung? In: Bemerburg/Niederbacher (Hg.), 215-232.
Vivenza, Gloria (1999): Translating Aristotle: At the Origin of the Terminology and Content of Economic Value. In: Rema Rossini Favretti, Giorgio Sandri und Roberto Scazzieri (Hg.): Incommensurability and Translation. Kuhnian Perspectives on Scientific Communication and Theory Change. Cheltenham (UK)/ Northampton (Mass.): Edward Elgar, 131-156.
Voegelin, Eric (1999a): Wissenschaft, Politik und Gnosis. In: ders.: Der Gottesmord. Zur Genese der modernen politischen Gnosis. Hg. von Peter J. Opitz. München: Fink, 57-90.
– (1999b): Der Gottesmord. In: ders.: Der Gottesmord. Zur Genese der modernen politischen Gnosis. Hg. von Peter J. Opitz. München: Fink, 91-104.
Vogt, Markus (1999): Soziale Interaktion und Gerechtigkeit. In: Korff (Hg.), Bd. 1, 284-309.
Voigt, Rüdiger (2005): Weltordnungspolitik. Wiesbaden: VS Verlag.
Voigt, Stefan (1993): Strategische Allianzen. Modisches Schlagwort oder Antwort auf globale Herausforderungen? In: Wirtschaftswissenschaftliches Studium (WiST), Bd. 23, 246-249.

Wæver, Ole (1996): The rise and fall of the inter-paradigm debate. In: Steve Smith, Ken Booth und Marysia Zalewski (Hg.): International theory: positivism and beyond. Cambridge usw.: Cambridge University Press, 149-185.

Wagenhofer, Alfred (1998): Artikel „Share Holder Value-Konzept“. In: Walther Busse von Colbe und Bernhard Pellens (Hg.): Lexikon des Rechnungswesens. München/Wien: Oldenbourg (4., überarb. und erw. Aufl.), 642-644.

Wagner, Franz W. (1997): Shareholder Value: Eine neue Runde im Konflikt zwischen Kapitalmarkt und Unternehmensinteresse. Betriebswirtschaftliche Forschung und Praxis (BFuP) Bd. 49, 473-498.

Waibl, Elmar (1992): Ökonomie und Ethik. Stuttgart/Bad Canstatt: fromann-holzboog (3., unveränderte Aufl.).

Wallach, Lori (2002): Fünf Jahre Welthandelsorganisation: Ein trauriges Fazit. In: Mander/Goldsmith (Hg.), 261-282.

Wallerstein, Immanuel (1979): The capitalist world-economy. Essays by Immanuel Wallerstein. Cambridge usw.: Cambridge University Press und Paris: Editions de la Maison des Sciences de l'Homme.

– (1986): Das moderne Weltsystem. Bd. I: Die Anfänge kapitalistischer Landwirtschaft und die europäische Weltökonomie im 16. Jahrhundert. Frankfurt am Main: Syndikat. (Amerik. Originalausgabe 1974.)

– (1991): The Three Instances of Hegemony in the History of the Capitalist World-Economy. In: Kendall W. Stiles und Tsuneo Akaha (Hg.): International Political Economy. New York: Harper Collins Publishers, 427-435.

– (1998): Das moderne Weltsystem. Bd. II: Der Merkantilismus. Europa zwischen 1600 und 1750. Wien: Promedia. (Amerik. Originalausgabe 1980.)

Walter, Rolf (1998): Wirtschaftsgeschichte. Vom Merkantilismus bis zur Gegenwart. Köln usw.: Böhlau.

Waltz, Kenneth N. (1959): Man, The State, and War. New York: Columbia University Press.

– (1979): Theory of International Politics. Reading (Mass.) usw.: Addison-Wesley.

– (1991): Realist Thought and Neorealist Theory. In: Robert L. Rothstein (Hg.): The Evolution of Theory in International Relations. Essays in Honor of William T. R. Fox. Columbia (SC): University of South Carolina Press, 21-37.

– (1993): The Emerging Structure of International Politics. In: International Security Bd. 18 (2), 44-79.

– (1999): Globalization and Governance. James Madison Lecture. In: Political Science and Politics (PS), Bd. 32 (4), 693-700.

Waschkuhn, Arno (1997): Artikel „Jürgen Habermas: ‚Strukturwandel der Öffentlichkeit'.“ In: Theo Stammen, Gisela Riescher und Wilhelm Hofmann (Hg.): Hauptwerke der politischen Theorie. Stuttgart: Kröner, 167-170.

Watrin, Christian (1998): Die Herausforderung der Globalisierung: Chancen und Notwendigkeiten. In: Anton Rauscher (Hg.): Zukunftsfähige Gesellschaft. Beiträge zu Grundfragen der Wirtschafts- und Sozialpolitik. Berlin: Duncker & Humblot, 69-86.

Weber, Max (1956): Wirtschaft und Gesellschaft. Grundriss der verstehenden Soziologie. 2 Halbbände, Tübingen: Mohr (Siebeck) (4., neu hg. Auflage, besorgt von Johannes Winckelmann).

– (1904/1973): Die „Objektivität“ sozialwissenschaftlicher Erkenntnis. In: ders.: Soziologie – Universalgeschichtliche Analysen – Politik. Hg. und erl. von Johannes Winckelmann. Stuttgart: Kröner (5., überarb. Aufl.).

Weingast, Barry R. (1996): Political Institutions: Rational Choice Perspectives. In: Robert E. Goodin und Hans-Dieter Klingemann (Hg.): A New Handbook of Political Science. Oxford: Oxford University Press, 167-190.

Weiss, Linda (1997): Globalization and the Myth of the Powerless State. In: New Left Review Bd. 225, 3-27.

– (1998): The Myth of the Powerless State: Governing the Economy in a Global Era. Cambridge: Polity Press.

Weiß, Ulrich (1995): Artikel „Strukturalismus“. In: Nohlen/Schultze (Hg.), 619-621.

Weizsäcker, Carl Christian (1999): Logik der Globalisierung. Göttingen: Vandenhoeck & Ruprecht.

Weltbank (2002): Institutionen für Märkte schaffen. Weltentwicklungsbericht 2002. Bonn: UNO-Verlag. [Auf englisch erschienen 2001: Building Institutions for Markets. World Development Report 2002. Washington D. C.: The International Bank for Reconstruction and Development (World Bank).] (www.worldbank.org)

– (2003): Nachhaltige Entwicklung in einer dynamischen Welt. Institutionen, Wachstum und Lebensqualität verbessern. Weltentwicklungsbericht 2003. Bonn: UNO-Verlag, 2003. [Auf englisch erschienen 2003: Sustainable Development in a dynamic world. World Development Report 2003. Washington D. C.: The International Bank for Reconstruction and Development (World Bank).] (www.worldbank.org)

Wendt, Alexander (1992): Anarchy is what states make of it: the social construction of power politics. In: International Organization Bd. 46 (2), 391-425.

– (1999): Social Theory of International Politics. Cambridge: Cambridge University Press.

Werning, Rainer (2000): Düsteres Ende einer Dienstfahrt. Indonesien nach der Ära Suharto. In: Boris et al. (Hg.), 113-130.

Wicksteed, Philip H. (1914): The Scope and Method of Political Economy in the Light of the „Marginal“ Theory of Value and Distribution. In: Economic Journal Bd. 24, 1-23.

Wieland, Wolfgang (2003): Poiesis: Das Aristotelische Konzept einer Philosophie des Herstellens. In: Buchheim/Flashar/King (Hg.), 223-247.

Wiggershaus, Rolf (2004): Jürgen Habermas. Hamburg: Rowohlt.

Wight, Martin (1991): International Theory. The three traditions. Leicester: Leicester University Press.

Williamson, John und Molly Mahar (1998): A Survey of Financial Liberalization. Essays in International Finance Nr. 211. Princeton (New Jersey): Princeton University (Department of Economics, International Finance Section).

Williamson, Oliver E. (1990): Die ökonomischen Institutionen des Kapitalismus. Tübingen: Mohr (Siebeck).

Wilson, George W. (1975): The economics of the just price. In: History of Political Economy Bd. 7, 56-74.

Windfuhr, Michael (1992): Transnationale Unternehmen und das GATT: Interessen und Einflussnahme in der Uruguay-Runde. In: Martin Gueck, Klaus Heidel und Uwe Kleinert: Multis Markt & Krise. Heidelberg: werkstatt ökonomie (in Kooperation mit der Heinrich-Böll-Stiftung), 365-391.

– (1997): Stichwort „Globalisierung“. In: Dieter Nohlen, Peter Waldmann und Klaus Ziemer (Hg.): Lexikon der Politik, Bd. 4: Die östlichen und südlichen Länder. München: Beck, 229-236.

Windisch, Rupert (1998): Modellierung von Systemwettbewerb: Grundlagen, Konzepte, Thesen. In: Jahrbuch für Neue Politische Ökonomie Bd. 17, 121-171.

Winterling, Aloys (1993): „Arme“ und „Reiche“. Die Struktur der griechischen Polisgesellschaften in Aristoteles' „Politik“. In: Saeculum Bd. 44, 179-205.

Woesler, Martin (2000): Das Internet und die Menschenrechte in China. In: Brunkhorst/Kettner (Hg.), 310-329.

Wolf, Ursula (2002): Aristoteles' „Nikomachische Ethik“. Reihe Werkinterpretationen. Darmstadt: Wissenschaftliche Buchgesellschaft.

Wolfers, Benedikt (1991): „Geschwätzige Philosophie“: Thomas Hobbes' Kritik an Aristoteles. Würzburg: Königshausen & Neumann.

Wolff; Brigitta (1999): Organisationsökonomik. In: Korff (Hg.), Bd. 3, 111-129.

Wortmann, Michael (2000): Zur Logik von Wachstum und Restrukturierung multinationaler Unternehmen – ein kritischer Beitrag zum Globalisierungsdiskurs. In: Dörrenbächer/Plehwe (Hg.), 165-193.
Woyke, Wichard (Hg., 1998): Handwörterbuch Internationale Politik. Opladen: Leske+Budrich (UTB) (7., aktualisierte Aufl.).
WTO (World Trade Organization) (2001): International trade statistics 2001. Genf: WTO. (www.wto.org)
– (2002): Annual Report 2002. Genf: WTO. (www.wto.org)
– (2003): World Trade Report 2003. Genf: WTO. (www.wto.org)
– (2004a): Annual Report 2004. Genf: WTO. (www.wto.org)
– (2004b): WTO Agriculture Negotiations. The issues, and where we are now. (Fassung vom 20. April 2004.) Genf: WTO (http://www.wto.org/english/tratop_e/agric_e/negs_bkgrnd00_contents_e.htm; 23.12.2007).
– (2004c): Doha Work Programme. Decision Adopted by the General Council on 1 August 2004. (Dokument WT/L/579 vom 2. August 2004, 04-3297). Genf: WTO (http://www.wto.org/english/tratop_e/dda_e/draft_text_gc_dg_31july04_e.htm, 23.12.2007).
– (2004d): World Trade Report 2004. Exploring the linkage between the domestic policy environment and internationale trade. Genf: WTO. (www.wto.org)
– (2007): World Trade Report 2007. Genf: WTO. (www.wto.org)
Young, Iris Marion (2007): Global Challenges. War, Self-Determination, and Responsibility for Justice. Cambridge: Polity Press.
Zangl, Bernhard (2003): Regimetheorie. In: Schieder/Spindler (Hg.), 117-140.
Zehnpfennig, Barbara (1987): Reflexion und Metareflexion bei Platon und Fichte. Ein Strukturvergleich des Platonischen „Charmides" und Fichtes „Bestimmung des Menschen". Freiburg: Alber.
– (1990): Das Ideal der kommunistischen Gesellschaft – Die Utopie eines vollendeten Humanismus. In: Evangelischen Akademie Bad Boll (Hg.): Ist der Sozialismus am Ende? Karl Marx – wieder gelesen, neu gelesen. Protokolldienst der Evangelischen Akademie Bad Boll 19/1990, 21-35.
– (2000): Hitlers „Mein Kampf". Eine Interpretation. München: Fink.
– (2001): Platon. Eine Einführung. Hamburg: Junius (2., überarb. und erg. Aufl.).
– (2005): Einleitung. In: Karl Marx: Ökonomisch-philosophische Manuskripte. Hg. von Barbara Zehnpfennig. Hamburg: Meiner, VII-LXXV.
Zima, Peter V. (2001): Moderne/Postmoderne. Gesellschaft, Philosophie, Literatur. Tübingen/Basel: A. Francke (UTB) (2., überarb. Aufl.).
Zundel, Stefan (1994): Der methodologische Status der Rationalitätsannahme in der Ökonomie. Berlin: Duncker & Humblot.
Zürn, Michael (1987): Gerechte internationale Regime. Bedingungen und Restriktionen der Entstehung nicht-hegemonialer internationaler Regime untersucht am Beispiel der Weltkommunikationsordnung. Frankfurt am Main: Haag + Herchen.
– (1998): Regieren jenseits des Nationalstaates. Frankfurt am Main: Suhrkamp.

Sach- und Personenregister

Für folgende Begriffe siehe das Inhaltsverzeichnis: Internationale Politische Ökonomie (IPÖ), Globalisierung, Realismus, Liberalismus, rechtsstaatlicher Liberalismus, Wirtschaftsliberalismus, sozialstaatlicher Liberalismus, Strukturalismus (im Register sind sie nur als Unterbegriffe verzeichnet).

SPRINGER NATURE

GPSR Compliance

The European Union's (EU) General Product Safety Regulation (GPSR) is a set of rules that requires consumer products to be safe and our obligations to ensure this.

If you have any concerns about our products, you can contact us on ProductSafety@springernature.com

In case Publisher is established outside the EU, the EU authorized representative is:

Springer Nature Customer Service Center GmbH
Europaplatz 3
69115 Heidelberg, Germany

FSC
www.fsc.org
MIX
Papier | Fördert
gute Waldnutzung
FSC® C083411

Kolibri 360 GmbH
Ferdinand-Jühlke-Straße 7
99095 Erfurt, Deutschland
produktsicherheit@kolibri360.de